李復甸教授玉照

跨國法的啟蒙與薪傳

李復甸教授七秩華誕祝壽論文集

李復甸教授七秩華誕祝壽論文集編輯委員會　主編

五南圖書出版公司 印行

李復甸教授簡歷

學歷
中國文化大學法學博士

經歷
中華民國仲裁協會理事長
中國文化大學法律研究所教授
世新大學法學院院長
博譽國際律師事務所主持律師
行政院訴願委員會委員
交通部顧問兼法規委員會委員
考試院法規委員會委員及訴願委員會委員
故宮博物院訴願委員會委員
法務部司法官訓練所講座
司法院司法人員研習所講座
第六屆立法委員
第四屆監察委員
中華民國仲裁協會仲裁人及顧問

序

　　李教授復甸先生，爲中國文化大學法學博士，美國耶魯大學訪問學者。先生於中國文化大學法律學系教授法律專業科目如國際私法、仲裁法、海商法、人權專題研究等逾40年，期間並曾擔任世新大學法學院院長，並擔任台灣國際私法研究會祕書長。先生受東吳大學端木愷校長指點啓發，法學教育應注重理論與實務兼備，故於教學之暇，兼業律師逾30年，深受學生喜愛與法學界重視。先生長年支助並參與國際特赦組織，主張保障人權尤力。先生對政府各部門之運作，有相當程度之了解，於民國96年1月遞補擔任第六屆不分區立法委員，更於民國97年8月受命爲第四屆監察委員，專注於司法獄政、交通採購等議題。先生現任中華民國仲裁協會理事長，在國際和國內仲裁界以及法院訴訟方面擁有豐富經驗，爲ICC、CIETAC、SIAC、SHIAC等著名機構仲裁人。

　　欣逢先生七秩華誕，於民國110年9月成立之「李復甸教授七秩華誕祝壽論文集編輯委員會」，邀集先生所服務中國文化大學法律學系之後輩同儕、與李先生有密切學術研究關聯性之國際私法學者，以及先生之受業門生，相約各獻所著論文一篇，集之成帙，定於民國111年3月出版以爲賀壽，感謝先生長年以來提攜後進、造育英才並推動跨國法研究之貢獻。今集得論文二十一篇，各篇內容承襲李教授在跨國法教學研究上之多元宏觀精神，包含跨國紛爭解決與跨國財經秩序之最新穎與核心議題，以及對法治發展與法制建設之研究建言，並以「跨國

法之啓蒙與薪傳」爲名，委由五南圖書公司出版，表彰先生對跨國法之貢獻，並恭祝先生松柏長青，福壽永康。

　　　　　　李復甸教授七秩華誕祝壽論文集編輯委員會　敬筆
　　　　　　　　　　　　　　　　　　　　民國111年3月

PART 2　跨國財經秩序

PART 3　法治發展與法制建設

PART 1

跨國民商紛爭解決

涉外專利案件之準據法

伍偉華[*]

李老師復甸是大家敬愛的法學前輩，望重士林。個人在仲裁法、國際私法、民事調解法等領域，受李老師啟發甚多。欣聞李老師七十大壽，謹以拙文野人獻曝，誠摯祝福李老師福如東海、壽比南山、闔家安康！

壹、前言

智慧財產法院（現改制為智慧財產及商業法院）成立10年後，民事新收案件共3,770件，當事人一方為外國籍之涉外案件共563件，占新收民事案件比率約為15%，而其中專利案件為271件，約占涉外民事案件之半，並占所有民事專利案件約14%[1]。涉外專利案件之正確適用準據法，容有相當之重要性。而於專利訴訟實務上，被告經常為專利有效性抗辯，則該有效性抗辯，是否與原告之訴求一體適用單一準據法？或應分割爭點適用不同之準據法？本文擬提出分析供參。

---

[*] 台灣宜蘭地方法院法官、文化大學法律研究所兼任副教授。

[1] 「當事人向本院提起各類訴訟案件，其中如有一方為外國籍則視為涉外案件。97年7月至106年6月總計，本院民事訴訟新收3,770件中，涉外件數為563件，涉外比率為14.93%；其中民事第一審訴訟涉外330件，涉外比率為13.51%，民事第二審訴訟涉外233件，涉外比率為17.55%」，「如按訟種類區分，民事訴訟涉外新收件數中以專利權事件271件最多，……惟涉外比率……其次為專利權之13.58%」，參見智慧財產法院成立10年以來受理各類案件審理績效指標及相關訴訟制度之審理實務操作狀況分析，第38、39頁。

貳、涉外專利案件之認定及認定實益

　　一般認為：案件具有涉外成分，則為涉外案件，涉及外國人、外國地者，即具涉外成分[2]；實務見解則認：民事事件之事實與外國有牽連關係者，為涉外案件[3]。因此，兩造縱均為我國人，但就外國專利之授權金或專利契約法律關係於我國涉訟，亦可能為涉外民事案件。

　　認定是否為涉外民事案件之實益：如確為涉外民事案件，即須適用涉外民事法律適用法決定案件之國際管轄權及準據法，即使該事項欠缺涉外民事法律適用法本身之直接明文規定，仍須先引用該法第1條[4]為過橋條文，轉而適用其他法律規定或法理，否則即使裁判結論相同，倘應適用而未適用涉外民事法律適用法，仍將遭最高法院以「判決違背法令」為由廢棄發回[5]，因此實務上習用「理由未盡相符（理由雖有不同），結論並無二致，仍應予以維持」之維持原審判決理由，於應適用而未適用涉外民事法律適用法，或適用該法條文錯誤不當之情形，並不存在。

參、涉外專利侵權案件準據法之實務見解

　　以甲向乙請求專利侵權之損害賠償，乙為專利無效抗辯之涉外專利案

---

[2] 馬漢寶，國際私法總論、各論，自版，2009年3月，第4、5頁。

[3] 最高法院107年度台上字第1965號、108年度台上字第343號民事判決：「所稱涉外，係指構成民事事件事實，包括當事人、法律行為地、事實發生地等連繫因素，與外國具有牽連關係者而言。」

[4] 涉外民事法律適用法第1條規定：「涉外民事，本法未規定者，適用其他法律之規定；其他法律無規定者，依法理。」

[5] 最高法院102年度台上字第859號、102年度台上字第2262號、103年度台上字第1281號、104年度台上字第917號、104年度台上字第1695號、105年度台上字第1675號、107年度台上字第62號、107年度台上字第1965號、108年度台上字第1761號民事判決意旨參照。

件為例，實務上關於準據法之適用，即有不同之見解：

一、適用涉外民事法律適用法第42條規定

近年智慧財產法院二審裁判，諸如：智慧財產法院107年度民專上字第10號民事判決：「以智慧財產為標的之權利，依該權利應受保護地之法律，涉外民事法律適用法第27條、第42條第1項分別定有明文。甲公司主張其專利權被侵害，依我國專利法所保護之智慧財產權益，是本件自應以市場之所在地、權利應受保護地之我國法為準據法。」智慧財產法院106年度民專上字第28號民事判決：「再按以智慧財產為標的之權利，依該權利應受保護地之法律，涉外民事法律適用法第42條第1項定有明文。上訴人於本件主張其依我國專利法規定取得之專利權遭侵害，是本件自應以權利應受保護地之我國法為準據法。」[6]智慧財產法院106年度民專上字第42號民事判決：「按以智慧財產為標的之權利，依該權利應受保護地之法律，100年5月26日施行之涉外民事法律適用法第42條第1項定有明文。上訴人依我國專利法規定取得專利權，其主張被上訴人有侵害其專利權之行為，本件應定性為專利侵權事件已如前述，揆諸上開規定，本件之準據法，自應依中華民國法律。」均認專利侵權案件，應適用涉外民事法律適用法第42條規定。

二、適用涉外民事法律適用法第25條規定

智慧財產法院104年度民專上字第9號民事判決：「查甲公司主張乙公司等之侵害專利權行為，而提起本件訴訟，就此法律關係之性質，無論是我國或國際專利權法制，均認屬與專利權相關之侵權法律關係，而甲公司主張本件侵權行為係發生在我國境內，且甲公司所為損害賠償之請求，亦為我國專利法所認許。是以依涉外民事法律適用法第25條規定，本件涉外事件之準據法，應依中華民國之法律[7]。」而智慧財產法院104年度民專

---

[6] 智慧財產法院106年度民專上字第5號、106年民專上字第4號、105年度民專上字第18號、104年度民專上更（一）字第9號民事判決，均同此意旨。

[7] 智慧財產法院103年度民專上字第13號、102年度民專上字第45號、100年度民專上字

上字第10號民事判決:「(一)適用侵權行為地法:按關於由侵權行為而生之債,依侵權行為地法。涉外民事法律適用法第25條定有明文。查上訴人主張被上訴人之行為侵害系爭專利權,而提起本件訴訟,就此法律關係之性質,無論是我國或國際專利權法制,均認屬與專利權相關之侵權法律關係,係對專利權受侵害與否之爭執,是本件應定性為侵害專利權之侵權事件。因上訴人主張本件侵權行為發生在我國境內,且上訴人所為損害賠償之請求,亦為我國專利法所認許。揆諸前揭規定,本件涉外事件之準據法,應依中華民國之法律。(二)不適用涉外民事法律適用法第42條第1項:按以智慧財產為標的之權利,依該權利應受保護地之法律。涉外民事法律適用法第42條第1項定有明文。智慧財產為標的之權利,其成立及效力應依權利主張者,認其權利應受保護之地之法律,俾使智慧財產權之種類、內容、存續期間、取得、喪失及變更等,均依同一法律決定。因上訴人主張被上訴人侵害系爭專利權,據此行使排除侵害專利與損害賠償請求權,自與涉及智慧財產為標的之權利而訴訟者有別,不適用涉外民事法律適用法第42條第1項之規定。」乃明確指出:專利侵權部分不適用涉外民事法律適用法第42條第1項規定。

肆、本文之分析

一、涉外專利契約事項之準據法

涉外民事法律適用法第20條係規範「法律行為發生債之關係」,其第1項規定:「法律行為發生債之關係者,其成立及效力,依當事人意思定其應適用之法律。」自包括與專利相關契約法律關係之準據法,例如專利授權金、權利金之爭議等。最高法院98年度台上字第1933號[8]、85年度台

第5號民事判決,均同此意旨。

[8] 法律行為發生債之關係者,其成立要件及效力,依當事人意思定其應適用之法律,為涉外民事法律適用法第6條第1項所明定。依系爭授權契約第12.01條約定,可知

上字第162號[9]民事判決，均認應適用修正[10]前之同法第6條第1項規定[11]，均同此見解。

二、涉外專利侵權事項之準據法

涉外民事法律適用法第25條規定：「關於由侵權行為而生之債，依侵權行為地法。但另有關係最切之法律者，依該法律。」所稱「侵權行為」，文義上並未排除專利侵權行為，且我國法律並未針對專利侵權行為另為準據法之特別規定，故應適用該條規定之準據法。

三、涉外專利權本身事項之準據法

專利權本身事項，包括專利權之取得、設定（質權）、喪失、變更等事項，以及確認專利權歸屬訴訟、專利無效抗辯事項，均屬「智慧財產權利」事項，故均應適用涉外民事法律適用法第42條第1項規定：「以智慧財產為標的之權利，依該權利應受保護地之法律。」

四、涉外民事法律適用法第42條不適用專利侵權事項之理由

法解釋在於探究法律客觀之規範意旨，其主要方法因素，標準有五：(1)法律文義；(2)體系地位；(3)立法史及立法資料；(4)比較法；(5)立法目的[12]。茲依以上法解釋之方法，提出涉外民事法律適用法第42條不適用專利侵權事項之理由如次：

系爭契約之效力、解釋及履行悉依荷蘭法，如同本合約係完全於荷蘭簽訂和履行一般，本件之準據法應為荷蘭法，為原判決所是認。

[9] 被上訴人主張上訴人尚欠70,692.25元權利金未付之事實，有上開契約書及存證信函為證，且為上訴人所不爭執。……本件具涉外成分，依涉外民事法律適用法第6條第1項規定，法律行為發生債之關係者，其成立要件及效力，依當事人意思定其應適用之法律。

[10] 2011年5月26日總統令修正公布全文63條，並自公布日後1年施行。

[11] 法律行為發生債之關係者，其成立要件及效力，依當事人意思定其應適用之法律。

[12] 王澤鑑，法律思維與民法實例，2011年8月，第264-287頁。

（一）法律文義

涉外民事法律適用法第42條第1項明確規定其準據法之對象為「以智慧財產為標的之權利」，故應係規範智慧財產之「準物權」[13]事項，而非侵權行為之債權事項。

（二）體系地位

涉外民事法律適用法之「第五章物權」，其中第38條係關於物權準據法之條次最先條文，係抽象、一般之物權準據法規定，緊接為第39條物權法律行為之準據法、第40條外國輸入動產之準據法、第41條託運動產之準據法、第43條物權性質之載貨證券準據法[14]、第44條則為準物權性質之有價證券「取得、喪失、處分或變更」之準據法，足認涉外民事法律適用法第38條至第44條之物權準據法規定，係由一般物權至特別物權、由物權至準物權之規定，故依體系地位之解釋，涉外民事法律適用法第42條係規範準物權事項之準據法，並不包括侵權行為事項之債權準據法。反觀同法第25條，則係置於「第四章債」之部分，故應包括專利侵權行為之債權準據法。

（三）立法史、立法資料、立法目的

涉外民事法律適用法第42條係2010年修正條文，其立法理由說明：「二、智慧財產權，無論在內國應以登記為成立要件者，如專利權及商標專用權等，或不以登記為成立要件者，如著作權及營業秘密等，均係因法律規定而發生之權利，其於各國領域內所受之保護，原則上亦應以各該國之法律為準。爰參考義大利國際私法第54條、瑞士國際私法第110條第1項等立法例之精神，規定以智慧財產為標的之權利，其成立及效力應依權利

---

[13] 「專利權為無體財產權、準物權」，參見最高法院100年度台上字第310號民事判決。

[14] 最高法院106年度台上字第418號民事判決：「而涉外民事法律適用法於99年5月26日修正前，並無現行第43條關於因載貨證券而生之法律關係之準據法規定；惟載貨證券為具有物權效力之有價證券。」

主張者認其權利應受保護之地之法律，俾使智慧財產權之種類、內容、存續期間、取得、喪失及變更等，均依同一法律決定。該法律係依主張權利者之主張而定，並不當然為法院所在國之法律，即當事人主張其依某國法律有應受保護之智慧財產權者，即應依該國法律確定其是否有該權利。」乃明確指出：該條項係規範「智慧財產權之種類、內容、存續期間、取得、喪失及變更等」準物權事項，不包括專利侵權行為事項[15]。

（四）比較法

　　涉外民事法律適用法第42條上開立法理由提及所參考之《瑞士聯邦國際私法典》（Switzerland's Federal Code on Private International Law, CPIL）第110條，將包含專利權在內之智慧財產權法律適用，分為第1項智慧財產權利本身之準據法[16]、第2項智慧財產侵權行為之準據法[17]、第3項智慧財產契約之準據法[18]。另該立法理由提及所參考之義大利國際私法第54條，亦係規範無形資產權利本身（rights in them）之準據法[19]，而不包括侵權行為之準據法，可知我國立法者仿效《瑞士聯邦國際私法》及《義大利國際私法》，將智慧財產之權利本身、侵權行為、契約三者，分

---

[15] 智慧財產法院108年度民專訴字第47號、107年度民專訴字第22號、106年度民專訴字第1號民事判決，亦認由涉外民事法律適用法第42條第1項規定之立法理由可知：其係規範智慧財產權之權利本身準據法，無法適用於專利權之侵權行為事件。

[16] 「智慧財產之權利，應依當事人主張應受保護國法。」（Intellectual property rights shall be governed by the law of the State in which protection of the intellectual property is sought.）

[17] 「關於智慧財產侵權行為請求權，當事人得於損害發生後合意適用法庭地法。」（In the case of claims arising out of infringement of intellectual property rights, the parties may always agree, after the act causing damage has occurred, that the law of the forum shall be applicable.）

[18] 「關於智慧財產權之契約，應依本法典第122條關於契約之準據法。」（Contracts concerning intellectual property rights shall be governed by the provisions of this Code concerning the law applicable to contracts. (Art. 122)）

[19] 「無形資產之權利本身，適用該資產使用地法。」（The law of the State where intangible assets are used governs rights in them.）

別歸由涉外民事法律適用法第42條第1項、第25條、第20條予以規範，從而我國就智慧財產之侵權行為事項，尚難適用涉外民事法律適用法第42條第1項規定。

五、應分割爭點分別適用不同之準據法

　　民事事件之主法律關係，常由數個不同之次法律關係組合而成，其中涉外民事法律關係本具有複雜多元之聯繫因素，倘該涉外民事事件係由數個不同之次法律關係組成其主法律關係，若僅適用其中單一之衝突法則以決定準據法，即欠缺具體妥當性，在此情形下，自宜就主法律關係可能分割之數個次法律關係，分別適用不同之衝突法則，以決定其準據法，始能獲致具體個案裁判之妥當性[20]，亦即法官考慮涉外案件法律關係本身具備之複雜性，無法以單一準據法適用加以概括，故希望能藉由分割不同爭點方式，逐一將不同且可分割之涉外法律關係爭點分別適用不同之法律規定，以達成其心中所認具體個案正義之目標[21]。

　　學者認為：專利侵權行為之成立，乃是以被侵害專利權有效存在為前提，先決問題之本質，無論是系爭發明是否具有法律所規定之進步性、發明專利權之登記應否予以撤銷等，都應依該專利權本身之準據法，修正後之涉外民事法律適用法第42條第1項針對一般稱為「智慧財產權」的各種權利規定「依該權利應受保護地之法律」，而涉外民事法律適用法修正時，對於因侵害專利權或智慧財產權而生之債，並未增訂其準據法之明文規定，理論上仍應適用一般涉外侵權行為之第25條[22]；「關於涉外侵害智慧財產權的法律關係本質，……多數說向來認為此當然為侵權行為的問題，我國學者亦不例外，就本文所調查我國的實務案例，亦幾乎全將之定性為侵權行為。有問題者，在侵權行為的準據法把權利侵害作為侵權行為

---

[20] 最高法院97年度台上字第1838號、96年度台上字第1804號民事判決意旨參照。

[21] 林恩瑋，國際私法上「分割爭點」（issue-by-issue）方法之適用—以最高法院兩則判決為中心，政大法學評論第119期，2011年2月，第181頁。

[22] 陳榮傳，專利權侵害的涉外民事訴訟（下）—以最高法院案例及新法的適用為中心，台灣法學雜誌第216期，2013年1月15日，第9-13頁。

的成立要件時，智慧財產權的有效性或其保護範圍等先決問題的判斷成為
爭點時，例如被告於提出權利無效的抗辯或提出反訴主張權利無效時，究
竟應如何決定準據法，不無討論的餘地，自結論言，這種問題並非依照侵
權行為的準據法，而似應該依智慧財產權本身的準據法決之」[23]、「於涉
外專利權侵害事件中，被告就系爭發明創作為受專利法保護之發明創作、
原告為專利權人、專利權人就系爭發明創作有積極使用之權能等事項或不
爭執，則此時即無『先決問題』存在，直接適用『涉外民法』第25條選擇
準據法即可。惟，若被告否認系爭發明創作為受專利法保護之發明創作、
否認原告為專利權人、否認專利權人就系爭發明創作有積極使用之權能
者，例如被告提出專利無效抗辯或提出反訴主張專利權無效，則此時專利
權之有效性或其保護範圍即成為涉外專利權侵害之『先決問題』，應先加
以解決，由於先決問題之解決以『法院地衝突法則說』為原則，故就此等
問題，我國法院應依『涉外民法』第42條第1項選擇準據法」[24]，另有學
者認：涉外民事法律適用法第42條僅涉及智慧財產權利之「成立」與「效
力」，此觀諸該條置於該法「物權」章可知，關於該等財產如受侵害，依
舊適用該法第25條之侵權行為規定，並認智慧財產法院104年度民商訴字
第23號民事判決，認依原告主張之事實，應定性為侵害商標權及違反公平
交易法事件，並引用涉外民事法律適用法第42條選定準據法，顯有誤認
本案之爭執為商標權之成立或效力之問題，並認本案應依侵權行為之準據
法[25]。

　　因此，於原告所提專利侵權案件，被告為系爭專利無效抗辯者，關於
被告產品有無落入系爭專利範圍、損害賠償之額度等，應定性為專利侵權
事項，應依涉外民事法律適用法第25條定其準據法，而被告之專利無效抗
辯是否有理由，則應定性為專利準物權事項，其尚非不可分割之必然構成

---

[23] 蔡華凱，涉外專利侵害民事爭訟之國際裁判管轄與準據法，月旦法學知識庫，第16
頁。

[24] 吳光平，涉外專利權侵害之法律適用—智慧財產法院100年度民專上字第21號民事判
決評析，月旦法學雜誌第218期，2013年7月，第202、203頁。

[25] 許耀明，涉外侵害商標權事件之管轄、定性與準據法，月旦法學教室第169期，2016
年11月，第32頁。

部分，並無一體適用單一衝突法則決定其準據法之必要，故應依同法第42條第1項定其準據法。同理，於原告請求依約給付專利授權金之案件，被告為專利無效抗辯者，原告請求依約給付專利授權金部分，應依涉外民事法律適用法第20條定其準據法，至被告之專利無效抗辯是否有理由，則應依同法第42條第1項定其準據法[26]。

六、分割爭點分別適用不同準據法之實益

　　因專利屬地主義之故，於我國法院起訴之涉外專利侵權行為案件，幾乎均係起訴主張被告在我國侵害我國專利，倘被告為專利無效抗辯，則原告之起訴與被告之專利無效抗辯，一體適用涉外民事法律適用法第42條第1項之結果，應均適用「我國專利法」之實體法為準據法，故對裁判之實體結果應無影響，但如未正確分割爭點，進而分別定性並分別適用涉外民事法律適用法第25條及第42條第1項規定，即不無可能構成民事訴訟法第467、468條「適用涉外民事法律適用法不當」之判決違背法令，致遭最高法院廢棄裁判。

　　如未分割爭點以分別適用不同準據法，較可能影響裁判結果者，似為請求給付外國專利授權金等之涉外專利契約案件：原告於我國法院起訴請求依約給付外國專利之授權金等專利契約事項，被告則提出該外國專利無效之抗辯，此際，原告之起訴與被告之抗辯，應分別適用涉外民事法律適用法第20條及第42條第1項規定[27]，並以該外國專利之該國專利法為涉外民事法律適用法第42條第1項之「應受保護地」法，否則，倘仍一體適用涉外民事法律適用法第20條規定，或仍一體適用涉外民事法律適用法第42條第1項規定，則可能導致適用不同之準據法，進而影響裁判之終局勝敗結果。

---

[26] 學者同此見解，參見吳光平，涉外專利權侵害之法律適用—智慧財產法院100年度民專上字第21號民事判決評析，月旦法學雜誌第218期，2013年7月，第207、208頁。

[27] 智慧財產法院107年民專上更（一）字第3號民事判決認：應依涉外民事法律適用法第20條定該案專利授權契約之準據法，但應依同法第42條第1項決定專利有效性之準據法，該案並因此認定系爭專利是否無效或其被實質限制範圍，應以美國法院或美國專利商標局判斷為準。

伍、結論

　　涉外專利案件於我國智慧財產民事法院實務上，具相當之重要性，而被告於涉外專利案件為有效性之抗辯，與原告所提專利侵權行為或專利契約請求間，應非不可分割之必然構成部分，並無一體適用單一衝突法則決定其準據法之必要，故應分別適用對應之涉外民事法律適用法條文，以定其準據法，否則裁判結論即使正確，仍存有是否正確適用涉外民事法律適用法條文之「是否不適用法規」、「是否適用不當」等問題（民事訴訟法第467、468條規定參照）。而於請求外國專利授權金等之涉外專利契約案件，被告提出該外國專利之無效抗辯時，如原告之起訴與被告之抗辯，仍一體適用涉外民事法律適用法第20條，或仍一體適用涉外民事法律適用法第42條第1項規定，則較有可能影響裁判之終局勝敗結果。

既判力批判與證明效展開：
仲裁裁決預決效力的概念重塑*

宋連斌**　　許志華***

　　概念是反映事物特有屬性（固有屬性或本質屬性）的思維形式。概念有真有假，唯有真實概念才能正確反映事物的特有屬性[1]。概念的產生和存在，必須依附於語詞。語詞是概念的表現形式，概念是語詞的思想內容。在中國，可表達預決效力概念的語詞有十餘種，如既判力、預決性、預決力、法定證明效等，但其內涵卻有所不同。儘管中國已就預決效力概念達成一定共識，即預決效力是指生效裁決所確認事實的效力[2]。但因其與語詞和內涵不統一，導致預決效力概念歧見頻生，且與爭點效、證明效、事實效、司法認知、禁反言等相互干擾。明確預決效力的概念，對仲裁裁決的效力體系至關重要。

壹、仲裁裁決預決效力的概念衝突

　　在現有仲裁文獻中，預決效力主要被界定為既判力、預決性和預決

* 基金專案：中華人民共和國科技部國家重點研發計畫「多源涉訴信訪智慧處置技術研究」（2018YFC0831800）；中國博士後科學基金第68批面上資助「仲裁案件質量管控體系研究」（2020M680829）；重慶市社會科學規劃培育專案「後民法典時代中國國際私法立法模式研究」（2019PY66）。

** 中國政法大學教授。

*** 法學博士、中國政法大學博士後研究人員。

[1] 金岳霖主編，形式邏輯，人民出版社，1979年，第18-20頁。

[2] 張衛平，民事證據法，法律出版社，2017年，第149-152頁。傅郁林，改革開放四十年中國民事訴訟法學的發展：從研究對象與研究方法相互塑造的角度觀察，中外法學第6期，2018年，第1428-1430頁。

力，但其本質均為既判力，只是作用型態、主觀範圍和客觀範圍有所不同。仲裁裁決預決效力的三種界定不僅與中國現行預決效力共識相衝突，還與現行既判力理論相牴觸。

一、預決效力的三種界定

第一，將預決效力視為既判力。預決效力由既判力引申而出，與既判力具有相同法律約束效果。預決效力約束仲裁裁決中的法律事項；法院、行政機關、仲裁庭，以及仲裁裁決當事人均應受其約束。根據該觀點，仲裁裁決既判力是仲裁裁決對當事人之間爭議的訴訟爭點所做的結論，具有法律上的權威性。當事人不得就同一事項要求通過司法或仲裁程式再次處理。正因如此，既判力衍生出的另一法律上的效果，即裁決對於日後相關的法律問題的處理具有預決的效力，無論法院、行政機關和仲裁庭是否處理與此裁決處理的事項有關問題時，都應受仲裁裁決的約束，不得有悖。由於仲裁裁決的效力本來就來自於當事人的協定（仲裁協定），那麼仲裁協定的效力應高於裁決。因此，仲裁裁決上述既判力是相對的。當事人可以推翻仲裁裁決的既判力和預決效力，但必須以當事人達成協議為前提[3]。

第二，將預決效力等同於預決性。預決效力覆蓋仲裁裁決中的商事或法律關係，其他糾紛解決機構和不特定主體均應受其約束。仲裁裁決既判力生成以後將產生一系列拘束效應，這些拘束效應即為仲裁裁決既判力的內容。仲裁裁決既判力的內容可分解為穩定性、排他性（即排除性）、預決性和強制性。其中，預決性是指「對於已經由生效仲裁裁決確認的事實或法律關係，不容許在其他糾紛解決程序中進行爭執或重新審核」。換言之，已為生效仲裁裁決確認的事實在後發的糾紛解決程序中屬於不需要證明的事實，可直接作為裁判的根據；對生效仲裁裁決所確認的法律關係，其後的裁判不得與之衝突[4]。

---

[3] 陳桂明，仲裁法論，中國政法大學出版社，1993年，第118頁。

[4] 譚兵主編，中國仲裁制度研究，法律出版社，1995年，第247-249頁。

第三，將預決效力視為預決力。生效裁決所確認的事實和法律關係均具有預決力，不僅拘束仲裁機構和法院，還約束不特定主體。預決力是指「生效仲裁裁決所確認的事實或法律關係，仲裁機構和法院在處理其他相關糾紛時，不得進行爭執或進行重新審核，也不得作出與其相互矛盾的認定和決定」。換言之，已為生效仲裁裁決確認的事實在後發的糾紛解決程序中屬於不需要證明的事實，可以直接作為裁決的根據；對生效仲裁裁決確認的法律關係，其後的仲裁裁決不得與之衝突[5]。

二、現行概念的內涵解讀：既判力

不管現行概念是將預決效力視為既判力，還是預決性或預決力，其作用效果與既判力相同，預決效力由既判力衍生而出，是既判力法律效果的應有之義，區別在於其作用型態、主觀範圍和客觀範圍，具體而言如下。

一方面，預決效力的本質是既判力。預決效力的三種概念均將其視為仲裁裁決的通用力或拘束力，後續當事人之間法律關係的基準，不允許當事人再行提出爭議，仲裁機構、法院等糾紛解決機構也不得作出與之相矛盾的認定。這種法律效果與判決既判力的法律效果和屬性相同。根據判決既判力理論，既判力是指確定判決之判斷具有實質上的通用性或拘束力，即「判決一旦獲得確定，該判決對請求之判斷成為規範今後當事人之間法律關係的基準，當同一事項再度成為問題時，當事人不能對該判斷提出爭議、不能提出與之相矛盾的主張，法院也不能作出與該判斷相矛盾或牴觸之判斷」[6]。現行預決效力的三種概念，是判決既判力在仲裁中的適用和延伸，其約束效力與既判力相同，其本質均為既判力。

另一方面，預決效力與既判力的作用型態、主觀範圍和客觀範圍不同。首先，預決效力的本質是既判力，但作用型態也有所差別。如果將預決效力視為既判力的衍生之義，要求前案裁決之事實應成為後續裁決之基礎，任何法院、行政機關和仲裁庭不得作出與之相反的認定，這與既判力

---

[5]　喬欣主編，比較商事仲裁，法律出版社，2004年，第315-316頁。劉想樹，中國涉外商事仲裁裁決制度與學理研究，法律出版社，2001年，第190-191頁。

[6]　新堂幸司著，林劍鋒譯，新民事訴訟法，法律出版社，2008年，第472頁。

的積極作用型態相同。但如果將預決效力視為預決性和預決力，則其不僅約束當事人不得再行爭議，也要求後續糾紛解決機構不得與之相悖，其作用型態不僅包含既判力的消極作用型態，也包括既判力的積極作用型態。其次，三種概念的主觀範圍不同。如果將預決效力視為既判力，則其約束前後兩案中的相同當事人，並約束法院、行政機關和仲裁庭。預決性將其主觀範圍視為不特定主體當事人，不約束仲裁機構和其他糾紛解決機構；預決力則將其主觀範圍視為法院和仲裁機構，不包括除此之外的其他糾紛解決機構，並約束不特定主體當事人。最後，三種概念的客觀範圍不同。將預決效力視為既判力的界定方法；將預決效力的客觀範圍限定為法律事項；預決性和預決力均將其限定為事實和法律關係。三種概念的異同如下表：

預決效力三種概念的比較

概念	作用型態	客觀範圍	主觀範圍	
			糾紛解決機構	當事人
既判力	積極效力	法律事項	法院、行政機關、仲裁庭	相同當事人
預決性	積極效力＋消極效力	事實和法律關係	其他糾紛解決機構	不特定主體
預決力	積極效力＋消極效力	事實和法律關係	法院和仲裁機構	不特定主體

三、既判力內涵的理論衝突

　　仲裁裁決預決效力的三種界定均是將其視為既判力，但這不僅與現行預決效力的共識不符，還與既判力理論衝突，因此上述三種界定已被中國仲裁實踐所拋棄。

　　首先，在中國有關預決效力的基本內涵已形成一致共識，即預決效力是指生效裁決所確認事實的效力[7]。最高人民法院在司法解釋中已進一步

---

[7] 張衛平，民事證據法，法律出版社，2017年，第149-152頁。傅郁林，改革開放四十年中國民事訴訟法學的發展：從研究對象與研究方法相互塑造的角度觀察，中外法

確認，預決效力是指已為法院生效判決所確認事實或已為仲裁機構生效確認事實的效力[8]。因此，現行概念與預決效力的共識相悖。

其次，現行仲裁裁決預決效力的三種概念均將其等同於既判力，不僅約束事實問題，還約束法律問題。然而，根據傳統既判力觀點，「判決標的的界限＝判決主文中判斷事項的範圍＝既判力的客觀範圍」公式，既判力約束判決主文。即便在仲裁中，仲裁裁決既判力也僅約束裁決主文，不約束裁決理由。由於裁判事實屬於事實問題，載於裁決理由，而非裁決主文，因此現行預決效力的客觀範圍與既判力理論相牴觸。

再次，現行預決效力三種概念將預決效力視為既判力，然而既判力具有相對性，原則上不約束當事人之外的第三人和法院。但是預決性和預決力的概念界定將其主觀範圍擴張至不特定主體，這與既判力的主觀範圍衝突。

最後，既判力屬於裁決效力中的制度性效力，具有通用性和強制約束力，其效力來源於國家權力和法律權威。然而，仲裁與司法不同，仲裁以當事人意思自治為基礎，仲裁機構之間相互平行，沒有司法隸屬關係。尤其在國際商事仲裁，因受仲裁員、仲裁庭、仲裁機構、當事人、衝突規範、準據法、證明標準等因素的層層阻隔，預決效力難以獲得法律上的通用力和強制約束力[9]。因此，預決效力現行三種概念與仲裁理論和實踐不符。

學第6期，2018年，第1428-1430頁。

[8] 《最高人民法院關於民事訴訟證據的若干規定》（法釋〔2001〕33號）第9條第1款第4項、第5項；《最高人民法院關於適用〈民事訴訟法〉若干問題的意見》（法發〔1992〕22號）第75條第1款第4項；《最高人民法院關於適用〈中華人民共和國民事訴訟法〉的解釋》（法釋〔2015〕5號）第93條第1款第5項、第6項；《最高人民法院關於民事訴訟證據的若干規定》（法釋〔2019〕19號）第10條第1款第5項、第6項。

[9] 許志華，商事仲裁已決事實效定位之批判與重構，學術交流第3期，2018年，第79-80頁。

貳、仲裁裁決預決效力概念衝突之生成

　　預決效力的概念形成是歷史和現實雙重作用之結果。預決效力本土化生成和發展導致預決效力概念內涵有所調整。受仲裁訴訟化影響，預決效力被引入仲裁，但因受關注不夠，預決效力在仲裁中仍被界定為既判力，這與其在司法訴訟的境遇完全不同。理論發展的不平衡是仲裁裁決預決效力概念衝突形成的重要原因。

一、衝突的起點：本土化生成路徑不同

　　預決效力源自拉丁文中「預決」一詞[10]，具體指羅馬法中的既判力（res judicata）。[11]在羅馬法中，既判力約束事項是「請求和爭點的總和」[12]，爭點不僅包括法律爭點，還包括事實爭點和證據爭點[13]，既判力不僅約束法律問題，還約束事實問題；不僅約束判決主文，還約束判決理由中的事實認定。經發展後，既判力經由兩條路徑傳入中國，一是經由蘇聯傳入中國[14]。在蘇聯，判決具有預決性和排他性，其法律效力源於判決本身（Упление решеия суда В законную силу），判決本身就是對當事人法律關係的確認和蘇維埃法院命令[15]。預決性即實質預決力，是指「已經

---

[10] 李浩，民事證據法立法前沿問題研究，法律出版社，2007年，第121頁。李浩，民事證據的若干規定──兼評最高人民法院《關於民事訴訟證據的司法解釋》，法學研究第3期，2002年，第63-76頁。

[11] 許志華，我國涉外商事仲裁裁決預決效力研究，西南政法大學博士學位論文，2020年，第30頁。

[12] 郭翔，美國判決效力理論及其制度化借鑑──基於爭點效力理論的分析，民事程式法研究第2期，2015年，第171頁。

[13] *Black's Law Dictionary* (eight edition), Minnesota: Thomson Reuters, 2009, p. 4074.

[14] 段文波，預決力批判與事實性證明效展開：已決事實效力論，法律科學第5期，2015年，第109頁。

[15] 陳剛、程麗莊，我國民事訴訟的法律效力制度再認識，法律科學第6期，2010年，第71頁。

發生法律效力的判決，對於法院解決與先已判決的案件具有聯繫關係的其他案件是具有拘束力的特性」。排他性又稱排除性，即形式預決力，是指「判決已經發生法律效力後，就排除提起和審理當事人間關於同一物件和依照同一理由的新訴訟的可能。即當同一訴訟主體、訴訟客體、訴訟理由相同時法院不予受理」[16]。然而，中國在引入蘇聯預決性理論時，擴張了其內涵，預決性不僅包括蘇聯法律上的預決性，還包括排他性[17]。因此，中國法律中的預決性不僅具有約束後續法院的效力，還具有遮斷後訴之效果，不僅約束判決主文，還約束判決理由中的事實判斷。而在中國，預決性又被稱作預決力或預決效力，並最終演變為法定免證效力[18]。第二條路徑是經由德日傳入中國，傳統既判力理論占據主流。傳統既判力理論採用舊實體法說，既判力客觀範圍被限定於判決主文，不包括判決理由中的事實判斷。傳統既判力理論在中國占據主流，與預決效力相衝突，並將預決效力客觀範圍擠壓為判決理由中的事實判斷，預決效力被限縮為裁判事實之效力[19]。

二、衝突的生成：仲裁訴訟化與理論更新不足

在中國，仲裁在一定程度上依附於司法訴訟，具有訴訟化傾向。受仲裁訴訟化影響，預決效力由司法訴訟引入仲裁，但因預決效力受仲裁關注不夠，理論更新不如司法訴訟，導致仲裁裁決預決效力與現行理論和共識衝突。

首先，中國民事訴訟法早於仲裁法，仲裁法及仲裁規則所規定證據的內容沒有超越民事訴訟法的規定，仲裁證據與民事訴訟證據出現同質

---

[16] 克列曼著，王之相、王增潤譯，蘇維埃民事訴訟，法律出版社，1957年，第335頁。

[17] 陳剛、程麗莊，我國民事訴訟的法律效力制度再認識，法律科學第6期，2010年，第73頁。

[18] 段文波，預決力批判與事實性證明效展開：已決事實效力論，法律科學第5期，2015年，第108頁。

[19] 許志華，我國涉外商事仲裁裁決預決效力研究，西南政法大學博士學位論文，2020年，第34-35頁。

化,仲裁證據呈現訴訟化[20]。以《天津仲裁委員會仲裁證據規定(2014年版)》為例,該仲裁證據規定第7條,直接按照中國民事訴訟法有關預決效力的規定,將仲裁裁決所確認的事實視為免予證明的事實,賦予其法定免證效力。

其次,中國《仲裁法》有關仲裁證據規定只有4條,無法有效滿足仲裁證據審理需求。然而,由於中國仲裁員選任和仲裁規則適用具有當地語系化傾向,當仲裁法沒有關於仲裁證據規則的具體規定,而中國民事訴訟法有規定時,仲裁員固有的訴訟思維模式和經驗容易逕行採用司法訴訟有關規定,進而將預決效力引入中國仲裁。如在「武漢建築有限公司與武漢某電氣有限公司仲裁案」[21]中,不管是仲裁員還是司法審查法官,直接適用中國民事訴訟法相關規定處理仲裁裁決所確認的事實,賦予其法定免證效力。

最後,相比於司法訴訟,中國仲裁理論研究起步較晚,仲裁理論在一定程度上吸收司法訴訟的有益經驗,建構了中國仲裁理論體系。但司法訴訟與仲裁的理論、精神和屬性不同,尤其是中國仲裁改革不斷深化,仲裁自治性不斷增強,行政化色彩不斷減弱,因此由司法訴訟引入仲裁的預決效力理論也需要因時而變,順應仲裁特性和仲裁發展。然而,預決效力在中國仲裁的關注不夠,理論更新不足,導致其發展落後於司法訴訟,並與現行理論和共識衝突。

參、仲裁裁決預決效力概念的理論再造:證明效

與司法訴訟不同,仲裁以當事人意思自治為基礎,仲裁機構之間相互獨立,互不隸屬,沒有適用預決效力的國家強制義務。尤其在國際商事仲裁,仲裁員、仲裁庭、仲裁機構、仲裁地法律都將影響預決效力適用。要

---

[20] 宋朝武,仲裁證據制度研究,中國政法大學出版社,2013年,第23頁。

[21] 武漢仲裁委員會,仲裁案例選編(內部資料)第6輯,第166-193頁。

構建符合仲裁特性的預決效力概念，必須對其現行概念進行理論再造，為其注入證明效。

一、效力支點：裁判事實

　　根據涵攝的法律之不同，可將事實分為三類，一是經由實體法評價的要件事實，要件事實是引起民事法律關係變動的事實。要件事實分為權利發生事實、權利障礙事實、權利阻止事實和權利消滅事實，上述事實可直接產生權利變更的法律效果。二是經由證據法評價的證據性事實，證據性事實分為主要事實、間接事實、輔助事實和背景事實。其中，主要事實是與作為法律構成要件所列舉的規範要件事實所對應的具體事實，也是決定法律關係發生、變更或消滅所必要之事實。三是未經法律評價的生活事實或自然事實，生活事實是未經法律評價的事實總稱。從本體論上看，生活事實是一種客觀存在[22]，係原始性事實。由生活事實向法律事實的轉變需要當事人提供證據證明。實體法上所規定的要件事實預先分配了客觀證明責任。通常而言，要件事實對應證據法上的主要事實。主要事實決定當事人權利義務是否發生、變更或消滅。要件事實是實體法預先分配的證明責任，屬於客觀證明責任範疇。主要事實由當事人之間的證明活動形成，屬於主觀證明責任範疇。生活事實或原始事實作為客觀存在，是法律事實力求還原的事實，作為客觀存在的生活事實，因其未經法律評價，故不屬於法律事實的範疇。

　　根據中國現行有關預決效力的共識，預決效力是生效裁判所確認事實的效力，其中，生效裁判所確認事實即裁判事實，裁判事實經證據法律規範涵攝的結果，因此預決事實是證據性事實，預決效力具有證據法上的證明效力。具體而言：首先，裁判事實是仲裁庭根據當事人證明活動所形成的事實認定結論，其判斷標準為證據法，只有符合證據法律規範的事實才能成為裁判事實，也才能成為預決事實，因此裁判事實是證據法上的證據

---

[22] 張海燕，民事訴訟案件事實認定機制研究，中國政法大學出版社，2012年，第10-11頁。

性事實。其次，要件事實是實體法規範所構造的客觀證明責任，由實體法預先分配，不隨當事人和仲裁庭的主觀意願而轉移，因此要件事實不屬於裁判事實的範疇。最後，裁判事實是裁判主體經法律判斷而形成的事實，是仲裁庭主觀評價的法律事實，屬於仲裁庭的價值判斷，而非客觀事實。作為客觀存在的生活事實屬於歷史事實和客觀存在，沒有經過法律評價的生活事實，無法成為裁判事實，也不屬於法律事實的範疇，因此生活事實或原初事實不屬於裁判事實的範疇。

二、效力本質：證明效

裁判事實是經證據法律規範涵攝的結果，只有符合證據法律規範的事實，才能形成裁判事實，因此預決效力屬於價值判斷，而非事實判斷，其效力來源於證據的證明效力，並由其證成，因此預決效力的本質是證明效。

首先，裁判事實須經3個階段，一是仲裁庭對事實資料進行審查後，將符合證據資格的證據納入審理範圍；二是確定符合證據資格事實資料的證據能力，即確定證據的證明力；三是根據當事人所提供的證據，結合庭審辯論的全趣旨，認定案件事實，形成裁判事實。在上述3個過程中，事實資料要變為裁判事實，須經法律涵攝，而經法律涵攝的事實判斷屬於價值判斷，而非事實判斷。裁判事實的形成源於其符合證據法的規範性要求，同樣，預決事實的效力來源於其事實是否符合證據法律規範評價的合法性。因此，預決效力屬於價值判斷，而非純粹的事實判斷。

其次，事實資料只有符合證據資格要求時，才能被仲裁庭作為證據使用。然而，只符合證據資格的證據，還無法證成事實之成立；要證成事實之成立，還要求證據的證明力達到證明標準。只有當證明力達到證明標準時，案件事實才能成立，裁判事實也才能成立。因此，從事實資料到裁判事實的演繹過程為「事實資料→證據資格→證明力→裁判事實」。在此過程中，裁判事實是由符合證據資格的證據加以證明的法律事實，其本質為證據的證明力所證明的事實。以裁判事實為基礎的預決效力是仲裁裁決的法律約束力，但預決效力作為裁判事實的約束力，源於形成裁判事實基礎

的證明力。因此，預決效力的本質是證據的證明力。

再次，預決效力源於證明力，但不同於證明力。預決效力是基於證明力所證成的事實，表現為裁判事實的約束力。證明力向預決效力的轉變，需要經歷「證明力→案件事實→仲裁裁決確認→預決效力」的演繹過程。因此，預決效力實以證明力為基礎的法律約束力。如果將證明力視為預決效力的實質效力，將預決效力的法律約束力視為形式效力，則預決效力的形式效力正是由內在的實質效力（證據的證明力）產生和支撐。需要說明的是，儘管預決效力以證據的證明力為基礎，但與證明力不同，預決效力具有證明力所不具有的事實上的形式約束力。

最後，儘管預決效力具有一定事實上的形式約束力，但屬於裁判事實的效力延伸，其實質效力歸屬於裁判事實的證明力。其原因在於，預決效力旨在要求在後案中的仲裁庭採信前案仲裁裁決所確認的事實，即賦予前案仲裁裁決中裁判事實一定法律約束力，這種法律約束力表現為前案仲裁裁決所確認事實所具有的證明力，其實質為裁判事實所具有的證明力屬性。

三、效力歸屬：裁決理由

預決效力是裁判事實的效力，裁判事實是仲裁庭關於事實資料和合法性、真實性與關連性的判斷，載於裁決理由之中，因此預決效力是「裁決理由」中裁判事實的效力。具體而言：仲裁裁決書主要由三部分構成，一是裁決主文（dispositif）；二是裁決理由（motif / ratio decidendi）；三是附帶意見（obiter dictum）。裁決主文通常載於裁決書的尾部，是針對當事人訴訟請求所作的判斷，其物件為當事人之間的權利義務關係[23]。裁決理由係裁決的論證部分，是裁決案件的依據[24]。裁決理由不僅包括法律問題，還包括事實問題。裁決理由的事實認定可分為兩步，第一步是確定作為裁決的所有案件的事實；第二步是確定作為裁決的必要（material）事

---

[23] 傅攀峰，仲裁裁決既判力問題研究，武漢大學博士學位論文，2015年4月，第42頁。
[24] 薛波主編，元照英美法詞典（縮印版），北京大學出版社，2003年，第1147頁。

實[25]。在裁決理由中，仲裁庭需要對證據、事實和法律適用等問題進行說明、論證和推理。在國際商事仲裁中，裁決理由並非必要部分，當事人可以協定排除，部分國家還保留了允許不附裁決理由的傳統[26]。但聯合國國際貿易法委員會《國際商事仲裁示範法》第31條第2款規定，除當事人排除外，裁決應說明其所依據的理由[27]。附帶意見是裁決過程中針對某一與案件並不直接相關的法律問題所作的評論，並非裁決所必要[28]。與既判力不同，預決效力是裁判事實之效力。從仲裁裁決書的結構看，裁判事實作為裁決的必要組成部分，其本質屬於事實，由證據證成，證據的採納和事實的認定屬於裁決的論證部分，屬於裁決理由部分。與既判力（舊實體法說）不同，既判力的客觀範圍為裁決主文，預決效力的客觀範圍為裁決理由中的事實認定。

四、效力依附：確定裁決

　　裁判事實要求生效仲裁裁決所確認的事實已經確定，要保證仲裁裁決中裁判事實已確定，只需仲裁裁決「已確定」，而非仲裁裁決「已生效」，因此，仲裁裁決已生效不是裁判事實已確定的必要條件。

　　首先，仲裁裁決的確定與生效時間並非完全一致，仲裁裁決確定的時間通常要早於仲裁裁決生效的時間。一般而言，仲裁裁決一經作出，仲裁裁決即已確定。仲裁裁決生效時間通常自送達當事人之時起算，而裁判事實確定的時間自仲裁庭作出仲裁裁決之時已固定，因此裁判事實確定的事實即仲裁裁決作出之時，而非仲裁裁決生效之時。

　　其次，預決效力是前案的仲裁庭在仲裁裁決中所確認事實的效力，

---

[25] *Black's Law Dictionary* (eight edition), Minnesota: Thomson Reuters, 2009, p. 4074.

[26] Gary B. Born, *International Arbitration: Law and Practice*, second edition, Transnational Publishers, 2016, pp. 287-288.

[27] The award shall state the reasons upon which it is based, unless the parties have agreed that no reasons are to be given or the award is an award on agreed terms under article 30.

[28] 薛波主編，元照英美法詞典（縮印版），北京大學出版社，2003年，第991頁。 *Black's Law Dictionary* (eight edition), Minnesota: Thomson Reuters, 2009, pp. 3401-3402.

只要仲裁裁決中所確認的事實已確定，則該裁判事實才能確定，只要裁判事實已確定，則以裁判事實為基礎建立的預決事實和效力也就在此時確定。在理論中，當事人口頭辯論終結之時，仲裁庭關於事實認定的心證已形成，裁判事實在當事人口頭辯論終結之時既已確定。在實踐中，仲裁庭形成心證之時，裁決的事實已固定，預決事實和預決效力以裁判事實為基礎，因此預決事實和預決效力也在此時固定，即當事人口頭辯論終結之時，亦即仲裁庭心證形成之時。

再次，由於各仲裁機構有關仲裁裁決的規定不同，仲裁裁決生效的時間也不同。如在中國，仲裁裁決的生效須加蓋仲裁機構公章，但是，裁判事實自仲裁庭作出裁決時已固定，無需仲裁機構蓋章確認。如果以仲裁裁決生效作為預決效力生效時間，則容易因時間衝突而產生認定上的不一致。

最後，在國際商事仲裁中，由於不同法域有關仲裁制度和規定不同，仲裁裁決在不同法域的生效時間也不盡相同。在特殊情況下，還可能發生已被撤銷的仲裁裁決「復活」情形[29]。例如在A法域，已被撤銷的仲裁裁決自始不發生效力，則仲裁裁決中的裁判事實也被視為自始不存在；在B法域，該裁決被「復活」，則仲裁裁決中的裁判事實已存在。則A和B法域就將產生關於裁判事實是否存在的衝突。如果將裁判事實確定的時間視為自仲裁裁決作出時，則不管A法域和B法域作何規定，均不影響其裁判事實生效時間的判斷。因此，基於國際商事仲裁不同法域法律規範考慮，將預決效力生效時間限定為仲裁裁決「生效」之時，可能產生不同法域之間衝突。為避免不同法域衝突，同時也為臨時仲裁提供適用空間，應將裁判事實確定時間規定為裁決「確定」之時，仲裁裁決依附於確定裁決。

---

[29] 張美紅，論已撤銷的國際商事仲裁裁決在域外「復活」的理據與規則，政治與法律第5期，2017年，第99-108頁。

肆、仲裁裁決預決效力的概念展開

　　仲裁裁決預決效力是指前案仲裁裁決所確認的事實對後續仲裁的效力，該效力不是法定證明效，而是事實性證明效力。因受仲裁保密性限制，其形式效力主要約束前後兩案相同當事人，而其實質效力以裁判事實形成的證據和事實資料為基礎，可適當擴張至提供證據的仲裁當事人。考慮到預決效力所證明依據和證明力強弱之差異，可通過直接和間接證明相結合的方式發生作用。

一、預決效力的概念表達

　　預決效力是裁判理由中裁判事實的效力，依賴於仲裁裁決的證據效力，以仲裁裁決理由中裁判事實的效力為表徵，但其本質是證據的證明效力。根據裁判事實形成的基礎及其法律約束力，可將預決效力分為實質效力和形式效力。實質效力是指在前案中證明裁判事實所依賴的證據的證明力。形式效力是預決效力對後續仲裁庭所產生的約束力，即裁判事實的證明力。儘管兩大法系關於裁判事實證明力的認識不同，但不管裁判事實是否具有證明力，都是前案仲裁庭以證據為基礎作出的事實評價和判斷。即使在後案中的仲裁庭不認可前案仲裁庭有關事實認定的結果，但裁判事實仍具有證據屬性，屬於證據性事實。基於裁判事實而形成的預決效力系裁判事實對後續仲裁庭的約束力，也具有證明力的屬性。如果將仲裁裁決預決效力置於仲裁語境之中，仲裁裁決預決效力可界定為：「仲裁裁決預決效力是指已為確定仲裁裁決所確認事實，對後續仲裁的約束力。其中，已為確定仲裁裁決所確認的事實為預決事實。」

二、預決效力的效力定位

　　預決效力是仲裁裁決所確認事實對後續仲裁的效力，賦予裁判事實預決效力，是對仲裁公正性和權威性的認可，其本身屬於價值取向和價值選擇。因此，預決效力具有形式約束力，即後案仲裁庭原則上不得推翻。

但是，從證據屬性看，預決效力原則上屬於書證和傳來證據，其證明力有限。尤其在國際商事仲裁中，預決效力受仲裁員、仲裁庭、仲裁機構、仲裁地、衝突規範、準據法，甚至是程序法和證據法等因素制約，其效力也因上述因素不同而不同。考慮到仲裁的獨立性和分割性，預決效力的形式效力不具有強制性約束力（binding effect），而僅具有事實上的說服力（persuasive effect），即事實性證明效。事實性證明效由仲裁庭根據自由心證加以認定，允許當事人反駁推翻該事實；仲裁庭在存有合理懷疑時，亦可否定該事實[30]。

　　預決效力的事實性證明效原則上是一種形式約束力，當事實存疑時，仲裁庭應穿透預決效力的形式效力，根據裁判事實形成的事實資料，或當事人在本案中提供的證據材料，對證據和事實進行認定。一方面，仲裁庭可根據案件審理需要，對存有疑點的預決事實進行調查，審查其形成的事實和證據材料，排除其存在的證據瑕疵，進而認定預決事實，賦予前案仲裁裁決所確認事實以預決效力；否則，就不應認定前案仲裁裁決所確認事實。另一方面，仲裁庭亦可根據便利性，審理當事人在本案中提供的事實和證據資料，進而認定案件事實。

三、預決效力的適用範圍

　　第一，預決效力的主觀範圍。受仲裁保密性限制，預決效力原則上僅約束前後兩案相同當事人，以及參與事實形成的仲裁參與人。預決效力具有形式效力和實質效力雙重效力，其中形式效力可作為優勢證據存在，如排除其中存在的疑點後，直接約束後續仲裁的當事人。因此，預決效力的形式效力原則上僅約束前後兩案相同當事人和仲裁參與人。但預決效力的實質效力以形成裁判事實的證據資料和事實資料為基礎，當預決效力存有疑點時，仲裁庭需要審查形成裁判事實的證據資料和事實資料，形成預決效力的實質效力與證據資料和事實資料的證明效力重合，此時預決效力

---

[30] 許志華，商事仲裁已決事實效定位之批判與重構，學術交流第3期，2018年，第81-82頁。

的實質效力表現為證據的證明力。在此情形，證據的證明力並不因當事人不同而改變，預決效力的實質效力作為證明力適用，沒有限制其主觀範圍的必要，預決效力的實質效力可擴大適用至提供證成預決事實證據的所有人。

第二，預決效力的客觀範圍。預決事實的形成以裁判事實為直接基礎，既不是純粹的客觀事實，也不是實體法上的構成要件事實。裁判事實不只是單純的事實問題，其中還包括法律在內的事實問題，因此預決事實屬於法律涵攝事實資料後形成的法律判斷，即價值判斷。裁判事實的形成主要包括3個關連事項，一是事實認定；二是事實認定的法律適用；三是作為結果的法律關係的判斷[31]。事實認定是裁判事實形成的基礎，事實認定本身是法律涵攝的結果，離不開法律適用，而作為結果的法律關係判斷又以事實認定為基礎。雖然裁判事實與法律有關，但裁判事實仍以事實認定為核心，涵攝事實的法律規範和作為結果的法律關係判斷不屬於事實適用的範疇。

第三，預決效力的時間範圍。預決效力以裁判事實為基礎，自裁判事實確定時生效，自裁判事實被推翻或失效時終止。一方面，裁判事實在當事人口頭辯論終結之時確定，此時仲裁庭心證已經形成，仲裁庭已經作出相關事實判斷，因此裁判事實自當事人口頭辯論時固定，預決效力的時間範圍自確定當事人口頭辯論終結時形成。另一方面，當裁判事實被推翻或失效，裁判事實已經變更或不存在，則預決效力也隨之終止。

四、預決效力的作用方式

因預決效力具有形式效力和實質效力，因其效力不同，則預決效力的作用方式不同，主要分為兩種，一是直接證明方式，二是間接證明方式。

第一，預決效力的直接證明方式：仲裁裁決作為書證的證明效力。仲裁裁決是證明預決事實是否成立以及預決效力是否可適用的基礎，預決效

---

[31] 段文波，預決效力批判與事實性證明效展開：已決事實效力論，法律科學第5期，2015年，第112頁。

力依賴於仲裁裁決的證明力。由於仲裁裁決具有書證和傳來證據屬性，如果主張預決效力的當事人未能證明預決事實存在或預決事實有瑕疵，或者另一方當事人提出反駁，則主張預決效力一方的當事人應補強證據以證明預決事實成立。仲裁庭也應對前案裁判事實形成的原始證據進行審查，應根據裁決所載明事實判斷預決事實是否存在與有效。當證明責任達到客觀證明責任時，仲裁庭應認定該事實。

第二，預決效力的間接證明方式：提出反證或證明責任轉移。為保障仲裁權威和裁決統一，維護當事人權益和法律關係穩定，預決效力具有一定形式約束力，即賦予預決事實優勢地位證據，如果主張預決效力一方當事人證明預決事實存在，而另一方當事人未提出相反證據或反駁，仲裁庭可認定預決事實成立，賦予前案仲裁裁決所確認事實以事實性證明效。

總體而言，預決效力由前案仲裁裁決所載明的裁判事實加以證明。因仲裁裁決具有書證和傳來證據屬性，如仲裁裁決中所載明事實不明或存有疑點，則仲裁庭可要求當事人進行補充證據以補強其證明力；仲裁庭也可根據庭審需要，審查裁判事實所形成的原始證據，進而確定該裁判事實是否成立。如果裁判事實已成立，仲裁庭可賦予該裁判事實優勢證據地位和事實性約束力。在此情形，另一當事人再行提出異議，則仲裁庭可轉移證明責任，要求其提出反證或轉移證明責任。

經台灣地區認可之大陸地區裁判之效力：最高法院105年度台上字第704號民事判決評釋

李後政[*]

壹、案例事實暨法院裁判

一、事實概要

　　某甲為大陸地區人民，某乙為台灣地區人民，兩造於民國94年10月28日在台灣結婚，婚後育有一子丙，詎某甲無故攜子返回大陸居住，伊於100年3月14日至大陸地區欲接某甲及子返台，遭某甲夥同其父母、妹與妹夫等人搶走伊母親隨身攜帶之玉石珠寶、現金等物品，價值新臺幣1,000萬元，並脅迫伊母親書立賠償字據。伊母親回台後即提出刑事告訴，某甲不再返台履行同居義務。嗣於大陸地區提起離婚訴訟，惡意遺棄某乙繼續中，兩造間有難以維持婚姻之重大事由存在等情。爰依民法第1052條第1項第5款、同條第2項規定，求為准某甲與某乙離婚、兩造所生未成年之子丙由某甲監護之判決。某乙則以：伊於101年7月12日向大陸地區福建省南平市延平區人民法院（下稱大陸法院）訴請與某甲離婚並由伊扶養（即監護）丙，獲勝訴判決（下稱大陸離婚等判決）確定，並經台灣新北地方法院（下稱新北地院）以103年度家陸許字第3號裁定認可（下稱認可裁定）確定，兩造間婚姻關係因而消滅。伊已向戶政機關辦理離婚及對丙行使親權登記在案，某甲不得提起本件訴訟等語。

---

[*] 律師、台灣國際私法研究會副會長、國立臺北大學法律學系兼任副教授、臺灣大學法學博士。

二、法院裁判

(一)台灣新北地方法院102年度婚字第958號民事判決

　　兩造之婚姻業經中國大陸地區福建省南平市延平區人民法院（2012）延民初字第3117號民事判決離婚，並酌定兩造所生未成年子女丙由某甲扶養，某乙自西元2013年8月1日起每月支付丙扶養費（人民幣）1,000元，至丙獨立生活止，並確定在案，該判決復經本院以103年度家陸許字第3號民事裁定認可確定在案，且被告已向戶政機關辦理離婚登記及未成年子女丙權利義務行使負擔之監護登記等情，此有被告提出之中國大陸地區福建省南平市延平區人民法院（2012）延民初字第3117號民事判決影本、判決生效證明書影本及經財團法人海峽交流基金會認證之公證書各1份、本院103年度家陸許字第3號民事裁定暨確定證明書影本各1份、丙戶籍謄本1件在卷可憑，並經本院依職權查閱原告戶籍資料屬實。本件兩造既已離婚，彼等間之婚姻關係已消滅，關於為訴訟標的法律關係之要件即離婚之形成權即屬欠缺，本院自無從再以判決消滅兩造之婚姻關係，且兩造所生未成年子女丙之親權，亦經該大陸判決酌定由被告扶養，並於我國戶政機關為監護登記，自無再予酌定之必要，揆諸上開說明，應認原告之訴欠缺權利保護要件，無保護必要，依其所訴之事實，在法律上顯無理由，本院爰不經言詞辯論，逕以判決駁回之。

(二)高等法院103年度家上字第128號民事判決

　　兩造於94年10月28日結婚，並於99年1月7日生子丙。某甲於101年7月12日向大陸地區福建省南平市延平區人民法院訴請離婚，經該法院（2012）延民初字第3117號民事判決書（下稱系爭大陸地區民事判決書），判決兩造離婚，並酌定兩造所生未成年子女丙由某甲被上訴人扶養，某乙自102年8月1日起每月支付丙扶養費人民幣1,000元，至丙獨立生活止，並確定在案。某甲持系爭大陸地區民事判決書向原法院請求認可，經原法院以103年度家陸許字第3號民事裁定認可在案。某甲已向戶政機關辦理離婚登記及丙權利義務行使負擔之監護登記等事實，有全戶戶籍資料

查詢結果、系爭大陸地區民事判決書、證明書、公證書、財團法人海峽交流基金會證明、原法院103年度家陸許字第3號民事裁定暨確定證明書、戶籍謄本、個人戶籍資料查詢結果等件附卷可稽，此部分事實自堪信為真實。是兩造間之主要爭點為：上訴人得否提起本件離婚訴訟？茲分述如下。1.按夫妻之一方以他方具有民法第1052條第1項各款情形之一或同條第2項所定情形者，得訴請法院裁判離婚，其性質為請求法院裁判離婚之形成權，此項形成權，乃為離婚之訴之訴訟標的。而權利保護要件，在形成之訴，須原告具有其主張之形成權存在，且該形成權之行使足以發生法律上一定之效果。換言之，原告訴請法院裁判離婚，即係在主張其有離婚之形成權，得請求法院以裁判消滅其與被告間之婚姻關係，故兩造間之婚姻關係若已消滅，原告即不再具有離婚之形成權，法院亦無從以裁判消滅兩造之婚姻關係，此時，原告提起之離婚訴訟，即屬欠缺權利保護要件。本件某甲向大陸地區人民法院訴請離婚，經該法院以系爭大陸地區民事判決書，判決兩造離婚，並確定在案，已如前述，某乙雖主張大陸地區法院無管轄權，所為判決違反公序良俗，原法院之認可違法云云，惟查：(1)按臺灣地區與大陸地區人民關係條例並無關於離婚事件管轄權之規定，故應類推適用修正前民事訴訟法第568條第1項之規定，認夫妻之本國法院、夫妻住所地之法院及訴之原因事實發生地之法院，亦有管轄權。某乙為台灣地區人民，某甲為大陸地區人民，依某乙之戶籍資料顯示，兩造係於94年10月28日結婚，有全戶戶籍資料查詢結果附卷可稽，而某甲係於96年7月22日第一次入境台灣，亦有被上訴人之入出國日期紀錄在卷可證，足見兩造係在大陸地區結婚，且於某甲96年7月22日第一次入境台灣前，兩造曾居住在大陸地區逾1年；迄某甲96年7月22日入境台灣後，兩造始居住在台灣。是某乙主張兩造係在台灣結婚，且夫妻之住所地係在台灣地區新北市云云，與事實不符，自無足採。應依前揭說明，認兩造住所地之法院及訴之原因事實發生地之法院，均有管轄權。且某甲向大陸地區法院主張之離婚原因事實，其中關於「……（西元）2012年2月間，因原告（即被上訴人）不願帶兒子回台灣生活，雙方因此發生爭吵，2012年5月底，某甲帶孩子回台灣，發現家中所有鑰匙已全部被某乙換了，某甲只好帶著孩

子，住酒店2天，第三天就回大陸」部分，係兩造婚姻關係存續期中發生之事實，足見台灣及大陸地區均為上開離婚事件原因事實之發生地，符合修正前民事訴訟法第568條第1項但書所規定之連結因素，故為系爭大陸地區民事判決書之大陸地區法院具有管轄權，是上訴人主張大陸地區法院無管轄權，其所為判決有違我國之公序良俗云云，委無足採。(2)又本件大陸地區法院為離婚判決前，已對上訴人合法傳喚，此觀某乙起訴狀所載：「某乙母親回台後，向台灣新北地方法院檢察署提出刑事告訴，目前由檢察官偵辦中。某甲因此不再返回台灣與某乙履行同居義務，甚至在福建省南平市延平區人民法院提出民事訴訟，訴請與原告離婚。因某乙認為上開離婚訴訟之判決，台灣地區法院不會予以承認，因而未予理會。目前已接獲上開離婚判決」等語即明。足見大陸地區法院為判決前，對上訴人已為合法送達，給予某乙充分答辯及攻擊防禦之機會，並無違反我國司法制度上所規定應踐行之程序，自無違我國之公序良俗。是某乙主張系爭大陸確定離婚判決違反台灣地區之公序善俗云云，即非可採。2.原法院以103年度家陸許字第3號民事裁定認可系爭大陸地區民事判決書，業已詳載理由：「……大陸地區業於西元1998年1月15日，通過『最高人民法院關於人民法院認可台灣地區有關法院民事判決的規定』，並自同年5月26日起施行，是在台灣地區作成之民事確定裁判，已得依該規定聲請大陸地區法院裁定認可，故我國法院依法亦得認可大陸地區之民事確定判決。經查，聲請人提出福建省南平市民事判決係以：『本院認為，兩造相識4個月後即登記結婚，雙方感情基礎較差。2012年2月雙方發生爭吵後，雙方長期分居生活至今，且某乙從未聯繫某甲，兩造感情確已破裂，故某甲提出與被告離婚之訴訟請求，符合中華人民共和國婚姻法的有關規定，本院予以准許。關於兩造婚生子丙扶養問題，考慮到丙一直隨母親生活，且其年紀尚幼，從利於孩子身心健康成長出發，本院對某甲提出丙由其扶養的訴請亦予以支持。某甲提出要求被告每月支付孩子扶養費2,000元，但原告未能提交相應依據，參照福建省2012年城鎮居民人均消費支出18,593.2元／年的標準，本院酌情確定被告應每月支付丙扶養費1,000元，至丙獨立生活止』為由，而判決某甲與某乙離婚及酌定兩造未成年子女丙權利義務行

使及負擔之內容在案，其判決理由與台灣地區之公共秩序或善良風俗並無違背，且符合兩岸間平等互惠及相互承認之原則」等語，某乙對該裁定亦未表示不服，則系爭大陸地區民事判決書既經我國法院裁定認可，並經確定，即應發生承認之效力。上訴人主張原法院所為系爭大陸地區民事判決書之認可違法云云，亦無足取。3.況被上訴人已持系爭大陸地區民事判決書，向戶政機關辦妥雙方之離婚登記，兩造之婚姻關係已然消滅，而戶政機關之離婚登記係屬公文書，應推定為真正，於未經塗銷前自屬有效。故上訴人就已不存在之婚姻關係訴請離婚，自屬欠缺權利保護要件，起訴請求離婚，為欠缺權利保護要件。綜上所述，兩造間婚姻關係已消滅，無再為裁判離婚之必要，上訴人起訴請求離婚，係欠缺權利保護要件，不應准許。

(三) 最高法院

　　兩造於94年10月28日結婚。被某甲於101年7月12日向大陸法院起訴，請求准其與某甲離婚及扶養丙，獲大陸離婚等判決勝訴確定。某甲持該判決，依臺灣地區與大陸地區人民關係條例（下稱兩岸人民關係條例）第74條第1項規定，聲請新北地院裁定認可。經該院以：大陸法院判決以兩造相識4個月後即登記結婚，感情基礎較差，自101年2月間兩造爭吵後，長期分居生活至今，某甲亦從未聯繫被某甲，夫妻感情確已破裂，合於大陸地區婚姻法的有關規定，准予離婚，並考慮丙年紀尚幼，一直隨母親生活，從其身心健康成長考量，亦准由被某甲扶養，乃斟酌福建省101年城鎮居民人均消費支出每年人民幣（下同）18,593.2元，命某甲應每月支付丙扶養費1,000元等情；均無違台灣地區之公共秩序或善良風俗，且符合兩岸平等互惠及相互承認之原則等詞，予以裁定認可，因某甲未聲明不服而確定。被某甲持之辦理離婚等登記，某甲就已不存在之婚姻關係訴請離婚，欠缺權利保護要件。又兩造於大陸地區結婚後即在大陸地區居住逾1年，96年7月22日入境台灣居住，是某甲主張兩造係在台灣結婚，且夫妻之住所地係在新北市云云，與事實不符。嗣兩造於101年2月間，在大陸地區因被某甲不願帶丙回台灣生活，發生爭執，迨被某甲於同年5月底回

台灣後，因某甲更換台灣住處所沒有鑰匙，不得已攜丙回大陸地區等情，為兩造婚姻關係存續期間所發生之事實，台灣地區及大陸地區均為上開離婚事件原因事實之發生地，符合修正前民事訴訟法第568條第1項但書所規定之連結因素，大陸法院有管轄權。再者大陸地區離婚等訴訟於判決前已向某甲合法送達，給予某甲充分答辯及攻擊防禦之機會。某甲主張大陸離婚等判決違反台灣地區公序良俗云云，為不可採。則某甲本件請求，於法不合，不應准許。並說明某甲其餘主張與舉證，均不足以影響判決結果，無一一論述之必要，為原審心證之所由得，因而維持第一審所為某甲敗訴之判決，駁回其上訴。按在大陸地區作成之確定判決，不違背台灣地區公共秩序或善良風俗者，當事人得依兩岸人民關係條例第74條第1項規定，聲請法院裁定認可。於此認可之非訟程序中，倘法院已賦與當事人參與程序之機會，或當事人未就不利之裁定聲明不服，自不得再為與該確定認可裁定意旨相反之主張，以確保法院裁判之安定性及有效性，避免紛爭再燃，俾符合程序經濟之要求及程序上之誠信原則。查上揭大陸判決准被某甲與某甲離婚，並酌定丙之親權由被某甲行使，既經被某甲聲請新北地院裁定認可，且該裁定因某甲未聲明不服而告確定，為原法院確定之事實。則某甲既本於處分權而未對不利於己之認可裁定聲明不服，依上說明，其復以得於該認可裁定程序主張之事由，提起本件離婚等訴訟，自違反程序上之誠信原則，其訴即欠缺權利保護要件。原審所為某甲不利之判決，理由雖未盡相符，結論則無二致，仍應予以維持。至有關對於未成年之子丙權利義務之行使負擔部分，某甲雖非不得另以未成年子女之最佳利益為由，聲請法院改定，但此係別一問題。上訴論旨，徒就原審取捨證據、認定事實之職權行使，及與結果無關之贅述，指摘原判決不當，求予廢棄，非有理由。

貳、評釋

一、外國法院確定裁判承認之理論基礎

國際私法選法規則承認涉外民事事件得適用外國法作為準據法，係對於外國立法權及其行使結果之承認，外國法院確定判決之承認與執行，則是對於外國司法權及其行使結果之承認。司法權與立法權同係國家之表現之一，基本上，僅於其國家之領域之內發生效力，而甲國之民事法律為乙國所適用，係經由乙國國際私法規定及其適用之結果，甲國之法院之確定判決，在乙國發生效力，亦係乙國之民事訴訟法或其他法律規定及其適用之結果，而乙國之民事訴訟法或其他法律為何規定承認甲國或其他國家之法院之確定判決，乃承認與執行外國法院確定判決之理論基礎所在。對於此一問題，可從兩個層面加以觀察。

1. 基於承認與執行外國法院確定判決之實際上的必要性。亦即，雖外國法院之判決僅於該國領域之內始有效力，但如為使該判決所涉及之私法上之權利義務，在數個國家發生效力，例如，甲國法院命被告損害賠償之確定判決，因被告之財產在乙國或丙國而需在乙國或丙國執行，因而使當事人需在乙國甚至丙國提起相同內容之訴訟，此不但時間、勞費均需多倍投入，影響訴訟經濟，且獲得勝訴之原告，其權利無法迅速獲得實現，已失私權保護之意旨，而敗訴之被告亦可能脫免其責任。如在乙國提起確認該已受甲國法院判決敗訴確定之權利，如前述之損害賠償債務之不存在，則乙國法院之判決有可能否定該損害賠償請求權之存在或作不同之損害賠償之認定，亦有可能肯定該損害賠償請求權之存在。如此，當事人之權利義務亦因甲乙兩國之判決而發生歧異與矛盾，而無由確定，則國際間跛行的法律關係因而發生，法的安定性亦無由確保[1]。

2. 承認與執行外國法院確定判決之制度面之正當性。亦即，除前述

---

[1] 馬漢寶，國際私法總論，第180-181頁。高桑昭，外國判決承認執行，新實務民事訴訟法講座第7卷，第126頁。

之承認與執行外國法院確定判決之必要性外，在制度之層面，如何可以承認並執行外國法院之確定判決，應有更深一層之根據，此即終局性之原則與正當性之原則。所謂終局性之原則係指基於實踐正義之要求，紛爭解決之終局性與確定性是必要的。排除同一紛爭之重複審理，支持紛爭解決之終局性之理由，可以從幾方面加以觀察，就當事人而言，可以避免當事人重複支出訴訟上時間與金錢之勞費，就法院而言，亦可減少同一訴訟（同一當事人間就同一訴訟原因之訴訟）重複審理在時間與精力上之花費。所謂正當性原則，則係基於理念正義之要求，判決應係正當的。如不正當則無維持其效力之必要。惟此二種原則並非併行不悖，而係互相排斥。亦即，如過於強調1，則必然排斥其他。例如，強調紛爭之一次解決，禁止同一紛爭之重複審理，則不問判決之正當與否，均不得再行訴訟。在訴訟之審級制度上也採取比較嚴格的態度。例如，僅以一級一審為限。在民事訴訟、民事確定裁判既判力之範圍亦採取比較寬鬆的態度。

　　反之，如強調判決之正當，則凡判決不正當，便可就同一紛爭重複審理，不受任何限制。既判力之觀念幾無存在之餘地。因此，就裁判制度之層面考量，問題即在於如何調和二者。此在所謂純粹內國事件，即無涉外成分之民事事件，有所謂既判力之制度與再審之制度，前者之目的在禁止同一紛爭之重複審理，後者則在對於不正當裁判不承認其效力，而另以再審裁定或判決，否認其效力。在涉外民事事件亦然，甚至需更深入加以檢討。特別是在當事人勞費與法院負擔之考量。前述之訴訟經濟與法的安定性之強調，無非係基於紛爭解決之終局原則，但不可否認的，相對於內國法院彼此間，基於係同一國家之法院，有相當之同質性與互相的信賴性，對於既經判決確定之紛爭，原則上不許其再重複審理，除非原確定判決之結果，已嚴重違背正義之要求，始准許再審。在外國法院確定判決之承認與執行，畢竟該外國法院並非內國之法院，其所行之程序或所適用之法律並非內國所熟悉，如何在彼此間存有相當之信賴性，進而承認並執行其判決？在考慮前述之終局性原則與正當性之原則之際，不免更為慎重，而有

所謂外國法院確定判決之形式審查主義與實質審查主義之制度之對立[2]。

二、形式審查主義與實質審查主義

　　對於外國法院確定判決之承認與執行，在制度之層面，有所謂判決之終局性原則與判決之正義性原則之對立，二者之間，應以何者為重，即影響對於外國法院確定判決之態度。詳言之，如全然重視外國法院確定判決之正義性，則在對於外國法院之訴訟制度陌生或不信任之前提下，對於其確定判決抱持疑懼之態度乃屬必然，因而有所謂實質審查主義之發生。所謂實質審查主義[3]，即是內國對於外國法院之確定判決，無論證據取捨、事實認定、適用法律乃至訴訟程序，均予以審查，如有一不妥適，即不予承認或執行該外國法院之確定判決。因此，在採取實質審查主義之下，外國法院確定判決之承認與執行程序，在訴訟上之時間與金錢之勞費上，與在外國法院重行起訴並無差異，且與承認外國法院確定判決之一般原則不符，故並不妥適。如對於外國法院確定判決之終局性原則較為重視，則基本上信任外國法院確定判決之正當性，而僅在一定情形之下，始不承認或執行該外國法院之確定判決，而採取所謂形式審查主義。所謂形式審查主義，即係由內國在民事訴訟法或其他法律設定一定要件，通常為消極性之要件，如不具備此等要件，即予以承認該外國法院之確定判決。是否不具有該等消極要件，係由法院作形式上之審查，以資決定。

---

[2] 豬股孝史，外國財產關係判決執行執行制度關序論的考察—制度論と要件論，比較法雜誌第22卷第2號，第34-35頁。松岡博，國際取引外國判決承認と執行，阪大法學（大阪大學）第133、134號，第26-31頁。

[3] 曾陳明汝，國際私法原理，第194頁。法國原採實質審查主義，但在1964年1月7日Munzer破毀院判決之後，即廢止實質審查主義，而在具備以下5個要件時，承認外國法院民事確定判決：(1)外國判決確係有管轄權法院所為；(2)外國所進行之程序係正當的；(3)外國法院適用法國國際私法所指定之準據法；(4)外國法院判決不違反公序良俗；(5)未迴避強行法規之適用。松岡博，同上，第25頁註12。豬股孝史，同上，第39頁註14。

三、外國法院確定裁判承認之要件

　　由於採取實質審查主義有如上所述之缺失，因此，晚近各國均已採取形式審查主義。惟各國對於判決正當性原則與判決終局性原則之認知未必相同，影響該國對於外國法院確定判決之態度，因而，即使採取形式審查主義，但對於承認或執行或不予承認或執行外國法院確定判決之要件，均有不同。我國取法德國、日本等大陸法系國家之立法例，採取形式審查主義，一般而言，尚屬妥適。惟其中仍有若干問題有若干問題，有待進一步檢討。

　　民事訴訟法第402條規定：「外國法院之確定判決，有下列各款情形之一者，不認其效力：一、依中華民國之法律，外國法院無管轄權者。二、敗訴之被告未應訴者。但開始訴訟之通知或命令已於相當時期在該國合法送達，或依中華民國法律上之協助送達者，不在此限。三、判決之內容或訴訟程序，有背中華民國之公共秩序或善良風俗者。四、無相互之承認者。（第1項）前項規定，於外國法院之確定裁定準用之。（第2項）」依此規定，可知外國法院確定判決之承認要件如下，爰分項敘述其要件及有關之問題。

（一）外國法院之確定裁判

　　在依涉外民事法律適用法適用外國法之場合，常發生未經法院地國或其政府承認（指國際法上之政府承認或國家承認）之法律是否能予以適用之問題。在外國判決之承認與執行，是否亦有同一問題，即受內國（承認國）與該外國（判決國）有無外交關係之影響？不無疑義。有認為外國法院之確定判決之承認，涉及對於外國司法權乃至主權行使之承認與否，同時，亦生承認國主權與判決國主權衝突與如何調整之問題[4]。因此，涉及對於外國主權之承認與否，即應以有無外交關係為斷，俾使同為主權行使一環之行政權與司法權之態度能夠一致。但一般於討論此等問題時，均係於相互承認之問題時論之，各國亦不無於其民事訴訟法定有關於相互承認

---

[4]　石黑一憲，現代國際私法（上），第385頁以下。

主義之規定。惟如後所述，以相互承認作為外國法院確定判決承認與執行之要件之一，並非妥適。因此，依本文所見，此處之外國，不以經法院地國或其政府為國家承認或政府承認為限。

應注意者乃「外國法院」之「判決」或「裁定」。

所謂法院，因各國法制之不同，而有不同之機關型態。因此，於此應重視者乃其機能，即如該機關係針對民事上之權利義務予以裁判，雖該機關在該國不稱為法院，仍為此處所稱之法院。所謂法院，不以民事法院為限，雖為刑事法院或行政法院，惟如係就私法上之權利義務予以裁判，仍係此之法院。又，如其訴訟之目的在於解決私法上權利義務之爭執即可，不必過問所行之程序究為民事訴訟、刑事訴訟或行政訴訟，亦不問所為之判定之名稱係判決或裁定或其他名稱[5]。但與判決有相同效力之其他執行名義，例如訴訟上之和解、支付命令、公證書等，均不在其內。前司法行政部認為：「查外國法院之確定終局判決而無民事訴訟法（舊）第401條所列各款情形之一者，始得認許其效力，至外國法院所為假扣押或假處分裁定，不得認其效力，故土地登記簿所載日據時代受日本大阪法院囑託而為之假扣押登記，於台灣光復後，即難認為有效[6]。」不僅不承認外國法院假扣押或假處分裁定之效力，且不承認其執行之結果，見解是否妥適，尚有疑義。而民事訴訟法第402條第2項業已將裁定納入，上開司法行政部之見解業已失其參考價值。

其次，凡是外國法院之確定判決（或裁定），均有本條之適用，而不問是給付判決、確定判決或形成判決。惟對於此仍有不同見解，認為形成判決，特別是離婚判決，因無執行其判決之必要，故無適用本條之餘地，至於其理由則有不同，有認為形成判決基本上與實體法之關係較為密切，即如經判決確定，則發生實體法上權利義務得、喪、變更之法律效果，此種實體法上之法律效果與既判力、執行力等程序法上之法律效果不同，因而有與給付判決分別處理之必要。至於其處理方法，即承認與執行之要

5　高桑昭，外國判決承認執行，新實務民事訴訟法講座第7卷，第134頁。石黑一憲，同上，第436頁以下。

6　法務部行政部47年度台函民第4769號，法務部行政解釋彙編第1冊，第1047頁。

件，則見解亦不一致。

　　第一說認為內國國際私法所指定之準據法國法院所為之判決，或該國所承認之第三國法院所為之判決，始予以承認。

　　第二說則認為應該形成判決，只要係有裁判管轄權之國家之法院所為即予以承認。

　　第三說則認為除本條所定之第1款至第3款之要件外，另需適用內國國際私法所定之準據法，始予以承認。至於需附加準據法要件之理由則在於該涉外民事事件，如依法院地之國際私法所指定之準據法不承認其形成之效力，則法院地亦不承認該形成之效力。

　　第四說則認為應類推適用本條第1款至第3款之規定，而無第4款相互承認規定之適用，且不附加準據法之要件。至於不以相互主義為必要之理由在於一般的財產關係之判決，均得預想其將來獲得執行，而其執行首先需他國之協助，形成判決則既經判決確定，即發生法律關係得、喪、變更之法律效果，不期待他國之協助與執行，故不必有相互主義之要件[7]。

　　依本文所見，仍以全面適用說為妥，蓋如前所述，外國法院確定判決之承認與執行係建立於對於外國法人確定判決之終局性原則與正當性原則之上，此二原則對於給付判決、確認判決或形成判決均無不同，實無特別區別之必要[8]。

　　非訟事件之裁定，是否亦有本條之適用，亦有疑義。對於此一問題，見解並不一致[9]：

[7]　木棚照一，外國離婚判決承認關一考察，立命館法學（立命館大學）第1號，1978年，採第一說。江川英文，外國判決承認，法學協會雜誌（東京大學）第50卷第11號，第2054頁以下，採第二說。場準一，判例評論第165號，採第三說。渡邊惺之，形成判決承認民事訴訟法第200條，國際私法爭點，第157頁以下。

[8]　最高法院89年度台上字第1231號民事判決：「依民事訴訟法第402條規定：外國法院之確定判決，有左列各款情形之一者不認其效力：一、依中華民國之法律，外國法院無管轄權者……。上開離婚判決既為判決之一種，自在該條適用範圍內。」見解相同。

[9]　桑田三郎，法學新報（中央大學）第66卷第1號，採第一說。鈴木忠一，外國非訟裁判承認、取消變更，法曹時報第26卷第9號，採第二說。三井哲夫，注解強制執行法(1)，採第三說。參閱海老澤美廣，非訟事件裁判承認，國際私法爭點，第136頁。

　　第一說認為應採取國際私法之立場，外國法院之非訟事件之裁判，除一般管轄權之要件外，應以所適用之準據法與內國國際私法所指定者相同，始予以承認，其理由在於非訟事件之裁判與其所適用之實體法有密切關係之故。

　　第二說則認為應採取國際民事訴訟法之立場，亦即外國法院非訟事件之裁判之承認，除一般管轄權之要件外，應不得違反內國之公序良俗，其理由在於此二者乃外國法院確定判決承認之核心，自應同樣適用於外國法院之非訟事件之裁判上，至於準據法之要件或相互承認主義，均非必要，因此民事訴訟法第402條並無適用或準用之餘地。

　　第三說則認為非訟事件之裁判，法律並無特別明文規定，故仍應適用民事訴訟法上開規定。

　　第四說則認為非訟事件之裁判與形成判決無異，不需內國法院之裁判執行，在內國即可生效，惟非訟事件係訴訟事件以外各種事件之總稱，宜就各事件，構築其裁判承認之要件始屬妥適。

　　依本文所見，似仍應以第三說為可採[10]。

　　第三，應注意者乃該外國法院之判決必需為已確定之判決。

　　所謂已確定之判決係指依該判決國之程序，不得再行聲明不服之狀態，即不得以普通上訴方法加以變更之階段。至於確定之理由如何，則非所問。以一審為限、缺席判決、書面審理等均無不可。但僅有執行力之判決仍非確定判決。判決是否確定有不明確之情形，應由請求承認者提出證明書類證明之[11]。

（二）一般管轄權

　　民事訴訟法第402條第1項第1款規定之管轄權係指一般的管轄權或抽象的管轄權，且係指法院在受理外國判決之承認與執行時，判決國有無管

---

[10] 92年1月14日修正之民事訴訟法第402條第2項規定：「前項規定，於外國法院之確定裁定準用之。」究竟採何說，尚待觀察。

[11] 馬漢寶，國際私法總論，第182頁。高桑昭，外國判決承認執行，新實務民事訴訟法講座第7卷，第136-137頁。

轄權之間接一般管轄權。

　　有無間接一般管轄權之決定基準為何，首先乃應依據判決國抑或承認國之法律定之？就此，學說並不一致。有認為應依據判決國之法律定該國法院對於該涉外民事事件有無一般管轄權，亦有認為應依據承認國之法律定判決國之法院，對於該涉外民事事件有無一般管轄權。如以民事訴訟法第402條之規定「依中華民國法律外國法院無管轄權者」之用語觀之，似採取後說。惟所謂依中華民國法律外國法院無管轄權者，係指依中華民國法律外國法院無一般管轄權，且係依中華民國法律否定外國法院之一般管轄權，而非指依中華民國法律肯定外國法院有一般管轄權。

　　其次，依中華民國法律外國法院一般管轄權之有無，係指有無間接一般管轄權，其決定基準如何，亦有疑問。有認為應採取與直接裁判管轄權相同之標準定之。亦有認為如該涉外民事事件並非屬於承認國或第三國之專屬管轄（專屬的一般管轄權），則有無一般管轄權完全取決於判決國之法律。亦即，原則上如判決國不生直接一般管轄權之問題，則在承認國亦不生間接一般管轄權之問題，以免因欠缺間接一般管轄權而影響外國法院確定判決之承認與執行，而使跛行的法律關係，亦即在某國承認其為有效而在另一國卻認為無效或得撤銷，或在某國認為係某種法律關係而在另一國卻認為係另一種法律關係之情形發生。亦有認為原則上直接裁判管轄權與間接一般管轄權應依據相同標準定之，但不妨在提高外國法院確定判決之承認與執行之可能性之目的下，放鬆間接一般管轄權之決定基準[12]。

　　依本文所見，如以承認與執行外國法院確定判決以一般管轄權有無為其要件之一之理由何在觀之，對於以上之疑問或許可得妥適之答案。亦即，在直接一般管轄權之決定基準，與純粹內國事件之管轄權有無之決定上相同，應重視者乃該受訴法院是否係一便利之法院，對於該涉外民事事件之審理能否在時間、勞費證據調查等方面，係經濟、迅速與便利之法院，則只要判決國法院係一便利妥適之法院，即無藉該判決國法院無一般

---

[12] 豬股孝史，外國財產關係判決執行執行制度關序論的考察—制度論と要件論，比較法雜誌第22卷第2號，第41頁。

管轄權為理由，而否定其所為確定判決之效力之必要。基於上述便利法院之原則，各國法制中有若干一般管轄權過度擴張行使之情形，其確定判決即不得予以承認，例如對於一時滯留的被告送達訴訟通知，英美法上一般管轄權很重要的基礎之一，但因不合於便利法院之原則，其確定判決即不應予以承認。又，例如法國民法第14條規定，凡法國人原告提起之訴訟法國法院均有一般管轄權，而不問法國與事件或當事人有無任何關連，亦與便利法院之原則未合，而不得承認其確定判決。又，例如德國依其民事訴訟法第23條之規定，扣押被告之財產，為對於被告行使裁判管轄權之根據，不問該財產之價值如何，亦不問該財產是否與該事件有關。此亦與便利法院之原則未合，而不得承認其確定判決[13]。惟最高法院採類推適用說[14]。

第三，有無一般管轄權，應以何時為準？即外國法院有無一般管轄權，應以起訴時為準，或以承認時為準？在民事訴訟法上有所謂管轄恆定原則，則在外國法院確定判決之承認上如何適用，不無疑義。如貫徹該原則，則似乎該涉外民事事件於該外國法院訴訟繫屬時，該外國法院有一般管轄權即為已足，惟亦有認為外國法院有無裁判管轄權屬於判決承認與否之問題，並非該外國法院受理該涉外民事事件是否合法之問題，自應以承認時為判斷基準時。至於該外國法院有無一般管轄權，屬於職權調查事項，關於判決理由雖因實質審查禁止原則，而不得調查，但關於該外國法院是否有合理的一般管轄權之行使基礎，即關於行使一般管轄權之理由，

---

[13] 松岡博，國際取引外國判決承認と執行，阪大法學（大阪大學）第133、134號，第39-41頁。

[14] 例如，最高法院81年度台上字第2517號民事判決：「美國加州法院確定判決，並無民事訴訟法第402條所列各款情形之一，應承認其效力，某甲提起本件離婚之訴，違反一事不再理原則，已於理由項下詳為說明其依據，查涉外離婚事件之管轄權，涉外民事法律適用法並無明文規定，惟類推適用民事訴訟法第568條第1項規定，夫妻之住所地在外國者，亦有管轄權。」最高法院93年度台上字第1943號民事判決：「（一）涉外民事法律適用法並無關於離婚事件國際管轄權之規定，惟綜合民事訴訟法第568條關於離婚事件管轄權之規範意旨及原理，應解為我國就離婚事件之國際管轄權，係以當事人本國法院管轄為原則，輔以住所地法院管轄權及原因事實發生地法院之管轄權。」

仍在職權調查之範圍內[15]。

最高法院認為：「本件外國法院確定判決，係基於兩造事前協議，並經兩造親自到場後為之；與我國法律，並無牴觸；亦不違反公序良俗。而美國加州洛杉磯高等法院就此子女監護事件，有初審管轄權，亦有美國在台協會致北美事務協調委員會證明函一件為證；不生該法院無管轄權之問題。美國訂有『台灣關係法案』，與我國繼續實質上之關係；依美國最高法院判例揭示國際相互承認原則，該外國確定判決殊無民事訴訟法第402條各款情形之一，自應宣示許可強制執行[16]。」似採取以判決國之法律，作為決定外國法院有無一般管轄權之基準。司法院則認為：「關於陳進福持憑美國紐約州初審法院判決書及台灣台北地方法院公證處認證書申請撤銷其與郭淑華間結婚登記疑義乙案，**撤銷婚姻之訴，依民事訴訟法第568條規定，係屬專屬管轄，當事人不得以合意變更之，依上開中華民國之法律，外國法院就該專屬管轄事件似無管轄權**。本件陳進福向戶政機關申請撤銷結婚登記乙案，請參考上開說明，斟酌處理[17]。」前司法行政部認為：「查我國民事訴訟法對於外國法院之判決效力，以承認為原則，不承認為例外。不承認部份於第402條（舊）列舉規定，其全文如下：『外國法院之確定判決，有左列各款情形之一者，不認其效力：一、依中華民國之法律，外國法院無管轄權者。二、敗訴之一造為中華民國人而未應訴者，但開始訴訟所需之傳喚或命令已在該國送達本人，或依中華民國法律上之協助送達者，不在此限。三、外國法院之判決，有背公共秩序或善良風俗者。四、無國際相互之承認者。』又同法第568條規定：『婚姻無效或撤銷婚姻與確認婚姻成立或不成立、離婚或夫妻同居之訴，專屬夫之住所地或其死亡時住所地之法院管轄。夫在中華民國無住所或住所不明者，準用第1條第2項之規定，定前項之住所地。夫或妻為中華民國人不能依前二項規定定管轄之法院者，由首都所在地之法院管轄。』本條係規定婚姻

---

[15] 高桑昭，外國判決承認執行，新實務民事訴訟法講座第7卷，第139頁。
[16] 最高法院69年度台上字第3729號民事判決。
[17] 司法院秘書長81年9月21日81年秘台廳（一）第14458號。

事件專屬管轄，當事人不得合意變更。同法第1條第2項之規定為：『被告在中華民國現無住所或住所不明者，以其在中華民國之居所視為其住所。無居所或居所不明者，以其在中華民國最後之住所視為其住所。』綜上規定，可知夫為中華民國人之離婚訴訟，必須由我國法院管轄。本件依駐比國大使館代電內容，瑪黛係住在察哈爾省，大陸陷罪後，於38年（即公曆1949年）9月逃往香港，嗣經由日本東京轉往西德波昂定居，同法第546條所定有權管轄其離婚事件之法院，事實上已不能行使審判權，依同法第23條之規定，應聲請指定管轄。其全文如下：『有左列各款情形之一者，直接上級法院（本案即指最高法院）應依當事人之聲請或受訴法院之請求，指定管轄：一、有管轄權之法院，因法律或事實不能行審判權者。二、因管轄區域境界不明，致不能辨別有管轄權法院者。前項聲請，得向受訴法院或直接上級法院為之。指定管轄之裁定，不得聲明不服。』茲瑪黛不依前揭規定向最高法院聲請指定管轄，以便訴請離婚，而向無管轄權之日本東京初級法院請求判決與乃妻Priclla離婚，依民事訴訟法第401條第1款（舊）之規定，我國自不能承認該離婚判決之效力[18]。」前司法行政部又認為：「本件我國旅德華僑與其德籍妻離婚，既因目前西德與我國尚無外交關係，因之並無是項相互承認之協議，則依民事訴訟法（舊）第401條規定，西德法院所為確定判決，我國當難承認其效力，此項訴訟，可依同法第564條規定定其管轄法院，如不能依同條第1、2項規定定管轄之法院者，則依同條第3項規定，由首都所在地之法院管轄，如首都所在地之法院因法院或事實不能行審判權者，則可依同法第23條聲請指定管轄。至若雙方當事人均在外國，則仍可依法委任訴訟代理人代為訴訟行為，事實上應無不便之處。關於我國法院判決之效力是否獲該僑民僑居地政府之承認一節，關鍵仍在有無相互承認，在國際慣例上當難強人單方予以承認，此為無可避免之事，惟苟未經我國法院判決，則該華僑縱得有外國法院確定判決，既無相互承認，在我國仍將不發生法律上變更身分，或因身分喪失

---

[18] 司法行政部53年1月28日53年台函民第501號，法務部行政解釋彙編第1冊，第1048頁。

而影響及於財產繼承等法律關係之效力。於此情形,該僑民究以向外國或我國法院進行訴訟為宜,當事人因切身利害關係,當必考慮其實際情形自行決定,似亦不必代為解決[19]。」似採取應以中華民國法律作為外國法院有無一般管轄權之決定基準。且,似採取逆推知說之見解。

(三)敗訴之一造已應訴或經合法送達而未應訴者

民事訴訟法第402條第1項第2款規定,敗訴之一造未應訴者。但開始訴訟所需之通知已在該國送達本人或依中華民國法律協助送達者,不在此限。

本項要件之立法意旨在於保護被告,被告包括自然人及法人在內。並以開始訴訟所需之通知或送達時為準。送達方法原則上是依判決國所定之方法為之。是否合法送達,亦應以判決國之法律為準,但在判決國以公示送達方法通知當事人是否亦屬「開始訴訟所而通知已在該國送達本人」?不無疑義。

按本條之立法意旨在於保護當事人,使其受有適當之通知,進而能有充裕之攻擊防禦機會,保護自己之權益。公示送達基本上係以在一定場所公告或在一定新聞媒體刊登關於開始訴訟之通知,俾受通知之當事人得知進而應訴。只要有公告或刊登即認為該受送達之當事人已知開始訴訟之情事,而不必問該當事人實際上是否知悉,在程序上之保障未必對於該當事人為充分,故公示送達在判決國縱屬合法,亦非此之「開始訴訟所需通知已在該國送達本人」[20]。

如兩國間關於兩國間訴訟文書之送達已訂有條約等,而判決國不依該

---

[19] 司法行政部47年8月23日47年台公參字第4599號,法務部行政解釋彙編第1冊,第1046頁。

[20] 最高法院91年度台上字第1924號民事判決:「依我國強制執行法第4條之1第1項及民事訴訟法第402條第2款之立法理由意旨,請求我國法院承認外國法院之確定判決,若該敗訴之一造,為我國籍國民而未應訴者,且開始訴訟所需之通知或命令未在該國送達本人,或依我國法律上之協助送達者,自屬該外國法院未使我國國民知悉訴訟之開始,而諭知敗訴時,自不應承認該外國確定判決之效力。而法條所規定『已在該國送達本人』,依文義解釋,公示送達或補充送達均不適用。」

關於送達條約之規定送達開始訴訟所需之文書，則是否仍屬合法的送達？按對於此一問題，一般認為兩國之間既訂有關於訴訟文書送達之條約，自應依該條約之規定為之，判決國如不依條約之規定送達，將使上開條約失其意義，故仍應認為不合法之送達[21]。

　　送達是否應附上關於通知之中文譯文，見解並不一致。有認為應一律附上中文譯文。亦有認為在現代國際社會，如以英文告知開始訴訟之內容，則已滿足民事訴訟法第402條第1項第2款之要件。亦有認為應視被告之情形決定之，如被告已能充分了解英文，能完全了解送達之意義，在辯論期日之前則有充裕機會進行攻擊防禦之準備，則已合於民事訴訟法第402條第1項第2款之規定[22]。鑑於送達之基本目的在於讓受送達人了解送達之目的，方而此種內容之了解，不以了解其大概內容為已足，應讓受送達人能完全以日常用語了解他方當事人所表示之一切內容。因訴訟往往剝奪當事人之身分或財產之權利，如送達之內容受送達人不能完全了解其內容，不能說不是其身分或財產上權利之剝奪。又英文雖係相當普遍之外國文字，但並非一般人均能充分了解其內容，特別是涉及專門用語時。且，如考量受送達人之情況決定是否應附上中文譯文，則未免與法規或制度在於要求一致性，不因個案之情形不同而異其效果。且，要求原告附上中文譯文，並非顯著之負擔，因原告有充分之時間作訴訟上之準備，且翻譯為中文之費用，在訴訟上之花費僅占有極小之比例，因此，仍以一律附上中文之見解為妥。至於是否送達、已送達者是否合法，均應由當事人舉證證明，惟關於其舉證責任如何分配，不無疑義。參照民事訴訟法第277條之規定與其立法精神，似應認為應由當事人先就敗訴之一造已應訴或未應訴而實際上已收受關於開始訴訟所需之通知舉證。應訴係指給予當事人攻擊防禦機會，且已採取攻擊防禦方法者而言，至於是否關於本案之言詞辯論，則非所問。惟最高法院見解不同：「民事訴訟法第402條之立法本旨，在確保我國民於外國訴訟程序中，其訴訟權益獲得保障。所謂『應

[21] 高桑昭，外國判決承認執行，新實務民事訴訟法講座第7卷，第140-141頁。
[22] 後藤明史，外國判決承認執行，涉外訴訟法裁判實務大系第10卷，第119-120頁。

訴』應以被告之實質防禦權是否獲得充分保障行使為斷。倘若被告所參與之程序或所為之各項行為與訴訟防禦權之行使無涉，自不宜視之為『應訴』之行為。原審既認系爭簡易判決美國法院之審理程序，採言詞辯論程序，被某甲並未受合法之通知，且於言詞辯論期日亦未到場。則被某甲未於言詞辯論時以言詞實質行使其防禦權，自難謂為『應訴』。原審本此見解，認被某甲未應訴，而就系爭美國簡易判決否准承認，並不許可強制執行，核無違背法令[23]。」另，最高法院92年度台上字第883號民事判決：「按外國法院之確定判決，其敗訴之一造，為中華民國人而未應訴者，不認其效力，民事訴訟法第402條第2款定有明文。所謂應訴，在採言詞審理主義之外國，需該當事人因應訴曾經到場，採書狀審理主義者，則曾用書狀應訴即為已足。」亦可供參考。

至於第402條第1項第2款但書之規定：「但開始訴訟之通知或命令已於相當時期在該國合法送達，或依中華民國法律上之協助送達者，不在此限。」最高法院認為：「被某甲於西元1994年6月29日固收受美國法院之通知書，惟該通知書，係經郵局於我國寄交被某甲，非經我國法院協助送達，自與上開規定不符。且其後美國法院之通知書係依被某甲錯誤之地址為送達，而無法送達予被某甲，被某甲並未應訴，與民事訴訟法第402條第2款規定不符，應不予承認其效力[24]。」

(四) 公序良俗

民事訴訟法第402條第1項第3款規定，外國法院之確定判決不違反中華民國之公序良俗為承認要件之一。

外國法院之確定判決如違反中華民國之公序良俗，即不予以承認其在中華民國有其效力。而其理由則在於：如前所述，外國法院確定判決之承認係建立在外國法院確定判決之終局性與確定性之上，在兩者之間求其調和，發展出實質審查禁止原則，基本應承認外國法院確定判決之效力，然

---

[23] 最高法院92年度台上字第883號民事判決。
[24] 最高法院92年度台上字第883號民事判決。

如承認外國法院確定判決將導致內國法秩序之混亂，究非所宜，因此有必要藉內國公序良俗之違反而否認該外國法院確定判決之效力，以維持法秩序之統一[25]。

所謂公序良俗與涉外民事法律適用法第25條相同，較諸民法第72條之公序良俗之觀念為狹，即指所謂國際私法上之公序良俗為限。又不能忽視者乃各國對於其國際私法之立法均本於一定之立法政策，此等立法政策固未必均屬妥適，但不可否認者，乃在採取實質審查禁止原則之下，對於外國法院如何適用國際私法進而適用其所指定之準據法，因並非承認或執行該外國法確定判決之要件，勢必無法干涉介入，則國際私法之立法目的是否可以達成，進而實質審查禁止原則是否妥適，不能不抱持懷疑之態度。但實質審查禁止原則既為各國所尊崇，則以上兩者如何調和，乃研究外國法院確定判決之承認與執行問題時，應予注意之處，而與之相關者乃外國法院確定判決承認與執行之要件中之公序良俗。

關於外國法院確定判決是否違反中華民國公序良俗之審查，應否以主文為限，固有認為外國法院確定判決是否承認之審查，在實質審查禁止原則之下，不得對於外國法院確定判決之內容加以審查，自應以判決主文為限，但通說仍認為不僅判決主文，事實與理由均在審查之範圍[26]。基於實質審查禁止原則，係禁止對於外國法院確定判決內容適當與否之審查，與承認外國法院確定判決程序中之是否違反中華民國公序良俗之審查不同，故在外國法院確定判決是否予以承認之審查，應不以判決主文為限，而應及於事實及理由，且就實際之情形而言，判決主文，特別是關於金錢債務之給付判決，僅有命債務人為一定金額之給付之表示，尚難遽以判斷該判決是否違反中華民國之公序良俗。

所謂公序良俗包括實體法上之公序良俗與程序法上之公序良俗二者。

所謂實體法上之公序良俗，係指外國法院確定判決之內容違反中華民

25 高田裕成，前揭文，第390頁。
26 高桑昭，外國判決承認執行，新實務民事訴訟法講座第7卷，第142頁。

國之公序良俗。至於外國法院確定判決之內容是否違反中華民國之公序良俗，應考慮該外國法院確定判決所適用之法律之立法目的、原理與其他事項，再就個案之具體情事分別判斷之[27]。

程序法上之公序良俗，主要係關於當事人在程序上權利之保障問題。亦即，前述關於裁判管轄權認為判決國法院係適當之法院，與當事人之程序上之權利義務有關，而受敗訴判決之當事人應已為言詞辯論，或已受關於審理之通知而未參與言詞辯論，保障該當事人在程序上之權利，特別是防禦權，亦與當事人程序上之權利義務有關。但當事人程序上權利之保障顯不以此為已足，尚應注意其他方面，如外國法院確定判決於此方面有所不足，即得拒絕承認或執行該外國法院之確定判決。其根據即在於運用程序上公序良俗之觀念[28]。

所謂當事人程序上之權利，基本上是建立在現代法治國家關於法官之獨立與中立之審判、當事人地位之平等、訴訟之構造及言詞辯論機會之保障等基本原則。因此，如以詐欺取得之判決、第三人以不法行為取得之判決、法院有應迴避事由而未迴避所為之判決，及判決有其他關於一般管轄權和應訴與送達以外之程序上顯然不公平之事由，均得以該確定判決之成立過程違反程序上之公序良俗而拒絕予以承認[29]。

關於公序良俗之要件，最為困難的問題乃內外國法院判決之矛盾、衝突，是否亦得以違反公序良俗而拒絕予以承認？就此學說並不一致。茲先舉一例說明之。此即所謂關西鐵工事件。

〔事實〕

日本公司Y，將公司所生產之車床，在日本賣予日本公司A經由A本輸出至美國，賣給紐約州之A公司在美國之子公司B，再轉賣給中間商美國美國公司X，再由X公司轉賣至飛機製造商美國公司C使用中。C公司之工人D使用該車床時，因發生意外，而右手指被切斷，D乃以C、X、

---

[27] 詳細討論，參閱岡田幸宏，外國判決承認執行要件公序（一）法政論集（名古屋大學）第147號，第287頁以下。

[28] 高田裕成，前揭文，第390-394頁。

[29] 松岡靖光，外國判決承認執行(3)，涉外訴訟法裁判實務大系第10卷，第124頁。

Y三人為共同被告，基於製造物責任，提起損害賠償之訴，因D未能將
訴狀送達Y，X乃以第三人之身分，將若於該訴訟受敗訴判決，當會對
Y請求損害賠償之意旨預告Y，並於同法院提起第三人訴訟（Third Party
Action）。Y經由大阪地方裁判所收受XY間訴訟之訴狀之送達後，到美
國法院應訴。嗣前開XY間之訴訟，經美國華盛頓州KING郡高等法院判
決（第713245號事件），Y應給付X美金86,000元，該判決並於1974年10
月17日判決確定。對此Y以X為被告，在大阪地方裁判所提起確認損害賠
償債務不存在之訴（昭和45年（ワ）第668號）該法院先就一般管轄權之
有無作成中間判決，並於昭和49年10月14日判決：「確認Y於美國華盛頓
州King郡高等法院第713245號事件敗訴，並由X履行損害賠償債務，Y應
對於X負擔之求償債務不存在。」嗣該判決亦確定。因此，日本與美國兩
國法院所宣示而內容互相矛盾之二件同時併存。X基於美國法院之確定判
決，向大阪地方裁判所，請求許可執行該判決。

　〔判決要旨〕

　　X主張日本裁判所就本件訴訟無一般管轄權，而製造物責任訴訟之一
般管轄權，斟酌民事訴訟法第15條第1項之規定，依同條同項所稱之侵權
行為地，決定本件製造物責任之一般管轄權，是妥適的。且，此一基準，
就製造物責任之有無，鑑於侵權行為地有密切之利害關係，法理上亦屬適
當（原本，本訴乃對於美國之第二訴訟，即X對Y提起之基於製造物責任
（侵權行為）損害賠償債務，確認其不存在之訴，就此種侵權行為損害賠
償請求權之消極確認之訴，一般均認為得適用民事訴訟法第15條第1項之
規定，此乃因該條規定，原係基於證據上之便利所為之關於承認管轄權規
定，因此，本件之一般管轄權得依同一基準判斷之，勿待贅言）。而同條
項所稱之侵權行為地何在，自當包括加害行為地，自有瑕疵之本件車床之
製造（包含設計）之加害行為所在土地之觀點觀之，本件侵權行為地係在
日本大阪市，則日本裁判所應有一般管轄權。

　　X主張本件訴訟與已先繫屬於美國裁判所之第二訴訟，係所謂二重訴
訟（民事訴訟法第231條），並不適法，惟同條所稱之裁判所僅指吾國之
裁判所，不包括外國之裁判所在內。

　　X基於本件訴訟即使Y勝訴於美國之第二訴訟亦無任何效果為理由，主張本件確認之訴欠缺訴之利益，故不適法。惟Y若能取得本件勝訴判決，則其效果在於若其在美國之第二訴訟敗訴，亦能阻止該美國裁判所之判決在日本執行，於此意義，本件有訴之利益（錄自大阪地裁昭和48年10月9日中間判決，昭和45年（ワ）第6686號損害賠償債務不在在之請求確認事件，判例時報728號76頁）。同一司法制度內，如許互相矛盾牴觸之判決併存，將紊亂法體制全體之秩序，則不問訴之提起、判決之宣示、確定之前後，倘於日本已有確定判決，則就同一事實，相同當事人間承認互相牴觸之外國法院判決，應認為民事訴訟法第200條第3款所稱之「外國法院之判決，違反日本之公共秩序或善良風俗」（錄自大阪地裁昭和52年12月22日判決，昭和50年（ワ）第4257號對於外國判決之執行判決請求本訴事件，昭和51年（ワ）第5135號損害賠償請求反訴事件，判例タムズ361號127頁）。

　　從上述事實與判決要旨觀之，即發生所謂內外國法院確定判決之矛盾與衝突時，應如何處理之問題，即是否承認該與內國法院確定判決矛盾、衝突之外國法院之確定判決？如不予承認，則其理由何在？就此問題，各家學者之見解並不一致。計有下列諸說[30]：

　　有依據民事訴訟法第402條之規定處理，惟如何處理，見解仍有不同，故此說，又可分為以下數說：

　　第一說認為如外國法院判決時或確定時，內國法院之判決已確定，則應認為該外國法院確定判決係無視於內國法院確定判決之存在所為之判決，如予以承認將導致內國法律秩序之混亂，因此，該外國法院之確定判決不得不認為係違反內國之公序良俗之違反而不應予以承認。惟此說對於外國法院之判決在內國法院判決或確定之前已經確定時，應如何處理，並不能為任何說明，不無遺憾。

　　第二說認為不問是否確定，亦不問確定之先後，凡與內國法院之判決矛盾或衝突之外國法院判決，一概認為係違反內國之公序良俗，而不予以

---

[30] 同上，第126頁。

承認。

　　第三說認為與內國法院判決矛盾或衝突之外國法院確定判決並非違反內國之公序良俗而不予以承認，實係欠缺判決之一般要件所致。此說固非無據，惟其在外國法院確定判決之承認要件之外，另行增加要件，是否妥適，乃問題之所在。

　　有依據解決確定判決牴觸之一般法理解決之。此說認為此種情形在現行民事訴訟法並無明文規定，惟仍可參照民事訴訟法之一般原理、原則及外國法院確定判決承認與執行之法理處理之。此說尚可分為以下諸說：

　　第四說認為應依據民事訴訟法關於再審之規定，就與已確定之判決矛盾或衝突之判決，依據再審程序處理之。亦即，不問係內、外國法院判決，亦不問判決之先後一概以判決確定之先後決定其效力之優劣。

　　第五說認為應區別兩種情形處理之。即，如內國法院判決確定在後，而該判決又無從依據再審之規定撤銷時，該內國法院之確定判決仍應尊重，則對於確定在先而請求執行之外國法院確定判決，以確定在後之內國法院確定判決應予尊重之理由，不執行該確定在先之外國法院確定判決。如內國法院判決確定在先，則以已有既判力而不執行確定在後之外國法院確定判決。要之，皆非依據外國法院確定判決違反內國法院之公序良俗而不予執行。

　　第六說認為此種情形既非現行民事訴訟法之規定或其解釋所得解決，應借助於法律之修正或條約之規定解決之。

　　第七說則認為此種情形不應等至內國法院均已判決確定始討論如何解決之方法，而應在確定之前，即借助一般管轄權之妥適分配、外國法院之訴訟繫屬是否構成內國法院訴訟之停止事由、在內外國法院二重起訴是否禁止等國際民事訴訟法之基本問題與解決方策處理之。

　　以上諸說均各有見地，惟依本文所見，仍以第七說較為妥適。詳言之，民事訴訟法第253條，不僅禁止在內國法院之二重起訴，尚及於在內外國法院之二重乃至多重起訴。而在多重起訴之場合，如該訴訟繫屬之外國法院為有一般管轄權之妥適法院，則以裁定停止內國法院之訴訟，待該外國法院確定判決獲得內國之承認，再以已既判力之理由駁回在內國法院

之訴訟。如該外國法院並非有一般管轄權或並非妥適之法院,則仍可繼續進行在內國法院繫屬之訴訟,待外國法院判決確定後,再以該法院無一般管轄權或違反程序上之公序良俗不承認該外國法院之確定判決。民事訴訟法第182-2條規定:「當事人就已繫屬於外國法院之事件更行起訴,如有相當理由足認該事件之外國法院判決在中華民國有承認其效力之可能,並於被告在外國應訴無重大不便者,法院得在外國法院判決確定前,以裁定停止訴訟程序。但兩造合意願由中華民國法院裁判者,不在此限。(第1項)法院為前項裁定前,應使當事人有陳述意見之機會。(第2項)」觀點相同,可供參考。

另關於懲罰性之賠償,最高法院97年度台上字第835號民事判決:「外國法院之確定判決內容,有背中華民國之公共秩序或善良風俗者,不認其效力,民事訴訟法第402條第1項第3款定有明文。所謂有背於公共秩序者,係指外國法院所宣告之法律上效果或宣告法律效果所依據之原因,違反我國之基本立法政策或法律理念、社會之普遍價值或基本原則而言。查我國一般民事侵權行為及債務不履行事件雖無懲罰性賠償金之規定,然諸如消費者保護法第51條、公平交易法第32條第1項等規定,已有損害額三倍懲罰性賠償金之明文規定,則外國法院所定在損害額三倍以下懲罰性賠償金之判決,該事件事實如該當於我國已經由特別法規定有懲罰性賠償金規定之要件事實時,是否仍然違反我國之公共秩序,即非無進一步推求餘地。」其見解值得重視。

(五)相互主義

外國法院之確定判決需合於國際相互承認之原則,始予以承認。

按外國法院確定判決需中華民國之確定判決於該外國獲得承認,中華民國對於該國法院之確定判決始予以承認,此一限制,稱為相互承認主義或互惠主義。其立法理由在於藉不承認外國法院之確定判決,促使該外國承認中華民國之確定判決。並藉此保持外國與吾國關於確定判決承認利害

關係之均衡[31]。

　　至於何種情形符合相互主義之要求，見解並不一致。有主張：外國應採取與吾國相同或更為寬大之承認條件，始符合相互主義之要求。日本大審院昭和8年12月5日判決採之。亦有認為判決如關於外國法院確定判決承認所定之條件與吾國民事訴訟法之規定重要之點所差無幾，則已符合相互主義之要求。亦有認為只要該外國對於外國法院確定判決之承認不課予顯然嚴格之條件即可。

　　基於民事訴訟法第402條第1項第4款所定之相互主義之條件，應解為為該判決之法院所屬國（下稱判決國）就與吾國所為之同種類判決，所定之承認外國法院確定判決之條件，在重要之點無異即可。蓋外國法院確定判決之承認與執行，即外國法院確定判決之在判決國以下之國家發生效力，如判決國就承認與執行該外國法院之確定判決，未與吾國以條約定其條件時，期待兩國能就此有相同之條件極其困難，而在現代國際化社會，為防止同一當事人間互相歧異之兩國以上之判決出現，謀求訴訟經濟與權利之救濟是必要的，則將同條第4款解為與吾國關於外國法院確定判決承認之條件在實質上相同即為已足，是合理的，況如要求該判決國應具有與吾國相同條件或更為寬大條件，則吾國關於外國法院確定判決承認之條件勢必比該外國嚴格，該外國將不承認吾國法院之確定判決，吾國亦將不承認該外國法院之確定判決，則外國法院確定判決之承認制度將有名無實[32]。

　　相互主義並不要求兩國之間以條約互相承認對方之確定判決，只要依該國之法令或實務見解實際上承認吾國法院之判決即為已足，且所謂承認吾國法院之確定判決不以實際上已承認為必要，僅以得期待其承認即為已足。又對於吾國法院確定判決之承認，不以全部種類之確定判決均予承認為必要，只要就與現請求吾國法院承認之確定判決種類相同之確定判決，予以承認即為已足。又相互主義之有無，以請求承認之時為準，且是否合

---

[31] 菊池洋一，外國判決承認執行(2)，涉外訴訟法裁判實務大系，第131頁。

[32] 同上，第133頁。

於相互主義之要求，應由承認國法院依職權調查之。

最高法院認為：「美國訂有『台灣關係法案』，與我國繼續實質上之關係；依美國最高法院判例揭示國際相互承認原則，該外國確定判決殊無民事訴訟法第402條各款情形之一，自應宣示許可強制執行[33]。」前司法行政部則認為：「一、我國民事訴訟法第402條第4款所謂『國際相互之承認』，其承認方式，除依兩國法令、慣例或條約之外，是否尚須兩國有相互承認他方判決之協議，始符合其要件？本部認為該條款所謂『國際相互之承認』，係指外國法院承認我國法院判決之效力者，我國法院始承認該外國法院判決之效力而言。其承認方式，除依雙方法令、慣例或條約外，如兩國基於互惠原則有相互承認他方判決之協議者，亦可承認該外國法院判決之效力，不以有外交關係為必要。其已有法令、慣例或條約之承認者，當不必另有『協議』[34]。」前司法行政部認為：「本件我國旅德華僑與其德籍妻離婚，既因目前西德與我國尚無外交關係，因之並無是項相互承認之協議，則依民事訴訟法（舊）第401條規定，西德法院所為確定判決，我國當難承認其效力，此項訴訟，可依同法第564條規定定其管轄法院，如不能依同條第1、2項規定定管轄之法院者，則依同條第3項規定，由首都所在地之法院管轄，如首都所在地之法院因法院或事實不能行審判權者，則可依同法第23條聲請指定管轄。至若雙方當事人均在外國，則仍可依法委任訴訟代理人代為訴訟行為，事實上應無不便之處。關於我國法院判決之效力是否獲該僑民僑居地政府之承認一節，關鍵仍在有無相互承認，在國際慣例上當難強人單方予以承認，此為無可避免之事，惟苟未經我國法院判決，則該華僑縱得有外國法院確定判決，既無相互承認，在我國仍將不發生法律上變更身分，或因身分喪失而影響及於財產繼承等法律關係之效力。於此情形，該僑民究以向外國或我國法院進行訴訟為宜，當事人因切身利害關係，當必考慮其實際情形自行決定，似亦不必代為解

---

[33] 最高法院69年度台上字第3729號民事判決。

[34] 司法行政部68年3月6日68年台函民第02043號，法務部行政解釋彙編第1冊，第1049頁。

決[35]。」見解似有不同。

四、經承認之外國法院確定裁判之效力

　　民事訴訟法第402條規定：「外國法院確定判決，有左列各款情形之
一者，不認其效力：……。」由此規定，外國法院確定判決經中華民國法
院承認之後，在中華民國境內發生效力。惟發生如何之效力，不無疑義，
亦即發生該外國法院確定判決在該國所原有之效力或發生與中華民國法院
確定判決所具有之效力。特別是在外國法院確定判決之效力範圍與中華民
國法院確定判決之效力範圍不同時，例如外國法院確定判決之既判力客觀
範圍或主觀範圍，與中華民國法院之確定判決不同，則應如何決定？此涉
及外國法院確定判決效力之基準問題。就此問題，一般學者認為該外國法
院確定判決經中華民國法院承認後，發生與該外國法院確定判決在該外國
相同之效力，即採取判決國基準說[36]。惟是否妥適，容有檢討之餘地。詳
言之，外國法院確定判決之承認問題，如前所述，原係基於外國法院確定
判決之終局性與正當性，而在一定條件下，承認外國法院確定判決之效
力，係建立在程序法之層面，但不可諱言者，外國法院確定判決經承認後
即發生實體法之效力，此一實體法之效力，如何定其範圍，亦應依實體法
之觀念處理之，而發生是否依承認國法定其效力範圍之問題。以下，就可
能既判力及構成要件效果述之。

　　既判力之效果係抗辯事項或職權調查事項；既判力之作用係使後訴不
合法（不具備訴訟要件）或訴無理由；既判力之主觀範圍以當事人或其繼
受人為限，抑或及於其他第三人；如既判力及於第三人，則該第三人之範
圍如何；既判力之客觀範圍以訴訟標的為限，或及於其他事項；既判力以
判決確定時或事實審言詞辯論時為其基準時等，均易發生以判決國法或承
認國法為基準之問題。

　　就既判力之基準時、既判力之主觀範圍或既判力之客觀範圍而言，依

35 司法行政部47年8月23日47年台公參字第4599號，法務部行政解釋彙編第1冊，第
　　1046頁
36 高桑昭，外國判決承認執行，新實務民事訴訟法講座第7卷，第128頁。

前述之判決國法說,自應以判決國法為準。此之判決國並不以其程序法為限,如該國係以實體法處理既判力之基準時或既判力之主觀或既判力之客觀範圍問題,則判決國法亦包括實體法在內[37]。但是否妥適,就既判力之主觀範圍或客觀範圍而言,即有認為原則上固應以判決國法為準,但若判決國法之範圍大於承認國法,則應受承認國法之限制,亦即,係就判決國法與承認國法關於既判力之主觀範圍或客觀範圍加以比較,如兩者之範圍相同,自無基準之選擇之必要,如兩者之範圍不同,則以其範圍較狹窄者為準[38]。至於其理由則有如下列:自程序法上之權益之保障而言,就外國法院確定判決之在該外國之既判力而言,因已考慮該事件當事人或利害關係人之程序法上地位或權能之保障,以判決國法決定既判力之客觀或主觀範圍,並不致使該當事人或利害關係人遭受不當之程序法上權益之剝奪,故無不妥。但在該外國法院確定判決在他國請求承認時,則應注意承認國民事訴訟法或其他法律關於程序法地位或權能之保障規定,依此等規定亦有相應之既判力主觀範圍與既判力客觀範圍,如判決國既判力之主觀範圍或客觀範圍大於承認國之既判力主觀範圍與客觀範圍,則顯然承認國民事訴訟法或其他法律關於程序法上地位或權能之保障規定之立法目的,不能落實。因此,判決國關於既判力之主觀範圍或既判力之客觀範圍之規定,不能完全適用於承認國,其理甚明[39]。另一方面,如判決國之既判力主觀範圍或既判力之客觀範圍,小於承認既判力之主觀範圍或既判力之客觀範圍,則其情形亦同。亦即,當事人在判決國進行訴訟,在一般情形下,應係以該國之既判力主觀範圍或既判力客觀範圍為念,因此,發生判決國法上之既判力乃屬當然,如在承認國發生較大之主觀範圍或客觀範圍之既判力,則非適當,特別是就敗訴之當事人為如此[40]。至於,依據承認國關於既判力主觀範圍或既判力客觀範圍,對於判決國之既判力主觀範圍或客

---

[37] 高田裕成,前揭文,第374頁。

[38] 同上。

[39] 同上,第375頁。

[40] 同上,第376頁。

觀範圍加以約制，其根據何在，不無疑義。前述之準據法說或公序良俗說
——指依據國際民事訴訟法之公序良俗，限制既判力之主觀範圍或既判力
之客觀範圍——均非無見，但亦均乏明文依據。

　　對於前述立足於程序法之地位或權能保障之立論，亦有從實體法之觀
點加以檢討者，亦即以承認國之基準，對於判決國既判力之主觀範圍或客
觀範圍加以限制，易生跛行的法律關係發生之流弊，因此，完全以判決國
之基準定既判力主觀範圍與既判力客觀範圍，較為妥適[41]。

　　所謂確定判決構成要件效果，係指以確定判決作為實體法律關係變動
之構成要件，例如婚姻關係已消滅，有以離婚之確定判決為必要之情形，
該離婚之確定判決所生之效力即係構成要件效果[42]。又例如消滅時效之中
斷事由之一之判決確定，消滅時效之中斷即係確定判決之構成要件效果。
確定判決之構成要件效果在判決國發生構成要件效果並無疑義，惟可否在
判決國以外之國家亦為相同效果之主張，不無疑義。如可以主張，則其要
件是否與既判力之承認之要件相同，亦有疑義。有學者認為確定判決既判
力之承認純粹係基於程序法之考量，如前述之當事人程序法地位與權能保
障之觀點，而確定判決之構成要件效果則有不同，即確定判決構成要件效
果主要係發生實體法之效力，因而，即使在判決國以外國家予以承認，其
要件亦與既判力承認之要件不同，而應加上準據法之要件，亦即如該外國
法院之確定判決所適用之準據法，與承認國之國際私法就該類型之法律關
係所指定者相同，即可予以承認。此種見解係建立於對於自己之國際私法
有相當的自信之基礎上，且認為如此方可貫徹國際私法對於準據法指定之
立法意旨。但亦有學者持反對見解，認為外國法院確定判決承認之理論根
據在於程序法之考量，即如其所述之對於外國法院確定判決之信賴性與終
局性之考量，與判決所適用之準據法（實體法）無關，因此，不應附加準
據法之要件。

---

[41] 同上，第377頁。最高法院似採此見解。最高法院92年度台上字第985號民事判決：
　　「外國法院確定判決之確定力，仍應依該國相關之程序規定為斷，不以由我國法院
　　依我國程序相關規定判決賦與為必要。」

[42] 石黑一憲，國際私法，有斐閣，1991年，新版2刷，第232-234頁。

　　依本文所見，以上二說均各有見地，但亦均有所失，詳言之，外國法院確定判決之承認，固係程序法之考量，係以對於外國法院確定判決之終局性與信賴性為考量因素，原則上不應附加準據法之要件，但法律關係變動事由之確定判決及該法律關係，則不能不考慮其所應適用之準據法及適用之結果。因此，陷於兩難在所難免，如何求其折衷調和，不無疑義。晚近，有學者認為在承認國之國際私法指定外國法為準據法之場合，如該準據法所屬國具有實際效力者，即準據法所屬國所為之確定判決或第三國所為之確定判決而在該準據法所屬國具有構成要件效果者，即可在內國承認其構成要件之效力。至於其理由則為內國所採取之態度與準據法所屬國相同之故。但在內國國際私法所指定之準據法為內國法時則如何，乃問題之所在。對此，採取此種見解之學者則認為此一問題，實可歸納為：以確定判決為法律關係變動之構成要件之實體法，其所稱之確定判決是否包括外國法院之確定判決在內？如包括在內，則是否以具備民事訴訟法第402條之要件之外國法院之確定判決為限？於此，應以各利害關係人之預測可能性與正當期待性之保護為考量之重點。

　　司法院認為：「關於陳進福持憑美國紐約州初審法院判決書及台灣台北地方法院公證處認證書申請撤銷其與郭淑華間結婚登記疑義乙案。按外國法院之確定判決，除據為執行名義請求本國法院強制執行者，依強制執行法第43條規定，應經本國法院以判決宣示許可其執行外，其有無民事訴訟法第402條所列各款情形，應否承認其效力，尚無應經我國法院以裁判確認之規定。各機關均可依民事訴訟法第402條規定為形式上之審查，據以承認外國法院確定判決之效力，惟有爭執時，可由利害關係人訴請法院確認之[43]。」法務部中華民國70年5月5日70年法律第5778號認為：「一、民事訴訟法第356條，係有關證據法則之規定。外國公文書雖經推定為真正，僅具有形式上之證據力，至其有無實質上之證據力，即其內容是否足資證明某項事實，仍有待處理機關之審酌採認（最高法院48年台上字第837號判例參照）。至於同法第402條，係關於外國法院確定判決應否承認

---

[43] 司法院秘書長81年9月21日81秘台廳第14458號。

其效力之規定，倘經承認者，除在給付之訴，其執行尚須我國法院為許可之判決外（強制執行法第43條參照），即應具有與我國法院確定判決相等之效力。惟使用外國法院之確定判決，仍須符合同法第356條之規定，必經推定為真正後，始有同法第402條之適用。二、本部70年4月15日法70律字第5020號函，係就外國公文書之形式證據力而為立論。同年2月24日法70律字第2910號函，即在說明如何承認外國法院判決之效力，兩次函文所答覆之問題不同。戶政或駐外代表機構，對於人民所提出經推定為真正之外國一般公文書，有權審究其實質內容，非可當然採證[44]。」法務部又認為：「查中華民國國民在外國結婚，若依其所提出之外國法院簽具之『結婚公證書』，足認其已經符合我國民法第982條規定之結婚方式或舉行地法律所規定之結婚方式者，依涉外民事法律適用法第11條第1項但書之規定，我國駐外單位當可據以更改當事人所持護照之婚姻狀況之記載。至於我旅外國人所提出之外國法院之『離婚判決書』，若該判決無民事訴訟法第402條規定之情形者，我駐外單位可承認其效力[45]。」對於外國法院確定裁判對於行政機關之效力問題，與最高法院之見解：「外國法院之確定判決，有民事訴訟法第402條規定所列各款情形之一者，不認其效力，是外國法院之確定判決，須經我國法院審查確認並無前開規定各款情形之一者，始可認其效力，原告取得美國法院所為『兩造婚姻關係解除』之判決，並未先經我國法院確認有無前述規定情形之一，即持該外國判決以代被告為意思表示，向戶政機關申請辦理離婚登記，於法尚有未合[46]。」似有不同。

五、外國、港澳地區與大陸地區之確定判決之效力

民事訴訟法第402條規定：「外國法院之確定判決，有下列各款情形之一者，不認其效力：一、依中華民國之法律，外國法院無管轄權者。

---

[44] 法務部行政解釋彙編第1冊，第1033頁。

[45] 法務部70年2月24日70年法律第2910號，法務部行政解釋彙編第1冊，第1051頁。

[46] 最高法院70年度台上字第952號民事判決。

二、敗訴之被告未應訴者。但開始訴訟之通知或命令已於相當時期在該國合法送達，或依中華民國法律上之協助送達者，不在此限。三、判決之內容或訴訟程序，有背中華民國之公共秩序或善良風俗者。四、無相互之承認者。（第1項）前項規定，於外國法院之確定裁定準用之。（第2項）」香港澳門關係條例第42條第1項：「在香港或澳門作成之民事確定裁判，其效力、管轄及得為強制執行之要件，準用民事訴訟法第四百零二條及強制執行法第四條之一之規定。」臺灣地區與大陸地區人民關係條例第74條：「在大陸地區作成之民事確定裁判、民事仲裁判斷，不違背臺灣地區公共秩序或善良風俗者，得聲請法院裁定認可。（第1項）前項經法院裁定認可之裁判或判斷，以給付為內容者，得為執行名義。（第2項）前二項規定，以在臺灣地區作成之民事確定裁判、民事仲裁判斷，得聲請大陸地區法院裁定認可或為執行名義者，始適用之。（第3項）」究竟三者有無不同？

最高法院97年度台上字第2376號民事判決認為：「兩岸關係條例第74條固規定，經法院裁定認可之大陸地區民事確定裁判，以給付為內容者，得為執行名義，然並未明定在大陸地區作成之民事確定裁判，與我國之確定判決有同一之效力。參以該條例立法理由所載，就大陸地區判決既未採自動承認制，而須經我國法院以裁定認可者始予以承認並取得執行力，長榮公司所取得之系爭裁定之執行名義，即屬於強制執行法第4條第1項第6款規定：其他依法律之規定得為強制執行之名義。是以，經我國法院裁定認可之大陸地區民事確定裁判，應只具有執行力而無與我國法院確定判決同一效力之既判力，兩造間或我國法院即均不受其拘束。浙江省公司以其於系爭執行名義成立前，有消滅或妨礙債權人（長榮公司）請求之事由發生，在系爭強制執行事件之程序終結前，依強制執行法第14條第2項規定，向執行法院對債權人即長榮公司提起本件異議之訴，自無違一事不再理原則，且有權利保護之必要。

按系爭大陸地區判決經我國法院依兩岸關係條例第74條規定裁定許可強制執行，固使該判決成為強制執行法第4條第1項第6款規定之執行名義而有執行力，然並無與我國確定判決同一效力之既判力。債務人如認於執

行名義成立前，有債權不成立或消滅或妨礙債權人請求之事由發生者，在強制執行事件程序終結前，即得依同法第14條第2項規定，提起債務人異議之訴。至於確定判決之既判力，應以訴訟標的經表現於主文判斷之事項為限，判決理由原不生既判力問題，法院於確定判決理由中，就訴訟標的以外當事人主張之重要爭點，本於當事人辯論之結果，已為判斷時，除有顯然違背法令，或當事人已提出新訴訟資料，足以推翻原判斷之情形外，雖應解為在同一當事人就與該重要爭點有關所提起之他訴訟，法院及當事人對該重要爭點之法律關係，皆不得任作相反之判斷或主張，以符民事訴訟上之誠信原則，此即所謂『爭點效原則』。惟依前所述，經我國法院裁定認可之大陸地區民事確定裁判，應只具有執行力而無與我國法院確定判決同一效力之既判力。該大陸地區裁判，對於訴訟標的或訴訟標的以外當事人主張之重大爭點，不論有無為『實體』之認定，於我國當然無爭點效原則之適用。我國法院自得斟酌全辯論意旨及調查證據之結果，為不同之判斷，不受大陸地區法院裁判之拘束。」

　　最高法院認為外國法院民事確定判決，無民事訴訟法第402條之情形之一者，有與中華民國法院民事確定判決相同之效力，包括既判力、形成力與執行力。香港澳門地區之民事確定判決因準用民事訴訟法第402條暨強制執行法第4-1條之結果，與外國法院民事確定判決相同。大陸地區之民事確定判決則無既判力，只有執行力。惟：

　　1. 本件執行名義應為系爭大陸地區判決及台灣地區認可之裁定：

　　(1)按執行名義成立後，如有消滅或妨礙債權人請求之事由發生，債務人得於強制執行程序終結前，向執行法院對債權人提起異議之訴。如以裁判為執行名義時，其為異議原因之事實發生在前訴訟言詞辯論終結後者，亦得主張之。執行名義無確定判決同一之效力者，於執行名義成立前，如有債權不成立或消滅或妨礙債權人請求之事由發生，債務人亦得於強制執行程序終結前提起異議之訴，強制執行法第14條第1項、第2項定有明文。從而，債務人提起異議之訴，如執行名義為與確定判決同有既判力者，須以其主張消滅或妨礙債權人請求之事由，係發生於執行名義成立後者，或係發生在前訴訟言詞辯論終結後者始得為之。如非與確定判決同有

既判力者，則其主張消滅或妨礙債權人請求之事由，係發生於執行名義成立前者，亦得為之。

(2)外國法院民事確定判決或裁定，僅於該國領域發生效力，內國承認與執行，係對於外國司法權及其行使之承認，國際私法上有所謂「禮讓原則」，亦即適當考慮國際責任及實際便利，為尊重法律體系之完整與獨立，並防止同一事件在不同國家重複起訴。

(3)依民事訴訟法第402條之立法體例，係以外國法院之確定判決在我國認其具有效力為原則，如有該條各款情形之一者，始例外不承認其效力，採自動承認制度。但對於外國確定判決之執行力，依據強制執行法第4-1條規定，以該判決無民事訴訟法第402條各款情形，並經中華民國法院以判決宣示許可其執行者為限，得為強制執行，故外國確定判決仍須經向我國提起許可執行之訴，始能取得執行力，且以內國宣示許可執行判決與該外國民事確定判決併為強制執行法第4條第1項第6款之執行名義。

(4)大陸地區法院之判決，依臺灣地區與大陸地區人民關係條例第74條之規定：「在大陸地區作成之民事確定裁判、民事仲裁判斷，不違背臺灣地區公共秩序或善良風俗者，得聲請法院裁定認可。（第1項）前項經法院裁定認可之裁判或判斷，以給付為內容者，得為執行名義。（第2項）前二項規定，以在臺灣地區作成之民事確定裁判、民事仲裁判斷，得聲請大陸地區法院裁定認可或為執行名義者，始適用之。（第3項）」觀其立法理由：「依本條例規定，在大陸地區作成之民事確定判決及民事仲裁判斷，不違背臺灣地區公共秩序或善良風俗者，得聲請我法院裁定認可，並得為執行名義。」對於大陸地區判決未採自動承認制，必須經法院以裁定認可者始予以承認並取得執行力，故該條第2項所認「得為執行名義」係指大陸地區之民事確定裁判及台灣地區之認可裁定，且係強制執行法第4條第1項第6款之執行名義。

(5)依臺灣地區與大陸地區人民關係條例第74條與民事訴訟法第402條之規定比較觀之，我國法院對於外國民事確定判決與大陸地區民事確定判決，同採形式審查之立場。解釋上，臺灣地區與大陸地區人民關係條例第74條之公序良俗應包括民事訴訟法第402條第1項第3款之程序上之公序良

俗，亦即所需考慮者不應是判決是否由大陸地區法院作成，或是由台灣地區法院作成，而是考量法院判決之程序是否足以確保人民依照憲法所保障之權利，也就是平等而充分地去論證其權利之程序上保障。如確實已給予當事人充分之攻擊防禦之機會，即應認為符合程序上公序良俗之要件。

　　(6)大陸地區民事確定判決，經台灣地區裁定認可後，不與外國法院民事確定判決同，均有與台灣地區民事確定判決同一之效力。詳言之，如大陸地區民事確定判決，雖經台灣法院裁定認可，並不生既判力，只有執行力。

　　(7)民事訴訟法第538條規定：「於爭執之法律關係，為防止發生重大之損害或避免急迫之危險或有其他相類之情形而有必要時，得聲請為定暫時狀態之處分。（第1項）前項裁定，以其本案訴訟能確定該爭執之法律關係者為限。（第2項）第一項處分，得命先為一定之給付。（第3項）法院為第一項及前項裁定前，應使兩造當事人有陳述之機會。但法院認為不適當者，不在此限。（第4項）」這條立法意旨在於給予當事人完整之程序保障。但兩岸條例第74條並無類似規定，亦即，台灣法院在裁定認可大陸地區法院裁判之前，並不需通知聲請人與相對人出庭陳述意見，則大陸地區民事確定判決與外國民事確定判決，不具有確定個案規範之正當性，而生實質確定效力。亦即，上開裁定程序既係非訟程序之性質，又未給與兩造陳述意見之機會，自不宜發生實質確定力。

六、結語

　　台灣地區對於大陸地區法院民事確定判決之認可及執行，依據臺灣地區與大陸地區人民關係條例第74條之規定，係由台灣地區法院形式審查大陸地區法院民事確定判決有無違背台灣地區之公共秩序或善良風俗，並非就同一事件重為審判。大陸地區對於台灣地區民事確定判決，則係依據《最高人民法院關於認可台灣地區有關法院民事判決的規定》第12條之規定：「人民法院受理認可台灣地區有關法院民事判決的申請後，對當事人就同一案件事實起訴的，不予受理。」辦理。該條規定明文承認台灣地區法院判決經認可後，不得更行起訴。臺灣地區與大陸地區人民關係條例雖

未有相同之明文規定，惟基於兩岸關係條例第74條第3項所採取之平等互惠原則，似應認大陸地區民事確定判決經台灣地區法院認可裁定後有與確定判決同一之效力，方符禮讓原則、平等互惠原則及對大陸地區司法之尊重。但是，裁定認可程序中又未給予陳述意見之機會，認經台灣地區法院認可裁定後有與確定判決同一之效力，又未完全妥適。最高法院判決一方面不認經台灣地區法院認可裁定後有與確定判決同一之效力，又搬出程序上之誠信原則，欠缺權利保護要件等理論，兩者顯有違背，似有未當。惟為避免再生爭議，宜修正上開條例第74條第1項之規定與民事訴訟法第402條相同內容，或直接規定如香港澳門關係條例香港澳門關係條例第42條第1項之規定：「在香港或澳門作成之民事確定裁判，其效力、管轄及得為強制執行之要件，準用民事訴訟法第四百零二條及強制執行法第四條之一之規定。」

國際管轄權在我國的認定現況與進展

何佳芳[*]

壹、前言

　　隨著交通工具的進步以及網路的發達，我國國際化的腳步日益加快，國際民事紛爭亦隨之增加，有關涉外民事事件管轄權等論述及判斷方法逐漸受到重視。在涉外家事事件方面，家事事件法[1]（下稱「家事法」）創設了異國婚姻家事的「國際審判管轄權」，該法第53條對涉外婚姻事件之國際審判管轄權定有其成立之因素，同時針對涉外親子關係事件及婚姻非訟事件，同法第69條及第98條亦有準用第53條有關國際審判管轄權之規定。此規範成為我國對於涉外事件之國際管轄權首度明文之規定。相較於其他涉外民事或商事等財產事件，該條文之訂定，大幅增加我國法院判斷涉外婚姻事件及親子關係事件之國際審判管轄權的預見可能性。反觀在涉外財產事件方面，則未見有相關國際管轄規範之立法進展。

　　我國民事訴訟法第1條至第26條，雖針對一般民事訴訟案件設有管轄權之規定，但此些有關內國法院管轄分配之規範，是否可直接適用於涉外事件國際管轄之判斷，則有疑義。一般認為我國除涉外民事法律適用法中有關外國人之死亡宣告與監護／輔助宣告事件之規定、海商法第78條的載貨證券裝卸貨港為我國港口時之規定，以及勞動事件法[2]第5條針對以勞工

---

[*]　東吳大學法學院專任副教授、大阪大學法學博士。

[1]　爲因應社會急速變化之需要，司法院自2000年成立「家事事件法研究制定委員會」著手研擬「家事事件法」，歷經多次審議修正，於2011年8月24日完成「家事事件法草案」送立法院審議，並於2011年12月12日完成三讀，自2012年6月1日施行。

[2]　有鑑於勞資爭議事件除影響勞工個人權益外，更影響其家庭生計，且勞工在訴訟程序中通常居於弱勢，相關證據偏在於資方，不利勞工舉證等特性，司法院爲期迅速、妥適、專業、有效、平等地處理勞動事件，遂研究制定勞動事件法，於2018年

為原告之勞動事件之規定外，針對國際管轄權之判斷並無一般性的明文規範。

　　在我國尚無有關國際民事訴訟管轄之法律規定，以及國際間尚未存有統一準則的現況下，面對逐年增加的涉外民商事事件，究應如何判斷其國際管轄權之有無，仍有待進一步的研究與探討。近年來，隨著涉外事件的增加，有關國際管轄的決定方法，不僅在學說論述上多有探討，在法院實務方面亦有明顯的進步與發展，實值吾人關注。本文希望藉由分析我國實務涉外財產事件國際管轄權之認定現況與進展，以協助尋求符合「當事人間之公平、裁判之適當與迅速」等國際管轄理念的判斷方式，達到兼顧案件之具體妥當性與預見可能性。

貳、國際管轄權之定位

一、定義

　　當一涉外私法事件發生時，與其相關的國際民事紛爭程序可能會涉及許多問題，包括對外國國家裁判權之行使、準據法之決定、送達與證據調查等司法互助、外國判決之承認與執行，以及國際仲裁等訴訟外程序的利用等。其中，在涉外訴訟一開始首當其衝的就是受訴法院有無國際管轄權的問題。所謂「國際管轄權」係指，當具有國際性質之紛爭發生時，某國的法院就該案件是否得加以裁判之權限。由於受理案件的法庭地不同，裁判遂行所需的勞力、時間、費用亦大不相同，對於當事人的負擔，甚至案件的勝敗，將造成深刻的影響。因此，在國際訴訟程序上，法庭地的決定實為一重要問題。隨著國際交流越趨密切，有關國際管轄規則的制定越受到重視。

　　不同於一般民事訴訟法上的管轄規範係針對國內之何種法院或何地法

12月5日總統公布，並自2020年1月1日施行。詳請參見司法院網站說明，https://www.judicial.gov.tw/tw/cp-1461-58174-e2667-1.html。

院有管轄權而定，國際私法上的裁判管轄問題，係指就某涉外民事事件究竟何國法院有其管轄權[3]。在日本，將此「當具有涉外（國際）性質之紛爭發生時，某國的法院就該案件是否得加以裁判之權限」稱為「國際裁判管轄權」。其之所以加上「裁判」二字，是為了與國際法上的國家管轄權中的「立法管轄權」、「司法管轄權」及「執行管轄權」有所區別，因此日本早自昭和時期以來，不論在學說[4]或實務上[5]皆以「國際裁判管轄權」稱之。

　　在我國，就此涉外民事事件之法院管轄權限問題，學說上有稱「涉外管轄權」者[6]、「裁判管轄權」者[7]，亦有援用法國學者將國際私法上之裁判管轄權，稱之為「一般管轄權」（compétence generale）者，但較常見者仍為「國際裁判管轄權」[8]或「國際管轄權」[9]。而在實務方面，針對此

---

[3]　蘇遠成，國際私法，五南圖書，2008年，5版，第123頁。

[4]　兼子一，新修民事訴訟法体系〔增訂版〕，酒井書店，1965年，第84頁。江川英文，国際私法における裁判管轄權，法協60卷3号，1942年，第369頁。池原季雄，国際的裁判管轄權，鈴木忠一‧三ヶ月章編，新‧實務民事訴訟講座（7），日本評論社，1982年，第3頁以下。池原季雄‧平塚眞，涉外訴訟における裁判管轄，鈴木忠一‧三ヶ月編，実務民事訴訟講座（6），日本評論社，1971年，第3頁。青山善充，国際的裁判管轄權，〈ジュリスト增刊〉民事訴訟法の争点，有斐閣，1971年，第50頁。

[5]　以LEX/DB資料庫查找，目前最早使用「國際裁判管轄權」一語之日本判決爲東京地方裁判所昭和29年6月9日判決。

[6]　劉鐵錚、陳榮傳，國際私法論，三民書局，2010年9月，修訂5版，第665頁以下。或稱爲「涉外案件管轄權」、「涉外訴訟管轄權」，參見馬漢寶，國際私法總論各論，自版，2014年8月，3版，第193頁。

[7]　蘇遠成，國際私法，五南圖書，2008年，5版，第123頁。

[8]　柯澤東著，吳光平增修，國際私法，元照出版，2016年10月，5版，第297頁以下。蔡華凱，國際裁判管轄，月旦法學雜誌第229期，2014年6月，第181-203頁。林秀雄，國際裁判管轄權：以財產關係案件爲中心，劉鐵錚教授六秩華誕祝壽論文集—國際私法理論與實踐（一），學林文化，1998年9月，初版，第120-135頁。林益山，國際裁判管轄權衝突之研究，國際私法新論，自版，1995年6月，初版，第124-128頁。吳光平，國際裁判管轄權的決定基準，政大法學評論第94期，2006年12月，第267頁以下。蔡華凱，涉外婚姻訴訟事件之國際裁判管轄暨外國離婚裁判之承認，中正大學法學集刊第20期，2006年4月，第171頁以下。

[9]　陳榮宗、林慶苗，民事訴訟法（上），三民書局，2013年，修訂8版，第90頁以下。

涉外事件管轄權限問題，同樣亦多稱「國際裁判管轄權」[10]或「國際管轄權」[11]，直到2012年家事事件法公布施行後，由於該法第53條針對涉外婚姻事件明定該條所列四款情形「由中華民國法院審判管轄」，自此實務上亦多有稱「國際審判管轄權」[12]者。就此些用語之內涵觀之，此些用語於我國學說及實務判決所代表之涵義，似無不同。

二、應依職權調查之訴訟要件

原告提起之訴訟未必均能達到獲得法院實體判決之目的，由於原告之訴有可能在起訴之階段即已存在某種程序上的瑕疵，法院因此無從進行合法的訴訟程序，亦不得為實體審理。欲使法院能就原告之訴為實體審理與實體判決（本案判決），該訴訟須具備一定之合法要件，此種訴訟合法所需之要件，應由法院依職權為調查，德國學者稱為Prozessvoraussetzungen，日本學者譯為訴訟要件，我國學者亦沿用此語[13]。在涉外民事訴訟事件中，國際管轄權即屬於「有關法院之訴訟要

許耀明，國際智慧財產權訴訟之國際管轄權決定、準據法選擇與法律適用之問題，玄奘法律學報第8期，2007年12月，57頁以下。林恩瑋，國際管轄權之積極衝突，法學叢刊第52卷第3期，2007年7月，第49頁以下。

[10] 參見最高法院109年度台抗字第1084號、108年度台抗字第373號民事裁定、103年度台上字第2409號、103年度台上字第1957號、103年度台上字第1902號民事判決。台灣高等法院台南分院108年度台抗字第62號、107年度重抗更一字第2號民事裁定等。

[11] 參見最高法院108年度台上字第819號、107年度台上字第267號民事判決、108年度台抗字第962號、108年度台抗字第171號、106年度台抗字第445號民事裁定。智慧財產法院108年度民商上字第5號民事判決。台灣高等法院103年度抗字第544號民事裁定等。

[12] 參見最高法院109年度台上字第1094號民事判決、108年度台抗字第256號、107年度台抗字第706號、107年度台抗字第500號、103年度台抗字第1020號民事裁定等。

[13] 所謂訴訟要件係對於所有程序均須具備之合法要件，德、日、奧三國之民事訴訟法並未將全部之訴訟要件集中於一條文，僅散見於各處條文為規定，我國民事訴訟法第249條係將訴訟要件集中一條而定，頗有特色。詳見陳榮宗、林慶苗，民事訴訟法（上），三民書局，2013年，修訂8版，第319頁。

件」[14]之一，一旦欠缺此一要件，法院即不得對該案進行實體審理，而應依民事訴訟法第249條第1項裁定駁回之。由於民事訴訟法對於訴訟要件之欠缺定有七款情形，則法院就所受理之案件欠缺國際管轄權時，究竟應依何款規定予以駁回，早期或有主張應同時引用該條第1項第2款「訴訟事件不屬受訴法院管轄而不能為第二十八條之裁定者」及第6款「起訴不合程式或不備其他要件者」之規定，但近年來實務上則多僅以該條第1項第2款為由予以駁回，例如台灣高等法院108年度抗字第1466號民事裁定：「我國法院既無國際管轄權，又無法依民事訴訟法第28條規定裁定移送於有管轄權之越南法院，則原法院依民事訴訟法第249條第1項第2款之規定，裁定駁回原告之訴及其假執行之聲請，並無違誤。」[15]

　　國際管轄權既為訴訟要件之一，自屬法院須依職權調查之事項，亦即，為認定我國法院就該事件是否具有國際管轄權所需之事實及證據，須責由法院負責蒐集提出，而不待當事人主張。例如台灣高等法院高雄分院109年度海商上字第8號民事判決：「按民事事件具有外國之人、地、事、物、船舶等涉外成分，為涉外民事事件，內國法院應依內國法之規定或概念決定爭執法律關係之性質（定性）後，以確定內國對訟爭事件有國際民事裁判管轄，始得受理。而國際民事裁判管轄乃訴訟提起之程序要件，且為法院應依職權調查事項。」即明白表示，法院在就涉外案件進行實體審理前，首先須本於職權就國際管轄權之有無進行調查而不待當事人主張。

　　此處須注意者，民事訴訟法有關訴訟要件事實之存否問題，其相關事證資料之蒐集提出雖採職權探知主義，但職權探知主義與辯論主義兩者間並非絕對相互排斥之對立關係，即使在採取職權探知主義為適用的情形下，亦不排斥辯論主義方法之利用，法院應視情形，得命雙方當事人就法院蒐集所知之事實及證據為意見陳述或辯論，俾以避免造成對當事人之突

---

[14] 其餘有關法院之訴訟要件，尚包括我國法院須有裁判權、普通法院民事審判權、土地管轄權、事物管轄權及職務管轄權。

[15] 另可參見台灣高等法院103年度抗字第544號民事裁定。台灣台北地方法院108年度重訴字第674號民事裁定等。

襲裁判[16]。再者，由於國際管轄之有無與當事人訴訟權利之保護及法庭地公共利益息息相關，在採取職權探知主義下，並非意謂當事人不得或無庸提出有利於己之證據資料，若法官對於國際管轄權有無所造成訴之合法性有疑義時，仍應進行闡明以使當事人提出相關事實等訴訟資料，故原告對於該訴訟之管轄原因事實及證據資料，仍負有主張及蒐集提出之責任[17]。

參、國際管轄權有無之認定

如前所述，我國現行法中，除家事事件法針對部分涉外身分事件、涉外民事法律適用法就有關外國人之死亡宣告與監護／輔助宣告事件，以及海商法第78條的載貨證券裝卸貨港為我國港口之事件設有國際管轄之規定外，針對涉外財產關係事件並無特別的國際管轄規範。面對逐年增加的涉外民商事件，究應如何判斷國際管轄權之有無，仍有賴學說及實務之發展與確立。

一、學說見解

在學說見解方面，針對現行法下是否存在有關涉外財產事件之國際管轄的一般性明文規範，有肯否二說。亦即，對於民事訴訟法之土地管轄規則可否直接適用於涉外事件，學者有不同的見解。

(一) 否定說

學說見解多認為，我國於現行法下並無針對涉外財產事件之國際管轄的明文規範。因此，在法無明文的前提下，有關國際裁判管轄判斷之解釋論，我國學界多參考日本學說，以「逆推知說」、「管轄分配（修正類推）說」、「利益衡量說」等思考模式為主，另外再輔以各種調和方式

---

[16] 陳榮宗、林慶苗，民事訴訟法（上），三民書局，2013年，修訂8版，第48頁。

[17] 張銘晃，國際智慧財產權侵害訴訟之管轄主張與證明，法官協會雜誌第10卷，2008年11月，第163-164頁。

（例如以「類推適用說」加上「不便利法庭原則」，或是「修正類推說」兼採「利益衡量說」等），以期達到符合當事人公平與裁判之迅速公正等理念[18]。

　　其中「逆推知說」最重視法的安定性與明確性，但欠缺國際性的考量為其最大缺點。而與其立於相反論點的「利益衡量說」，雖較符合具體妥當性與柔軟性，但在預測可能性與法安定性上的不足，則為其問題點。相較於前兩說，「管轄分配（修正類推）說」立於以保障國際間民事訴訟程序之安全與圓滑為目的之普遍主義（世界主義），而主張國際管轄制度涉及國際社會中審判機能分配的問題，於判斷國際管轄權有無時，應立於國際的觀點予以考慮。故而應在何國進行審判須依據是否符合當事人間的公平性、裁判的適當性，以及紛爭解決的迅速性等要件，加以綜合判斷後，依「條理（法理）」來決定國際管轄權之有無。具體的判斷方式則可類推適用國內法上的土地管轄規定，並配合國際觀的考量予以修正分配[19]，應屬妥適。

<hr>

[18] 相關學說見解，詳請參閱劉鐵錚、陳榮傳，國際私法論，三民書局，2010年9月，修訂5版，第670-671頁。蘇遠成，國際私法，五南圖書，2008年，5版，第130-131頁。邱聯恭，司法現代化之要素，司法之現代化與程序法，自版，1998年9月，初版，第100-102頁。林秀雄，國際裁判管轄權：以財產關係案件為中心，劉鐵錚教授六秩華誕祝壽論文集—國際私法理論與實踐（一），學林文化，1998年9月，初版，第128頁。林益山，國際裁判管轄權衝突之研究，國際私法新論，自版，1995年6月，初版，第124-128頁。蔡華凱，國際裁判管轄總論之研究：以財產關係訴訟為中心，國立中正大學法學集刊第17期，2004年10月，第33-34頁。徐維良，國際裁判管轄權之基礎理論，法學叢刊第183期，2001年7月，第74-77頁。吳光平，國際合意管轄之效果——從最高法院一〇一年度台抗字第二五九號裁定談起，月旦法學雜誌第220期，2013年9月，第291頁。

[19] 新堂幸司，新民事訴訟法〔第二版〕，弘文堂，2001年，第77頁。池原季雄，國際的裁判管轄權，鈴木忠一・三ヶ月章編，新・實務民事訴訟講座（7），日本評論社，1982年，第3頁以下。池原季雄・平塚眞，涉外訴訟における裁判管轄，鈴木忠一・三ヶ月編，實務民事訴訟講座（6），日本評論社，1971年，第3頁。青山善充，国際的裁判管轄權，〈ジュリスト增刊〉民事訴訟法の争点，有斐閣，1971年，第50頁。又，此處的「條理」一詞，依據講談社所出版的日本語大辞典，係指「用以支撐社會法秩序的某種基本的法的價值體系。在法律有所欠缺時，可作為裁判基準的法的根據」。

（二）肯定說

另外，近年來亦有少數採德國學說主張應承認我國民事訴訟法及特別法上土地管轄規定之「二重機能性」，而可直接以現行民事訴訟法中既有的相關管轄規定作為國際管轄規定者[20]。

肯定說者認為民事訴訟法之相關規定可「直接適用」於涉外民商事事件，其依據乃就立法者主觀意思而言，未見立法者曾有拒絕以土地管轄規定一併規範國際管轄權之政策判斷，且大清民事訴訟律草案與民事訴訟條例，考其時代背景，皆有藉由建立近代法制以廢除領事裁判權之意涵，故該法必然係以涉外事件之處理為其目的之一，而難謂民事訴訟法全然未考慮到內國法院對涉外案件之（國際）管轄問題。再者，當時有關國際管轄權之概念理論尚未成形，立法者自然無從單獨就國際管轄問題制定規範，另輔以法律繼受之沿革觀，故而認為我國民事訴訟法中部分與涉外情境有關之土地管轄規定[21]應兼具國際管轄規定之性質，因此不認為我國民事訴訟法存有國際管轄權之「法律漏洞」[22]。

不過，儘管肯定說認為我國民事訴訟法及特別法之土地管轄規定得「直接適用」於國際管轄權之判斷，但其並不認為法院應「機械式」地「直接」將土地管轄規定運用於涉外事件。

主張此說者，有強調法院仍須認知土地管轄權與國際管轄權之有無對於當事人實體、程序利益之重大差異，進而於個案中謹慎判斷各該管轄規定所欲達成之目的得否獲得實現以謀求個案之具體妥當性，而此「合目的解釋」之作業，則可參酌其他同屬歐陸成文法系以各該管轄原因訂定規範

---

[20] 陳瑋佑，論著作權網路侵害事件之侵權行為地國際管轄權—評最高法院108年度台抗字第256號民事裁定，台灣法學雜誌第381期，2019年12月，第46-48頁。王欽彥，國際裁判管轄之方法論區辨，台北大學法學論叢第106期，2018年6月，第83頁。

[21] 係指條文中具有「中華民國」或「外國」一詞之民事訴訟法第1條、第2條、第3條、第18條等條文。參見王欽彥，同上，2018年6月，第77頁。

[22] 王欽彥，同上，第78-79頁。陳瑋佑，論著作權網路侵害事件之侵權行為地國際管轄權—評最高法院108年度台抗字第256號民事裁定，台灣法學雜誌第381期，2019年12月，第48頁。

之德、日、法、奧的相關民事程序法規的立法論或解釋論[23]。

　　此外，亦有肯定說者認為立法者未必就所有條文均設想到國際管轄之問題，則就：(1)原本僅單純針對國內土地管轄問題（亦即未意識到國際管轄問題）之管轄規定，法院得將之「類推適用」來推認國際管轄，且於推認之際應自國際管轄之觀點進行利益衡量，另針對：(2)當初有意被賦予二重機能而制定之條文，則應順應現代對國際管轄之觀念，採取「限縮解釋」或「修正解釋」以避免過剩管轄，甚或亦可運用「不便利法庭」之概念駁回起訴，並強調無論直接適用或類推適用，均應考慮時代背景之差異及當事人權利保護之需要，於個案妥為修正或解釋，因此認為無嚴格區辨直接適用或類推適用之必要[24]。

　　因此，從上述肯定說之見解觀之，其雖肯認現行民事訴訟法中既有的土地管轄規定亦具有（或部分具有）國際管轄規範之性質，但在將該等民事訴訟法之相關規定適用於涉外民商事事件時，亦須透過「合目的解釋」或「限縮解釋」加以修正後始得適用（並非直接適用），以謀求個案之具體妥當性及順應現代之國際管轄觀念。如此一來，與前述否定說中採取「修正類推適用說」者，在適用結果上，似乎並無太大差異。

　　事實上，綜合前述各學說觀之，不論就涉外財產事件之國際管轄規範認為現行法無明文者（上述之否定說），或是認為民事訴訟法之土地管轄規定亦可適用於國際管轄權認定者（上述之肯定說），皆認為國際管轄權與國內管轄權在法理上雖有一定之共通點（例如以原就被原則、事案接近性、救濟便利性、執行有效性、預見可能性等），故於一定程度上都會「參酌」、「解釋」或「類推適用」民事訴訟法所定之管轄原因。然而，雙方也都意識到跨國訴訟對於當事人的實體及程序利益所造成之影響顯然大於純粹的內國訴訟，因此，我國現行民事程序法上的土地管轄規則，只有在符合（或不違反）當事人間的公平性、裁判的適當性，以及紛爭解決

---

[23] 陳瑋佑，國際民事訴訟管轄權之規範與解釋—以財產所在地審判籍為例，台北大學法學論叢第93期，2015年3月，第147-148、151頁。

[24] 王欽彥，國際裁判管轄之方法論區辨，台北大學法學論叢第106期，2018年6月，第79-80、83頁。

的迅速性等現代國際民事訴訟程序法理時，始得作為我國法院審理涉外財產事件之管轄原因或基礎。

二、實務判決

在實務判決方面，除較早時期之少數裁判在審理涉外事件時未能意識到國際管轄概念，或雖有論及涉外事件之管轄權，卻未能區分國際或國內管轄，而直接適用我國民事訴訟法予以判斷[25]。近年來，隨著涉外案件量的增加，加上學術及實務各界多年來的倡導，案件的「國際性」逐漸受到重視，法院除了意識到準據法決定的必要性外，同時也注意到有關「國際裁判管轄」判斷的重要性[26]。故在涉外案件中，有關國際管轄有無之決定，已是不容忽略的必要步驟。

針對近年幾則最高法院所為裁判加以分析，可看出我國實務在有關國際裁判管轄權有無之判斷方式上，大致可分為三類，為方便論述，以下分別稱為「單純類推適用說」、「依法理修正類推適用（類推適用＋法理）

---

[25] 如最高法院85年度台上字第904號民事判決，雖論及涉外民事法律適用法，但對於位於準據法決定之前階段的國際裁判管轄之判斷，則未言及；亦有如最高法院88年度台上字第655號民事判決，以「因本件上訴人為中華民國法人，我國法院當然有管轄權」為理由，未提及其依據，而直接認定我國法院有管轄權者；其他如最高法院91年度台上字第1164號民事判決：「本件因被上訴人係外國法人，且所涉及者為私法性質之系爭表演契約，雖屬涉外私法事件，但該表演契約之履行地係在台灣，且上訴人之事務所亦設於台北市，依民事訴訟法第2條第2項及第12條之規定，台灣台北地方法院就本件即有管轄權。」最高法院90年度台上字第1941號民事判決：「系爭貨損結果地在基隆市，依民事訴訟法第15條及涉外民事法律適用法第9條第1項規定，本件侵權行為部分，我國自有管轄權，且應以我國之法律為準據法。」皆直接適用我國民事訴訟法予以判斷我國法院對此些涉外案件之管轄權。

[26] 最高法院97年度台抗字第50號民事裁定明白指示：「查兩造均住於美國，被告似均為美國公民……，則我國法院有無國際管轄權（國際間各主權國家審判權之劃分）為本件首應依職權調查之事項；……應一併詳加調查審認之。」其他明白指出法院應依職權調查涉外案件之國際裁判管轄權者，尚有最高法院103年台上字第1039號民事判決：「末查，本件既為涉外事件，其國際裁判管轄權為何？案經發回，宜加以敘明之，併予指明。」最高法院102年台上字第1478號民事判決：「又本件上訴人為外國公司，具有涉外因素，屬於涉外事件，其有關之法院國際管轄權及應適用之準據法為何？案經發回，宜注意加以論斷之，併此指明。」等。

說」及「單純法理說」[27]。

（一）單純類推適用說

1. 最高法院95年度台抗字第2號民事裁定：「關於涉外事件之國際管轄權誰屬，**涉外民事法律適用法固未明文規定**，惟受訴法院尚非不得就具體情事，**類推適用**國內法之相關規定，以定其訴訟之管轄。」

2. 最高法院97年度台抗字第185號民事裁定：「外國人關於由侵權行為而生之債涉訟者之國際管轄權，我國**涉外民事法律適用法並未規定**，即應**類推適用**民事訴訟法第1條第1項、第15條第1項、第22條規定，認被告住所地、侵權行為地之法院，俱有管轄權。」

3. 最高法院97年度台抗字第560號民事裁定：「查……侵權行為地及結果發生地均在台北市……，**類推適用**我國民事訴訟法第15條第1項之規定，台北地院即有管轄權，至再抗告人雖否認有侵權行為，然相對人主張之侵權行為是否成立，係實體法上之問題，非定管轄之標準……。」

4. 最高法院98年度台上字第2259號民事判決：「確認涉外公司股東會決議不成立（或無效）及撤銷事件之國際管轄權，**涉外民事法律適用法並無明文規定**，應**類推適用**民事訴訟法第2條第2項規定，認被上訴人主事務所所在地之我國法院有國際管轄權。」

5. 最高法院102年度台上字第2086號民事判決：「本件為涉外事件，因上訴人為我國人民，在國內設有住所，依修正前涉外民事法律適用法第30條規定，**類推適用**民事訴訟法規定，應認上訴人住所地之我國法院有國際管轄權。」

6. 最高法院103年度台上字第1144號民事判決：「被上訴人向福建金門地方法院起訴，依**涉民涉外民事法律適用法第1條規定，適用**我國民事訴訟法，亦應認上訴人住所地之我國法院，有國際管轄權[28]。」

---

[27] 請注意，此處標題名稱僅係為分類之便而設，與前述學說見解並無直接關連。

[28] 最高法院就本案國際裁判管轄之判斷，認為應以涉民法第1條所定「法理」作為依據，其判決理由雖為「適用」我國民事訴訟法應認上訴人住所地之我國法院有國際管轄權，但此處的「適用」實為「類推適用」之誤，應注意。類似錯誤亦出現在最

上述裁判針對涉外事件之國際管轄的認定，主要採取以下步驟：

首先，闡明我國涉外民事法律適用法或其他法律就（涉外財產事件之）國際管轄權並無明文規定。

其次，為填補此無國際管轄規範存在之法規欠缺問題（法律漏洞），認為應依法理（其依據多為涉民涉外民事法律適用法第1條／修正前第30條）。

最後，就前述法律漏洞的具體解決方式則是「類推適用」我國民事訴訟法有關國內土地管轄之規定。

(二) 依法理修正類推適用說

1. 最高法院101年度台抗字第304號民事裁定：「我國法律迄未就國際管轄權定有明文，而一般裁判管轄（即國際管轄權）之決定與內國各法院間裁判事務之分配並無不同，自可類推適用民事訴訟法關於管轄之規定，**再考量本國法院就該涉外民事事件進行證據調查程序，及當事人進行攻防是否便利，據以決定**本國法院就特定涉外民事事件有無一般管轄權。」

2. 最高法院108年度台上字第819號民事判決：「按關於外國人或外國地涉訟之國際管轄權，我國涉外民事法律適用法並未規定，故就具體事件受訴法院是否有管轄權，**應顧及當事人間實質上公平、裁判之正當妥適、程序之迅速經濟等訴訟管轄權法理，類推適用**內國法之民事訴訟法有關規定。」

3. 台灣高等法院105年度重上字第797號民事判決：「按民事案件涉及外國人或構成案件事實中牽涉外國地者，即為涉外民事事件，應依涉外民事法律適用法定法域之管轄及法律之適用（最高法院98年度台上字第

高法院102年度台抗字第188號民事裁定：「……法院管轄部分，並無明文規定，故就具體事件受訴法院是否有管轄權，應『準用』我國民事訴訟法關於國內管轄之規定加以處理。」最高法院102年度台上字第1040號民事判決：「依香港澳門關係條例第38條類推適用涉外民事法律適用法第62條前段規定，並依99年5月26日修正前同法第30條，再『適用』民事訴訟法第2條第2項關於管轄之規定，被上訴人向上訴人主事務所或主營業所所在之新北地院起訴，自有國際管轄權。」

1695號判決意旨參照）；又關於外國人或外國地涉訟之國際管轄權，我國涉外民事法律適用法並未規定，故就具體事件受訴法院是否有管轄權，**應顧及當事人間實質上公平、裁判之正當妥適、程序之迅速經濟等訴訟管轄權法理，類推適用**內國法之民事訴訟法有關規定。」

　　4. 台灣高等法院108年度抗字第1466號民事裁定：「按民事事件涉及外國人或外國地者，為涉外民事事件，內國法院應依內國法之規定或概念決定爭執法律關係之性質，以確定內國對訟爭事件有無國際管轄權，內國法院須有國際管轄權，始得受理。又關於涉外民事事件之國際管轄權誰屬，**涉外民事法律適用法固未明文規定，惟受訴法院非不得就具體情事，類推適用國內法之相關規定，以定其訴訟之管轄**。且管轄權之有無，應依原告主張之事實，按諸法律關於管轄之規定而為認定，與其請求之是否成立無涉。又法院於認定有無國際民事裁判管轄權時，除應斟酌個案原因事實及訴訟標的之法律關係外，尚應就該個案所涉及國際民事訴訟利益與關連性等為綜合考量，並**參酌內國民事訴訟管轄規定及國際民事裁判管轄規則之法理，基於當事人間之實質公平、程序之迅速經濟等概念，為判斷之依據。**」

　　上述裁判相較於第一類型的「單純類推適用說」，其就涉外事件國際管轄的認定，除了類推適用內國土地管轄之規定外，更進一步強調應顧及或參酌當事人間實質上公平、裁判之正當妥適、程序之迅速經濟等訴訟管轄權法理，再據以決定本國法院就特定涉外民事事件有無國際管轄權。在體例上應類似前述學說之「管轄分配說（修正類推說）」[29]或是「管轄分配說兼採利益衡量說」。

（三）單純法理說

　　前揭二類有關國際管轄權有無之判斷方式，由所羅列之法院裁判可看

---

[29] 亦即，應在何國進行審判須依據是否符合當事人間的公平性、裁判的適當性，以及紛爭解決的迅速性等要件，加以綜合判斷後，依「條理（法理）」來決定國際裁判管轄權之有無。具體的判斷方式則可類推適用國內法上的土地管轄規定，並配合國際觀的考量予以修正分配。

出，上述法院針對涉外事件之國際管轄的認定仍有相當程度係依附於民事
訴訟法中有關內國管轄的規定。然而，在國際管轄中存在許多異於內國管
轄的特徵，尤其國際管轄制度不像內國管轄般，能透過靈活運用裁量移送
等制度來平衡當事人間的利益。由於無法將事件移送至外國法院，當內國
法院否定其管轄權時，則原告僅得被迫前往語言、司法制度、訴訟程序迥
異之他國進行訴訟，如此一來勢必對原告的訴訟權構成影響。另一方面，
從被告的角度觀之，被告在跨國訴訟中所面臨之不便與負擔，其程度自然
大於國內訴訟之被告，故有關其應訴程序的保護應較單純的內國事件有更
多的考量。

　　或許是基於此些考量，晚近幾年，我國實務陸續出現跳脫「類推適
用」民事訴訟法，而單純回歸到將國際管轄制度認定為國際社會中審判機
能分配的問題，立於國際的觀點，依據是否符合當事人間的公平性、裁判
的適當性，以及紛爭解決的迅速性等要件，加以綜合判斷後，依國際民事
訴訟程序之「法理」來決定國際裁判管轄權之有無。

1. 最高法院104年度台抗字第589號民事裁定

　　本裁定首先肯定原審所為。「我國有關國際管轄權之規定，就本件訟
爭事項欠缺明文。法院於認定有無國際民事裁判管轄權時，除**應斟酌個案
原因事實及訴訟標的之法律關係外，尚應就該個案所涉及國際民事訴訟利
益與關連性等為綜合考量，並參酌內國民事訴訟管轄規定及國際民事裁判
管轄規則之法理，基於當事人間之實質公平、程序之迅速經濟等概念，為
判斷之依據**。查……本件由我國法院管轄，並無難以進行證據調查情事。
況……應認由我國法院管轄，並非不便利法庭，且無違當事人間之實質公
平與程序之迅速經濟。」經核於法並無違誤。接著，更明白表示：「按我
國涉外民事法律適用法並無關於管轄權之規定，**原法院依當事人間之公
平、裁判之正當與迅速法理，審酌再抗告人實際營業行為地點、保險連繫
地、當事人與法庭地法之關聯性，認我國法院有管轄權，於法無違**。」即
單純依據國際管轄法理，雖有參酌內國民事訴訟管轄規定，但並未如以往
實務判決般地強調須「類推適用」該等管轄規定。

2. 最高法院109年度台抗字第1084號民事裁定

「關於涉外事件之國際裁判管轄權，涉外民事法律適用法未有明文規定，法院受理涉外民商事件，於審核有無國際裁判管轄權時，**固應就個案所涉及之國際民事訴訟利益與法庭地之關連性為綜合考量，並參酌民事訴訟管轄規定及國際民事裁判管轄規則之法理，衡量當事人間實質公平、程序迅速經濟等，以為判斷。**然一國之國際裁判管轄權規範，受限於各國司法主權領域範圍，原則上只能劃定該國裁判管轄權之合理界線，而僅得直接規定具一定之連結因素下其內國法院得裁判某一涉外爭執，尚無從以規定干涉其他國家對於該涉外爭執有無裁判管轄權限。此與民事訴訟關於內國法院之管轄規定，係立基於同一司法主權下所為管轄權之分配者不同。**故民事訴訟法關於管轄之規定，應在與國際裁判管轄規範性質不相牴觸，且具備妥當性之基礎上，始得引為法理參照。**」

本裁定為前述「（二）依法理修正類推適用說」中所舉最後一例「台灣高等法院108年度抗字第1466號民事裁定」之再抗告法院所為。在原審之高等法院裁定中，就本件涉外民事事件國際管轄權有無之判斷，雖曾提及法院於認定有無國際民事裁判管轄權時，「應就該個案所涉及國際民事訴訟利益與關連性等為綜合考量，並**參酌內國民事訴訟管轄規定及國際民事裁判管轄規則之法理，基於當事人間之實質公平、程序之迅速經濟等概念，為判斷之依據**」，但其最終仍是「類推民事訴訟法第15條第1項、第20條但書之規定」，進而認為「應屬共同侵權行為地之越南法院」管轄，而判定我國法院就本涉外事件並無國際管轄權。對此，最高法院於此再抗告裁定中表示：「查**民事訴訟法第20條但書**有關被告數人之共同訴訟，倘各被告住所不在一法院管轄區域內，而有依同法第4條至第19條規定之共同管轄法院者，由該法院管轄之規定，使該共同訴訟之管轄，排除普通審判籍規定之適用，僅得由該共同管轄法院裁判之。此**於同一司法主權下而為內國法院管轄權之分配，固有所據，惟如援引為國際裁判管轄規範，將生依我國法律之規定，即得逕自決定何國法院為有權管轄之共同管轄法院，進而否定被告住所所在地國家因被告住所地之連結因素所生之裁判管轄權，與前述國際裁判管轄權規範，僅得直接規定何種情形下其內國**

法院得裁判某一涉外爭執之性質不合，且欠缺妥當性，無從作為定國際裁判管轄權之依據。」因此認為原審之高等法院未詳加研求，就此持相異見解，遽認涉外事件得類推適用民事訴訟法第20條但書規定以定國際裁判管轄權，尚有未合，原裁定應予廢棄。

　　本裁定之重要性在於最高法院不僅是制式性地於前提中論及涉外事件國際管轄權之有無應依據國際民事程序之管轄法理加以判斷，其更進一步強調：「民事訴訟法關於管轄之規定，應在**與國際裁判管轄規範性質不相牴觸，且具備妥當性**之基礎上，始得引為法理參照。」同時，亦具體就個案分析，認定民事訴訟法第20條但書有關僅得由該共同管轄法院裁判之規定，將生依我國法律之規定，即得逕自決定何國法院為有權管轄之共同管轄法院，進而否定（我國作為）被告住所所在地國因被告住所地之連結因素所生之裁判管轄權，與國際民事裁判管轄規則之法理不合，欠缺妥當性，無從作為定國際裁判管轄權之依據。其忠實且明確地以國際民事程序法理進行國際管轄有無之認定，可說是首例明顯採用法理說以扭轉類推適用所造成之不當結果的最高法院裁判，為我國實務判決立下一重要里程碑。

3. 智慧財產法院107年度民公上字第6號民事判決

　　「民事，法律所未規定者，依習慣；無習慣者，依法理。台灣民法第1條定有明文。又台灣並無判斷國際管轄權之相關規定，國際間亦未有統一且可遵循之法律規定或國際慣例，而內國管轄權主要係保障人民訴訟權之行使，強調管轄之分配，故有移送之規定，但國際管轄權重在由法庭地法院管轄，當事人是否能獲得程序上實質公平之保護，其目的並不完全相同，故**不宜僅類推適用內國民事訴訟法之相關規定，而應依民法第1條之規定，遵循法理採國際民事訴訟程序之基本原則**，此亦符合國際間關於法庭地法院有無國際管轄權之判斷原則。故於判斷涉外民事事件與法庭地法院之連繫因素時，**管轄之基本原則包括以原就被、侵權行為之行為地及結果地、債務履行地、財產所在地等均應納入考量，且必須基於當事人間之實質公平、裁判正當、迅速、經濟、調查證據方便、判決得否執行之實效性等國際民事訴訟程序基本原則，綜合考量各項因素而為利益衡量之個案**

判斷，以求個案之具體妥當性，倘法庭地法院對當事人而言，較其他有連繫因素之他國法院較不便利而無法獲得程序上實質公平之保護時，法庭地法院縱有管轄連繫因素，亦應拒絕管轄，此即國際間所謂不便利法庭原則（本院107年度民著抗字第1號民事裁定意旨參照）。」

　　本判決雖非最高法院之判決，但其在論述上明白排除類推適用內國民事訴訟法之相關管轄規定，而主張應遵循法理，採行國際民事訴訟程序之基本原則，基於當事人間之實質公平、裁判正當、迅速、經濟、調查證據方便、判決得否執行之實效性等國際民事訴訟程序基本原則，綜合考量各項因素而為利益衡量之個案判斷，以求個案之具體妥當性。其論理清晰完整，值得注意。

肆、結論

　　由上述論述可知，我國近年來有關國際管轄的學說議論逐年增加，實務上亦陸續作出多件值得研究的裁判，不論在架構或論理上都較以往來得深入且精確，令人欣喜與讚賞。但不可否認的，現況下我國有關國際管轄的判斷方法，仍舊未能有所定論。為加速訴訟程序的進行，避免在管轄的攻防階段上耗費當事人過多的時間與勞力，法院就有關受理訴訟之要件，應盡可能地予以明確化。雖然在國際貿易契約中，為預防糾紛產生，當事人間可於事前就管轄法院加以約定，但針對侵權行為等其餘訴訟，則多無法於事前約定管轄法院。為增加當事人對於國際管轄判斷的預見可能性，國際管轄規則的成文化，可說是現代國際民事紛爭程序的重要趨勢。

　　鄰近的日本為了增加涉外事件之國際管轄判斷的明確性，以及提高外國判決在日本能否被承認的預測可能性，已於2011年完成民事訴訟法的修正，並自2012年4月開始施行[30]。我國與日本類似，皆係以出口為導向的

---

[30] 日本於2011年5月公布《民事訴訟法及民事保全法一部改正之法律／民事訴訟法及び民事保全法の一部を改正する法律（平成23年法律第36号）》，於民事訴訟法第二章第一節「日本の裁判所の管轄權」中增設有關涉外財產事件國際管轄之明文規定

海島型經濟體，國際貿易是我國經濟發展的重要命脈，而國際交流亦是與世界聯繫的重要管道。向來以位於國際樞紐地位自居的我國，實應針對國際民事程序規範之理論及實務多加探討，並應盡速參照各國立法例明定相關規則，以增加訴訟上之預測可能性與國際間判決承認之調和，如此對於我國企業之對外貿易或吸引外商來台投資等亦能有所助益。希望透過本文對於涉外財產事件國際管轄權之認定現況與進展所進行的分析與介紹，能刺激各界對此問題的關注與研究，並期待於相關見解成熟後，我國亦能早日著手進行有關國際管轄法制之立法。

　　（第3-2條至第3-12條），並自2012年4月1日開始施行，堪稱國際裁判管轄規則之最新立法，值得我國參考借鏡。詳請參閱何佳芳，從日本民事訴訟法之修正論國際裁判管轄規則法制化，輔仁法學第52期，2016年12月，第101-187頁。

臨時仲裁容許性之理論與實務

吳光平[*]

楔子

作者自學生時代起即受李老師指導提攜，衷心感謝！李老師任台灣國際私法研究會秘書長、中華仲裁協會理事長，對我國國際私法與跨國法之發展有巨大貢獻。今欣逢李老師七秩華誕，在此恭祝李老師松柏長青，福壽綿長，以此文申表祝賀，並對李老師對國際私法與跨國法之貢獻表達崇敬！

壹、背景

紛爭解決機制，除了由國家設立法院解決紛爭之司法型紛爭解決機制外，尚有仲裁、調解等由民間第三人解決紛爭之民間型紛爭解決機制，以及由政府行政機關所設立之行政型紛爭解決機制，但於涉外民商事件，對於紛爭解決機制之分類，則慣採行訴訟以及替代訴訟之「替代性糾紛解決機制」（alternative dispute resolution, ADR）之分類，於涉外民事事件，多以訴訟解決紛爭，於涉外商事事件，除了以訴訟外，更常以屬於「替代性糾紛解決機制」之仲裁解決紛爭，我國「貿易法」第26條即規定：「出進口人應本誠信原則，利用仲裁、調解或和解程序，積極處理貿易糾紛。（第1項）主管機關應積極推動國際貿易爭議之仲裁制度。（第2項）」鼓勵仲裁之運用，而國際貿易紛爭所進行之仲裁，則慣稱為國際商務仲裁。

仲裁可分為臨時仲裁（ad hoc arbitration，又稱為非機構仲裁、專

---

[*] 中國文化大學法學院法律學系專任副教授、輔仁大學法學博士。

案仲裁、個案仲裁、個別仲裁、非正式仲裁、自由仲裁等）與機構仲裁（institutional arbitration，又稱為正式仲裁、制度仲裁），前者係由當事人以仲裁協議合意仲裁人之選任方式、仲裁人人數、仲裁地等合意，而依仲裁協議組成仲裁庭，作出仲裁判斷後仲裁庭即行解散，後者則是由當事人以仲裁協議合意由依國際公約或國內法所設立仲裁機構仲裁，仲裁人之選任方式、仲裁人人數、仲裁程序等，依該機構之仲裁規則為之。仲裁以機構仲裁較為常見，因於已存在之仲裁機構仲裁對紛爭當事人較為便利，以我國言，目前依法許可設立之仲裁機構有「中華民國仲裁協會」、「台灣營建仲裁協會」、「中華民國勞資爭議仲裁協會」、「中華工程仲裁協會」及「中華民國不動產協會」等[1]，但臨時仲裁亦不無被採用，蓋臨時仲裁較靈活且較有效率。按提付仲裁之基礎，在於紛爭當事人將其紛爭提付仲裁人為判斷之合意，此合意為仲裁協議（亦即仲裁契約），可以存在於系爭交易契約之「仲裁條款」（arbitration clause），亦有經表明於系爭交易契約外獨立之仲裁協議者，我國「仲裁法」第1條：「有關現在或將來之爭議，當事人得訂立仲裁協議，約定由仲裁人一人或單數之數人成立仲裁庭仲裁之。（第1項）前項爭議，以依法得和解者為限。（第2項）仲裁協議，應以書面為之。（第3項）當事人間之文書、證券、信函、電傳、電報或其他類似方式之通訊，足認有仲裁合意者，視為仲裁協議成立。（第4項）」即為適例，此顯示出仲裁乃為植基於私法自治、契約自

---

[1] 國際間較著名的仲裁機構則有「國際商會仲裁院」（International Chamber of Commerce International Court of Arbitration, ICC）、「解決投資爭端國際中心」（International Centre for the Settlement of Investment Disputes, ICSID）、「倫敦國際仲裁院」（London Court of International Arbitration, LCIA）、「斯德哥爾摩商會仲裁院」（the Arbitration Institute of Stockholm Chamber of Commerce, AISCC）、「美國仲裁協會」（American Arbitration Association, AAA）、「新加坡國際仲裁中心」（Singapore International Arbitration Centre, SIAC）、「香港國際仲裁中心」（the Hong Kong International Arbitration Centre, HKIAC）、「日本商事仲裁協會」（Japan Commercial Arbitration Association, JCAA）、「南韓商事仲裁院」（Korea Commercial Arbitration Board, KCAB）、「中國國際經濟貿易仲裁委員會」（China International Economic and Trade Arbitration Commission, CIETAC）等。

由而設之紛爭解決機制[2]，亦即「當事人是仲裁的主人」（the parties are the masters of arbitration）、「自己的仲裁自己做」（un arbitrage fait par soi-même），故而紛爭當事人合意將其紛爭提付仲裁機構仲裁固可，紛爭當事人合意將其紛爭提付針對系爭紛爭所組成之仲裁庭亦可，由紛爭當事人自行合意決定要機構仲裁抑或臨時仲裁，而紛爭當事人考慮之因素，則與機構仲裁及臨時仲裁之優缺點有關。茲將機構仲裁及臨時仲裁之優缺點整理如表1、2。

表1　機構仲裁優點與臨時仲裁缺點對照表

機構仲裁優點	臨時仲裁缺點
便利當事人：以組織型態對當事人提供服務，包括使用仲裁設施、管理仲裁程序，對於仲裁庭之組成有既存規則，設置仲裁人名簿供當事人選任仲裁人，甚至當事人怠於選任仲裁人時，即由機構指派仲裁人。	對當事人較不便：起草仲裁規則既花錢且費時，對當事人較爲不便。
保證仲裁程序有效進行：以既存仲裁規則控制程序，使仲裁程序能有效進行。	有賴雙方當事人之合作：臨時仲裁之充分有效，有賴雙方當事人及其律師之合作，若缺乏關於仲裁程序之知識與經驗，就無法於仲裁協議中對仲裁所涉及之問題爲完整之約定，此時極易造成程序之拖延甚至程序難以進行。
專業性高：列入仲裁人名簿之仲裁人爲各領域之專家，專業性高。	
仲裁判斷較易獲法院承認：某些仲裁機構在商業界享有盛譽，其仲裁判斷易獲法院承認。	較依賴仲裁地法院之支持：仲裁由仲裁人自行治理，若仲裁庭之組成或仲裁程序發生問題，當事人非得請求仲裁地法院之支持，若缺乏關於仲裁程序之知識與經驗，此情形更易發生。
較具可預測性：可觀察仲裁機構仲裁庭長期之實踐，對紛爭結果具可預測性。	

資料來源：作者自行整理。

---

[2] 國家對於仲裁制度之任務，僅止於促進其健全發展上，予以必要之協助與適當之監督，諸如：(1)賦予仲裁協議享有妨訴抗辯或停止訴訟之效力；(2)協助選定仲裁人或拒絕仲裁人；(3)協助仲裁程序之進行；(4)賦予仲裁判斷與法院確定判決有同一效力之既判力與執行力；(5)仲裁判斷存有重大瑕疵者，可由當事人訴請法院撤銷之。

表2　臨時仲裁優點與機構仲裁缺點對照表

臨時仲裁優點	機構仲裁缺點
可減少費用之支出：仲裁機構依仲裁標的數額計算收取行政費用，但臨時仲裁無此問題，僅需支付費用給仲裁人即可，費用支出較為節省。	費用較昂貴：機構仲裁之收費較高，尤其是涉及仲裁標的數額較高者，因仲裁機構之行政費用乃依仲裁標的數額計算。
仲裁效率較高：仲裁人不受仲裁機構既存規則與程序之拘束，當事人可自行起草仲裁規則或約定應適用之仲裁規則，且仲裁庭也不受仲裁機構時限之拘束，使得仲裁效率較高。	程序拖延：仲裁機構有官僚機制，故仲裁程序需踐行一些步驟，導致程序拖延。
仲裁程序較靈活：當事人可自行起草仲裁規則或約定應適用之仲裁規則，並約定跟仲裁有關的相關事項，使仲裁程序呈現靈活性。	
較符合當事人之個案需求：可就符合當事人願望與個案特需求加以設計。	仲裁規則規定時限短：仲裁機構之仲裁規則所規定時限通常為短，對當事人為行程時間上之壓力，尤其是當紛爭涉及大量文件時。
當事人法律地位較平等：直接實現私法自治、契約自由，當事人對仲裁人之資格與中立性保有選擇之自由，不似機構仲裁般受仲裁人名簿之限制，當事人在法律地位上較機構仲裁更為平等。	

資料來源：作者自行整理。

　　仲裁既係植基於私法自治、契約自由而設之紛爭解決機制，且仲裁之發展係先始於臨時仲裁之後方有機構仲裁[3]，應無不許臨時仲裁之理，但因「仲裁法」第5條第2項規定：「當事人於仲裁協議約定仲裁機構以外之法人或團體為仲裁人者，視為未約定仲裁人。」遂生我國是否僅接受仲裁機構而不承認臨時仲裁之重大爭議。因此，本文乃就我國臨時仲裁容許性之爭議問題，分從學說意見以及實務見解加以介紹，以呈現出臨時仲裁於我國之發展狀況。

---

[3] 於19世紀中葉前，所有的仲裁皆是在爭議發生後，經當事人約定提付仲裁，意即臨時仲裁，但是於近代民族國家形成與勃興後，商人交易頻繁衍生之爭議漸增加，商人逐開始在商人團體內設立仲裁機構，受理商事爭議之仲裁，以服務商人團體，遂出現機構仲裁。關於臨時仲裁之歷史演進及其於法制史上之地位，參閱藍瀛芳，是否應承認非機構仲裁，仲裁季刊第102期，2015年12月，第97-99頁。

貳、學說意見

一、否定說

　　否定說認為，「仲裁法」僅接受機構仲裁而不承認臨時仲裁。邱聯恭教授採此說，其認為「仲裁法」對於機構仲裁賦予較強之效力，應受積極肯定之評價，即依「仲裁法」第1條規定訂立之仲裁契約，使承認當事人之一造對於他造違約提起之訴訟，得為仲裁契約存在之抗辯，並依「仲裁法」第37條第1項：「仲裁人之判斷，於當事人間，與法院之確定判決，有同一效力。」及第2項本文：「仲裁判斷，須聲請法院為執行裁定後，方得為強制執行。」之規定僅對於依「仲裁法」所訂規則或其所承認仲裁機構依法所訂規則作成之仲裁判斷，使承認具有同於確定判決之效力及可據以聲請法院裁定准予執行之效力，臨時仲裁則不承認該等效力[4]。

二、肯定說

　　肯定說認為，「仲裁法」不但接受機構仲裁，亦承認臨時仲裁。

　　藍瀛芳教授採此說，其認為[5]：(1)現代各國之仲裁法與國際立法既然已承認完整的仲裁機制係指臨時仲裁與機構仲裁併列，兩者地位相同，法院即無權否定任何一種仲裁機制之地位；(2)否定臨時仲裁，實乃是對仲裁的一些基本認識違背國際立法的原則，屬扼殺仲裁（arbitracide）之行為；(3)「仲裁法」並無禁止臨時仲裁之條文，否定專案仲裁將使仲裁使用者在我國無選擇專案仲裁的機會，故問題並不是在是否應以立法承認臨時仲裁，因為「仲裁法」已是其法律依據。

---

[4]　參閱邱聯恭，仲裁契約之妨訴抗辯效力—評最高法院八十一年度第三次民事庭會議決議，程序選擇權論，作者自版，2000年9月，初版，第233頁。
[5]　參閱藍瀛芳，是否應承認非機構仲裁，仲裁季刊第102期，2015年12月，第105-106頁。

　　王欽彥教授亦採此說，其認為[6]：(1)「仲裁法」第5條第2項規定：「當事人於仲裁協議約定仲裁機構以外之法人或團體為仲裁人者，視為未約定仲裁人。」同法第9條並規定當事人「未約定仲裁人及其選定方法」時，選定仲裁人之方法（雙方各選一人，再由此二人共推第三人），並由法院介入，協助選定（第9條第2、3項），同法第9條第4項復規定「前二項情形，於當事人約定仲裁事件由仲裁機構辦理者，由該仲裁機構選定仲裁人」，即由該仲裁機構取代法院於第9條第2、3項所扮演之協助角色，從而可知，「仲裁法」除容許當事人合意約定由仲裁機構仲裁外，係容許就仲裁人或仲裁團體無任何約定或約定由某自然人為仲裁人，並將所約定之仲裁團體非仲裁機構之情形等同於無任何約定，足見「仲裁法」並非僅認可機構仲裁，亦同時設想到非由仲裁機構辦理仲裁之臨時仲裁；(2)「仲裁法」第8條第3項規定：「仲裁人未依第一項規定向仲裁機構申請登記者，亦適用本法訓練之規定。」容認了未向仲裁機構申請登記之仲裁人存在之可能性，則立法者除了（由仲裁機構監督管理、由登記於仲裁機構之仲裁人所進行之）機構仲裁外，應係以容認非機構仲裁、即臨時仲裁為其立法之前提。

　　陳希佳律師同採此說，其認為[7]：(1)「仲裁法」第1條並未將「仲裁機構」規定為仲裁協議之必要記載事項，且「仲裁機構組織與調解程序及費用規則」第38條明定：「非經仲裁機構辦理之仲裁事件，其仲裁費用之收取，得準用本規則有關之規定。」可見我國法承認有「非經仲裁機構辦理之仲裁事件」，亦即臨時仲裁；(2)1988年修訂「仲裁機構組織與調解程序及費用規則」之前身「商務仲裁協會組織及仲裁費用規則」時，於第38條修訂說明清楚揭明：「從本規則之名稱以觀，本規則僅在規範商務仲裁協會之組織及其仲裁費用之收取，至於會外仲裁之費用收取則不與

6　參閱王欽彥，我國只有機構仲裁而無個案（ad hoc）仲裁？—最高法院99年度台抗字第358號裁定背後之重大問題，台灣法學雜誌第171期，2011年3月，第196-197頁。

7　參閱陳希佳，探討我國法院關於非機構（ad hoc）仲裁判斷的裁判—台灣高等法院99年度非抗字第122號民事裁定及其可能的影響，仲裁季刊第93期，2011年9月，第31-35頁。

焉,商務仲裁例對於會外仲裁並未予以明文排斥,故有關會外仲裁費用之收取標準,允宜有一定規定可循。」足證我國法是同時承認機構仲裁與臨時仲裁;(3)依「仲裁法」第9條第4項:「前二項情形,於當事人約定仲裁事件由仲裁機構辦理者,由該仲裁機構選定仲裁人。」之反面解釋,可見「仲裁法」承認有「當事人未約定仲裁事件由仲裁機構辦理」的情況;(4)「仲裁法」第47條第1項規定:「在中華民國領域外作成之仲裁判斷或在中華民國領域內依外國法律作成之仲裁判斷,為外國仲裁判斷。」本條項之外國法律參酌同法第48條第1項第3款之規定應解釋為包括「外國仲裁法規、外國仲裁機構仲裁規則或國際組織仲裁規則」等,故於我國境內依據外國仲裁法規、外國仲裁機構仲裁規則或國際組織仲裁規則作成之仲裁判斷,亦為外國仲裁判斷,且因我國法院承認及執行臨時仲裁之外國仲裁判斷,故於我國境內進行的臨時仲裁程序,若係依外國仲裁法規、外國仲裁機構仲裁規則或國際組織仲裁規則作成仲裁判斷時,該仲裁判斷為外國仲裁判斷,可聲請我國法院承認及執行,倘依我國法律作成之我國仲裁判斷因以臨時仲裁為之,就以我國不承認臨時仲裁為由而認其不具有可據之聲請強制執行的效力,對照於在我國境內臨時仲裁程序依外國仲裁法規、外國仲裁機構仲裁規則或國際組織仲裁規則所作成,即可聲請我國法院承認及執行,則顯非合理且有所失衡。

參、實務見解

一、否定說

台灣高等法院於99年度非抗字第122號民事裁定採否定說,認為「仲裁法」僅接受機構仲裁而不承認臨時仲裁,故而認為臨時仲裁之仲裁判斷無確定力與執行力。

(一) 案件事實

　　甲營造股份有限公司與乙醫院就「醫療大樓重建工程」發生工程爭議。甲營造股份有限公司向「台灣營建仲裁協會」提出仲裁並選定一名仲裁人，乙醫院亦選定一名仲裁人，二位仲裁人並共推第三名仲裁人為主任仲裁人組成仲裁庭，但乙醫院始終不願接受「台灣營建仲裁協會」為仲裁，甲營造股份有限公司亦不同意由「中華民國仲裁協會仲裁」，為此仲裁庭三位仲裁人以臨時仲裁之方式進行仲裁。臨時仲裁庭於2009年5月19日作成仲裁判斷，判斷乙醫院應給付甲營造股份有限公司新臺幣（下同）4,441萬7,150元，及自2009年3月15日起至清償日止，按年息5%計算之利息，且仲裁費用101萬2,888元部分，乙醫院應負擔30萬3,866元。但乙醫院迄未給付，為此甲營造股份有限公司於同年7月8日向台灣台北地方法院聲請准予強制執行仲裁判斷。

(二) 法院裁判

1. 一審裁定

　　台灣台北地方法院於2009年11月5日作出98年度審仲執字第6號民事裁定，認為：「專案仲裁方式所組成之專案仲裁庭並非仲裁法第54條所稱之仲裁機構，自難謂其所作成之仲裁判斷，有與確定判決之同一效力……聲請人自不得依仲裁法第37條第2項前段規定，聲請法院為准予強制執行之裁定。」故而否准甲營造股份有限公司之聲請，甲營造股份有限公司遂向二審提出抗告。

2. 二審裁定

　　台灣高等法院於2010年2月24日作出98年度抗字第2017號民事裁定，認為：「與法院確定判決有同一效力之仲裁機構仲裁判斷，須係由報經內政部徵得法務部會商各該事業主管機關同意後許可之仲裁機構所作成者，始克當之……本件……在未經仲裁機構協助或管理下，以專案仲裁方式組成專案仲裁庭，……並非仲裁法第54條所稱之仲裁機構，依上說明，自難謂其所作成之仲裁判斷係依前開規定設立登記之仲裁機構所為，而有與

確定判決之同一效力，……具有確定力及執行力之仲裁判斷，僅機構仲裁耳，即報經內政部徵得法務部會商各該事業主管機關同意後許可之仲裁機構所作成之仲裁判斷，始具此種效力；非依仲裁法設立之仲裁機構所為之仲裁判斷既無確定力及執行力，舉重以明輕，由三個自然人組成仲裁庭所為之仲裁判斷，亦無確定力及執行力。從而本件仲裁既非仲裁機構所為，自不具確定力及執行力。」故而駁回了甲營造股份有限公司之抗告，甲營造股份有限公司遂向三審提出再抗告。

3. 三審裁定

　　最高法院2010年5月19日作出99年度台抗字第358號民事裁定廢棄了二審裁定，認為：「按法院關於仲裁事件之程序，除仲裁法另有規定外，適用非訟事件法，非訟事件法未規定者，準用民事訴訟法，仲裁法第52條定有明文。又依仲裁法第37條第2項前段規定聲請法院裁定許可強制執行，該裁定應行何種程序，仲裁法並無特別規定，依該法第52條規定，即應適用非訟事件法之規定。而依非訟事件法第44條第1項規定，抗告，除法律另有規定外，由地方法院以合議裁定之。本件再抗告人於民國98年7月8日向台灣台北地方法院（下稱台北地院）聲請仲裁判斷准予強制執行，經該院於98年11月5日裁定駁回其聲請，揆諸前揭說明，本件抗告程序，自應依非訟事件法第44條第1項規定，由台北地院以合議裁定之，始為正辦，乃台北地院疏未注意及此，竟將再抗告人之抗告，函送非管轄法院之原法院，原法院復未將案卷退回，而逕進行本件抗告程序審理並為裁定，於法難謂無違。再抗告意旨雖未指摘及此，惟原裁定適用法規既顯有錯誤，自屬無可維持。」並未於實質上論及「仲裁法」是否不承認臨時仲裁，而係於程序上發回台灣台北地方法院審理更裁。

4. 一審更裁

　　依最高法院之意旨，台灣台北地方法院於2010年7月2日作出99年度抗字第63號民事裁定，認為：「與法院確定判決有同一效力之仲裁機構仲裁判斷，須係由報經內政部徵得法務部會商各該事業主管機關同意後許可之仲裁機構所作成者，始克當之……本件……在未經仲裁機構協助或管理下，以專案仲裁方式組成專案仲裁庭，……並非仲裁法第54條所稱之仲裁

機構，依上說明，自難謂其所作成之仲裁判斷係依前開規定設立登記之仲裁機構所為，而有與確定判決之同一效力，……具有確定力及執行力之仲裁判斷，僅機構仲裁耳，即報經內政部徵得法務部會商各該事業主管機關同意後許可之仲裁機構所作成之仲裁判斷，始具此種效力；非依仲裁法設立之仲裁機構所為之仲裁判斷既無確定力及執行力，舉重以明輕，由三個自然人組成仲裁庭所為之仲裁判斷，亦無確定力及執行力。從而本件仲裁既非仲裁機構所為，自不具確定力及執行力。」故而駁回了甲營造股份有限公司之抗告，甲營造股份有限公司遂向二審提出再抗告。

5. 二審裁定

　　台灣高等法院於2010年9月15日作出99年度非抗字第122號民事裁定，認為：「仲裁法第37條賦與仲裁人之判斷，於當事人間，與法院之確定判決有同一效力，並可逕向法院聲請強制執行，自應由在國家監督下成立之仲裁機構，制定相關程序規則，俾能確保仲裁判斷之公正性與正確性，方得承認其具有確定力及執行力，即須係由報經內政部徵得法務部會商各該事業主管機關同意後許可之仲裁機構所作成者，始克當之……系爭仲裁判斷係由……三名仲裁人組成專案仲裁庭，而非由報經內政部徵得法務部會商各該事業主管機關同意後許可之仲裁機構所作成，揆諸上揭說明，自不應賦與系爭仲裁判斷與確定判決有同一效力之執行力。原法院以系爭仲裁判斷既非依仲裁法之規定所組成仲裁機構所為，自不具確定力及執行力，而裁定駁回再抗告人之抗告，適用法規並無錯誤。」駁回了甲營造股份有限公司之再抗告。

二、肯定說

　　最高法院於103年度台抗字第236號民事裁定採肯定說，認為「仲裁法」不僅接受機構仲裁亦承認臨時仲裁，故而認為臨時仲裁之仲裁判斷有確定力與執行力。

(一) 案件事實

　　甲為乙會計師事務所合夥人之一，於2007年6月27日向乙會計師事務

申請於2007年12月退休，經兩造協商後達成協議，於2007年9月27日簽訂請辭及棄權約定書，甲自2007年9月30日起退休，由乙會計師事務聘任伊擔任資深顧問，並約定從擔任資深顧問時起，依系爭約定書附錄1所訂標準領取其合夥人股本及資深顧問酬勞，但乙會計師事務所自2008年起即未依該標準全額給付，故甲遂向台灣台北地方法院起訴，但乙會計師事務所以系爭約定書訂有仲裁協議為由，聲請裁定停止本件訴訟程序，並拒絕言詞辯論。

(二) 法院裁判

1. 一審裁定

　　台灣台北地方法院於2013年6月28日作出102年度重訴字第298號民事裁定，認為：「系爭約定書第17條已明確約定『由仲裁人一名』以中文進行仲裁並解決之，該名仲裁人無法由立約雙方協議指定時，應由ICC指定之，且仲裁法第1條第1項亦規定『有關現在或將來之爭議，當事人得訂立仲裁協議，約定由仲裁人一人或單數之數人成立仲裁庭仲裁之。』，第5條並規定：『仲裁人應為自然人。當事人於仲裁協議約定仲裁機構以外之法人或團體為仲裁人者，視為未約定仲裁人。』是只要符合仲裁法第6條所定得為仲裁人之自然人即得為本件仲裁人。從而，兩造應先協議指定符合仲裁法第6條所定得為仲裁人之人一人為仲裁人，如無法由兩造協議指定時，即應依系爭約定書第17條約定，由ICC指定之，原告既未先依系爭約定書第17條約定，與被告協議指定仲裁人一人（原告先前向被告所表示係仲裁機構，非自然人之仲裁人），即向本院提起本件訴訟，被告具狀表示拒絕本案言詞辯論，及依仲裁法第4條第1項規定聲請裁定停止訴訟程序，並命原告於一定期間內提付仲裁，核無不合。」故而同意了乙會計師事務所之聲請，甲遂向二審提出抗告。

2. 二審裁定

　　台灣高等法院於2013年12月7日作出102年度抗字第922號民事裁定，認為：「系爭仲裁條款約定仲裁人之指定係依兩造協議，僅兩造協議不成時，始由ICC指定，仲裁程序依UNCITRAL規則以中文仲裁，仲裁地在

台灣等，基於當事人自治原則，兩造就仲裁人之人選、選定方法、仲裁程序、仲裁程序所使用語文、仲裁地等既已約定甚明，兩造自應受其拘束……我國仲裁法對於『機構仲裁』或『個別仲裁』並無明文規定，但依仲裁法第1條第1項規定：『有關現在或將來之爭議，當事人得訂立仲裁協議，約定由仲裁人一人或單數之數人成立仲裁庭仲裁之，……』即我國仲裁法所定之仲裁人，並無限於『仲裁機構』之仲裁人，非『仲裁機構」之仲裁人，亦得為仲裁事件之仲裁人，僅於當事人約定由非依仲裁法設立之仲裁機構為仲裁時，依仲裁法第5條第2項規定：當事人於仲裁協議約定仲裁機構以外之法人或團體為仲裁人者，視為未約定仲裁人而已。抗告意旨指陳系爭仲裁條款因約定個別仲裁，不生確定判決效力，且違反仲裁法強制規定而無效云云，不足為採。」故而駁回了甲之抗告，甲遂向三審提出再抗告。

3. 三審裁定

　　最高法院2014年3月27日作出103年度台抗字第236號民事裁定廢棄了二審裁定，認為：「當事人就現在或將來之私法上爭議，約定由單數或複數人成立仲裁庭仲裁之，乃其基於權利義務及程序之主體地位而行使程序選擇權，自應予以尊重，此觀仲裁法第1條規定即明。又仲裁人應為自然人，同法第5條第1項亦有明定。故當事人就仲裁庭之組成，如約定經許可設立之仲裁機構為仲裁人，即由該機構依同法第9條第4項規定，指定在其管理與監督下之自然人組成仲裁庭，並依循該機構制定之程序進行仲裁，作成仲裁判斷，此為機構仲裁（institutional arbitration）；如未約定仲裁人及其選定方法，或逕約定特定自然人或其他方式指定自然人為仲裁人，即依同法第9條第1項至第3項規定選定，或由該特定之自然人或依該方式指定之自然人組成仲裁庭，依約定之程序進行仲裁，作成仲裁判斷，此為非機構仲裁（ad hoc arbitration），二者皆為我國仲裁法所承認之仲裁，此觀同法第9條第4項反面解釋、第13條第1項等規定益明。至當事人約定由未經許可設立仲裁機構之法人或團體為仲裁人者，依同法第5條第2項規定，視為未約定仲裁人，非屬仲裁法之機構仲裁，其作成之仲裁判斷，即無仲裁法第37條第1項『與法院之確定判決有同一效力』規定之適用。

本件兩造既約定『應於台灣依UNCITRAL（United Nations Commission on International Trade Law，聯合國國際貿易法委員會）規則由仲裁人一名以中文進行仲裁並解決之，該名仲裁人無法由立約雙方協議指定時，應由ICC指定之』，即已約定由雙方指定之一位仲裁人組成仲裁庭，且如無法協議指定時，則由國際商會指定，核係非機構仲裁之仲裁協議，依上說明，自屬有效。原法院維持台灣台北地方法院依仲裁法第4條第1項規定，所為停止訴訟程序及命再抗告人於一定期間內提付仲裁之裁定，駁回其抗告並延長其提付仲裁之期間至本件確定之翌日起60日，經核於法洵無違誤。再抗告人認我國仲裁法並未規範非機構仲裁（個人仲裁、臨時仲裁），尚非有據。」故而駁回了甲之再抗告。

肆、結語

仲裁已被國際社會認為具有推廣經貿交易之重要功能，為最重要的「替代性糾紛解決機制」，而現代各國的仲裁法與國際立法皆承認完整的仲裁機制係指機構仲裁與臨時仲裁二者併列，二者地位相同，我國法院不應否定任何一種仲裁機制的地位。我國「仲裁法」是否僅接受機構仲裁而不承認臨時仲裁，學說通說採取肯定見解，法院實務原先採取否定見解，且因而認為臨時仲裁庭所為之仲裁判斷不具確定力及執行力，此不但違背國際潮流、扼殺仲裁機制之發展，更對當事人保護不周，故而屢被學說指摘，所幸最高法院103年度台抗字第236號民事裁定改採肯定說，實值讚許。按仲裁作為最重要的「替代性糾紛解決機制」，可以分擔紛爭解決之功能，減輕法院之負擔，故而法院實應以肯定及開放的解度看待仲裁，對於仲裁法及仲裁實務，亦宜有充分的認知，以協助仲裁之完善發展。

仲裁程序進行中之一事不再理問題

林恩瑋[*]

壹、前言

仲裁判斷的效力，根據仲裁法第37條第1項規定：「仲裁人之判斷，於當事人間，與法院之確定判決，有同一效力。」一般而言，我國學界與實務界均依此解釋仲裁判斷與法院確定判決同樣具有既判力（res judicata）[1]與確定力，並得經由法院裁定賦予其執行力[2]。

所謂既判力，一般的定義係指有合法管轄權的法院就案件作出終局判決後，在原判決當事人間不得復就同一事項、同一訴訟標的、同一請求提起訴訟，法院作出的發生法律效力的判決是最終的決定。仲裁判斷如經合法程序作成，既與確定判決具有同一效力，則解釋上在仲裁判斷書送達當事人後，應可認為仲裁判斷具有既判力。而確定力，又可分為形式的確定力與實質的確定力二種。所謂形式的確定力，係指仲裁判斷作成後，一如確定判決般，賦予其終局性的效力，在仲裁判斷書送達當事人後，當事人不得再對仲裁判斷聲明不服，仲裁庭也不得撤回或變更其所作成之仲裁判斷；而實質的確定力，則係指仲裁判斷作成並送達當事人之後，即對當事人產生拘束力，仲裁判斷作為當事人間事實與法律爭議的最後結論，不得

東海大學法律系教授。作者自學生時起，即受李復甸教授指導甚多，衷心感謝！李教授謙謙君子，錚錚風骨，世所共聞，今欣逢壽誕，特獻拙文，謹祝李教授福壽綿長，松柏長青。

[1] 或有譯為「一事不再理原則」者。

[2] 一般來說，我國學界通說咸認仲裁判斷本身並無執行力，無法直接以仲裁判斷作為執行名義聲請法院強制執行，而必須由國家協助賦予仲裁判斷執行力，將之轉換為法院的裁定或判決，以充實執行名義之要件。此觀之仲裁法第37條第2項規定：「仲裁判斷，須聲請法院為執行裁定後，方得為強制執行。」即可得知。

復就仲裁判斷之內容為相反地主張，或另行提起他項救濟（包括再行訴訟或再行仲裁）。如當事人就仲裁判斷之內容再行提起訴訟時，應認為訴訟欠缺訴之利益，而予以駁回[3]。

　　在通常的情況下，仲裁程序以仲裁聲請人與相對人間的仲裁合意（包括事前的契約仲裁條款與仲裁協議）為基礎，依據聲請人與相對人均為單方為前提下所進行的設計。不過隨著經貿行為的多元化，使得仲裁程序中漸漸衍生出新的多邊當事人（multi-party）型態，而產生複雜仲裁（complex arbitration）問題[4]。不過，無論是傳統的仲裁程序或是複雜仲裁的情形，均仍有可能面臨仲裁程序進行中之一事不再理問題。易言之，因為立法者在後端既然承認仲裁判斷具有與確定判決相同之效力，基於承認仲裁判斷效力（既判力與確定力）之同一理由，在前端的仲裁程序進行中，自然也應該考慮如何避免仲裁當事人或其他受仲裁判斷效力所及之人（得視同仲裁當事人者）另行就同一仲裁標的再行提起訴訟或仲裁[5]，以避免將來仲裁判斷間或是仲裁判斷與法院判決間產生歧異的結果，而難以執行。

　　上述仲裁程序進行中之一事不再理問題，依照其在不同程序中所可能面臨的衝突類型，大約可分為兩種說明：第一種為**仲裁程序與法院訴訟程序衝突型**：即仲裁程序進行中，仲裁當事人又另行就同一仲裁標的在法院提起訴訟的情形。這種類型因為仲裁法第4條第1項已有規定：「仲裁協議，如一方不遵守，另行提起訴訟時，法院應依他方聲請裁定停止訴訟程序，並命原告於一定期間內提付仲裁。」故仲裁當事人如另行起訴時，似

3　楊崇森、黃正宗、范光群、張迺良、林俊益、李念祖、朱麗容合著，仲裁法新論，2004年，2版，中華民國仲裁協會，第239頁。

4　藍瀛芳，多邊當事人與多數契約爭議的仲裁：試探討「複雜仲裁」相關問題，仲裁季刊第96期，2012年12月，第2-46頁。

5　在解釋上，所謂「受仲裁判斷效力所及之人」，其範圍應與民事訴訟法第401條第1項規定：「確定判決，除當事人外，對於訴訟繫屬後為當事人之繼受人者，及為當事人或其繼受人占有請求之標的物者，亦有效力。」相一致，配合仲裁法第37條第3項關於仲裁判斷執行力即包括「仲裁程序開始後為當事人的繼受人」以及「仲裁程序開始後為當事人或其繼受人占有請求標的物者」二種。

可將仲裁協議作為妨訴抗辯，而以暫停訴訟程序進行之方式解決之[6]。第二種則為**仲裁程序相互間衝突型**：即仲裁程序進行中，仲裁當事人又另行就同一仲裁標的在另一或同一仲裁組織中提起仲裁的類型。這種類型在牽涉到數當事人間存在的單數或多數契約，或是數緊密連繫的契約關係時特別有可能發生[7]。以台灣仲裁機構為例，涉及到工程仲裁者至少有中華民國仲裁協會、台灣營建仲裁協會與中華工程仲裁協會等三家仲裁機構。假設在工程案件中，業主與承包商在中華民國仲裁協會提付仲裁，其後分包商又於中華工程仲裁協會，或台灣營建仲裁協會，或中華民國仲裁協會另行對業主或承包商聲請提付仲裁時（特別是當仲裁當事人間存在契約仲裁條款時），即可能產生仲裁程序相互衝突之問題。而這種類型的仲裁程序衝突，究應如何處理，我國仲裁法並無明文規定，因此為本文所欲進一步討論者。

　　鑑於仲裁程序的特殊性，與訴訟程序有相當之差異，同樣面臨一事不再理的問題，在訴訟上與仲裁程序上的處理方式自當予以區別，不宜混淆。因此本文首先敘明者，為一事不再理於仲裁程序中的特性問題。其次，再就仲裁程序之特性，討論相關可行的方案，以供讀者參考。

---

[6] 如果涉及到法院管轄與仲裁庭管轄衝突的問題，則可能更複雜。法院的管轄權與仲裁庭管轄權相互衝突時，前者是否需要讓步，一直是很有爭議的問題。例如中華人民共和國最高人民法院在2005年5月10日的美國WP國際發展公司訴吉林市淞美醋酸有限公司、吉林化學工業股份有限公司侵權損害賠償糾紛管轄權異議上訴案（即WP公司案）中，曾認為WP公司對吉化公司和淞美公司提起的侵權訴訟是必要的共同侵權之訴，WP公司與吉化公司之間的仲裁條款不能約束本案中三方當事人之間的必要共同侵權訴訟，故人民法院對該案有管轄權，可排除仲裁管轄協議的適用。新近的裁定又再次確認了這項立場。H. Liu, Y. Qiu, D. Brock and L. Feldman, Circumventing an Arbitration Clause through a Joint Tort Claim: Limited Jurisdiction View v. Complete Jurisdiction View, 18 No. 2 IBA Arb. News 28-31. 參http://www.kingandwood.com/Bulletin/ChinaBulletinContent.aspx?id=f0d69625-5462-42df-a77c-89f99562c340（最後瀏覽日期：2022/2/7）。

[7] 例如涉他契約、第三人擔保或連帶保證人契約，或重大工程契約中產生監督付款的情形，業主、承包商及分包商間的契約關係往往產生密切的牽連。又或如一般契約轉讓涉及到多數當事人，或是其他有關保險、海商等集體會商協議的契約（collective bargaining agreement）類型均屬之。

貳、一事不再理於仲裁程序中的特性

一、與訴訟繫屬中之一事不再理問題差異

在訴訟程序繫屬中，一事不再理的原則表現，主要出現在民事訴訟法第182條、第182-2條及第253條，以下分別說明之。

民事訴訟法第182條第1項規定：「訴訟全部或一部之裁判，以他訴訟之法律關係是否成立為據者，法院得在他訴訟終結前以裁定停止訴訟程序。」所謂訴訟全部或一部之裁判，以他訴訟之法律關係是否成立為據者，係指為他訴訟標的法律關係，其存在與否對於為本訴訟之法律關係，或在本訴訟所主張之抗辯、再抗辯對於他訴訟之訴訟標的，為其應先解決之問題者。不問他訴訟與本訴訟之兩造當事人是否相同，亦不問訴訟現繫屬於何審級、繫屬法院是否相同，均得裁定停止。而之所以要裁定停止訴訟程序，主要是為了避免將來裁判發生矛盾而為之考慮。惟是否裁定停止訴訟程序，法院有充分自由裁量之權，不受當事人聲請之拘束[8]。

民事訴訟法第182-2條規定：「當事人就已繫屬於外國法院之事件更行起訴，如有相當理由足認該事件之外國法院判決在中華民國有承認其效力之可能，並於被告在外國應訴無重大不便者，法院得在外國法院判決確定前，以裁定停止訴訟程序。但兩造合意願由中華民國法院裁判者，不在此限。（第1項）法院為前項裁定前，應使當事人有陳述意見之機會。（第2項）」本條之規定，主要在於同一事件的訴訟分別先後繫屬於不同國家法院時，我國法院得在該條規定的要件考慮下，自由裁量是否裁定停止在我國進行之訴訟程序，以避免將來有承認外國法院判決之可能時，發生我國法院判決與外國法院判決不一致之現象。易言之，本條係針對國際私法上所稱之「平行訴訟」（parallel proceedings）而為之規定，其法理之基礎為「先繫屬優先原則」（lis alibi pendens）[9]。此一在不同主權下之

---

[8] 最高法院28年抗字第164號民事判決參照。

[9] 原文直譯為「爭議在別處發生」，法國文獻多稱為「ltispendance」，相當於我國雙

法院分別就同一事件提起訴訟的情形，與單一主權下各地方法院先後繫屬同一事件的狀況並不相同，後者所應適用者，為民事訴訟法第253條之規定。

　　民事訴訟法第253條規定：「當事人不得就已起訴之事件，於訴訟繫屬中，更行起訴。」如果違反本條者，其效力為同法第249條第1項第7款：「原告之訴，有下列各款情形之一，法院應以裁定駁回之。但其情形可以補正者，審判長應定期間先命補正：……七、當事人就其已繫屬於不同審判權法院之事件更行起訴、起訴違背第二百五十三條、第二百六十三條第二項之規定，或其訴訟標的為確定判決效力所及。」惟依據最高法院的看法，民事訴訟法第253條所謂已起訴之事件，「係指已向中華民國法院起訴之訴訟事件而言，如已在外國法院起訴，則無該條之適用」[10]。依照此一見解，當事人就同一事件先在外國法院起訴者，我國法院僅得依據民事訴訟法第182-2條職權裁定停止訴訟程序，而不得逕將後繫屬於我國法院之訴依據民事訴訟法第253條、第249條裁定駁回。

　　民事訴訟法第253條之所以規範重複起訴禁止原則，主要鑑於避免被告重複防禦之煩，浪費無益之訴訟程序消耗違反訴訟經濟，並且防止裁判矛盾所設[11]。並且禁止重複起訴，通說一般認為係屬於絕對的訴訟成立要件，故就其情事之有無，法院應依職權調查之。並且，適用民事訴訟法第253條至少應具備以下要件：

　　1. 須前訴在訴訟繫屬中：不問審級，亦不問係繫屬於他法院或同一法院，只要是中華民國法院即可。

　　2. 須前後兩訴當事人相同、訴訟標的相同或前後兩訴所求判決之內容相同，或正相反對，或可以代用[12]。

重起訴禁止原則。參見林恩瑋，國際私法理論與案例研究，五南圖書，2011年，第58頁以下。關於本條立法上良莠之批判，參見陳啓垂，訴訟繫屬於外國法院，月旦民商法雜誌第41期，2013年9月，第52-75頁。

[10] 最高法院67年台再字第49號民事判決參照。

[11] 李木貴，民事訴訟法（上），元照出版，2010年，第4-27頁。

[12] 最高法院46年度台抗字第436號民事裁定參照。

　　本文認為，訴訟繫屬中之一事不再理（重複起訴禁止）問題，與仲裁程序中之一事不再理問題，有本質上之差異，二者應予區別。首先，是關於仲裁庭組織的特性。訴訟繫屬中之一事不再理問題，是在一個主權國家的架構下，整體法院系統如何進行管轄分配之問題（比如交由先繫屬的法院審理）。易言之，如果不是在一個主權國家的架構下，則討論如何避免禁止重複起訴之問題者，非民事訴訟法第253條所得關切，那頂多是如何適用或類推適用民事訴訟法第182-2條的問題。其次，在仲裁程序中，前後仲裁程序之當事人（即使是相同當事人）所訴諸的是不同的仲裁庭，這些仲裁庭或隸屬於同一仲裁機構而組成，或隸屬於不同之仲裁機構而組成，但與主權國家下的法院系統仍有相當之差異。在彼此互不隸屬的仲裁庭之間，在當事人同意先後組成仲裁庭前提下，如何要求他們必須僅能夠選擇一個仲裁庭並接受其仲裁之結果，這本身在邏輯上就存在著矛盾。

二、仲裁程序應無準用民事訴訟法第253條之餘地

　　有論者認為，依據仲裁法第19條規定：「當事人就仲裁程序未約定者，適用本法之規定；本法未規定者，仲裁庭得準用民事訴訟法或依其認為適當之程序進行。」是以關於一事不再理原則之民事訴訟法第253條、第400條等規定，於仲裁事件中當然應準用[13]，本文則持保留看法，理由如下：

　　1. 仲裁程序是否得準用民事訴訟程序，向來是一個頗受爭議的問題[14]。仲裁程序的開始，是基於當事人自主原則，並選出仲裁人成立受理仲裁爭議而開始，仲裁庭的組成完全聽任當事人的意願，與法院組織為固定、常設，並負有公共任務之意義與功能的情形不同。法院的組織有法院組織法加以明文確定，與仲裁庭的組成所根據的基礎完全不同。換言之，

---

[13] 黃正宗，我國仲裁庭準用民事訴訟法之研究（上），仲裁季刊第60期，2001年2月，第1-36頁。黃日燦，試論我國現行仲裁程序之不備：檢視仲裁法第十九條規定的缺失，經社法制論叢第32期，2003年7月，第35-65頁。

[14] 藍瀛芳，仲裁程序得否準用民事訴訟法的問題，仲裁季刊第61期，2001年6月，第26-41頁。

每個仲裁庭的組成，都是各自獨立的，這種情形比較接近於各國均有其獨自之法院，而非在一個獨立的仲裁／法院體系下有數個仲裁庭／法庭的設計。也因此，民事訴訟法第253條在適用上比較接近於後者，在仲裁程序衝突時，應無準用之餘地。

　　2. 再者，適用民事訴訟法第253條的前提，依照目前最高法院的意見，必須前後兩訴當事人相同、訴訟標的相同或前後兩訴所求判決之內容相同，或正相反對，或可以代用時，始得為之。問題在於所謂仲裁標的與訴訟標的之概念未必一致；仲裁標的所根據的基礎主要仍為當事人的合意，訴訟標的所根據的基礎則是實體法上的權利，這種區別在仲裁程序採行衡平仲裁（amiable composition）時更為明顯：仲裁人對於仲裁標的之裁決，未必均以實體法之權義規定為唯一考量，即使當事人在實體法上並無權利，在當事人同意衡平仲裁的前提下，仲裁人仍得依照公允良善原則（ex aequo et bono）作出適當的仲裁判斷[15]。況且在許多可能發生仲裁判斷矛盾的平行仲裁（parallel arbitration）場合中，前後仲裁的當事人未必完全相同，仲裁標的、所請求之仲裁判斷內容亦未必完全相同，或正相反對，或可以代用。換言之，在同樣考慮到仲裁程序經濟、避免出現矛盾判斷以保障仲裁人程序上之權利的情形下，仲裁庭有無必要在要件上跟隨民事訴訟法第253條之規定，如果準用之後能否妥善地維護仲裁當事人的需求，並有效的解決紛爭？實不無可疑。

參、解決方案的提出

　　有鑑於平行仲裁的特性與所牽涉的一事不再理原則適用問題，在目前的法制上，約可看到有以下幾個方案的提出，試圖解決相關的問題。

---

[15] 藍瀛芳，衡平仲裁意義與類型的解析：從比較的法制觀看國內的立法與實務，仲裁季刊第95期，2012年6月，第2-40頁。林恩瑋，國際仲裁上之衡平仲裁制度：台法觀點比較，東海大學法學研究第35期，2011年12月，第283-314頁。

一、第三人參加（intervention）仲裁程序

　　第一種解決方案是側重於仲裁程序開始之初，考慮比照民事訴訟程序設計第三人參加制度，以期達成避免仲裁當事人或關係人另行提起仲裁，造成平行仲裁之風險。這種制度有稱為多方／多邊當事人仲裁（multi-party arbitration）者，亦有稱之為複雜仲裁者。

　　在第三人參加仲裁程序方面，比較困難的問題存在於幾個方面，首先，第三人如欲參加仲裁程序，必須要得到所有仲裁當事人的同意，始得進行。這主要是因為仲裁程序的發動以及仲裁庭的組成基礎在於當事人的合意，如果當中有一位當事人表示不同意第三人參加仲裁程序，則第三人要參加仲裁程序即失其依據。其次，仲裁協議或是仲裁條款在性質上都是契約，就契約相對性而言如何拘束第三人，包括在何處提起仲裁以及依據何種程序進行仲裁等，都將成為問題[16]。更何況第三人如要參加仲裁程序，則關於仲裁庭的組成，是否第三人也有權利表達參與？對於已經組成的仲裁庭，在第三人參加仲裁程序時，究竟是應該重組，還是依據原來的仲裁庭組成繼續進行，均須加以考慮。

　　不過，從功能的角度來看，允許第三人參加仲裁程序是符合程序經濟，也符合避免多邊當事人間與多數契約爭議發生對立或矛盾判斷原則的。只是技術上要如何確認第三人追加仲裁程序的合法性，如何保障仲裁程序的密行，以及如何選定仲裁人常常成為難題。實務上比較常見者為將參加仲裁之第三人視作仲裁共同聲請人，或以先令第三人與原當事人間簽訂仲裁協議，並使當事人能充分陳述，以確保仲裁程序的合法性效力[17]。

　　在立法上，《國際商會（International Chamber of Commerce）仲裁規

---

[16] 民事訴訟法第58條第1項規定：「就兩造之訴訟有法律上利害關係之第三人，爲輔助一造起見，於該訴訟繫屬中，得爲參加。」關於此一規定，仲裁得否準用之，理論上有肯定說、否定說與有條件認可三說。參見吳光明，論工程仲裁協議對第三人之效力：兼論最高法院98年台上字第543號判決，仲裁季刊第91期，2010年9月，第68-94頁。

[17] 藍瀛芳，多邊當事人與多數契約爭議的仲裁：試探討「複雜仲裁」的相關問題，仲裁季刊第96期，2012年12月，第2-46頁。

則》第7條規定：「1. 如果任何當事人希望追加仲裁當事人，應向秘書處提交針對該追加當事人的仲裁申請書（『追加仲裁當事人申請』）。秘書處收到追加仲裁當事人申請之日在各種意義上均應視為針對該追加當事人的仲裁開始之日。追加當事人應遵守第6條第(3)款至第(7)款和第9條。確認或任命任何仲裁員之後，不得再追加仲裁當事人，除非包括追加當事人在內的全體當事人另行同意。提交追加仲裁當事人申請的期限，可由秘書處確定。

2. 追加仲裁當事人申請應包含以下內容：(a)現有仲裁案的案號；(b)包括追加當事人在內的每一方當事人的名稱全稱、基本情況、位址及其他聯繫資訊；以及(c)第4條第(3)款第(c)、(d)、(e)和(f)項中所規定的資訊。當事人可以在提交追加當事人申請時，一併提交其認為適宜的或可能有助於有效解決爭議的其他文件或資訊。

3. 第4條第(4)款和第(5)款的規定在細節上作必要修正後適用於追加仲裁當事人申請。

4. 追加當事人應在細節上作必要修正後按照第5條第(1)款至第(4)款的規定，提交答辯書。追加當事人可按照第8條的規定，針對任何其他當事人提出仲裁請求[18]。」可資參考。

---

[18] 參考國際商會國際仲裁院秘書局亞洲辦事處所出版中文譯本，file:///C:/Users/U/Desktop/2012_Arbitration-Rules_2014_Mediation-Rules_CHINESE.pdf（最後瀏覽日期：2015/2/23）。由於中文用語多為中國大陸地區通行之法律用語，與台灣法律用語未盡相符，故將英文版本摘錄於後，以資比較。

1 A party wishing to join an additional party to the arbitration shall submit its request for arbitration against the additional party (the "Request for Joinder") to the Secretariat. The date on which the Request for Joinder is received by the Secretariat shall, for all purposes, be deemed to be the date of the commencement of arbitration against the additional party. Any such joinder shall be subject to the provisions of Articles 6(3)–6(7) and 9. No additional party may be joined after the confirmation or appointment of any arbitrator, unless all parties, including the additional party, otherwise agree. The Secretariat may fix a time limit for the submission of a Request for Joinder.

2 The Request for Joinder shall contain the following information:
a) the case reference of the existing arbitration;
b) the name in full, description, address and other contact details of each of the parties,

二、合併（consolidation）仲裁程序

第二種方式則是以合併仲裁程序的方式避免平行仲裁問題的發生。此種合併仲裁程序的方式，其前提亦必須經由當事人授權同意合併，或至少應有法律授權得為程序之合併。我國仲裁法對於合併仲裁程序並無明文規定。在仲裁機構內部規範中，較有相關的應屬中華民國仲裁協會仲裁規則第15條規定：「相對人提出反請求者，準用第8條之規定辦理。仲裁庭並得將其與原仲裁程序合併進行。（第1項）反請求不得逾越仲裁協議之範圍。但經原聲請人同意者不在此限。（第2項）當事人意圖延滯仲裁程序而提起反請求者，仲裁庭得不許可。（第3項）」不過，上開規定僅係針對反請求所為之合併程序，僅是眾多合併仲裁程序種類之一，實際上對於涉及多方當事人或多數契約的平行仲裁情形，未有明文規範。

依據傳統之仲裁理論，仲裁係依據當事人意願，就不同種類的案件分由不同的仲裁庭進行仲裁。但現代社會由於分工交易漸趨複雜，在同一個經濟目的下，可能有數種契約互相將契約當事人彼此的法律關係緊密關連。例如工程契約、再保險契約、多式聯運契約等，都具備這樣互相依存，緊密聯繫的特性，這使得相對於處理這些契約的程序上，即不得不思考如何建構一套合併程序的機制，以避免與一事不再理原則相違。

《國際商會仲裁規則》第10條規定：「經一方當事人要求，並符合下列條件之一，仲裁庭得將仲裁規則項下未決的兩項或多項仲裁案合併為單一仲裁案：(a)當事人已經同意進行該合併；或(b)各仲裁案的所有仲裁

---

including the additional party; and

c) the information specified in Article 4(3), subparagraphs c), d), e) and f).

The party filing the Request for Joinder may submit therewith such other documents or information as it considers appropriate or as may contribute to the efficient resolution of the dispute.

3 The provisions of Articles 4(4) and 4(5) shall apply, mutatis mutandis, to the Request for Joinder.

4 The additional party shall submit an Answer in accordance, mutatis mutandis, with the provisions of Articles 5(1)–5(4). The additional party may make claims against any other party in accordance with the provisions of Article 8.

請求依據同一份仲裁協議提出；或(c)若各仲裁案的所有仲裁請求是依據多份仲裁協議提出的，各仲裁案當事人相同且各爭議所涉及的法律關係相同，且仲裁庭認為各仲裁協議彼此相容。（第1項）在決定是否可以合併仲裁時，仲裁庭可考慮其認為相關的各種情況，包括有無一名或多名仲裁人已經在一個以上仲裁案中得到確認或任命，如有，所確認或任命的是相同人員還是不同人員。（第2項）合併仲裁的，除非全體當事人另行約定，否則，各仲裁案併入最先提起的仲裁案。（第3項）」[19]明確表示在特定情形下，可以採取仲裁程序合併的方式解決系爭相關的仲裁爭議[20]。

三、禁訴令（anti-suit injunction）的發給

在英美法系法院中，為避免複數訴訟（multiple proceedings）或平行訴訟的發生，考慮到訴訟如果在外國法院進行將造成不公平的結果，通常在對人訴訟（in personam）中，受訴法院會發出禁止當事人於外國法院提

---

[19] 原文為The Court may, at the request of a party, consolidate two or more arbitrations pending under the Rules into a single arbitration, where:

a) the parties have agreed to consolidation; or

b) all of the claims in the arbitrations are made under the same arbitration agreement; or

c) where the claims in the arbitrations are made under more than one arbitration agreement, the arbitrations are between the same parties, the disputes in the arbitrations arise in connection with the same legal relationship, and the Court finds the arbitration agreements to be compatible.

In deciding whether to consolidate, the Court may take into account any circumstances it considers to be relevant, including whether one or more arbitrators have been confirmed or appointed in more than one of the arbitrations and, if so, whether the same or different persons have been confirmed or appointed.

When arbitrations are consolidated, they shall be consolidated into the arbitration that commenced first, unless otherwise agreed by all parties.

[20] 其他尚有如瑞士國際仲裁規則、比利時國內與國際仲裁研究與實務中心（CEPANI）、荷蘭工程業仲裁院、斯德哥爾摩商會仲裁協會、大宗穀物交易協會及維也納國際仲裁中心等，對於仲裁程序合併設有相關規定。參見藍瀛芳，多邊當事人與多數契約爭議的仲裁：試探討「複雜仲裁」的相關問題，仲裁季刊第96期，2012年12月，第2-46頁。

起訴訟的命令，稱之為禁訴令[21]。

禁訴令並非直接命令外國法院如何訴訟，而僅是對訴訟當事人間進行拘束，但由於這種拘束事實上間接地干擾到外國程序的進行，因此通常法院在發出禁訴令時，均要求慎重為之。例如要求禁訴令的發給必須考慮到法院於國際禮誼上的重大利益（substantial interest in international comity）[22]，並且只能謹慎極度克制下才能被允許發給。

儘管如此，禁訴令在許多大陸法系國家法院中，基本上還是被排斥的，不認可其效力的存在。例如歐盟法院先後在Tuner v. Grovit（Tuner案）[23]以及Owuzu v. Jackson（Owuzu案）[24]案中，均明確地表達這樣的傾向。在Owuzu案中，歐盟法院強調預測性和穩定性是1958年《布魯塞爾管轄權公約》的基礎，因此拒絕給予法院過寬又不穩定的裁量權；Tuner案則認為，「一個於一訂約國法院訴訟程序中之當事人，即使該當事人之目的是本於惡意的想阻礙該法院地原來既有的訴訟，也不應被該國法院給予禁止該當事人於其他訂約國法院提起或繼續訴訟之命令」[25]。

不過，近年來仲裁組織中已經有讓仲裁庭擁有對案件發出禁訴令權限的討論，認為仲裁庭有管轄權決定自己的管轄權是否存在（Kompetenz-Kompetenz）[26]，因此如果仲裁庭認為其有管轄權，對於任何妨礙仲裁庭管轄權的行為，自然均有權加以糾正。平行訴訟既然為對於仲裁當事人之

---

[21] Dicey, Morris & Collins, THE CONFLICT OF LAWS, Vol. 1, Sweet & Maxwell, 2012, p. 584.

[22] 參見陳隆修，中國思想下的全球化管轄規則，五南圖書，2013年，第300頁以下。

[23] C-159/02, [2004] ECR I-3565.

[24] C-281/02, [2005] ECR I-1383.

[25] ... precluding the grant of an injunction whereby a court of a Contracting State prohibits a party to proceedings pending before it from commencing or continuing legal proceedings before a court of another Contracting State, even where that party is acting in bad faith with a view to frustrating the existing proceedings.

[26] 或譯為管轄權／管轄權、仲裁人自行審認管轄原則或仲裁庭管轄權自裁原則。相關概念解釋參見藍瀛芳，仲裁人自行審認管轄原則的詮釋：原則的發展過程與現行實證法的比較觀察，仲裁季刊第98期，2013年10月，第2-53頁。

仲裁協議（包括管轄權的協議）的一種違反，自然是對於仲裁庭管轄權的一種妨礙，對於這種妨礙，讓仲裁庭有權發給禁訴令，以要求一方當事人終止在別處的訴訟或仲裁，當然也是合理的[27]。實務上例如在Telenor Mobile Communication As v. Storm LLC案中[28]，即由仲裁庭發禁訴令，並得到美國聯邦法院支持該禁訴令之效力。該案情略為：Telenor為一家挪威電訊公司，先對烏克蘭的Storm公司就股權協議書的爭議提起仲裁，隨即Storm的母公司又在烏克蘭對Storm公司提起確認股權協議無效的訴訟。烏克蘭上訴法院宣告股權協議書中的仲裁條款無效，並且繼續進行訴訟。Storm取得烏克蘭法院的裁定，認為如果就相關爭議仲裁繼續進行的話，將造成烏克蘭法院的判決歧異，仲裁庭拒絕停止進行程序，Storm公司在紐約起訴要求禁止仲裁，隨即本案由聯邦法院受理，當請求被駁回後，Storm取得烏克蘭法院的命令，禁止其他當事人參加仲裁程序。Telenor在聯邦法院起訴請求強制仲裁，並且取得禁訴令，禁止Storm公司及其母公司在烏克蘭進行訴訟。

在立法上，1985年《聯合國貿易法委員會國際商事仲裁示範法》（2006年修正）第17條即規定：「(1) 除非當事人另有約定，仲裁庭經一方當事人請求，可以准予採取**臨時措施**。

(2)臨時措施是以裁決書為形式的或另一種形式的任何短期措施，仲裁庭在發出最後裁定爭議的裁決書之前任何時候，以這種措施責令一方當事人實施以下任何行為：

(a)在爭議得以裁定之前維持現狀或恢復原狀；

(b)採取行動防止目前或即將對仲裁程序發生的危害或損害，或不採取可能造成這種危害或損害的行動；

(c)提供一種保全資產以執行後繼裁決的手段；或

(d)保全對解決爭議可能具有相關性和重要性的證據。」可為仲裁庭

---

[27] 劉淨、劉美邦，仲裁庭簽發的禁訴令，https://www.google.com.tw/?gws_rd=ssl#q=%E4%BB%B2%E8%A3%81%E5%BA%AD%E7%B0%BD%E7%99%BC%E7%9A%84%E7%A6%81%E8%A8%B4%E4%BB%A4&start=0（最後瀏覽日期：2022/2/7）。

[28] Case No. 07 Civ. 6929 (GEL), (S.D.N.Y. Nov. 19, 2008).

發給禁訴令所建議之法源依據。《國際商會仲裁規則》第22條似同樣賦予仲裁庭發給禁訴令的權利：「1.仲裁庭及當事人應考慮爭議的複雜性及價值，盡最大努力以快捷和具有成本效益的方式進行仲裁。2.為確保有效管理案件，仲裁庭經洽商當事人後，可採取其認為適當的程序措施，但該等措施不應違反當事人的任何約定。3.經任何當事人提出要求，仲裁庭可以裁令對仲裁程序或任何與該仲裁有關的其他事項予以保密，亦可採取措施保護商業秘密及保密資訊。4.在任何情形下，仲裁庭應當公平和中立行事，確保各當事人均有合理的陳述機會。5.當事人承諾遵守仲裁庭作出的任何裁令。」

不過，我國目前法制上並無禁訴令之設計，對於外國禁訴令的效力是否予以承認，亦法無明文。但鑑於仲裁程序的彈性，有別於訴訟程序，承認仲裁庭所發出禁訴令之效力，以避免平行仲裁的發生，似亦不失為一種值得考慮的方法[29]。

四、暫停仲裁程序進行：先繫屬優先原則

在解決平行訴訟的工具上，大陸法系國家較為熟悉的是先繫屬優先原則。一如本文前述，我國民事訴訟法第182-2條的立法，其理論基礎即為先繫屬優先原則：當同一事件先後繫屬於不同國家法院時，原則上由先繫屬案件的國家法院優先審理案件，案件後繫屬國家則以自我約束的方式抑制管轄權的行使，通常以暫停訴訟程序的方式處理之，待先繫屬案件的法院判決宣告後，再決定是否駁回原告之訴，或是續行訴訟。

先繫屬優先原則在各國實踐上的情形不一，在發動要件的要求與適用先繫屬優先原則的效果上互有異同。以同樣採先繫屬原則的比利時與1968年《布魯塞爾公約》之比較為例，2004年《比利時國際私法法典》第14條規定：「當一項訴訟請求在外國司法機關進行，而可以預見外國法院判決將在比利時被承認或執行時，受理案件在後的比利時法官，就同一當

---

[29] G. Carducci, Validity of Arbitration Agreements, Court Referral to Arbitration and FAA §206, Comity, Anti-Suit Injunctions Worldwide and Their Effects in the E.U. Before and after the New E.U. Regulation 1215/2012, 24 Am. Rev. Int'l Arb. 515.

事人、同一標的、同一原因之訴訟案件，得延遲判決，直到外國法院宣判為止。比利時法官考慮訴訟圓滑進行。並當外國法院判決依本法可受承認時，論知不受理。」[30]而1968年《布魯塞爾公約》第21條則規定：「當相同當事人於不同的簽約國法院間就相同標的、相同原因主張請求時，只要是非第一個繫屬的法院，就應暫停其訴訟程序，直到第一個繫屬的法院確認其管轄權為止。一旦第一個繫屬法院確認其有管轄權，其他法院即應拒絕管轄該案件。」[31]在發動先繫屬優先原則的要件上，二者均要求前後之訴需為相同之「當事人」、「標的」、「原因」，就此而言並無甚差異，但在適用先繫屬優先原則的效果上，二者則有些許不同：比利時國際私法法典的規定是暫停訴訟程序，直到外國法院宣判時為止（le prononcé de la décision étrangère）。而1968年《布魯塞爾公約》則是暫停其訴訟程序直到「第一個繫屬的法院確認其管轄權時」為止。但無論如何，依照先繫屬優先原則，最後唯有先繫屬訴訟的國家法院，才能對同一「當事人」、「標的」、「原因」之案件取得管轄權。

　　從平行仲裁的性質上來說，適用先繫屬優先原則，應該是比較適當的。這是因為平行仲裁中的各仲裁庭間互不隸屬，均有其獨立的管轄權，類似於國際平行訴訟的情形（數獨立主權國家法院先後繫屬同一案件），故可以考慮以類推適用先繫屬優先原則的方式以解決平行仲裁之問題[32]。

---

[30] Lorsqu'une demande est pendante devant une juridiction étrangère et qu'il est prévisible que la décision étrangère sera susceptible de reconnaissance ou d'exécution en Belgique, le juge belge saisi en second lieu d'une demande entre les mêmes parties ayant le même objet et la même cause, peut surseoir à statuer jusqu'au prononcé de la décision étrangère. Il tient compte des exigences d'une bonne administration de la justice. Il se dessaisit lorsque la décision étrangère est susceptible d'être reconnue en vertu de la présente loi.

[31] Lorsque des demandes ayant le même objet et la même cause sont formées entre les mêmes parties devant des juridictions d'États contractants différents, la juridiction saisie en second lieu sursoit d'office à statuer jusqu'à ce que la compétence du tribunal premier saisi soit établie.
Lorsque la compétence du tribunal premier saisi est établie, le tribunal saisi en second lieu se dessaisit en faveur de celui-ci.

[32] 此處的適用方式是類推適用而非準用，主要是考慮到我國民事訴訟法第182-2條適用

易言之，在當事人已依照仲裁協議組成仲裁庭進行仲裁時，如果其他相關連當事人又就具有緊密關連的事項另行提出仲裁時，則被爭議的仲裁庭應當暫停其仲裁程序，待該依照仲裁協議約定組成之仲裁庭確認其管轄權後再做處理，似乎也是可以考慮的方向。歐盟委員會2010年提出修正《第44/2001號規則》草案中，第29(4)條即採這種方法[33]。

肆、結論

　　我國仲裁法對於仲裁程序進行中之一事不再理問題，並未有明文規定。但隨著社會交易的日漸頻繁，百業分工越趨精細，同樣是契約的問題，在現代社會中變得更加複雜，也因此使得傳統上為雙邊當事人所設計的仲裁程序，也到了必須重新反思如何妥適地解決這些複雜問題的時候。

　　平行仲裁的現象是仲裁程序進行中之一事不再理問題的典型，考慮到仲裁程序的特殊性，解決平行仲裁的問題並不宜透過仲裁法第19條準用民事訴訟法第253條的方式處理。本文所提出的幾項方案：第三人參加、仲裁程序合併、禁訴令發給以及先繫屬優先原則的類推適用，均是目前在許多國家之仲裁組織中漸漸成形與被討論的法律工具。當然，是否適用這些法律工具，還是要考慮到具體仲裁個案的需求，並有待我國仲裁機構在實務上的累積。

限制的要件過於嚴格剛硬，無法配合仲裁程序的靈活狀態所致。本文認為，面對平行仲裁問題，應該考慮的是相關連的仲裁程序彼此間會不會造成判斷歧異以及浪費程序成本的結果。是以即使平行訴訟者並非同一當事人，只要相關連的程序進行作出的判斷結果有可能產生不公正或是歧異的可能，就應該考慮暫停仲裁程序，以釐清各仲裁庭間之管轄權分配問題。Storm案殷鑑不遠，這樣的考慮應該是合理的。

[33] Where the agreed or designated seat of an arbitration is in a Member State, the courts of another Member State whose jurisdiction is contested on the basis of an arbitration agreement shall stay proceedings once the courts of the Member State where the seat of the arbitration is located or the arbitral tribunal have been seized of proceedings to determine, as their main object or as an incidental question, the existence, validity or effects of that arbitration agreement. 相關文件可參考：http://eur-lex.europa.eu/legal-content/EN/TXT/?uri=CELEX:52010PC0748（最後瀏覽日期：2022/2/7）。

載貨證券背面記載管轄及準據法約款之效力：以最高法院108年度台上大字第980號民事裁定為中心

許兆慶*、陳志瑋**

壹、前言

　　海事爭議多屬涉外爭議，海商法與國際私法向來有密不可分的關連，國際私法之實務發展，對海運發展不言可喻[1]。而在國際私法研究之領域[2]，晚近多數見解認兼及「國際裁判管轄」、「法律適用（準據法選擇）」及「外國確定判決（仲裁判斷）之承認與執行」等三大領域[3]。

* 眾博法律事務所主持律師、台灣財產法暨經濟法研究協會理事長、中正大學法學博士、美國柏克萊加州大學法學碩士，andrew.hsu@lexprolaw.com。

** 眾博法律事務所律師、美國伊利諾大學香檳分校法學碩士、國立臺北大學財經法律系法學士，jerry.chen@lexprolaw.com。

[1] 李復甸、藍瑞宏，新海商法架構下運送契約之準據法，月旦法學雜誌第60期，2000年5月，第60-68頁。李復甸，貨櫃運送所生法律問題研究，法令月刊第26卷第9期，1975年9月，第14-18頁。

[2] 賴來焜，基礎國際私法學，三民書局，2004年6月，第1頁。

[3] 許耀明，國際私法的回顧與展望—2010年涉外民事法律適用法修正後之實證觀察，月旦法學雜誌第300期，2020年5月，第208-209頁。陳隆修，國際私法管轄權評論，五南圖書，1986年，第4頁。蔡華凱，國際裁判管轄總論之研究—以財產關係訴訟為中心，國立中正大學法學集刊第17期，2004年10月，第1頁以下。石黑一憲，國際私法と國際民事訴訟法との交錯，有信堂高文社，1988年，第185頁。Cheshire & North, Private International Law 7 (UK: Oxford University Press, 2004); Symeon C. Symeonides et al., Conflict of Laws: American, Comparative, International 2-4 (Eagan, Minnesota: Thomson West, 2003); J. G. Collier, Conflict of Laws 3 (UK: Cambridge University Press, 2001); Russell J. Weintraub, Commentary on the Conflict of Laws 1 (New York: Foundation Press, 2001); Willis L. M. Reese, Maurice Rosenberg & Peter Hay, Conflict of Laws - Cases and Materials 1-3 (London: Foundation PR Ltd., 1990).

　　從訴訟實務角度觀察，國際裁判管轄問題，往往已經決定訴訟之勝負，亦即國際裁判管轄權有無之判定，影響訴訟勝負之關鍵事項包括（但不限於）：適用民事程序法之不同、訴訟使用語言之差異、訴訟之勞費與成本、強制律師代理之須否、證據調查程序與舉證責任分配的差異、適用之國際私法準據法選法規則不同等，各項因素均足以影響訴訟之勝負[4]，此由許多司法裁判案例之裁判結果觀之即明。某一涉外私法事件，應由何國法院裁判，乃屬國際裁判管轄權之問題；而應適用何國之法律，則屬準據法之問題。因此，受訴法院是否得進行審判，承審法院應先審認法庭地國（forum state）對系爭事件是否具備合理之國際裁判管轄基礎；若受訴法院肯認其具有國際裁判管轄權而得受理，則再依照個案事實之法律關係決定其審理案件所應適用之準據法。

　　最高法院曾於105年度台上字第105號民事判決揭示：事實審法院於受理涉外民商事件，審核有無國際民事裁判管轄權時，應就個案所涉及之國際民事訴訟利益與特定國家（法域）關連性等為綜合考量，並參酌內國民事訴訟管轄規定及國際民事裁判管轄規則之法理，衡量當事人間實質公平、程序迅速經濟等，以為判斷。故除由我國法院行使管轄權，有明顯違背當事人間實質公平及程序迅速經濟等特別情事外，原則上均應認我國法院有管轄權。然而，最高法院對於事實審法院在判決理由中根據特別情事原則肯認受訴法院具備國際裁判管轄權之同時論及（受訴法院並非）「不便利法庭」之理論上謬誤並未予指摘、釐清，本文爰認有針對國際私法上不便利法庭原則與特別情事原則之差異加以說明之必要。

　　而在海事國際私法領域中，件貨運送契約之法律爭議係在法律適用及法律衝突問題最為常見，即以載貨證券上針對準據法部分有「至上條款記載」[5]（載貨證券法律關係強制適用《海牙規則》）或「即刻適用法則」[6]（各國立法者規避或排除至上條款之強制規定）之課題為首。是最

---

[4]　蔡華凱，侵權行為的國際裁判管轄—歐盟的立法與判例研究，國立中正大學法學集刊第14期，2004年1月，第243-299頁。

[5]　楊仁壽，論載貨證券之準據法，法令月刊第37卷第11期，1986年11月，第6頁。

[6]　許兆慶，海事國際私法上「至上條款」與「即刻適用法則」簡析—兼評新海商法第77條之訂定，月旦法學雜誌第78期，2001年11月，第127-131頁。

高法院首次透過大法庭之裁定揭示其認為載貨證券背面所記載有關準據法之約款，對於託運人、運送人及載貨證券持有人均有拘束力之統一見解，使得實務上長期以來對此議題之爭論，似將暫時落幕，惟對於未來海事爭議可能產生之影響，本文認為亦有討論說明之必要。故本文第貳部分首先簡析最高法院108年度台上大字第980號民事裁定之事實概要、歷審見解與爭點，作為本文探討之基礎，第參部分針對載貨證券背面記載管轄約款之性質及效力進行說明，第肆部分則分析載貨證券背面記載準據法約款之性質，同時評析最高法院108年度台上大字第980號民事裁定肯定準據法約款拘束託運人、運送人及載貨證券持有人所持理由以及未來對司法實務之影響，最後於第伍部分歸納本文之結論。

貳、最高法院108年度台上大字第980號民事裁定簡析

一、事實概要

　　訴外人加拿大籍A公司於民國97年9月間，向訴外人我國B公司購買148卷冷軋鋼卷（下稱系爭貨物），並由B公司為託運人，將系爭貨物交由被告韓國籍Y1公司承運，由我國高雄港運送至美國路易斯安那州紐奧良港，原告德國籍X公司擔任系爭貨物海上運送部分之保險人，Y1公司以散裝貨船舶M.V. "CHRYSOULAS"（下稱系爭船舶）載運，並於同年9月間簽發載貨證券（下稱系爭載貨證券）交付予B公司。詎Y1公司於97年9月29日薔蜜颱風來襲期間，並未停止裝船作業，致雨水浸入系爭船舶之貨艙及系爭貨物，而於同年11月24日運抵紐奧良港時，已發現系爭貨物有鏽蝕、潮溼及斑點等現象，經以硝酸銀溶液為海水反應測試呈現陽性，並發現貨損係因貨艙之艙口蓋未妥善維修，致運送中海水滲入貨艙內產生水氣無法排出所致。嗣系爭貨物再轉運至加拿大卸貨後，經拆封抽樣檢測，亦確認有鏽蝕情事，並確認毀損比例為53%。又A公司因而受有貨物毀損之

損失為加拿大幣（下同）93萬3,163.54元，及為證明損害而支出卡車運費8,800元、拆封等費用1萬零357.44元、公證費用1萬3,617.433元，合計96萬5,938.41元；又系爭船舶為被告賴比瑞亞籍Y2公司所有，而被告賽普勒斯籍Y3公司則為船舶經理人，Y2公司並與Y1公司就系爭船舶簽訂定期傭船契約，則Y2公司及Y3公司就其等僱用之船員疏於維修保養系爭船舶，致系爭貨物受損情事，亦應依侵權行為之規定，負損害賠償責任。原告德國籍X公司為系爭貨物海上運送部分之保險人，已依保險契約賠償A公司之上開損失，並受讓該損害賠償債權，因此依保險代位、意定債權讓與、載貨證券、海上貨物運送契約及侵權行為等法律關係訴請Y1公司、Y2公司及Y3公司負連帶損害賠償責任。

表1　本件關係人圖表

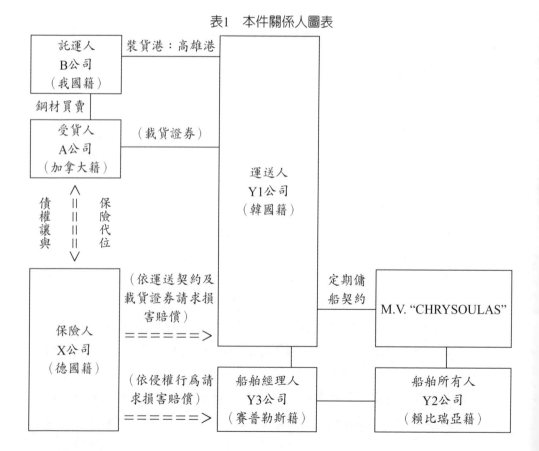

Y1公司針對本件程序事項部分之抗辯略以：依載貨證券背後約款有關管轄權之記載，本件管轄法院應為韓國首爾地方法院，我國法院就本件訴訟並無管轄權；此外，本件之準據法亦應依載貨證券背後之約款定為1936年《美國海上貨物運送法》，而非我國海商法。

二、本件爭點

1. 我國法院就本件是否具備國際裁判管轄權？

本件在我國進行裁判，有無違反當事人間之公平、裁判之適當及迅速而應否定我國國際裁判管轄之特別情事？

2. 本件之準據法為何？

三、歷審所持見解

(一)台灣高雄地方法院99年度海商字第12號民事判決

1. 關於管轄權之認定

我國法院有管轄權。

理由要領：

(1)民事事件涉及外國之人、地、事、物、船舶等涉外成分者，為涉外民事事件，內國法院應依內國法之規定或概念決定爭執法律關係之性質（定性）後，以確定內國對訟爭事件有國際民事裁判管轄，始得受理。

(2)依海商法第78條第1項規定：「裝貨港或卸貨港為中華民國港口者之載貨證券所生之爭議，得由我國裝貨港或卸貨港或其他依法有管轄權之法院管轄。」此為我國法院有國際民事裁判管轄之特別規定，涵括規範涉外海商事件中關於載貨證券法律關係涉訟之國際民事裁判管轄在內[7]。系

---

[7] 茲摘要判決要旨如下：「依海商法第78條第1項規定：『裝貨港或卸貨港為中華民國港口者之載貨證券所生之爭議，得由我國裝貨港或卸貨港或其他依法有管轄權之法院管轄。』細繹其旨，實係海商法針對載貨證券法律關係涉訟，為我國法院有國際民事裁判管轄之特別規定，除規範內國關於載貨證券法律關係所生爭議事件之特別審判籍外，當然涵括規範涉外海商事件中關於載貨證券法律關係涉訟之國際民事裁判管轄在內。載貨證券具有運送契約證明之性質，故『載貨證券所生之爭議』或『載貨證券所生之法律關係』，實係蘊含載貨證券所證明之海上貨物運送契約法律

爭貨物之裝貨港既為我國高雄港，我國自有本件關於載貨證券暨所證明海上貨運送契約等法律關係之國際民事裁判管轄無誤。

(3)系爭載貨證券背面約款約定關於所承載貨物之任一請求、紛爭或訴訟，應向韓國首爾地方法院提起，是否發生拘束當事人之效力，以及是否與海商法第78條第1項規定在適用上有所牴觸，屬於當事人是否得以合意指定外國法院為專屬管轄法院而排除我國法院之國際民事裁判管轄之問題[8]。然海上貨物運送事件之訴訟，本於事件之專業性、特殊性及保護貨損請求權人之訴訟權益，合意選擇之管轄法院，僅為貨損請求權人起訴選擇適正管轄法院之一，是本件原告自得依海商法第78條第1項規定，向系爭貨物之裝貨港法院提起訴訟，故我國法院自有本件之國際民事裁判管轄權[9]。

關係在內；基此，舉凡以載貨證券證明之海上貨物運送契約法律關係所生之爭議，自仍得依海商法第78條第1項定國際民事裁判管轄及內國管轄法院。」

[8] 茲摘要判決要旨如下：「當事人是否得以合意指定外國法院為專屬管轄法院而排除我國法院之國際民事裁判管轄，此一問題，民事訴訟法未明文規定，各國學說及實務多趨向採取肯定見解，國際公約亦多承認此一排他性合意管轄條款之效力。是以，當事人關於由一定法律關係而生之訴訟，自得以合意指定外國法院為排他性之管轄法院，排除我國法院之國際民事裁判管轄，除當事人明示約定為併存性之選擇管轄法院，且該合意選擇法院，至少應以文書證之。我國現行法律就涉外民商事事件有關合意管轄方面尚無明文規定，惟民事訴訟法第24條有關內國事件合意管轄規定所揭櫫明確當事人意思之民事訴訟法理，自得為受訴法院援以審酌決定涉外事件之國際民事裁判管轄之基礎；是以，除專屬管轄之事件，旅客、貨物運送契約、海洋污染、海事求償責任限制、共同海損、緊急拖帶或海難救助等事件訴訟外，當事人得以合意定某國法院為提起訴訟之法院，但以關於由一定法律關係而生之訴訟為限，並應以文書證之，俾符合意管轄明確當事人意思之民事訴訟法理，如當事人合意所定提起訴訟之該國法院，在法律上或事實上不能行使裁判權，當事人自不得援用此合意管轄。」

[9] 茲摘要判決要旨如下：「系爭載貨證券背面約款第33條有關選擇管轄法院之約定，當事人雖僅於系爭載貨證券為合意選擇管轄法院，惟載貨證券乃運送契約之證明，在國際貿易流程中，載貨證券之發給本為契約當事人知悉或可得而知之慣習，除以減輕或免除運送人或船舶所有人對於因過失或法定強制應履行之義務而不履行所致貨物毀損、滅失或遲到之責任外，其上約款殊已為從事船舶運送、貨物進出口業務之契約當事人所廣為明知並慣於遵守。是系爭載貨證券就有關選擇排他性管轄法院之約定，為有效之排他性選擇管轄法院之合意，惟因本件係海上貨物運送契約之爭

(4)我國法院受理本件涉外民商事事件，殊無礙於兩造當事人間公平使用審判制度之機會、裁判之適正、妥適、正當、程序之迅速、經濟等民事訴訟法理之特別情事存在，益徵我國法院顯有本件關於載貨證券暨所證明海上貨物運送契約等法律關係之國際民事裁判管轄。

2. 關於準據法之認定

1936年4月16日《美國海上貨物運送法》（系爭載貨證券上之約款）。

理由要領：

(1)按「載貨證券所載之裝載港或卸貨港為中華民國港口者，其載貨證券所生之法律關係依涉外民事法律適用法所定應適用法律。但依本法中華民國受貨人或託運人保護較優者，應適用本法之規定」海商法第77條定有明文。

(2)本件系爭貨物之裝貨港為高雄港，故載貨證券法律關係之準據法自應依修正前涉外民事法律適用法所定應適用之法律；惟遍閱修正前涉外民事法律適用法中，概無明文載貨證券所生法律關係應適用法律之規定，是以，即使載貨證券之內容多為運送人及其使用人或代理人片面擬定[10]，仍應承認該載貨證券關於應適用之法律之效力，以維持法律適用之明確及一致，並保護交易之安全。基此，涉外載貨證券法律關係之準據法，自應依載貨證券上之條款記載以選定之。

(3)載貨證券上記載準據法及仲裁條款乙節，雖迭經最高法院64年台抗字第239號民事判例（仲裁條款）、67年4月25日第4次民事庭庭推總會決議及92年度第7次民事庭會議複審補充決議咸認載貨證券係由運送人或船長單方簽名之證券，為單方所表示之意思，進而否認載貨證券背面記載

訟，原告自得依海商法第78條第1項規定，向系爭運送物之裝貨港法院提起訴訟，故我國自有本件關於載貨證券暨所證明海上貨運送契約等法律關係之國際民事裁判管轄。」

[10] 茲摘要判決要旨如下：「載貨證券為具有物權效力之有價證券外，尚有運送契約證明之性質，惟其與運送契約之法律關係截然分立，故因載貨證券而生之法律關係，其準據法應獨立予以決定，殊非當然適用運送契約之準據法。」

準據法及仲裁條款之效力，然而一審法院認為載貨證券記載上開事項之約款，應可認定託運人對其內容予以同意，絕非以運送人片面之意思表示即可成立之單方行為[11]，因此運送人簽發載貨證券形式上雖係單方行為，然究其實質，載貨證券之約款仍具有雙方契約之性質，是載貨證券正、背面約款應認為對雙方當事人（含持有載貨證券之受貨人）具有拘束力。

(二)台灣高等法院高雄分院101年度海商上字第4號民事判決

1. 關於管轄權之認定

我國法院有管轄權。

理由要領：

(1)按法院受理涉外民商事事件審核有無國際民事裁判管轄權時，除應斟酌個案原因事實及訴訟標的之法律關係外，尚應就該個案所涉及之國際民事訴訟利益與特定國家（法域）關連性等為綜合考量，並參酌內國民事訴訟管轄規定及國際民事裁判管轄規則之法理，基於當事人間之實質公平、程序之迅速經濟等概念，為衡量判斷之依據。故除有由我國法院行使管轄權，係明顯違背當事人間之實質公平及程序之迅速經濟等特別情事外，原則上均應認我國法院有管轄權。

(2)載貨證券及海上運送之法律關係，通常均涉及不同國籍之人及不同國家管領之區域，而具有國際民事事件之本質及屬性。依我國海商法第78條第1項規定，裝貨港為中華民國港口者之載貨證券所生之爭議，得由我國裝貨港之法院管轄。此項就載貨證券（含其簽發基礎之運送契約）之

---

[11] 茲摘要判決要旨如下：「惟查：(1)運送人或船長簽發載貨證券形式上雖係單方行為，而載貨證券正、背面約款是否即因此不能拘束相關當事人（含持有載貨證券之受貨人），委實不無疑義。細繹載貨證券正面大都記載：船舶名稱暨航次、託運人名稱、受貨人名稱、受通知人名稱暨地址、裝貨港、卸貨港、載貨證券份數暨編號、填發之年月日、裝船日期、承運貨物名稱、性質、重量、標誌等事項，多為海商法第54條第1項所規定之範圍，而託運人除對於貨物名稱、性質、重量等事項外，如有異議者，尚得請求運送人更正，並由運送人在載貨證券更正處加蓋更正章戳；倘託運人收受載貨證券後發覺記載有誤，仍不予聞問，甚或將之轉讓予受貨人或其他第三人時，自非單純沈默可比。」

法律關係所為管轄權之規定，係以裝卸貨物港之所在地點，為取得管轄權之依據，並未特別區分當事人是否為我國人或外國人。

(3)本件載貨證券背面雖記載就有關載貨證券所生爭議，合意由韓國首爾地方法院管轄，但此項指定外國法院為專屬管轄法院之合意，係發生排除我國法院依海商法第78條第1項規定取得管轄權之效果，已影響當事人（含本國人或外國人）就本件爭議向我國法院請求裁判之權利，而涉及訴訟權利之保障事宜，參以我國就本件訴訟並非「不便利法庭」，且被上訴人於原審已就本案實體權利爭議為實質之言詞辯論，則依權利保障迅速及訴訟經濟原則，本院認應弱化上開合意管轄之效力，而認我國法院有管轄權。

2. 關於準據法之認定

1936年4月16日《美國海上貨物運送法》（系爭載貨證券上之約款）。

理由要領：

(1)載貨證券上記載之準據法約款，雖屬運送人或船長在簽發時單方所表示之意思，然既經簽發並交付予託運人，倘託運人收受後並未表示異議，甚或將之轉讓予受貨人或第三人，自非單純沉默可比擬。

(2)載貨證券為運送契約之證明，為海運學說及實務之定論，其上所為記載就該法律關係具有相當之證明力，而得採為裁判之證據。則載貨證券上之各項記載，除顯有民法第247-1條所規定應屬無效之情形外，應推定有拘束當事人之效力，較為合理及適當。而本件系爭載貨證券所約定之準據法就海上運送部分所為之規定，並無上開條款所稱顯失公平之情事，故本件準據法應為1936年4月16日《美國海上貨物運送法》，而非我國海商法。

(三)最高法院103年度台上字第1193號民事判決

1. 關於管轄權之認定

未表示意見，應係贊同事實審法院之見解。

2. 關於準據法之認定

反對事實審法院之見解,認為應以我國海商法為本件準據法。

理由要領:

(1)本件系爭載貨證券背面約款雖記載有關準據法為1936年4月16日《美國海上貨物運送法》,惟載貨證券乃運送人或船長於貨物裝載後,因託運人之請求所發給,託運人收受後再轉讓給受貨人憑以受領貨物,其上就有關準據法所附記之文字,為單方之意思,除經託運人明示或默示同意外,尚無「當事人意思自主原則」(修正前涉外民事法律適用法第6條第1項、修正後同法第20條第1項)之適用(本院64年台抗字第239號民事判例意旨參照)。

(2)因此,原審認關於本件運送契約及載貨證券之準據法應依系爭載貨證券背面之條款而定,所持之法律見解並有可議。

(四)台灣高等法院高雄分院103年度海商上更(一)字第2號(更一審)民事判決

1. 關於管轄權之認定

我國法院有管轄權。

理由要領:

(1)我國海商法第78條第1項規定係以裝卸貨物港之所在地點,為取得管轄權之依據,具有其正當及合理性,並符合國際民事裁判管轄之法理,除可用以規範內國關於載貨證券(運送契約)爭議事件之管轄權外,亦可涵攝規範該類涉外海商事件之國際民事裁判管轄權,尚難認係僅以當事人為我國之託運人或受貨人為限。

(2)況本件載貨證券所載託運人為我國之高興昌公司,且兩造之爭執範圍,亦包括系爭貨物在高興昌公司生產或在高雄港裝船時,是否即已有損害或瑕疵存在,而此部分亦涉及在我國進行調查證據之必要及便利性,可見我國法院並非本件訴訟之「不便利法庭」。

(3)至於本件載貨證券背面雖記載就有關載貨證券所生爭議,合意由韓國首爾地方法院管轄,惟此項指定外國法院為專屬管轄法院之合意,係

發生排除我國法院依海商法第78條第1項規定取得管轄權之效果，已影響
當事人（含本國人或外國人）就本件爭議向我國法院請求裁判之權利，而
涉及訴訟權利之保障事宜，參以我國就本件訴訟並非「不便利法庭」，且
被上訴人於原審已就本案實體權利爭議為實質之言詞辯論，則依權利保障
迅速及訴訟經濟原則，本院認應弱化上開合意管轄之效力，而認我國法院
有管轄權。

2. 關於準據法之認定

我國海商法。

理由要領：

(1)載貨證券乃運送人或船長於貨物裝載後，因託運人之請求所發
給，託運人收受後再轉讓給受貨人憑以受領貨物（海商法第53條、第58條
參照），其上就有關準據法所附記之文字，為單方之意思，除經託運人明
示或默示同意外，尚無「當事人意思自主原則」（修正前涉外民事法律適
用法第6條第1項、修正後同法第20條第1項）之適用（最高法院64年台抗
字第239號民事判例意旨參照）。

(2)本件貨損事件係發生於涉外民事法律適用法修正前，依現行涉外
民事法律適用法第62條規定，應適用修正前之規定，而依修正前涉外民
事法律適用法第6條第1、2項之規定，法律行為發生債之關係者，其成立
要件及效力，依當事人意思定其適用之法律，當事人意思不明時，同國籍
者，依其本國法，國籍不同者，依行為地法。查系爭貨物之運送係由訴
外人我國B公司於台灣與Y公司洽定，Y公司亦係於台灣簽發本件載貨證
券，依上開說明，並不能認就載貨證券之準據法有明示之合意，亦難認有
何默示之合意，自應以行為地即我國法律為其準據法。

（五）最高法院106年度台上字第418號民事判決

1. 關於管轄權之認定

未表示意見，應係贊同事實審法院之見解。

2. 關於準據法之認定

反對更一審法院判決之見解，認為有再釐清載貨證券背面所載條款拘

束力之必要。

理由要領：

(1)載貨證券為具有物權效力之有價證券，尚係運送契約之證明，該證券雖為運送人或船長因託運人之請求而簽發，然託運人對於載貨證券所載之內容，如有異議可請求更正，或要求取回貨物，苟不予聞問，且轉讓予受貨人，自非單純沉默可比，此就海商法第61條之反面解釋：載貨證券記載條款、條件或約定，非係免除運送人或船舶所有人對於因過失或海商法規定應履行之義務而不履行者，其條款、條件、約定，仍屬有效，即可明瞭。

(2)載貨證券持有人既係據該證券行使權利，因該載貨證券所生之法律關係，允宜同依該載貨證券所載文義決之，以維持法律適用之明確及一致性。是載貨證券於運送人或船長簽發後，並交由託運人收受時，揆以海運實務及載貨證券之流通性，其所附記之文句，應認係雙方當事人之約定，應依修正前涉外民事法律適用法第6條第1項規定，定其應適用之法律。

(3)載貨證券上事先印就之制式記載，性質上倘屬定型化契約條款，其約款如有顯失公平之情形而應認為無效，則屬另一問題（原審援引之本院64年台抗字第239號民事判例，業經本院民事庭會議於106年5月16日決議不再援用）。本件系爭載貨證券之準據法記載為1936年4月16日之《美國海上貨物運送法》，是否無拘束託運人、運送人及載貨證券持有人之效力，自有釐清之必要。原審未遑推闡明晰，徒以就有關準據法所附記之文字，為單方之意思，尚無「當事人意思自主原則」之適用，進而認以我國法律為其準據法，已有未合。

(六)台灣高等法院高雄分院106年度海商上更（二）字第2號（更二審）民事判決

1. 關於管轄權之認定

被告已不爭執我國法院之管轄權。

2. 關於準據法之認定

1936年4月16日《美國海上貨物運送法》（系爭載貨證券上之約款）。

理由要領：

(1)按法律行為發生債之關係者，其成立要件及效力，依當事人意思定其應適用之法律。修正前涉外法第6條第1項定有明文。其次，涉外法於99年5月26日修正前，並無如現行第43條關於因載貨證券而生之法律關係之準據法規定。

(2)載貨證券為具有物權效力之有價證券，尚係運送契約之證明，該證券雖為運送人或船長因託運人之請求而簽發，然託運人對於載貨證券所載之內容，如有異議可請求更正，或要求取回貨物，如未予聞問，且轉讓予受貨人，自非單純沉默可比；又載貨證券持有人既依據該證券行使權利，因該載貨證券所生之法律關係，亦宜同依該載貨證券所載文義決之，以維持法律適用之明確及一致性。是載貨證券於運送人或船長簽發後，並交由託運人收受時，揆以海運實務及載貨證券之流通性，其所附記之文句，應認係雙方當事人之約定，而依修正前涉外法第6條第1項規定，定其應適用之法律。

(3)系爭載貨證券背面約款已有準據法之約定，託運人於收受系爭載貨證券後，並無異議，且轉讓予受貨人A公司，A公司於取得系爭載貨證券後，亦無異議，且持以受領貨物，揆諸前揭說明，有關本件運送契約、載貨證券之法律關係，自應適用1936年4月16日《美國海上貨物運送法》。

（七）最高法院108年度台上大字第980號民事裁定

1. 關於本件準據法之認定

1936年4月16日《美國海上貨物運送法》（系爭載貨證券上之約款）。

2. 理由要領

因103年度台上字第1193號民事判決與106年度台上字第418號民事判

決，就載貨證券背面記載有關準據法之約款拘束力之有無，所表示之法律見解歧異，經最高法院民事大法庭行言詞辯論後，作成108年度台上大字第980號民事裁定，裁定主文為：載貨證券背面所記載有關準據法之約款，對於託運人、運送人及載貨證券持有人均有拘束力。

參、載貨證券背面之管轄約款

　　載貨證券係由運送人或其代理人或船長所簽發，是現代國際貿易為克服因運送期間產生交付貨物與價金給付間之時間差，透過信用狀為付款方式而押匯之必要文件，因此除具有債權效力外，亦兼具有物權效力[12]。海商法學者已公認載貨證券是海上件貨運送契約之主要證明文件[13]，除了以傳統書面形式簽發之載貨證券外，國際間於近年來更透過國際規約跟公約進一步肯認以電子通信、電子運輸記錄方式簽發之電子載貨證券[14]。然而，相對於運送人來說，託運人多處於經濟地位較弱勢之一方，而常需屈從運送人於載貨證券上已預先記載之條款內容[15]。其中，載貨證券條款中常見涉及國際私法條款者則屬「管轄法院條款」、「準據法條款」及「仲裁條款」等[16]。關於「管轄法院條款」之部分涉及是否允許當事人合

---

[12] 許忠信，載貨證券之文義性，月旦法學教室第7期，2003年5日，第28-29頁。林一山，論載貨證券的物權效力，月旦法學教室第13期，2003年11月，第32-33頁。陳榮傳，載貨證券之準據法，月旦法學雜誌第17期，1996年10月，第47頁。

[13] 林益山，載貨證券背面條款在國際私法上之效力，台灣法學雜誌第195期，2012年3月，第125頁。楊慧如，載貨證券背面條款的效力─我國與英國實務界對準據法，管轄權條款見解之比較，法令月刊第46卷第12期，1995年12月，第20頁。

[14] 顏鴻彬，電子載貨證券制度之法律問題研究，航運季刊第24卷第4期，2015年12月，第6-8頁。

[15] 楊仁壽，以載貨證券為證明之運送契約，航貿週刊第29期，2018年7月，第58頁。

[16] 吳光平，載貨證券準據法條款效力之研究，21世紀法學新思維賴來焜教授六秩華誕祝壽論文集，2015年12月初版，第116頁。林益山，載貨證券背面條款在國際私法上之效力─兼評67.4.25最高法院第四次民事庭庭推總會決議，月旦法學雜誌第52期，1999年9月，第16頁。

意創設或排除某國法院就其紛爭之管轄權，具有理論及實務上之高度重要性[17]，惟我國民事訴訟法主要係針對國內訴訟案件而設，並未對於涉外案件之國際管轄權有明文規定[18]，因此法院應如何確定國際管轄權，學說有多種不同見解，包含逆推知說、類推適用說、利益衡量說及新類型說等，而我國法院過往審理涉外民事案件一般採類推適用說[19]，惟近年之最高法院見解針對歷來通說所採類推適用說[20]似有鬆動，若干裁判改採法理說及特別情事原則作爲審認我國法院國際裁判管轄權具備與否之理論基礎。

　　然而，近年最高法院在肯認事實審法院以法理說與特別情事原則作爲審判基礎之同時，對於事實審法院在判決理由中同時論及受訴法院並非「不便利法庭」之理論上謬誤並未予指摘、釐清，本文認爲仍有必要針對國際私法上不便利法庭原則與特別情事原則之差異加以討論說明如下。

一、國際私法上之不便利法庭原則與特別情事原則

（一）特別情事原則簡析

1. 特別情事原則之源起

　　有關國際裁判管轄權有無之認定，日本學說上有逆推知說（類推適用說、二重機能說）、管轄分配說（法理說）、利益衡量說、新類型說（特別情事原則）等[21]。特別情事原則係日本司法實務所發展出有關判斷日本

---

[17] 陳瑋佑，論載貨證券背面之管轄條款—評最高法院105年度台上字第105號民事判決，台灣法學雜誌第337期，2018年2月，第4頁。

[18] 曾陳明汝、曾宛如，國際私法原理（上集）總論篇，2008年5月，8版，第240頁。

[19] 羅俊瑋，海上貨運單合意管轄條款之探討，台灣法學雜誌，第280期，2015年9月，第70頁。

[20] 劉鐵錚、陳榮傳，國際私法論，三民書局，2000年，第604頁。林益山，國際裁判管轄權衝突之研究，國際私法新論，自版，1995年，第102、124-128頁。陳啓垂，英美法上「法院不便利原則」的引進—涉外民事法律適用法修正草案增訂第10條「不便管轄」的評論，台灣本土法學雜誌第30期，2002年1月，第58、60頁。

[21] 蔡華凱，國際裁判管轄總論之研究—以財產關係訴訟爲中心，國立中正大學法學集刊第17期，2004年10月，第17-21頁。何佳芳，日本民事訴訟法中國際裁判管轄之立法芻議與對我國之借鏡，台灣法學雜誌第135期，2009年9月，第21-58頁。何佳芳，

法院國際裁判管轄權有無之管轄權總論原則。緣於1981年馬來西亞航空事件判決[22]中，日本最高裁判所（最高法院）將國際裁判管轄總論上之決定方法解為應該「依據期待當事人間的公平、裁判正當、迅速之理念，由法理決定之」；而「民事訴訟法關於國內土地管轄之規定……合於上開法理」肯認下級審法院決定國際裁判管轄權有無之認定基礎，而採納「管轄分配說」之理論，認為對於國際裁判管轄之有無，應基於「達到當事人間之公平、裁判之適當與迅速」之理念，進一步依據「法理」加以判斷[23]。

2. 特別情事原則作為判斷國際管轄權有無之輔助判準

在前述馬來西亞航空事件中，日本最高法院揭櫫兩大意旨，一為「民事訴訟法所規定之審判籍位於日本時，對於相關之訴訟事件，使被告服於日本裁判權皆合於上開法理」，二為「期待當事人間的公平、裁判的正當、迅速之理念」。

日本國際裁判管轄規則中之特別情事原則，國際私法、法律哲學與法學教育—馬漢寶大法官九秩祝壽論文集，永然文化，2016年12月，第69頁。

[22] 該案案例事實略為：訴外人A於1977年（昭和52年12月4日）在馬來西亞境內，購買Y（馬來西亞航空公司）飛往吉隆坡之國內線班機機票後搭乘其國內線班機，同日該班飛機在馬來西亞境內因劫機事件墜落馬來西亞境內，包含A在內之全體人員全部死亡。Y係依據馬來西亞公司法為準據所設立，總公司設於馬來西亞，並在日本東京設有營業所之法人。在日本設有住所之A的配偶及子女即X等，以Y因航空運送契約之債務不履行為由，並依據繼承而取得訴外人A之損害賠償債權，在日本對Y提起損害賠償訴訟。一審（名古屋地方裁判所）否定日本之國際裁判管轄權而駁回X等之起訴。上訴審（名古屋高等裁判所）則以Y在東京有營業所，依營業所所在地（位於日本），以及X等之住所地為債務履行地（亦位於日本）等情，認日本對於系爭涉外財產事件具有裁判權乃法理上所當然，因此肯定日本之國際裁判管轄，而將該事件廢棄發回原審；Y不服提起上訴。案件經日本最高法院駁回上訴，肯認日本對於系爭事件具有國際管轄權存在。往後日本事實審法院於判斷國際裁判管轄權有無之實際案例時，遂採取馬來西亞航空事件所立下之判斷基準，亦即只要具體個案無違反當事人間的公平、裁判的正當、迅速之特別情事存在，而依日本民事訴訟法的任一裁判籍位於日本國內時，日本法院就該涉外民事事件即具備國際裁判管轄權。

[23] 蔡華凱，國際裁判管轄總論之研究—以財產關係訴訟為中心，國立中正大學法學集刊第17期，2004年10月，第22-23頁。何佳芳，國際裁判管轄規則中之特別情事原則，日本國際私法、法律哲學與法學教育—馬漢寶大法官九秩祝壽論文集，永然文化，2016年12月，第70頁。

　　是以，日本法院對於國際裁判管轄權有無之判斷，先是利用「逆推知說」[24]以民事訴訟法上的（國內）土地管轄規定作為基礎，輔以「特別情事原則」作為例外否定國際裁判管轄權之方法。由此可知特別情事原則，並非單獨之判斷基準，雖然符合日本民事訴訟法上有關土地管轄之規定，並不代表日本法院即具有國際管轄權，必須加上特別情事之判斷，一旦有特別情事存在，即否定國際裁判管轄權，可謂兼具判斷管轄有無之「明確性」與「價值衡量」之特點。

　　換言之，日本法院對於判斷有無國際裁判管轄權，係以民事訴訟法上的土地管轄規定為基礎，一方面維持訴訟法上所要求的法律安定性與當事人的預測可能性，另一方面以「特別情事」原則作為例外否定國際裁判管轄之方法，以維護個案之具體妥當性，因此成為晚近日本事實審法院關於認定國際裁判管轄權有無之主流見解[25]。

　　在馬來西亞航空事件之後，日本最高法院於1997年的返還德國銀行

---

[24] 決定國際管權之方法向來有逆推知說（二重機能說）、法理說（管轄分配說）、利益衡量說、新類型說等不同分類方式。所謂「逆推知說」，係指國際裁判管轄權乃是從民事訴訟法上關於國內土地管轄之規定，反向推論所得，根據該說的見解，只要民事訴訟審判籍位於法庭地國內，原則上即應解為屬於該法庭地國裁判權之處理事項，是以民事訴訟法上之土地管轄規定，在逆推知說的架構底下，含有國內管轄事務分配之功能，且具有決定國際管轄機能，故亦稱為「二重機能說」，詳細說明請參見蔡華凱，國際裁判管轄總論之研究—以財產關係訴訟為中心，國立中正大學法學集刊第17期，2004年10月，第17頁以下。「法理說」則認為，決定國際裁判管轄之有無，必須依據國際民事訴訟法之法理，考量當事人之間的公平、裁判是否公正、程序迅速、經濟之理念，對於管轄作出理性分配。「利益衡量說」認為，對於國際裁判管轄之決定，必須全然拋棄脫離原先民事訴訟法上之規定，針對個案當中所涉及之各種利益諸如：當事人利益、個案內容、性質、特定牽連關係進行綜合評判決定國際管轄權之有無。「新類型說」主張，對於國際管轄權之架構完全跳脫民事訴訟法關於土地管轄之規定，並重新建立國際裁判管轄之具體管轄原因。

[25] 東京地方裁判所昭和59年2月15日判決，判例時報第1135號，1985年1月，第70頁。東京地方裁判所昭和59年3月27日中間判決，判例時報第1113號，1984年6月，第26頁。東京地方裁判所昭和61年6月20日判決，判例時報第1196號，1986年8月，第87頁。東京地方裁判所昭和62年5月8日中間判決，判例時報第1232號，2007年4月，第40頁。東京地方裁判所昭和62年7月28日判決，判例時報第1275號，2008年10月，第77頁。

購車匯款（預託金請求）事件[26]再次確認特別情事原則。日本最高法院在此案揭示並重申：「當我國之民事訴訟法所規定之任一審判籍位於我國內時，原則上，對於在我國法院所提起之訴訟案件，要求被告服從於我國之裁判權應屬相當，唯有當在我國進行裁判，有違反當事人間之公平與裁判之適當及迅速之理念的特別情事存在時，則應否定我國對此案件具有國際裁判管轄」。[27]

3. 特別情事原則的明文化

有鑑於特別情事原則於實務運用上不斷的擴充其內涵，對於法安定性及當事人預見可能性確有不利，因此，日本於平成8年民事訴訟法修正時，即有將此原則法制化之議。然而，時逢《海牙國際管轄權公約》起草而暫時擱置，最終海牙國際私法會議由於與會國間的對立，僅止步於合議管轄公約之完稿；在締結普遍性國際管轄權公約未能成為共識下，日本國內遂回頭補充其《民事訴訟法》內關於涉外事件之管轄明文依據[28]。

新《民事訴訟法》於2011年5月修正公布[29]，並於2012年4月施行，除

---

[26] 該案事實略為：Y（被告，日本人）於昭和40年左右即常居於德國，以法蘭克福市為本據地，從事營業活動。X（原告，日本法人）與Y於1965年（昭和62年）在法蘭克福市，簽訂X委託Y從歐洲各地收購汽車、管理寄託金錢、支付買賣價金、領取車輛及裝載船運、市場情報蒐集等業務之契約。不久，X依Y之要求，先後於同年11月26日及12月7日依照契約將作為收購汽車之資金，共匯入9,000餘萬日元至Y指定之德國國內銀行存款帳戶。依據契約約定，Y應於每月向X報告動用該單款項之明細。其後，X逐漸對Y之管理寄託金錢感到不信任，乃提議以信用狀支付汽車價金結帳，並對Y請求返還所寄託之金錢，惟Y並無任何回應。因此，X乃以其主營業所所在地為返還寄託金錢債務之債務履行地，而向千葉地方裁判所提起訴訟，請求支付剩餘之寄託金錢及遲延損害賠償。第一審法院（千葉地方裁判所）否定日本有國際裁判管轄，駁回訴訟，X不服提起上訴，第二審法院（東京高等裁判所）仍持相同見解，駁回上訴。X不服再向日本最高法院提起上訴，仍遭駁回。

[27] 何佳芳，日本民事訴訟法中國際裁判管轄之立法芻議與對我國之借鏡，台灣法學雜誌第135期，2009年9月，第21-58頁。何佳芳，國際裁判管轄規則中之特別情事原則，日本國際私法、法律哲學與法學教育—馬漢寶大法官九秩祝壽論文集，永然文化，2016年12月，第69頁。

[28] 何佳芳，從日本民事訴訟法之修正論國際裁判管轄規則法制化，輔仁法學第52期，2016年12月，第9-14頁。

[29] 日本《民事訴訟法》新增第二章第一節《日本裁判所管轄權》第3-2條至第3-12條，

了就一般國際管轄做規範外，另就內國管轄權之排除，亦即司法實務上所
發展出之特別情事原則，加以立法納入規範[30]。

（二）不便利法庭原則簡析

1. 不便利法庭原則之源起

「不便利法庭」原則（forum non conveniens）[31]，係指受訴法院審酌
該法院就系爭事件而言係極為不便利之法庭，且同時存在另一個具備管
轄基礎之替代法庭（alternative forum），而系爭事件若由該替代法庭審理
將更為便利且適當時，允許受訴法院得拒絕行使管轄權之一項裁量權[32]。

參見https://elaws.e-gov.go.jp/document?lawid=408AC0000000109_20201001_502AC0000
000022&keyword=%E8%A3%81%E5%88%A4%E6%89%80%E3%81%AF%E3%80%81
%E8%A8%B4%E3%81%88%E3%81%AB%E3%81%A4%E3%81%84%E3%81%A6%E6
%97%A5%E6%9C%AC%E3%81%AE%E8%A3%81%E5%88%A4%E6%89%80%E3%8
1%8C%E7%AE%A1%E8%BD%84%E6%A8%A9%E3%82%92%E6%9C%89%E3%81%
99%E3%82%8B%E3%81%93%E3%81%A8%E3%81%A8%E3%81%AA%E3%82%8B%
E5%A0%B4%E5%90%88（最後瀏覽日期：2022/1/30）。

[30] 同上，第三条の九（特別の事情による訴えの却下）：「裁判所は、訴えについて
日本の裁判所が管轄権を有することとなる場合（日本の裁判所にのみ訴えを提起
することができる旨の合意に基づき訴えが提起された場合を除く。）において
も、事案の性質、応訴による被告の負担の程度、証拠の所在地その他の事情を考
慮して、日本の裁判所が審理及び裁判をすることが 事者間の衡平を害し、又は適
正かつ迅速な審理の実現を妨げることとなる特別の事情があると認めるときは、
その訴えの全部又は一部を却下することができる。」

[31] 不便利法庭原則，其意概指「承審法院認系爭事件若於外國法庭提起並審理，將更
有利於當事人之便利與正義之實現時，得拒絕行使管轄權之裁量權」，See Black's
Law Dictionary 655 (US: West Publishing Co., 1990). 申言之，「不便利法庭原則係指
有管轄權之受訴法院，審酌訴訟當事人及證人之便利等因素，認系爭事件應由具備
管轄基礎之他法院審理者，得拒絕行使其管轄權」，See Black's Law Dictionary 665
(US: West Publishing Co., 1999). 換言之，受訴法院認該院就系爭事件而言係極為不
便利之法庭，而原告復得至其他更適切之法庭起訴者，該受訴法院得拒絕行使管
轄權。See also Restatement (Second) of Conflict of Laws § 84 (1971). ("A state will not
exercise jurisdiction if it is a seriously inconvenient forum fir the trial of the action provided
that a more appropriate forum is available to the Plaintiff.").

[32] Louis F. Del Duca & George A. Zaphiriou, *United States of America*, in Declining
Jurisdiction in Private International Law 401, 402 (J. J. Fawcett ed., Oxford: Clarendon Press,

而不便利法庭[33]之概念係源自19世紀蘇格蘭法上一項特殊之國際私法法則；一般以為forum non conveniens一詞係由forum non competens轉化發展而成。按forum non competens原係針對法院管轄權之「有無」而衍生之法律概念，迨至19世紀中葉以後，此一概念經擴充適用之結果，蘇格蘭法院得進一步就是否「行使」其管轄權而加以斟酌，而forum non conveniens一詞遂於焉產生[34]。雖然美國憲法及聯邦法並無關於「不便利法庭」原則之明文，但聯邦最高法院向來均肯認「不便利法庭」原則之適法性[35]。從實務運用觀點立論，「不便利法庭」原則較為明確之定義與適用要件，係在1947年聯邦最高法院Gulf Oil Corp. v. Gilbert[36]一案（下稱Gilbert案）的判決文中所揭櫫[37]，而「不便利法庭」原則於跨國民事訴訟事件之運用基礎，則係由1981年Piper Aircraft Co. v. Renyo[38]一案所奠定。本件係美國聯邦最高法院針對一件發生在蘇格蘭的輕型飛機墜毀空難事件所表示的見解，飛機乘客遺族根據產品製造人責任之法律關係，於製造人美國Piper公司所在地之法院提起本件過失致死訴訟（wrongful death action），聯邦最高法院支持下級法院適用不便利法庭原則進行裁判[39]。此間，有關美國境內各州（法域）間跨州爭議事件，聯邦法規亦發展出「移轉管轄制

1995); Gary B. Born & Peter B. Rutledge, International Civil Litigation in United States Courts 347 (New York: Aspen Publishers, 2007).

[33] 我國學者亦有譯為「不方便法院」原則者，參見陳隆修，國際私法管轄權評論，五南圖書，1986年，第168頁以下。陳隆修，中國思想下的全球化管轄規則，五南圖書，2013年，第26頁以下。

[34] 王志文，國際私法上「不便利法庭」原則之發展與應用，華岡法粹第18期，1987年11月，第121頁。

[35] Gary B. Born & Peter B. Rutledge, International Civil Litigation in United States Courts 347 (New York: Aspen Publishers, 2007).

[36] 330 U.S. 501 (1947).

[37] Id.

[38] 454 U.S. 235 (1981); Pamela K. Bookman, Litigation Isolationism, 67 Stan. L. Rev. 1081 1094 (2015).

[39] 陳瑋佑，國際民事訴訟管轄權之規範與解釋—以財產所在地審判籍為例，台北大學法學論叢第93期，2015年3月，第151頁。

度」[40]，依據聯邦移轉管轄規則之規定：「基於訴訟當事人與證人之便利以及實現正義之考量，聯邦地區法院針對承審之任何民事事件，得以裁定移轉至任何具備管轄基礎之其他聯邦地區法院。」[41]法院基此規定所為之移轉裁定，其審查之因素，與「不便利法庭」原則之審查要項十分近似[42]，受訴法院得據此將爭訟事件移轉至其他有管轄權且更方便審理該案之聯邦地區法院[43]。

2. 不便利法庭之理論基礎

「不便利法庭」原則係英美判例所發展得出的一項拒絕行使管轄權的司法裁量權，析言之，「所謂『不便利法庭』原則之判例理論，係指受訴法院對於一涉外訴訟事件縱使有管轄權，惟衡量當事人或訴訟審理之便，如認為由產生競合管轄的其他替代法庭地進行審理較為適當時，由受訴法院行使裁量權駁回原告之訴或停止訴訟（stay）的一種制度」[44]。英格蘭法院認為於該法院訴訟將會造成困擾、壓迫、濫用法院訴訟程序而造成不公平之訴訟結果，對於當事人之一方造成不公平（unfair）或非常不便利

---

[40] 28 U.S.C. §1404(a). Ronald A. Brand & Scott R. Jablonski, Forum Non Conveniens-History, Global Practice, and Future Under the Hague Convention on Choice of Court Agreements 37 (UK: Oxford University Press, 2007).

[41] 28 U.S.C. §1404(a) of Title 28 provides that: "For the convenience of parties and witnesses, in the interest of justice, a district may transfer any civil action to any other district where it might have been brought."

[42] Gary B. Born & Peter B. Rutledge, International Civil Litigation in United States Courts 353 (New York: Aspen Publishers, 2007); Willis L. M. Reese, Maurice Rosenberg & Peter Hay, Conflict of Laws - Cases and Materials 201-204 (London: Foundation PR Ltd., 1990).

[43] 關於不便利法庭在美國法制之發展與運用，詳參見陳隆修，國際私法管轄權評論，五南圖書，1986年，第168-173頁。王志文，國際私法上「不便利法庭」原則之發展與應用，華岡法粹第18期，1987年11月，第119-145頁。羅昌發，論美國法下之不便利法庭原則，國際私法論文集－慶祝馬教授漢寶七秩華誕，五南圖書，1996年，第77-97頁。陳啓垂，英美法上「法院不便利原則」的引進－涉外民事法律適用法修正草案增訂第10條「不便管轄」的評論，台灣本土法學雜誌第30期，2002年1月，第51-60頁。

[44] 蔡華凱，國際裁判管轄總論之研究－以財產關係訴訟為中心，國立中正大學法學集刊第17期，2004年10月，第28-29頁。

（seriously inconvenient），且尚有其他較為方便之法律得以審理此案件，則法院有裁量權去停止處理或終止此案件之審理。如此之處理方式有助於符合涉訟當事人或大眾利益，且有助於達成防止、減少國際管轄權衝突問題，並且緩和、調整各國裁判管轄權擴張之趨勢[45]。在美國，依Gilbert案所建立的判例法則，當訟爭事件存在具備管轄基礎的替代法庭，且訟爭事件若由替代法庭審理將更為便利時，受訴法院即得拒絕行使管轄權而駁回或停止訴訟。不便利法庭原則於美國法上另一個較顯著的發展是基於對於管轄權擴張之對抗，緣以美國在「長臂管轄」（long-arm jurisdiction）的管轄基礎上，美國法院得行使管轄權之基礎顯著擴大，不便利法庭原則之發展可謂對於管轄範圍之擴大產生了反制之作用[46]。

3. 不便利法庭原則之適用要件

若對不便利法庭原則加以追本溯源，其較為原始的要件應為：(1)有其他有管轄權之法院；(2)該法院能合適的處理所有當事人之利益及達成正義的目的[47]。

換言之，不便利法庭原則的運用，隱含另有一個更合適的法院，而所謂更合適，是指為了正義的目的更為適當之意[48]，並不單純只是為了便利與否的緣故[49]。受訴法院審酌訟爭事件是否應依「不便利法庭」原則而駁回訴訟，應考量私利益（private interests）與公利益（public interests）等考慮因素[50]，承審之聯邦地區法院關於各項考慮因素之審酌，除有明顯

---

[45] 黃裕凱，國際私法，五南圖書，2013年，第61頁以下。

[46] Jeremy D. Morley, *Forum Non Conveniens: Restraining Long-arm Jurisdiction*, 68 Nw. U. L. Rev. 24-43 (1973).

[47] 陳隆修，中國思想下的全球化管轄規則，五南圖書，2013年，第31頁。

[48] Dicey & Morris, The Conflict of Laws, 465-466 (London: Sweet & Maxwell, 2006).

[49] *Id.*

[50] J. J. Fawcett, General Report, in Declining Jurisdiction in Private International Law 14 (J. J. Fawcett ed., Oxford, England: Oxford University, 1995). 羅昌發，論美國法下之不便利法庭原則，國際私法論文集—慶祝馬教授漢寶七秩華誕，五南圖書，1996年，第83頁。王志文，管轄規則與不便利法庭，華岡法粹第33卷，2005年6月，第9頁。

濫用裁量權之情形外，其認定應受尊重[51]；而受訴法院在衡量是否以「不便利法庭」原則駁回原告之訴時，美國公民或居民在美國法院提起訴訟，較之於外國原告在美國法院提起訴訟而言，前者向來受到法院較高之尊重[52]。上開「不便利法庭」原則的理論與運作模式，在美國各聯邦法院及多數州法院間已穩定而廣泛地被援用[53]。

4. 不便利法庭原則於我國之實踐

我國針對不便利法庭目前尚無立法明文，因此法院在適用上至多僅可以將不便利法庭原則視為「法理」加以適用。在本次涉外民事法律適用法修訂[54]前的研修階段，司法院涉外民事法律適用法研究修正委員會研究小組[55]最初提出的草案版本第二章第一節即為法院管轄[56]，其中即有關於「法庭不便利原則」之立法建議[57]；在1999年6月25日召開的第三次研修會議附錄一草案第13條規定[58]：「涉外民事事件，中華民國法院依本法之規定雖有管轄權，但該案另有更為便利之外國法院可資管轄者，中華民國法院得在該涉外民事事件於外國之訴訟裁判確定前，裁定停止其程序。」可謂我國最早考慮將不便利法庭原則立法化的階段。嗣草案幾經討論修

---

[51] *Piper Aircraft Co. v. Reyno, supra* note 38, at 257; see also Gene R. Shreve & Peter Raven-Hansen, Understanding Civil Procedure 148-149 (New York: Matthew Bender & Co, 1994).

[52] *Piper Aircraft Co. v. Reyno,* supra note 38, at 256; Dan Jerker B. Svantesson, *In Defence of the Doctrine of Forum Non Conveniens*, 35 H. K. L. J. 395, 405 (2005).

[53] Arthur T. von Mehren, Adjudicatory Authority in Private International Law - A Comparative Study 272-274 (Leiden, Netherlands: Brill, 2007). 陳隆修，國際私法管轄權評論，五南圖書，1986年，第169頁。

[54] 民國99年5月26日總統令修正公布全文63條；並自公布日後1年施行。

[55] 研究小組成員包括：李後政教授、徐慧怡教授、陳榮傳教授。司法院，司法院涉外民事法律適用法研究修正資料彙編（一），2002年，第5頁。

[56] 詳參民國88年3月5日司法院涉外民事法律適用法研究修正委員會第二次會議紀錄，司法院涉外民事法律適用法研究修正資料彙編（一），2002年，第35頁以下。

[57] 司法院，司法院涉外民事法律適用法研究修正資料彙編（一），2002年，第66-67頁。

[58] 同上，第129-130頁。

訂，在2001年的草案仍維持有將不便利法庭原則立法化的條文[59]，惟最終因與管轄有關的條文均遭刪除，不便利法庭原則一併均未獲得通過。

(三) 不便利法庭原則與特別情事原則之異同

不便利法庭原則與特別情事原則雖然均與處理國際裁判管轄權之議題有關，但兩者之體系、功能與論理架構顯不相同，茲將有關兩者之若干異同分析如下：

1.「不便利法庭原則」係已確定有管轄權之前提下，法庭地國「選擇是否行使管轄權」之問題；而「特別情事原則」則係決定法庭地「有無管轄權」之問題

不便利法庭原則係指有管轄權之受訴法院，審酌訴訟當事人及證人之便利等因素，認系爭事件應由具備管轄基礎之他法院審理者，得拒絕行使其管轄權之一項裁量權，因此，不便利法庭之適用，代表受訴法院具備國際裁判管轄權但不適合行使，且同時有另一個更適合行使裁判管轄的替代法院存在。

相對於此，特別情事原則係審酌涉外事件在受訴法院進行裁判，有違反當事人間之公平與裁判之適當及迅速之理念的特別情事存在時，應否定法庭地國對此案件具有國際裁判管轄，因此，一旦有此特別情事，代表受訴法院（根本）否定法院地國對系爭事件之國際裁判管轄權。

2.「不便利法庭原則」係處理國際裁判管轄積極衝突之問題；而「特別情事原則」則係處理受訴法院裁判管轄基礎有無之問題

不便利法庭原則，係指受訴法院審酌該法院就系爭事件而言係極為不便利之法庭，且同時存在另一個具備管轄基礎之替代法庭，而系爭事件若由該替代法庭審理將更為便利且適當時，允許受訴法院得拒絕行使管轄權之一項裁量權，表示就系爭事件而言，國際間有二以上具備管轄基礎之法院同時存在，從而係處理國際管轄基礎衝突之問題。

相對而言，特別情事原則，主要在於審酌受訴法院對系爭事件進行

---

[59] 黃裕凱，國際私法，五南圖書，2013年，第62頁以下。

裁判是否有違反當事人間之公平與裁判之適當及迅速之理念的特別情事存在，若有此特別情事，即應否認受訴法院之國際裁判管轄權，因此係單純處理受訴法院管轄基礎存否之問題。

3. 「不便利法庭原則」之運用通常伴隨被告同意至替代法院應訴而不為程序抗辯之條件；「特別情事原則」似無類此處理之基礎

　　美國法院運用不便利法庭原則駁回原告之訴，通常係基於被告之抗辯，而法院在裁定前，為避免管轄、時效、證據等事項因原告重新至替代法院起訴而受影響，通常會命被告不得在原告至替代法院起訴時出抗辯。相對於此，特別情事原則下，法院似無此基礎。

4. 「不便利法庭原則」與「特別情事原則」理論上均隱含管轄「具體妥當」（公平合理）之考量

　　法院適用不便利法庭駁回原告之訴前，必須先確認替代法院存在以及替代法院是否確能妥適進行審判，以確保當事人受公平審判之機會，此間的考量——受訴法院與將來之替代法院之合理行使管轄之基礎——即隱含個案管轄「具體妥當」之意涵。

　　類同於此，法院以特別情事原則例外否認受訴法院之裁判管轄基礎，必係審酌涉外事件若在受訴法院裁判將有違反當事人間之公平與裁判之適當及迅速之理念的特別情事存在，因此亦隱含個案具體妥當之考量。

5. 「不便利法庭原則」與「特別情事原則」理論上均隱含對「過剩管轄」之約制

　　「過剩管轄」係指將內國土地管轄援用於國際裁判管轄之分配，某些決定管轄因素於內國事件故屬合理，但在國際之層次上，被認為其與事件的連繫過於薄弱[60]。而「不便利法庭」原則作為調和國際競合管轄之機制，避免原告藉由「物色法庭」（forum shopping）選擇對被告極為不便利之法庭起訴，進而達到程序上牽制被告應訴權之目的而言，有其正面積極意義；在美國各州「長臂管轄」條款大規模擴張美國法院對人管轄基礎

---

[60] 陳瑋佑，國際民事訴訟管轄權之規範與解釋——以財產所在地審判籍為例，台北大學法學論叢第93期，2015年3月，第151頁。

之情況下，美國法院藉由「不便利法庭」原則調整美國過於寬鬆的管轄權基礎，對於不當利用美國法院的原告加以制約[61]。

特別情事原則以民訴法上的土地管轄規定為基礎[62]，一方面維持訴訟法上所要求的法律安定性與當事人的預測可能性[63]，另一方面以「特別情事」原則作為例外否定國際裁判管轄之方法，以維護個案之具體妥當性，相當程度也具有約制過剩管轄或原告物色法庭之功能。

6. 不便利法庭原則與特別情事原則之嚴格理論架構均已動搖

美國晚近關於不便利法庭原則之發展，似乎顯露出美國法院濫用不便利法庭原則藉以達到規避繁雜跨國民事訴訟、避免法院積案的趨勢，美國國際企業亦因此一趨勢庇佑，名正言順藏身於不便利法庭原則之羽翼下，脫避許多原應負擔之企業責任與法律責任，美國聯邦最高法院2007年Sinochem International Co. Ltd. v. Malaysia International Shipping Corporation一案即不免受此批判，其中該案意旨一別以往見解，認美國法院受理跨國民事訴訟時，得在確認該國法院對於訟爭民事事件具備事物管轄權（subject-matter jurisdiction）及對人管轄權（personal jurisdiction）之前，即以不便利法庭原則駁回原告之訴[64]。

類似於此，日本司法實務上特別情事原則，原係法院依民訴法上土地管轄規定確認日本之裁判籍後，進而以案件若在日本裁判，是否有違反當事人間之公平與裁判之適當及迅速之理念的特別情事存在，若有，則例外否認日本之國際裁判管轄權，換言之，確認日本任一裁判籍之存在，原係進行特別情事存在與否之審查的前提；然而，前述1997年的預託金請求事

---

[61] 楊崇森，美國法海外影響力之擴大與挑戰，法學叢刊，第58卷第3期，2013年7月，第30頁。

[62] 陳瑋佑，國際民事訴訟管轄權之規範與解釋─以財產所在地審判籍為例，台北大學法學論叢第93期，2015年3月，第151-152頁。

[63] 東京地判平成14年11月18日判決，判例時報第1821號，2016年10月，第139頁。

[64] Sinochem Int'l Co. v. Malaysia Int'l Shipping Corp., 549 U.S. 421(2007). 許兆慶，國際私法上「不便利法庭」原則之最新發展─以美國聯邦最高法院Sinochem International Co. Ltd. v. Malaysia International Shipping Corporation案為中心，中華國際法與超國界法評論第4卷第2期，2008年12月，第525-557頁。

件，日本最高法院亦跳過許多有關土地管轄與審判籍存否等爭點，逕以特別情事作為否定裁判管轄基礎之方法，日本學者對此即有評論，擔心未來有關管轄有無之認定，將形成直接以特別情事存在與否之審查[65]。

二、載貨證券背面管轄約款之性質與效力

依我國海商法第78條第1項規定，裝貨港為中華民國港口者之載貨證券所生之爭議，得由我國裝貨港之法院管轄。此項就載貨證券（含其簽發基礎之運送契約）之法律關係所為管轄權之規定，係以裝卸貨物港之所在地點，為取得管轄權之依據，並未特別區分當事人是否為我國人或外國人。我國對於國際裁判管轄之決定尚無一般性之明文規定，則應依照國際民事程序法之法理，即以當事人間之公平、裁判之正當及迅速等原則為基礎進行判斷[66]，按載貨證券及海上運送之法律關係，通常均涉及不同國籍之人及不同國家管領之區域，而具有國際民事事件之本質及屬性，可見我國海商法將裝貨港與載貨證券（運送契約）相互連結而規定之管轄權，應具有其正當及合理性，並符合國際民事裁判管轄之法理。

本件系爭載貨證券背面約款有合意選擇韓國首爾地方法院為管轄法院之約定，涉及當事人是否得以合意指定外國法院為專屬管轄法院而排除我國法院之國際民事裁判管轄[67]。此一問題，各國學說及實務多趨向採取肯定見解，國際公約亦多承認此一排他性合意管轄條款之效力，是以，當事人關於由一定法律關係而生之訴訟，自得以合意指定外國法院為排他性之管轄法院，排除我國法院之國際民事裁判管轄[68]。然針對專屬管轄事件以

---

[65] 蔡華凱，國際裁判管轄總論之研究—以財產關係訴訟為中心，國立中正大學法學集刊第17期，2004年10月，第25-27頁以下。何佳芳，國際裁判管轄規則中之特別情事原則，日本國際私法、法律哲學與法學教育—馬漢寶大法官九秩祝壽論文集，永然文化，2016年12月，第71-72頁。

[66] 蔡華凱，國際裁判管轄，月旦法學雜誌第229期，2014年6月，第182頁。羅俊瑋，論載貨證券管轄權條款之效力，律師雜誌第314期，2005年11月，第89頁。

[67] 陳瑋佑，論載貨證券背面之管轄條款—評最高法院105年度台上字第105號民事判決，台灣法學雜誌第337期，2018年2月，第13-14頁。

[68] 楊仁壽，載貨證券上「裁判管轄約款」之效力，航貿週刊第201840期，2018年10

及海上貨物運送事件之專業性、特殊性及保護貨損請求權人之訴訟權益，當事人合意選擇之管轄法院，應解為貨損請求權人得起訴選擇適正管轄法院之一。據此，縱認海上貨物運送契約之當事人已協議選擇排他性法院，惟貨損請求權人仍得向該排他性法院以外之其他有管轄權法院訴請運送人賠償其損害，因此，其他有管轄權之法院則並不當然喪失其管轄權。

　　本件系爭載貨證券約款雖有排他性選擇管轄法院之合意，但最高法院對於事實審法院[69]基於當事人間公平使用審判制度之機會、裁判之適正、妥適、正當、程序之迅速、經濟等民事訴訟法理之特別情事等概念為衡量判斷國際裁判管轄之方式，並未於判決中持反對意見，與近年來最高法院104年度台抗字第589號民事裁定以及105年度台上字第105號民事判決所採之見解互為呼應，以法理說及特別情事原則為審認國際裁判管轄之方式，應值得肯定；惟最高法院對於事實審法院於判決中肯認系爭載貨證券上之記載有拘束力，卻又弱化合意管轄之見解，並未指出其論理上之矛盾，亦未釐清此部分係國際管轄積極衝突之解決，實有未恰，期許最高法院未來允宜於判決或裁定中進一步辨明指正，定將有利於我國司法實務對於國際裁判管轄領域之進展。

肆、載貨證券背面之準據法約款

一、當事人意思自主原則

　　載貨證券是由運送人或其代理人或船長單方所簽發，因此在形式上並無契約之外觀；而件貨運送契約在海運實務上屬於不要式契約，致使件貨運送契約雙方當事人之權利義務關係大多依照載貨證券上之記載，造成載貨證券於件貨運送契約雙方當事人之間，幾乎等同於件貨運送契約本

　　月，第12頁。陳榮傳，載貨證券的涉外約款，月旦法學教室第164期，2016年6月，第28頁。

[69] 台灣高等法院高雄分院103年度海商上更一字第2號民事判決。

身，因此使載貨證券在實質上具有濃厚之契約性及雙方性[70]，也正因為此特性，載貨證券上有關準據法之約款是否即能依照當事人意思自主原則而有拘束力，司法實務界迭有疑義，直至最高法院108年度台上大字第980號民事裁定作出後，始謂暫時終結我國實務上對此有不同見解之爭議。

國際私法上之當事人意思自主原則，以現代法學思想而言，幾無異議，惟早期學界針對當事人究否得以其自由意思決定契約之準據法，主要有肯否二說[71]：

(一) 否定說之見解

1. 若當事人得合意選定法律，無異使私人具有主權而居於立法者之地位，與國家乃法律唯一制定者之概念相悖。

2. 若當事人得合法協議以避免適用相關之強行法規，可能會有故意逃避強行法規之弊端。

3. 當事人以合意選定準據法，則必須先有審核該合意行為之法律存在，倘審核合意行為有效與否之法律亦係當事人所選定之準據法，將陷於循環論斷之結果。

(二) 肯定說之見解

1. 當事人合意選定準據法僅有在內國國際私法採用當事人自主原則時方屬合法，因此不會產生允許當事人居於立法者地位之狀況。

2. 合意選定準據法之當事人仍受合意選定之法律中的強行法規之拘束，況且有關契約之法律均屬任意者居多。

3. 以當事人合意選定之法律來審核該合意本身有效與否，並無不當之處。

4. 債權行為具有高度之技術性與人為性，因此在自由放任主義思想

---

[70] 楊仁壽，載貨證券與件貨運送契約之關係，航貿週刊第202026期，2020年7月，第22-24頁。

[71] 林益山，載貨證券背面條款在國際私法上之效力，台灣法學雜誌第195期，2012年3月，第124-125頁。

及契約自由原則之影響下，允許當事人以自由意思選擇契約之準據法，應屬時代之潮流。

5. 涉外案件若適用當事人合意選定之準據法，則判決結果將較能符合雙方當事人之預期。

因此，於載貨證券上記載準據法約款之情況下，是否即能依照當事人意思自主原則而有拘束力，我國所產生之爭論即係基於載貨證券之性質以及在海運實務上簽發流程之特殊性而來，蓋載貨證券既係由運送人或船長單方簽名之證券[72]，乃運送人或船長單方所表示之意思，因此有論者即認為不能據以認定係雙方當事人之約定，且此論點幾乎影響我國最高法院見解近半世紀之久[73]。最高法院多年來否認載貨證券背後條款之效力，相當程度受到當事人意思自主原則須由「雙方所約定」之框架所拘束；實則，當事人意思自主（party autonomy）非限於雙方約定，此於其他法律領域亦獲得實證，例如有關涉外信託事件，委託人（單方）指定之準據法即為該信託關係拘束委託人、受託人、受益人甚至其他關係人之準據，此乃《海牙信託公約》及英、美、加等國之國際私法原理原則[74]。因此，倘若跳脫「當事人意思自主須由雙方約定」之框架，載貨證券背後約款具有拘束力之法理，尤屬肯定。

二、載貨證券背面準據法約款之效力

我國法院實務上對於載貨證券準據法約款之效力是否得拘束件貨運送契約中之各當事人，在涉外民事法律適用法修正通過第43條第1項規定前，向來有以下兩種見解[75]。

---

[72] 林曉瑩，論載貨證券管轄及準據法約款之效力，萬國法律第64期，1992年8月，第18頁。

[73] 楊仁壽，載貨證券上準據法約款之效力，航貿週刊第202036期，2020年9月，第27頁。

[74] 許兆慶，從信託之共價值談涉外信託之準據法，國立中正大學法學集刊第6期，2002年1月，第253-285頁。

[75] 林益山，載貨證券背面條款在國際私法上之效力，台灣法學雜誌第195期，2012年3月，第125-126頁。

(一)甲說：載貨證券為單方之意思表示，因此並無拘束力

1. 依最高法院64年台抗字第239號民事判例意旨，載貨證券乃運送人或船長於貨物裝載後，因託運人之請求所發給，託運人收受後再轉讓給受貨人憑以受領貨物，其上就有關準據法所附記之文字，為單方之意思，除經託運人明示或默示同意外，尚無「當事人意思自主原則」之適用。

2. 前項之判決作出後，最高法院又於67年4月25日第4次民事庭庭推總會決議肯認前項最高法院64年台抗字第239號民事判例之意旨，認為載貨證券附記準據法約款之文句，乃單方所表示之意思，不能認係雙方當事人之約定，尚無修正前涉外民事法律適用法第6條第1項之適用，又依該條第2項規定，保險公司代為受貨人憑載貨證券向運送人行使權利，受貨人與運送人雙方均為中國人，自應適用中國法，託運人在本事件訴訟標的之法律關係中並非當事人，其準據法之確定，要不受託運人不同國籍之影響。

3. 又民國72年5月2日所召開之司法院第3期司法業務研究會中，再度針對此問題進行討論，研討之結論亦維持否定說，認為載貨證券雖係運送契約之證明，惟含有附合契約性質，其內容皆預由當事人之一方為之確定，他方當事人惟得依其既定內容為加入，其條款多為定型，當事人之他方無詳細考慮其內容之餘地，因此其中各點是否有真正之意思合致，大有問題，適用當事人自治原則定準據法時，雙方當事人無論在形式上或實質上均應立於平等之地位，在此附合契約（即指載貨證券）中定其準據法，應屬無效。

(二)乙說：載貨證券並非單方之意思表示，而是雙方當事人之約定，因此應有拘束力

1. 依最高法院67年度台上字第820號民事判決要旨，認為該件黃豆之託運人為美國公司，其行為地係在美國，既為不爭之事實，核其情形，似為一涉外事件，依涉外民事法律適用法第6條之規定，應適用記載於載貨證券內之美國海上貨物運送條例，以定運送人即上訴人應否負責之標準，

縱該載貨證券嗣後讓與我國人，依同法第7條規定，仍不受影響。

　　2. 民國106年5月16日最高法院第8次民事庭會議決議不再援用最高法院64年台抗字第239號民事判例，因此，本件最高法院106年度台上字第418號民事判決意旨指出，載貨證券為具有物權效力之有價證券，尚係運送契約之證明，該證券雖為運送人或船長因託運人之請求而簽發，然託運人對於載貨證券所載之內容，如有異議可請求更正，或要求取回貨物，苟不予聞問，且轉讓予受貨人，自非單純沉默可比。故載貨證券於運送人或船長簽發後，並交由託運人收受時，揆以海運實務及載貨證券之流通性，其所附記之文句，應認係雙方當事人之約定。

　　由於最高法院過往本於64年台抗字第239號民事判例之見解以及67年4月25日第4次民事庭庭推總會決議之內容，向來否定載貨證券背面之準據法約款得依照當事人意思自主原則而發生效力，長年來頗受我國學界批評，且在涉外民事法律適用法第43條修正後，該條之立法理由[76]亦指出：「因載貨證券而生之法律關係，主要是運送人及其使用人或代理人對於載貨證券之持有人，應依載貨證券之文義負責之關係。故即使載貨證券之內容多為運送人及其使用人或代理人片面決定，甚或其具有僅為單方當事人之意思表示之性質，仍應承認該載貨證券關於應適用之法律之效力，以維持法律適用之明確及一致，並保護交易安全……。」

　　近年來，最高法院雖有裁判見解肯認載貨證券上準據法約款之效

---

[76] 涉外民事法律適用法第43條立法理由第2項：「載貨證券係因運送契約而發給，但其與運送契約之法律關係截然分立，故因載貨證券而生之法律關係，其準據法應獨立予以決定，而非當然適用運送契約之準據法。海商法第七十七條之所以規定應依本法決定其應適用之法律，亦為此故。因載貨證券而生之法律關係，主要是運送人及其使用人或代理人對於載貨證券之持有人，應依載貨證券之文義負責之關係。故即使載貨證券之內容多為運送人及其使用人或代理人片面決定，甚或其具有僅為單方當事人之意思表示之性質，仍應承認該載貨證券關於應適用之法律之效力，以維持法律適用之明確及一致，並保護交易安全，至於無記載應適用之法律者，則應依關係最切地之法律，以示公平。爰增訂第1項，以修正現行司法實務之見解。載貨證券上關於準據法之記載，如有使運送人藉以減免責任，而對於載貨證券之持有人形成不公平情形者，仍可依法認定其記載為無效，而適用關係最切地之法律，併此說明。」

力，惟仍有不同見解之最高法院判決存在，因此，最高法院為統一有關此議題之見解，終於透過最高法院民事大法庭作出108年度台上大字第980號民事裁定以終結此爭議，認為載貨證券背面所記載有關準據法之約款對於託運人、運送人及載貨證券受讓人（持有人）均具有拘束力。其中，對於託運人及載貨證券受讓人有拘束力所採之理由摘要[77]如下：

1. 對於託運人部分：大法庭以「當事人同意或約定」為立論基礎，蓋於一般海運實務上，託運人於貨物交付託運前，非無知悉該載貨證券背面記載約款之機會，如有異議可請求更正或取回貨物，倘不予聞問，自非單純沉默而已達默示同意之效力。

2. 對於載貨證券受讓人部分：大法庭以「載貨證券具有物權效力，且屬於文義證券」為立論基礎，該載貨證券持有人既係依據該證券行使權利，關於準據法部分自應依照該證券所載文義決之，以維持法律適用之明確及一致性。

據此，最高法院民事大法庭已明示揭櫫並肯認載貨證券屬具物權效力[78]之有價證券，亦有運送契約成立生效之證明效力，揆以一般海運實務運作及載貨證券之流通性，認為除有特殊情況，託運人對於載貨證券背面記載有關準據法約定，係屬重要約定事項，於貨物交付託運前，非無知悉該約款之機會，且於交付運送收受載貨證券時，如有異議可請求更正，或要求取回貨物，例如在託運及轉讓載貨證券之過程，包括尋找託運對象、與運送人洽商運送事宜、交付託運貨物、收受載貨證券一連串動作，對載貨證券背面有關準據法約款，自非單純沉默，而達於默示同意該約款之程度，而有拘束雙方當事人之效力。

此外，載貨證券亦具有以文義性[79]為主之性質，為了落實交易安全之維護，立法者多有意令載貨證券上記載之事項對於託運人、運送人及載貨

---

[77] 陳忠五，民事類實務導讀，台灣法學雜誌第397期，2020年8月，第167-168頁。

[78] 饒瑞正，載貨證券物權效力—絕對性效力vs相對性效力，台灣法學雜誌第226期，2013年5月，第143-146頁。

[79] 劉宗榮，載貨證券文義性的限制，月旦法學雜誌第154期，2008年3月，第142-145頁。許忠信，載貨證券之文義性，月旦法學教室第7期，2003年5月，第28-29頁。

證券受讓人（持有人）具有拘束力或是推定之法律效果（例如載貨證券上之據稱保留記載[80]），因此，最高法院民事大法庭亦於裁定中一併指出，載貨證券持有人既係據該證券行使權利，關於準據法，自應依該證券所載有關準據法文義決之，以維持法律適用之明確及一致性，故載貨證券背面所記載有關準據法之約款，對於託運人、運送人及載貨證券受讓人（持有人），應均有拘束力，係明確表明載貨證券上之準據法約款得依當事人意思自主原則而發生效力，並拘束託運人、運送人及載貨證券持有人，學界多持正面評價[81]，本文亦表肯認及贊同。此外，最高法院在本次大法庭裁定中，對於載貨證券法律關係之闡述，有論者以為並未精確區分載貨證券之債權效力及物權效力來分別適用我國之涉外民事法律適用法之規定[82]，此部分是否對於未來海事爭議可能造成潛在影響？於海運實務以及司法爭訟過程是否另起紛爭？運送方與託運方議約能力的消長是否改變法院有關公平性的判斷？未來均值得實務界及學界之持續關注。

伍、結語

海事事件因其特殊之性質，普遍具有跨國界之特徵而多含有涉外因素，因此在海事國際私法事件中，涉及之爭點核心除了準據法（法律選擇），亦通常延伸至國際裁判管轄權有無之爭議，且基於國際貿易逐步日益興盛，實務上對於海事國際私法事件的處理程序以及相關爭點亦逐漸重視。

現今我國法院針對海事國際私法事件在進入實體審理前多已詳加審認

---

[80] 沈宗倫，我國海商法關於載貨證券據稱保留記載之規範與法律效果，月旦法學教室第214期，2020年8月，第27-30頁。

[81] 楊仁壽，載貨證券上準據法約款之效力，航貿週刊第202036期，2020年9月，第29頁。

[82] 吳光平，載貨證券準據法條款之效力—終結爭議再出發，台灣法學雜誌第414期，2021年4月，第107-108頁。

我國國際裁判管轄權之基礎以及準據法之適用依據，誠值肯定，而最高法院的態度牽動並引領全國下級法院對國際私法事件處理程序的重視，亦已意味我國司法實務針對國際民事爭訟事件的處理正朝向更加精緻化、國際化與合理化的方向邁進。

　　本文所論最高法院108年度台上大字第980號民事裁定最值探討之處，在於最高法院藉由大法庭裁定，終結了實務長久以來對於載貨證券背面記載準據法約款效力之爭議，明確肯認載貨證券背面記載準據法約款之效力，且對於事實審法院以法理說及特別情事原則的概念審認我國國際裁判管轄權之有無，亦維持最高法院105年度台上字第105號民事判決以來之見解，再度展現最高法院在判斷國際管轄權時肯認法理說及特別情事原則之見解，未來是否成爲最高法院及各級法院之穩定見解，誠值觀察。然而，針對事實審法院混用不便利法庭原則及特別情事原則所生法理上之謬誤，最高法院迄未加以釐清指正，誠屬可惜，期許最高法院未來審理海事國際私法事件時，針對國際裁判管轄之法理基礎能進一步精確加以闡明，以利下級審法院得以辨明其異並爲依循，倘能實現上開願景，定能有利於我國海事國際私法體系領域之完備及進展！

歐盟關於婚姻與註冊伴侶財產制之準據法與判決承認執行規則評析

許耀明[*]

壹、前言

在歐洲聯盟（European Union，下稱「歐盟」）之整合過程中，其各項成果碩然而相當引人注目。事實上，從二次戰後欲重建西歐經濟之目的出發，歐盟之發展，迄今將近60年，其不僅是經濟之整合，也已進入各項關於人權、社會福利、勞工、內政、外交等共同合作事項[1]。

而長久以來，國際私法學說與實務一直關心兩大議題：管轄權衝突與準據法衝突。前者包括規範何一國家或法域之法院得受理涉外案件之直接管轄權議題，以及對於其他國家或法域之法院判決為承認與執行之間接管轄權問題；後者，則牽涉到各種不同選法模式與理論，對於準據法之決定。

在前述歐盟之整合過程中，由於自1957年歐體建立以來所提倡之人員、資本、服務、商品等四大流通自由，其所規範之各成員國人民間的

---

[*] 謹以此小文，恭賀李復甸教授七秩華誕，感謝李老師一直以來之提攜與關懷。本文前言與第貳部分，關於歐盟國際私法之發展歷程，乃摘要、更新增補、改寫自作者先前發表文章，許耀明，歐盟國際私法之發展與其對國際法秩序之影響：以歐盟於盧加諾公約與海牙國際私法會議之參與為例，歐美研究季刊第44卷第3期，2014年9月，第359-414頁），第貳部分則未曾正式發表於他處。作者現為政大法律系教授，2006年法國愛克斯馬賽大學國際法與歐盟法中心博士，2012年至2013年美國加州柏克萊大學訪問學者。電子信箱：ymhsu@nccu.edu.tw。

[1] 相關歐盟整合之經過與各版歐體條約、歐盟條約與歐盟運作條約，參見王泰銓，歐洲聯盟法總論，2008年6月，第5-55頁。更詳盡之說明，可參見鄭忠科、沈娟娟、蔡裕鎮合著，歐洲聯盟史，2011年1月。

私法法律關係，都涉及國際私法處理之範疇[2]。而這些流通自由經由歐洲法院於Cassis de Dijon[3]一案建立之「相互承認原則」（le principe de reconnaissance mutuelle）[4]之闡釋，已影響了各成員國之國際私法[5]。此外，《歐盟條約》第3條第2項也宣示，以建立無內部疆界之「自由、安全與司法區域」為歐盟職志[6]。

---

[2]　概括性之論述可參見：Katharina Boelle-Woelki & Ronald H. van Ooik, The Communitarisation of Private International Law, *Yearbook of Private International Law*, Vol. IV (2002), pp. 1-36; François Viangalli, *La théorie des conflits de lois et le droit communautaire*, 2004, p. 31 *et s.*; Marc Fallon et Stephanie Francq, La coopération judiciaire civile et le droit international privé, in O. de Schutter & P. Nihoul (dir.), *Une constitution pour l'Europe, réflexions sur les transformations du droit de l'Union européenne,* 2004, pp. 239-301. 著名之德國馬克斯普朗克外國法與國際私法研究所，於2009年曾於該所著名刊物出版專號《*The Communitarisation of Private International Law*》，討論歐盟國際私法之最新發展。參見*Rabels Zeitschrift für ausländisches und internationals Privatrecht*, Band 73 Heft 3, July 2009。此外，歐盟官方網頁亦有詳盡之民事合作事項表列與說明，參見http://europa.eu/legislation_summaries/justice_freedom_security/ judicial_cooperation_in_civil_matters/index_en.htm（最後瀏覽日期：2022/1/28）。

[3]　CJCE, 20 févier 1979, aff. 120/78, *Rec.* p. 649.

[4]　此一原則主張「歐盟各成員國應相互承認各國法令，以促進商品之自由流通」，詳細說明可參見Marc Fallon & Johan Meeusen, Private International Law in the European Union and the Exception of Mutual Recognition, *Yearbook of Private International Law*, Vol. IV (2002), pp. 37-66.

[5]　Isabelle Barrière Brousse, Le Traité de Lisbonne et le droit international privé, *Journal du droit international*, 2010, No.1, doctrine 1, No. 9. 關於各種承認在國際私法上之意義，例如判決承認、國家其他決定承認、仲裁判斷承認，甚至狀態承認（la reconnaissance des situations）等理論性說明，參見：Pierre Mayer, Les méthodes de la reconnaissance en droit international privé, in *Mélanges Paul Lagarde--Le droit international privé: esprit et méthodes*, 2005, pp. 547-573. 關於相互承認之限制，參見：Markus Möstl, Preconditions and Limits of Mutual Recognition, *Common Market Law Review*, Vol. 47, Issue 2 (2010), p. 405.

[6]　Art. 3.2, TEU: "The Union shall offer its citizens an area of freedom, security and justice without internal frontiers, in which the free movement of persons is ensured in conjunction with appropriate measures with respect to external border controls, asylum, immigration and the prevention and combating of crime." 關於「自由、安全與司法區域」之概念於國際私法上之意義，參見Sylvaine Poillot-Peruzzetto, Le défi de la construction de l'espace de liberté, de sécurité et de justice, *Travaux du Comité français de droit international privé*, Vol. Années 2004-2005, 2008, pp. 581-599.

　　事實上，在此等國際私法之整合過程中，因受限於規範權限問題，歐體一開始係透過各成員國間之「國際條約」之方式進行相關國際私法整合，其後方逐次以歐體之衍生立法「規則」（regulation）或「指令」（directive）之方式規範之[7]。在此等整合過程中，不僅有歐體和歐盟與各成員國間就國際私法事項之權限分配爭議[8]，其整合結果也為其他國家之相關法制變化與學說討論提供精彩之素材[9]。從今日看來，歐盟國際私法之整合，不僅在民商事事項與婚姻親權事項之管轄權衝突與判決相互承認執行有具體成果，也在契約債務準據法與非契約債務準據法、離婚與分居準據法等領域有統合規定，日後歐盟是否會從「統一國際私法」走到「統一實體法」[10]，實為饒富興味而值得持續觀察之議題。

　　更有趣者，在未有統一實體法之前，在既有的整合成果上，究竟歐盟國際私法整合，將以何種方式繼續進行？特別是從國際私法「各論」之角度觀察，歐盟在整合契約與非契約準據法、離婚與分居準據法等等議題後，以及在民商事管轄與婚姻事項與親權管轄規則建立後，究竟還有哪些領域有整合之可能？以下「貳」，首先簡介既有之歐盟國際私法整合成果，並討論相關整合之權限未來發展可能。本文「參」，則將就2016

---

[7] 參見許耀明，歐盟統一國際私法之發展，月旦法學雜誌第110期，2004年7月，第93-110頁。許耀明，歐盟國際私法之發展與其對國際法秩序之影響：以歐盟於盧加諾公約與海牙國際私法會議之參與為例，歐美研究季刊第44卷第3期，2014年9月，第359-414頁。

[8] 此等內部整合權限（Internal EC Competence）與對外締約權限（External Community Powers）之詳盡討論，可參見Katharina Boelle-Woelki & Ronald H. van Ooik, supra note 2, at 11.

[9] 關於歐盟國際私法發展對歐盟私法、對他國與國際私法學說之影響評估，可參見Horatia Muir-Watt, The Role of the Conflict of Laws in European Private Law, in The Cambridge Companion to the European Union Private Law 44 (Christian Twigg-Flesner ed., 2010).

[10] 統一實體法之可能，已有諸多討論，參見Jan Smits, Democracy and (European) Private Law: a Functional Approach, in Globalization and Private Law: the Way forward 15 (Michael Faure & André van der Walt eds., 2010). 陳自強，歐盟契約法發展之最新動向，月旦法學雜誌第182期，2010年7月，第117-143頁。許耀明，國際私法新議題與歐盟國際私法，2009年，第265頁以下。

年3月2日歐盟執委會通過之「授權『關於婚姻財產制與註冊伴侶關係準據法與判決承認執行』為『進階合作』之歐盟理事會決定提案」[11]為例，一方面討論自2009年里斯本條約以來建立之相關「進階合作」（enhanced cooperation）方式之運用，二方面討論該提案通過後，歐盟所制定的婚姻財產制與註冊伴侶財產制之相關準據法與判決承認執行的具體規範內容[12]。歐盟此等關於婚姻與註冊伴侶之財產制規範，在我國於2019年5月22日通過釋字第七四八號解釋施行法而有同性間之婚姻登記之後，在相關涉外同性婚姻與其財產關係準據法之日後修法，當亦有其參考意義。

貳、歐盟國際私法之整合成果與特殊之「進階合作」

歐盟在相關國際私法之整合過程中，從國際公約到歐盟規則或指令，已經有豐碩之成果。在《里斯本條約》後，為因應各成員國間關於相關進一步整合之意見不一致，《歐盟運作條約》創設了「進階合作」模式，實質上允許願意合作之成員國間先進行合作，但卻也坐實了評論者對於歐盟之發展已正式成為「二倍速歐洲」（two-speed Europe）之批評。

---

[11] European Commission, 2.3.2016, COM (2016) 108 final, *Proposal for a COUNCIL DECISION authorising enhanced cooperation in the area of jurisdiction, applicable law and the recognition and enforcement of decisions on the property regimes of international couples, covering both matters of matrimonial property regimes and the property consequences of registered partnerships.* 雖然習慣上中文將matrimonial property regimes 翻譯成「夫妻財產制」，但由於歐洲部分國家已經有同性婚姻之制度，我國也有為該等登記之法制，因此本文將該詞中性翻譯成「婚姻財產制」。

[12] COUNCIL REGULATION (EU) 2016/1103 of 24 June 2016 implementing enhanced cooperation in the area of jurisdiction, applicable law and the recognition and enforcement of decisions in matters of matrimonial property regimes & COUNCIL REGULATION (EU) 2016/1104 of 24 June 2016 implementing enhanced cooperation in the area of jurisdiction, applicable law and the recognition and enforcement of decisions in matters of the property consequences of registered partnerships.

一、歐盟國際私法既有之整合成果

迄今歐盟國際私法之整合成果，主要係以歐盟內部立法「規則」或「指令」方式為之。除關於決定直接管轄與關於判決承認與執行之間接管轄等國際管轄權外，歐盟也進行了關於準據法決定之整合。此外，更有相關於實體法統一、架構統一，甚至部分程序法事項統一之個別領域立法，屬於「廣義歐盟國際私法」之一部。

從國際私法之角度觀察，歐盟整合此等管轄權衝突與準據法衝突之基本原則有二[13]：首先，拋棄傳統大陸法系於國際私法上以國籍為基礎之連結因素，改以歐盟公民資格（citizenship）為連結因素（實際上則以「慣居地法」為連結因素），而貫徹《歐盟運作條約》第18條第1項[14]之禁止國籍歧視原則。其次，為貫徹歐盟商品、人員、資本與服務等四大流通自由，藉由「透過原始國控制原則」（principle of the control by the country of origin），使所有在原始國成立之法律關係，得獲得他國之承認，此亦被稱為「相互承認原則」[15]。以下簡述歐盟已有之國際私法整合成果。

(一) 直接管轄與間接管轄

在國際管轄權之決定與判決承認與執行上，歐盟在民商事事項與婚姻、親權事項，已有整合成果。首先，《1968布魯賽爾公約Ⅰ》與《1988布魯塞爾公約Ⅱ》，分別以國際條約之方式，協調了民商事與婚姻事項之管轄權與判決承認執行。其後，此二公約陸續轉為以歐盟「規則」之方

---

[13] Michael Bogdan, Concise Introduction to EU Private International Law 21 & 26 (2006); Peter Stone, EU Private International Law: Harmonization of Laws 4 (2006).

[14] Art. 18(1) of the Treaty of the Functioning of the European Union: "Within the scope of application of the Treaties, and without prejudice to any special provisions contained therein, any discrimination on grounds of nationality shall be prohibited."

[15] Marc Fallon, Libertés communautaires et règles de conflit de lois, in Angelika Fuchs, Horatia Muir Watt et Etienne Pataut (dir.), *Les conflits de lois et le système juridique communautaire*, 2004, pp. 33-80; Marc Fallon & Johan Meeusen, Private International Law in the European Union and the Exception of Mutual Recognition, *Yearbook of Private International Law*, Vol. IV (2002), pp. 37-66.

式規範，而有《44/2001布魯塞爾規則Ⅰ》（關於民商事管轄權與判決承認執行事項[16]，後修正為《布魯塞爾規則Ⅰbis》[17]）與《1347/2000布魯塞爾規則Ⅱ》（關於婚姻與親權事項之管轄權與判決承認執行，後修正為《2201/2003布魯塞爾規則Ⅱbis》[18]）。

（二）準據法

　　關於準據法選擇，歐盟早於1980年即以國際條約之方式，以羅馬公約規範契約債務準據法問題；該公約後轉為《593/2008羅馬規則Ⅰ》[19]（關於契約債務準據法），並另有《864/2007羅馬規則Ⅱ》[20]（關於非契約債務準據法）之制定。《羅馬規則Ⅱ》最引人注目者，為其第3條之世界主義（universalism）傾向：「由本規則選定之準據法，縱使並非某一成員國之法律，仍適用之。」[21]此等世界主義之傾向，在之後《2008羅馬規則

---

[16] Regulation (EC) No. 44/2001 of 22 December 2000 on jurisdiction and the recognition and enforcement of judgments in civil and commercial matters.

[17] Regulation (EU) No. 1215/2012 of the European Parliament and of the Council of 12 December 2012 on jurisdiction and the recognition and enforcement of judgments in civil and commercial matters.

[18] Regulation (EC) No. 1347/2000 of 29 May 2000 on the jurisdiction, recognition and enforcement of judgments in matrimonial matters and in matters of parental responsibility for joint children，後經修正：Council Regulation (EC) No. 2201/2003 of concerning jurisdiction and the recognition and enforcement of judgments in matrimonial matters and the matters of parental responsibility, repealing Regulation (EC) No. 1347/2000.

[19] 17 June 2008, Regulation (EC) No. 593/2008 on the law applicable to contractual obligations (Rome I)，從2009年12月17日開始生效。

[20] 11 July 2007, Regulation (EC) No. 864/2007 on the law applicable to non-contractual obligations (Rome II). 關於《羅馬規則Ⅱ》之中文介紹，請參見王志文，羅馬第二規則評析—非契約之債法律適用之統一化，中華國際法與超國界法評論第5卷第2期，2009年12月，第201-263頁。許耀明，歐盟國際私法最新發展—簡評2007歐盟關於非契約債準據法864/2007號規則（羅馬規則Ⅱ），台灣國際法季刊第4卷第4期，2007年12月，第7-47頁（亦收入於許耀明，國際私法新議題與歐盟國際私法，2009年4月，第273-307頁）。

[21] Regulation (EC) No. 864/2007, art. 3: "Any law specified by this Regulation shall be applied whether or not it is the law of a Member State."

Ⅰ》關於契約準據法之選法亦採之。

(三) 結合管轄權與準據法

在前述管轄權與準據法整合基礎上，歐盟後續之國際私法整合，則亦出現全面性規定在一個規則裡頭，針對特定法律關係一次進行管轄權與準據法之整合之立法模式。例如《4/2009號關於扶養義務之管轄權、準據法、判決承認與執行以及合作規則》[22]。此外，歐盟於2012年通過《650/2012號關於繼承管轄權、準據法與判決承認執行規則》[23]，亦屬結合管轄權與準據法之立法模式。

(四) 其他特殊整合例子

除前述關於管轄權與準據法之整合外，歐盟實際上早已開始進行相關個別特殊領域「實體立法」之整合，例如《94/47號關於不動產分時利用之取得與適用之權利人保護指令》[24]、《97/7號關於遠距契約消費者權利之保護指令》[25]、《2002/65號關於遠距金融服務之消費者保護指令》[26]、《2002/83號關於壽險指令》[27]等規範。此外，整體框架性規範上，歐盟

---

[22] Council Regulation (EC) No. 4/2009 of 18 December 2008 on jurisdiction, applicable law, recognition and enforcement of decisions and cooperation in matters relating to maintenance obligations.

[23] Regulation (EU) No. 650/2012 of the European Parliament and of the Council of 4 July 2012 on jurisdiction, applicable law, recognition and enforcement of decisions and acceptance and enforcement of authentic instruments in matters of succession and on the creation of a European Certificate of Succession.

[24] Directive 94/47/CE du Parlement européen et du Conseil, du 26 octobre 1994, concernant la protection des acquéreurs pour certains aspects des contrats portant sur l'acquisition d'un droit d'utilisation à temps partiel de biens immobiliers.

[25] Directive 97/7/CE du Parlement européen et du Conseil du 20 mai 1997 concernant la protection des consommateurs en matière de contrats à distance.

[26] Directive 2002/65/CE du Parlement européen et du Conseil du 23 septembre 2002 concernant la commercialisation à distance de services financiers auprès des consommateurs.

[27] DIRECTIVE 2002/83/EC OF THE EUROPEAN PARLIAMENT AND OF THE COUNCIL

也通過了《743/2002號關於建立促進民事事項之司法合作執行的一般共同
體活動框架規則》[28]，並以1995《送達公約》轉化成之《1348/2000號規
則》[29]（後經《1393/2007號規則》修正，《2020/1784號規則》[30]修訂）、
1997《破產程序公約》轉化而成之《1346/2000號規則》[31]、《2003/8號關
於跨境訴訟之司法扶助共同規則之指令》[32]、《2005/29號關於共同市場中
企業與消費者間不正商業行為之指令》[33]、《2008/52號關於民商事調解之
指令》[34]等，進行程序法事項之整合。

二、《里斯本條約》後之持續整合

　　基於《里斯本條約》之明確授權，歐盟對於國際私法之整合，更進一
步地尋求各項整合。除已經完成之民商事與婚姻親權等管轄權與契約、非

---

of 5 November 2002 concerning life assurance.

[28] Council Regulation (EC) No. 743/2002 of 25 April 2002 establishing a general Community framework of activities to facilitate the implementation of judicial cooperation in civil matters.

[29] Règlement (CE) No. 1348/2000 du Conseil du 29 mai 2000 relatif à la signification et à la notification dans les États membres des actes judiciaires et extrajudiciaires en matière civile et commerciale.

[30] Regulation (EC) No. 1393/2007 of the European Parliament and of the Council of 13 November 2007 on the service in the Member States of judicial and extrajudicial documents in civil or commercial matters (service of documents), and repealing Council Regulation (EC) No. 1348/2000; Regulation (EU) 2020/1784 of the European Parliament and of the Council of 25 November 2020 on the service in the Member States of judicial and extrajudicial documents in civil or commercial matters (service of documents) (recast).

[31] Règlement (CE) No. 1346/2000 du Conseil du 29 mai 2000 relatif aux procédures d'insolvabilité.

[32] DIRECTIVE 2002/8/EC of 27 January 2003 to improve access to justice in cross-border disputes by establishing minimum common rules relating to legal aid for such disputes.

[33] Directive 2005/29/CE du Parlement européen et du Conseil du 11 mai 2005 relative aux pratiques commerciales déloyales des entreprises vis-à-vis des consommateurs dans le marché intérieur.

[34] DIRECTIVE 2008/52/EC OF THE EUROPEAN PARLIAMENT AND OF THE COUNCIL of 21 May 2008 on certain aspects of mediation in civil and commercial matters.

契約債務準據法選擇等領域外，在所謂「歐洲司法空間」（European area of justice）之概念下，更進一步進行其他領域之整合[35]。

關於歐盟與各成員國之權限分配上，《歐盟條約》第4條第1項明文規定，非授與歐盟之權限，仍屬於各成員國[36]；而依《歐盟條約》第5條第1項，關於歐盟權限之限制，係以「授權原則」規範，歐盟權限之行使，則需依補充性原則與比例性原則；《歐盟條約》第二議定書，更詳盡規範補充性原則與比例性原則之適用。由以上規定可知，雖有《歐盟運作條約》第81條之授權，歐盟關於國際私法整合各項規範之制定，仍須謹守分際；特別是，在家庭法事項上，歐盟各國之國會仍享有實質之否決權。

在前述基礎上，《里斯本條約》後之整合成果如下：

(一) 離婚與分居準據法規則

為修正2201/2003關於婚姻與親權管轄權與判決承認執行之《布魯塞爾II bis規則》，並新增關於婚姻事項之準據法與管轄權，歐盟執委會早於2006年已提出相關規則草案，簡稱《離婚規則》或《羅馬規則III》[37]。由於在討論過程中，整合各國之成果有限，僅歐盟約半數國家參加；而此等整合，在《里斯本條約》通過之後，雖有《里斯本條約》第81條第3項新增之家庭法整合權限為基礎而可能為立法（但須一致決），因此最後歐

---

[35] 關於歐洲司法空間之一般性論述，可參見Horatia Muir Watt, Remarques liminaires sur l'espace européen en matière civile et commerciale, in A.-M. Leroyer & E. Jeuland (dir.), *Quelle cohérence pour l'espace judiciaire européen?*, 2004, pp. 1-9; Pascal de Vareilles-Sommières, La compétence internationale de l'Espace judiciaire européen, in *Vers de nouveau équilibres entre ordres juridiques- Liber amicorum Hélène Gaudemet-Tallon*, 2008, pp. 397-417.

[36] Art. 4.1 of the TEU: "In accordance with Article 5, competences not conferred upon the Union in the Treaties remain with the Member States."

[37] Proposal for a Council Regulation of 17 July 2007 amending Regulation (EC) No. 2201/2003 as regards jurisdiction and introducing rules concerning applicable law in matrimonial matters, COM(2006) 399 final; 相關評述可參見Gwendoline Lardeux, la révision du règlement Bruxelles II bis: perspectives communautaires sur les désunions internationales, *Le Dalloz*, no12/7329, 2008, p. 795。

盟係以《里斯本條約》第326條之「進階合作」（enhanced cooperation）³⁸ 為整合規範基礎，而由歐盟理事會通過「決定」以進行整合，於2010年底 通過羅馬規則III[39]。

（二）繼承規則

　　2009年10月，歐盟執委會提出了關於繼承之管轄權、準據法、決定 與真正文件之承認與執行暨「歐盟繼承證明」之規則草案[40]，簡稱《布魯 塞爾規則IV》；此草案正式於2012年7月通過為「關於繼承管轄權、準據 法與判決承認執行」之歐盟650/2012規則[41]。但須注意者是，此等規則， 是否屬於家庭法（family law）事項，必須有一致決之通過方得施行？ 在本草案之立法說明書中，卻饒富興味地指出「除北歐國家以外，大多

---

[38] Aude Fiorini, Harmonizing the Law Applicable to Divorce and Legal Separation - Enhanced Cooperation as the Way forward? *International Comparative Law Quarterly*, Vol. 59 (2010), pp. 1143, 1147-1153. 關於此一制度首次使用之意義，參見Laurence Idot, La divorce international, première utilisation du mécanisme des coopérations renforcées, *Europe*, No. 2, février 2011, alerte 10; Marie Salord, L'Europe divorce! L'adoption d'une coopération renforcée partant sur la loi applicable au divorce, *Actualité Juridique Famille,* No. 2, février 2011, p. 97 *et s.*

[39] Council Regulation No. 1259/2010 of 20 December 2010 implementing enhanced cooperation in the area of the law applicable to divorce and legal separation (hereinafter "Rome III Regulation), 29.12.2010, Official Journal of the European Union, L 343/10, http:// eur-lex.europa.eu/ LexUriServ/LexUriServ.do?uri=OJ:L:2010:343:0010:0016:EN:PDF (last visited 2011/8/30). 相關說明，參見許耀明，兩岸新國際私法典中關於離婚準據法之 規定與省思—兼論歐盟羅馬規則III，月旦民商法雜誌第35期，2012年3月，第89-109 頁，尤其是第96頁以下。

[40] 14.10.2009, COM (2009)154 final, 2009/0157 (COD), Proposal for a Regulation of the European Parliament and of the Council on jurisdiction, applicable law, recognition and enforcement of decisions and authentic instruments in matters of succession and the creation of a European Certificate of Succession. 關於此一草案之評述，可參見Anatol Dutta, Succession and Wills in the Conflict of Laws on the Eve of Europeanization, 73(3) RabeLs Zeitschrift für ausländisches und internationals Privatrecht 547 (2009).

[41] 關於本號規則之相關中文評介，參見許耀明，繼承準據法：歐盟650/2012號規則對 於兩岸國際私法之啓示，月旦財經法雜誌第34期，2014年5月，第167-187頁。

數成員國都將繼承法界定為家庭法以外之範圍，因為其全然是財產之問題」[42]，因此排除了前述《歐盟運作條約》第81條第3項關於家庭法之特殊立法程序。

(三) 歐盟家庭法之特殊立法程序與橋接條款

邁入後里斯本時代，《歐盟運作條約》已經擴張所謂民事司法合作之目的，不再僅以內部市場之良善運作為唯一目的，而包括整體自由、安全與司法空間之實踐，因此歐盟立法權限，依《歐盟運作條約》第81條，得包括家庭法應無疑問；此外，關於該條家庭法事項之特別立法程序要求之規定，當可得知歐盟有相關於家庭法事項之規範權限，僅該等規範之通過須經特別立法程序。

第一，依《歐盟運作條約》第81條第3項第1款，規定關於跨境家庭法之事項，歐盟理事會必須採取「特殊立法程序」，亦即在諮詢過歐洲議會後，以「一致決」採行相關措施[43]。為避免此一致決決議方式之立法僵局，該條項第2款規定，基於歐盟執委會之建議，歐盟理事會就前述跨境家庭法事項，得以「決定」將該等事項改以「通常立法程序」行之。此一立法程序之變更，需諮詢歐洲議會後，仍由歐盟理事會以「一致決」行之[44]。此等規定，學界稱之為「橋接條款」，亦即實質地以理事會一致決，修正前款之「特殊立法程序」為「通常立法程序」。

第二，在各成員國之自主性表現上，同條項第3款，則規定前款關於立法程序之變更，需通知各成員國之國會。如某成員國國會於該等通知後

---

[42] COM (2009) 154 final, supra note 40, at 3.

[43] Art. 81.3 of the TFEU, first sub-paragraph: "Notwithstanding paragraph 2, measures concerning family law with cross-border implications shall be established by the Council, acting in accordance with a special legislative procedure. The Council shall act unanimously after consulting the European Parliament."

[44] Art. 81.3 of the TFEU, second sub-paragraph: "The Council, on a proposal from the Commission, may adopt a decision determining those aspects of family law with cross-border implications which may be the subject of acts adopted by the ordinary legislative procedure. The Council shall act unanimously after consulting the European Parliament."

6個月內表示反對，該等變更決定不得作成。如無任何反對，則歐盟理事會得作成此等決定[45]。事實上，此等成員國國會職權之擴張，在《歐盟條約》第12條第C款即有規定；其對於歐盟之良善運作，在「自由、安全與司法空間」之架構下，依據《歐盟運作條約》第70條，參與歐盟對於該等事項政策實踐之評估機制[46]。由此得見，在家庭法事項上，各成員國依舊享有較大之自主權限，尤其是在對於同性婚姻與伴侶制度，歐盟各成員國具體國內規範態度依舊歧異之情形下[47]，此等保留，誠屬必要。

(四) 為迴避一致決而選擇「進階合作」模式

事實上，在討論《羅馬規則II》關於離婚準據法之過程中，由於談判中整合各國之成果有限，僅歐盟約半數國家參加；因此此等整合，雖有《里斯本條約》第81條第3項新增之家庭法整合權限為基礎而可能為立法（須一致決），但最後卻係以《里斯本條約》第326條之「進階合作」[48]為整合型態，而由歐盟理事會通過「決定」以進行整合。此一2010年底之

---

[45] Art. 81.3 of the TFEU, third sub-paragraph: "The proposal referred to in the second subparagraph shall be notified to the national Parliaments. If a national Parliament makes known its opposition within six months of the date of such notification, the decision shall not be adopted. In the absence of opposition, the Council may adopt the decision."

[46] TEU art. 12(c): "National Parliaments contribute actively to the good functioning of the Union: (c) by taking part, within the framework of the area of freedom, security and justice, in the evaluation mechanisms for the implementation of the Union policies in that area, in accordance with Article 70 of the Treaty on the Functioning of the European Union, ..."

[47] 參見許耀明，家的解構與重構：從法國、德國、比利時與歐盟層次新近法制談「異性婚姻」外之其他共同生活關係，東海法學研究第25期，2006年12月，第75-120頁（亦收入於國際私法新議題與歐盟國際私法，2009年4月，第357-395頁）。

[48] Aude Fiorini, Harmonizing the Law Applicable to Divorce and Legal Separation - Enhanced Cooperation as the Way forward? *International Comparative Law Quarterly*, Vol. 59 (2010), pp. 1143, 1147-1153. 關於此一制度首次使用之意義，參見Laurence Idot, La divorce international, première utilisation du mécanisme des coopérations renforcées, *Europe*, No. 2, février 2011, alerte 10; Marie Salord, L'Europe divorce! L'adoption d'une coopération renforcée partant sur la loi applicable au divorce, *Actualité Juridique Famille*, No. 2, février 2011, p. 97 *et s.*

《羅馬規則III》，為首次使用該進階合作而為立法之例子[49]。

　　然而，此等迴避掉既有之《里斯本條約》家庭法事項整合之一致決要求，卻以概括性的《里斯本條約》中授權進階合作之方式為規範，雖在條約運作基礎上並無問題，但對於歐盟國際私法之發展來說，無疑地開創了日後歐盟國際私法體系之多元或差異發展；也就是說，在身分法事項上，很有可能歐盟部分國家會進一步合作，但其他國家不會加入此等合作。除面臨了「兩倍速」歐洲之批評外，此將使得歐盟國家彼此間之國際私法運作，變得更加複雜。在具體案例發生時，其選法體系之運作將有：(1)歐盟簽訂之國際公約（例如海牙國際私法會議）；(2)成員國自身簽訂之國際公約；(3)「一般」歐盟國際私法（成員國均同意者）；(4)「特殊」歐盟國際私法（僅參與進階合作之成員國間適用）；(5)各國際既有之非受前述規範之國際私法法制。尤其是在國際條約與歐盟法層次上，其效力孰先孰後？本文以下所討論之婚姻財產制規則，為釐清此等疑義，於第62條第1項，明文規定以國際條約為優先適用。而在歐盟國際私法已經整合之部分，歐盟相關規則與指令，基於歐盟法優先性原則，當然優先於各成員國國內之國際私法規範而為適用。

參、歐盟國際私法關於婚姻財產制與註冊伴侶財產制之整合

　　基於前述，歐盟之國際私法發展，進展至今已經面臨著財產法制上有統一之規範，但身分法制由於各國國情不同而有差異之窘境。進階合作之立法模式，無疑提供了一個新選項，卻也可能因此失去了真正的「整合」

---

[49] Council Regulation No. 1259/2010 of 20 December 2010 implementing enhanced cooperation in the area of the law applicable to divorce and legal separation (hereinafter "Rome III Regulation). 相關說明，參見許耀明，兩岸新國際私法典中關於離婚準據法之規定與省思—兼論歐盟羅馬規則III，月旦民商法雜誌第35期，2012年3月，第89-109頁。

意味。無論如何，歐盟國際私法依舊繼續向前開展，基於2015年12月各成員國間，依舊無法就2011年早已通過之《婚姻財產制規則》草案[50]與《註冊伴侶財產制規則》草案[51]達成共識，因此歐盟執委會於2016年3月，通過了相關「理事會決定」之建議提案，希望能透過進階合作之方式，將前述兩規則之草案先行於部分成員國實施[52]。此二規則於同年6月24日通過，分別為《2016/1103號履踐婚姻財產制管轄權規則》、《準據法與判決承認執行之進階合作規則》以及《2016/1104號履踐註冊伴侶財產制管轄權、準據法與判決承認執行之進階合作規則》。

一、立法提案之具體考量點

首先，本提案希望授權進行關於婚姻財產制與註冊伴侶關係財產制之相關管轄權、準據法與判決承認執行規則之建立。之所以將一般婚姻與註冊伴侶關係分開，乃因兩者依舊有本質上之不同，前者原文依舊稱matrimonial property regimes，後者則稱為property consequences of registered partnerships。執委會認為，此一進階合作，有助於解決相關法律衝突與管轄權衝突之問題[53]。此兩規則之制定需求，乃源自於歐盟成員國境內相關婚姻之制度仍存在差異（是否承認同性婚姻），而相關註冊伴

---

[50] European Commission, 16.3.2011, COM (2011) 126 final, Proposal for a COUNCIL REGULATION on jurisdiction, applicable law and the recognition and enforcement of decisions in matters of matrimonial property regimes.

[51] European Commission, 16.3.2011, COM (2011) 127 final, Proposal for a COUNCIL REGULATION on jurisdiction, applicable law and the recognition and enforcement of decisions regarding the property consequences of registered partnerships.

[52] 於此建議進階合作之提案中，將前述兩個2011年規則之草案一併併入，但文件編號更正，以下所介紹之部分，將以2016重新編號之文件為引註來源，參見European Commission, 2.3.2016, COM (2016) 106 final, Proposal for a COUNCIL REGULATION on jurisdiction, applicable law and the recognition and enforcement of decisions in matters of matrimonial property regimes; European Commission, 2.3.2016, COM (2016) 107 final, Proposal for a COUNCIL REGULATION on jurisdiction, applicable law and the recognition and enforcement of decisions in matters of the property consequences of registered partnerships.

[53] Id., para. 26.

侶關係之實體法制亦有差異（是否限同性？具體之法律關係為何？），因此在歐盟人員自由流動之基礎上，當此等公民進行歐盟境內流動時，則其在一成員國已然建立之身分法律關係與因之而生的財產法律關係，在他國未必得到一樣之承認與保護，甚至進而產生法律紛爭時，究竟應以何一準據法為斷，而相關之判決是否能在他國得到承認與執行之問題。

進行此一進階合作之17國，大概涵蓋歐盟人口之67%[54]。其具體合作項目，將包括以下「配偶（伴侶）財產」（property regimes of couples）制度之細部規範[55]：(1)以單一機構與單一準據法處理婚姻財產與相關制度；(2)允許當事人自行選擇準據法；(3)以與當事人具有最密切聯繫之地之法律，為無當事人合意時之準據法，以確保法律安定性；(4)將可能發生於不同法院之不同程序，集中於同一法院審理，以避免平行訴訟與判決歧異；(5)簡化相關判決承認執行與文件流通之程序，以助於相關可預測性之建立。

最後，依據《歐盟運作條約》第327條，所有未參加進階合作之成員國，其相關權利不受任何影響。

二、婚姻財產制與註冊伴侶財產制之實質整合內容

在規範之編排形式上，本兩號規則，採取了最新的從管轄權、準據法到判決承認執行之綜合規範方式，因此其實已經不適合以布魯塞爾規則系列或羅馬規則系列稱呼。但由於先前之2012繼承管轄權準據法與判決承認執行規則，仍有簡稱為《布魯塞爾規則IV》者，因此亦有將此兩號規則稱為《羅馬規則IV》者，但此均僅為學界之簡稱，不影響此種新的整合全部規範於一體之規則規範模式。以下簡述兩規則之具體內容。

（一）關於婚姻財產制

本規則第1條，開宗明義限定適用範圍為婚姻財產事項，但不包括財

---

[54] *Id.*, para. 35.

[55] *Id.*, para. 36.

政收入、關稅與行政事項之部分。第1條第2項明確揭示，關於婚姻財產之當事人行為能力、婚姻之存在、效力與承認、扶養義務、對於死亡一方之繼承、社會保險、離婚、分居或婚姻撤銷後之財產分配、對於特定財產之物權，以及關於登記之不動產、需登記之動產相關法律要件等。

1. 關於直接管轄權之決定

關於直接管轄權之決定，規則第5條以共同之慣居地（至少1年以上）法院為原則性管轄法院，或以國籍所屬國法院（至少居住6個月）、離婚或分居提起國之法院，或有剩餘管轄權之法院（依據《2201/2203號規則》第7條：當無依該規則所訂之管轄法院時，由各成員國國內法決定之管轄權）。然而，當事人間亦得以合意定其管轄（規則第7條）。此外，本規則亦規定當前述的一般管轄權無從建立時，亦得行使「必要性管轄」（*forum necessitatis*），亦即當無法院得行使管轄權，法院得例外行使管轄權（規則第11條）。在管轄衝突時，本規則亦有裁定停止訴訟（lis pendens）之規定（規則第17條），並設有牽連管轄（第18條）之規定。

2. 準據法

在準據法部分，規則第20條採取普遍適用（universal application）之立法模式，亦即可以適用任一國家之法律，不論其是否屬於歐盟成員國。此等普遍主義之想法，亦落實在準據法之單一性（unity of the applicable law）上，亦即不論相關財產之所在地為何，均適用同一準據法（規則第21條）。

準據法之決定，原則上由當事人意思自主原則所支配（規則第22條），但有一定範圍之限制：(1)共同或當事人一方之慣居地法；(2)當事人一方為合意時之本國法（第1項）。合意如嗣後有變更，除非當事人同意，否則無溯及既往之效力，僅有向後之效力（第2項）。在當事人合意相關變更有溯及既往之效力時，不影響第三人既有之權利（第3項）。

如果當事人間無合意時，規則第26條規定，將以當事人間婚後第一個共同慣居地法、或當事人婚後之共同本國法或與當事人間婚姻關係最密切之地法依序為適用。

此等合意或無合意時依序而訂之準據法，其適用範圍包括（規則第

27條）：婚姻財產之定性、移轉、相互間之債務、當事人對於特定財產之權利、婚姻財產制之解消、婚姻財產制對於第三人之效力、婚姻財產制協議之實質有效性。而對於第三人，規則第28條第1項規定，在第三人與配偶任一方間之爭端發生時，前述婚姻準據法之約定，除非第三人已知或可得而知該準據法為何，否則不能對抗第三人。此外，婚姻財產制準據法之約定，不能牴觸法庭地之強行規定（規則第30條）或法庭地之公序（第31條）。反致於此等準據法之適用，明確被排除（第32條）。最後，關於一國數法之處理，採取間接指定主義之立法，原則上依該國關於屬地法律衝突之法則或屬人法律衝突之法則處理（規則第33條與第34條）。

3. 判決之承認與執行

關於依本規則所為之裁判，在成員國相互間採取完全自動承認制，不需要為任何其他程序（規則第36條第1項）。

依本規則第37條，例外不承認之情形有：違背承認國之公序、一造缺席判決、請求承認之判決先前在相同當事人間已有裁判而判決歧異、請求承認之判決與其他成員國或第三國關於相同當事人間同一訴因之先前已成裁判歧異（以該先前裁判得依本條被承認為前提）。此等承認，需基於《歐盟基本權利憲章》（Charter of Fundamental Rights of the European Union）保障基本權利之意旨為之（規則第38條）。然而事實上，由於採取進階合作之規範方式，第1款違背公序之不予承認，實際上發生之機率應屬極例外，蓋願意合作之各國間，對於婚姻制度（例如同性婚）在實體法上，應屬已有接近之法制。然而未進行進階合作之其他歐盟成員國或第三國，如果有相同當事人同一訴因之訴訟繫屬，因不適用本規則，則可能會有先後為不同裁判而在承認上發生衝突之情形，此乃本條設置之原因。需要注意的是，由於在本規則之直接管轄權部分已有細緻之設計，因此在判決承認時，禁止對於原始裁判國之管轄權有無再行為實質審查（規則第39條第1項）；也不能對於欲承認之裁判之實體內容進行審查（規則第40條）。

依本規則所為之裁判，如在裁判國具有執行力，則在其他成員國亦對於利害關係人具有執行力（第43條）。一旦啟動執行程序，該執行力係

立即直接產生（第47條）；如有異議亦得提出（第49條）；執行國於審理後，得駁回異議或依第37條之原因，撤銷該執行力。執行之程序，依實際執行國法（規則第45條第1項）；相關判決之承認與執行，不需任何保證（規則第56條），執行國亦不收取任何費用（規則第57條）。

相關保全程序（規則第53條）與一部執行（規則第54條）之問題，甚至法律扶助（規則第55條），本規則亦有規範。

4. 相關正式文件之流通與法院之和解

關於本規則牽涉之所有正式文件（authentic instruments），由一成員國所為者，在他國具有相同之證據效力（規則第58條第1項）。由法院所為之和解，如於該成員國係可執行，於他成員國亦可直接為執行（規則第60條第1項）。

（二）關於註冊伴侶關係財產制

所謂註冊伴侶關係（registered partnerships），依該規則第3條第1項第(a)款，係指「法律上所規範之兩人間共享生活，該關係依該法律需為強制登記，並滿足創設該法律關係之法律之相關要式規定」。關於註冊伴侶關係之相關財產制規範，不管是直接管轄權、準據法或判決承認執行，基本上同於前述婚姻財產制之規範，不再贅述。

肆、結論

歐盟國際私法之發展，乃基於歐盟各項自由流通原則之必要而生。從早期之管轄權公約、準據法公約，到近期之各項規則與指令，歐盟此一國際私法「實驗室」，已然成就了許多傳統國家間發展國際私法時難以想像之緊密合作模式。然而，雖然在財產法制方面有各種合作，在歐盟家庭法上，由於歐盟各國國情與法律制度仍有差異，其合作在《里斯本條約》中規範需以一致決之方式行之。此等一致決之要求，乍看之下似乎阻礙了歐盟國際私法在身分法事項上進一步整合之可能，然而透過《歐盟條約》與

《歐盟運作條約》所規範之「進階合作」模式（此模式當然不僅以國際私法合作為限），吾人可得見新的兩倍速歐洲整合在國際私法範疇之出現，亦即，願意整合之國家先行邁向更緊密之合作。

　　由於歐盟各國對於同性婚姻與各種註冊伴侶關係實體法制之容許程度不同，此於人員自由流通原則之實踐上，當然產生許多法律選擇與相互間判決承認執行之問題。

　　而觀察相關兩個進階合作所通過的規則，不論是婚姻財產制或註冊伴侶關係財產制，由於其屬於財產關係，基本上在準據法由當事人意思自主，直接管轄則由慣居地國為之。而在規則之規範架構下，判決承認幾乎為自動制，在其他成員國亦直接產生執行力。僅在例外情形發生時，才有判決不獲承認或執行之情事。

　　歐盟此等實驗室之國際私法整合發展，縱對其他國家而言，亦有相關之參考價值。尤其在直接管轄、準據法與判決承認執行上，如何在「既得權」（droits acquis）尊重之國際私法基本原則下，並注意到國際人權法上之相關身分與財產等基本權利保障意旨，實則為各國法制與內國法院需審慎思考之處。縱使一國之實體法制，尚未承認傳統婚姻外之其他婚姻型態或註冊伴侶關係，難道不可能尊重當事人組成家庭權與財產自由之權利，尊重在行為地合法創設之身分與財產制法律關係，而不要動輒以公序為由、拒卻該等法律關係在內國之適用？於我國未來面對涉外同性婚姻之準據法與相關財產制之修法，且讓我們拭目以待。

論《新加坡調解公約》執行機制的革新與局限

馮霞*、孫韓旭**

壹、引言

　　為促進國際商事調解事業的發展，聯合國國際貿易法委員會（下稱貿易法委員會）曾出台了《貿易法委員會國際商事調解示範法2002》（下稱《調解示範法2002》），並於2018年進行修正，發布《調解示範法2018》。《調解示範法2002》僅用一個條款簡單說明國際商事和解協議具有可執行性，具體程式和執行規定交由各國自行處理。《調解示範法2018》則專門增加一節對國際商事和解協議執行進行規定。可以從貿易法委員會對示範法的修正看出，經過16年的發展，各方對於國際商事和解協議執行的需求大大增強。

　　隨著全球經濟一體化進程的持續推進，國際間的商事糾紛呈現出快速增長的趨勢。採用傳統的訴訟方式來解決商事糾紛程式複雜、執行困難，而仲裁方式又成本高昂、時間成本較高。調解因具備耗費時間短、費用相對低廉、絕佳的保密性等固有優點發展迅速，貿易法委員會於2018年6月27日第51屆會議上通過了《聯合國關於調解所產生的國際和解協議公約》（Convention on International Settlement Agreements Resulting from Mediation，下稱《新加坡調解公約》）的公約文本，這堪稱國際商事爭議解決制度的里程碑事件，意味著除司法制度、國際商事仲裁制度之外，國際商事調解制度也成為了解決國際商事糾紛又一個國際上得到普遍共識

---

* 法學博士、中國政法大學教授、國際法學院博士生導師、台灣法學研究中心主任。
** 中國政法大學國際法學院2020級博士研究生。

的利器。

　　從理論上看，《新加坡調解公約》突破了現有對於國際商事和解協議效力的認定；從實踐上看，《新加坡調解公約》為和解協議當事人提供了便利，允許其直接向締約國一方法院申請救濟國際商事和解協議。應藉研究《新加坡調解公約》關於國際商事和解協議執行的新規則之際，反思既有的關於國際商事和解協議執行機制的不足，從而彰顯《新加坡調解公約》的進步性，並進一步分析檢驗《新加坡調解公約》確立的執行模式能否滿足快速、便捷的需求。

貳、既有的國際商事和解協議的跨境執行機制

　　在《新加坡調解公約》和解協議執行機制建立之前，商事和解協議跨境執行的統一機制已經存在。2002年，貿易法委員會制定了《調解示範法2002》，努力提升調解在國際商事糾紛解決機制地位，協助各國改革和更新本國關於調解程式的法律，就調解進程提供示範性規則，並在最後以一個條款的形式規定了國際商事和解協議的可執行性。歐盟也在此方面作出努力，於2008年5月21日在其成員國內頒布了《第2008/52/EC號關於民商事調解某些方面的指令》（下稱《歐盟調解指令》），目的在於促進調解更為廣泛的應用，確保求助於調解的當事人有一個明確的法律體制可遵循。

　　雖然現有的機制能在一定程度上實現對國際商事和解協議的執行，但是離快捷、迅速地執行目標還有一定差距。本節從既有執行機制的研究入手，分析在《新加坡調解公約》產生之前如何規定國際商事和解協議的跨境執行問題，以便後續和《新加坡調解公約》進行對比，檢驗《新加坡調解公約》是否解決它們存在的問題，也可以更好地理解《新加坡調解公約》。

一、國際商事和解協議的界定

和解協議是當事人以相互讓步來終止爭議的協議[1]。也就是說，和解協議是當事人為了解決爭議、確定法律關係的內容[2]。從廣義上講，和解協議包括當事人自行協商達成的協議[3]；從狹義上講，和解協議指的是經協力廠商調解達成的協議[4]。狹義的和解協議是當事人對於爭議事項形成的解決方案，象徵著調解程式的結束。

據此，國際商事和解協議也可以根據有無第三人參與分為廣義和狹義兩種。國際商事和解協議是在一般和解協議的基礎上增加了國際性和商事性。國際性將其與國內和解協議區分開來；商事性將其與非商事的和解協議區分開來。本文中所涉及的國際商事和解協議為狹義上的，即經調解產生的國際商事和解協議。

(一) 國際商事和解協議的類型

如上所述，本文中所討論的國際商事和解協議是經由調解產生的，根據參與調解的協力廠商性質，可以對國際商事和解協議進行如下分類。

一是經法院調解形成的國際商事和解協議。法院調解又可以分為兩類，其一是法院附設的調解，其二是法院訴訟中的調解[5]。法院附設的調解發生在審理程式之前，目的是將糾紛化解在訴前，由設立在法院的調解機關主持調解工作，化解糾紛。訴訟程式中達成的國際商事和解協議是指，當事人將爭議訴諸於法院後，在法院審理過程中，當事人同意在法院的主持下進行調解，並形成和解協議。

二是經由民間調解達成的國際商事和解協議。民間調解主要包括仲裁

---

[1]　黃立主編，民法債編總論（下），中國政法大學出版社，2003年，第831頁。

[2]　王利明，論和解協議，政治與法律第1期，2014年，第49-57頁。

[3]　溫先濤，「新加坡公約」與中國商事調解——與「紐約公約」「選擇法院協議公約」相比較，中國法律評論第1期，2019年，第199頁。

[4]　尹力，國際商事調解法律問題研究，武漢大學出版社，2007年，第166頁。

[5]　王鋼，國際商事調解規則，中國社會科學出版社，2019年，第11頁。

調解、調解機構調解。在仲裁調解中，根據調解進行的節點，可以分為調解─仲裁模式、仲裁中調解模式。仲裁庭在作出仲裁裁決前，如果當事人自願進行調解，仲裁庭可以主持調解，促進當事人之間達成和解協議。當事人還可以先將爭議事項交由仲裁機構進行調解，調解不成再轉入仲裁程式。調解機構調解則是由專門負責商事調解的社會機構主持調解程式，在民間調解中扮演著重要角色。

　　本文主要探討是民間調解形成的國際商事和解協議。選取此類國際商事和解協議作為研究物件，原因有二。第一，在法院訴訟過程中形成的國際商事和解協議，通常以判決書的形式作出，已經是法院文書，脫離和解協議範疇。但是，如果僅有法院、仲裁機構參與，而未把國際商事和解協議以法院或仲裁文書的形式作出，那麼此類和解協議也是本文的研究物件。此類和解協議在理論上通說認為具有合同法上的約束力，但是執行力未得到普遍認可。第二，對於當事人之間自行協商形成的國際商事和解協議，沒有體現出調解的作用。

(二)國際商事和解協議的效力

　　經由法院、仲裁機構主持調解達成的國際商事和解協議，以其表現形式具有不同效力。如果國際商事和解協議的內容以法院判決、仲裁裁決等文書形式記錄，則具有可執行性。否則，該國際商事和解協議不具有可執行性，但對當事人具有約束力。

　　經由民間調解機構調解達成的國際商事和解協議，對當事人具有合同法上的約束力，是當事人通過意思自治，對自己的權利進行處分，是「合同自由」、「契約自由」的體現[6]。各方當事人均應根據和解協議確定的內容積極履行義務，不得任意反悔。此類國際商事和解協議雖具有合同上的法律約束力，但是理論上不認為具有執行力。但應注意到，國際商事和解協議與一般合同存在差異性。學術界對國際商事和解協議是否應具有超

---

[6]　Bruno Zeller, Leon Trakman, "Mediation and Arbitration: the Process of enforcement", *Unif. L. Rev.*, Vol. 24 (2019), pp. 449-466.

越合同約束力的問題展開討論。超越合同的約束力主要圍繞和解協議能否具有可執行性，對此，學界存在不同觀點。一是肯定說[7]，該觀點認為，當事人使用調解是為了解決爭議，達成的國際商事和解協議應該具有可執行性，在一方當事人不履行協議時，另一方當事人可以申請執行該和解協議。二是否定說[8]，該觀點認為，獨立的調解程式中沒有公權力的參與，具有高度的意思自治，雖是爭議事項解決辦法的處理結果，但是不帶有任何裁判性質，不宜賦予強制執行力。綜上分析可得，國際商事和解協議的合同性質是得到普遍承認的。

基於調解作為糾紛解決機制的手段，以及國際商事和解協議面臨的現實執行需求，學術界中出現建議賦予國際商事和解協議執行性的呼聲，但未得到一致接受。

(三) 國際商事和解協議的認定標準

在分析國際商事和解協議執行機制之前，首先要明確認定何為國際商事和解協議，不同的認定標準將影響法律的調整物件和適用範圍。

第一是國際性認定標準。《調解示範法2002》沒有規定國際商事和解協議的國際性，而是規定了調解程式的國際性，以當事人在訂立調解協議時的營業地為標準。如果調解協議各方當事人的營業地處於不同的國家，那麼該調解即為國際調解。另外，如果當事人的營業地與糾紛標的最密切的國家不是同一國家，也滿足國際性的要求。此外，《調解示範法2002》還適用於當事人自行約定具有國際性，或者當事人約定適用該法的商事調解，這種操作模式擴大了其國際性的範圍。《歐盟調解指令》同樣也沒有對商事和解協議的國際性進行規定，而是對爭議的跨國性作出規定，以在當事人同意調解時、法院命令調解時、依據國內法有調解義務時、法院邀請當事人適用調解時，至少有一方爭議當事人的住所或居所位於成員國為標準。在對國際性進行判斷時，存在三種不同標準：一是實質性連結因

---

[7] 尹力，國際商事調解法律問題研究，武漢大學出版社，2007年，第170頁。

[8] 同上，第171頁。

素，如當事人的住所。二是爭議性質作為標準，若當事人之間的利益屬於國際商事利益，則也具有國際性，以降低僅因實質性連結因素判斷造成的局限。三是混合標準，即將實質性因素和爭議性質綜合適用。《調解示範法2002》對國際性的判斷採取了混合標準，而《歐盟調解指令》則僅採用了實質性連結因素。筆者認為，這在一定程度上會縮小《歐盟調解指令》的適用範圍。

第二是商事性認定標準。《調解示範法2002》對商事性的定義採取廣義上的解釋，包括因涉及商業性質的各種關係而產生的事項，不僅僅局限於合同關係。《調解示範法2002》通過採用開放式列舉的模式，對常見的商事行為進行舉例，如分銷協議、保理、租賃等。頒布《新加坡調解公約》時，工作組對《調解示範法2002》也進行了修改（即《調解示範法2018》）依然對商事採取此種定義方式。《歐盟調解指令》未對商事性進行界定，只是原則上說明本指令適用於跨國民商事糾紛，但將當事人依據相關準據法無權自行對其權利和義務進行決定的情況排除在外。

二、國際商事和解協議執行模式及存在的問題

在《新加坡調解公約》之前雖然沒有國際商事和解執行的統一國際公約，但是在實踐中，國際商事和解協議還是能夠依附其他機制得到一定的執行。通過對實踐中出現的依附性機制進行分析，發現其存在的缺陷，為以國際公約形式建立國際商事和解協議執行機制提供現實必要性依據，並以此作為進一步檢視《新加坡調解公約》的基礎。

(一)實踐中的三類執行模式

在《新加坡調解公約》出台前，由於沒有統一的國際公約性質的檔規定執行機制。因此在實際跨境執行時，各國都是按照本國國內法對國際商事和解協議進行執行，其執行模式主要可分為三類：按照合同交由國際私法管轄、借助仲裁援用《紐約公約》、轉化為法院命令[9]。

---

9 楊關生，調解協議跨國執行機制的變革與出路，研究生法學第34卷第2期，2019年。

　　第一類是按照普通合同借助國際私法。通過上文分析可知，國際商事和解協議的本質是合同，對當事人具有合同法上的約束力。如果一方當事人不履行國際商事和解協議，則可以提起合同之訴，通過法院所在地國家，對於涉外合同的有關規定進行裁判。這種模式的便利之處在於各國基本都對涉外合同的法律適用問題進行了詳細規定。

　　第二類是把國際商事和解協議轉化為仲裁裁決，援用《紐約公約》得到執行。根據調解開始的時間點不同，可以分為兩種模式[10]。第一是先調解後仲裁，當事人通過調解程式達成和解協議後，將協議交由仲裁機構，作出裁決。第二是在仲裁中間引入調解，當事人先開始仲裁程式，在過程中進行調解。如果形成雙方接受的解決結果，則以合意仲裁的形式批准結果；如果沒有達成國際商事和解協議，則恢復仲裁程式。根據《紐約公約》第3條規定，締約國的仲裁機構作出的仲裁裁決可以在其他締約國得到承認和執行。因此，經仲裁程式形成的國際商事和解協議可以借助《紐約公約》得到跨境執行。目前，《紐約公約》的締約國眾多，且操作較為成熟，此模式成為執行國際商事和解協議的常用模式。

　　第三類是作為法院命令借助司法協助條款得到執行。首先，需要將國際商事和解協議經一國國內程式轉化為與該國法院判決具有同等地位的文書。然後，執行地國家需與該國之間存在司法協助條約，雙方互為承認與執行對方國家法院作出的民商事判決。

(二) 執行模式存在的缺陷

　　雖然上述的三種模式可以在一定程度上實現國際商事和解協議的執行，但是仍存在一定缺陷。

　　按照合同交由國際私法管轄時，無論是起訴還是提起仲裁，當事人都相當於啟動了一項新的糾紛解決程式，之前調解花費的時間和精力付諸東流，加重了當事人的成本[11]。此外，還面臨根據國際私法規則尋找國際商

---

[10] Eunice Chua, "Enforcement of International Mediated Settlements Without the Singapore Convention on Mediation", *Singapore Academy of Law Journal*, Vol. 31 (2019).

[11] Bobette Wolski, "Enforcing Mediated Settlement Agreements (MSAs): Critical Questions and Directions for Future Research", *Contemporary Asia Arbitration Journal*, Vol. 7 (2014).

事和解協議應當適用的法律這一問題，更是會延緩整個程式的進程。在外國執行由此產生的判決或仲裁也需要等待較長時間，無形之中加重了當事人的負擔[12]。對國際商事和解協議不加區別地按照普通合同對待會大大降低當事人選擇調解作為糾紛解決機制的熱情，不利於調解的發展。

借助《紐約公約》獲得執行的首要前提是當事人之間存在有效的仲裁協議。如果當事人沒有簽訂仲裁協議或者簽訂的仲裁協議無效，則無法搭乘《紐約公約》的「順風車」。此外，在「調解─仲裁」模式下形成的國際商事和解協議，存在無法援引《紐約公約》獲得執行的風險。在此種模式中，爭議已經在調解程式解決，仲裁程式沒有涉及爭議的解決，只是將和解協議的內容以仲裁裁決的形式作出，不是《紐約公約》真正意義上的仲裁裁決，而是一種所謂的「法律擬制」（legal fiction），這種「法律擬制」沒有得到大部分國家的認可[13]。

國際商事和解協議轉化為法院命令獲得執行的前提是雙方國家存在司法協助條款，否則一個國家的法院通常沒有義務承認外國法院的判決[14]，導致執行存在較大的不確定性。此外，這種模式下的國際商事和解協議一般是在法院或具有相關資格的調解員主持下達成的，對調解主體也進行了一定程度的限制。

綜上所述，既有的國際商事和解協定執行模式難以提供確定性和終局性，沒有體現出調解作為糾紛解決機制的效率，增加了當事人解決糾紛的成本，也給當事人造成了不公平[15]。

---

[12] Yvonne Guo, "From Conventions to Protocols: Conceptualizing Changes to the International Dispute Resolution Landscape", *Journal of International Dispute Settlement (UK)*, Vol. 2 (2020).

[13] 高奇，論國際和解協議在我國的跨境執行：理論分析與制度構建，理論月刊第8期，2020年。

[14] Bobette Wolski, "Enforcing Mediated Settlement Agreements (MSAs): Critical Questions and Directions for Future Research", *Contemporary Asia Arbitration Journal*, Vol. 7 (2014).

[15] Eunice Chua, Hui Han, "The Future of International Mediated Settlement Agreements: of Conventions, Challenges and Choices", *Tan Pan Online: A Chinese-English Journal on Negotiation*, 2015.

（三）導致現有執行模式缺陷的原因

儘管國際商事和解協議可以借助於《紐約公約》、司法協定或者國際私法規則得到執行，但不能滿足快速、便捷執行的需求，沒有真正實現調解作為獨立的糾紛解決機制的價值。究其原因，筆者進行了如下總結。

第一，各國對商事和解協議效力認定不一致。一是將和解協議定性為是合同，沒有賦予和解協議可執行性。按照一般的涉外合同處理方式，把其交由國際私法管轄。包括法國、阿根廷在內的很多國家都是把和解協議作為合同進行管理。當出現一方不履行時，他方當事人可以通過提起合同之訴進行救濟。二是經法院程式賦予和解協議執行的效力。加拿大安大略省制定的《國際調解法》確定了商事和解協議的效力，經過法院登記註冊的程式後，和解協議即具有與法院判決相同的效力[16]。德國《民事訴訟法》規定，當事人經調解形成和解協議後，可以向法院申請進行登記確認，以使得和解協議獲得強制執行力[17]。三是直接賦予和解協議具有強制執行力。典型代表為1996年印度《仲裁與調解法》。該法在第73條和第74條中規定，爭議當事人雙方共同簽字的和解協議具有終局性，與仲裁庭就和解協定內容作出的仲裁裁決具有相同法律效力。由此可見，若一方當事人未按約定履行和解協議，另一方當事人則有權向法院申請強制執行。

第二，依附性執行機制的內在矛盾。不管是將和解協議進行司法確認轉為裁定書，還是根據和解協議向相關仲裁機關申請仲裁轉為仲裁裁決書，都需要從程式上賦予「和解協議」可執行性。這種附加的法律程式，不僅是間接地否定了和解協議的執行力，還從根本上改變了和解協議的性質[18]。將國際商事和解協議轉化為仲裁執行進行跨境執行主要依據的是《紐約公約》。《紐約公約》第1條第1款規定，適用該公約的條件之一是

---

[16] 蔣麗萍，加拿大「商事調解法」的制度創新，人民法院報，2011年7月15日，第6版。

[17] 彼得・哥特瓦爾德、曹志勳，德國調解制度的新發展，經貿法律評論第3期，2020年。

[18] 宋連斌、胥燕然，我國商事調解協議的執行力問題研究——以「新加坡公約」生效為背景，西北大學學報（哲學社會科學版）第51卷第1期，2021年1月。

仲裁裁決是由自然人或法人之間存在爭議而產生的。但是在借助仲裁程式的模式下，爭議在調解階段已經得到解決，沒有爭議可供仲裁階段進行解決，該仲裁裁決實際上已經不滿足《紐約公約》的適用條件了。

第三，缺少以公約為基礎的國際統一執行機制。通過上文分析可知，國際商事和解協議執行困難是國際面臨的普遍問題，多數情況下，其執行依賴於當事人的自動履行。如果對方不履行相關義務，可能會讓和解協議成為一紙空談，調解所花費的時間和精力也付之東流。雖然仲裁和調解都是非訴解決糾紛的方式，但是仲裁裁決的執行保障力度卻遠遠高於和解協議，這主要歸功於在仲裁領域存在一部關於執行仲裁裁決的國際公約。作為國際商事仲裁領域重要的國際性公約，《紐約公約》解決了國際商事仲裁中的關鍵問題，保障外國商事仲裁裁決書可以通過《紐約公約》得到承認和執行，協助各國在國際商事仲裁中的關鍵問題形成共識，對在世界範圍內建立規範的國際商事仲裁制度起到了促進作用。歷經60多年的發展，《紐約公約》的締約國已有169個[19]。可以說《紐約公約》的影響力覆蓋全世界。

反觀國際商事調解，目前還沒有一部規定國際商事和解協議執行的國際公約。《調解示範法2002》僅在最後一個條款中規定了國際商事和解協議具有約束力以及可執行性，但是未對具體執行方法作出規定，交由各國自行規定。因此，《調解示範法2002》對國際商事和解協議跨境執行問題只作出了原則性規定，沒有涉及現實可操作性的規定。在《調解示範法2018》中，對執行規則進行了細化，號召各國根據示範法規定的條件和本國國內的程式規定去執行國際商事和解協議。此外，《調解示範法2018》還建議可以將國際商事和解協議這一節的內容適用於其他爭議的和解協議，無論該和解協議是否經由調解產生。《歐盟調解指令》的第6條是對國際商事和解協議的執行機制的規定。該條明確了國際商事和解協議具有可執行性，需要通過法院或者其他權力機關以判決、決定或者其他公信力

---

[19] 紐約公約，https://www.newyorkconvention.org/countries（最後瀏覽日期：2021/1/9）。

文書的形式進一步加以確認。同時還需要注意的是，各成員國對和解協議的內容的強制執行力進行確認的啟動是由所有當事人共同提出或者是在他方同意的前提下由另一方提出。如果一方當事人拒絕履行和解協議，按照常理來講，該方當事人同意另一方當事人對和解協議的內容進行確認進而賦予其強制執行力的可能性微乎其微。此外，該條款還規定，如果成員國的法律未對和解協議的強制執行性作出規定，那麼該當事國可以不認可其強制執行力[20]。儘管《歐盟調解指令》也確定了調解協議的內容具有可執行性，但是大多數歐盟法院沒有制定一個明確的程式來執行來自另一個司法管轄區的國際商事和解協議[21]，而且與訴訟和仲裁的強制執行相比，《歐盟調解指令》第6條的規定強加給當事人一個取得對方當事人同意對和解協議進行確認的負擔。如果雙方達成的和解協議沒有向法院等公權力機關進行確認，一旦雙方後續就執行和解協議的內容出現爭議，不履行義務一方不同意去確認和解協議，那麼受損害一方就沒有辦法根據和解協議申請強制執行。對和解協議的內容進行確認的完美時機是一經達成，就向相關機構請求賦予調解協議強制執行力，此時較容易取得對方的同意。即便事後出現一方當事人拒絕履行或不完全履行和解協議的情況，另一方當事人也可以啟動強制執行程式進而保障自己的合法權益[22]。正因《歐盟調解指令》中對和解協議執行的種種限制，導致該指令在實施過程中沒有達到預期目標。歐洲議會法律事務委員會調查發現，《歐盟調解指令》對解決「歐盟調解困境」起到的作用甚微，調解在歐盟的民事和商事案件中的使用率仍然低於1%[23]。

　　由此可見，雖然《調解示範法》的出台為各國制定調解程式規則提供

---

[20] 陳洪傑、齊樹潔，歐盟關於民商事調解的2008/52/EC指令述評，法學評論第2期，2009年，第98頁。

[21] What's Next for International Mediation in Europe?，https://imimediation.org/2021/02/01/whats-next-for-international-mediation-in-europe/（最後瀏覽日期：2022/1/2）。

[22] 陳洪傑、齊樹潔，歐盟關於民商事調解的2008/52/EC指令述評，法學評論第2期，2009年。

[23] Eunice Chua, "Enforcement of International Mediated Settlements Without the Singapore Convention on Mediation", *Singapore Academy of Law Journal*, Vol. 31 (2019).

了很好的參考樣本，但《調解示範法》僅能起到的是鼓勵、引導的作用，不具有公約的效力。《歐盟調解指令》在歐盟成員國內起作用，輻射範圍較小。此外，各國對國際商事和解協議規定多樣，在執行過程中存在極大地不確定性。

參、《新加坡調解公約》執行機制的革新

調解制度具有獨特的文化優勢，是一種高效、便利的糾紛解決方式。在商事領域中，調解作為糾紛解決機制的最終目的不在於「戰勝對手」，而是尋求共贏的機會，既能解決個案的糾紛，又能避免損傷未來的商業合作關係[24]。可以說是出現商事糾紛時的首選。既然調解是一種糾紛解決機制，那麼就應該像仲裁和訴訟一樣，賦予對經由調解產生的和解協議具有可執行效力，這樣才能保障調解解決糾紛的完整性。據此，聯合國國際貿易法委員會認為，執行和解協議是促進調解成為更高效解決爭議的一個重要方面，建立一個統一、便捷的和解協議執行機制不僅節省仲裁和訴訟費用，而且比借道其他機制進行執行更為便利[25]。據2014年國際調解研究院（International Mediation Institute）的一項調查顯示：如果存在一個被廣泛批准的執行公約，將會有接近88%的受訪者更加傾向於首選調解去解決糾紛[26]。這項調查反映出對調解領域制定國際公約的呼聲。通過出台一部國際公約性質的檔，可以對各國執行國際商事和解協議提供立法指導，同時也為商事活動當事人提供便利。因此，不管是從理論層面還是從實際出發，都急需制定一部國際公約，對國際商事和解協議的跨境執行作

---

[24] 王淑敏、何悅涵，海南自貿試驗區國際商事調解機制：理論分析與制度建構，海南大學學報，人文社會科學版第5期，2018年。

[25] 溫先濤，「新加坡公約」與中國商事調解——與「紐約公約」「選擇法院協議公約」相比較，中國法律評論第1期，2019年。

[26] 國際調解研究院，https://imimediation.org/2017/01/16/users-view-proposal-un-convention-enforcement-mediated-settlements/（最後瀏覽日期：2021/1/9）。

出規定，為執行國際商事和解協議提供確定性和權威保證力。是故，《新加坡調解公約》應運而生，對國際商事和解協議的執行機制作出新的規定，是國際商事和解協議執行領域的第一部國際公約。

一、公約適用範圍上的革新

想要探討《新加坡調解公約》對國際商事和解協議執行的創新，首先要從其適用範圍入手，明確其調整物件。如果一個和解協議沒有滿足《新加坡調解公約》適用範圍的要求，那麼就無從談起根據公約進入執行程式。《新加坡調解公約》第1條對公約適用範圍上進行了革新。

(一) 國際性與商事性的設置更加成熟

《新加坡調解公約》對「國際性」的確定是以商事和解協議訂立時當事人的營業地為要素進行判斷，對調解程式、和解協議的締結地、當事人的國籍等要素則不予考慮。當事人營業地在不同國家，或當事人營業地同屬一個國家，但是與主要義務履行地不在同一國家，或與和解協議所涉及事項最密切的國家不是同一國家，均滿足《新加坡調解公約》規定的「國際性」要求。

雖然《新加坡調解公約》的國際性連結因素也是採取混合標準，但和《調解示範法2018》的細微區別在於從判斷調解程式的國際性轉變為判斷商事和解協議的國際性。

在《新加坡調解公約》制定過程中，有觀點認為公約的適用範圍應限制在經由國際商事調解程式產生的和解協議。這是考慮到與國內調解程式進行區別，減少和國內法的衝突。需要思考的是，是否有必要對此進行嚴格區分。筆者認為，對於國際商事調解來講，區分國內和國際調解程式意義不大，可操作性不強。如果區分國際調解程式和國內調解程式，將要面臨以何種標準進行劃分這個問題。首先，靈活性是調解的一大特點，調解程式的啟動、參與人員、調解地點、方式靈活多變。其次，由於調解的非正式性和非官方性的特點，從調解啟動到結束，從調解形式到人員選擇，都充分體現當事人的意思自治。調解可以隨時隨地展開，過程中出現調解

地點、調解方式、調解員變動的情況很正常，會存在國內、國際相互交叉的現象。因此，以調解程式確定「國際性」具有太多不確定因素，實際操作起來很複雜，不利於最大限度地減少國際商事和解協議在跨境執行時可能遇到的阻礙。最後，和解協議記錄了爭議的最終解決辦法，在簽訂和解協議時候，當事人對權利義務都十分明晰。對糾紛解決機制來講，從爭議事項的最終解決方案為出發點判斷國際性更有現實的實踐意義。

就「商事性」而言，在國內法背景下，調解除了作為商事爭議解決辦法，還常常應用到民事中。但是在國際背景下，考慮到各國文化背景不同，民事爭議通常涉及到一國的公共政策，一般不對民事爭議採用調解的方式解決。《歐盟調解指令》可以適用於民事、商事領域，《新加坡調解公約》則未將民事納入進來。

《新加坡調解公約》在對商事性進行定義時，採用的是排除法，將其不認為是商事活動的事項排除適用本公約。《調解示範法2018》同《調解示範法2002》一樣，仍舊採用註腳形式將常見的商事活動進行非窮盡式列舉，能讓我們對典型的商事活動有直觀的判斷。但是，考慮到當下商事活動的複雜多變，形式的日新月異，筆者認為，《新加坡調解公約》對於商事的概念涵蓋範圍更為廣泛，更能促使該公約在世界範圍內得到更多的應用。

(二) 更加突出調解程式的獨立性

目前，調解常與仲裁或訴訟結合在一起進行，形成仲裁調解模式和訴訟調解模式，可以讓調解形成的和解協議透過訴調對接、仲調對接的形式獲得執行力。這種依附性模式也存在一定問題。首先，在獨立調解程式中，調解員沒有權力對爭議當事人強加解決辦法，而法官和仲裁員則是根據案件事實和法律對爭議事項作出判決，該結果對當事人具有法律效力。其次，在法院程式或仲裁程式進行調解時，如果沒有形成解決辦法，主持調解的仲裁員或法官可以在接下來的仲裁程式中繼續擔任仲裁或審判的角色。在調解中獲悉的部分保密資訊可能會影響對案件的後續處理，不能形

成公正的裁決[27]。《新加坡調解公約》要求適用該公約需滿足國際商事和解協議產生於獨立的調解程式，一方面凸顯調解的獨立價值，另一方面也維護調解員中立的地位。

　　雖然《新加坡調解公約》未在條文中明確規定適用公約的國際商事和解協議必須產生於獨立的調解程式，但是通過對《新加坡調解公約》立法目的的探究和從其排外適用條款設置上分析，筆者認為，《新加坡調解公約》確實強調了調解程式的獨立性。

　　首先，從《新加坡調解公約》的立法目的看，由於注意到調解在爭議解決中地位逐漸提高，工作組致力於通過賦予國際商事和解協議可執行性的做法，為調解程式的終局性提供進一步保障，發揮調解的獨立價值，和司法、仲裁可以平分秋色[28]。

　　其次，從《新加坡調解公約》的除外適用條款看，可在法院作為判決執行或者可作為仲裁裁決執行的國際商事和解協議不適用於本公約。筆者認為，在法院或仲裁中進行的調解本質上屬於訴訟程式或仲裁程式的一部分，是一種特定技術手段，沒有突出調解的獨立價值。而且，仲裁程式和訴訟程式會通過其自有的機制，保障和解協議的內容可以得到執行，不宜再通過《新加坡調解公約》的直接執行機制進行救濟。在《新加坡調解公約》制定過程中，美國代表曾提出不應使用這種帶有因果關係的語言（resulting from）來確定公約適用範圍。他們建議使用「調解後產生的和解協議」（after），用表示時間順序的詞語進行連接。比利時、德國、韓國等國家代表提出反對意見。他們認為，「經調解產生的和解協議」這種表述一方面鼓勵當事人使用調解作為爭端解決方式，另一方面也可以避免同仲裁或訴訟相衝突[29]。上文分析到，在既有的國際商事和解協議執行

---

[27] Kovach Kimberlee, "A Conversation on the Challenges of Mediation Practice", *Dispute Resolution Magazine*, Vol. 22 (2016).

[28] Clements T., "The Singapore Convention: Towards a Universal Standard for the Recognition and Enforcement of International Settlement Agreements?", *Journal of International Dispute Settlement*, Vol. 11 (2020).

[29] 孫巍，「聯合國關於調解所產生的國際和解協議公約」立法背景及條文釋義，法律

機制中，國際商事和解協議需要經過程式轉換，借助仲裁或訴訟進行獲得執行力。如果不要求獨立的調解程式，那麼在訴訟或仲裁程式中達成的和解協議，在滿足《新加坡調解公約》的條件下，也是可以依據公約尋求救濟。這就會與《承認與執行外國民商事判決公約》和《紐約公約》產生衝撞。因此，公約要求和解協議產生於獨立的調解程式也是考慮到對其他國際公約的禮讓。

《新加坡調解公約》第1條第3款規定，法院批准的協議、被執行地主管機關作為法院判決或仲裁裁決執行的協議不屬於該公約的適用範圍，本公約適用於產生於獨立的調解程式的和解協議。有人給這種規定做了一個生動有趣的比喻，將其比喻成「拼積木」，也就是說《新加坡調解公約》的目標在於解決和解協議以往不具有強制執行力的問題，致力於把這一塊缺失的積木拼上，對已具有強制執行力的和解協議則不予觸及[30]。《新加坡調解公約》對此類除外適用的關注點更多地放在可作為判決執行或可作為仲裁裁決執行。因此，如果僅僅有法官或者仲裁員參與到調解工作並且記錄在案，但是該和解協議並不能作為判決或仲裁裁決進行執行的話，此類和解協議依然可以援用《新加坡調解公約》尋求救濟，有效避免了僅因法官或仲裁員參與調解活動而致使該和解協議當事人喪失尋求救濟途徑的現象，有利於訴訟、仲裁、調解歸屬於不同公約的管理，充分釐清訴訟、仲裁、調解三種商事爭議解決途徑，對救濟方式不留死角[31]。

需要注意的是，《新加坡調解公約》的此種規定，不是要求爭議雙方當事人在訴訟或仲裁中排除適用調解，而是確保調解真正發揮其優勢，獨立地作為一種替代性爭議解決機制，不受司法干預或實體法上的限制[32]。在仲裁和訴訟程式中，調解仍然可以作為一種有效的手段，實現糾紛的妥善處理。

出版社，2018年，第6-7頁。

[30] 楊秉勳，「新加坡調解公約」與我國調解制度的新發展，人民調解第1期，2020年。

[31] 溫先濤，「新加坡公約」與中國商事調解——與「紐約公約」「選擇法院協議公約」相比較，中國法律評論第1期，2019年。

[32] 許軍珂，「新加坡調解公約」框架下國際商事和解協議效力問題研究，商事仲裁與調解第3期，2020年。

　　《新加坡調解公約》所指的「調解」要求有協力廠商參與，當事人自行磋商達成和解協定不滿足該公約要求。要求調解員的參與有以下兩點意義：首先，正如在仲裁程式中仲裁員的好壞直接決定了仲裁的好壞（arbitration is only as good as its arbitrators）一樣[33]，調解程式中的調解員也決定了調解的品質。在實踐中，尤其是在國際商事糾紛中，扮演調解員角色的都是具有相關法律知識、談判技能的專業人士。在他們的努力下，更容易幫助糾紛當事人形成公平、合理的解決方案。其次，同仲裁和訴訟相比，調解程式具有非官方性特點，容易發生虛假調解，損害一方當事人甚至協力廠商的利益。儘管調解員無權對當事人強加解決辦法，但是對於在調解過程出現的虛假行為，調解員可以及時勸阻、制止，起到一定的監督作用。並且，《新加坡調解公約》中當事國不予救濟的情況包括了調解員行為，能對調解員起到警示作用。可以說，調解員的參與是促進調解有效、公平進行地有力保障，是調解程式必不可少的參與者。

（三）不以調解協議為前置要求

　　在《新加坡調解公約》制定過程中，工作組曾討論將調解協議納入到公約內容之中。隨後，工作組認識到，如果要求適用本公約需以調解協議存在為前提，會給當事人增加不必要的負擔，有違公約制定的初衷。因此，在討論之後決定，公約不對調解協議進行規定，僅對調解達成的國際商事和解協議進行規定[34]。在《新加坡調解公約》中，調解協議被認為是證明發生調解的證據之一。

　　在《調解示範法2018》和過去的《調解示範法2002》中均對調解協議作出要求，從條款的安排順序上看，筆者認為，《調解示範法》傾向於將調解協議作為調解程式啟動的前置要求。

---

[33] 宋連斌、胥燕然，我國商事調解協議的執行力問題研究——以「新加坡公約」生效為背景，西北大學學報（哲學社會科學版）第51卷第1期，2021年1月。

[34] Herisi Ahdieh Alipour and Trachte-Huber Wendy, "Aftermath of the Singapore Convention: A Comparative Analysis Between the Singapore Convention and the New York Convention", *American Journal of Mediation*, Vol. 12 (2019).

　　一般來講，調解同仲裁一樣至少會包括兩份協議，一份是當事人約定選擇調解作為解決糾紛方式的協議，一份是經過調解後形成的和解協議。前者的形成時間既可以在爭議發生之前也可以在爭議發生之後，形式既可以是單獨協議也可以作為爭議解決條款包括在合同文本內。後者則是形成於爭議發生之後，是當事人達成的爭議解決方案，以單獨的檔形式存在。前者稱為調解協議，後者稱為和解協議。在實踐中，調解協議通常採用書面形式，很多調解規則都對調解協議作出規定。但是，對調解來講，是否有必要規定調解協議為調解程式啟動的前置條件？對此，筆者持否定態度。

　　首先，從調解的特點來看，調解是靈活的。在當事人同意的情況下，調解是可以隨時隨地地進行。調解更加注重意思自治，充分體現當事人的自願性。此時，要求調解協議的存在反而會在一定程度上阻礙調解快捷、靈活地進行，強制進行調解往往效果不會太好[35]。其次，調解協議根據其形式可分為以下兩類：一是以爭議解決條款形式出現在合同中，當事人可以在合同中約定以調解作為糾紛解決方式；二是以獨立形式存在的協議。同仲裁和訴訟相比，經獨立的調解程式形成的和解協議在效力和執行方面力度較差，為避免浪費時間和精力，當事人在爭議發生前多選擇訴訟或仲裁作為爭議解決條款寫進合同，調解條款的實際應用率比較低。如此一來，過多強調調解協議反而不利於對國際商事和解協議進行救濟。因此，《新加坡調解公約》不以設置調解協議為前置條件，而是將其歸為發生調解的證據中，是明智之舉。

二、公約救濟機制上的革新

　　《新加坡調解公約》在術語使用上沒有用「承認」這一詞語，採用功能性描述的方式將「承認」的涵義進行闡釋[36]。在第3條一般原則的表

[35] 趙雲，「新加坡調解公約」：新版「紐約公約」下國際商事調解的未來發展，地方立法研究第3期，2020年。

[36] Timothy Schnabel, "The Singapore Convention on Mediation: A Framework For the Cross-border Recognition and Enforcement of Mediated Settlements", *Pepperdine Dispute*

述中，使用了「執行」這一術語。在第4條、第5條的規定中，《新加坡調
解公約》使用的是當事人向執行地主管機關尋求救濟（seek relief）、執
行地主管機關准予救濟（grant relief）以及拒絕准予救濟（refuse to grant
relief）這樣的表述。由此可見，《新加坡調解公約》中的救濟機制可以
分為兩類，第一是在執行程式中的救濟，直接賦予了經調解產生的國際商
事和解協議執行力；第二是在非執行程式中的救濟，確定了當事人援用國
際商事和解協議進行抗辯的權利。

（一）直接賦予和解協議可執行性

　　同前述的涉及國際商事和解協議的相關規範性檔相比，《新加坡調
解公約》將在協力廠商的調解下，當事人基於意思自治達成的和解協議，
即爭議的解決結果，賦予了直接執行效力。第3條開創性的規定了直接執
行機制，允許和解協議的當事人直接就該和解協議向締約國法院尋求救
濟，不必事先取得對該和解協議作為合同的違約判決或仲裁裁決，被尋求
救濟的締約國法院則應按照本國程式規則和《新加坡調解公約》規定的條
件執行和解協議。這與之前僅認可和解協議的合同效力，基於其合同性質
進一步重新作出判決或仲裁有了實質性的區別和突破性的進步，是《新加
坡調解公約》最大的亮點。可以說，《新加坡調解公約》第3條規定的經
調解達成的國際商事和解協議執行的一般原則是該公約的精華所在，可以
此作為檢驗《新加坡調解公約》在未來實施過程中是否成功的核心標準。
通過賦予國際商事和解協議執行力，調解具有了「牙齒」，增加了其公信
力[37]。

　　在《新加坡調解公約》制定過程中，工作組對採用直接執行機制還
是審查執行機制展開了討論。直接執行機制是指，和解協議的當事人可以
直接以和解協議向申請國的主管機關請求執行和解協議的內容，優勢在於

Resolution Law Journal, Vol. 19, Issue 1 (2019).

[37] Yvonne Guo, "From Conventions to Protocols: Conceptualizing Changes to the International Dispute Resolution Landscape", *Journal of International Dispute Settlement (UK)*, Vol. 2 (2020).

簡單、直接；審查執行機制則需要先由和解協議來源國的主管機關對和解協議進行複審後，當事人才能申請執行，進入申請國家的執行程式[38]。挪威等國家的代表支持採用審查執行機制。他們認為，通過和解協議來源國的審查，可以初步對和解協議的有效性等事項進行確定。法國、美國等國家的代表支持直接執行機制。他們認為，一方面，雙重複審會加重當事人的義務，增加執行程式需要的時間，違背《新加坡調解公約》提供高效、便捷的執行機制的立法宗旨；另一方面，和解協議來源國家難以確定。此外，當事人對國際商事和解協議的執行有權提出異議，能彌補未經審查可能導致的效力問題等漏洞。經過多方討論，並衡量審查執行機制與直接執行機制各自的效率之後，工作組最後選擇了直接執行機制。

《新加坡調解公約》所確定的直接執行機制，僅將執行前的事項通過公約進行規定，即賦予國際商事和解協議執行力以及和解協議當事人可以獲得救濟[39]。至於各個國家如何執行國際商事和解協議的程式要求，《新加坡調解公約》沒有作出特定的要求，而是交由各國國內法進行處理。以前，國際商事和解協議想要獲得執行力，多需要經過程式轉換。《新加坡調解公約》確定的直接執行機制減少了很多不必要的程式事項，大大降低了執行和解協議的時間和經濟成本，也減少了很多司法資源的浪費。

(二) 增加援用和解協議進行抗辯的功能

上文已經論述了《新加坡調解公約》賦予國際商事和解協議直接、迅速地執行效力，即和解協定當事人可以把和解協議作為「矛」來保障自己的權利。與此同時，《新加坡調解公約》還允許在非執行程式中使用和解協議。如果當事人不主張對和解協議進行執行，而是僅僅通過援用和解協議對某一請求進行抗辯，那麼應該允許當事人根據被尋求救濟的締約國法

---

[38] 宓思，簡評「聯合國關於調解所產生的國際和解協議公約」及其對我國多元糾紛解決機制的影響，法制與社會第22期，2019年。

[39] Timothy Schnabel, "The Singapore Convention on Mediation: A Framework For the Cross-border Recognition and Enforcement of Mediated Settlements", *Pepperdine Dispute Resolution Law Journal*, Vol. 19, Issue 1 (2019).

院的程式規則和公約規定的條件進行援用，證明糾紛已得到解決，賦予和解協議「盾」的抵禦功能[40]。

在該條款制定過程中，《新加坡調解公約》草案中使用過「承認」（recognition）這一詞語。經過各國代表的反覆討論及商討，工作組最後決定不直接使用「承認」這一術語。因此，在最終的《新加坡調解公約》的文本裡，國際商事和解協議的「承認」，是以通過允許當事人援用該協議證明糾紛已得到解決進行功能性描述的[41]。

很多國家認為，由於「承認」一詞在不同法域具有不同的涵義，所以它不能稱得上是一個嚴謹的法律術語[42]。歐盟、科威特、荷蘭等地區和國家代表討論認為，「承認」通常指的是一個當事國賦予另一個當事國因公共行為形成文件的法律效力，如法院判決，而不是私主體之間形成的協議。也就是說，「承認」是一種公法法令，而和解協議卻屬於私法上的行為，是當事人私人之間的協議，不能通過承認來使得國際商事和解協議獲得法律效力。因此，經過多方討論，工作組在《新加坡調解公約》的最終文稿中功能性描述當事人援用和解協議進行抗辯的權利，以及使用「准予救濟」等表述，一方面回避了「承認」可能帶來的尷尬局面，另一方面也充分保障了爭議當事人的權利，可謂是一舉雙贏的做法。

但是，公約未對在非執行程式中援用和解協議的法律效果作出進一步的規定，筆者將在後文《新加坡調解公約》的局限性一章展開詳細論述。

三、增設締約國拒絕救濟的限制性事由

在《調解示範法2002》和《歐盟調解指令中》，均沒有涉及拒絕准

---

[40] Bruno Zeller, Leon Trakman, "Mediation and Arbitration: the Process of enforcement", *Unif. L. Rev.*, Vol. 24 (2019).

[41] Timothy Schnabel, "The Singapore Convention on Mediation: A Framework For the Cross-border Recognition and Enforcement of Mediated Settlements", *Pepperdine Dispute Resolution Law Journal*, Vol. 19, Issue 1 (2019).

[42] 溫先濤，「新加坡公約」與中國商事調解——與「紐約公約」「選擇法院協議公約」相比較，中國法律評論第1期，2019年。

予救濟的條款。《調解示範法2018》按照《新加坡調解公約》的內容，進行了修訂，和公約保持一致。雖然《新加坡調解公約》賦予了國際商事和解協議直接執行的效力，但這種直接執行不意味著不需要審查程式。審查程式是和解協議進入執行程式的重要步驟。如果主管機關在審查過程中發現和解協議存在公約規定的不予救濟的事由，主管機關則可以拒絕准予救濟。在確定這些拒絕准予救濟的事項時，工作組進行了細緻、謹慎地討論，以求將可拒絕事項儘量控制在最小的範圍，避免多重審查給當事人造成不便。

（一）設置拒絕救濟條款的意義

締約國按照《新加坡調解公約》規定的條件和本國的程式規則對國際商事和解協議進行救濟，是履行該國家公約義務的具體表現，但並非是絕對的義務。在例外情形下，締約國可以對當事人的國際商事和解協議拒絕進行救濟。

一方面，通過對當事國拒絕准予救濟事由進行明確規定，可以防止當事國濫用自由裁量權，避免不必要的訴訟和法院的不當干預，對當事人的救濟權利進行有效保護[43]。《新加坡調解公約》對執行地的自由裁量權的限制體現在兩方面。第一，審查事由的啟動方式上。對於當事人申請拒絕救濟時，主管機關不得依職權進行主動審查。只有在當事人提出申請，並提交相關證明材料，承擔舉證責任時，主管機關才能在當事人申請的事由範圍內進行審查。第二，審查事由的數量和內容上。在數量上，《新加坡調解公約》第5條一共設置了八項拒絕救濟的條款，且沒有兜底條款，窮盡式的列舉避免了當事國自由發揮的情形。在內容上，《新加坡調解公約》設計的均是與國際商事和解協議執行緊密關連的重要事由，如和解協議的可執行性、當事人有無行為能力、調解員行為等。

另一方面，拒絕准予救濟條款的設置也是對當事人權利的限制，是對

---

[43] Hector Flores, "Grounds to Refuse the Enforcement of Settlement Agreements under the Singapore Convention on Mediation: Purpose, Scope, and Their Importance for the Success of the Convention", *Cardozo Journal of Conflict Resolution*, Vol. 20, No. 4 (August 2019).

直接執行機制的有效平衡[44]。由於國際商事和解協議是當事人意思自治的體現，是當事人自行商定的爭議解決辦法。儘管有協力廠商主持調解，參與到商定過程中，但是該協力廠商無權對各方當事人強加解決辦法。為避免在沒有公權力的參與下，個別國際商事和解協議的當事人濫用公約賦予國際商事和解協議的執行力，他方當事人可以向主管機關提出申請，拒絕執行。

(二) 被動審查中拒絕的事由

　　《新加坡調解公約》將大多數的拒絕救濟事由交由和解協議當事人提出，此時主管機關是依申請進行被動審查。此類拒絕准予救濟事由的啟動主體是和解議的當事人，審查物件根據當事人的申請分為不同類型，涵蓋當事人無行為能力、和解協議有瑕疵以及調解員行為。當事國的主管機關根據當事人提供的申請拒絕准予救濟的證明進行審查，並根據審查結果決定是否准予救濟。

　　第一類當事人無行為能力，不僅包括簽訂國際商事和解協議時有無行為能力，還包括當事人在執行階段有無行為能力。第二類和解協議瑕疵，是對和解協議進行審查，可以細分為和解協議條款不是終局、和解協議確定的義務無法理解、准予救濟違反和解協議條款等。第三類調解員行為，是對調解員是否進行披露以及是否違反調解員準則進行審查。這類拒絕准予救濟的事由還要求程度嚴重，即此種違反或未進行披露會影響當事人決定是否簽訂國際商事和解協議。

　　在當事人依據上述事由提出拒絕准予救濟國際商事和解協議時，當事人要承擔相應的舉證責任，向主管機關提供證明材料。主管機關依據當事人申請的範圍以及提供的證明，進行審查。如果當事人提出的事由確實存在，則主管機關可拒絕進行救濟。反之，當事人要承擔舉證不利的法律後果，主管機關可以繼續對該國際商事和解協議根據本國的程式進行救濟。

---

[44] 楊秉勳，「新加坡調解公約」與我國調解制度的新發展，人民調解第1期，2020年。

(三) 主動審查中拒絕的事由

　　相較於上述由當事人提出申請拒絕救濟的事由數量相比，《新加坡調解公約》對當事國的主管機關依職權主動審查的情形限定到了較小的範圍。在當事人和解協議申請救濟過程中，當事國的主管機關如果發現存在以下兩種事由，可以拒絕對該和解協議進行救濟。第一，主管機關認為對該協議進行救濟將違背其所在地的公共政策。第二，依據主管機關所在國家的法律，和解協議所記載的爭議事由無法通過調解的方式進行解決。

　　對《新加坡調解公約》中規定的以違反公共政策而不予進行救濟的理解應該從兩方面展開。首先，是該項審查的啟動主體。主管機關在適用本條款時，無需經過當事人的申請，是採用依職權進行主動審查的形式。其次，是對公共政策的理解。公共政策保留是指，在衝突規範的指引下適用的外國法與法院地的基本法律制度、道德觀念、重大利益存在牴觸時，法院地將該外國法排除適用的制度，被譽為「安全閥」制度[45]。雖然國際商事和解協議通常涉及的是自然人、法人之間的權利義務，但是在很多情況下，會出現個人利益和國家利益相交叉的情況，此時執行國際商事和解協議，會涉及國家利益[46]。因此，主管機關在進行審查時，應注意到對和解協議進行救濟是否會涉及國家的根本利益，即國家的公共政策。有代表曾提出，應將公共政策進行具體解釋，建議增加「包括國家安全和國家公共利益」[47]。筆者認為，公共政策理應包括國家安全和國家公共利益，無需對公共政策進行具體闡釋，過多解釋反而容易導致使用不方便。還需注意，工作組曾在會議上提出將公共政策限定為「國際公共政策」，但這一點沒有得到接受，事由是這樣規定會被認定為各國共同認可的公共政策，會增加《新加坡調解公約》的推廣難度。筆者認為，當事國在適用公共政策時，要對本國國內的公共政策和國際公共政策進行綜合考量。對以此事

---

[45] 趙相林，國際私法，中國政法大學出版社，2014年，第4版，第117頁。
[46] 何其生，國際商事仲裁司法審查中的公共政策，中國社會科學第7期，2014年。
[47] 孫巍，「聯合國關於調解所產生的國際和解協議公約」立法背景及條文釋義，法律出版社，2018年，第72-73頁。

由進行拒絕救濟時，要採取謹慎的態度，盡量適用國際普遍接受的「國際化」的公共政策[48]。

　　爭議事由無法通過調解解決這一事由規定在《新加坡調解公約》的第5條第2款(b)項。筆者認為，根據《新加坡調解公約》的條文設置，此項中所指爭議事由的前提應當是商事爭議。如果不是商事爭議，則形成的和解協議不是《新加坡調解公約》所規範的物件，更談不上根據公約第4條要求提供證明進行救濟。如果是非商事的和解協議，不能滿足《新加坡調解公約》對適用範圍的規定，可根據適用範圍的條款排除。因此，在主管機關適用此項進行拒絕救濟時，不應在非商事的和解協議中援用此條進行拒絕，避免產生條款適用上的錯誤。

肆、《新加坡調解公約》執行機制的局限性

　　整體來看，《新加坡調解公約》作為國際商事調解領域的一項重要公約，對現有的國際商事和解協議執行機制作出了突破性的設計，在制度層面是具有很大進步意義的。但是，《新加坡調解公約》的現實可行性有待檢驗。目前，公約僅對個別國家生效，形成影響力較小。而且，在一定程度上，公約對國際商事和解協議執行機制的創新也成為其限制性所在，遭到一些國家的質疑。此外，公約是各國代表和貿易法委員會工作組共同討論、協商的成果，可以說是各方妥協達成的產物，在條款內容上仍然存在不完美之處。因此，《新加坡調解公約》或許未能完全徹底解決既有國際商事和解協議執行機制的缺陷。

一、公約實施難度較大

　　儘管《新加坡調解公約》以公約的形式在立法層面上賦予了國際商事

---

[48] Hector Flores, "Grounds to Refuse the Enforcement of Settlement Agreements under the Singapore Convention on Mediation: Purpose, Scope, and Their Importance for the Success of the Convention", *Cardozo Journal of Conflict Resolution*, Vol. 20, No.4 (August 2019).

和解協議可執行性，並確定了對其進行救濟的機制，但在實際進行救濟過程中，很大程度上還是要依賴於締約國的國內配套執行機制予以落實。目前，公約已經生效的國家中只有新加坡對國內程式作出了調整，其他國家尚未採取行動。此外，在未簽署公約的國家中，一些國家對該公約持有否定態度，導致《新加坡調解公約》在實施過程中會面臨較大阻礙，短時間內還是難以改變國際商事和解協議跨境執行難的問題。

（一）已生效國家未對其執行機制進行更新

為調查各國執行國際商事和解協議的現狀，聯合國秘書處於2014年8月和2015年2月分別向各國發放問卷。問卷設計的問題包括但不限於：關於國際商事和解協議的立法框架、拒絕執行的理由、國際商事和解協議的效力等。至2022年1月，《新加坡調解公約》的簽署國有55個國家，其中有6個國家已經批准或加入，公約對這6個國家已經生效[49]。在這6個國家中，只有斐濟沒有對上述問卷進行答覆，剩下5個國家均作出答覆。

目前，只有新加坡調整了國內法律，為《新加坡調解公約》在本國實施提供了配套制度。新加坡國會在2020年2月4日通過了《新加坡調解公約法》。該法按照《新加坡調解公約》的精神，為國際商事和解協議設計了在新加坡申請執行所需的國內程式。該法規定，國際和解協議的當事人通過向新加坡高等法院提出執行的申請，高等法院對國際商事和解協議進行審查，並將其記錄為法院命令後，可在新加坡獲得有效執行[50]。通過該法的出台，《新加坡調解公約》在新加坡具有現實可行性。但是，目前沒有其他國家修改國內程式或法律的消息。

由於斐濟沒有對秘書處的問卷進行回覆，本部分將圍繞白俄羅斯、厄

---

[49] 根據聯合國國際貿易法委員會官網統計結果顯示，已經生效的6個國家分別為白俄羅斯、厄瓜多爾、斐濟、卡達、沙烏地阿拉伯、新加坡，https://uncitral.un.org/zh/texts/mediation/conventions/international_settlement_agreements/status（最後瀏覽日期：2022/1/9）。

[50] 段明，新法譯介：2020年新加坡調解公約法，https://mp.weixin.qq.com/s/AFEDbu1t5oLdGPU19RGWaA（最後瀏覽日期：2022/1/9）。

瓜多爾、卡達、沙烏地阿拉伯這4個國家進行分析。通過對四國答覆中涉及國際商事和解協議執行等事項發現，這些國家的國內制度不能滿足《新加坡調解公約》的需求。在這4個國家中，均沒有關於國際商事和解協議執行的立法，塔卡爾甚至缺少國內調解的法律。相比之下，白俄羅斯的國內立法相對完善，其現有的執行機制和上文分析的借助司法協助條款模式一致，其中《經濟訴訟程式法》要求在法院程式啟動後通過調解達成和解協議的，經由法院批准後，可以作為該程式的最後結果，可以根據相關程式法獲得執行，且在拒絕執行的理由中列出了非經法院核准的商事和解協議。此種規定沒有給訴訟外達成的和解協議留出可執行的空間。

也就是說，由於公約對這些國家已經生效，如果當事人根據《新加坡調解公約》向這些國家申請對國際商事和解協議進行救濟的話，可能達不到快速、便捷地救濟效果。《調解示範法2018》中專門增設一節對國際商事和解協議及其執行進行規定，與《新加坡調解公約》相匹配。從調解程式的啟動，到國際商事和解協議的執行，《調解示範法2018》都作出了詳盡規定，切合最新的國際標準。因此，這些國家應儘快參照《調解示範法2018》的相關條文，對國內配套制度進行更新和完善，以便真正地承擔起《新加坡調解公約》的義務。

(二) 未簽署國家對公約執行機制持否定態度

雖然已經簽署的國家中對國內制度作出調整的寥寥無幾，但是簽署反映了這些國家對公約和商事調解的支持。相比之下，未簽署的國家中有些則對公約抱有否定態度，對公約的前景並不看好，這會加大公約的推廣難度。

奧地利在2015年3月10日對秘書處的問卷進行答覆時，使用了「持非常懷疑的態度」這樣的表述。該國認為，國際商事和解協議可以通過《紐約公約》的制度得到執行，沒有必要對國際商事和解協定單獨制定一種執行程式。一方面，這種執行程式和《紐約公約》存在很大程度地相似性，沒有更多的獨立價值；另一方面，會增加調解領域的法律複雜性，破壞調解程式的靈活性。在奧地利的國內立法中，沒有國際商事和解協議執行的

具體法律制度，協議本身沒有可執行性。該國認為，如果將調解程式的結果轉為可直接執行的結果，即賦予和解協議以直接執行力，那麼就應該對調解程式、調解員素質、和解協議品質等事項進行充分地確認和信任。但遺憾地是，目前無論是在奧地利本國國內層面還是國際層面，都不存在任何可供參考的標準，這會引發和解協議執行的「信任危機」。

日本學者提出意見，《新加坡調解公約》對調解主體的要求過於簡單，與日本國內的《替代性爭議解決法》存在差距。根據《替代性爭議解決法》規定，商事和解協議必須由經過認證的調解機構或調解員提供調解服務，而《新加坡調解公約》則沒有作出相關要求。如果《新加坡調解公約》在日本得到應用，會對國內法律提出挑戰[51]。

俄羅斯認為，《新加坡調解公約》確立的執行機制，對各國國內法的要求較高，但現在目前各國國內的執行模式參差不齊，且商事仲裁能夠滿足解決商事爭議的需求，公約的前景不明朗。

二、公約未明確非執行程式援用和解協議的法律效果

上文提到，《新加坡調解公約》賦予國際商事和解協議「矛」和「盾」的雙重功能。具有執行力為「矛」，援用和解協議進行抗辯則為「盾」。如果有當事人聲稱已由和解協議解決的事項發生爭議，那麼主管機關應當允許當事人按照本國程式和公約規定的條件援用和解協議，以證明爭議事項得到解決。但是，公約未對具體的抗辯效果進行規定[52]。因此，本部分將從該條款制定的歷史沿革出發，對其位置設計和用語表述進行分析；接下來，筆者嘗試對非執行程式中援用和解協定進行抗辯可能產生的法律效果進行討論。

---

[51] 高奇，論國際和解協議在我國的跨境執行：理論分析與制度構建，理論月刊第8期，2020年。

[52] 宋連斌、胥燕然，我國商事調解協議的執行力問題研究——以「新加坡公約」生效為背景，西北大學學報（哲學社會科學版）第51卷第1期，2021年1月。

（一）該條款的歷史沿革

在《新加坡調解公約》（草案）的初稿討論中，工作組未對該條款進行審議。從草案二稿開始，工作組開始對此條款進行討論，各國代表紛紛發表意見和見解。在條款位置的設計上，草案二稿將其獨立安排為一條，終稿將其確定為第3條「一般原則」的第2款，放在執行條款的後面。在語言使用上，草案二稿包含「承認」、「賦予法律效力」，但在接下來討論中，工作組決定刪去這些用語。在草案的四稿中，該條款出現了「確定無疑地」（conclusively）這一表述。在第五稿的討論過程中，工作組認為這一表述不會影響條文的涵義，為了精簡語言將其刪去。

上文分析到此條款是對「承認」的功能性描述，強調當事人擁有可以援用國際商事和解協議進行抗辯的權利，以證明爭議已經得到解決。但是在起草《新加坡調解公約》的討論中，未對根據此條款進行援用和解協議所帶來的相關法律效果進一步解釋說明。

（二）可能產生的法律效果

在《新加坡調解公約》之前，國際商事和解協議沒有確切的可執行性。但是，國際商事和解協議作為各方當事人意思自治的結果，其合同約束力已經得到普遍的認可。若一方當事人在非執行程式援用一份有效的國際商事和解協議，應當至少對其合同的效力進行認可。但在《新加坡調解公約》出台後，援用國際商事和解協議進行抗辯，則應產生比合同效力更高一級的抗辯效果。值得思考的是，此種高一級的效果應該到哪種程度。既然《新加坡調解公約》使用了「以證明該事項已得到解決」這樣的表述方式，就不應該認為和解協議僅僅具有證據效力。有學者認為，《新加坡調解公約》的第3條一般原則實際上是賦予了國際商事和解協議「一事不再理」的約束力[53]。但是如果就此終止訴訟或者仲裁的話，是否承認了和解協議具有既判力？筆者認為，直接承認和解協議具有既判力也不太妥當。

---

[53] 孫南翔，「新加坡調解公約」在中國的批准與實施，法學研究第2期，2021年。

　　既判力規則的本意是指法院判決對判決標的產生的確定性效力，對法院和當事人具有約束力。當法院作出判決，且判決生效後，當事人就不能以判決中已經確定的法律關係另行提起訴訟[54]。通過法院的判決，讓有爭議的權利義務成為不可爭的事實，不得另行進行起訴[55]。若將其遷移到國際商事和解協議中，認定國際商事和解協議具有既判力的話，協議當事人則就不能以同一爭議標的啟動仲裁或訴訟。

　　不同於訴訟程式，形成商事和解協議的調解程式沒有國家公權力的依託，是當事人自主對權利義務的處理。若賦予國際商事和解協議完全的既判力，缺乏相應的法理基礎；如果不承認國際商事和解協議具有確定力，那執行機制也會缺少理論支撐。因此，對國際商事和解協議的既判力應該進行限定，對僅涉及當事人之間權利義務關係的事項可以開放；對涉及公共政策等原則性、底線性的事項，則還是應該交由司法機關進行處理，不適用既判力的理論。

　　因此，在以已經達成和解協議的糾紛為由提起訴訟時，若一方當事人援用和解協議進行抗辯，應該暫停訴訟程式，審查該糾紛是否由和解協議解決以及和解協議的效力。如果和解協議證明糾紛確已得到解決，且不存在涉及公共政策等底線事項，則應終止訴訟程式。如果和解協議證明不了糾紛已經得以解決，則應該由主管部門按照本國規定繼續進行上述程式。

三、「選擇適用」保留的局限性

　　保留聲明，可以讓締約國對公約的某些條款或原則進行選擇，從而排除或改變這些事項對該締約國的義務[56]。《新加坡調解公約》第8條規定的締約國可保留事項可以分為兩類：其一是在政府機構作為商事主體簽訂國際商事和解協議的情況下，締約國可以聲明不適用於本公約；其二是締約國可以保留聲明只有在當事人同意適用《新加坡調解公約》時，才能依

---

[54] 江偉主編，民事訴訟法專論，中國人民大學出版社，2005年，第76-77頁。

[55] 尹力，國際商事調解法律問題研究，武漢大學出版社，2007年，第171頁。

[56] 《維也納條約法公約》。

照公約的要求進行救濟。

　　第一類是對於政府這類特殊的主體作為商事活動當事人的特殊規則。在預設情況下，《新加坡調解公約》是可以適用於政府實體。但基於政府實體的特殊性，可能會存在國家安全或外交政策等事項，會有高於普通商事活動主體的要求，特別是在投資者——東道國國家爭端中[57]。為了避免將政府全面排除在外，《新加坡調解公約》通過設置此項保留，在這些特殊事項中進行平衡，回應締約國的特殊需求。但是，第二類當事人選擇適用的保留，筆者認為如果締約國都對此進行保留的話，會損害《新加坡調解公約》的效力。

（一）該條款的歷史沿革

　　在《新加坡調解公約》草案第三稿中，工作組提供了兩種選擇：第一是本公約的適用以當事人的明確同意為限；第二是除非當事人排除適用本公約，否則應適用本公約。在後來的四稿、五稿，以及最終的文本中，工作組都選擇了上述的第一種表述[58]。

　　在《新加坡調解公約》制定初期，大多數代表都支持將公約確立為選擇適用模式。和解協議的當事人通常來自不同國家，受制於國家法律和文化影響，和解協議的執行並非在每個國家都是成立的。通過當事人自主進行選擇，可以讓其了解和解協議能夠依據《新加坡調解公約》得到執行的可能性，對和解協議後續可能帶來的法律後果有個合理預期。此外，主管機關還能通過審查是否選擇適用來了解當事人對於調解發生的真實意願。

　　但是，隨著談判過程的推移，將公約確立為選擇排除模式陣營的代表逐漸增多。根據選擇排除模式，只要當事人沒有進行排除，那麼就默認公約是可以在當事人之間適用的，可以大大提升公約能夠得到適用的機會，

---

[57] Itai Apter, Coral Hening Muchnik, "Reservations in the Singapore Convention-Helping to Make the 'New York Dream' Come True", *Cardozo Journal of Conflict Resolution*, Vol. 20 (2019).

[58] 孫巍，「聯合國關於調解所產生的國際和解協議公約」立法背景及條文釋義，法律出版社，2018年，第90-91頁。

有利於將《新加坡調解公約》推廣開來。

最終，工作組以選擇排除模式為原則，但允許締約國可以對第8條保留條款提出聲明，公約僅在選擇模式下適用。

(二)「選擇適用」的消極影響

通常情況下，如果當事人沒有明確約定將某個公約排除適用，那麼公約應作為默認的適用法律[59]。具體到《新加坡調解公約》中看，倘若和解協議的當事人已經明確約定不適用本公約，那麼如果其中一方當事人根據公約對和解協議尋求救濟途徑的話，應按照「有悖於和解協議條款」拒絕准予救濟。這充分體現了對當事人之間約定的尊重。

但是，在《新加坡調解公約》的保留聲明中，締約國可以聲明該公約只適用於和解協議的當事人明確選擇適用的情況，即選擇適用模式。筆者認為，這項保留存在一定局限性。

首先，如果多數國家在此項保留中聲明，該公約是選擇適用模式，會降低《新加坡調解公約》的適用機會，從而可能會有損《新加坡調解公約》廣泛推廣。其次，選擇適用模式可能會導致當事人尋求救濟難以實現[60]。倘若甲國聲明《新加坡調解公約》是選擇適用模式，乙國未對此項進行聲明。在此種背景下，甲國的A和乙國的B達成國際商事和解協議，但未在和解協議中明確約定適用《新加坡調解公約》。那麼，當B向甲國法院尋求執行國際商事和解協議時，會出現無法執行的情況，B的權益無法得到保障。當事人只有明確了解此種聲明的存在，才能正確地表達出願意適用公約的意願，此項聲明加重了公約的推廣告知壓力，否則會讓公約流於形式不能產生效用。

[59] Timothy Schnabel, "The Singapore Convention on Mediation: A Framework for the Cross-border Recognition and Enforcement of Mediated Settlements", *Pepperdine Dispute Resolution Law Journal*, Vol. 19, Issue 1 (2019).

[60] Clements T., "The Singapore Convention: Towards a Universal Standard for the Recognition and Enforcement of International Settlement Agreements?", *Journal of International Dispute Settlement*, Vol. 11 (2020).

伍、結論

在國際商事糾紛解決機制中，調解是最能兼顧商事利益和糾紛解決的首選方式。過去，受制於國際商事和解協議執行效力不確定，調解作為商事糾紛的利用率較低。現在，有了《新加坡調解公約》的「保駕護航」，國際商事和解協議的執行力得到了認可，執行機制有章可循，為商事活動當事人提供了可預測性。

理論上，根據參與到國際商事調解的第三人的性質，可將其分為法院調解和民間調解。無論是在法院調解還是民間調解中形成的國際商事和解協議，其本質都是合同，具有合同上的約束力。但因為主持調解的主體性質不同，形成的國際商事和解協議可能以其他法律文書的形式展現，此時的效力非國際商事和解協議本身的效力，而是該法律文書具有的效力，如強制執行力。國際商事和解協議作為爭議解決的方案，是調解作為爭議解決機制的形成辦法，有學者建議將國際商事和解協議賦予可執行性，但未被廣泛接受。在各國立法中，有些國家只承認和解協議具有合同效力；有些國家通過司法確認程式賦予和解協議執行力；有些國家則更為進步，直接賦予和解協議以強制執行力，具有與仲裁裁決同等的法律效力，如印度。

正是基於理論界和各個國家對於和解協議沒有一個統一的態度，導致和解協議在國內執行面臨很多問題，更不用說國際商事和解協議的跨境執行了。

為促進國際商事調解事業的發展，貿易法委員會曾出台了《調解示範法2002》，並於2018年進行修正，發布《調解示範法2018》。《調解示範法2002》僅用一個條款簡單說明國際商事和解協議具有可執行性，具體程式和執行規定交由各國自行處理。《調解示範法2018》則專門增加一節對國際商事和解協議執行進行規定。可以從貿易法委員會對示範法的修正看出，經過16年的發展，各方對於國際商事和解協議執行的需求大大增強。《新加坡調解公約》應運而生。

《新加坡調解公約》是國際商事調解領域第一部國際公約性質的檔，一方面為國際商事和解協議提供了統一的認定標準，另一方面則直接賦予了國際商事和解協議可執行性，並設計了「執行地程式規則＋公約要求的條件」的執行模式。為避免當事國濫用自由裁量權，《新加坡調解公約》對當事國可以拒絕進行救濟的事項作出了窮盡式規定。《新加坡調解公約》凸顯了調解作為爭議解決的獨立價值，為國際商事調解的發展提供了優秀的制度保障。

但也應注意到，正是由於其進步性，《新加坡調解公約》的實施難度較大。首先，在公約已經生效的國家還沒構建起配套的相關機制，未簽署的國家對公約持有否定態度，這都限制了《新加坡調解公約》發揮其作用。其次，《新加坡調解公約》允許當事人在非執行程式援用和解協議進行抗辯，證明爭議已經得到解決。但並未對其具有的法律效果進行進一步的明確，這需要各國在日後出現此類案件中自行處理。再次，允許當事人選擇適用公約的保留聲明，會給公約的廣泛推行和當事人尋求救濟都帶來難度。因此，不管是在實踐應用還是在內容本身，《新加坡調解公約》都還是會具有一定的局限性，難以在短期內看到其效果。

但是，筆者認為，隨著時間的推移，各國國內法對國際商事和解協議的救濟會逐漸向著《新加坡調解公約》所設立的目標靠攏。對於未明確在非執行程式中援用和解協議的具體法律效果，在日後出現具體案件時，會在實踐中對該條款進行修正。整體來看，《新加坡調解公約》帶來的紅利更多。

筆者相信，隨著各國配套制度的逐漸完善，加入公約的國家越來越多，國際商事和解協議的救濟機制會越發成熟，《新加坡調解公約》一定能將國際商事調解推到一個新高度。

淺談緊急仲裁人保全救濟決定之執行

蔡惟鈞[*]

壹、前言

　　人類文明之推演，科學進步，交通工具的不斷更新，使得人類於交通往來上逐漸便利。自二次世界大戰以來，伴隨《關稅暨貿易總協定》（General Agreement on Tariffs and Trade）之發展，貿易之關稅壁壘大幅減少，亦帶動國際貨物貿易之推動[1]。而在頻繁之國際間貿易交流下，因文化經濟體制、商業慣例、政策規章差異，引起之爭端隨處可見，透過仲裁作為解決爭端之方式，於國際貿易和商業領域，亦隨之擴展[2]。因此，為推進我國仲裁之發展，使當事人願意選擇我國之仲裁機構進行仲裁，提升我國仲裁機構於國際上之地位，改善我國仲裁法制度之不足，乃極為重要之工作。

　　近年來商務仲裁之發展，緊急仲裁人程序（emergency arbitrator procedures）受到諸多關注。而該程序所要解決之問題，涉及仲裁之保全程序。關於仲裁之保全程序，於仲裁庭組成之後，採取法院與仲裁庭並存管轄之模式，已受到各主要國家（法域）採納。但在爭端發生後，至仲裁庭組成前，當事人若有聲請保全之必要，應向何者聲請保全救濟，則有爭議，亦係爭端當事人所關心之議題。因此，便有仲裁機構於修正機構規則時，引入緊急仲裁人程序，希望藉由該程序，解決仲裁庭組成前之保全程序問題。而在發展上，觀現今各仲裁機構之機構規則，緊急仲裁人程序儼

---

[*]　中國文化大學法學博士、中信金融管理學院財經法律學系助理教授。

[1]　See Okezie Chukwumerije, Choice of Law in International Commercial Arbitration 6, Praeger 1st ed., 1994.

[2]　See id. at 15.

然已成為標配，但於各國仲裁法制定與司法實踐中，仍有許多問題，其中受到最多重視者，便係緊急仲裁人所為保全救濟決定是否得聲請執行。於爭端解決之過程中，任何程序之結果若缺乏有效執行的可能，皆將變得無能為力，亦毫無用處，緊急仲裁人程序亦不例外。因此，各國立法與司法實務對於緊急仲裁人程序之態度，將會影響該程序未來之發展。而於中華民國仲裁協會推動我國仲裁法修正之今日，關於仲裁保全程序之部分，不僅應將焦點聚焦在仲裁庭所為臨時措施（interim measures）之上，亦應正視緊急仲裁人程序所帶來之改變與問題，才能使得仲裁法之修正更為全面。

　　鑑於上述，本文將針對仲裁保全程序下，緊急仲裁人程序之發展與所面臨之執行問題加以探究，藉由釐清該程序之脈絡，盼能作為我國未來立法與司法實務面對相關議題時之參考。首先，將從緊急仲裁人程序之背景出發，以說明緊急仲裁人程序之發展脈絡、意義與現況。次之，就緊急仲裁人所為保全救濟決定之執行問題為進一步之探討，並針對執行所面對之爭議提出本文之見解。最後，則係建議與展望，除釐清我國現行仲裁法下之問題，亦進一步提出未來修法之建議。本文雖為茅茨土階，但望能拋磚引玉，讓更多人關注緊急仲裁人程序之議題。

貳、緊急仲裁人程序概述

　　回顧緊急仲裁人程序之發展歷程，不難發現其係仲裁機構為了滿足當事人需求所創設之制度[3]。雖然於各國際組織與國家（法域）立法中，仍然少有將其列入規範者。但於各仲裁機構之機構規則中，已經常被提及，並且觀察仲裁實務之運作，緊急仲裁人程序亦確實受到當事人廣泛之使用。本文於此，將分別就緊急仲裁人程序之發展背景，以及緊急仲裁人程

---

[3] Diana Paraguacuto-Mahéo & Christine Lecuyer-Thieffry, Emergency Arbitrator: A New Player in The Field - The French Perspective, *Fordham Int'l L.J.*, Vol. 40 (2017), p. 749, 756.

序之意義與實踐現況進行介紹，以讓讀者了解緊急仲裁人程序之發展脈絡與現況。

一、緊急仲裁人程序之發展背景

對於仲裁程序之當事人而言，保全程序之迅速有效至關重要。然而，仲裁庭之組成往往需要耗費不少時間，從保全救濟之迅速性角度觀，對於欲透過仲裁庭尋求保全救濟之當事人而言，組建仲裁庭之過程即係一個危險的時期。在這時期，若當事人無法透過仲裁程序，迅速獲得其所尋求之保全救濟，亦將迫使當事人將爭端之解決返回法院程序。但於某些情況下，爭端之當事人選擇仲裁作為爭端解決之途徑，即係避免將爭端透過法院訴訟解決，同樣而論，當事人亦可能偏好將爭端之保全交由仲裁庭而非法院。因此，於仲裁庭組成前，若僅得向法院為保全裁定之聲請，顯然無法滿足爭端當事人之需求。舉例而言，當法院專業性與公正性受到當事人質疑時，雖然向法院聲請保全裁定係更為直接且有效之方式，但爭端當事人，仍會希望選擇仲裁庭作為保全程序之聲請對象，此時若仲裁庭尚未組成，當事人之需求便無法獲得滿足。

除上述情形外，法院於審查保全裁定時，必須就爭端事實進行評估，因此於仲裁庭組成前，將爭端事實的保全向法院為之，若法院駁回保全裁定之聲請，聲請保全裁定之當事人，則可能會認為開始仲裁程序並無意義，因為法院已對於聲請人主張，抱持著懷疑之態度；反之，若當事人之保全裁定請求得到法院之支持，相對方之當事人則會於法院訴訟體制中尋求救濟，反而使仲裁庭之組成延後，甚至可能由法院最終解決該爭議[4]。因而，一直以來，針對於仲裁庭組成前，當事人是否僅得被迫返回法院尋求保全救濟，存在著許多討論[5]。

歷經多年努力，基於追求保全程序迅速性之必要，各國在仲裁相關

---

[4] Grant Hanessian & E. Alexandra Dosman, Songs of Innocence and Experience: Ten Years of Emergency Arbitration, *Am. Rev. Int'l Arb.*, Vol. 27 (2016), p. 215

[5] *See* Marc J. Goldstein, A Glance into History for The Emergency Arbitrator, *Fordham Int'l L.J.*, Vol. 40 (2017), pp. 779, 785-793.

立法上，一直未有能力將上述之討論劃上句點[6]。但觀察各主要仲裁機構之機構仲裁規則，於尋求效率與滿足當事人之需求間，近年來紛紛推出緊急仲裁人程序，以對應仲裁庭組成前之保全救濟聲請。換言之，為了更加滿足當事人於仲裁庭組成前對於保全救濟之需求，各仲裁機構紛紛於其新修訂之機構仲裁規則中，納入緊急仲裁人程序，以應對仲裁庭尚未組成之際，當事人被迫返回法院聲請保全救濟之情形。

觀察緊急仲裁人程序之發展，緊急仲裁人程序之創設，最早得溯至20世紀末，由國際商會（International Chamber of Commerce）於1990年引入之《仲裁前裁判程序規則》（Pre-Arbitral Referee Procedure）[7]。該規則提供當事人選擇之可能，即當事人得以明確之意思表示，透過書面方式，選擇適用《仲裁前裁判程序規則》，於仲裁庭組成前，就緊急之爭議先行解決[8]。但值得注意者，係該規則於初期，並未受到當時之爭端當事人所歡迎，於該規則推出之前24年中，僅有14起案件，選擇適用該規則[9]。

時間來到1999年，美國仲裁協會通過《緊急保護措施選擇規則》（Optional Rules for Emergency Measures of Protection），當事人得透過選擇適用該程序，以防止立即與無法彌補之損害[10]。換言之，《緊急保護措施選擇規則》僅於當事人選擇時適用，若爭端之當事人未表示適用該規則時，美國仲裁協會則不得指定緊急仲裁人。而美國仲裁協會之國際爭端解決中心（International Centre for Dispute Resolution），則於2006年仲裁規則之修正中，通過緊急仲裁人程序條款，該條款首開近代緊急仲裁人

---

[6] Mahéo & Thieffry, supra note 3, at 751.

[7] ICC, *Pre-Arbitral Referee rules*, https://iccwbo.org/dispute-resolution-services/pre-arbitral-referee/rules/ (last visited 2022/2/3).

[8] Article 3.1 of the ICC Pre-Arbitral Referee rules: "An agreement to use the Pre-Arbitral Referee Procedure must be in writing."

[9] See Andrea Carlevaris & José Ricardo Feris, Running in the ICC Emergency Arbitrator Rules: The First Ten Cases, *Icc Int Court of Arbitration Bulletin*, Vol. 25, Issue 1 (2014), p. 25, 27

[10] Peter Michaelson, When Speed and Cost Matter: Emergency and Expedited Arbitration, *New Jersey Law Journal*, Vol. 218, Issue 4 (2014), p. 50, 52.

程序之先河，係第一個就仲裁庭組成前緊急程序採用「選擇退出」（opt out）模式之仲裁機構規則[11]。即依2006年修正後之美國仲裁協會國際爭端解決中心《國際爭議解決中心仲裁規則》（ICDR International Arbitration Rules）之規定，爭端當事人於選擇適用該規則時，即係默認得以進行緊急仲裁，除非當事人另有約定[12]。

於2006年後，許多仲裁機構之機構規則，皆相繼仿效美國仲裁協會國際爭端解決中心《國際爭議解決中心仲裁規則》，採納緊急仲裁人程序條款，並採取「選擇退出」模式，規定爭端當事人於選擇仲裁規則時，即默認同意該條款。修改或通過新規則採納緊急仲裁人程序之仲裁機構，包含：香港國際仲裁中心（Hong Kong International Arbitration Centre）[13]、新加坡國際仲裁中心（Singapore International Arbitration Centre）[14]、國際商會[15]、倫敦國際仲裁院（London Court of International Arbitration）[16]、澳洲國際商務仲裁中心（Australian Centre for International Commercial Arbitration）[17]與中國國際經濟貿易仲裁委員會（China International Economic and Trade Arbitration Commission）等[18]。

[11] Michelle Grando, *The Coming of Age of Interim Relief in International Arbitration: A Report from the 28th Annual ITA Workshop*, Kluwer Arbitration Blog, Jul. 20, 2016, http://arbitrationblog.kluwerarbitration.com/2016/07/20/the-coming-of-age-of-interim-relief-in-international-arbitration-a-report-from-the-28th-annual-ita-workshop/?print=print [https://perma.cc/HE3W-JBW3].

[12] Article 37 of the ICDR International Arbitration Rules 2006.

[13] Article 23.1 and Schedule 4 of the HKIAC Administered Arbitration Rules (2013).

[14] Article 26 and Schedule 1 of the SIAC Arbitration Rules (2010) (2013); Article 30 and Schedule 1 of the SIAC Arbitration Rules (2016).

[15] Article 29 and Appendix V of the ICC Arbitration Rules (2011) (2013) (2017) (2021).

[16] Article 9B of the LCIA Arbitration Rules (2014) (2020).

[17] Article 28 and Schedule 2 of the ACICA Rules (2011); Article 33 and Schedule 1 of the ACICA Rules (2016); Article 37 and Schedule 1 of the ACICA Rules (2021).

[18] Article 23 and Appendix III of the CIETAC Arbitration Rules (2015).

二、緊急仲裁人程序之意義與實踐現況

何謂緊急仲裁人程序，目前並未有精確且明確之定義，得觀察各採納該程序之機構仲裁規則，就緊急仲裁人程序規範之共同特徵加以釐清。首先，仲裁機構對於緊急仲裁人程序具有高度之主導權。觀察採納緊急仲裁人程序之機構仲裁規則，仲裁機構於緊急仲裁人程序中，通常具有「看門人」（gatekeeper）之角色。即當事人提出之緊急仲裁人程序聲請，係明顯而無法接受時（例如：不具仲裁協議或仲裁協議中明確拒絕適用緊急仲裁程序），仲裁機構得拒絕該聲請。

相關之規範得見，國際商會2021年版《仲裁規則》附件5第1條第5項規定：「如果仲裁院院長（院長）認為，根據請求書中提供之信息，可以參照仲裁規則第29條第5項和第6項適用緊急仲裁人規定，秘書處應向請求方轉發一份請求書及其所附文件。如果院長認為不適用該規定，則秘書處應告知各方當事人，不會就部分或全體當事人實施緊急仲裁人程序，並應向這些當事人轉發一份請求書以供參閱[19]。」即由國際商會仲裁院院長進行初步篩選，以決定緊急仲裁人條款是否適用。相似之規定，亦得見新加坡國際仲裁中心2016年版《仲裁規則》，該規則附則1第3條規定，仲裁中心之院長亦有決定新加坡國際仲裁中心是否接受緊急仲裁人程序之權力[20]。又於斯德哥爾摩商會仲裁院（Arbitration Institute of The Stockholm Chamber of Commerce），則依其2017年版《仲裁規則》附件2第4條第2項

---

[19] Article 1(5) of Appendix V of the ICC Arbitration Rules (2021): "If and to the extent that the President of the Court (the "President") considers, on the basis of the information contained in the Application, that the Emergency Arbitrator Provisions apply with reference to Article 29(5) and Article 29(6) of the Rules, the Secretariat shall transmit a copy of the Application and the documents annexed thereto to the responding party. If and to the extent that the President considers otherwise, the Secretariat shall inform the parties that the emergency arbitrator proceedings shall not take place with respect to some or all of the parties and shall transmit a copy of the Application to them for information."

[20] Article 3 of Schedule 1 of the SIAC Arbitration Rules (2016): "The President shall, if he determines that SIAC should accept the application for emergency interim relief, seek to appoint an Emergency Arbitrator within one day of receipt by the Registrar of such application and payment of the administration fee and deposits."

之規定，若斯德哥爾摩商會仲裁院明顯缺乏對該事件之管轄權，將不予指定緊急仲裁人[21]。

　　除仲裁機構於緊急仲裁人程序中，通常具有「看門人」之角色外，於各採納緊急仲裁人程序之仲裁機構，依其機構仲裁規則，就緊急仲裁人之任命，皆係由仲裁機構為之。此與仲裁程序中，由爭端當事人決定仲裁人之作法有著明顯所不同。例如：國際商會2021年版《仲裁規則》附件5第2條規定：「院長應在盡可能短的時間內，通常在秘書處收到請求書起2日內，任命緊急仲裁人[22]。」即由國際商會仲裁院之院長，任命緊急仲裁人。相似規定者，亦可見新加坡國際仲裁中心2016年版《仲裁規則》附則1第3條、香港國際仲裁中心2013年版《機構仲裁規則》附錄4第5條[23]、澳洲國際商務仲裁中心2021年版《仲裁規則》附錄1第2.1條[24]。質言之，緊急仲裁人程序即係透過當事人賦予仲裁機構高度之主導權，藉由仲裁機構選擇緊急仲裁人，避免當事人間就人選選擇，產生時間之浪費，以使程序之推進更有效率。

　　次之，係程序之迅速進行性。觀察各採納緊急仲裁人程序之機構仲裁規則，就仲裁人之任命，皆具有短時間內完成之要求。例如：新加坡

---

[21] Article 4(2) of Appendix II of SCC Arbitration Rules (2017): "An Emergency Arbitrator shall not be appointed if the SCC manifestly lacks jurisdiction over the dispute."

[22] Article 2(1) of Appendix V of the ICC Arbitration Rules (2021): "The President shall appoint an emergency arbitrator within as short a time as possible, normally within two days from the Secretariat's receipt of the Application."

[23] Article 5 of Schedule 4 of the HKIAC Administered Arbitration Rules (2013): "If HKIAC determines that it should accept the Application, HKIAC shall seek to appoint an Emergency Arbitrator within two days after receipt of both the Application and the Application Deposit."

[24] Article 2.1 of Schedule 1 of the ACIAC Arbitration (2021): "Upon receipt of an application for emergency interim measures of protection ACICA shall use its best endeavours to appoint an Emergency Arbitrator within 1 business day from the receipt of the application and shall notify the parties of the appointment as soon as possible thereafter. A prospective Emergency Arbitrator shall immediately in writing disclose to ACICA any circumstances likely to give rise to justifiable doubts as to his or her impartiality or independence. A party who intends to challenge an Emergency Arbitrator shall send notice of its challenge within one business day after being notified of the appointment of that arbitrator and the circumstances disclosed."

國際仲裁中心與斯德哥爾摩商會仲裁院之《機構仲裁規則》，皆要求仲裁機構就緊急仲裁人之任命，須於1日內完成[25]；香港國際仲裁中心與國際商會，係要求就緊急仲裁人之任命，須於2日內為之[26]；倫敦國際仲裁院係規定，係要求於3日內完成緊急仲裁人之任命[27]。又瑞士商會仲裁院（Swiss Chambers' Arbitration Institution）2021年版《瑞士國際仲裁規則》（Swiss Rules of International Arbitration）第43條第2項則係規定，於接到聲請、受理費和緊急程序之費用預存後，仲裁委員會應該「立即」指定緊急仲裁人[28]。

另外，就緊急仲裁人決定、命令或判斷之作出，各採納緊急仲裁人程序之機構仲裁規則中，亦有時間上之要求。例如：斯德哥爾摩商會仲裁院之規定為5日[29]；倫敦國際仲裁院與新加坡國際仲裁中心之規定為14

---

[25] Article 3 of Schedule 1 of the SIAC Arbitration Rules (2016); Article 4(1) of Appendix II of SCC Arbitration Rules (2017): "The Board shall seek to appoint an Emergency Arbitrator within 24 hours of receipt of the application."

[26] Article 5 of Schedule 4 of the HKIAC Administered Arbitration Rules (2013); Article 2(1) of Appendix V of the ICC Arbitration Rules (2021).

[27] Article 9.6 of the LCIA Arbitration Rules (2020): "The LCIA Court shall determine the application as soon as possible in the circumstances. If the application is granted, an Emergency Arbitrator shall be appointed by the LCIA Court within three days of the Registrar's receipt of the application (or as soon as possible thereafter). Articles 5.1, 5.7, 5.9, 5.10, 6, 9C, 10 and 16.2 (last sentence) shall apply to such appointment. The Emergency Arbitrator shall comply with the requirements of Articles 5.3, 5.4 and (until the emergency proceedings are finally concluded) Article 5.5."

[28] Article 43(2) of Swiss Rules of International Arbitration (2021): "As soon as possible after receipt of the Application, the Registration Fee, and the deposit for emergency relief proceedings, the Court shall appoint and transmit the file to a sole emergency arbitrator, unless (a) there is manifestly no agreement to arbitrate referring to these Rules, or (b) it appears more appropriate to proceed with the constitution of the arbitral tribunal and refer the Application to it."

[29] Article 8(1) of Appendix II of SCC Arbitration Rules (2017): "Any emergency decision on interim measures shall be made no later than 5 days from the date the application was referred to the Emergency Arbitrator pursuant to Article 6 of this Appendix. The Board may extend this time limit upon a reasoned request from the Emergency Arbitrator, or if otherwise deemed necessary."

日[30]；國際商會及香港國際仲裁中心則係15日[31]。雖然上述之時間，各採納緊急仲裁人程序之仲裁機構，於其機構仲裁規則中，皆設有彈性之延長機制（例如：斯德哥爾摩商會仲裁院附件2第8條第1項後段規定：「理事會根據緊急仲裁人之合理請求或認為有必要可延長期間。」），但不得否認者，即係各採納緊急仲裁人程序之仲裁機構，皆在確保程序之迅速進行性。質言之，不論係緊急仲裁人任命或緊急仲裁人所為保全救濟之完成，皆透過明確之時間規範，提醒仲裁機構和緊急仲裁人儘快完成相關程序。

　　再次之，即係具有為保全救濟決定之權限。根據所有採納緊急仲裁人程序之機構仲裁規則，緊急仲裁人皆具有充足之權力，考量和確定管轄權，建立快速之程序，並下令保全救濟。例如：斯德哥爾摩商會仲裁院2017年版《仲裁規則》附件2第1條第2項前段之規定：「緊急仲裁人擁有

---

[30] Article 9.8 of the LCIA Arbitration Rules (2021): "The Emergency Arbitrator shall decide the claim for emergency relief as soon as possible, but no later than 14 days following the Emergency Arbitrator's appointment. This deadline may only be extended by the LCIA Court in exceptional circumstances (pursuant to Article 22.5) or by the written agreement of all parties to the emergency proceedings. The Emergency Arbitrator may make any order or award which the Arbitral Tribunal could make under the Arbitration Agreement (excepting Arbitration and Legal Costs under Articles 28.2 and 28.3); and, in addition, make any order adjourning the consideration of all or any part of the claim for emergency relief to the proceedings conducted by the Arbitral Tribunal (when formed)."; Article 9 of Schedule 1 of the SIAC Arbitration Rules (2016): "The Emergency Arbitrator shall make his interim order or Award within 14 days from the date of his appointment unless, in exceptional circumstances, the Registrar extends the time. No interim order or Award shall be made by the Emergency Arbitrator until it has been approved by the Registrar as to its form."

[31] Article 6(4) of Appendix V of the ICC Arbitration Rules (2021): "The Order shall be made no later than 15 days from the date on which the file was transmitted to the emergency arbitrator pursuant to Article 2(3) of this Appendix. The President may extend the time limit pursuant to a reasoned request from the emergency arbitrator or on the President's own initiative if the President decides it is necessary to do so."; Article 12 of Schedule 4 of the HKIAC Administered Arbitration Rules (2013): "Any decision, order or award of the Emergency Arbitrator on the Application (the 'Emergency Decision') shall be made within fifteen days from the date on which HKIAC transmitted the file to the Emergency Arbitrator. This period of time may be extended by agreement of the parties or, in appropriate circumstances, by HKIAC."

仲裁規則第37條第1項至第3項所規定之權力。」該機構仲裁規則第37條第1項至第3項所規定者，即係仲裁庭為保全救濟決定之權限。換言之，緊急仲裁人亦具有核准保全救濟決定之權限。又新加坡國際仲裁中心2016年版《仲裁規則》附則1第8條前段規定：「緊急仲裁人有權作出其認為必要採取臨時措施之命令或判斷，包括於任何聽證、電話會議、視頻會議或者當事人交換陳述書之前得作出之初步命令。」即緊急仲裁人具有核准臨時措施之保全救濟決定之權限。但應特別注意者，雖然各採納緊急仲裁人程序之仲裁機構，於其機構規則中，皆賦予緊急仲裁人，為保全救濟決定之權限，但其仍係受到法律之拘束，於仲裁保全程序之立法採法院專屬管轄模式之國家（法域），法院仍係尋求保全程序之唯一途徑。

再再次之，係仲裁庭不受緊急仲裁人之拘束。緊急仲裁人所為之保全救濟決定，於各採納緊急仲裁人程序之機構仲裁規則中，皆設有明確之規範，指出其對於爭端之當事人具有拘束力。例如：依新加坡國際仲裁中心2016年版《仲裁規則》附則1第12條前段之規定：「當事人同意，緊急仲裁人根據附則1作出之命令或判斷，發出後即對當事人產生拘束力，並承諾立即、無延遲遵守臨時命令或判斷[32]。」相似之規定，於香港國際仲裁中心2013年版《機構仲裁規則》、國際商會2021年版《仲裁規則》與斯德哥爾摩商會仲裁院2017年版《仲裁規則》中亦可見得[33]。然而，觀察各採納緊急仲裁人程序之仲裁機構，於機構仲裁規則中，亦明確指出緊急仲裁

---

[32] Article 12 of Schedule 1 of the SIAC Arbitration Rules (2016): "The parties agree that an order or Award by an Emergency Arbitrator pursuant to this Schedule 1 shall be binding on the parties from the date it is made, and undertake to carry out the interim order or Award immediately and without delay."

[33] Article 16 of Schedule 4 of the HKIAC Administered Arbitration Rules (2013): "Any Emergency Decision shall have the same effect as an interim measure granted pursuant to Article 23 of the Rules and shall be binding on the parties when rendered. By agreeing to arbitration under these Rules, the parties undertake to comply with any Emergency Decision without delay."; Article 29(2) of the ICC Arbitration Rules (2021): "The emergency arbitrator's decision shall take the form of an order. The parties undertake to comply with any order made by the emergency arbitrator."; Article 9(1) of Appendix II of SCC Arbitration Rules (2017): "An emergency decision shall be binding on the parties when rendered."

人所為之保全救濟決定，對於仲裁庭而言，不具拘束力。即仲裁庭一經組成，便不受緊急仲裁人所作保全救濟決定之拘束，且仲裁庭得選擇確認、修改或解除緊急仲裁人所為之保全救濟決定[34]。

最後，係未排除法院就仲裁保全程序之管轄。即各採納緊急仲裁人程序之仲裁機構，於機構仲裁規則中，就仲裁之保全程序，皆維持並存模式之精神，除提供爭端當事人於仲裁庭組成前，向仲裁機構聲請進行緊急仲裁人程序外，亦未透過規範剝奪爭端當事人向法院為保全程序聲請之選擇權。

承上所述，得知緊急仲裁人程序於不同仲裁機構間，具有五項共同特徵，分別為：仲裁機構對於緊急仲裁人程序具有高度之主導權、程序之迅速進行性、具有為保全性救濟決定之權限、仲裁庭不受緊急仲裁人之拘束與未排除法院就仲裁保全程序之管轄等。掌握上述之特徵後，亦得對於緊急仲裁人程序之輪廓作進一步之釐清，本文於下所討論之緊急仲裁人程序，應係等待仲裁庭組成之過程中，經當事人提出聲請，由仲裁機構主導，以求快速解決仲裁保全性救濟爭議之程序。

另外，觀察緊急仲裁人程序於各採納該程序之仲裁機構之實踐現況。於新加坡國際仲裁中心，自2010年引入緊急仲裁人程序以來，至2020年底所接受之緊急仲裁人程序聲請共有114起[35]。單就2020年共有20起案件提出聲請，這20起聲請案件，最終皆獲得新加坡國際仲裁中心之

---

[34] Article 29(3) of the ICC Arbitration Rules (2021): "The emergency arbitrator's order shall not bind the arbitral tribunal with respect to any question, issue or dispute determined in the order. The arbitral tribunal may modify, terminate or annul the order or any modification thereto made by the emergency arbitrator."; Article 9(5) of Appendix II of SCC Arbitration Rules (2017): "An Arbitral Tribunal is not bound by the decision(s) and reasons of the Emergency Arbitrator."; Article 9.11 of the LCIA Arbitration Rules (2020): "Any order or award of the Emergency Arbitrator (apart from any order adjourning to the Arbitral Tribunal, when formed, any part of the claim for emergency relief) may be confirmed, varied, discharged or revoked, in whole or in part, by order or award made by the Arbitral Tribunal upon application by any party or upon its own initiative."

[35] SIAC, *SIAC Annual Report 2020*, https://www.siac.org.sg/images/stories/articles/annual_report/SIAC_Annual_Report_2020.pdf (last visited 2022/2/5).

接受[36]。另外，於香港國際仲裁中心，自從推出緊急仲裁人程序以來，至2020年共有27起聲請案，單就2020年共有14起聲請案[37]。

於國際商會，自2012年推出緊急仲裁人程序以來，至2017年底共有154起緊急仲裁人程序之聲請[38]。單就2020年共有32起案件提出聲請，涉及33個國家之當事人，在這些案件中，有14件涉及多方仲裁，7件涉及國家或主權實體之商業爭端[39]。2020年提出聲請之32起案件，有3件當事人撤回聲請，1件被國際商會仲裁院駁回，最後進到緊急仲裁人程序之27件案件則有14件被緊急仲裁人駁回，11件被全部或部分批准[40]。根據國際商會之統計，緊急仲裁人程序之平均審理時間則為15日[41]。

綜上所述，緊急仲裁人程序係各仲裁機構為了滿足當事人之需求所創設[42]。於各主要仲裁機構之機構規則中，緊急仲裁人程序已經常被提及。透過緊急仲裁人程序為保全救濟，對於許多之爭端當事人而言，係具有吸引力的，因為緊急仲裁人程序得使爭端保持於仲裁程序當中，亦得以無視某些法院無法給予仲裁援助之可能。又緊急仲裁人程序於仲裁實務中，實際之使用程度，則於近年來有明確之成長，從各機構之統計數字得知，許多爭端之當事人，已願意使用緊急仲裁人程序作為保全救濟之程序。換言之，從仲裁相關實務運作之角度觀察，緊急仲裁人程序亦確實受到當事人廣泛之使用與歡迎。本文以為，緊急仲裁人程序確實具有彌補仲裁庭組成前，當事人欲為保全救濟之請求，僅得向法院聲請之缺憾，並使當事人所望，不將爭議交由法院解決之需求得到滿足。質言之，緊急仲裁人程序之存在，有其明確之必要性。

---

[36] Id.

[37] HKIAC, *Statistic*, http://www.hkiac.org/about-us/statistics (last visited 2022/2/5).

[38] ICC, *ICC Dispute Resolution Statistics 2020*, https://iccwbo.org/publication/icc-dispute-resolution-statistics-2020/ (last visited 2022/2/5).

[39] Id.

[40] Id.

[41] Id.

[42] Paraguacuto-Mahé & Lecuyer-Thieffry, supra note 3, at 756.

參、緊急仲裁人所爲保全救濟決定之執行

　　從緊急仲裁人程序之發展脈絡得知，其係由仲裁機構針對當事人之需求而建構，並非係由國家（法域）之立法者所創設，亦無統一之國際協議，或政府間國際組織立法。但因各仲裁機構間，針對緊急仲裁人程序之設計，皆有著不同之巧思，因不同緊急仲裁人程序之內容，所造成之爭議亦隨之而生。在諸多爭議中，最讓人關注者，即係緊急仲裁人所爲保全救濟決定之執行問題，若缺乏有效執行之可能，緊急仲裁人程序將變得無能爲力，且緊急仲裁人所爲保全救濟亦毫無用處。本文於此，首先，將先針對緊急仲裁人所爲保全救濟決定執行爭議之現況進行說明，再就爭議所圍繞之癥結點，即緊急仲裁人程序之定位提出本文之看法，其中涉及緊急仲裁人之定位及緊急仲裁人所爲保全救濟決定是否具有「終局性」等兩個面向，望能作爲我國未來仲裁制度發展之參考。

一、緊急仲裁人所爲保全救濟決定之執行爭議

　　於仲裁之相關討論中，執行一直是一個受到熱議之焦點。而近年來，又再度迎來艱難之新挑戰，即係緊急仲裁人所作保全救濟決定之執行。儘管緊急仲裁人程序近期受到仲裁機構與爭端當事人之歡迎，實際上緊急仲裁人所作保全救濟決定之可執行性仍有疑問[43]。緊急仲裁人所作之保全救濟決定之執行，原則上須仰賴法院爲之，但觀察當前國際組織及國家（法域）之仲裁相關立法，絕大多數之立法與實踐中，卻並未就緊急仲裁人程序問題爲近一步規範與闡述。縱使提供緊急仲裁人程序之仲裁機構，於其機構仲裁規則中明確指出，緊急仲裁人所作出之保全救濟決定，對當事人具有拘束力，但直至今日，緊急仲裁人所爲之保全救濟決定，其

---

[43] Alessandro Villani & Manuela Caccialanza, *Interim Relief through Emergency Arbitration: An Upcoming Goal or Still an Illusion*, Kluwer Arbitration Bloug, Jul. 14, 2017, http://arbitrationblog.kluwerarbitration.com/2017/07/14/interim-relief-emergency-arbitration-upcoming-goal-still-illusion/ [https://perma.cc/V9WT-FK8Q].

有效性，及可執行性，卻仍未明確受到大多數國家（法域）立法之肯定。

在說明緊急仲裁人所為保全救濟決定是否得以執行之爭議時，依目前各國仲裁相關立法與司法實踐之發展，有兩個主要之思考方向，而差異之產生，在於該國立法是否有對於仲裁庭所為臨時措施之執行設有規定。分述如下：

（一）就仲裁庭所為臨時措施設有執行規範之國家

觀察各國之立法與實踐，得以發現在部分已對於仲裁庭所為臨時措施之執行有明確規範之國家（法域），其對於緊急仲裁人所為保全救濟決定執行問題之討論，著重於是否得將緊急仲裁人所為保全救濟決定，視為臨時措施。即係是否得透過與執行臨時措施相同之方式，執行緊急仲裁人所為之保全救濟決定[44]。此問題之癥結，主要會落在緊急仲裁人所為之決定，是否係由一個可被定義為仲裁人之裁決主體，根據當事人之臨時救濟請求所作出之決定。

部分設有就臨時措施執行設有明確立法之國家（法域），近期亦意識到執行緊急仲裁人所為保全救濟決定之困難，已有部分國家（法域）透過修法或立法之方式，解決上述之問題。以新加坡為例，其於2012年修正其《國際仲裁法》143A章，該法案修正仲裁庭之定義，使其包括透過仲裁規則任命之緊急仲裁人[45]。此修正之目的，即係為確保緊急仲裁人之命令或判斷，於新加坡法院得以採用與仲裁庭相同之方式獲得執行[46]。換言

---

[44] Fabio G. Santacroce, The Emergency Arbitrator: A Full-Fledged Arbitrator Rendering an Enforceable Decision, *Arbitration International*, Vol. 31 (2015), p. 283, 306.

[45] Article 2(1) of the International Arbitration Act (Singapore): "'arbitral tribunal' means a sole arbitrator or a panel of arbitrators or a permanent arbitral institution, and includes an emergency arbitrator appointed pursuant to the rules of arbitration agreed to or adopted by the parties including the rules of arbitration of an institution or organization."

[46] SIAC, *Singapore Makes Key Amendments to the International Arbitration Act*, Jun. 26, 2012, http://www.siac.org.sg/2013-09-18-01-57-20/2013-09-22-00-31-29/archive-2012/236-singapore-makes-key-amendments-to-the-international-arbitration-act> [https://perma.cc/X67W-H746].

之，新加坡於2012年修正其《國際仲裁法》143A章時，除明確將緊急仲裁人視為仲裁人外，亦使得緊急仲裁人所為之保全救濟決定，得以臨時措施之方式獲得執行。

又2013年香港亦對於其《仲裁條例》進行修正。該次修正案中，香港《仲裁條例》並未將緊急仲裁人與仲裁人劃上明確之等號，但亦另外就緊急仲裁人所為保全救濟決定之執行為特別之規定[47]。即緊急仲裁人所為之保全救濟決定，不論係否於香港作為仲裁地所作出，皆可依香港《仲裁條例》第22B條，向香港法院聲請執行。換言之，香港於2013年修正《仲裁條例》時，並未選擇與新加坡2012年修正其《國際仲裁法》143A章相同之方式，其並未將緊急仲裁人與仲裁人之關係，作出明確之定義，但卻透過單獨立法之方式，替緊急仲裁人程序開創一個友善之環境。

除上述之新加坡與香港外，另一個值得關注者，便係印度之發展。印度於其2015年《仲裁與調解法修正案》中（Arbitration and Conciliation Amendment Act, 2015）就第17條加入第2項之規定，賦予仲裁庭所為臨時措施同於法院命令之效力，得依1908年《民事訴訟法》獲得執行。雖然，於印度2015年修正《仲裁與調解法》時，並未將緊急仲裁人之概念納入規範當中，但於2021年之司法實踐中，卻有一個讓人振奮之發展。2021年Amazon.com NV Investment Holdings LLC v. Future Retail Ltd.案[48]，印度最高法院同意執行由新加坡國際仲裁中心指定的緊急仲裁庭作出之保全救濟決定。印度最高法院認為《仲裁與調解法》第17條中所稱之「仲裁庭」一詞，應包括緊急仲裁人。換言之，印度雖然沒有如同新加坡透過明文立法之方式，修正仲裁庭之定義，但卻透過司法實踐對於仲裁庭之定義作出解釋，使其包括透過仲裁規則任命之緊急仲裁人。觀印度最高法院於該案同意執行緊急仲裁人所為保全救濟決定之原因，主要有二，其一係緊急仲裁

---

[47] Article 22B(1) of the Arbitration Ordinance (Hong Kong): "Any emergency relief granted, whether in or outside Hong Kong, by an emergency arbitrator under the relevant arbitration rules is enforceable in the same manner as an order or direction of the Court that has the same effect, but only with the leave of the Court."

[48] CIVIL APPEAL Nos. 4492-4493 OF 2021.

人程序得有效疏通壅塞之法院系統；其二則係該程序能給予當事人即時有效的救濟[49]。

　　然而，關於印度之發展若進一步觀察，則會有一個不容忽視之問題產生，即係對於仲裁地於印度以外地區之緊急仲裁人程序所為之保全救濟決定，並不適用上述印度最高法院之判決。因為印度《仲裁與調解法》第17條之規定，並不適用於仲裁地位於印度境外之外國仲裁[50]。故對於仲裁地與印度以外地區之緊急仲裁人程序所為之保全救濟決定是否得於印度獲得承認與執行，則仍有很大之變數。而就此之討論，一個很重要之爭點，則必須回到1958年《紐約公約》之上，以判斷緊急仲裁人所為之保全救濟決定是否在其適用範圍之內。

(二) 就仲裁庭所為臨時措施未設有執行規範之國家

　　不同於上述就仲裁庭所為臨時措施設有執行規範之國家（法域），在未設有臨時措施執行規範之國家（法域），就緊急仲裁人所為之保全救濟決定是否得以獲得執行，主要討論之癥結，則在於其是否係具有「終局性」。即緊急仲裁人所為之保全救濟決定，是否得被視為具有終局性，且有拘束力之裁決，得依國內法一般仲裁判斷執行之規範獲得執行，或是否得透過1958年《紐約公約》聲請承認與執行。

　　從仲裁庭所為臨時措施執行之發展觀，於未採明文方式規範臨時措施執行議題之國家（法域），有關臨時措施是否得透過法院執行之相關討論，最受關注之問題，分別係：(1)仲裁人所為保全救濟決定之形式與性質；(2)仲裁庭所為保全救濟決定，是否得為依國內法一般仲裁判斷執行之規範獲得執行，或是否得透過1958年《紐約公約》聲請承認與執行[51]。但仔細觀察上述兩個問題，得以發現，兩者間其實具有一體兩面之關係。不論係國內仲裁法就一般仲裁判斷之執行規範，或1958年《紐約公約》，

---

[49] *Id.*, 32, 35.

[50] Bharat Aluminium Co v. Kaiser Aluminium Technical Services, CIVIL APPEAL No. 7019 OF 2005.

[51] See Hanessian & Dosman, supra note 4, at 230-35. See Villani & Caccialanza, *supra* note 43.

所規範之對象皆為「判斷」（award），而所謂之「判斷」，大多數之論者則以為，其所指者係具「終局性」之判斷而言[52]。因此，臨時措施是否係以「判斷」之形式作出，性質上是否為最終仲裁判斷，成為是否得適用一般仲裁判斷的執行規範，或1958年《紐約公約》向法院聲請承認與執行之關鍵。而上述之問題，除就臨時措施之執行外，亦適用於緊急仲裁人所為保全救濟決定之執行上。

　　另外，受到許多論者注意者，係2003年於法國之Societé Nationale des Petroles du Congo v. Total Fina Elf. Congo案。法國上訴法院對於國際商會之仲裁前裁判程序作出裁決，認為仲裁前裁判程序所作出之命令，僅得作為仲裁協議之一部分，即與契約具有相同之效力，進而法國上訴法院拒絕將仲裁前裁判程序所作出之命令作為仲裁判斷執行[53]。換言之，法國法院係將仲裁前裁判，定義為不具管轄權第三方主體所作之決定，無法與仲裁庭所為之保全救濟決定相同予以執行，僅具有契約之價值。然而，2003年法國法院於該案中，就國際商會之仲裁前裁判程序所作出之裁決，不得為執行之決定，是否仍會影響現今緊急仲裁人程序下，緊急仲裁人所為保全救濟決定之執行，則成為部分論者所擔心之議題[54]。

　　綜上所述，得以發現於討論緊急仲裁人所為保全救濟決定是否得聲請執行時，最主要需要釐清者，即係緊急仲裁人程序之定位。質言之，緊急仲裁人程序之有效性，即係取決於緊急仲裁人是否被視為一個可被定義為仲裁人之裁決主體，及其所為之保全救濟決定是否係一個具有終局性之裁決。雖然，於仲裁實務中得以發現，仲裁協議當事人自願遵守仲裁庭所為臨時措施之機率很高，讓人亦有充足之理由期待，仲裁協議當事人對於緊急仲裁人所為之保全救濟決定，同樣會加以遵守[55]。但仍不得不去注意

[52] See Stefan Kröll, The Non-Enforceability of Decisions Rendered in Summary Arbitral Proceedings Pursuant to the NAI Rules Under The New York Convention, *Am. Rev. Int'l Arb.*, Vol. 23 (2012), p. 75, 94

[53] Villani & Caccialanza, supra note 43.

[54] *Id.*

[55] William G. Bassler, The Enforceability of Emergency Awards in The United States: or When

者，即係於部分之實例中，仍有頑強之當事人，會刻意去忽視緊急仲裁人所為之保全救濟決定，此時將可能對緊急仲裁人程序造成破壞[56]。因此，本文於後將對於緊急仲裁人於仲裁程序中之定位，與緊急仲裁人所為保全救濟決定是否具有終局性等兩個問題加以釐清。

二、緊急仲裁人程序之定位

(一)緊急仲裁人於仲裁程序中之定位

　　有關緊急仲裁人定位問題之爭論，緊急仲裁人之地位所牽涉者，即係緊急仲裁人所為保全救濟決定之執行。若緊急仲裁人，於仲裁程序中之地位得視為仲裁人，則其所為之保全救濟決定，就有透過與仲裁判斷或臨時措施相同規範獲得執行之可能。反之，若將緊急仲裁人定義為不具管轄權之第三方主體，其所作之保全救濟決定，則無法透過與仲裁判斷或臨時措施相同之方式，予以執行。此時，緊急仲裁人所為之保全救濟決定，將僅具有契約之價值，雖然仲裁協議之當事人，仍有遵守緊急仲裁人指示之義務，但其效力將大打折扣[57]。

　　於眾多緊急仲裁人地位之爭論中，存有許多不同之意見。有主張緊急仲裁人非仲裁人者，認為緊急仲裁人程序僅係仲裁機制中，類似於委員會或多層次爭端解決條款（multi-tiered dispute resolution clause）之程序[58]。有主張緊急仲裁人為仲裁人，而適用仲裁法中有關仲裁庭（仲裁人）之規範者，認為緊急仲裁人名稱之使用，即係暗示其為仲裁人[59]。亦有從仲裁人、仲裁庭及緊急仲裁人之職責出發，認為大多數採納緊急仲裁人程序之仲裁機構，於其機構仲裁規則中，緊急仲裁人與仲裁人及仲裁庭間，具有

Interim Means Final, *Arbitration International*, Vol. 32 (2016), p. 559, 573.

[56] Yahoo! Inc. v. Microsoft Corp., 983 F.Supp.2d 310 (SDNY 2013).

[57] Santacroce, supra note 44, at 290.

[58] See Charles Jarrosson, *Note - Cour d'appel de Paris (1re Ch. C), 29 avril 2003*, Revue De L'arbitrage, 2003, 1299.

[59] MAYER (P.), Référé pré-arbitral CCI, Journal du droit international (Clunet), 2004, No. 2, p. 493.

職責之相似性，足以表明緊急仲裁人係仲裁相關立法與機構仲裁規則中之仲裁人，而無須進一步加以定義者[60]。

　　本文以為，是否得因緊急仲裁人之名稱中，有仲裁人之用字，即認為其係仲裁人，則有所未必。就緊急仲裁人之定位爭論，理應回歸仲裁之法律性質進行討論。造成緊急仲裁人之定位不明，其背後之原因，最主要者，即係大多數國際組織與國家（法域）之仲裁相關立法，以及各仲裁機構之機構規則中，皆並未針對緊急仲裁人為單獨之定義[61]。讀者從前述緊急仲裁人程序功能與目的之角度，雖得以將緊急仲裁人定義為仲裁機構於仲裁庭成立之前，由仲裁機構任命有權為保全性暫時措施之第三主體。但不得否認者，此定義並未解決緊急仲裁人是否為仲裁人之議題。質言之，雖然於許多仲裁機構之仲裁規則中，已明確提及緊急仲裁人，但多數國際組織及國家（法域）之仲裁相關立法，於制定或修正時，皆未將緊急仲裁人程序納入考量之範圍，以致於仲裁相關立法中，並未明確就緊急仲裁人進行定義，亦無法明確釐清，其是否為該法中所稱之仲裁人。

　　針對緊急仲裁人定位之疑義，必須面對者，即係何謂仲裁人。但不難發現，許多國際組織立法與國家（法域）中，就仲裁人亦並未設有明確之定義，例如：2006年《模範法》、英格蘭《仲裁法》、澳洲《商事仲裁法》與最新於2018年通過之阿根廷《國際商事仲裁法》。除此之外，從多數國際組織及國家（法域）之仲裁立法立法中，就仲裁庭之定義觀，則往往又指回對於仲裁人之描述。例如：2006年《模範法》第2條規定，所謂之仲裁庭，係指一名獨任仲裁人或一個仲裁團體；香港《仲裁條例》第2條第1項規定，所謂之仲裁庭，係指一名獨任仲裁人或一組仲裁人，並包括一名公斷人[62]。

　　於此，先試著從仲裁之法律性質出發，以理解仲裁人之意義。仲裁

---

[60] See Jason Fry & Clifford Chance, The Emergency Arbitrator - Flawed Fashion or Sensible Solution? *Disp. Resol. Int'i*, Vol. 7, No. 2 (2013), p. 179, 187.

[61] Santacroce, supra note 44, at 290.

[62] Article 2(1) of the Arbitration Ordinance (Hong Kong): "*arbitrator*, except in sections 23, 24, 30, 31, 32 and 65 and section 1 of Schedule 2, includes an umpire."

之法律性質,不僅係單存基於「契約」或「準司法關係」之作用而生,而係同時具備此兩種特徵。換言之,仲裁之法律行職,同時具有「契約」與「準司法關係」之雙面特徵。因此,於定義仲裁人時,釐清其法律性質,所應具備之「契約」與「準司法關係」雙面性,係極為重要之一環。

仲裁人之「契約」特徵,所體現者,係仲裁人之權限,應係由當事人間之仲裁協議賦予,即係透過私法關係取得管轄權。而仲裁人就「準司法關係」之體現,即係根據法律原則解決爭議,並且其決定、判斷或命令於當事人間具有拘束力[63]。此處,所謂之「爭議」,應係指任何仲裁協議範圍內之爭議,不論是涉及案件事實或保全皆屬之。質言之,所謂之仲裁人,係指經由當事人間之仲裁協議賦予權限,根據法律原則解決爭議,且其所為決定、判斷或命令於仲裁協議之當事人間具有拘束力者。

於探討緊急仲裁人是否得視為仲裁人時,所須要釐清者,即係緊急仲裁人之法律性質,是否仲裁人一般具備「契約」與「準司法關係」之雙面特徵。換言之,若緊急仲裁人之法律性質,具有「契約」與「準司法關係」之雙面特徵,則得以將其視為仲裁人待之,而其所為之保全救濟決定,即可視為仲裁人所為,並依據與仲裁判斷或仲裁人所為臨時措施相同之方式,獲得執行。對此,須先釐清者,即係緊急仲裁人之權限,是否源於當事人間之仲裁協議。近年來,各主要仲裁機構之機構規則中,皆有納入緊急仲裁人程序,因而當事人選擇一機構規則具有「緊急仲裁人程序」之仲裁機構,並適用其機構規則時,當事人即係透過仲裁協議,賦予緊急仲裁人權限,根據法律原則解決爭議[64]。因此,難謂緊急仲裁人之權力,非經由各方當事人之同意而生。故緊急仲裁人之權限,係源於契約自由下,當事人意思自治之選擇,應係不得否認之事實。但如前所述,緊急仲裁人若僅具有「契約」之單面性質,其所為之決定,應僅生契約之效力,若要將其視為仲裁人,其仍需具有「準司法關係」之特徵。

就緊急仲裁人是否具有「準司法關係」之特徵,得先從其功能性

---

[63] Philippe Founchard, Emmanuel Gaillard & John Savage, Fouchard Gaillard Goldman on International Commercial Arbitration 12, CITIC Publishing house 1st ed., 2004.

[64] Santacroce, supra note 44, at 292.

予以觀察。仲裁人之任務，具有替代國家法院，從而解決與判斷爭議功能[65]。而仲裁人替代司法之功能，即係其能夠與調停（conciliation）、調解（mediation）等專家訴訟外紛爭解決程序區分之關鍵，亦係「準司法關係」特徵之展現。見各主要仲裁機構之機構規則，就緊急仲裁人程序之內容，皆賦予緊急仲裁人具有核發臨時保全救濟之權限。於核發臨時保全救濟決定時，緊急仲裁人必須遵守仲裁程序之相關規定，並且必須符合公正性和獨立性之要求[66]。舉例而言，瑞士商會仲裁院2012年版《瑞士國際仲裁規則》第43條第4項：「規則第9條至第12條同樣適用於緊急仲裁人，但第11條第1款和第11條第2款規定的迴避期限除外。對緊急仲裁員的迴避期限縮短為3日[67]。」與同規則第43條第6項：「緊急仲裁人可以以自己認為合適的方式對緊急救濟程序進行處理，考慮該程序的內在緊急性並確保任何一方當事人都有合理的機會針對聲請作出陳述[68]。」即緊急仲裁人必須遵守仲裁程序之相關規定，並且必須符合公正性和獨立性之要求，就像任何仲裁人與國家法院之法官一樣。質言之，若緊急仲裁人係遵守仲裁程序之相關規定，並且符合公正性和獨立性之要求參與爭端之解決時，得謂其如同仲裁人一般，亦具有替代司法之功能。

　　另一個判斷緊急仲裁人，是否具有「準司法關係」特徵之重要指標，即係緊急仲裁人就「管轄權自裁」（competence-competence principle）之能力。仲裁人具有該管轄權自裁之權限基礎，係來自於仲裁之「準司法關係」特徵，並非源自於仲裁協議，因為該權限之行使，於

---

[65] Founchard, Gaillard & Savage, supra note 63.

[66] See Article 43 of the Swiss Rules of International Arbitration (2012); Schedule 4 of HKIAC Administered Arbitration Rules (2013); Schedule 1 of the SIAC Arbitration Rules (2016).

[67] Article 43(4) of the Swiss Rules of International Arbitration (2012): "Articles 9 to 12 shall apply to the emergency arbitrator, except that the time-limits set out in Articles 11(1) and (2) are shortened to three days."

[68] Article 43(6) of the Swiss Rules of International Arbitration (2012): "The emergency arbitrator may conduct the emergency relief proceedings in such a manner as the emergency arbitrator considers appropriate, taking into account the urgency inherent in such proceedings and ensuring that each party has a reasonable opportunity to be heard on the Application."

仲裁協議具有缺陷之情況下，亦可適用[69]。換言之，若緊急仲裁人僅具備
「契約」之單面性質，其將不具有管轄權自裁之能力。

　　觀察各主要仲裁機構，就緊急仲裁人程序規範之內容，新加坡國際
仲裁中心2016年版《新加坡國際仲裁中心仲裁規則》附則1第7條規定：
「緊急仲裁人應當儘快，且在任何情況下，均應在收到指定通知之日起的
2天內，作出有關審理緊急臨時救濟申請的工作時間表。該工作時間表應
當給予各當事人合理的陳述意見機會，並可以規定採用採用電話會議、視
頻會議或者交換陳述書的審理方式進行該程序，以替代須要親自出庭的方
式。緊急仲裁人具有本規則賦予仲裁庭的各項權力（包括自裁管轄權的權
力），但不影響此後的仲裁庭的決定[70]。」及香港國際仲裁中心2013年版
《機構規則》附錄4第11條規定：「緊急仲裁人可以其認為適當之方式進
行緊急救濟程序。緊急仲裁人應考慮到此程序之內在緊迫性，確保當事各
方均就申請有合理之機會陳述意見。緊急仲裁人有權決定對其管轄權之抗
辯，包括就仲裁條款和單獨的仲裁協議之存在、效力及範圍之意義。緊急
仲裁人也應決定任何有關附錄是否適用的爭議[71]。」即得發現，不論係新

---

[69] Santacroce, supra note 44, at 294.

[70] Article 7 of Schedule 1 of the SIAC Arbitration Rules (2016): "The Emergency Arbitrator shall, as soon as possible but, in any event, within two days of his appointment, establish a schedule for consideration of the application for emergency interim relief. Such schedule shall provide a reasonable opportunity for the parties to be heard, but may provide for proceedings by telephone or video conference or on written submissions as alternatives to a hearing in person. The Emergency Arbitrator shall have the powers vested in the Tribunal pursuant to these Rules, including the authority to rule on his own jurisdiction, without prejudice to the Tribunal's determination."

[71] Article 11 of Schedule 4 of the HKIAC Administered Arbitration Rules (2013): "Taking into account the urgency inherent in the Emergency Relief proceedings and ensuring that each party has a reasonable opportunity to be heard on the Application, the Emergency Arbitrator may conduct such proceedings in such a manner as the Emergency Arbitrator considers appropriate. The Emergency Arbitrator shall have the power to rule on objections that the Emergency Arbitrator has no jurisdiction, including any objections with respect to the existence, validity or scope of the arbitration clause(s) or of the separate arbitration agreement(s), and shall resolve any disputes over the applicability of this Schedule."

加坡國際仲裁中心或香港國際仲裁中心，兩者皆賦予緊急仲裁人，得為管轄權自裁之權力。除上述之兩者外，同樣之規定，亦得見於國際商會2017年版《仲裁規則》附件5第6條第2項[72]。

於上述之仲裁機構中，從其機構規則之內容，得知緊急仲裁人具有管轄權自裁之權限，即於上述仲裁機構之機構規則下，緊急仲裁人不僅係具有「契約」之特徵，同時亦具有「準司法關係」之特徵。質言之，雖然緊急仲裁人不會就仲裁之爭議提出最終判斷，且僅會就仲裁協議範圍內之爭議作出於有限時間內有效之措施，但皆未改變緊急仲裁人之法律性質，所具備之「契約」與「準司法關係」雙面性，其確實是一名仲裁人。但仍值得注意者，係例如斯德哥爾摩商會仲裁院2017年版《仲裁規則》、瑞士商會仲裁院2012年版《瑞士國際仲裁規則》與澳洲國際商務仲裁中心2016年版《仲裁規則》，皆未就緊急仲裁人是否具有管轄權自裁之權限進行明文指示。

雖然，有主張緊急仲裁人並非仲裁人者，認為同一爭議不應分為2名（組）仲裁人為爭端之解決。即認為若緊急仲裁人為仲裁人，當緊急仲裁人之決定與仲裁人之決定有衝突時，將在同意爭議中，造成相互衝突之情況，因兩者具有同等之地位[73]。但此質疑並不可行之處，在於各主要仲裁機構之機構規則，於緊急仲裁人程序之規範中，皆有就緊急仲裁人與仲裁人兩者間之地位，內建有隱藏之差距[74]。此地位之差距，得從仲裁庭成立後，得修改或廢止緊急仲裁人所為決定得知。舉例而言，於新加坡國際仲裁中心2016年版《新加坡國際仲裁中心仲裁規則》附則1第10條、香港國際仲裁中心2013年版《機構規則》附錄4第18條及國際商會2017年版《仲

---

[72] Article 6(2) of Appendix V of the ICC Arbitration Rules (2021): "In the Order, the emergency arbitrator shall determine whether the Application is admissible pursuant to Article 29(1) of the Rules and whether the emergency arbitrator has jurisdiction to order Emergency Measures."

[73] Baruch Baigel, The Emergency Arbitrator Procedure under the 2012 ICC Rules: A Juridical Analysis, *Journal of International Arbitration*, Vol. 31 (2014), p. 1, 9.

[74] Santacroce, supra note 44, at 299.

裁規則》第29條第3項之規定中，皆得發現此隱藏地位差距之存在[75]。

　　另外，反對視緊急仲裁人為仲裁人者，亦有主張因緊急仲裁人之選任係由仲裁機構主導，並非由仲裁協議之當事人選任，而有違反仲裁之本質，不得認其為仲裁人者[76]。從上述緊急仲裁人所具有之「契約」特徵論之，緊急仲裁人程序應係仲裁協議之當事人選擇仲裁機構與其機構規則時，所一併選擇，且若當事人不願意選擇緊急仲裁人程序亦可約定排除。而就緊急仲裁人之選任，應認為係仲裁協議之當事人，透過仲裁協議授權仲裁機構為之。因此，以仲裁協議之當事人，不得選任緊急仲裁人為由，遽而否定將緊急仲裁人視為仲裁人，並非有理由。

　　綜上所述，應將緊急仲裁人視為仲裁人，其法律性質具備仲裁人所應具備之「契約」及「準司法關係」雙面性。而上述，否認將緊急仲裁人視為仲裁人之立論，亦皆不構成實質之障礙。因此，本文進一步建議，即係不論仲裁機構之機構規則或國家（法域）立法，於建構緊急仲裁人程序時，應將緊急仲裁人於仲裁程序中之地位予以明確化，以弭平相關之爭議。

---

[75] Article 7 of Schedule 1 of the SIAC Arbitration Rules (2016): "The Emergency Arbitrator shall have no power to act after the Tribunal is constituted. The Tribunal may reconsider, modify or vacate any interim order or Award issued by the Emergency Arbitrator, including a ruling on his own jurisdiction. The Tribunal is not bound by the reasons given by the Emergency Arbitrator. Any interim order or Award issued by the Emergency Arbitrator shall, in any event, cease to be binding if the Tribunal is not constituted within 90 days of such order or Award or when the Tribunal makes a final Award or if the claim is withdrawn."; Article 18 of Schedule 4 of the HKIAC Administered Arbitration Rules (2013): "Any Emergency Decision may, upon a reasoned request by a party, be modified, suspended or terminated by the Emergency Arbitrator or the arbitral tribunal (once constituted)"; Article 29(3) of the ICC Arbitration Rules (2017): "The emergency arbitrator's order shall not bind the arbitral tribunal with respect to any question, issue or dispute determined in the order. The arbitral tribunal may modify, terminate or annul the order or any modification thereto made by the emergency arbitrator".

[76] Baigel, supra note 73, at 14.

(二)緊急仲裁人所為保全救濟決定是否具有終局性

關於緊急仲裁人所為保全救濟決定是否係具有「終局性」之裁決，得以將各國司法實務對於「終局性」之理解作為基礎進行釐清。而在美國之司法實踐中，得看到一些值得注意之實例。就仲裁庭所為臨時措施之執行，美國法院似乎採取非形式主義方式為之，使得有效與高效解決糾紛成為可能。觀察其相關司法實踐，法院多次允許當事人依賴關於執行一般仲裁判斷之規定，以確保臨時救濟之執行。

於2000年之Publicis Communication v. True North Communications, Inc.案[77]，美國第七巡迴上訴法院即駁回被告所提出，質疑臨時措施可執行性之企圖，並拒絕就「命令」（order）與「判斷」進行區分。美國第七巡迴上訴法院認為，儘管聯邦仲裁法案使用判斷和終局等語，但不應拘泥於文字之解釋，應該深入研究其「實質」和「影響」[78]。美國第七巡迴上訴法院亦於判決之最後指出，就算仲裁庭將臨時措施標示為「命令」而不是「判斷」，但仲裁庭之臨時措施決定，對於其所涉及之這一部分，係最終決定[79]。質言之，美國第七巡迴上訴法院，認為其並不受臨時措施之標示所拘束，無論其係「命令」或「判斷」，應深入研究其「實質」與「影響」，以確定聲請執行之臨時措施，是否具有「終局性」。

又於2006年Arrowhead Global Solutions, Inc. v. Datapath, Inc.案[80]，聯邦第四巡迴上訴法院，援引美國第七巡迴上訴法院於Publicis Communication v. True North Communications, Inc.案之見解，並進一步於判決中指出，仲裁庭有權核發臨時保全救濟，而地區法院必須有權承認和執行保全救濟

---

[77] 206 F. 3d 725 (7th Cir. 2000).

[78] *Id*., at 730: "finality should be judged by substance and effect, not by superficial technicalities."

[79] *Id*., at. 731: "Despite some possible superficial technical flaws, and despite its designation as an "order" instead of an "award," the arbitration tribunal's decision—as to this chunk of the case—was final."

[80] 166 Fed. Appx. 39 (4th Cir. 2006).

作為「最終」，以便保全救濟擁有牙齒[81]。觀察美國司法實務之運作，亦得發現，美國第七巡迴上訴法院就Publicis Communication v. True North Communications, Inc.案之見解，業已受到許多法院之採納[82]。

　　另外，聯邦第九巡迴上訴法院，早於1991年Pacific Reinsurance Management Corp. v. Ohio Reinsurance Corp.案[83]，就臨時措施是否得以執行之問題，亦有更簡明扼要之理由。其認為，仲裁臨時保全救濟可能係必要之資產保全，如果不加以保護或執行，可能導致最終仲裁判斷毫無意義，因此暫行保全救濟係有意義之存在，救濟必須在授予時得以執行，而不是在仲裁人就案情作出決定之後[84]。質言之，多數美國聯邦上訴法院，對於臨時措施之執行抱持正面之態度。即建構一套完整且具有系統性之體系，從臨時措施之目的性加以解釋，以確保仲裁庭所為臨時措施之可執行性。

　　鑑於上述，美國法院就緊急仲裁人所為臨時措施或緊急決定等保全救濟之執行，更係值得加以關注，亦係探討緊急仲裁人所為保全救濟決定是否具有終局性之重要參考對象。於Draeger Safety Diagnostics, Inc. v. New Horizon Interlock, Inc.案[85]，原告提出聲請，承認與執行緊急仲裁人所為之臨時仲裁判斷，以求獲得緊急保全救濟。該地方法院認為，緊急仲裁人所為之臨時仲裁判斷，雖非最終仲裁判斷，法院仍然得以執行，因為即使

---

[81] *Id.*, at 44: "In short, as the other circuits to have addressed this issue recognize, arbitration panels must have the power to issue temporary equitable relief in the nature of a preliminary injunction, and district courts must have the power to confirm and enforce that equitable relief as "final" in order for the equitable relief to have teeth."

[82] Arrowhead Global Solutions, Inc. v. Datapath, Inc., 166 Fed.Appx.39; Banco de Seguros del Estado v. Mutual Marine Office, Inc., 344 F. 3d 255 (2d Cir. 2003).

[83] 935 F. 2d 1019.

[84] *Id.*, at 1022-23: "Temporary equitable relief in arbitration may be essential to preserve assets or enforce performance which, if not preserved or enforced, may render a final award meaningless. However, if temporary equitable relief is to have any meaning, the relief must be enforceable at the time it is granted, not after an arbitrator's final decision on the merits."

[85] No. 11-50160, 2011 WL 653651 (E.D Mich. Feb. 14, 2011).

沒有最終處理所有提交仲裁之爭議，但對於所涉及之具體問題具有終局性[86]。

又於Chinmax Medical Systems Inc. v. Alere San Diego, Inc.案[87]，美國加州聯邦法院被要求撤銷依美國仲裁協會國際爭端解決中心緊急仲裁人程序所作出之臨時措施。該案之判決中，美國加州聯邦法院指出，依美國仲裁協會國際爭端解決中心《仲裁規則》之規定，仲裁庭一經組成，仲裁庭得重新考慮、修改或撤銷由緊急仲裁人作出關於緊急措施之臨時判斷或決定，故認為緊急仲裁人之命令，屬於臨時性質，並非最終判斷，不受法院審查，亦不得撤銷[88]。最終，該案緊急仲裁人所為之保全救濟決定，得到法院有效之執行。質言之，鑑於上述之實踐，聲請緊急仲裁人程序之當事人有充分理由相信，緊急仲裁人所為之保全救濟決定，只要其具有「終局性」，在現有法律框架之基礎上，得於美國法院獲得執行。

承前所述，美國之司法實務已建構一套完整且具有系統性之體系，從臨時措施之目的性加以解釋，以確保臨時措施之可執行性。並從上述之實例中，該確認臨時措施是否具有終局性之標準，亦同樣被適用於判斷緊急仲裁人所為決定是否具有終局性。

但除美國外，值得注意者，係許多國家之司法實踐中對於「終局性」之理解，仍採取較為形式之判斷方式，而非從目的性之解釋著手。採此類之理解者，往往認為臨時措施之形式外觀，並非最終之仲裁判斷，因此不具有終局性，例如法國[89]。近年來，法國法院透過判決，提出其對於仲裁「判斷」之定義，即法國法中所謂之「判斷」應係指仲裁庭最終全部或部分解決之決定，即根據案情、管轄權或任何程序性問題終止仲裁程

---

[86] Id., at *3. "an interim award that finally and definitively disposes of a separate independent claim may be confirmed notwithstanding the absence of an award that finally disposes of all the claims that were submitted to arbitration."

[87] No. 10cv2467 WQH (NLS), 2011 WL 2135350 (S.D. Cal. May 27, 2011).

[88] Id.

[89] Lawrence W. Newman & Colin Ong, Interim Measures in International Arbitration 319, JurisNet, LLC 1st ed., 2014.

序者[90]。換言之，僅有符合上述定義之「判斷」得依現行法國《民事訴訟法》第1487條與第1516條向法院聲請執行。而在此標準下，不論係仲裁庭所為之臨時措施或緊急仲裁人所為之保全救濟決定，皆很難被視為最終處理終止仲裁程序者，無論其特徵如何。故於採取上述立場之國家（法域），將更難認定緊急仲裁人所為之決定，係具有「終局性」之裁決，而適用國內法一般仲裁判斷執行之規範獲得執行，或透過1958年《紐約公約》聲請承認與執行。

本文以為，就「終局性」之認定，應從其目的性出發，以該保全救濟決定之「實質」與「影響」作為判斷之基礎，確保救濟之可執行性，以求符合爭端當事人之期望。於當事人選擇賦予仲裁庭或緊急仲裁人為保全救濟之權限時，即係希望該措施具有效用，與法院所為之保全救濟相同，得以執行。因此，以形式外觀作為判斷標準，限制執行之可能，其實並不妥適。仲裁人所為之臨時措施或緊急仲裁人所為之保全救濟，雖非最終仲裁判斷，法院應仍然能依國內法一般仲裁判斷執行之規範獲得執行，或透過1958年《紐約公約》聲請承認與執行，因為即使沒有最終處理所有提交仲裁之爭議，但對於所涉及之具體問題具有終局性。

肆、建議與展望：代結論

我國現行《仲裁法》之立法，就仲裁之保全程序，見我國仲裁法第39條之規定：「仲裁協議當事人之一方，依民事訴訟法有關保全措施之規定，聲請假扣押或假處分者，如其尚未提付仲裁，命假扣押或假處分之法院，應依相對人之聲請，命該保全措施之聲請人，於一定期間內提付仲裁。但當事人依法得提起訴訟時，法院亦得命其起訴。」即賦予法院有核發仲裁相關保全救濟之權限。換言之，從我國《仲裁法》之角度觀之，爭

---

[90] See e.g., CA Paris, Ire ch. C, 25 March 1994, Sardisud c/ Technip, Rev. arb., 1994.391; Cass. civ. lc, 12 Oct. 2011 GAT c Rénuhliaue du Convo No. 09-72.439. See also, id.

端之當事人，依我國《仲裁法》第39條之規定，不論係於仲裁前或仲裁中，皆得向法院提出保全措施之聲請。然而，對於仲裁庭是否得為臨時措施及緊急仲裁人程序於現行《仲裁法》，則沒有任何規定。因此，若緊急仲裁人為保全救濟決定時，於我國是否得依國內法一般仲裁判斷執行之規範，向法院聲請執行，則成為問題。

就緊急仲裁人所為保全救濟決定是否得於我國獲得執行之問題，所要解決者即係該決定是否得依《仲裁法》第37條聲請法院執行。針對此一問題有兩個問題必須要加以釐清，首先，係緊急仲裁人是否係《仲裁法》第37條第1項所稱之「仲裁人」。針對此一問題，本文以為，緊急仲裁人具備與仲裁人相同之「契約」及「準司法關係」雙面性。因此，將緊急仲裁人視為仲裁人並無不妥。

次之，即係緊急仲裁人所為保全救濟決定是否得視為我國《仲裁法》第37條所謂之「判斷」。換言之，若緊急仲裁人所為之保全救濟決定，得被定義為我國《仲裁法》第37條所謂之「判斷」時，則得以適用該條為執行。同樣之爭議，亦發生前述於其他未透過明文立法之方式規範臨時措施執行之國家（法域），例如法國、美國。

就「判斷」之理解，見法國與美國之司法實踐與理論探討，得以發現者，即係其在解釋國內仲裁法就一般仲裁判斷之執行規範或1958年《紐約公約》中，所規範之「判斷」時，大多數之論者皆將其定義為具「終局性」之判斷[91]。回頭檢視就我國《仲裁法》第37條「判斷」之解釋，亦有採取相同之認定者，即係認為我國《仲裁法》第37條規定之仲裁判斷執行，係指終局仲裁判斷而言[92]。本文以為，將我國《仲裁法》第37條之「判斷」，解釋為具「終局性」之判斷，並無不妥，且符合國際間多數論者，就1958年《紐約公約》中「判斷」之解釋。但緊急仲裁人所為之保全救濟決定，是否不具「終局性」，而不得適用我國《仲裁法》第37條為執行，則有待進一步解決。

---

[91] See Kröll, supra note 52, at 94.

[92] 賴淳良，論涉外仲裁之保全處分，仲裁季刊第97期，2011年5月，第76頁。

　　本文以為，就緊急仲裁人所為之決定，是否係具有「終局性」之判斷，應從其實質之目的作為判斷之基準，更為妥適，而從外觀之形式得以判斷者，應僅係是否具有程序之「終結性」問題。換言之，我國法院於判斷是否得依《仲裁法》中一般仲裁判斷執行之規範，執行緊急仲裁人所為保全救濟決定時，應將該保全救濟決定之「實質」與「影響」作為判斷之基礎，而非僅就其形式外觀上，是否造成程序之終結論斷。另外，應特別注意者，即係就我國《仲裁法》第37條之解釋，亦不應受到文字標示之限縮，將執行之對象，限制於被標示為「判斷」者。舉例而言，當緊急仲裁人所為之保全救濟決定以「命令」或「裁決」標示時，只要其具有「終局性」，法院不應以其未被標示為「判斷」而拒絕執行。鑑於上述，緊急仲裁人亦係仲裁人，法院於接獲當事人聲請執行緊急仲裁人所為之保全救濟決定時，應將該保全救濟決定之「實質」與「影響」作為是否具有「終局性」之判斷基礎，以確認是否得透過我國《仲裁法》第37條聲請法院執行。而相同之標準，亦應適用於我國《仲裁法》第七章中就外國仲裁判斷之承認與執行問題上。

　　最後，鑑於緊急仲裁人程序於各仲裁機構之使用越趨熱絡，是否應於仲裁相關之立法中，納入就緊急仲裁人程序之規範。本研究以為，於仲裁相關之立法中應就緊急仲裁人角色之定位有所界定，以解決緊急仲裁人所為之決定，執行之問題。因為，若將緊急仲裁人之角色定位，設定為非仲裁人，則其所為之保全救濟決定，是否得以聲請法院為執行，將有所爭議。

　　綜觀各主要仲裁機構之機構規則，緊急仲裁人皆得就爭議作出判斷，並且所為之判斷對於當事人亦具有拘束力。雖然緊急仲裁人不會就仲裁之爭議提出最終判斷，但皆未改變緊急仲裁人，所具備之司法性質。因此將其定位為仲裁人，並無不妥。故建議參考新加坡《國際仲裁法》143A章第2條第1項之規定，於仲裁庭之定義中，使其包含緊急仲裁人。換言之，建議於修正我國仲裁法時，就仲裁立法中之相關名詞，設定義之條文，並且針對仲裁庭之解釋，應透過明文之方式，使其涵蓋緊急仲裁人在內。

　　藉由將緊急仲裁人定義為仲裁人，得使緊急仲裁人程序之進行與緊急仲裁人所作決定之性質，更為明確，並進一步解決相關之爭議問題，以對應當代緊急仲裁人程序之發展。但應特別注意者，就緊急仲裁人程序之詳細規定與程序設計，本研究認為，應交由仲裁機構自行設計，因為仲裁機構於緊急仲裁人程序中占有高度之主導地位，故保持仲裁機構就緊急仲裁人程序設計之靈活性，應係更為妥適之辦法。質言之，就緊急仲裁人程序仲裁相關立法所應明文者，即係緊急仲裁人之角色定位，及伴隨角色定位而來之執行問題，就緊急仲裁人程序之設計，則應保留給仲裁機構為之。

跨境遠距審理

賴淳良[*]

壹、意義

　　所謂跨境遠距審理（remote trial）係指我國法院就有國際管轄權之涉外案件，以聲音及影像相互傳送之科技設備而直接審理之方式審理案件而言。鑑於傳送聲音影像之科技設備日新月異，無論是傳輸的速度、影像的清晰度、聲音的明亮度均已經大幅提高，與現場實體審理差距越來越小。而程序參與者身分的可確認度也沒有太大的疑慮，開庭審理所需要保障的隱私，也已透過法律的規定加以強化確保。為了確保當事人之適時審判請求權，以遠距審理方式審理涉外案件，成為國際民事訴訟程序必須慎重考慮的事項。

　　遠距審理涉及的問題有3個面向，第一個面向是送達，第二個面向是當事人程序的參與，第三個面向是境外證據的調查。3個面向，由於所涉及的國家主權程度不一，所欲保障的人民訴訟權內容不同，性質各異，各有不同的解決方法。在送達方面，如果涉及強制力，例如當事人拒絕收受送達文書或拒絕出庭時，可否以電子郵件送達，已經另文討論。在境外證據的調查方面，如果涉及以強制力要求證人陳述證詞，由於涉及政府所代表之權力內容，必須訴諸於司法互助，國際之間有《關於從國外調取民事或商事證據的公約》（Convention on the Taking of Evidence Abroad in Civil or Commercial Matters 1 (Concluded 18 March 1970)）可資參考。

　　本文著重於介紹當事人以遠距審理方式參與程序的合法性。

---

[*]　律師、台灣國際私法研究會秘書長、輔仁大學法學博士。

貳、審理程序之準據法

一、程序依法院地法原則

　　每個法律系統都有自己決定事實真相的方法，也有採行訴訟行為所應具備之方式以及文件應如何呈現的要式要求。例如文書是否必須以書面方式為之，特定事實是否必須以特定證據證明之。上述諸多程序法上之問題，都必須依照產生該問題之各地域法律決定[1]。舉一項最淺顯的例子，美國聯邦憲法保障人民受陪審審判之權利，因此美國聯邦及各州法院於訴訟程序均設有陪審制度，而我國法院並無陪審制度，目前就若干刑事案件，採取國民參與審判制度。如果美國人到台灣法院起訴，自不能主張適用美國民事程序法，採取陪審審判，同樣地，台灣人到美國法院起訴或應訴，也不能以台灣民事程序法無陪審制度為理由，拒絕採用陪審審判[2]。

　　程序依法院地法原則，被稱之為國際民事程序法顛躓不破的基本原則。德國聯邦最高法院明白表示德國法院審理受理的案件，只適用德國的民事程序法。義大利的國際私法第12條、西班牙民法第8條第2項均明文規定之[3]。我國由於缺乏完整的國際民事程序法典，民事訴訟法也沒有揭示國際私法上程序依法院地法原則，然而近年以來，已經有若干法院判決揭示了程序依法院地法原則，如台灣高等法院高雄分院99年度海商上易字第1號判決認為「……關於上訴人是否得代位行使被保險人對於第三人之權利，其準據法固係英國海上保險法第79條規定，依國際私法準據法選擇之目的，僅係選擇涉外民事事件應適用之實體法，並非一併選擇程序法。是以依前揭程序依法院地法原則，關於本件當事人名義或當事人適格問題，

---

[1] James Fawcett & Paul Torremans, Cheshire, North & Fawcett, *Private International Law*, Oxford university press, U.K., 15th ed., 2017, p. 80.

[2] James Fawcett & Janeen M. Carruthers, Cheshire, North & Fawcett, *Private International Law*, 24th ed., 2008, pp. 75-76.

[3] Haimo Schack, *Internationales Zivilverfahrensrcht*, Verlage C.H. Beck, 4 Aufl. 2006, Rdnr. 40.

即應依我國民事訴訟法之規定，而非依照英國法之訴訟實務……」。台灣高等法院花蓮分院102年度抗字第52號民事裁定認為「……至於當事人能力、訴訟能力之有無，仍屬程序事項，應依程序依法院地法原則，依照我國民事訴訟法第40、45、52條之規定判斷之……」。台灣高等法院108年度抗更一字第22號民事裁定也揭示程序依法院地法原則。

　　程序依法院地法原則，有幾種理論基礎。比較早期的理論，是植基於國際私法上之場所支配行為原則，此理論認為訴訟行為，也應該如選法規則體系中之法律行為或事實行為，以行為地為準據法。如侵權行為應適用行為地法（我國涉外民法第25條第1項）、法律行為方式可以適用行為地法（我國涉外民法第16條但書）等，訴訟行為也應該依照行為地所在地的法律，亦即應依照法院地法。此說引來的批評，在於將實體法以及程序法的目標混為一談，而且訴訟行為之行為也不必然都是在法院所在地，在連繫因素上的密切度上並不明顯，以行為地為理由，並不充分[4]。第二種理論是基於程序法屬於公法性質的理論，認為程序法具有公法性質，而公法規範國家境內所有機關的活動，法院以及當事人都必須受到具有公法性質的民事訴訟法的拘束[5]，在程序中並沒有如實體法中之選法問題。此觀點可以溯源於公法與私法的二元劃分，而民事程序法屬於公法，民事實體法屬於私法領域，二者性質不同。在前者，程序法已經預先排除具有公法性質的外國法，因此也沒有選法問題。第三種理論是奠基於實際運作上之理由，認為訴訟程序適用法院地法，主要是基於有效和便利的考慮，因為法官對法院所在地的程序法最為熟悉，依照法院地法指揮訴訟最為便利且能精確適用。反之，如果在內國進行的訴訟程序中，必須適用外國程序法，往往必須耗費更多時間、金錢，且使法官適用法律處於不確定的狀態，不能有效地適用程序法。例如證據法則，通常需要長久的經驗，如果要求法官必須適用外國的證據法則，往往無法有效妥善適用。因此適用法院

[4] *Id.*, Rdnr. 42.

[5] *Id.*, Rdnr. 41.

地法,毋寧是最合目的最具適當性[6]。第四種理論則是採取最密切連繫原則,認為在民事訴訟中,應適用與訴訟程序、訴訟行為和訴訟法律關係最密切的法律,多數情況下所指向的其實就是法院地法。例如,在判決的合法性、執行、保全、簡易程序、訴訟代理、通知開庭等方面,都應當適用法院地法。基於公益制度因素考慮,也應當適用法院地法。因為程序法的規範構造往往與一個國家的司法制度密切相關,而司法制度往往又與政治制度關係密切,其中所涉及的很多問題都屬於公共政策領域,因此很難要求受理案件的法院適用他國程序法來審理案件[7]。當然也還有認為應基於平等的原則,在法庭之內,無論是法官、本國的當事人或者是外國的當事人,都一體適用同一簡明的程序法[8]。

二、程序事項與實體事項

　　既然程序事項應依法院地法,實體事項應依選法規則決定準據法,即有必要區分實體與程序事項。然而何謂程序事項、何謂實體事項,各國制度不同,於判斷上也容易造成不同想法,甚而造成涉外案件處理上之困擾。此於學說以及各國司法實務均感困擾,有認為無法區分,因為權利之存在與權利之救濟原本就是相互連結、相互關連,無法清楚分割。追求區分實體事項與程序事項毫無益處,正如試圖追問思考是心靈或理智的過程一般,均屬徒勞無功之事。有認為兩者的區分並非邏輯般嚴密清晰的概念,必須視法律名詞的相對性以及區分兩者之正確目的而定,因此無法以同一而抽象的公式適用於所有法規性質的判斷,必須借助相對環境的不同,如國際私法選法與適用內國法在目的上之差異而定。

　　實體事項與程序事項之區別,可舉一例。英格蘭法律中有所謂「防止詐騙條款」,規定若干種契約,除非有書面文件,否則不得據以請求相對人履行契約。英格蘭法院1852年Leroux v. Brown一案即因為英格蘭法院

---

[6] *Id.*, Rdnr. 43.

[7] 段厚省,跨國遠端審判的程序正當性考察,司法智庫第2期,2020年,第1-29頁。

[8] Haimo Schack, *Internationales Zivilverfahrensrcht*, Verlage C.H. Beck, 4 Aufl. 2006, Rdnr. 41.

與法國法規定之不同，導致該案處理之結果受到批判。該案被告住所設於英格蘭，於法國向住所設於該國之原告表示願意雇用之，雇用期間為1年以上，該契約雖然以口頭約定，但依照法國法為有效之契約，原告遂向被告住所地之英格蘭法院起訴請求。英格蘭法院雖然選擇以法國法為契約之準據法，不過因為原告提不出書面文件，依照具有程序事項性質之「防止詐騙條款」，即應適用法院地法之英格蘭法律，原告不得提起此類訴訟，英格蘭法院因而駁回原告之訴。此項判決引發批判，既然原告所主張之權利，依照所選定之實體法（準據法）認為確實存在，卻因為程序依法院地法原則，使原告之權利無法獲得保障，顯然不合選法規則之基本目的。英格蘭上訴法院於1982年Monterosso Shipping Co. Ltd. v. International Transport Workers' Federation一案中稍微改變其見解，該案原告是一家馬爾他公司，擁有一艘船舶，交給一家挪威公司經營，該船舶雇用挪威員工管理，並雇請西班牙人為船員，被告為勞工聯盟，曾經於1980年與原告簽訂團體協約（collective agreement），嗣後當該船舶開始經營瑞典港口之定期航班時，瑞典海員協會抗議該船舶並未雇用瑞典海員，被告遂將船舶「弄黑」（black），原告乃依據1980年之團體協約，訴請勞工聯盟賠償損害，被告於訴訟中抗辯英格蘭1974年《貿易聯盟及勞動關係法》（Trade Union and Labour Relations Act）第18條規定：團體協約除非當事人有意使團體協約成為具有法律上履行效力之契約，否則應不具有法律上履行效力。英格蘭上訴法院認為被告所抗辯之法規屬於實體法，而非程序法，仍應依照選法規則選定準據法，不能逕自適用英格蘭法[9]。

程序法與實體法的區別，在美國具有權力分立的憲法重要性。美國聯邦法院認為為了維持權力分立的憲法制度，法院於管理司法審判的範圍內，擁有固有權限。這些權力包含掌控庭期、決定時程表、懲罰藐視法庭的人、處罰訴訟當事人、許可律師執業、發給律師證照等，而且還包含自行制定程序規範、以法庭不便利為理由拒絕受理案件、合併審理案件等。

---

[9] James Fawcett & Janeen M. Carruthers, Cheshire, North & Fawcett, *Private International Law*, 24th ed., 2008, pp. 77-78.

美國國會也立法授予聯邦法院在權限範圍內，制定程序規則，此即美國聯邦法院的規則制定權。法院規則制定權最難處理的部分為程序事項與實體事項的區別，法院的規則制定權僅限於程序事項，不包含實體事項。然而規定了程序事項，往往影響到實體權利的實現。因此在美國實體事項與程序事項的區別，成為一項政策的重大問題，也涉及法院與國會權限劃分的憲法問題[10]。

　　美國聯邦法院於1938年作出美國經典國際私法案例之Erie Railway Co. v. Tompkins一案，隨後發展出「伊利理論」（Erie Doctrine），也具有闡述程序法與實體法區別問題之意義。學者認為美國伊利理論之發展，有兩個重要的面向，一是程序法與實體法區分的原則，另外一項是管轄法則與非管轄法則（jurisdiction and nonjurisdiction rules）區分之問題。前者主要是法規定性問題，後者主要涉及起訴要件（litigation filing requirements）審查問題[11]。伊利理論係指由於美國聯邦並沒有聯邦本身之實體法規，聯邦憲法也規定實體法屬於各州的權限，聯邦不得侵犯，因此聯邦法院所管轄之案件，即應依選法規則選擇準據法。而由於準據法限於實體法，不包含程序法，由此便產生各州的法規，何者具有實體法性質，聯邦法院可以引為準據法，何者屬於程序事項，僅得適用聯邦民事訴訟法之爭議[12]。

　　美國聯邦最高法院於2001年Semtek v. Lockheed Martin[13]一案中，有機會再度針對程序法與實體法界線之問題，提出意見。該案是原告Semtek國際實業公司控告洛克希德馬丁公司，受理之法院原為在美國加州地方法院。原告起訴主張被告違反契約，該案因為涉及多數州之當事人，案件移送至當地的聯邦地方法院審理。該案聯邦地方法院主審法官以違反加州2年時效規定，駁回原告之訴。依照加州法律，因為時效關係被駁回之後，

---

[10] 金孟華、杜慧玲，美國司法規則制定與提案程序簡介，法務通訊第2841期，2017年3月10日，第3版以下。

[11] Karen Petroski, *Statutory Genres: Substance, Procedure, Jurisdiction*, 44 Loy.U.Chi.L.J.189 (2012), p.193.

[12] *Id.*, p.199.

[13] 531 U.S.497(2001).

並不妨害原告在其他法院主張較長之時效期間，而另行起訴。Semtek公司於是在馬里蘭州地方法院提出相同訴訟。馬里蘭州法律的時效期間比較長，而且沒有時效襲用法則，必須襲用其他州比較短之時效。不過該州法院最後仍以違反重複起訴原則，駁回該訴。其理由是認為聯邦加州地區之地方法院，已經根據聯邦法規駁回該訴。該案上訴至美國聯邦最高法院，最高法院大法官們一致的意見，認為聯邦民事訴訟法第41條(b)款所規定禁止重複起訴之效力，限於聯邦之同一法院，並不適用於位於其他州之聯邦地方法院[14]。意即位於其他州的聯邦法院仍然可以適用當地有關時效的法規。既然聯邦法院可以適用當地州之時效法規，顯然已認為時效法規不再屬於程序法，而具有實體法的性質。由此可知，美國聯邦最高法院在此項判決中，縱然沒有明講改變以往之見解，實質上卻已經悄悄地改變實體法／程序法區分的界線[15]。不過聯邦最高法院在此項判決中，並沒有延續Gasperini一案中，以法規目的（intent）區分實體法／程序法之標準。之後在2010年Shady Grove Orthopedic Associations Inc. v. Allstate Insurance Co.同樣由Scalia大法官所主筆的多數意見判決中，認為以法規目的判斷法規屬於實體法或程序法，實際不可行也容易產生誤導。Scalia大法官認為伊利理論所關切的是聯邦法規的實體法或程序法性質，而不是各州法規的性質。

我國學者認為所謂程序法則可以大別為兩類，一類是純粹關於證據法則及程序細節之規定例如當事人書狀、送達、言詞辯論、證據調查、裁判等規定；另外一類是可影響案件結果，影響當事人選擇法庭，而其適用也不致增加內國法官實際上困難之程序規定，例如消滅時效、詐欺條款、法律上推定等。前一類法規屬於程序法性質，應適用法院地法；後一類則因各國法律規定不同，可以適用外國法即案件之準據法判斷之[16]。也有認為應採取英國法院之見解，如果屬於創設或規定權利本身之事項即屬於實

---

[14] Russell J. Weintraub, *Commentary on the Conflict of Laws*, 5th ed., 2006, p. 69.

[15] Karen Petroski, *Statutory Genres: Substance, Procedure, Jurisdiction*, 44 Loy.U.Chi.L.J.189 (2012), p. 210.

[16] 劉鐵錚，國際私法論叢，三民書局，2000年，6版，第237頁以下。

體法；如果規定強制執行該權利之方式或步驟之法律即屬於程序法，若仍有不足，再輔以功能方式，即以對於案件結果影響是否重大而定[17]。我國學者有認為實體法與程序法之區別，是以法律規定的內容為標準，規定權利義務關係本體的法律，為實體法；規定有關實現權利義務手續的法律，為程序法。不過舉出實定法為例時，多以民法、刑法為實體法，民事訴訟法、刑事訴訟法為程序法[18]。也有強調在實體法中例如民法，也有程序法的規定[19]。可見我國學者於區分實體法與程序法，主要以法規形式為標準，佐以法規內容。

雖然是實體法與程序法區別不一，導致若干事項之準據法，有諸多爭論，例如時效[20]。然而審理程序，包含言詞辯論、訴訟行為之方式證人作證之方式等，屬於程序事項，應適用法院地法，並無疑義。

參、遠距審理與國家主權

遠端跨境審理程序運作，在性質上，是一種司法權在域外的展現，或內國的司法權並未擴張至域外，僅是域外的程序參與者透過資訊網路系統參加到內國的案件審理[21]，也有提出可能涉及國家主權概念的問題。

以上問題的提問，毋寧是從國家機關的觀點，從訴訟程序是由代表國家統治機關權力象徵之法院行使權力的觀點。然而若從國民主權作為程序的觀點、憲法保障人民訴訟權的觀點、訴訟程序貫徹保護當事者的觀點，程序的主體不再僅僅是法院，至少應認為當事人乃是程序主體之一。因此

---

[17] 陳隆修，國際私法上實體程序法問題評論，國際私法論文集—慶祝馬教授漢寶六秩華誕，五南圖書，1989年4月，再版，第213頁。

[18] 韓忠謨，法學緒論，自版，1991年，增訂版，第44頁。

[19] 林紀東，法學緒論，五南圖書，2002年，第47頁。王海南、李太正、法治斌、陳連順、顏厥安，法學入門，元照出版，1997年，第140頁以下。

[20] 賴淳良，跨國侵權行為法論叢，新學林，2019年，第347-381頁。

[21] 段厚省，跨國遠端審判的程序正當性考察，司法智庫第2期，2020年，第1-29頁。

問題應該轉為人民參與境外的訴訟程序,是否必須得到國家機關的許可方得為之。對此問題採取肯定答案,可以將理論訴諸主權的領土原則,認為在主權者統領的領土範圍內,所有事物,特別是表徵主權行使的行為,都必須獲得主權者的同意。將此思考放在國際民事訴訟法的脈絡時,在判斷國家法院就涉外案件有無國際管轄權時,由於國際管轄權的行使具有表徵主權行為的性質,當可理解上述推論的價值。然而當人民以當事人地位參與境外訴訟程序,或者以證人地位出庭作證,是否因為是法院程序的一環,即因此具有主權象徵,必須獲得國家的許可。如果答案是否定的,可以再進而追問,人民自主或遭受強制力被迫參與訴訟程序時,有無不同。當人民自願參與訴訟程序,自主基於程序選擇權,參與外國訴訟程序,國家機關既然已經盡到保護的責任,似乎沒有禁止的道理,也就不需要取得國家的同意。然而若是以強制方法進行送達,要求人民參與程序或出庭作證,具有高權性質,國家基於保護國民權利的立場,自有設置保護界線的必要性,因此有必要透過司法互助的制度為之。

肆、遠距審理之合法性

　　我國民事訴訟法110年1月20日修正增訂第211-1條,肯定遠距審理之方式,該條第1項首先規定:「當事人、法定代理人、訴訟代理人、輔佐人或其他訴訟關係人所在與法院間有聲音及影像相互傳送之科技設備而得直接審理者,法院認為適當時,得依聲請或依職權以該設備審理之。」法院採取遠距審理時,應徵詢當事人之意見,而進行程序之筆錄及其他文書,需要陳述人簽名者,由法院傳送至陳述人所在處所,經陳述人確認內容並簽名後,將筆錄及其他文書以電信傳真或其他科技設備傳回法院。司法院並依據民事訴訟法第211-1條第5項之授權,修正發布「各級法院辦理民事事件遠距審理及文書傳送辦法」,規範相關用詞定義、宜審酌及應確認事項、法庭及排程系統操作及文書傳送等相關事宜。司法院民國110年5月28日院台廳民一字第1100016190號函發文除強調可以遠距審理之外,

並指出民事調解、勞動、強制執行、消費者債務清理等各類事件，若有必要，亦可依法適用或準用上開規定辦理相關程序，進行遠距審理。

智慧財產案件審理法第3條、商業案件審理法第18條、家事事件法第12條在民事訴訟法第211-1條修正之前，已經採取相同的規定，肯定各類案件遠距審理模式的合法性。

國際商會仲裁規則第26條也肯定遠距視訊的合法性，內容規定：「開庭應依當事人任何一方之聲請，或者由仲裁庭依職權決定之。開庭時，仲裁庭應當發出合理通知，傳喚當事人在開庭之日和在仲裁庭規定的地點出庭。仲裁庭可以在與當事人協商後，根據案件的有關事實和情節，決定以實際出席方式或透過電視會議、電話或其他適當通信手段遠程進行開庭。」（A hearing shall be held if any of the parties so requests or, failing such a request, if the arbitral tribunal on its own motion decides to hear the parties. When a hearing is to be held, the arbitral tribunal, giving reasonable notice, shall summon the parties to appear before it on the day and at the place fixed by it. The arbitral tribunal may decide, after consulting the parties, and on the basis of the relevant facts and circumstances of the case, that any hearing will be conducted by physical attendance or remotely by videoconference, telephone or other appropriate means of communication.）

美國也已經有許多州以及聯邦法院，開始採用遠距審理訴訟。美國華盛頓西區聯邦法院率先使用Zoom軟體，在疫情大流行期間進行審判。2020年秋天，該法院經過廣泛的準備後，審理了第一件完全採用遠距審理方式的陪審團審判案件。該案訴訟中，法院因為新冠肺炎疫情而關閉，採取遠距審理後，陪審團作出本案判決，並表明遠距離的審判，沒有減損對於當事人應有的公平和尊嚴。自該案以後，聯邦設在華盛頓州的西雅圖和塔科馬聯邦法官也使用Zoom平台進行審理，一共有16次陪審團審判和10次法官審判[22]。此外諸如馬里蘭州、麻塞諸塞州也都允許遠距審理。加拿

---

[22] Thomas S. Zilly and Marsha J. Pechman, What the public gains by remote trials in federal court, https://www.seattletimes.com › opinion (last visited 2021/11/23).

大安大略省也發布了遠距視訊開庭指引[23]。

中國大陸最高法院於2009年公布的「三五綱要」中，已經提出探索遠端立案、網上立案查詢、遠端審理等措施。於2015年之工作報告明確提出要推進建設智慧法院。於2018年綜合結杭州互聯網法院的線上審理經驗，公布了「關於互聯網法院審理案件若干問題的規定」在互聯網法院的管轄範圍、上訴機制和訴訟平台建設等方面進行了規則建構，內容涉及身分認證、立案、應訴、舉證、庭審、送達、簽名、歸檔等線上訴訟的基本規則。於2019年1月，在公布「關於政法領域全面深化改革的實施意見」，提出推動起訴、調解、立案、庭審、判決、執行等全程網路化的的訴訟模式。2019年12月28日，全國人民代表大會常務委員會通過「關於授權最高人民法院在部分地區開展民事訴訟程式繁簡分流改革試點工作的決定」，其中一項授權改革的內容就是健全電子訴訟規則[24]。可以預見，中國大陸遠端審判的制度也是持續推展中。

遠距審理在我國已經成為法制化的審理模式，取得合法性的地位，而且其他國家也持續推動遠距審理模式。因此可以推斷，遠距審理模式，已經具有越來越高的合理性與正當性。

伍、結語

我國法院審理涉外民事案件，是否採取遠距審理的模式，由於屬於程序法事項，依照國際私法上程序法依法院地法原則，自應依照我國民事訴訟法等程序法律判斷其合法性。我國民事訴訟法第211-1條等程序法律，已經明白承認遠距審理模式的合法性。我國法院依照民事訴訟法的規定，以遠距審理模式，審理涉外案件，自符合國際私法上，程序事項依法院地法的原則。境外當境外當事人，透過遠距視訊參與審判程序，也不會影響

[23] https://www.ontariocourts.ca/ocj/covid-19/remote-hearing-guides/guidelines-re-remote-hearings-in-the-ontario-court-of-justice last visited (2021/11/23).
[24] 段厚省，跨國遠端審判的程序正當性考察，司法智庫第2期，2020年，第1-29頁。

我國法院審理程序的合法性。但若審理過程當中，涉及以強制力要求在境外當事人出庭，如送達，這具有國家高權行政的表徵，自應循司法互助方式為之。

現代租稅國家的跨國稅務紛爭解決模式：略論租稅條約仲裁及其在我國之可行性

藍元駿*

　　課稅權為現代國家主權的象徵，其在內國行使，由於對納稅人財產自由造成限制，往往使徵納雙方處於緊張關係，所生爭議則交由內國司法審判機關。而其國際間之行使，有賴條約之徵收互助、資訊交換等條款，惟其爭議之解決則有賴條約相互協議的程序；就後者而言，徵納雙方立場有其一致之處，締約國（即徵收方）雙方則位居對立。近年國際間將仲裁程序引入相互協議的條款之中，作為國際課稅紛爭解決機制；其目的、作用以及意義，均值得進一步觀察。

壹、問題概說：設引為例

　　「有權利斯有救濟」（Ubi jus, ibi remedium），此一英國法諺，認為救濟概念乃寓於權利之中[1]。歐陸法（實應特指德國法）則以「權利保護」（Rechtsschutz）概念詮解訴訟（權）制度，以符合現代憲政國家的

---

* 中國文化大學法律學系教授、國際法研究中心召集人、國立臺灣大學法學博士。本文思路曾開展於所開設之「比較稅務爭訟專題」課程，承蒙法研所陳美娘、施昀欣、林奕欣、王嘉鴻等同學蒐集相關資料與共同討論；另施昀欣同學協助文字校訂增補，特致謝忱。

[1] 武市春男，イギリスの法律格言，国元書房，1968年，第69頁。

人權理念[2]；我國憲法第16條關於訴訟權之保障亦受此影響[3,4]。

　　然在國際場域中，權利之救濟何解？申之，各國人民之權利在他國如何獲得確保，實值進一步探求。以本文為例，即何以國與國之間的紛爭──特別是稅務紛爭──會訴諸仲裁程序。

　　本文初步認為，對於身陷內國稅務紛爭之納稅人而言，相較於勝訴判決，「促進徵納和諧」一事（徵納雙方就所爭執的事實或法律的有效溝通）更具重要性，也更能落實納稅人權的保障。

　　反映在國際場域，也就是本文所欲探究的租稅條約仲裁（下稱「稅約仲裁」），則能促進國際徵收互助的有效溝通。具體實踐上，其可行性可先從其與一般商務仲裁、投資保障協定仲裁（下稱「投保仲裁」）、其他仲裁程序規則乃至於內國訴訟程序在性質上的比較；從而在制定規則的過程中避免日後不必要的困難。為求聚焦，以下嘗試設例為引。[5]

　　A國某居民繼承一筆遺產，其中一部分為在B國金融機構的債權，其餘則為位於A國的資產。該居民就前者在B國先完納遺產稅，其後向A國稅局申請抵免該部分稅額時，A國稅局認為因該資產不構成其A國內國稅法之「境外資產」，從而否准扣抵在B國所繳納之遺產稅，嗣經A國訴訟程序，法院亦從稅局見解。由於兩國簽有租稅條約，設若有仲裁條款，試問該居民可否藉以確保其權益？

　　在架構上，本文囿於時限與能力，僅能就現況與發展予以補綴，再嘗

---

[2] 詳參翁岳生，導論，行政訴訟法逐條釋義，五南圖書，2021年10月，增訂3版，第6頁以下。

[3] 司法院釋字第418號參照，同上。

[4] 實則，「我國原為中華法系，於法律理論與實證法律自成體系。惟在帝國主義侵凌之下，為解決領事裁判權，遂於清光緒三十三年始，逐漸繼受大陸法系。」李復甸教授，推薦序，Merryman & Pérez-Perdomo著，藍元駿譯，大陸法傳統─西歐與拉丁美洲的法律制度概述，五南圖書，2020年3月，第XXIX頁。

[5] 簡化並改編自藍元駿，遺贈稅約範本及相關問題序說，黃茂榮、葛克昌、陳清秀主編，BEPS行動方案與國際稅法，元照出版，2021年4月，第579-611頁。

試說明此制度興起背後的社會意義，並據以評估後續的發展脈絡與因應方式。

貳、稅務仲裁作為管制型態

一、「稅約仲裁」之定性

　　仲裁制度由來已久[6]，租稅條約亦行之有年，兩者之結合——即以仲裁程序解決租稅條約爭議（即「稅約仲裁」）——於近年來方在國際間多所討論[7]。

　　在此所謂「稅約仲裁」，指特定租稅條約或協定（下稱「稅約」）之締約國雙方，就課稅原因事實或其法律上之爭議，經雙方權責當局協議未果，始由納稅人聲請交付仲裁之程序。換言之，一般所謂稅約仲裁之程序，一般附隨於締約國雙方協議程序其後，性質較為特殊。

　　運用稅約仲裁的爭議，在過去主要涉及移轉訂價相關爭議，偏向事實關係的認定。惟近年隨著國際交易熱絡，租稅條約簽定數量日增，從而有完善相關程序機制的需求（如本文聚焦之《OECD稅約範本》第25條新增之第5項[8]），各國紛紛將之納入稅約之中，然不乏態度保留者；是以有引

---

[6]　民國初年曾有「民事公斷暫行條例」，進一步介紹，李復甸，司法改革期待訴訟外糾紛解決機制，2016年2月15日，https://www.storm.mg/article/81183?page=1。

[7]　相關文獻，如P. Pistone, General Report in: Lang, et al., Tax Treaty Arbitration, IBFD, 2020, pp. 1-37; Ramos Muñoz, D. (2014). *A game of snakes and ladders - Tax Arbitration in an International and EU setting*, in: Sarmiento, D. & Jiménez-Valladolid de L'Hotellerie-Fallois, D. Litigating EU Tax Law in International, National and Non-EU National Courts, Amsterdam: IBFD, pp. 109-207; Reimer & Rust, Klaus Vogel on Double Taxation Conventions, 4th edition, Wolters Kluwer, 1735-, esp. 1808-1819.
　　國內相關討論，如陳清秀，國際稅法上租稅仲裁程序概說，法令月刊第69卷第1期，2018年1月，第34-52頁。陳清秀，國際稅法，2021年10月，增修5版，元照出版，第724-743頁。

[8]　另UN稅約範本第25條選項B亦同。詳United Nations, Handbook on Dispute Avoidance and Resolution, 2021.5，特別是第五章。

入該機制卻未能妥為運用的情形，原因值得進一步深究。

推之，仲裁本意應指有爭議之當事人，擇其彼此所信任之專業公正人士為其決斷[9]。惟倘「當事人」為國家，且爭議問題事涉國家主權，則公正人士之決斷的效力範圍在前提上已受到限制。實則，仲裁爭議過去多屬不涉國家主權事項，此部分討論並不多見；然而近年來國際往來頻繁，爭端機制捨訴訟制度而就訴外紛爭解決機制（如仲裁）者所在多有，稅約仲裁即一適例。

關於國際稅務仲裁在推展上的障礙，論者歸納出以下四端：(1)仲裁不應使得跨境爭議偏離有管轄權的內國法院；(2)仲裁制度較適合解決事實上（而非法律上）爭議；(3)某些國家（尤其是發展中國家）不希望將稅務爭議交由非內國的裁決機構；(4)仲裁費用高[10]。

不過其亦同時指出，上述原因均不足以作為拒斥稅約仲裁的理由，因為：(1)內國法院對跨國爭議的處理無法令利害關係人滿意，畢竟各國有各自的稅約解釋以及相關法規；(2)當前稅約的相互協議程序無法徹底解決跨境稅務爭議，主要可能是缺乏司法裁決機構的設置[11]；(3)跨境稅約爭議的類型尚稱固定[12]，仲裁程序的彈性更能將稅約條款的技術性標準推展馴至全球一致的規格[13]；(4)從效率觀點，仲裁程序可作為此類爭議的最後手段，並且將所耗的勞時費降至合理範圍[14]。

---

[9] 與訴訟之利弊比較，如藍獻林，訴訟外解決紛爭之途徑：仲裁制度，自版，2011年3月，序第I-II頁。柯澤東著，吳光平增修，國際私法，元照出版，2020年10月，增訂6版，第335頁。

[10] Pistone, P., General Report, in: Lang, et al., TAX TREATY ARBITRATION, IBFD, 2020, pp.2-

[11] 從而當事人多半求諸沒有排除租稅事件之投資保障協定的仲裁程序。

[12] 如居住地，所得與常設機構的定性，適用扣繳與稅額抵免的要件，移轉訂價之利潤分配以及避稅防杜規定之適用等。

[13] 此部分涉及稅約的共同解釋標準（common interpretative standard）政策。

[14] 特別在事實認定上，得以用相對簡化的方法（如美式仲裁，詳後註59）達成符合當事人期待的共識。

二、管制規範：稅約仲裁vis-à-vis契約仲裁

　　若比較稅約仲裁之條款與一般契約仲裁條款的規範設計[15]，可知其目標近似，即尋求訴訟外的解決途徑，目的則多半基於私密性、效率乃至於成本費用考量。申之，仲裁之評議程序多半不對外公開（如我國仲裁法第32條）；而且仲裁判斷一般為「終局決定」且與法院確定判決有同一效力（如我國仲裁法第37條）。

　　至於二者不同之處，在於國家公權力（課稅權）主體的身分所致。此種差異也見於內國法體系之中；例如公法債權與私法債權之關係[16]。在國際場合（即本文所問），則進一步涉及國與國之間的法律關係，此亦為稅約仲裁與契約仲裁的主要差異所在[17]。

　　要言之，稅約仲裁的當事人雙方俱為課稅權主體，均為稅捐債權債務關係的債權人，作用偏向「債權讓與」的機制；就此點而言，與內國稅法強調「債務請求」的面向不同。

　　又課稅權之行使乃國家主權象徵，稅約仲裁當事人在國際法上彼此獨立，地位平等。因此其紛爭交由任一當事國法院管轄均有疑慮外，甚且是否由合適交由第三方之機構裁決，亦不無疑義。

---

[15] 即SMAA（Sample Mutual Agreement on Arbitration），其內容則涉及如交付仲裁之請求：10天內送至他方權責機關、請求之期間（2年）、審理範圍書（Terms of Reference）及未送達之處理、仲裁人之選任、仲裁程序之簡化（streamlined）、仲裁人之適格與指派、資訊交流與保密性、未適時提供資訊、程序與證據規定、請求交付仲裁者之參與；相關行政事務之安排：被請求國、費用、適用的法律原則（application legal principles）、仲裁判斷、仲裁程序的通知期間、未能於所訂期間內通知之情形、終局判斷（final decision）、判斷之執行；不作成仲裁判斷之情形等。

[16] 筆者相關討論，藍元駿，稅捐債務法基本問題—公法債務與私法債務，月旦法學雜誌第234期，2014年10月，第263-277頁。

[17] 是以在國際稅法領域，支配性規範反而是以稅約為主的租稅條約主義，與內國稅法強調的租稅法律主義，關注不同。筆者相關討論，藍元駿，歐盟多層次治理與超國界稅法規範體系—國際租稅債權法及其方法論序說，中華國際法與超國界法評論第13卷第2期，2017年12月，第387-419頁。

三、管制結構：稅約仲裁vis-à-vis投保仲裁

誠如前述，投資保障協定之中亦有仲裁條款，雙方締約國亦能約定以之解決稅務爭議[18]。不過二者主要不同之一，在於投保協議的仲裁判斷，其執行有賴法院；對之，稅約仲裁判斷，當事人即雙方稽徵機關，其執行力不待法院決定。

此種差別與內國法體系相似，即公法債權之執行得由債權人（如國稅局）單方為之（亦即課稅處分本身即具執行力），而私法債權之執行卻須待法院確定裁判始得為之。

不過上述執行機關（或手段）的差別，也與規範目的有關。申之，投保仲裁所涉稅負，多半與投資利益有關，東道國雖犧牲財政稅收，但經濟環境得以提升，權衡之下能與投資人的利益一致；對之，稅約仲裁處理者則多為居住國與來源國課稅權的直接衝突，往往流於政治利益的對立。

四、管制程序：稅約仲裁vis-à-vis內國訴訟

《OECD稅約範本》第25條第5項也具體界定仲裁程序與內國救濟權利之關係，亦即：不得於窮盡內國救濟途徑之後申請交付仲裁。此種設計，第一，為求裁決一致（或避免衝突），若爭議已在任一締約國之內國訴訟程序獲得解決（resolved），則不容許交付仲裁程序。所謂獲得解決，指任一締約國之任何法院或行政法庭已作成決定，且該決定之效力及於該人[19]。實則此一立場與前階段之相互協議程序的規定一致。申之，倘予容許亦無助於紛爭之解決或仲裁本身之判斷[20]。

第二，涉及納稅人並未採取（或尚未窮盡）內國救濟途徑的情形。此時，其他救濟途徑將會暫時停止，待涉及仲裁爭議之相互協議程序結果。

---

[18] 中文文獻介紹，如吳晨瑜，試析歐盟解決雙重課稅之仲裁條款與歐盟法律體系之合致，經貿法訊第265期，2020年3月，第8-19頁。

[19] Comm., para. 76.

[20] 當然，若內國法本身即容許作成與法院判決相異之判斷，則無此問題。詳Comm., para. 74.

納稅人屆時仍然可以選擇接受協議結果（並放棄其他內國救濟程序），或拒絕協議結果（並續行內國救濟程序）；與一般相互協議程序無異[21]。此舉與本條項之目的一致，亦即避免因懸而未決的爭點阻礙相互協議的達成[22]。

在一些國家，由於交付仲裁以不得進行內國救濟為前提，因此註釋書建議要求申請人拋棄（waive）內國救濟權，但可以增列保證機制（如消除課稅）以確保其權益[23]。

就仲裁判斷（decision）的效力而言，由於第5項規定，除非直接受影響之人拒絕接受，否則應拘束雙方締約國，從而此類之人即應遵守，且該判斷也會反映在送達此類之人的相互協議內容之中[24]。

拋棄內國救濟權宜作為執行仲裁判斷之前提要件。若否，則嗣後內國判決將可能影響稽徵機關對該判斷之適用；因此協議判斷所及之人若未表示拋棄，應視為其拒絕接受協議[25]。

另該仲裁判斷僅具個案拘束力，亦即稽徵機關在類似個案（如對象相同但不同年度）亦得適用其他處理方式[26]。

至於如何適用仲裁程序，範本註釋書建議由相互協議雙方處理，如透過條約本身或議定書或外交換文。無論如何，內容均應包含組織及程序規定。理想上，這些規定應於條約簽署之時擬就，並予公開。註釋書附錄則提供範本[27]。

---

[21] Comm., para. 77. 實務上，甚少有申請人最終選擇拒絕協議而續行內國救濟程序的例子；即便在這些例子中，受理機關也會考量該納稅人曾經拒絕了一項可以拘束雙方締約國的提案，Comm., para. 79。

[22] Comm., para. 78.

[23] Comm., para. 80.

[24] Comm., para. 81.

[25] Comm., para. 82. 相關部分似已刪除，參許文瑾，參加2020-2021年荷蘭阿姆斯特丹大學國際租稅法學碩士課程進修報告，2021年，財政部國際財政司。

[26] Comm., para. 83. 稽徵機關亦得拒絕接受仲裁判斷，如與納稅人另行協議其他處理方式，詳Comm., para. 84.

[27] Comm., para. 85.

五、小結

承上，吾人應可對稅約仲裁的性質有所認識，且知其與契約仲裁、投保仲裁乃至內國訴訟程序均有所不同。或許可以下表示之。

		稅約仲裁
管制規範		債權讓與（vis-à-vis債務請求）
管制結構	目的	經濟發展（vis-à-vis租稅公平）
	手段	行政執行（vis-à-vis判決執行）
管制程序		行政救濟（vis-à-vis司法救濟）

資料來源：作者自製。

不過，將仲裁程序置於《OECD稅約範本》第25條第5項的設計方式，不免產生另一種疑慮——即其目的不在真正進入仲裁程序本身。申之，稅約仲裁的定位似為相互協議程序的延伸，從內國稅務救濟程序觀之，猶如多階段行政救濟程序（即復查與訴願）的一環；所不同者，僅在談判主角係締約國雙方（或其權責機關）。至於其作用僅在簡化程序流程或提升程序效率一事，或許差可比擬內國行政救濟制度的「簡易程序」。

不過，在比較制度優劣乃至於對相關政策提出評價之前，或許應先對實際案型以及具體程序的規定有所了解。

參、稅務仲裁作為國際事件

一、目的：國際重複課稅之消除

簽定租稅條約的主要目的之一，在於國際間重複課稅之避免[28]；從而

---

[28] 簡要請參考Brian Arnold等著，藍元駿譯，國際租稅入門，五南圖書，2018年11月，第三章。財產稅亦有重複課稅避免的討論，如藍元駿，遺贈稅約範本及相關問題序說，黃茂榮、葛克昌、陳清秀主編，BEPS行動方案與國際稅法，2021年4月，元照出版，第579-611頁。

稅約仲裁條款不應逸脫此一目的[29]。仲裁於租稅領域的適用，雖主要在於事實認定問題，但即如移轉訂價之爭議，於租稅條約之情形（《OECD稅約範本》第9條）[30]，亦涉及多國課稅權之行使，而不免要處理消除重複課稅的問題。相關類型簡介如下。

(一) 所得種類定性不一致：Boulez v. Commissioner[31]

Boulez先生為法裔德籍知名演奏家。其自美國賺取之收入，受到美德租稅條約之規範。德方稅局將該筆收入定性為權利金，從而課稅權由德國排他性享有；惟美方稅局將之定性為個人履行勞務之所得，從而美方亦享有課稅權。因此，此案經提交至相互協議程序，但由於協議未果，終而被重複課稅確定。

(二) 移轉訂價認定不一致：Yamaha Motor Corp. v. United States[32]

此案為納稅人Yamaha Motor Corp.為美國子公司，其母公司在日本。針對納稅人所購買並轉售至美國的商品，美國稅局欲透過查核降低支付母

---

[29] 可資比較者為投保仲裁條款，其租稅條款（即tax stability clause）主要是作降低政治風險之用，詳J. Malherbe, The Issues of Dispute Resolution and Introduction of a Multilateral Treaty in the Base Erosion Profit Shifting OECD Action Plan，葛克昌教授祝壽論文集—租稅正義與人權保障，2016年1月，新學林，第307-320頁。

[30] 移轉訂價的問題，其實也是雙重課稅的問題。申之，雙重課稅在類型上分為經濟上雙重課稅與法律上雙重課稅，前者指同筆所得被多次課稅，後則是將上述同筆所得限縮在同一主體之上。租稅條約所處理的主要是後者，方式見於各種所得類型之分配條款以及第23條之消除方法；前者見於第9條，主要處理的是移轉訂價問題，方式則建議交由雙邊談判。暫請參照Rust in: Reimer & Rust, Klaus Vogel on Double Taxation Conventions, 4th edition, 2015, Wolters Kluwer, p. 1586-；Brian Arnold等著，藍元駿譯，國際租稅入門，五南圖書，2018年11月，第34頁以下。

[31] Boulez v. Commissioner, 83 T.C. 584 (1984). 簡要請參照，Farah, E., "Mandatory Arbitration of International Tax Dispute: A Solution in Search of a Problem", *Florida Tax Review*, Vol. 9, No. 9 (2009), pp. 703-753. 中文介紹，請參Brain Arnold等著，藍元駿譯，國際租稅入門，五南圖書，2018年11月，第13頁以下。

[32] 779 F. Supp. 610 (DDC 1991), cited from Bittker/Lokken, Fundamentals of International Taxation-U.S. Taxation of Foreign Income and Foreign Taxpayers, 2005, WG&L, 65.4.5.

公司（及在日實體）的價格。納稅人認為此舉將導致相同利潤同時在美日均被課稅，從而向美方稅局請求依美日稅約開啟協議程序。

美方稅局拒絕，略以其待經稅務司法程序後，可因重複課稅之可能再予申請，但本機關的協議能力將受限於法院的判斷。嗣即核發欠稅通知。納稅人向聯邦地方法院起訴，請求確認稅局違反稅約條款並下令重新考量納稅人之申請。法院駁回起訴，認為此舉有違《反禁制令法》（Anti-Injunction Act）以及《確認判決法》（Declaratory Judgment Act）的類似規定。

納稅人主張權責機關因納稅人之申請即有義務開啟協議程序，而且可從條約中「應致力於」的文字找到依據。然而真正困難在於，爭議已在法院繫屬之中，錯過了協議的時機。從而本案的爭點在於納稅人或稅局是否有權決定應於何時開啟協議程序。美國稅局推定此為稅局裁量範圍，納稅人僅為申請人。

本案中，納稅人自然有正當理由請求先行開啟，以避免事實審關於移轉訂價爭議的巨額花費。另外，如果開啟於訴訟之後，權責機關於訴訟中取得的勝利，於協議程序中也不會作出讓步。

(三) 課稅原因事實不一致

適例為雙效租約（double-dip lease）[33]，也就是利用兩國對融資租賃契約在租稅待遇之不同，而架構跨境融資租賃的交易行為。由於出租人（同為出資人）在一國，承租人則在另一國；在效果上，依出資人之居住國法，該契約被定性為租約（lease），但依承租人之居住國法，該契約則被定性為賒購（purchase on credit）。從而，契約雙方均可就其各自所有權主張費用扣除（特別是折舊費用）[34]。

---

[33] Lee Burns, *Cross-Border Tax Arbitrage*, 2001 Tax Conference, cited from Farah, *supra*, 741. 中文介紹，Brian Arnold等著，藍元駿譯，國際租稅入門，五南圖書，2018年11月，第119頁。

[34] 只是若一方締約國以防杜租稅規避為由否准扣除，則最終交付仲裁之下，似乎仲裁小組就只能接受並執行該交易架構。

二、先行階段：相互協議

相互協議程序規定於《OECD稅約範本》第25條，共計5項；以下分述之（第5項詳三、後續階段）。

(一) 第1項

個人在認為一方或雙方締約國之行動導致（或將導致）對其之課稅「與本稅約條文不一致」（not in accordance with）的情形，得（may）將其案提交至任一締約國之權責機關，毋論該等締約國內國法之救濟規定為何。〔第一句〕此案須（must）於〔收到〕導致與本稅約範本條文不一致之課稅行為的首次通知起三年之內為之。〔第二句〕[35]

(二) 第2項

權責機關若認為所提異議看似合理，而無法自行充分（satisfactory）解決時，應（shall）致力（endeavour）於與他方締約國之權責機關以相互協議方式解決本案，以期（with a view to）避免與本稅約不一致之課稅。〔第一句〕任何獲致的協議（agreement）應予履行（shall be implemented），毋論各締約國內國法之時效規定為何[36]。〔第二句〕[37]

---

[35] "1. Where a person considers that the actions of one or both of the Contracting States result or will result for him in taxation not in accordance with the provisions of this Convention, he may, irrespective of the remedies provided by the domestic law of those States, present his case to the competent authority of either Contracting State. The case must be presented within three years from the first notification of the action resulting in taxation not in accordance with the provisions of the Convention."

[36] "2. The competent authority shall endeavour, if the objection appears to it to be justified and if it is not itself able to arrive at a satisfactory solution, to resolve the case by mutual agreement with the competent authority of the other Contracting State, with a view to the avoidance of taxation which is not in accordance with the Convention. Any agreement reached shall be implemented notwithstanding any time limits in the domestic law of the Contracting States."

[37] 若雙方權責機關的解決方式容許與法院判決不一致，則雙方締約國應於其稅約該條中刪除第二句之文字。Comm., para. 74。

(三) 第3項

就本稅約之解釋或適用所生任何困難（difficulties）或疑異（doubts），各締約國之權責機關應致力於以相互協議方式解決。〔第一句〕其亦得（may also）就本稅約所未規定之削除雙重課稅情形，共同協商（consult）[38]。〔第二句〕

(四) 第4項

各締約國之權責機關彼此得（may）直接溝通（communicate），包括透過由自身或其代表所組成之聯合委員會（joint commission），以期在依前述各段意旨獲致協議[39]。

三、後續階段：稅約仲裁

(一) OECD MTC Art. 25 (5)

《OECD稅約範本》第25條第5項規定：

在符合a.與b.的情形，即：

a. 一人（a person）因一方或雙方締約國之行為（actions）已導致對該人之課稅與本稅約規定不符，而依第1項之規定向一方締約國之權責機關提出異議；且[40]

---

[38] "3. The competent authorities of the Contracting States shall endeavour to resolve by mutual agreement any difficulties or doubts arising as to the interpretation or application of the Convention. They may also consult together for the elimination of double taxation in cases not provided for in the Convention."

[39] "4. The competent authorities of the Contracting States may communicate with each other directly, including through a joint commission consisting of themselves or their representatives, for the purpose of reaching an agreement in the sense of the preceding paragraphs."

[40] "a. under paragraph 1, a person has presented a case to the competent authority of a Contracting State on the basis that the actions of one or both of the Contracting States have resulted for that person in taxation not in accordance with the provisions of this Convention, and"

b. 如依第2項之規定，該權責機關無法於其已取得（has been provided）用於解決（address）該案所需全部資訊之時起2年內獲致解決該案之協議時[41]；

任何因本案所生之未解決爭點（unresolved issues），如經該人（the person）以書面請求，應（shall）交付仲裁。〔第一句〕惟該等未解決之爭點，如已由任一締約國之行政法庭或法庭（administrative tribunal）作成裁決者，不得交付仲裁。〔第二句〕除因該案直接受到影響之人不接受履行相互協議之仲裁判斷（arbitration decision），否則該判斷應拘束雙方締約國，且其履行不受其內國法任何時效規定的拘束。〔第三句〕各方締約國之權責機關應以相互協議方式決定（settle）本項所謂的適用模式（mode of application）[42]。〔第四句〕

（二）程序發動要件

《OECD稅約範本》此部分的註釋見於第63段到第87段，約25段[43]。對稅約仲裁有具體的說明。

首先，仲裁程序之發動由納稅人申請，且在符合程序要件下，稽徵機關不得拒絕。是以稽徵機關對於申請交付仲裁之事項，不具有裁量權

---

[41] "b. the competent authorities are unable to reach an agreement to resolve that case pursuant to paragraph 2 within two years from the date when all the information required by the competent authorities in order to address the case has been provided to both competent authorities;"

[42] "5. (...) any unresolved issues arising from the case shall be submitted to arbitration if the person so requests in writing. These unresolved issues shall not, however, be submitted to arbitration if a decision on these issues has already been rendered by a court or administrative tribunal of either State. Unless a person directly affected by the case does not accept the mutual agreement that implements the arbitration decision, that decision shall be binding on both Contracting States and shall be implemented notwithstanding any time limits in the domestic laws of these States. The competent authorities of the Contracting States shall by mutual agreement settle the mode of application of this paragraph."

[43] 同請參照Reimer & Rust, Klaus Vogel on Double Taxation Conventions, 4th edition, 2015, Wolters Kluwer, p. 1753-.

限[44]。至於程序外的非正式接觸，此於我國應有行政程序法第47條之適用。

其次，此類仲裁程序仍屬相互協議程序之一部。註釋書第64段表示，此仲裁程序並非替代或額外附加在相互協議程序，因此在權責機關協議過程中若未留下有待解釋的爭議時，即便申請人不支持相互協議的結果，也無法交付仲裁。

準此，稅約仲裁與其他商務或其他形式之官民仲裁有所不同。申之，後者之仲裁庭，其審理權及於整個案件的紛爭解決，而前者作為相互協議程序之延伸，範圍至多及於前階段尚未解決的爭點[45]。

再次，此仲裁程序本身亦有各式限制[46]：(1)如某些國家之各種法律、政策或行政考量。例如，稅務紛爭之解決為憲法爭議，仲裁有其特殊門檻；(2)另如，有國家僅將範圍限縮在事實上爭議如移轉訂價或常設機構存否等，其他爭議則需個案認定。

(3)由於得提起協議之情形限於締約國之行動導致某人稅負不符條約規定，因此本程序不適用於重大違法情形。此情形參見註釋書第26段，主要是指所申請之交易被認為屬於濫用（abusive）的情形；亦即涉及嚴重違反內國法而招致重大違法[47]。

依本條第1項申請交付仲裁的期間，自該案提交至他方締約國之後兩年任何時點起。從而，仲裁程序並非自動發生，仍待申請[48]。

依本條第2項之規定，所謂未經解決的案子（unresolved），應指至少有一爭點為雙方締約國立場不一致。推之，締約國之任一方，均無法單方面認定某爭點已無爭議，而有賴雙方共同之同意。反之，只要雙方同意無有待解決之爭點，則即便有重複課稅的情形未予解決，該案仍可能被認為

---

[44] Comm., para. 63.

[45] Comm., para. 64, 1754.

[46] Comm., para. 65, 66.

[47] Bittker & Lokken, Fundamentals of International Taxation-U.S. Taxation of Foreign Income and Foreign Taxpayers, 2005, WG&L., pp. 1745-1746.

[48] Comm., para. 70.

已解決[49]。本文認為，此係國際稅法上本質問題，即重複課稅在內國稅法上的評價[50]。

　　提請交付仲裁的另一個要件在於有確實的（actual）課稅行動。因此，申請人僅主張此類課稅有發生的可能性則無法適用；對之，倘稅額已繳納或受通知，或權責機關已核定或已通知，則有適用餘地[51]。

　　提交申請（presentation）之起算時點有二：一為申請人依第1項向第一個締約國之權責機關提交之時；其二則為第一締約國之權責機關於無法獲致滿意解決時依第2項向他方締約國權責機關接恰之時。不過，起算時點之判斷，應取決於對方是否收到充分資訊，足供其判斷申請理由的正當性[52]。至於所應提供之資訊類型，應予具體說明[53]。

（三）比較：《UN稅約範本》MTC 25（Alternative B）

　　《UN稅約範本》的仲裁條款與OECD相似，但仍有以下不同處[54]。首先，《UN稅約範本》的仲裁條款僅為選項之一，OECD則是唯一選項。其次，《UN稅約範本》提起期限為3年（從向他方締國權責機關提交該案之時起算）；OECD則是相互協議案件未能解決達2年（自全部所需資訊已提交至雙方權責機關之日起算）。第三，UN限於某方締約國權責機關，OECD則容許納稅人提出申請。第四，範本容許權責機關得於一定期間之內作出異於仲裁判斷的決定，OECD範本則否（惟註釋書許之）。

---

[49] Comm., para. 71.

[50] 若雙方締約國同意，可將適用範圍擴張及於第3項之事由，Comm., para. 73。

[51] Comm., para. 72.

[52] Comm., para. 75.

[53] 詳見範本所附仲裁條款。

[54] United Nations, Handbook on Dispute Avoidance and Resolution, 2021.5, p234-.

	OECD	UN
仲裁以外選項	無	有
期限	2年	3年
申請人	權責機關與納稅人	權責機關
權責機關受拘束	原則上受拘束	原則上不受拘束

資料來源：作者自製。

四、與其他稅務仲裁程序之關係

(一)BEPS行動方案

　　BEPS行動方案之相關內容，主要是對簽署成員提出最低限度的實施義務；諸如應盡可能在2年之期間終結相互協議程序；參與程序成員獨立性的確保；增列雙方締約國對協議表示異議的可能性等[55]。

　　具體言之，第19條規定兩年之基本協議門檻；第20條關於仲裁人之選任（此部分歐盟仲裁指令允許法院適時介入）；第21條保密義務（保密程度與相互協議程序相同）[56]。第22與24條規定權責機關於相互協議程序有結果時，有權終止仲裁程序，納稅人不得拒絕。第23條則規定仲裁判斷的標準方式為美式仲裁[57]，但可以合意修改或不適用之。

(二)歐盟之仲裁公約與指令

　　歐盟基礎條約的主要目標似乎一直不在削除雙重課稅的問題，但卻時常遇到而有必要面對。申之，因課稅乃主權核心內容，特別是所得稅，歐

---

[55] 青山慶二，BEPSに伴う紛争解決制度の改革（相互協議及び仲裁制度）、「税源浸食と利益移転（BEPS）」対策税制，日本税務研究センター，2018年3月，第41-42頁。

[56] 與第13(3)條同。

[57] 指擇優提案（last best offer）或棒球仲裁，仲裁者僅就雙方提案作出選擇，OECD與UN稅約範本容許採之；歐盟的標準模式則要求仲裁者出具附理由之獨立意見（independent opinion），但亦得合意修改或不予適用。

盟法自然不會願意去碰。然而，重複課稅的效果，卻可能妨礙歐盟法所致力追求的目標之一，即四大自由，因此也不時成為討論議題。

《OECD稅約範本》註釋書第67段亦規定，歐盟成員國應協調本條項範圍與《歐盟仲裁公約》（European Arbitration Convention）所附義務。另2017年歐盟仲裁指令亦有進一步規定，可謂擴大稅務仲裁的功能。

（三）小結：綜合比較與各國實踐

	OECD		EU	
	稅約	多邊工具	仲裁公約	仲裁指令
爭議類型	權責機關間爭議	與稅約本旨不符	移轉訂價	消除雙重課稅
先行協議期間	協議逾2年仍未解決之爭議（得再延長1年）			
當事人	權責機關		權責機關；納稅人（特定情形）	
仲裁庭組成	雙方各派一人，再共推第三人主持		獨立主持人，雙方代表以及兩位獨立成員	一名主持人，雙方代表以及一名獨立成員
仲裁判斷形式	獨立意見或擇優提案		獨立意見	獨立意見為原則
拘束力	權責機關受到拘束，但得於一定期間內另尋替代解決方案			

資料來源：作者整理自West & Zoehrer, The EU Arbitration Convention and Directive in: Lang et al. (eds.), Introduction to European Tax Law on Direct Taxation, 5th ed., 2018, Linde, pp. 329-330。

肆、稅約仲裁作為溝通形式

一、國際租稅環境作為國際行動者之「公共領域」

一個處於公私領域交界的市民社會，是一個言論自由的公共領域，同受私法與公法的支配。以仲裁為例，一般仲裁處理私權爭議，屬私法領域；但在國際租稅領域，稅約仲裁處理國家課稅權之間衝突，主要由公法

支配。

　　從而，仲裁作為一種社會制度，不僅為私人爭議的溝通手段，稅約仲裁更是一種國與國之間正常的溝通形式，一種國際之間「理性討論」的媒介。然而，此種機制當中主要行動者為國家，納稅人原則上沒有置喙空間，但卻為主要負擔者，從而稅法規範本質的徵納關係，乃至於所追求的「徵納和諧」，在國際環境之中困難較大。

二、稅約仲裁何以勢起：現代性危機

(一) 訴訟制度逐漸偏重「工具理性」的發展

　　古典社會學家所指出，工具理性的盲目追求乃是現代社會危機的表徵，訴訟制度的發展也體現此事。申之，訴訟（或救濟）的目的乃在於確保權利的實現，而權利的實現即意謂人格的自由發展。然而，當訴訟的效果僅在漫無限制地擴張權利或確保國家權力，則其存在的目的將消失殆盡。

(二) 「目的理性」可透過訴訟外途徑獲致

　　稅約仲裁何以成為國際（甚至內國）稅務爭議的討論對象，或許可從其「替代」的選項——訴訟制度（或程序）——談起，亦即：何以會有尋求訴訟外之解決途徑的想法？

　　申之，訴訟制度的目的與功能如仍為定紛止爭，而徵納之間看似永恆的對立與衝突，必然有賴訴訟的功能。倘若是因為此一功能不彰，或許是另闢蹊徑的一種解釋。惟若非解決紛爭的功能不彰，則捨訴訟而就仲裁的想法則可能寓有其他目的。以稅務紛爭為例，本文所謂「徵納和諧」的追求即一適例。

(三) 國際課稅的「目的理性」應在於「平等溝通」

　　吾人以為，此種「徵納和諧」，實為現代社會徵納雙方理性溝通的狀態。然而，承此脈絡，仲裁制度一躍成為選項，似乎暗指訴訟制度的作用

相較而言不易達到「理性溝通」的狀態。或者說，訴訟制度似乎一直讓徵納處於一種不和諧的狀態。一種社會學式的觀察可能是，這種不和諧的衝突狀態，是否為一種現代社會的常態？若否，如何能夠使「衝突」的非常態，回歸「和諧」的常態，則為所問。稅約仲裁所提供的互動機制，藉由權責機關對爭議的理性溝通，可謂追求「動態」的徵納和諧狀態。

三、稅約仲裁之社會目的：溝通理性

　　哈伯馬斯的平等溝通理論，講求一種以程序正義為主，不觸及實質正義為何的「價值觀」，或許正是吾人在價值多元的全球徵納共同體社會中，進一步形成「全球分配正義」的理念。本文認為稅約仲裁的概念即一適例，其作為言說行動（speech act）的性格及在溝通理論上的意義，且容以下要述。

　　首先，稅約仲裁除解決紛爭外，亦有助於一種國際間稅負分配秩序的形成。此種動力或許取決於若干強勢國家，但仍體現出一種以國家為主要行動者的相互主體性，個別納稅人在仲裁機制中（誠如前文之比較）居於備位，主動性不強。

　　其次，稅約仲裁有助於國家之言說行動之可理解性（comprehensibility），同時也確保其有效性[58]。申之，就前者而言——即可理解性——相互協議程序的目的，實應確保所使用的言辭「意義」對方能夠理解；且受到真誠合作之國際義務的拘束，亦即「說話者」意向真誠（truthfulness），否則難以就解決方法達成共識。

　　至於後者——即有效性的前提——指當說話者所聲稱之真理（truth）或正當性（rightness）受到對方質疑時，則必須訴諸「理性討論」予以解決，否則原來的溝通無法繼續進行[59]。而所謂「理性討論」，哈伯馬斯特

---

[58] 黃瑞祺，批判社會學，三民書局，2001年10月，修訂2版，第175頁以下。

[59] 有別於第一種（言辭的可理解性）與第四種（說話者的誠意）聲稱的質疑與解決方式，前者只能藉由釋義、改寫、翻譯、語意的約定來解決，後者（如被懷疑說謊、欺騙、誇大等）則只能透過未來互動當中的行為表現來獲得對方的信任。同上，第176頁以下。

指檢查受質疑之有效性聲稱的討論；當中雙方各以論證來支持或駁斥該聲稱，以求最終達成一致，決定是否肯定或否定該聲稱[60]。

本文認為此種理性討論的解決方式，正是稅約仲裁的寫照，用於促使原來溝通（即相互協議程序）的進行。其與相互協議程序的關係，或許能以下表示之。

溝通	言說行動	租約仲裁
可理解性	真誠意向	協議程序
有效性	真理聲稱	仲裁程序

資料來源：作者自製。

在國家主權絕對性依然具有影響力的國際環境之中，國與國之間課稅權衝突的未能如內國稅法訴諸一最高權威的機制。是以當國際習慣不再發揮國家自我節制功能時，一種寓有管制思維的國際秩序觀便可能應運而生。稅約仲裁在此，則具有緩和此種缺乏超國家權威的國際衝突。而課稅權衝突之緩解（或重複課稅之消除）作為國際稅法上的根本問題，也得以緩和全球管制思惟的僵化適用。

四、租稅條約的法律語境：管見

承前，稅約仲裁有其促進國際溝通乃至於紛爭解決的功能。惟深究此一機制的作用，或許是促使當事雙方暫時跳脫系爭租稅利益，並藉由第三方介入的機制使自己重新思考追求系爭租稅利益之目的，或以外於租稅利益的角度重新評估整體利弊得失。

而此種回歸自身立場的方法，在於重新認識所締約稅約文字用語背後的真意。此部分在語言（用）學上也有十分相似的討論，特別是推論模式（inferential model）的思考。[61]申之，法律作為溝通語言，除了作為承載

---

[60] 同上，第176頁。

[61] Grice, in: Syntax and semantics 3: Speech arts, Cole et al., Logic and Conversation, 1975, pp. 41-58.中文簡要，或請參照曾郁景，語言學，語言與溝通精簡導讀，東華，2015年8月，第177頁以下，特別是第188頁。

與傳遞言談內容的訊息之外，也有賴該內容得以為對方所理解，方能達到
溝通（締約）的本旨。當所傳達的內容意在言外之時，則有賴雙方預設推
論來探求彼此的真意。[62]管見以為，（稅約）仲裁機制或規範之可行性，
或可參照此一推論模式進行檢視。

伍、稅約仲裁作為啟動契機

　　吾人以為，訴訟外的紛爭解決途徑如本文所欲探討的仲裁制度，相較
於「主戰」色彩濃厚的訴訟制度而言，更懷有平等溝通的「主和」思維。
此制度興起背後有其社會意義已略如前述，作為行動者（或學習者）應以
如何態度加以認識與解讀，實為教育與職業訓練的一環；以下嘗試回應
之。

一、回歸設例：初步建議

　　作為對該A國居民之初步建議，稅約仲裁也許是一個理想的選項。
要之，內國訴訟程序不易得到救濟。申之，A、B兩國內國稅法並不一
致，且所涉稅目為帶有較強課稅主權色彩（相較於移轉訂價等事實認定問
題）。此外，假設兩國均屬歐盟成員國，則歐盟法院的立場不傾向處理國
際重複課稅問題，且歐盟關於稅務仲裁程序相對友善，規定也更為細緻，
有助於納稅人權益的保障。對之，假設兩國之一為美國，則應同時向美方
合作之顧問或代理人確認其他相應的風險。

　　上述建議乃基於設例情況之事實，可知影響課稅事實認定的基本規範
可能涉及：(1)內國立法（在此如A、B兩國之相關所得稅法、遺產稅法與
身分法）；(2)條約法（在此如A、B兩國之所得稅條約）；至於救濟上的
策略或預防，則可能涉及：(1)訴訟法（如A、B兩國之訴訟法）；(2)其他

---

[62] 其中關於對話推定（conversational presumptions），可再細分為：關連性
（relevance）、誠摯性（sincerity）、真實性（truthfulness）、數量（quantity）、質
量（quanlity）等5個原則。同上，第187-189頁。Cf. Grice, supra, pp.47-.

救濟途徑（如相關仲裁條款、公約與指令）。

至於上述規範的綜合運用[63]，則有賴：(1)國際比較視野（如是否有相關歐盟法院或國際人權法院判決、A、B兩國是否另簽訂遺贈稅條約或加入）；(2)實務操作（如家族資產規劃形式或企業全球稅務治理）等思維方式的訓練。

此6個面向雖僅為例示性[64]，但吾人應已能認識到「稅約仲裁」之採行、落實並深化，所需求的知識與能力（或相關人才以及制度的配套），亦須從長計議，以下不揣淺陋，嘗試拋磚引玉[65]。

二、人才配套：「國際稅務爭端解決學程」

(一) 事務性質：區分與比較

租稅的本質在於公平分配，屬哲學式的具體探究。不過稅務紛爭，未必直接涉及本質的分配問題，甚且紛爭的解決機制也未必能夠真正解決分配問題。是以，與其嘗試求取各種趨近實體權利義務關係之最佳解，設計一套確保談判程序正當性的溝通機制毋寧更為重要。就此點而言，仲裁程序可能比訴訟更能凸顯問題所在。

此類事務特徵之處理，至少包括以下幾種類型：

1. 同時涉及各式跨國爭端解決機制，有賴權利救濟法制的交互運用。

2. 國際公法、國際私法與國際商法的多重適用，有賴國際比較的視野。

3. 經濟、會計與法律等知識的有機整合，有賴跨領域的政策思維。

---

[63] 類請參照，柯澤東，國際私法之發展與理想，國際私法新境界，元照出版，2006年9月，第3頁以下。

[64] 比較法上早期可資參照的例子，如本章浪市，国際租税法序説，関西大学，1983年；該書另一標題名：英美國際私法判例之研究。我國如劉振鯤，租稅庇護所之法律問題研究，中國文化大學法律研究所碩士論文，1991年6月（李復甸教授指導）。

[65] 若干發想，取自李復甸，世新大學法學院之課程設計—兼論法學基礎課程內容，台灣法學會學報第21期，2000年11月，第275-288頁。併致謝忱。

4. 須從企業治理角度評估各內國立法、國際條約、區域法制的遵
循。

是以稅務仲裁的綜觀能力，應指能分從人民、國際、政府乃至於企業
等不同立場分析同一件事務，進而比較不同立場的利弊得失，並最後作出
獨立的判斷。此種「整合」的能力，除了知識上的跨域思考，也必然包含
應用上的綜合分析比較以及跨部門、國界的溝通協作[66]。

(二)歸納整合：三層次的目標能力

訓練上，知識部分可以透過實務界的參訪、實習等活動，以增加學用
之間的連結性[67]；應用部分，則可透過政策分析，外語文獻掌握等能力以
培養研究思維；至於溝通協作部分，則建議在課堂上設計專題合作的活動
（如分組報告及評論案例），以適應並體會分工協作的意義。

事實上，上述各層次的活動設計在我國現制當中並不陌生，但學習者
是否能有知有覺地理解各種課程活動的關連性，則有待說明。本文認為，
若有結合各層次的整合設計課程（如學程規劃），則不妨以「一站式服
務」作為訓練目標。具體構想如下。

(三)設計構想：漸進式與階段化

學程設計上，應將專業課程分為漸進式學習（即：核心、模組與專題
課程）；並階段性地予以落實[68]。

---

[66] 而追根究柢，或許在於某種「比較法能力」的培養。比較的思維應指一種對現狀進
行反思的「態度」；比較法則是具體化為一種研究方法，而是一種對不同法律制度
的脈絡設身處地的「能力」。此種能力有賴對該法律制度背後的歷史傳統和文化理
念有所理解。類似討論，或許是類型化方法中的「對極思考」，詳黃茂榮，稅法總
論—法學方法與現代稅法，植根，2012年3月，3版，第232-233頁。

[67] 此與教育學者的理念若合符節，T. Varnava & J. Webb, *key aspects of teaching and
learning-enhancing learning in legal education*, in: H. Fry, S. Ketteridge, and S. Marshall
(eds.) A Handbook for Teaching and Learning in Higher Education: Enhancing Academic
Practice, 3rd edition, Routledge, 2009.8, p.363-.

[68] 發想自李復甸，氏分基礎學科、專業選修、理論學科三類。李復甸，世新大學法學
院之課程設計—兼論法學基礎課程內容，台灣法學會學報第21期，2000年11月，第

　　一個完整的學程設計，理應包含上述各種目標能力的訓練。但鑑於學習者的時間與需求不一，為求普及的宗旨，可以考慮階段性地分為近程、中程與遠程3個階段。

　　申之，近程應屬「實務專題」課程，對象應以在職進修者為主。由於修習者具有實務經驗，且多半已取得相關證照或資格，具備相關基本知識，因此強調的是「學用循環」的目標，也就是能將所學應用於實務問題。性質上應屬短期進修課程，期間不宜過長，可介於數小時至數週不等。

　　中程目標可以設計為「證照認證」課程，對象則以證照應試者為主，但也可供在職者修習。由於目標為取得相關證照（如記帳士、地政士、稅務律師、會計師等）或資格（如財稅法務、財稅行政、關稅法務等）或所需學分要求者，因此內容應較為全面，強化法律與財稅的整合。學習期間應在6個月至1年，但不宜超過2年。或許可以選擇特定「模組」的方式進行選修。

　　長程目標則象徵完整的學習歷程，能以「學程」的成果呈現。對象則可稱之為申請證書或學位之人。訓練的內容，除包含短程與中程的目標能力之外，也需求較長時間集中投入，以深化反思進而創新的能力。修習期間在設計上應至少2年；此與中程相較，多出1年左右的時間。

　　綜述之，由於稅法所需前提知識相對較廣，理想的學習時程不妨拉長。但考量教學與學習者的時間與資源均屬有限，如該學程設置於大專院校之內，則每學期學分數不宜分配過多，毋寧分散於各學期，俾能與同時期修習之其他法域知識進行深度整合，具體詳本文附錄之學程設計架構。

276頁。本文認為第三類之理論學科，在本文脈絡中，應納入稅法相鄰學科如稅務會計、公共經濟學等。具體呈現，詳後附錄。稅法上的討論，葛克昌，稅法教育與法律研究所，所得稅與憲法，翰蘆圖書，2009年，3版，第703-717頁。專論，葛克昌、劉劍文、吳德豐主編，稅法教育改革與現代法治國家暨2016台灣最佳稅法判決，財團法人資誠教育基金會，2017年3月。

三、制度配套：紛爭解決機構

終極目標而言，國際稅法能力實應成為法律或會計專業人士的基本
素養之一。吾人甚至認為應列入國家重大政策方針（如重點培育人才計
畫），並編列相關預算，諸如，倘有設置國內稅務專業法院、建置人才資
料庫、國際稅法專業證照之制度、國際稅法講座長期駐點，甚至與國際性
稅務法院（或裁決機構）之法規調適等，均有賴持續性經費挹注。

陸、結論與展望

一、結論

全球化的環境，也涉及跨越國境的法律規範的整合，國際稅法也多少
寓有全球管制的思維。另在經濟全球化下，內國稅法難以置身事外，從而
有內國稅法國際化的趨勢，稅約仲裁提供了十分有趣的觀察角度。

本文認為，其作為一種管制型態，性質上與其他紛爭解決機制有別
（第貳部分）；其作為國際事件，與內國課稅權行使相對（第參部分）；
其作為溝通形式，一是種確保溝通有效的機制（第肆部分）；至於其作為
學習內容本身，具有整合知識與學用合一的作用（第伍部分）。

二、展望：全球徵納共同體及其稅務救濟程序

稅約仲裁的勢起，實應從全球化的社會進程來觀察，或許可以聚焦在
內國稅法國際化的脈絡。具體言之，可從內國稅捐實體債權債務關係之確
定、稽徵以及救濟的國際化觀察；本文所重僅為救濟層次的國際化。

此種國際化的進程，亦來自於經濟全球化與法律全球化的推波助
瀾。以本文脈絡為例，前者特指跨境貿易與投資的熱絡，後者則如是稅約
網絡的發達與強化。此種伴隨而來的課稅衝突，不免使得內國救濟程序面
臨新型稅務案件的挑戰，進而將各式涉外因素納入考量，同時各內國法院
的稅法見解也逐漸融入國際稅法的價值體系之中。

　　不過，內國稅法畢竟究與國際稅法考量不同，內國稅法的國際化不免產生性質上的變化。申之，第一，就實體法層次言，國際稅法秩序可謂「租稅條約主義」，而稅約內容雖亦涉及稅捐實體權利，但偏向多數稅捐債權人間的內部分配，與內國稅法強調稅捐債務的面向相對。第二，就稽徵面向言，國際稅法「互助或相互原則」，在尊重彼此徵收權行使的前提之下，以條約方式有限度地讓渡部分徵收權（或實體債權之請求權），與內國稅法強調自行確定與自行執行有別。

　　第三，救濟部分，國際稅法偏向協議主義，內容應為「相互原則」的延伸。此部分的國際化比較偏向行政階段；雖然內國稅務救濟的司法審判權並未讓渡，但如果協議程序最後走向仲裁，且其仲裁判斷拘束雙方權責機關時，則內國司法主權無異間接受到影響。此似與內國稅捐司法所強調「審判救濟」的權利保障面向不同。茲以簡表示之。

	國際	內國
實體法	條約主義	法定主義
稽徵法	相互主義	自己主義
救濟法	協議主義	審判主義

資料來源：作者自製。

　　只是，上述的進程如為勢之所趨，則作為全球徵納共同體的一員，將不免面對適應上的挑戰。如何妥適因應，並乘勢而起，考驗的是決心與遠見。

附錄　國際稅法學程設計架構

階段	模組		A：財稅法務	B：國際企業	目標能力
基礎課程（長程）	商管類	會計	政會	稅會	（跨領域）知識整合
		財金	預算	財報	
		管理	公行	企管	
	社科類	經濟	財政	國貿	
		政治	政策	倡議	
		社會	溝通	法遵	
	人文類	哲學	政哲	經思	
		歷史	體制	典制	
		語言	條約	合約	
法律必修（中程）	民商法		V	V	（各法域）知識整合
	公刑法		V	V	
	國際法		Δ	V	
	程序法（含仲裁）		V	Δ	
專業核心（中程）	所得稅法		V	V	（整合稅與法）知識整合
	消費稅法		V	V	
	財產稅法		V	Δ	
進階選修（近程）	救濟實例		V	Δ	知識應學用
	政策比較		V	Δ	
	國際稅約		Δ	V	
	企業規劃		Δ	V	
獨立研究（長程）	專題研究論文寫作		—	—	（方法論）知識整合

資料來源：作者自製。
*基礎課程、法律必修的分類僅為例示與供對照，取決於推廣者資源或研究者需求。
**「V」表示極為重要；「Δ」表示一般重要；「—」表示略。
***粗框內為學程應規劃之課程內容。
****目標能力指知識、應用與協作。

PART 2

跨國財經秩序

著作權教學之合理使用

王啓行[*]

壹、引言

　　本文為符合任務要求，章節論述中首先為著作權概論，重點在有哪些著作類型、著作權種類、著作財產權歸屬、如何主張著作權及侵權認定。其次是合理使用制度介紹。再次是聚焦教學之合理使用，包括面授、遠距、課堂臨時資料、遠距數位內容、講義、數位教材。最後是結論。本文所論及利害雙方為：著作權人、教學合理使用之利用人；所涉權利範圍為：不受著作權法保護、著作權效力範圍及合理使用界限。為達精要及效能原則，針對爭議問題之論述以各家學概要及本文結論為主，不作「小題大作」之開展，反求主要架構及結論精要，以符合推廣教育部同仁需求。因主管機關解釋權之法效性、優先性，故本文必須多處引用經濟部智慧財產局（下稱智財局）官網資料，恭先述明。

貳、著作權概述

一、著作權要件

　　著作權係根據國際公約所規範之無體財產權[1]，主管機關經濟部智慧

---

[*] 中國文化大學法律學系副教授、文化大學政治學博士、武漢大學國際法學博士。

[1] 依據1967年「成立世界智慧財產權組織公約」的規定，智慧財產權包括：(1)文學、藝術及科學之著作；(2)演藝人員之演出、錄音物以及廣播；(3)人類之任何發明；(4)科學上之發現；(5)產業上之新型及新式樣；(6)製造標章、商業標章及服務標章，以及商業名稱與營業標記；(7)不公平競爭之防止；(8)其他在產業、科學、文學及藝術

財產局認為著作權本身要件為：

第一、人類精神力作用的成果。

第二、能「表達」於外，構想不受著作權法保護。

第三、具原創作性。

第四、屬於文學、科學、藝術或其他學術範圍之創作。

第五、非屬著作權法第9條之標的[2]。

其中，第一指主體為人類，屬事實行為即可，不限法律行為，故5歲無行為能力之兒童繪畫亦可取得著作權。猩猩自己畫的畫作不可取得著作權，但人類指揮猩猩，以其為工具、使者所畫出的畫作，可以該人類為主體取得著作權。

人工智能AI（artificial Intelligence）[3]為目前科技發展最新趨勢，自然人利用AI所產生的作品，其人格權屬於使用者或程式設計者？是否可屬於AI本身，亦即承認AI有電子人格權（electronic personality）[4]，甚或完整人格權使其成為權利主體[5]？本文認為：賦予AI人格權的思考角度，

領域中，由精神活動所產生之權利。參見經濟部智慧財產局，https://www.tipo.gov.tw/tw/cp-180-219594-7f8ac-1.html。

[2] 同上。

[3] John McCarthy, What is artificial intelligence?, http://35.238.111.86:8080/jspui/bitstream/123456789/274/1/McCarthy_John_What%20is%20artificial%20intelligence.pdf.

[4] Sergio M. C. Avila Negri, Robot as Legal Person: Electronic Personhood in Robotics and Artificial Intelligence, https://www.frontiersin.org/articles/10.3389/frobt.2021.789327/full.

[5] Ugo Pagallo, Vital, Sophia, and Co.--The Quest for the Legal Personhood of Robots, https://www.mdpi.com/2078-2489/9/9/230/htm; Robert van den Hoven van Genderen, Do We Need New Legal Personhood in the Age of Robots and AI?, https://link.springer.com/chapter/10.1007/978-981-13-2874-9_2; Steffen Wettig, Eberhard Zehendner, The electronic agent: a legal personality under German law, http://wettig.info/biometrie_uni_jena-s/el_agent-legal_personality_under_german_law20030624.pdf; Joanna J. Bryson, Mihailis E. Diamantis, Thomas D. Grant, Of, for, and by the people: the legal lacuna of synthetic persons, https://link.springer.com/content/pdf/10.1007/s10506-017-9214-9.pdf; Mireille Hildebrandt, Legal Personhood for AI?, https://oxford.universitypressscholarship.com/view/10.1093/oso/9780198860877.001.0001/oso-9780198860877-chapter-9; Jonas Schuett, A Legal Definition of AI, https://www.researchgate.net/profile/Jonas-Schuett/publication/336198524_

應該是在人類社會法秩序下具正面功能時，或有必要時方可賦予AI人格權。其關鍵理由：(1)誰決策誰負責，不應由使用者或設計者（工程師）負責；(2)有必要處理侵權責任歸屬主體時，才考慮賦予AI人格權；(3)原來法人格制度不必然類推適用於AI人格權，因為AI不會死亡，破產重整都須再另外考量功能性問題，貿然全面承認似仍有疑慮；若僅是在著作人格權上承認電子人格權，因其未能主動興訟提告不當改變，似尚可承認。

　　第二之「表達」於外指第10-1條。依本法取得之著作權，其保護僅及於該著作之表達，而不及於其所表達之思想、程序、製程、系統、操作方法、概念、原理、發現。亦即不保護概念，只保護表達。

　　第三之「原創性」內涵，廣義概念包含「創作性」（creativity）及「原始性」（originality），[6]狹義則僅指originality。美國法的原創性：依據美國著作權法第102條，須滿足「原創」（original）和「固著」（fixed）兩項要件的著作，方才能受到美國著作權法的保護[7]。攝影著作原創性尤其困擾社會大眾[8]，一張照片就是一個著作權。所有類型作品，

A_Legal_Definition_of_AI/links/5e20599a458515ba208b9e4c/A-Legal-Definition-of-AI.
pdf.

[6]　蔡惠如，「原創性」概念於著作權訴訟之運作，file:///C:/Users/K/AppData/Local/Temp/%E3%80%8C%E5%8E%9F%E5%89%B5%E6%80%A7%E3%80%8D%E6%A6%82%E5%BF%B5%E6%96%BC%E8%91%97%E4%BD%9C%E6%AC%8A%E8%A8%B4%E8%A8%9F%E4%B9%8B%E9%81%8B%E4%BD%9C.pdf。另參蔡明誠，論著作之原創性與創作性要件，台大法學論叢第26卷第1期，1996年10月，第190-192頁。謝銘洋，論著作名稱之保護，法令月刊第50卷第7期，1999年7月，第3頁。羅明通，著作權法論第1冊，三民書局，2009年9月，7版，第164頁。

[7]　吳尊傑，人工智慧在著作權法上之主體適格性探討—以美國法為中心，http://www.naipo.com/Portals/1/web_tw/Knowledge_Center/Industry_Economy/IPNC_200708_0706.htm#:~:text=%E4%B8%80%E8%88%AC%E8%80%8C%E8%A8%80%EF%BC%8C%E4%BE%9D%E6%93%9A%E7%BE%8E,%E8%91%97%E4%BD%9C%E6%AC%8A%E6%B3%95%E7%9A%84%E4%BF%9D%E8%AD%B7%E3%80%82。

[8]　吳尚昆，漫談攝影著作的「創作性」要件，https://wulaw.blog/2014/11/30/%E6%BC%AB%E8%AB%87%E6%94%9D%E5%BD%B1%E8%91%97%E4%BD%9C%E7%9A%84%E3%80%8C%E5%89%B5%E4%BD%9C%E6%80%A7%E3%80%8D%E8%A6%81%E4%BB%B6/。

若未具原創性則不受著作權法保護。

　　智財局電子郵件980624：按著作權法（以下稱本法）所稱「著作」，係指屬於文學、科學、藝術或其他學術範圍之「創作」（本法第3條第1項第1款：一、著作：指屬於文學、科學、藝術或其他學術範圍之創作），亦即，需符合「原創性」及「創作性」二項要件，方為本法所保護之「著作」。所謂「原創性」，係指為著作人自己之創作，非抄襲他人者；至所謂「創作性」，則指作品須符合一定之「創作高度」。至於所需創作高度為何，目前司法實務上，相關見解之闡述及判斷相當分歧，本局則認為應採最低創作性、最起碼創作（minimal requirement of creativity）之創意高度（或稱美學不歧視原則），並於個案中認定之[9]。故智財局官方見解似採最低創作標準。

〔原創性高度低度一直是學界爭議焦點[10]，本文認為〕

　　1. 原創性本來沒有高度低度的問題，試以畢卡索畫作為例[11]，即是典

---

[9] https://topic.tipo.gov.tw/copyright-tw/cp-407-852678-96e67-301.html。

[10] Carys J. Craig, The Evolution of Originality in Canadian Copyright Law: Authorship, Reward and the Public Interest, https://papers.ssrn.com/sol3/papers.cfm?abstract_id=894081; Stef van Gompel, Erlend Lavik, Quality, Merit, Aesthetics and Purpose: An Inquiry into EU Copyright Law's Eschewal of Other Criteria than Originality, https://papers.ssrn.com/sol3/papers.cfm?abstract_id=2326425; Joseph Scott Miller, Hoisting Originality, https://papers.ssrn.com/sol3/papers.cfm?abstract_id=1361040; Teresa Scassa, Originality and Utilitarian Works: The Uneasy Relationship between Copyright Law and Unfair Competition, https://papers.ssrn.com/sol3/papers.cfm?abstract_id=764724; Erlend Lavik, Stef van Gompel, On the Prospects of Raising the Originality Requirement in Copyright Law: Perspectives from the Humanities, https://papers.ssrn.com/sol3/papers.cfm?abstract_id=2347361.

[11] https://tw.search.yahoo.com/search;_ylt=AwrtEB3HRdxhFXAA_QFr1gt.;_ylc=X1MDMjExNDcwNTAwMwRfcgMyBGZyA3lmcC1zZWFyY2gtc2EEZnIyA3NhLWdwLXNlYXJjaARncHJpZANHaHBWM3JheFRCYVFqYTdaaGRVVOHFBBG5fcnNsdAMwBG5fc3VnZwMxMARvcmlnaW4W4DdHcuc2VhcmNoLnlhaG9vLmNvbQRwb3MDMDMwRwcXN0cgMIRTclOTUlQTIIRTUlOEQlQTElRTclQjQlQTIIRTclOTUlQUIIRTQlQkQlOUMlRTUlOUYlQTIIRTUlOUYlQTIIRTUlOEMyQUMEcHFzdHJsAzUEcXN0cmwDNwRxdWVyeQMlRTclOTUlQTIIRTUlOEQlQTElRTclQjQlQTIIRTclOTUlQUIIRTQlQkQlOUMlRTUlOUYlQTUlOTYlODYlODYIRTclODklODcEdF9zdG1wAzE2NDE4MzA2NjgEdXNlX2Nhc2UD?p=%E7%95%A2%E5%8D%A1%E7%B4%A2%E7%95%AB%E4%BD%9C%E5%9C%96%E7%89%87&fr2=sa-gp-search&fr=yfp-search-sa。

型具原創性作品，這才是著作權法所欲保護的典型。但終究這樣的天才畫家太少，法律是為大多數人服務，攝影發明之前，有很多畫家靠寫生人像畫為生，達芬奇的蒙娜麗莎、清代畫家郎世寧就是典型適例[12]。同樣畫馬，斯塔布斯的畫作就加入很多個人意志[13]，兩者相比，就出現高低度落差。

2. 就寫生畫作和寫生的標的本身應有差異，如莫內花園畫作[14]，明顯超過原景，本文最激烈的說法即是把馬畫成像兔子，或把兔子拍成像馬，才具典型原創性，反之若只是單純寫生拍照，應歸為紀錄照，而非著作，應屬民法第184條第1項後段之利益，而非著作權。

3. 為保障多數「創作者」利益，本文支持智財局之最低創作標準。

針對辛勤原則（Doctrine of Sweat of the Brow），各國學界多有論

---

[12] https://tw.images.search.yahoo.com/search/images?fr=yfp-search-sa&fr2=piv-shopping&p=%E9%83%8E%E4%B8%96%E5%AF%A7%E7%95%AB%E4%BD%9C。

[13] https://tw.images.search.yahoo.com/search/images;_ylt=AwrtFIqyWtxhuHwAoqxt1gt.;_ylu=c2VjA3NlYXJjaARzbGsDYnV0dG9u;_ylc=X1MDMjExNDcwNTAwNQRfcgMyBGFjdG4DY2xrBGNzcmNwdmlkAzFnQUxFREV3TGpKLnU2aHVWNXBhVmdQMU1UVXddMZ0FBQUFDVzdfUE8EZnIpDeWZwLXNlYXJjaC1zYQRmcjIDc2EtZ3AEZ3BhaWQDDU01ON0V1RDZScU81SlRyTXdkaU191QQRuX3N1Z2cDMARvcmlnaW4DdHcuaW1hZ2VzLnNlYXJjaC55YWhvby5jb20EcG9zAzAEcHFzdHIDBHBxc3RybAMEcXN0cmwDNTQEcXVlcnkDJUU1JTk4JUFGJUU1JUExJTk0JUE4JTgzJUU2JTk2JUFGJUU0JUJEJUU1OUJEJTlDJUU1JTkzJTgxBHRfc3RtcAMxNjQxODMxMTEz?p=%E6%96%AF%E5%A1%94%E5%B8%83%E6%96%AF%E4%BD%9C%E5%93%81&fr=yfp-search-sa&fr2=sb-top-tw.images.search&ei=UTF-8&x=wrt。

[14] https://tw.images.search.yahoo.com/search/images;_ylt=AwrtFprtW9xhsTcARHtt1gt.;_ylu=c2VjA3NlYXJjaARzbGsDYnV0dG9u;_ylc=X1MDMjExNDcwNTAwNQRfcgMyBGFjdG4DY2xrBGNzcmNwdmlkA2Ftb0tqakV3TGpKLnU2aHVWNXBhVmdrM01UVXddMZ0FBQUFDcHROZVVEZnIpDeWZwLXNlYXJjaC1zYQRmcjIDc2EtZ3AEZ3BhaWQDVnpFY0tURpUa2VlalVWVZW5zNFZfQQRuX3N1Z2cDMARvcmlnaW4DdHcuaW1hZ2VzLnNlYXJjaC55YWhvby5jb20EcG9zAzAEcHFzdHIDBHBxc3RybAMEcXN0cmwDMzYEcXVlcnkDJUU0JThFJUJGJUUjJUU1JTg1JUE3JUU3JTk1JUFCJUU0JUJEJTlDBHRfc3RtcAMxNjQxODMxNDEz?p=%E8%8E%AB%E5%85%A7%E7%95%AB%E4%BD%9C&fr=yfp-search-sa&fr2=sb-top-tw.images.search&ei=UTF-8&x=wrt。

述[15]，本文認為：確實有美國判決Feist Publications, Inc. v. Rural Telephone Service Co., Inc. 及Key Publications, Inc. v. Chinatown Today Pub. Enterprises, Inc.案中提及辛勤原則，然並未為美國聯邦最高法院所接受，亦未為美國著作權法採為成文立法例，歐盟則是給予資料庫著作鄰接權而非著作權位階，特此說明。

上述第四之必須屬於文學、科學、藝術或其他學術範圍，其實有所爭議，國內外學界有主張色情著作、甚或人獸交等亦應取得著作權，早年最高法院於88年度台上字第250號、94年度台上字第6743號刑事判決中，均認定因色情光碟片有礙維持社會秩序或違背公共利益，且無由促進國家社會發展，保護此類著作與著作權法之立法目的有違，其非「藝術或其他學術範圍」之創作，認為「不潔之手不入殿堂」，採否定說；近年或因應要加入CPTPP，智慧財產法院101年度刑智上易字第74號刑事判決則認定為具有原創性之色情著作仍應受著作權法保護[16]。該判決中引用美國聯邦第五巡迴上訴法院1979年Mitchell Bros. Film Group v. Adult Theater案，暨美國聯邦第九巡迴上訴法院1982年Jartech, Inc. v. Clancy案，中國大陸、日本、德國著作權法均不排除色情著作之保護。

〔相關釋字〕

大法官釋字第407號：猥褻出版品，乃指一切在客觀上，足以刺激或

---

[15] Daniel J. Gervais, Feist Goes Global: A Comparative Analysis of the Notion of Originality in Copyright Law, file:///C:/Users/K/Downloads/SSRN-id733603.pdf; Hailshree Saksena, Doctrine of Sweat of the Brow, https://papers.ssrn.com/sol3/papers.cfm?abstract_id=1398303; Antoni Terra, Copyright Law and Digital Piracy: An Econometric Global Cross-National Study, https://papers.ssrn.com/sol3/papers.cfm?abstract_id=2940042; Miriam Marcowitz-Bitton, Trends in Protection for Informational Works under Copyright Law During the 19th and 20th Centuries, https://papers.ssrn.com/sol3/papers.cfm?abstract_id=1802774; Paul Bender, The Constitutionality of Proposed Database Protection Legislation, https://papers.ssrn.com/sol3/papers.cfm?abstract_id=1411911.

[16] http://www.csil.org.tw/home/wp-content/uploads/2015/10/2014-103-%C3%A5%C2%B9%C2%B4%C3%A6%C2%B6%C2%89%C3%A5%C2%A4%C2%96%C3%A5%C2%88%C2%A4%C3%A6%C2%B1%C2%BA%C3%A6%C2%91%C2%98%C3%A8%C2%A6-%C2%81.pdf。

滿足性慾，並引起普通一般人羞恥或厭惡感而侵害性的道德感情，有礙於社會風化之出版品而言。猥褻出版品與藝術性、醫學性、教育性等出版品之區別，應就出版品整體之特性及其目的而為觀察，並依當時之社會一般觀念定之。

　　大法官釋字第617號：性言論之表現與性資訊之流通，不問是否出於營利之目的，亦應受上開憲法對言論及出版自由之保障。惟憲法對言論及出版自由之保障並非絕對，應依其性質而有不同之保護範疇及限制之準則，國家於符合憲法第23條規定意旨之範圍內，得以法律明確規定對之予以適當之限制。

〔本文認為〕

　　1. 國內學界眾口爍金、一致指責及法院判決的標的是色情片，而非色情著作，兩者標的不同，一個是指以色情為主題之視聽著作，一個是泛指以色情為主題之所有著作，後者包括前者，兩者範圍不同，不可混為一談。

　　2. 不保護色情著作不但違憲，如言論自由、財產權等基本權保障，也違反平等權。因藝術創作本即高度主觀性，他人如何評價均不妨礙其權利保障。殺戮美學、地獄美學、噁心美學也是美學。線上遊戲、電視、電影中戰爭、殺人場面每日可見，卻獨禁色情著作，明顯違反平等權、比例原則。

　　3. 性行為是人權，但凸顯色情，戕害青少年身心，影響國家競爭力，才是公序良俗所欲保護的法益；但只要適用分級制度即可解決問題。

　　4. 我國本即保護色情著作，早年藝術攝影著作、美術著作、語文著作均有適例。

　　5. 所謂色情片是視聽著作，即應以視聽著作原創性標準判斷之，若不具原創性，非文以載道、套路過場，甚或抄襲他人色情著作，均不能取得著作權，只是紀錄片，屬民法第184條第1項後段利益，而非著作權的權利。

　　上述第五中，著作權法第9條：「下列各款不得為著作權之標的：一、憲法、法律、命令或公文。二、中央或地方機關就前款著作作成之翻

譯物或編輯物。三、標語及通用之符號、名詞、公式、數表、表格、簿冊或時曆。四、單純為傳達事實之新聞報導所作成之語文著作。五、依法令舉行之各類考試試題及其備用試題。（第1項）前項第一款所稱公文，包括公務員於職務上草擬之文告、講稿、新聞稿及其他文書。（第2項）」

　　其中第1、2款非指所有公家機關之出版品皆排除在外，僅指其所列舉各項，利用人應予注意。公法人著作不代表沒有著作權，相反地，其有完整著作人格權、著作財產權，觀乎本法第50條：「以中央或地方機關或公法人之名義公開發表之著作，在合理範圍內，得重製、公開播送或公開傳輸。」既須主張合理才能使用，代表其有完整權利，而非公共財。經濟部智慧財產局官網資料多筆標示創用CC授權，如著作權一點通[17]，創用CC授權即表示因其有完整著作人格權、著作財產權才能對外授權；其作者另外出專書[18]，更是明證，一般閱聽大眾切不可因是官網資料而誤以為是公共財，不可不察！

　　其中關於時曆，係指延用百年以上之公共財，市面上所謂農民曆係基於時曆之衍生著作具原創性，係屬獨立保護之對象，識者不可不察！

　　針對新聞報導，僅限單純為傳達事實、語文著作兩個要件，智財局官網說明為：

　　1. 只就重要新聞的「人」、「事」、「時」、「地」、「物」等事實元素加以報導、說明，並不另作評論，即符合前述第9條規定，屬於單純傳達事實的新聞報導，不得為著作權保護的標的。所謂「單純為傳達事實之新聞報導」，一般通常是指限於乾燥無味（arid）、沒有個性（impersonal）的新聞文字。記者夾議（自己的見解）夾敘（事實描述）均非單純為傳達事實，故受著作權法保護。

　　2. 但若是社論、評論性報導或副刊上所發表的生活、消費新聞，就屬於語文著作而受到著作權法保護。

　　3. 電視新聞報導因為並不是以「語文著作」的方式報導，也無法適

---

[17] https://topic.tipo.gov.tw/copyright-tw/cp-415-855920-95b39-301.html。

[18] 賴文智，著作權一點通，https://www.govbooks.com.tw/books/70038。

用本款的規定處理。

4. 新聞的標題是否受著作權法保護應個案認定，不是必然不受著作權法保護。

5. 架設網站，因新聞報導多為夾議夾敘而非單純為傳達事實，最好不要直接貼新聞報導，避免侵害「重製權」及「公開傳輸權」，應改用超連結方式並說明其出處（刊登的新聞媒體、時間、版面等）[19]。

〔補充說明〕

1. 事實以外之評論、加工、製造，均屬俗稱言論自由的範圍，即是小說、文學創作，當然受著作權法保護。而且越離譜越具創作性，越能取得著作權。著作權法和新聞法規所欲保護法益及立法目的不同，識者不可不察！

2. 新聞照片已明文排除在外，訟源不斷，實應特別注意！

二、取得要件

1. 著作已完成：依第10條，著作人於著作完成時享有著作權。但本法另有規定者，從其規定。所以欲取得著作權，除前述要件外，還須著作已完成，方可取得著作權；意即依伯恩公約廢除舊法之登記制。

2. 簽名：不是必要條件，但有簽名保護比較周全。本名或眾所周知的別名均可。

3. 舉證：不是必要條件，此處是指在創作過程中所留下能證明是自己創作的證據。

4. 發表：不是必要條件，且著作權人有權選擇不發表及何時何地發表，但有發表有利舉證自己是著作權人，保護比較周全。

網路上未標示作者姓名的著作，一樣受到著作權法的保護。著作權保護的要件，只要求必須是文藝性質的作品、有一定具體的表達、具有原創性、創作性，而且不是法律規定不予保護的標的，且著作完成，即受著作

---

[19] 經濟部智慧財產局，著作權基本概念篇1-10，https://www.tipo.gov.tw/tw/cp-180-219594-7f8ac-1.html。

權法保護。其差異是：未標示作者姓名或是以他人所不知的別名發表之著作，著作財產權的保護期間，並不是著作人終身加計50年，而是自公開發表後50年；有標示作者姓名者，係著作人終身加計50年[20]。

三、著作種類

依智財局官網公告，著作權法所保護的著作種類如下[21]：

1. 語文著作：包括詩、詞、散文、小說、劇本、學術論述、演講及其他之語文著作。以數位（如純文字檔、圖檔）或類比（如錄音檔案）方式存在者，亦同。

2. 音樂著作：包括曲譜、歌詞及其他之音樂著作。

3. 戲劇、舞蹈著作：包括舞蹈、默劇、歌劇、話劇及其他之戲劇、舞蹈著作。

4. 美術著作：包括繪畫、版畫、漫畫、連環圖（卡通）、素描、法書（書法）、字型繪畫、雕塑、美術工藝品及其他之美術著作。

5. 攝影著作：包括照片、幻燈片及其他以攝影之製作方法所創作的著作。

6. 圖形著作：包括地圖、圖表、科技或工程設計圖及其他屬於技術應用方面的工具性圖形。智財局特別說明，圖形著作的製作目的是用以表現特定事物，而非強調其藝術價值，通常會依據一定標準繪製以利判讀。此乃涉原創性之描述。

7. 視聽著作：包括電影、錄影、碟影、電腦螢幕上顯示之影像及其他藉機械或設備表現系列影像，不論有無附隨聲音而能附著於任何媒介物上之著作。視聽著作與攝影、美術著作最大的區別在於其「必須連續性地表現系列影像」。

8. 錄音著作：包括任何藉機械或設備表現系列聲音而能附著於任何媒介物上之著作，但附隨於視聽著作的聲音不屬之。錄音著作在部分國家

---

[20] 同上。

[21] 同上。

是以不要求原創性之「著作鄰接權」的方式保護，在我國則是以一般著作型態受到保護，故須具原創性才受著作權法保護。

9. 建築著作：包括建築設計圖、建築模型、建築物等。其特殊之處在於將「建築物」本身也納為保護標的。

10. 電腦程式著作：即俗稱電腦軟體。但在電腦遊戲中圖片、動畫、文字本身則分別歸屬於美術、圖形、語文、視聽等著作類型，而非電腦程式著作。

11.表演：著作權法第7-1條：「表演人對既有著作或民俗創作之表演，以獨立之著作保護之。（第1項）表演之保護，對原著作之著作權不生影響。（第2項）」所謂「表演」，是指對既有著作以演技、舞蹈、歌唱、彈奏樂器或其他方法加以詮釋。

12. 衍生著作：衍生著作是將原著作另行添加創意，進行改作所得之作品。如翻譯、編曲、改寫、拍攝為影片。改作須對比原著作具有原創性、創作性，才可受著作權法保護。用翻譯軟體翻譯著作，因非人類精神上創作，故不受保護。

官網原說法為：改作（衍生）著作，本文認為改作權是智慧財產權的一種，而衍生著作才是改作後的產物，特此說明。

13. 編輯著作：著作權法第7條第1項規定：「就資料之選擇及編排具有創作性者為編輯著作，以獨立之著作保護之。」編輯著作受保護的客體是就資料的「選擇」或「編排」方式具有創作性方可受著作權法保護。

14. 共同著作：著作權法第8條規定：「二人以上共同完成之著作，其各人之創作，不能分離利用者，為共同著作。」前者指不能分離者，若可分離，如卡拉OK伴唱影片與音樂，即屬結合著作，各自擁有其著作權。

四、國際公約與國際著作之保護

著作權國際公約首推1886年《伯恩公約》（Berne Convention）[22]，

---

[22] https://www.tipo.gov.tw/tw/cp-128-207127-6815c-1.html。

跨國法的啟蒙與薪傳──李復甸教授七秩華誕祝壽論文集

其重要原則為:(1)國民待遇原則[23],對其他簽約會員國國民作品給予本國國民作品相同保護;(2)自動保護原則,即創作完成時取得不用再登記;(3)獨立保護原則,亦即依各該會員國法律規定保護,而非其本國法保護[24];(4)最低保護年限延長至50年[25];(5)其對社會大眾例外使用採三步測試原則,而非美國合理使用立法例。《伯恩公約》仍是現行有效公約,依然是國際著作權基石,國際上研究《伯恩公約》之著作仍所在多有[26]。

與1886年《伯恩公約》相對應的是1883年(及歷年修正)《保護工業產權巴黎公約》(Paris Convention for the Protection of Industrial Property),[27]後者係屬專利權、工業設計保護的國際公約,兩者原來規劃的差異是一為手工定製,一為工業大量製造,但在1980年代美國紐約普普風大師Andy Warhol海報等作品問世後,此規則被打破,故現行著作權法也保護工業大量製造的作品。

1961年《羅馬公約》,又稱《著作鄰接權公約》[28],其目的在保護表

---

[23] 劉勝驥,兩岸智慧財產權之建立、發展與交流,https://www.pf.org.tw/files/5394/E29235ED-FA6B-4C6D-B7F0-FB40DA8DD1B9。

[24] Protection is independent of the existence of protection in the country of origin of the work (principle of "independence" of protection). If, however, a Contracting State provides for a longer term of protection than the minimum prescribed by the Convention and the work ceases to be protected in the country of origin, protection may be denied once protection in the country of origin ceases.

[25] WIPO, https://www.wipo.int/treaties/en/ip/berne/summary_berne.html.

[26] Gabriel Peter Udoh, The Protection of Literary Works under Article 2 of the Berne Convention and its Acceptability in EU Countries, https://papers.ssrn.com/sol3/papers.cfm?abstract_id=3562239; Sanna Nyqvist, Literature and International Copyright after the Berne Convention (1886), https://oxfordre.com/literature/view/10.1093/acrefore/9780190201098.001.0001/acrefore-9780190201098-e-267; Ehsan Nemati, Mohammad Reza Parvin, Mehdi Taleghan GhafariAn, Analysis of Exclusive or Allegorical Approaches to Article 2 of the Copyright Protection Act of 1969, with an Overview of the Berne Convention, http://lps.journals.umz.ac.ir/article_3388_c9987cabbaa7030e7cd20da75421c577.pdf?lang=en.

[27] GHC Bodenhausen – Koln, Paris convention for the protection of industrial property, https://www.wipo.int/edocs/pubdocs/en/intproperty/611/wipo_pub_611.pdf.

[28] file:///C:/Users/K/AppData/Local/Temp/%E7%BE%85%E9%A6%AC%E5%85%AC%E7%B4%84.pdf。

演人、錄音製作人及傳播機構之權利。

1993年WTO《與貿易有關之智慧財產權協定》（TRIPs），台灣自民國91年1月1日加入WTO後，必須遵守TRIPs之規定。TRIPs的效力即包括前述公約的範圍。如國民待遇原則、互惠原則等，故我國將依國民待遇原則保護WTO所有會員國國民之著作。

智財局特別指明：我國加入WTO時是承諾回溯保護原來不受保護的外國人著作（著作權法第106-1條），因此在加入WTO後，原本不受保護的外國人著作，例如：日本公司在民國91年1月1日之前發行的日劇或電玩遊戲，只要依據我國著作權法計算仍在保護期間內，就「回溯適用」，直接受我國著作權法保護[29]。

1996年世界智慧財產權組織通過《世界智慧財產權組織著作權條約》（WIPO Copyright Treaty, WCT）[30]，創設公開傳輸權（the right of communication to the public）[31]。同年通過《世界智慧財產權組織表演與

---

[29] 經濟部智慧財產局，著作權基本概念篇1-10，https://www.tipo.gov.tw/tw/cp-180-219594-7f8ac-1.html。

[30] Julie S. Sheinblatt, The WIPO Copyright Treaty, file:///C:/Users/K/Downloads/fulltext.pdf; JE Cohen, WIPO Copyright Treaty Implementation in the United States: Will Fair Use Survive?, https://d1wqtxts1xzle7.cloudfront.net/30218901/wipotreaty-with-cover-page-v2.pdf?Expires=1641718387&Signature=JxnhwzxZ8YIamaKa3JzB1mT8oSH1W~tY6YYhoyBQ-5ek-0nsEeD6JJw0xVhk~aRk9RttKPWmlS-QF2cN18r7pyhCXDGXycwXxRuNdyYdGcbWpPgLY22QivrfVKW5d3ys1nWgnPLvAHELfixjnNz9YQB519RdJ7wz5wXDn2PQFyMowWlEUdfF3pCXBVggkQvQCGLtcbjLhmFomV2LyAQJKYkjEq1wrUpYXTJiCjIZGDTbTsH6LUv6L5o5M6baWuIoJNxRQ3wVCFtnERyHJRdBRhBz7YXEu27mX644tHDdv65pPUn9VNukoJNe8igG55xZ19h3vva4JaMw8v66Lxqtqw__&Key-Pair-Id=APKAJLOHF5GGSLRBV4ZA.

[31] 原文為：The right of communication to the public is the right to authorize any communication to the public, by wire or wireless means, including "the making available to the public of works in a way that the members of the public may access the work from a place and at a time individually chosen by them". The quoted expression covers, in particular, on-demand, interactive communication through the Internet, https://www.wipo.int/treaties/en/ip/wct/summary_wct.html.

錄音物條約》（WIPO Performances and Phonograms Treaty, WPPT）[32]，強調尤其是在數位環境中保護：(1)表演人（演員、歌手、音樂家等）；(2)錄音物製作人（主動並負責固著聲音之個人或法人）的權利[33]。

2012年《北京公約》（Beijing Treaty on Audiovisual Performances）[34]是對1961年締約的《羅馬公約》（保護表演人、錄音物製作人與廣播機構），對視聽著作中之歌手、音樂家、舞者及演員的權利，因應數位化時代進行現代化更新保護。先前，WPPT更新對表演者（而非視聽表演者）和錄音物製作人的保護，而《北京條約》則更新補充了數位時代的授權保護[35]。簡而言之，表演人歌手擴大至演員，並兼及數位環境下之保護。相關國際論著在各地區所多有[36]。

所謂一國一著作權，或屬地主義指依各會員國規定適用，如美國法並無著作人格權，我國則有，是以該美國人在美國不能主張著作人格權，但他在台灣可以主張著作人格權；台灣人在美國不能主張著作人格權，但他在台灣可以主張著作人格權。同樣是著作人格權，日本是同一性保持權，台灣是禁止不當改變權，所以台灣人在日本可以主張同一性保持權，日本人在台灣只能主張禁止不當改變權，兩者在美國皆不能主張著作人格權。

---

[32] *Id.*

[33] https://www.wipo.int/treaties/en/ip/wppt/。

[34] https://wipolex.wipo.int/zh/text/295837。

[35] https://www.tipo.gov.tw/tw/cp-90-864020-ceb68-1.html。

[36] Silke von Lewinski, The Beijing Treaty on Audiovisual Performances, https://deliverypdf. ssrn.com/delivery.php?ID=50507408211409701909601512600509902904904705608403 0089124065084009123068127098065002052103055052104116023096115127015073084 1050280450360410650240211010170090240140250770280770260831220800960920690 8509111207111202009301902807910810510611310500012408 5126&EXT=pdf&INDEX =TRUE.
WIPO-WTO座談會文件，2018年非洲版，Caroline Joelle Nwabueze, Beijing treaty on audiovisual performances: a panacea for traditional rights holders?, https://www.wto.org/ english/tratop_e/trips_e/colloquium_papers_e/2018_african/chapter_16_2018_african_ edition_e.pdf。

五、著作人格權與著作財產權

英美系國家不採著作人格權立法例，只有著作財產權。而大陸法系國家採著作人格權與著作財產權之立法例。

本法乃採著作人格權與著作財產權之二元立法例。

(一) 著作人格權

(1)公開發表權（第15條）；(2)姓名表示權（第16條）；(3)禁止不當改變權（第17條）。原則上，所有著作類型均享有三種著作人格權。

(二) 著作財產權

(1)重製權（第3條、第22條）：所有類型著作均有重製權，表演僅限以錄音、錄影、攝影方式享有限之重製權；(2)公開口述權（第3條、第23條）：僅限語文著作；(3)公開播送權（第3條、第24條）：所有類型著作均有公開播送權，但表演經重製、公開播送後，喪失公開播送權；(4)公開上映權（第3條、第25條）：僅視聽著作有公開上映權；(5)公開演出權（第3條、第26條）：語文、音樂、戲劇、舞蹈有完整公開演出權。表演限以擴音器或其他器材表演時才享有公開演出權。另外，錄音著作在公開演出時，僅有民事報酬請求權；(6)公開傳輸權（第3條、第26-1條）：除表演限重製於錄音著作時，其他類型著作均有公開傳輸權；(7)公開展示權（第3條、第27條）：僅限「尚未發行」之攝影、美術著作[37]；(8)改作權（第3條、第28條）：除表演外，其他類型著作均有改作權；(9)編輯權（第28條）：除表演外，其他類型著作均有編輯權；(10)散布權（第3條、第28-1條）：除表演限重製於錄音著作時，其他類型著作均有散布權；(11)出租權（第29條）：除表演限重製於錄音著作時，其他類型著作均有出租權；(12)輸入權（第87條第1項第4款）：除表演有爭議外，其

---

[37] R. Anthony Reese, The Public Display Right: The Copyright Act's Neglected Solution to the Controversy Over 'Ram Copies', https://papers.ssrn.com/sol3/papers.cfm?abstract_id=266182.

他類型著作均有輸入權；(13)製版權（第79條）：僅限文字著述、美術著作。

〔重製權〕

圖1　重製三圈圈圖

說明：最內圈是複製，外環是抄襲，亦即雙手雙眼重製，整個大圈圈都是重製；右下方白色圈圈則分兩部分，在黑色範圍內是重製，在黑色範圍外是違反學術倫理。所謂在黑色範圍內是指，論文電子比對相同，當然屬重製的範圍；而在黑色範圍外，係指把別人論文看過後，用自己的語彙再寫一次，因為文字表述不同，不是重製（著作權法只保護表達不保護概念），但因完全沒有自己論文的主題意識、沒有自己的想法，所以不算是論文，而是資料整理。

上述諸多權利，在著作權法條文中，關於重製的定義引起大眾困擾，甚或有人因此申請大法官解釋，釋字第804號解釋結果認為合憲，本文贊同。但本文認為法律文字沒有問題，是坊間教科書定義不清所致。

〔本文認為〕

1. 所謂智慧財產權，其實是商法的核心，智慧財產權是製造業、同業、競爭者間適用的法律，權利人利用智慧財產權法的授權體系，憑空創造出龐大的授權市場，創造出巨大利潤，促進更多交易，國家因而取得更多稅收。

2. 試問1886年《伯恩公約》那時要如何重製蒙娜麗莎的畫像？當然是肉眼掃描後用雙手再畫一次，而能畫出來的一定也是畫家，既是畫家在重畫的同時，當然也可以加入自己的意見或特質，但這仍是重製，不是創作，也就是今日所稱的抄襲。抄襲若另具創作高度則是改作，未達創作高度仍是重製。

3. 美國法的copy，我們翻成抄襲，因有手字旁，讓社會大眾誤以為只有複製才是重製，自己動手畫的是原創。

4. 其實，不論雙手雙眼、scanner、printer都是工具，法律評價相同。而衍生著作在操作上也必須屬於原著作權人，否則稍事修改即不保護，則著作權法豈不形同具文！

5. 另外，所謂二創，是有心人士混淆視聽的說法，著作權法的規範就是將原作改作成衍生著作，而改作權當然屬於原著作權人。

6. 用改作權創造出龐大的授權市場，創造出巨大利潤，這就是著作權法，乃至智慧財產法的立法目的。

智財局針對抄襲的論述，係引用最高法院81年度台上字第3063號民事判決，其明確指出：「認定抄襲之要件有二，即（一）接觸，（二）實質相似。主張他人之著作係抄襲其著作者，應舉證證明該他人曾接觸被抄襲之著作，構成二著作實質相似。」也就是說，當著作權人要主張他人的著作構成「抄襲」時，必須要符合兩個要件，一個是要證明他人有「接觸」自己的著作，另一個是他人的著作與自己的著作構成「實質相似」[38]。實則「接觸」與「實質相似」係美國法院判例形成的共識而來。

針對平行創作，智財局也提及著作權法承認「平行創作」的保護，所謂平行創作，即是另一人獨自創作而與他人創作結果類似或雷同，常見如各畫各的貓，結果很類似；公共題材最為常見。官網也提出其判別標準仍是有無「接觸」與「實質相似」。

---

[38] 經濟部智慧財產局，著作權基本概念篇11-20，https://www.tipo.gov.tw/tw/cp-180-219595-56bdc-1.html#:~:text=%E8%91%97%E4%BD%9C%E6%AC%8A%E6%B3%95%E6%89%BF%E8%AA%8D%E3%80%8C%E5%B9%B3,%E8%A1%8C%E5%89%B5%E4%BD%9C%E3%80%8D%E7%9A%84%E4%BF%9D%E8%AD%B7%E3%80%82。

　　智財局表示是否構成「實質近似」，必須以作者的「創意活動」為主要判斷標準：有時兩個著作間就其整體「大同小異」，但因為著作權法保護的是作者的「創作」，所以若是「大同」的部分，雙方都是參考相同來源的素材，而「小異」的部分，則是雙方各自創意所在，此時即使可證明有「接觸」，仍然不會構成「實質近似」。例如：A看到B在植物園寫生的畫作覺得很美，隔天也到植物園去找到同一朵荷花，嘗試在B畫作相同的角度作畫，雙方以水彩繪製的荷花外觀看起來很像，A也曾經看過B的畫作，但仔細看則發現因為A並不是看著B的畫作從事創作，而是自己直接看著現實的荷花進行創作，關鍵是「二者繪製手法亦有所不同」，則這樣的差異點正是著作權法保護的創作活動，因此也不會構成著作權的侵害。著作權法僅保護「表達」，不保護「思想」，若屬於「思想」等抽象事物的相似，並不構成著作權的侵害。若法院認定構成「抄襲」時，必然有「實質相似」。但「實質相似」還必須區分較後從事創作之人，是否就新的著作，有自己獨立的創作在裡面，如果沒有的話，應該論以「重製權」的侵害；如果有的話，則應該論以「改作權」的侵害[39]。

　　本文認為：美國「接觸」與「實質近似」標準已提出近20年[40]，國外學者亦有意見，[41]此標準似仍有進步空間。針對「接觸」，似有利於近用媒體、資本雄厚之企業，如若有人平行創作出米老鼠，其要如何證明未接觸迪士尼米老鼠？至於「實質相似」則屬個案認定問題。近日《刻在我心

---

[39] 同上。

[40] Robert Denicola, Copyright in Collections of Facts: A Theory for the Protection of Nonfiction Literary Works, https://papers.ssrn.com/sol3/papers.cfm?abstract_id=2448317; Dharmveer Singh Krishnawat, Protection of Cartoon Characters under Intellectual Property Law Regime: An Analysis of Copyright and Trademark Laws, https://papers.ssrn.com/sol3/papers.cfm?abstract_id=989577.

[41] Mark A. Lemley, Our Bizarre System for Proving Copyright Infringement, https://papers.ssrn.com/sol3/papers.cfm?abstract_id=1661434; Olufunmilayo Arewa, Freedom to Copy: Copyright, Creation and Context, https://papers.ssrn.com/sol3/papers.cfm?abstract_id=964054.

底的名字》[42]是否抄襲引起爭議，原因在該原曲確實廣為公知，難以解釋未接觸。再論實質近似，美國學界對音樂混搭之實質近似是否侵權，也多有討論[43]，此亦涉及憲法言論自由基本權的保障[44]。本文針對音樂著作的看法是，現在早已進入工智慧AI自動產出音樂著作的時代，而其製程模式係操作變化3D立體聲波圖產生新作品，早已不是五線譜，如以3D聲波圖變化比對，結論將無模糊空間。

本文提出4個判斷標準：

1. 資料庫比對——公共財原則。
2. 要件雷同。
3. 是否利用他人著作。
4. 是否有突破性與差異性。

六、其他重要規定

(一)著作權歸屬

著作權歸屬在第11、12條。僱傭關係中，受雇人於職務上完成之著作，以該受雇人為著作人；但其著作財產權歸雇用人享有。有特約從其特約約定屬雇用人或受雇人。

聘任關係中，原則上受聘人為著作人，且著作財產權歸受聘人享有。有特約從其特約約定屬出資人或受聘人。

僱傭關係與聘任關係差異是，前者有指揮監督之權，屬上下服從關

---

[42] ETtoday新聞雲，吳宗憲轟年度歌曲《刻在》抄襲　盧廣仲公司「親自比對」回應了！2021年8月28日，https://star.ettoday.net/news/2066819。蘇明淵，〈刻在我心底的名字〉涉抄襲？法律與音樂上的定義不一樣，https://www.upmedia.mg/news_info.php?SerialNo=122947。台灣英文新聞，台灣年度金曲《刻在我心底的名字》涉抄襲文化部回應，2021年8月29日，https://www.taiwannews.com.tw/ch/news/4278885。

[43] 關於美國嘻哈音樂混搭實質近似侵權可參：Tonya Evans, Sampling, Looping, and Mashing ... Oh My! How Hip Hop Music is Scratching More than the Surface of Copyright Law, https://papers.ssrn.com/sol3/papers.cfm?abstract_id=1661434.

[44] Mark A. Lemley, Freedom of Speech and Injunctions in Intellectual Property Cases, https://papers.ssrn.com/sol3/papers.cfm?abstract_id=85608.

係；後者屬平行關係。依通說，大學教師與學校是聘任關係，職員與學校是僱傭關係。

(二)著作權期間

著作權期間規定在第30條至第35條，著作人格權採永久保護沒有時間限制。著作財產權，原則上除本法另有規定外，存續於著作人之生存期間及其死亡後50年。但別名著作或不具名著作之著作財產權，存續至著作公開發表後50年。但可證明其著作人死亡已逾50年者，其著作財產權消滅。法人為著作人之著作，其著作財產權存續至其著作公開發表後50年。但著作在創作完成時起算50年內未公開發表者，其著作財產權存續至創作完成時起50年。另外，攝影、視聽、錄音及表演之著作財產權存續至著作公開發表後50年。又所謂50年，以該期間屆滿當年之末日為期間之終止，即該年12月31日。

(三)著作財產權讓與、授權

著作財產權讓與規定在第36條、授權規定在第37條，著作人格權不得讓與，亦不得繼承，只有著作財產權可以讓與、授權。第36條：「著作財產權得全部或部分讓與他人或與他人共有。（第1項）著作財產權之受讓人，在其受讓範圍內，取得著作財產權。（第2項）著作財產權讓與之範圍依當事人之約定；其約定不明之部分，推定為未讓與。（第3項）」

第37條：「著作財產權人得授權他人利用著作，其授權利用之地域、時間、內容、利用方法或其他事項，依當事人之約定；其約定不明之部分，推定為未授權。（第1項）前項授權不因著作財產權人嗣後將其著作財產權讓與或再為授權而受影響。（第2項）非專屬授權之被授權人非經著作財產權人同意，不得將其被授與之權利再授權第三人利用。（第3項）專屬授權之被授權人在被授權範圍內，得以著作財產權人之地位行使權利，並得以自己名義為訴訟上之行為。著作財產權人在專屬授權範圍內，不得行使權利。（第4項）第二項至前項規定，於中華民國九十年十一月十二日本法修正施行前所為之授權，不適用之。（第5項）有下列

情形之一者，不適用第七章規定。但屬於著作權集體管理團體管理之著作，不在此限：一、音樂著作經授權重製於電腦伴唱機者，利用人利用該電腦伴唱機公開演出該著作。二、將原播送之著作再公開播送。三、以擴音器或其他器材，將原播送之聲音或影像向公眾傳達。四、著作經授權重製於廣告後，由廣告播送人就該廣告為公開播送或同步公開傳輸，向公眾傳達。（第6項）」

這兩條最重要的是，約定不明之部分，推定為未讓與、未授權。其次為專屬被授權人有排他效力，而前順序之被授權人不受後順序被授權人之影響。

（四）民刑事責任

民事責任分人格權和財產權請求，規定在本法第84條至第88條，基本上即本文前述中所有權利均可主張。而其請求權時效，依第89-1條：「第八十五條及第八十八條之損害賠償請求權，自請求權人知有損害及賠償義務人時起，二年間不行使而消滅。自有侵權行為時起，逾十年者亦同。」

刑事責任規定在本法第七章罰則，第91條以下，分類方式主要罰重製、散布，再包括其他權利之刑責。其中有出借盜版品的罰則。最後因我國刑法已廢止連續犯的規定，故一行為一罰，但若真如此操作，在重製、散布罪中，必定動輒上百年，故智慧財產法院發展出「集合犯」涵蓋行為數，但不跨各該法條他類型之罪。

（五）著作權與著作物實例

首先，著作權與著作物所有權係屬不同範疇，一為著作權人，一為著作物所有權人，著作物所有權人若已合法取得著作物所有權，著作權人業已取得對價，則著作權人原則上對該著作物權利耗盡（歐盟：Exhaustion／美國：First sale）[45]，所有權人得散布、出租、出借、讓與著作物，但

---

[45] Aaron Perzanowski, Jason Schultz, Copyright Exhaustion and the Personal Use Dilemma, https://papers.ssrn.com/sol3/papers.cfm?abstract_id=1925059; Aaron Perzanowski, Jason Schultz, Digital Exhaustion, https://papers.ssrn.com/sol3/papers.cfm?abstract_id=1669562;

不得重製著作。例外是音樂、電腦程式著作出租權不耗盡，依然屬於著作權人。上述是重點在取得所有權前提下的結論，若是僅取得終身不得轉讓之使用權，則權利不耗盡。關於特約限制條款的效力，美國承認，歐盟則不支持。

為避免對利用人二次收費，著作權法本設有權利吸收、合一制度，如音樂著作是音樂曲吸收語文著作詞；而視聽著作則是影像吸收音樂著作。但實際發展結果卻是一物多權，智財局明示二類實例：一片CD唱片，可能就包含了「語文著作」、「美術著作」、「攝影著作」、「音樂著作」、「錄音著作」、「表演」及「改作著作」與「編輯著作」，再加上一張CD唱片可能收錄10幾首歌曲，每首歌曲都是獨立的音樂著作與錄音著作。一張CD唱片中包含40或50幾個獨立的「著作權」。二為線上遊戲，其有：電腦程式著作（遊戲程式）、美術著作（角色人物的圖樣、遊戲場景、道具、怪物等）、音樂著作（遊戲的主題音樂或背景音樂）、語文著作（人物的對話設計）、視聽著作（遊戲的片頭動畫或過場動畫）等[46]。

上述權利合一與一物多權情形，本文試以視聽著作為例，要拍成一部電影，含有小說→劇本→分鏡圖→道具、場景→開拍→動畫→音樂→後製→公開上映。其中，劇本是小說的衍生著作；分鏡圖是劇本的衍生著作；道具、場景、動畫、音樂都是各自獨立的著作權。如果是重製整部電影，電影製作公司是原告；如果侵害其他著作，則由其他著作權人為原告。

Eleonora Rosati, Online Copyright Exhaustion in a Post-Allposters World, https://papers.ssrn.com/sol3/papers.cfm?abstract_id=2613608; Stavroula Karapapa, Reconstructing Copyright Exhaustion in the Online World, https://papers.ssrn.com/sol3/papers.cfm?abstract_id=2862300; Brian W. Carver, Why License Agreements Do Not Control Copy Ownership: First Sales and Essential Copies, https://papers.ssrn.com/sol3/papers.cfm?abstract_id=1586580; John Rothchild, The Incredible Shrinking First-Sale Rule: Are Software Resale Limits Lawful?, https://papers.ssrn.com/sol3/papers.cfm?abstract_id=562203.

[46] 經濟部智慧財產局，著作權基本概念篇1-10，https://www.tipo.gov.tw/tw/cp-180-219594-7f8ac-1.html。

貳、合理使用制度介紹

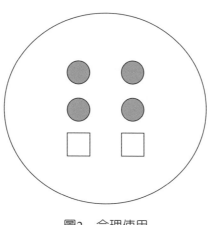

圖2　合理使用

　　說明：其中四圓為第65條第2項四款衡量標準，而方形或可為言論自由、公共利益等例示衡量標準。本圖的目的在闡明第65條第2項四款要件是例示，而非列舉，個案判斷中均可加入其他連繫因素綜合考量。

　　首先，著作權法合理使用制度[47]，係列於著作財產權之限制，故並不限制著作人格權之行使。國際立法例上，《伯恩公約》採三步測試原則立法例，美國採合理使用（Fair use）立法例[48]，我著作權法從之。關於合理使用的性質，有侵權行為阻卻事由說、利用人權利說、權利限制說；本文

---

[47] Randal C. Picker, Fair Use v. Fair Access, https://papers.ssrn.com/sol3/papers.cfm?abstract_id=1104764; Stephen M. McJohn, Fair Use of Copyrighted Software, https://papers.ssrn.com/sol3/papers.cfm?abstract_id=991175; Stephen M. McJohn, Fair Use and Privatization in Copyright, https://papers.ssrn.com/sol3/papers.cfm?abstract_id=991181; Ashley Doty, Reforming the Reproduction Right: The Case for Personal Use Copies, https://papers.ssrn.com/sol3/papers.cfm?abstract_id=1567884; Ruhi Chanda, Fair Use & Digital Rights Management in the Light of U.S. Laws, https://papers.ssrn.com/sol3/papers.cfm?abstract_id=1946109.

[48] U.S. Copyright Office, More Information on Fair Use, https://www.copyright.gov/fair-use/more-info.html.

傾向採侵權行為阻卻事由說。

含括的條文由第44條到第66條，其中第44條到第63條是各種特定類型合理使用之特別規定，第65條則是概括條款，著作權法條文順序安排及歷年修法後的文字敘述確實容易引起誤解。基本上若符合第44條到第63條所列舉各種特定類型，則直接適用各條文要件及效果；非屬所列舉各種特定類型合理使用，則直接適用第65條第2項[49]。而在適用第44條到第63條時，若該條文有合理範圍或其他合理使用之情形，則再以第65條第2項來判斷是否成立合理使用。關鍵在「應審酌一切情狀，尤應注意下列事項」，意即該四項是必須考量之例示項目，而非列舉只有四項。若以近年熱議之戲謔仿作合理使用為例，其所持重點為言論自由與公共利益，這兩項仍可在「應審酌一切情狀」範圍之內。換言之，戲謔仿作非屬前述列舉類型，則直接適用第65條第2項；而該項雖無明文考量言論自由與公共利益，但有「應審酌一切情狀」之概括不確定法律概念可為裁量依據，故本文認為，現行法仍可堪用，不必為戲謔仿作另立專條。

一、公法人著作

除了後述第46條教學合理使用外，可能與教學有關者有以下各條：

第50條：「以中央或地方機關或公法人之名義公開發表之著作，在合理範圍內，得重製、公開播送或公開傳輸。」

公法人著作有完整著作人格權、著作財產權，前文已如前述。然，何種情況下，才可對公法人之著作主張合理使用？國內學界共有三說：

甲說：著作人格權財產權均屬公法人，方可主張第50條合理使用。

乙說：以公法人之名義公開發表，且公法人為著作人（有著作人格

---

[49] 著作權法第65條：「著作之合理使用，不構成著作財產權之侵害。（第1項）著作之利用是否合於第四十四條至第六十三條所定之合理範圍或其他合理使用之情形，應審酌一切情狀，尤應注意下列事項，以為判斷之基準：一、利用之目的及性質，包括係為商業目的或非營利教育目的。二、著作之性質。三、所利用之質量及其在整個著作所占之比例。四、利用結果對著作潛在市場與現在價值之影響。（第2項）著作權人團體與利用人團體就著作之合理使用範圍達成協議者，得為前項判斷之參考。（第3項）前項協議過程中，得諮詢著作權專責機關之意見。（第4項）」

權），才可主張第50條合理使用。

丙說：以公法人之名義公開發表，即可主張第50條合理使用[50]。

依法論法，應以丙說，即最廣義說為宜，但事實上國家及地方行政機關公務員人事費用有限，且涉及高度專業性，允宜以外包委託方式辦理，如此必涉及本法第12條聘任關係，而其本即規定未特約者，由受聘人為著作財產權人，公法人僅得利用該著作，再加上第37條授權不明，推定未授權，則可得出僅供公法人自行利用而不及該公法人以外之社會大眾。

智財局認為：著作財產權因得隨時隨權利之變動而改變，利用人難以判別該著作之權利歸屬；相對來說，著作人為一確定之狀態，利用人於利用時較易辨別，故只要以中央或地方機關或公法人名義公開發表之著作，其著作人為中央或地方機關或公法人且以其名義公開發表，不問著作財產權人是否中央或地方機關或公法人，在合理範圍內，任何人均得重製、公開播送或公開傳輸[51]。故採乙說，以公法人之名義公開發表，著作人為公法人，在合理範圍內，得重製、公開播送或公開傳輸。本文認為，增加合理使用限制條件，固然言之有理，但惡法亦法，解決之道，仍以修法為宜。

二、報導

首先，第9條第1項第4款：單純為傳達事實之新聞報導所作成之語文著作，不受著作權法保護。應注意：(1)照片仍受保護；(2)夾敘夾議的報導不可照抄；(3)電視報導是視聽著作不是語文著作。

第52條：「為報導、評論、教學、研究或其他正當目的之必要，在合理範圍內，得引用已公開發表之著作。」

1. 本條重點在「引用」（quotation），係指照搬引述，不得改作。
2. 為正當目的。

---

[50] 經濟部智慧財產局，台（84）內著會發字第8407386號，https://topic.tipo.gov.tw/copyright-tw/cp-407-850768-1898d-301.html。

[51] 102年4月25日第32次修法諮詢會議資料，第8頁，file:///C:/Users/K/AppData/Local/Temp/69191045990.pdf。

3. 必要性。

4. 在合理範圍內。

5. 已公開發表之著作,係指著作人(格權)業已公開發表。

第61條:「揭載於新聞紙、雜誌或網路上有關政治、經濟或社會上時事問題之論述,得由其他新聞紙、雜誌轉載或由廣播或電視公開播送,或於網路上公開傳輸。但經註明不許轉載、公開播送或公開傳輸者,不在此限。」

1. 本條針對事實以外之「論述」。

2. 限政治、經濟或社會上時事。

3. 得公開播送、公開傳輸。

4. 有權利保留聲明者不適用。

三、試題

第54條:「中央或地方機關、依法設立之各級學校或教育機構辦理之各種考試,得重製已公開發表之著作,供為試題之用。但已公開發表之著作如為試題者,不適用之。」

1. 主體是「依法設立之各級學校或教育機構」,包括合法補習班。

2. 本條重點是出考題時,題目中可「重製」已「公開發表」之著作,但若他人著作即為考題時,則不適用,如有人出基測、學測考題專書,則出題者不可抄襲他人考題著作。

四、公開演說、公開陳述

第62條:「政治或宗教上之公開演說、裁判程序及中央或地方機關之公開陳述,任何人得利用之。但專就特定人之演說或陳述,編輯成編輯著作者,應經著作財產權人之同意。」

1. 本條未有合理使用,故可全面利用不受限制。

2. 限政治或宗教上之公開演說、裁判程序及中央或地方機關之公開陳述。

3. 編輯成編輯著作之權利保留。

五、創用CC授權

創用CC授權（Creative Commons license）[52]，台灣官網有說明分享內容及限制[53]，智財局電子郵件1060726[54]、電子郵件950809[55]亦有說明。

〔本文認為〕

1. 基本上，授權代表他有權利才能授權，否則授權無效。

2. 授權與合理使用無關，前者為授權行為，後者是著作財產權之限制。

3. 本文將創用CC授權定位為開放型定型化契約。

4. 創用CC授權係美國所創，故姓名表示是其特色，本法亦保護之。

5. 創用CC授權效力不及於商標權、專利權，僅限著作權暨鄰接權，包括資料庫權。

6. 若是只有「姓名表示」，則意指只要標示姓名，其他一切利用形式均可。

7. 其若「禁止改作」，即表示不可改成衍生著作而「相同方式分享」，兩者是對立選項。但「禁止改作」仍可編輯成編輯著作。所謂改

---

[52] Lydia Pallas Loren, Building a Reliable Semicommons of Creative Works: Enforcement of Creative Commons Licenses and Limited Abandonment of Copyright, https://papers.ssrn.com/sol3/papers.cfm?abstract_id=957939; Michael W. Carroll, Creative Commons and the New Intermediaries, https://papers.ssrn.com/sol3/papers.cfm?abstract_id=782405; Herkko A. Hietanen, A License or a Contract, Analyzing the Nature of Creative Commons Licenses, http://creativecommons.tw/cc0 tps://papers.ssrn.com/sol3/papers.cfm?abstract_id=1029366.

[53] 使科學家、教育工作者、藝術家、其他創作者及著作權人，或內容受資料庫保護的權利人等拋棄他們對各自著作的利益，並盡可能將這些著作釋出到公眾領域，讓其他人可以任何目的自由地以該著作為基礎，從事創作、提升或再使用等行為，而不受著作權或是資料庫相關法律的限制。公共領域貢獻計畫（CC0）與其他創用CC授權不同，後者允許著作權人在一定範圍內選擇釋出的權利，並保留部分權利；相反地，CC0則提供另一種「不保留權利」的授權選擇，讓權利人能選擇不受著作權及資料庫相關法律保護，也不享有法律直接提供給創作人的排他權。http://creativecommons.tw/cc0。

[54] https://topic.tipo.gov.tw/copyright-tw/cp-407-854925-1ebb9-301.html。

[55] https://topic.tipo.gov.tw/copyright-tw/cp-407-851869-d793c-301.html。

作，係指以翻譯、編曲、改寫、拍攝影片或其他方法就原著作另為創作。

8. 其授權是全球性、無償、非專屬授權，一旦授權，著作權人不可撤回授權。

9. 已創用CC授權者，不可加入著作權仲介團體，後者以收費為使命。

10. 被授權者在違反授權條款時，即自動終止授權。

參、教學之合理使用

一、面授教學合理使用

相關法條為第46條：「依法設立之各級學校及其擔任教學之人，為學校授課需要，在合理範圍內，得『重製』他人『已公開發表』之著作。（第1項）第四十四條但書規定，於前項情形準用之。（第2項）」（但依該著作之種類、用途及其重製物之數量、方法，有害於著作財產權人之利益者，不在此限）。

另再依第63條第2項得「改作」、依第63條第3項得「散布」他人「已公開發表」之著作。故依現行法，教師教學合理使用類型有三：重製、改作、散布。

由於時代進步，教材早已多元化，故著作權法修正第四版增加公開演出、公開上映，及再公開傳達。遠距教學中，若採取合理技術措施防止未有學校學籍或未經選課之人接收者，得公開播送、公開傳輸或再公開傳達已公開發表之著作[56]。所謂再公開傳達，指將「公開播送」或「公開傳輸」之著作內容，「同時」以螢幕、擴音器或其他機械設備再向公眾傳

---

[56] 著作權法第46條。file:///C:/Users/K/AppData/Local/Temp/%E8%91%97%E4%BD%9C%
E6%AC%8A%E6%B3%95%E9%83%A8%E5%88%86%E6%A2%9D%E6%96%87%E4
%BF%AE%E6%AD%A3%E8%8D%89%E6%A1%88%E7%B8%BD%E8%AA%AA%E6
%98%8E%E6%9A%A8%E6%A2%9D%E6%96%87%E4%BF%AE%E6%AD%A3%E5%
B0%8D%E7%85%A7%E8%A1%A8.pdf。

達，即俗稱在公共場所單純開機的行為。另增訂學校遠距教學的合理使用，以因應隨科技發展，運用網路科技進行課堂教學之遠距教學以擴大教學效果的需求，教師如有使用到別人的著作（教科用書除外），不用取得授權，落實數位時代的教育政策[57]。

針對傳統面授教學，本文認為：

1. 現行法合理使用類型為：重製、改作、散布；修正草案增加公開演出、公開上映，及再公開傳達；遠距教學增加公開播送、公開傳輸或再公開傳達。

2. 不論何種教學，均受合理範圍、合理使用原則之限制，不是無限使用。

3. 修正草案雖增加類型，但改為「必要範圍內」，非現行法「合理範圍內」，應予注意！

4. 語文著作中，教科書就是賣給學生上課用，依四項必須衡量的標準[58]，全是禁忌，同行競爭最相忌，唯一辦法即是每本只重製極少比例，而經由很多本的集合成授課講義，重點是每一本都不重製一定比例，本文認為每本不超過9%為原則（舊例20%已被推翻），但也有例外，美國判決有重製教科書精髓頁即成立侵權者。

5. 圖1重製三圈圈圖中，違反學術倫理，有所謂在重製圈內者，即前述剪貼簿型，受質與量之限制。另有所謂在重製圈外者，即用自己的語彙再寫一次而文字比對並不相同者。而所違反學術倫理，指學術論文，不及授課講義；當然如要把授課講義送升等著作，則又受此原則拘束。

6. 舉重以明輕，若只是臨時課堂講義，亦同上述。

7. 除重製外，散布指移轉所有權之散布，發講義給學生即是。

8. 改作指以翻譯、編曲、改寫、拍攝影片或其他方法就原著作另為

---

[57] 行政院會今（8）日通過「著作權法」及「著作權集體管理團體條例」等部分條文修正草案，https://www.tipo.gov.tw/tw/cp-87-888476-75dbe-1.html。

[58] (1)利用之目的及性質，包括係為商業目的或非營利教育目的；(2)著作之性質；(3)所利用之質量及其在整個著作所占之比例；(4)利用結果對著作潛在市場與現在價值之影響。

創作。亦即利用他人著作另行創作，但須達一定原創性、創作高度才算改作，否則是重製。而本條合理使用範圍是授課講義，不及正式出書。

9. 學術論文仍有著作權，不是公共財，仍可出專書販售，具商業性。

10. 教科書附贈光碟，依授權契約而訂，一般而言，僅供課堂面授使用，遠距比照面授使用，但不可放上網供學生下載，因屬公開傳輸權。

11. 資料庫資源利用，看授權契約的範圍，一般而言，僅供教師個人學術研究之用，或可少量摘要擷取至授課講義，可貼超連結網址，不可放上網供公開傳輸。

12. 攝影著作、圖形著作及美術著作，三者最危險，因一張照片即一個著作權，和一本10萬字教科書也是一個著作權等視，除非只擷取一張照片少量部分，否則很難脫困。針對將此三種他人著作列為教材內容，應注意「必要性」及「含金量（質）」兩個要件，切不可為了個人若喜好濫用合理使用。

13. 針對音樂著作及視聽著作，修正草案增加公開演出、公開上映，及再公開傳達（單純開機），即是反映現行教材多元化。而此二類著作，仍受合理範圍之限制，建議儘量酌用即可。

14. 對不受保護著作及公共財，請直接至官網下載，勿經第三來源。公共財指已逾著作財產權保護期限者。

15. 新聞合理使用與教學合理使用是不同規定，理論上在教學中可酌用新聞報導，包括影片，但照片仍是忌諱，因無法酌用。

16. 公法人著作合理使用與教學合理使用是不同規定，理論上在教學中可酌用。

17. 合理使用僅是著作財產權的限制，仍要標示著作人。

18. 儘量使授課講義有原創性或創作性，可受著作權法保護。即使未出書面講義，教師有口述表達於外，即是一種語言著作，錄音筆記著作權屬教師，筆記所有權屬學生。教師上課時可要求同學不可錄音錄影。

19. 公知公共財在通常論述、學術著作中，仍有編輯著作的可能。

20. 建議授課講義中多引公共財，一小段引用他人著作權內容，再加

自己評論。

21. 創用CC授權若是「禁止改作」，即表示不可改成衍生著作而「相同方式分享」，兩者是對立選項。但「禁止改作」仍可編輯成編輯著作。

22. 有要求學生買該本教科書為授課之用，不代表其他學生可以重製整本教科書，仍受合理範圍的限制。

23. 大學教師與學校通說屬聘任關係，適用本法第12條，授課講義之著作人格權、著作財產權均歸教師，但學校可以利用該著作[59]。

24. 本條之合理使用與第47條不同，不用付費。

附帶說明第47條編製教科用書之合理使用[60]：

1. 第1項主體為「為編製依法令應經教育行政機關審定之教科用書，或教育行政機關編製教科用書者」，故與私校無關。

2. 第2項主體是「依法設立之各級學校或教育機構（包括補習班），非指教師」，為教育目的之必要，在合理範圍內，得公開播送他人已公開發表之著作。故僅限「公開播送」。

3. 得先行合理使用再付費，與第46條不用付費不同。

二、遠距教學合理使用

遠距教學若依現行法[61]，是面授上課的延伸，現行法法源仍為第46條：在合理範圍內，得重製、改作、散布他人已公開發表之著作。著作權法修正草案增加公開演出、公開上映及再公開傳達。

---

[59] 補習班老師所編寫的講義，是否有著作權？如果是有，則應如何定其著作權的歸屬？https://topic.tipo.gov.tw/copyright-tw/cp-470-858848-474cf-301.html。

[60] 著作權法第47條：「為編製依法令應經教育行政機關審定之教科用書，或教育行政機關編製教科用書者，在合理範圍內，得重製、改作或編輯他人已公開發表之著作。（第1項）前項規定，於編製附隨於該教科用書且專供教學之人教學用之輔助用品，準用之。但以由該教科用書編製者編製為限。（第2項）依法設立之各級學校或教育機構，為教育目的之必要，在合理範圍內，得公開播送他人已公開發表之著作。（第3項）前三項情形，利用人應將利用情形通知著作財產權人並支付使用報酬。使用報酬率，由主管機關定之。（第4項）」

[61] 遠距教學之著作權Q&A，https://topic.tipo.gov.tw/copyright-tw/lp-919-301.html。

　　修正草案針對遠距教學中，若採取合理技術措施防止未有學校學籍或未經選課之人接收者，得公開播送、公開傳輸或再公開傳達已公開發表之著作[62]。本文認為，遠距教學最重要的是網路上的公開傳輸權，而公開播送是傳統利用廣播系統進修的空中教學所適用。遠距教學合理使用範圍其實已涵蓋重製、公開演出、公開上映；至於改作，係屬教師利用酌採他人著作再創作，與「遠距」此一客觀動作無涉。散布限有體物，亦與遠距無涉，而重製、公開演出、公開上映均可被公開播送、公開傳輸所吸收。至於對大眾單純開機的再公開傳達重複敘明，則明示：遠距教學合理使用範圍有三：公開播送、公開傳輸或再公開傳達。

　　本條之遠距，有閉鎖性，和修正草案第46-1條不同[63]，第46條的遠距教學限學校內有學籍、有選課之人可接收為限。且其效力及於遠距教學錄影後之非同步授課，其修法理由：爰增訂第2項規定，納入依法設立各級學校及其擔任教學之人課堂教學之同步及非同步遠距教學之情形，但應採取技術措施防止正式註冊該課程以外之人接收該課程，避免損害著作財產權人之權益。至於非上述情形之遠距教學，除符合修正條文第46-1條情形外，仍應取得授權，始得為之

　　遠距教學若教師允許同步錄影，其錄影內容係屬視聽著作，著作財產權屬於學校，僅供修課學生使用。[64]但本文要補充說明的是，遠距教學視聽著作與課堂講義、教科書係屬不同標的，不可混為一談。

　　修法理由特別提及：按現場課堂教學活動之遠距教學，為現場課堂教學之延伸，具有重大公益性質，對知識傳播具有重大意義，但遠距教學若違反著作之正常利用，且依該著作之種類、用途及其重製物之數量、利用

---

[62] 著作權法第46條。file:///C:/Users/K/AppData/Local/Temp/%E8%91%97%E4%BD%9C%E6%AC%8A%E6%B3%95%E9%83%A8%E5%88%86%E6%A2%9D%E6%96%87%E4%BF%AE%E6%AD%A3%E8%8D%89%E6%A1%88%E7%B8%BD%E8%AA%AA%E6%98%8E%E6%9A%A8%E6%A2%9D%E6%96%87%E4%BF%AE%E6%AD%A3%E5%B0%8D%E7%85%A7%E8%A1%A8.pdf。

[63] 同上。

[64] 遠距教學之著作權Q＆A，https://topic.tipo.gov.tw/copyright-tw/lp-919-301.html。

方法，如不合理損害著作財產權人之利益者，例如：主要供教學使用而製作、出版或銷售之著作（例如教科書），仍應排除其適用。

修正草案第46-1條：「依法設立之各級學校或教育機構及其擔任教學之人，為教育目的之必要範圍內，得公開播送、公開傳輸或再公開傳達已公開發表之著作。但有營利行為者，不適用之。前項情形，除符合前條第二項規定外，利用人應將利用情形通知著作財產權人並支付適當之使用報酬。」其立法理由為：為因應數位時代教育政策之需求，增訂遠距教學之規範，惟適用主體雖包括依法設立之各級學校或教育機構及其擔任教學之人，但應限於非營利性之遠距教學。至營利性之公司行號及任何以遠距教學進行營利之行為者，均不適用，爰增訂但書排除之。增訂第2項明定非營利開放式網路教學須支付使用報酬。故本條係專為開放式遠距教學而設，而閉鎖式遠距教學則無須支付報酬。

立法理由明示舉例：以一般民眾均可自由參與之磨課師課程（大規模線上開放式課程，MOOCs）為例，非營利性之磨課師課程平台（如eDX）可主張法定授權，支付使用報酬即可利用他人著作於課程內容；如為營利性之磨課師課程平台（如Coursera及Udacity）則不適用本條規定，須取得授權才能將他人著作置於課程內容。另因本條適用主體與前條第2項規定有重疊之情形，符合前條規定者即得公開播送或公開傳輸，無須適用本條規定支付使用報酬，為避免產生適用疑義爰明文排除前條第2項之適用[65]。

三、數位教材

智財局對數位教材有諸多論述[66]，其中：

1. 智財局電子郵件971029C：(1)A老師撰寫B書交由C出版商出版（合約內容未買斷），該B書之著作權本即歸屬於A老師，故如A老師與

---

[65] 同上，第26頁

[66] https://topic.tipo.gov.tw/copyright-tw/sp-search-301.html?Query=%E6%95%B8%E4%BD%8D%E6%95%99%E6%9D%90#gsc.tab=0&gsc.q=%E6%95%B8%E4%BD%8D%E6%95%99%E6%9D%90&gsc.sort=。

C出版商對B書之著作權並未另有約定者，則A老師對B書享有著作權，自可自由利用B書撰擬數位教材；(2)A老師可否將C出版商所提供B書（非A老師撰寫）之投影片製作為數位教材？可否修改等節，B書既屬他人享有著作財產權之語文著作，A老師欲將該書之投影片製作為遠距教學之教材，自需取得該書著作財產權人之同意或授權，至於請求授權利用之範圍除重製外，尚須依該數位教材之後續利用情形請求授權（如遠距教學之公開傳輸行為）。此外，如A老師對於所欲利用之B書內容有修改之需求時，另涉及「改作」之行為，亦需一併請求授權。

2. 教材上傳網路應注意事項中，出版社提供的教學資源光碟或教學資源網站的內容，如圖表、照片、動畫、投影片、教學手冊、習題解答或試題答案等，通常業者之授權範圍僅供教師備課、在課堂授課時利用，教師若將這些數位檔案另行上傳到校園網路平台、雲端硬碟等網路空間供學生瀏覽、下載利用，或將這些檔案錄製於開放式課程中，均已構成公開傳輸的利用行為，現行著作權法對於為授課而公開傳輸的情形，並沒有單獨訂定合理使用的規範，僅能以著作權法第65條第2項的合理使用規定進行判斷，然而網際網路無遠弗屆，上述「公開傳輸」行為對於著作財產權人之權益影響甚大，得主張合理使用的空間實為有限[67]。

〔本文認為〕

1. 上述二點係現行法下的情況，主要涉及公開傳輸權，修法後即可改善。

2. 按前述新法分類為閉類式和開放式，因新法明文將非同步遠距教學包括在內，故不必另行區分同步或非同步。

3. 按修正草案，閉鎖式符合合理使用之必要範圍不用支付報酬；開放式符合合理使用仍要支付報酬。

4. 本校錄影製作之數位教材中，教師的合理使用在引用語文、音樂、視聽著作都可以少量酌取主張合理使用，惟攝影、圖形、美術著作無

---

[67] 教師授課著作權錦囊，https://topic.tipo.gov.tw/copyright-tw/cp-415-855924-5dd9b-301.html。其有明示：本資料僅供參考，不具法律拘束力。如有爭議，由司法機關依具體個案判斷之。

法少量酌取,故使用時務必注意必要性及本質重要性(含金量)。

5. 本校錄影製作之數位教材,修法後須區分為閉鎖式或開放式,修法前確實無公開傳輸權。但細究錄製內容,如僅為教師口述,除非是一字不漏公開口述他人語文著作,應屬適法。若直接以他人著作之投影片錄製,如前文所述,當然須取得授權。

6. 本校推廣教育部錄影製作之數位教材,若是開放式,本文傾向將之定位為非營利性之遠距教學,修法後支付報酬即可。

7. 按著作權法分類教材付費模式共三級:(1)面授臨時教材、編成冊之課堂講義(非正式對外出版),符合合理使用規範不用付費;(2)依法令編教科書,符合合理使用規範,可事後支付使用報酬;(3)面對市場流通的教科書,依著作權法第65條一般合理使用規範;不符合第65條規定者,依一般商業模式須事先取得授權,否則即是侵權。同步遠距教學影片必屬(1);非同步閉鎖式遠距教學影片亦屬(1);非同步開放式遠距教學影片,符合修正草案「依法設立之各級學校或教育機構及其擔任教學之人」,為「教育目的之必要範圍內」所製作教材,無商業性屬(2),有商業性回歸授權市場機制,屬(3)。

8. 教師教學可主張合理使用依次為:第46條教學合理使用、其他特別條款合理使用、第65條一般合理使用規範。若是著作面對市場流通的教科書,則非「教學合理使用」,除符合特別條款及第65條概括合理使用規定外,回歸授權市場機制,付費使用。

9. 非同步數位教材,即是視聽著作,則套電影公式,有小說→劇本→分鏡圖→道具、場景→開拍→動畫→音樂→後製→公開上映。其中,教科書等於小說,腳(劇)本是教科書的衍生著作;本處可能不需要分鏡圖;道具、場景、動畫、音樂都是各自獨立的著作權。故前文智財局才指明,若用他人著作內容製作數位教材,須取得他人授權。

肆、結論

以下摘要本文重點作參考：

1. 著作權係根據國際公約所規範之無體財產權，必須是人類精神力作用，「表達」於外，具有原創性，非屬著作權法第9條之標的。

2. 單純為傳達事實之新聞報導所作成的語文著作不受保護；但照片除外，另注意夾議夾敘問題。

3. 著作已完成時取得著作權。

4. 著作種類係例示。

5. 國際著作權保護採互惠原則，採屬地主義。

6. 本法乃採著作人格權與著作財產權之二元立法例。

7. 重製包括複製和抄襲。

8. 侵權與平行著作判斷新標準。

9. 著作人格權採永久保護制，著作財產權生存期間及其死亡後50年。

10. 著作權歸屬，僱傭關係——指揮監督，著作人格權屬受僱人，著作財產權屬雇用人。而聘任關係，著作人格權與著作財產權均屬受聘人。二者均可依特約定其歸屬。

11. 約定不明之部分，推定為未授權。

12. 合理使用，應審酌一切情狀，尤須衡量四要素。

13. 合理使用應明示其出處。

14. 公法人著作，須以公法人之名義公開發表，且公法人為著作人（有著作人格權），才可主張第50條合理使用。

15. 教學、研究或其他正當目的之必要，在合理範圍內，得引用已公開發表之著作。

16. 政治、經濟或社會上時事問題之論述，得於網路上公開傳輸。但經註明不許轉載、公開播送或公開傳輸者，不在此限。

17. 創用CC授權，「禁止改作」，即表示不可改成衍生著作而「相

同方式分享」，兩者是對立選項。創用CC授權，不可加入著作權仲介團體。

18. 現行法下教學合理使用，重製、改作、散布；修正草案增加：公開演出、公開上映。

19. 修正草案中，閉鎖式遠距教學增加：公開播送、公開傳輸或再公開傳達之合理使用。閉鎖式遠距教學包括同步非同步。

20. 修正草案中，開放式遠距教學之非營利性合理使用，須支付適當之使用報酬。

21. 製作數位教材技巧在少量酌用，引用語文、音樂、視聽著作都可以少量酌取主張合理使用，惟攝影、圖形、美術著作無法少量酌取，故使用時務必注意必要性及「實質重要性」。

本文認為，智慧財產權，包括著作權，都是人為創設的權利，非自然定義、物理性的權利，本即有不確定性、變化性、利技性和功能性取向。所有智慧財產權中，只有著作權有人格權的立法例，其他智慧財產權沒有。本來智慧財產權是製造業同業競爭、授權市場的法規範，人格權似嫌多餘和阻礙，但在AI出現後，電子人格權反而可適當調節權利人體系，似為一時之選。

重製，即為著作權法核心，或可嘗試以最簡潔文字表達其意涵，不必多作例示，反生困擾。針對教師、遠距教學、數位教材，修法確實完善，但對非專業人士而言，實似懂非懂，解決之道，宜在智財局官網公布「表格」、公式、SOP，再補充文字論述，或可使大眾更加容易利用著作權法而非為其所迫。

人民幣國際化：從數位人民幣觀之

王士維[*]

壹、前言

　　人民幣國際化是一個具有循序漸進之過程，起源於國際貿易進出口計價結算，進而至國際投資融資，最後達資產存量之儲備，層次階梯分明。人民幣國際化為市場認可且接受之過程，供給與需求相互呼應；然人民幣國際化是種伴隨風險之過程，如短期資本之作空，將考驗人民幣是否能夠具有抵擋之職能，亦有其堅韌性之特性。

　　人民幣國際化加速了金融監管於各方面改革之進程，鑑於金融科技廣泛應用、智慧終端普及化、通訊技術與無線網路傳輸質能提升，數位支付與數位貨幣儼然已成為世界金融變革的必然方向，各國金融實踐中虛擬貨幣（Virtual Currencies, VCs）、央行數位貨幣（Central Bank Digital Currencies, CBDC）、商業數位貨幣競相呈現。透過區塊鏈影響之虛擬貨幣（例如比特幣），因其特殊性很難受到國家公權力直接調控，呈現天然之風險。比特幣在歷史最低價與最高價相差至804萬倍，2020年初至今價值波動接近254%[1]。各國政府與私人市場主體紛紛探索新方式，試圖在維持金融穩定的前提下開發新的數位貨幣和支付方式。

　　在維持貨幣穩定、金融安全基礎上推動支付與金融改革，瑞典、加拿大、新加坡、大陸等央行紛紛加入數位貨幣戰場。惟網路科技巨擘（如

---

[*]　東吳大學兼任講師。

[1]　比特幣歷史最低價為2010年5月18日0.0025美元／枚，歷史最高價為2017年12月17日20089美元／枚；2020年至今比特幣最低價為4,106.98美元／枚，最高價為10,457.36美元／枚。參見Yahoo Finance，https://finance.yahoo.com/quote/BTC-USD/history/（最後瀏覽日期：2021/5/23）。

Meta主導的Libra聯盟）亦嘗試發行私主體的商業數位貨幣，跳脫以央行法定貨幣為基礎的電子支付與第三方支付模式，藉助用戶規模進行擴張，建構新的資金融通秩序，支持更為自由的全球化貨幣流動。類似去中心化的手段可能威脅到國家對貨幣發行、貨幣政策的主導權，故而引發各國央行於監管機構高度關注。

　　央行數位貨幣與商業數位貨幣的競爭悄然浮出水面，本文將從數位貨幣概念定義出發，介紹央行數位貨幣與商業數位貨幣間，比較不同數位貨幣之差異，論述監管原則，並討論數位貨幣進程對我國之影響。

貳、虛擬貨幣、加密貨幣與數位貨幣的定義

一、虛擬貨幣、加密貨幣與數位貨幣的概念區分

　　前述列舉中頻繁出現的語詞概念：虛擬貨幣、加密貨幣、數位貨幣、央行數位貨幣不禁使人眼花撩亂。有學者在論著中混用概念，認為加密貨幣通常是產業和技術領域首選術語，法律文件則使用虛擬貨幣[2]。本文認為，由於法律、金融、理論與實務併存，單一形式邏輯上對概念定義的解釋無法完全與實踐匹配，關於法律概念在本質上乃是一種思維，但具有明顯特徵，諸如特定性和規範性[3]，從國際機構與各國官方表述可知相關概念並不完全相同，相互間有交集也有差異，故有必要釐清三者定義與特徵，以便職能機關制定產業支持政策與監理措施。

(一) 虛擬貨幣

　　虛擬貨幣目前沒有統一的官方定義，有學者論著將廣義的虛擬貨幣

---

[2] 陳姿含，數字貨幣法律規制：技術規則的價值導向，西安交通大學學報（社會科學版）第3期，2020年，第64頁。

[3] 黃茂榮，法學方法與現代民法，植根法學叢書編輯室，2020年4月，第39頁。

泛指一切非實體形式的代幣[4]，這一概念在法律邏輯下探討過於寬泛，無法彰顯虛擬貨幣與法定實物貨幣的關係。歐洲銀行管理局（European Banking Authority, EBA）認為「VCs是價值的數字表示，它既不是由中央銀行或公共當局簽發的，也不一定從屬於法定常規貨幣，但被民眾或經濟實體信賴並接受為一種交換手段，可以電子方式轉讓、儲存或交易」[5]。歐洲中央銀行（The European Central Bank, ECB）將VCs定義為「一種不受管制的數字錢幣（digital money），通常由其開發商發行和控制，並在特定虛擬社區成員中接受和使用」[6]。根據聯合國旗下金融行動特別工作組（Financial Action Task Force, FATF）的定義：「虛擬貨幣是一種價值的數字表示，可以進行數字交易，其功能可以是(1)一種交換媒介；(2)一種記帳單位，或(3)一種價值，但不具有法定貨幣地位（不具有法償性）[7]。」

　　上述國際組織論述確定了虛擬貨幣的內涵，進一步羅列虛擬貨幣的特徵則能更好概括其外延。首先，虛擬貨幣是一種私主體發行的價值符號，通常是以分散化或去中心化的形式分布。其次，它們完全以數字形式存在，目前多數基於區塊鏈技術。最後，因為網路與電子數據傳輸的全球化，大多數虛擬貨幣的流通因技術特質而不受國界限制。

　　古典經濟學理論認為，法定貨幣至少具備在其流通領域內普遍適用的三種功能，即作為支付手段的貨幣（a means of payment）、作為計價單位的貨幣（a unit of account），以及作為價值儲備的貨幣（a store of

---

[4]　莊雷、趙成國，區塊鏈技術下數字貨幣的演化研究：理論與框架，經濟學家第5期，2017年，第76-83頁。

[5]　European Banking Authority, EBA Opinion On 'Virtual Currencies', https://www.eba.europa.eu/documents/10180/657547/EBA-Op-2014-08+Opinion+on+Virtual+Currencies.pdf (last visited 2021/5/24).

[6]　European Central Bank, Virtual Currency Schemes, https://www.ecb.europa.eu/pub/pdf/other/virtualcurrencyschemes201210en.pdf (last visited 2021/5/24).

[7]　Financial Action Task Force, Virtual Currencies. Key Definitions and Potential AML/CFT Risks, June 2014, at 4, http://www.fatf-gafi.org/media/fatf/documents/reports/Virtual-currency-key-definitions-and-potential-aml-cft-risks.pdf.

value）[8]。虛擬貨幣尚欠缺如同法定貨幣一樣的內在價值，通常情況下虛
擬貨幣缺少一般等價物擔保，缺乏與主權貨幣的緊密聯繫，也沒有國家信
用作為支撐。虛擬貨幣的價值來源於它在特定的電子生態系統內可以自由
轉移與支付，這種支付非出於法律強制力，而是自發的市場信賴。因此，
歐洲議會認為「虛擬貨幣」這一稱呼具有一定程度的誤導性，傳統意義上
的貨幣是由中央銀行等公共機構發行的主權貨幣，虛擬貨幣則是私人支付
憑證的代表形式[9]。

（二）加密貨幣

加密貨幣概念更強調「貨幣」產生或流通的方式是基於代碼技術與密
碼學，比特幣即為最典型的加密貨幣（cryptocurrency）[10]。虛擬貨幣與數
位貨幣可能是不加密、弱加密、強加密、又或不對稱加密，如加拿大、新
加坡數位貨幣發行已採用區塊鏈技術[11]；瑞典借鑑區塊鏈技術；烏拉圭未
採用區塊鏈技術[12]。

使用類似比特幣的區塊鏈技術加密虛擬貨幣，根本優點在於提高數據
傳輸與儲存整體層面的安全性。加密貨幣缺點是，因為交易過程儲存在公
共帳簿中，若「貨幣」發行與流轉監理不受公權力部門約束，相關行為操
作人與實際受益人全然無法核實，可能造成金融秩序、洗錢防制的重大風
險隱患。又因為超級計算機性能快速提升，現在無法破解的密碼算法，在
未來有極高的可能性被輕易破解，將金融秩序建立在這種技術上極有可能

---

[8]　William Stanley Jevons, Money and the Mechanism of Exchange 20, 2012.

[9]　EU Parliament, supra note 4.

[10]　cryptocurrency中的crypto來源於cryptography一詞，在牛津詞典中意為the science of analyzing and deciphering codes and ciphers and cryptograms。密碼學最核心概念是，對明文信息使用某種算法進行加密，只有擁有密鑰的一方才可以破譯閱讀信息內容。比特幣是一種不對稱加密技術下的虛擬貨幣透過hash256(d) = sha256(sha256(d))和hash160(d) = ripemd160(sha256(d))函數運算取得；比特幣分散式記帳將數據信息打包形成的區塊鏈也屬於密碼學範疇。

[11]　Bank of Canada, supra note 8.

[12]　IMF, supra note 11, at 32.

面臨不可控的風險。

　　加密虛擬貨幣產生後，多數國家拒絕將其定義為傳統意義下的貨幣[13]，而是以有價證券或一般財產對待，即便是對區塊鏈項目首次發行代幣（Initial Coin Offering, ICO）態度最為溫和的瑞典也要求相關行為獲得瑞士金融市場監管局（Swiss Financial Market Supervisory Authority, FINMA）批准[14]。

（三）數位貨幣

　　數位貨幣（digital currencies）可理解為存款貨幣的數位化呈現，本質是透過資訊化手段將存款貨幣進行電子化，可能表現為銀行卡、電子支付、第三方支付等，基於帳戶體系實現資金儲存和轉移。在前述情境下，數位貨幣與虛擬貨幣最大差異是：數位貨幣與現實主權貨幣密切聯繫，具有強烈的貨幣化特點。不論是Paypal、支付寶或LINE Pay使用者帳戶中電子數額均來源於商業銀行儲蓄帳戶中貨幣的轉換，數位貨幣可以實現支付手段、計價單位、價值儲存中的一項或多項功能。

　　國際貨幣基金組織（International Monetary Fund, IMF）專家指出，網路科技發展促使傳統交易型態轉變、零售交易量增加，為貨幣數字交易方式創造了技術空間和需求。另一方面，電子支付與第三方支付的廣泛使用導致現金使用量的減少，銀行可能會減少ATM終端機的分布、商店可能拒絕接受現金，支付工具的使用變得特別具有破壞性。

　　各國中央銀行一直在思考如何適應前述變化，發行中央銀行數位貨幣創造一種新的法定貨幣類型也許是解決之道，此舉將使用戶脫離商業銀行限制，擴大公眾對中央銀行設備和數據的使用範圍。央行可將數位貨幣批發給商業銀行與其他金融機構，再由機構兌換給公眾與企業；或者由央

---

[13] Financial Crimes Enforcement Network, Application of FinCEN's Regulations to Persons Administering, Exchanging, or Using Virtual Currencies, www.fincen.gov/sites/default/files/shared/FIN-2013-G001.pdf (last visited 2021/5/24).

[14] Finma, Regulatory Treatment of Initial Coin Offerings, https://www.academia.edu/35818055/Regulatory_treatment_of_initial_coin_offerings (last visited 2021/5/24).

行直接向市場主體發行。基於不同的發行模式，CBDC可能使用代幣模式被儲存在行動裝置、儲值卡、數位錢包中，也可以形成類似儲蓄帳戶的CBDC專門帳戶。

科技金融公司（如Libra聯盟）憑藉其規模經濟（economies of scale）和範疇經濟（economies of scope）效應，挖掘商業主體作為跨區域數位支付、結算中介方的可能，使私主體在有擔保與監管的前提下擁有類似於央行的「貨幣」發行、清算職能。公司以主權貨幣或一般等價物為特定種類的虛擬貨幣提供擔保，使用準備金、保險、監督機制，推動特定私主體數位貨幣的國際流通，實現跨境支付與結算，此正是Libra聯盟成立初期希望達成之目標。

本文認為在法律與金融領域論述貨幣須避免「唯技術論」，過分聚焦於「虛擬化」、「電子化」、「數位化」、「區塊鏈」等技術特徵也許會模糊貨幣本身的金融涵義與法律意義。廣義的電子貨幣（e-money）包含了虛擬貨幣、加密貨幣、數位貨幣，它們作為支付手段能提供極大便利，但劇烈的價值波動會引發可怕的社會問題。央行數位貨幣受國家貨幣政策管理，作為一種新的型態承擔貨幣職能；有擔保的商業數位貨幣得益於制度設計與抵押手段，參照貨幣基金、第三方支付的治理經驗判斷，大致上可保持其價值穩定，並充當交易中的支付中介，故能視為「穩定幣」（stablecoin）。

換言之，前述概念中虛擬貨幣側重於代幣的「虛擬」，這種虛擬化不僅指發行與流通手段的電子化，強調該「貨幣」本身就是虛擬的，它完全不同於現實中法定貨幣，更類似於有價證券與民法定義下的財產權。而數位貨幣則強調「貨幣」的數位化，這裡的貨幣可能是各國央行發行，也有可能是商業主體發行，共同特點為都有信賴其保持相對穩定的理由。本文所定義的數位貨幣類型均默認其符合這一特徵，以區別於普通的虛擬貨幣。需要說明的是，因語言習慣不同，大陸多將digital currencies表述為「數字貨幣」，其概念與前文提及之「數位貨幣」並無差異，為如實呈現大陸該領域發展狀況，下文涉及大陸央行DCEP內容使用原始資料表述的「數字貨幣」一詞。

參、虛擬貨幣法定化：數位人民幣

　　2020年4月17日，大陸央行數字貨幣研究所專家表示，已在蘇州、雄安及2022年冬季奧運會場景，進行內封閉試驗人民幣數位貨幣以不斷優化和完善功能。2020年5月央行「科技工作會議」，強調數位化建設、提升金融服務水平和金融監管能力、加強金融業網路安全和資訊化整合[15]。但是，網路報導未深入剖析大陸推行數位貨幣電子支付的原因、具體實施重點，也未論述其作用，因此下文參考大陸法律、經濟領域專家學者意見，以及官方披露的資訊針對前述問題進行探討。

一、大陸推行數位貨幣的戰略因素

　　坊間有一種猜測認為大陸央行推行DCEP是為了與第三方機構支付寶、微信支付爭奪市場，甚至替代它。惟這種觀點似乎缺乏依據，大陸無現金支付體系本身就已發達，2019年末微信支付用戶達11億人，日均交易量10億筆，支付寶用戶數達12億人，從表徵上看似威脅到商業銀行甚至是央行的地位。但是，支付寶、微信支付等第三方支付帳戶必須與銀行金融卡綁定後方可實現全功能使用；大陸央行早在2016年7月已實行《非銀行支付機構網絡支付業務管理辦法》，規定第三方支付商戶須實名驗證，且帳戶間每年交易限額最高為20萬元人民幣，超出部分不能在第三方支付帳戶間自由流轉，僅可透過銀行帳戶操作[16]。另外第三方支付使用人約定的銀行帳戶若出現單次異常大額交易，或一定時間內多次可疑的中小額交

---

[15] Shuyao Kong, DCEP: An inside look at China's digital currency, Decrypt, 2021, https://decrypt.co/33866/dcep-an-inside-look-at-chinas-digital-currency (last visited 2021/5/24).

[16] 參《非銀行支付機構網路支付業務管理辦法》第11條第1項第3款：「對於支付機構自主或委托合作機構以面對面方式核實身份的個人客戶，或以非面對面方式透過至少五個合法安全的外部渠道進行身分基本信息多重交叉驗證的個人客戶，支付機構可以為其開立第三類支付帳戶，帳戶餘額可以用於消費、轉帳以及購買投資理財等金融類產品，其所有支付帳戶的餘額付款交易年累計不超過20萬元（不包括支付帳戶向客戶本人同名銀行帳戶轉帳）。」

易,均會觸發銀行反洗錢報警系統,若判定存在高度風險將立刻上報央行反洗錢部門追查。透過上述法規與操作制度設計可看出,雖然第三方支付在市場占有率與交易頻次上具有絕對優勢,用戶在交易中使用的依然是關連銀行帳戶下的法定貨幣,未實質脫離銀行金融體系;大陸央行對第三方支付的交易和反洗錢進行高度監管。發展DCEP是為了防堵第三方支付的觀點難以成立。

　　另有學者從產業型態調整角度論述,認為DCEP是時代科技進步的必然結果,人民幣數位化將大幅降低未來商業交易成本,擴大數位經濟關連市場。數位時代資訊數據將取代石油成為驅動社會發展的動力,數位貨幣背後的數據資源涉及更廣闊的市場[17]。DCEP成為物理世界與數字世界的橋梁,並擔負著承載訂價、交易和價值轉移的功能,發揮樞紐作用,DCEP將成為治理數字世界的工具,反映出世界運行的邏輯和規律,勾勒出未來世界的樣貌。這種觀點確有理據,從大陸目前第三方支付發展可知,無現金支付極大程度改變了民眾的消費習慣,支付工具與商業推廣、促銷場景深度融合。在跨國環境中,新的支付方式推動了國際小額金融革新,尤其給自然人跨國消費帶來極大便利,目前支付寶已經接入40多個國家線上、線下支付方式,消費者可在境外透過支付寶直接以人民幣實時支付結算,範圍涵蓋餐飲、百貨、便利店、免稅店、主題樂園、海外機場等,其中29個國家提供退稅到支付寶的服務。參照大陸過往經驗,有足夠的理由相信,在國家公權力的干預下,大陸央行DCEP的影響力與覆蓋範圍極有可能優於商業公司。

　　大陸推行DCEP更重要且直接因素是出於央行有效調節、管理整體經濟之需要。大陸央行具有「宏觀調控職能」,央行運用貨幣政策實現對貨幣供求總量、信貸投資規模、進出口貿易總量的控制。《人民銀行法》第4條賦予大陸央行「(二)依法制定和執行貨幣政策;(三)發行人民幣,管理人民幣流通;……(十一)負責金融業的統計、調查、分析和預測」等職能。第三方支付誕生後,統計結果顯示大陸M0貨幣不斷下降、

---

[17] 鄭潤祥,數字貨幣與人民幣國際化,中國工信出版集團,第163頁。

交易性貨幣餘額指標連年萎縮，由2010年12月的約0.36降至2018年12月的約0.016。正常情況下，M0指數下跌意味著經濟發展放緩、公眾消費力與購買力減弱，大陸M0指數變化卻是因為第三方支付滲透日常消費領域後造成的假象。雖然央行限定非銀行支付帳戶每年限額為20萬人民幣避免了洗錢與監管套利風險，但會造成M0數據統計誤差，因為透過第三方支付帳戶的消費無法體現在M0中。

　　大陸央行發行數位貨幣以國家信用為價值擔保，賦予數位人民幣具有無限法償性，承擔了M0的職能，可保證DCEP有效發揮計價手段、交易媒介、流通手段、儲藏手段等貨幣功能，同時使央行順利獲得有效的金融數據，為制定與修訂貨幣、經濟調控政策提供依據。

二、大陸DCEP的試驗重點

　　大陸官方宣稱DCEP推廣遵循：從封閉測試到小範圍試點再到全面開放、從簡單特定場景到全領域推廣、從國內到國際、從單一協議到複雜智能合約應用的原則，全過程確保穩妥可控，不預先設定技術路線，隨著技術的更迭不斷進行完善DCEP功能。

(一)多場景試驗與二元化（two-tier）模式

　　據央視新聞報導，大陸央行於2020年4月在江蘇蘇州、河北雄安新區率先進行數位貨幣試驗：蘇州相城區公職人員交通補貼的50%以數字貨幣的形式發放；雄安新區以餐飲、零售場景為主，聚焦公眾消費場景，由公職部門協同銀行金融機構、微信與支付寶技術人員共同參與，星巴克、麥當勞、京東實體商店等商戶測試接收數位人民幣。選擇雄安新區原因不僅因其靠近首都北京，雄安新區也是率先啟用5G網路與第一個實際運作城市級區塊鏈底層操作系統的智慧城市。

　　DCEP採用二元化模式，商業銀行充當央行與普通公眾之間的媒介，央行將數位人民幣等價兌換給商業銀行（類似於批發），再由商業銀行發放或兌換給公眾（類似於零售），數位貨幣與現有法定貨幣1：1兌換，

此過程不會增加流通中的貨幣量[18]。大陸央行副行長認為：「考慮網絡覆蓋不足的偏遠地區使用問題，如果採用一元化（one-tier）投放，將面臨極大考驗。二元雙層投放可利用商業機構現有資源、人才、技術等優勢。在安全、可靠的前提下，中央銀行與商業銀行等機構可以密切合作，不預設技術路線，透過競爭來實現系統優化，共同開發共同運行。也可避免DCEP與商業銀行存款貨幣形成競爭關係。」

大陸央行「不預設技術」、「多場景」試驗態度與新加坡頗為相似，區別在於政府對試驗控制程度不同，後者政府干預力度更小。大陸央行與國有商業銀行合作，發行數位貨幣取代流通中M0職能，在有限區域特定消費環境內測試避免了風險外溢。後續若擴大測試範圍，商業銀行須要遵守關於現鈔管理和反洗錢、反資恐等的規定。

（二）跳脫唯區塊鏈技術論迷思

2020年1月，大陸央行數字貨幣研究所起草、商業銀行共同參與的《金融分布式帳本技術安全規範（JR/T 0184─2020）》發布，規定了金融分布式帳本技術的安全體系，服務運營的機構等事項。分布式帳本技術（DLT）被文件定義為密碼算法、共識機制、點對點通訊協議、分布式存儲等多種核心技術體系高度融合形成的一種分布式基礎架構與計算範式，這種論述與區塊鏈核心技術高度吻合。可見，大陸央行非但不排斥區塊鏈技術進入金融領域，還為將來使用制定了技術安全規範。

與《金融分布式帳本技術安全規範（JR/T 0184─2020）》態度不同的是，大陸央行官員明確表示DCEP發行不比照其他去中心化的代幣，將堅持貨幣政策和宏觀（整體）審慎管理目標。DCEP帳戶採用鬆耦合（loose coupling）技術，按用戶身分信息確認方式與完整程度的不同分為四級[19]。據大陸官方介紹，第四級帳戶最為寬鬆，用戶可透過網路遠端操

---

[18] Binance幣安研究：大眾對中國央行「數位人民幣 DCEP」的迷思（完整報告），https://www.blocktempo.com/china-cbdc-dcep-cryptocurrency-revolution-binance/（最後瀏覽日期：2021/5/24）。

[19] 中國央行數位貨幣DCEP：非基於區塊鏈、中心化、鬆耦合系統，https://www.

作自主開戶，但是資金支付受限額管理；第一級帳戶最嚴格級別須用戶臨櫃辦理，審核成功後交易金額不受限制。因此，DCEP在技術與完全去中心化的虛擬貨幣（如比特幣等）存在相當的差異[20]。

　　長久以來公眾習慣將加密貨幣、數字貨幣與區塊鏈捆綁，事實上區塊鏈只是數位貨幣備選技術之一。DCEP作為主權化的數位貨幣，本質是央行擔保、簽名發行的加密字符串，在發行源頭保留央行對貨幣的管控功能，在交易與記帳過程中不排斥區塊鏈技術。數位貨幣在流通記帳過程中採用的區塊鏈技術可分為公有鏈（public blockchain）、許可鏈（permissioned blockchain）等，公有鏈開放程度高於許可鏈。公有鏈開發者通常標榜社區的自治與公平性，聲稱可透過優化共識機制、博弈機制來避免獨裁和惡行，這種原始型態的民主權利對於崇尚自由、渴求表達的互聯網公民來說，有著無限的吸引力。

　　但是，金融市場向來受到國家權力的嚴格監管，金融市場自由競爭機制失靈已造成多次全球化金融危機。其他國家在試驗數位貨幣時也謹慎選擇技術手段，如新加坡Ubin項目測試時使用許可鏈作為基礎的分布式帳本技術（DLT）關連央行數位貨幣、國內銀行清算、跨境銀行間支付結算等場景[21]。即便是商業化的Libra，在新版白皮書匯總同樣放棄了公開鏈技術，轉而選用安全性較高的許可鏈技術[22]。

　　本文認為，央行數位貨幣與流通中的實體貨幣無本質上差異，維持金融穩定與交易秩序是任何科技金融都無法回避的議題，切不可因彰顯區塊鏈技術亮點而忽略央行對貨幣、金融的監管職能。是否使用區塊鏈、是否使用公有鏈應整體考慮成本、效率、安全，避免進入唯技術論的誤區。大

---

blocktempo.com/non-blockchain-based-centralized-loosely-coupled-dcep/（最後瀏覽日期：2021/5/24）。

[20] DCEP技術開發指南，http://dcep.fyi/?paged=6（最後瀏覽日期：2021/5/24）。

[21] 一文讀懂新加坡央行數字貨幣計劃Ubin，https://zombit.info/read-the-bank-of-singapore-digital-currency-program-ubin/（最後瀏覽日期：2021/5/24）。

[22] Facebook發表Libra加密貨幣的觀察，MIC資策會產業情報研究所，https://mic.iii.org.tw/industry.aspx?id=364&list=43（最後瀏覽日期：2021/5/24）。

陸央行DCEP在發行端採行中心化，與加拿大、新加坡、瑞典等國家主權數位貨幣一樣採取二元化發行流通體系，在記帳方式上不排除分布式手段符合現階段大陸市場環境。

(三) DCEP的影響

1. DCEP全面實施後的影響即央行數位貨幣可能產生的影響

基於第三方支付、電子支付手段與數位貨幣某些共通性，DCEP可能帶來的某些影響已透過支付寶、微信支付、銀聯無接觸支付呈現，如改變與優化原有的支付方式進而提高交易與審核效率、銀行業面臨新的競爭等。

對貨幣政策實施與貨幣市場信用創造的影響。DCEP會改變貨幣政策傳導效果和貨幣市場供應水平。一方面，DCEP的數字化特徵會改善紙質貨幣、商業銀行帳戶存款的支付功能，能提高央行貨幣地位、增強貨幣政策有效性、完善預期管理；央行可預先設定貨幣政策觸發實施的條件，然後進行貨幣的精準投放。

另一方面，DCEP將改變公眾與市場對大陸境內人民幣信賴之信心，這點在儲蓄層面尤為明顯。過往金融消費者選擇銀行儲蓄的安全標準是商業銀行自身信用背書，若數位貨幣與電子錢包全面推廣，帳戶中存放的電子貨幣直接由央行背書，可能會造成分散閒置的資金向央行匯聚，進一步強化央行貨幣政策的實施。多數情況下上述兩種變化是有益的，唯獨在一種情況下存在隱憂：因中央銀行具有天然的信用優勢，若央行承擔了部分商業銀行職能，DCEP會對市場上銀行金融機構造成壓迫。

2. 促進人民幣國際化

2016年10月1日人民幣正式加入IMF特別提款權（Special Drawing Right, SDR），「人民幣國際化報告2019」顯示，截止至2018年底人民幣在對外直接投資、國際信貸、國際金融交易中的綜合比例為4.9%，在全球官方外匯儲備中的比例為1.89%。另據國際清算銀行統計，2019年國際外匯交易中排名前三的貨幣分別是：美元（占比88%）、歐元（占比33%）、日元（占比17%）。大陸央行若全面推行DCEP，把使用領域從

M0擴大至M2、M3，將為人民幣國際化提供技術便利，雖短期內難以同美元、歐元匹敵，但可透過亞投行與東協國家擴大人民幣在亞洲市場的影響力。大陸、日本、韓國與東協13國先後簽訂了《清邁倡議》（Chiang Mai Initiative）、《清邁倡議多邊化協定》（Chiang Mai Initiative Multilateralization Agreement, CMIM）及其修訂稿約定了貨幣互換、金融危機救助、貨幣監管合作等機制，數位化貨幣將降低相關協議的實施成本並提高合作監管效率。亞洲基礎設施投資銀行（Asian Infrastructure Investment Bank, AIIB）成員已從57國增至102國，亞投行影響力的加大，提升了人民幣在亞洲區域金融話語權，DECP的多渠道投資方式能有效促進央行數位貨幣的區域合作。

DCEP在大陸尚處於試驗初期，因其在央行主導下協同商業銀行、科技金融公司以開放的態度開發測試，獲得良好的市場反應與溢出效果，體現出金融市場對主權數位貨幣的信心。

肆、數位人民幣於人民幣國際化下之成效

一、人民幣國際化現況

本文將會用幾項來自中國金融機構與國際金融組織的相關數據來對人民幣國際化現況進行檢視與分析。2015年11月IMF宣布將人民幣納入SDR一籃子貨幣。人民幣「入籃」為人民幣國際化的一大轉捩點，故以下數據都會擷取2015年後至今的資料。

（一）人民幣持有與使用意願

中國銀行自2013年起會將前一年針對人民幣國際化為主題進行之境內外工商企業與金融機構調研結果，整理並編輯成各年度的《人民幣國際化白皮書》。此報告特色在於其中幾項有關人民幣在跨國貿易參與者中的持有與使用意願調查，中國銀行於2021年4月在武漢發布《2020人民幣國際化白皮書》。

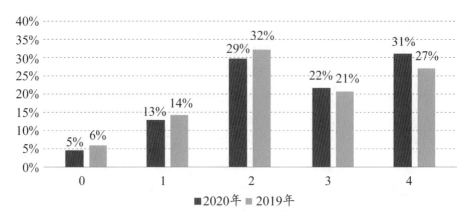

圖1　中國企業的境外貿易夥伴接受人民幣的意願

資料來源：中國銀行，2020人民幣國際化白皮書，https://www.boc.cn/big5/aboutboc/bi1/202104/t20210427_19332120.html。

中國企業的境外貿易夥伴接受人民幣的意願呈現提升態勢，53%受訪境內企業的境外貿易夥伴願意接受使用人民幣，31%完全接受使用人民幣。

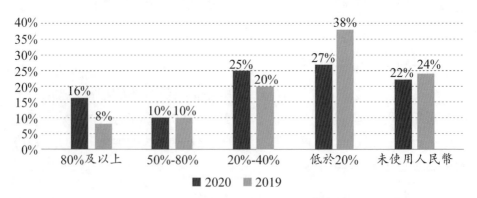

圖2　中國企業對外投資使用人民幣比例

資料來源：中國銀行，2020人民幣國際化白皮書，https://www.boc.cn/big5/aboutboc/bi1/202104/t20210427_19332120.html。

2020年，中國對外直接投資超過1,300億美元。其中，對外直接投資中人民幣使用比例不低於20%的境內工商企業占比過半，對外直接投資中

人民幣的使用比例低於20%的工商企業比例，也較前一年下降13個百分點。

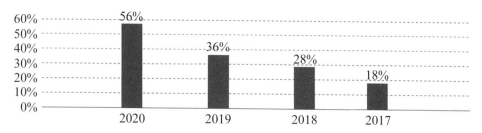

圖3　擬增持人民幣資產的境外工商企業占比

資料來源：中國銀行，2020人民幣國際化白皮書，https://www.boc.cn/big5/aboutboc/bi1/202104/t20210427_19332120.html。

在境外投資者持有人民幣金融資產的意向方面，2020年的調查結果顯示約有56%的境外受訪工商企業擬增持人民幣資產，此為自2017年首次針對該意向進行調查以來，比例首次超過50%。

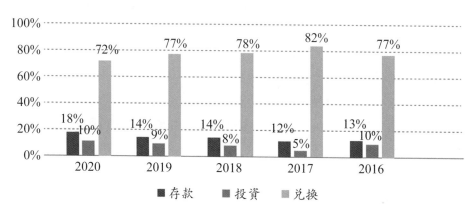

圖4　取得的人民幣收入以人民幣資金或資產持有的境外工商企業分布

資料來源：中國銀行，2020人民幣國際化白皮書，https://www.boc.cn/big5/aboutboc/bi1/202104/t20210427_19332120.html。

取得的人民幣收入以人民幣資金或資產持有的境外工商企業分布的數據，顯示外商對其獲得的人民幣收入之處理方式，由此可看出人民幣的

「價值儲存功能」。2020年的調查結果顯示，在境外受訪企業中，將獲得的人民幣收入兌換為其他貨幣的比例為最近5年最低，而將獲得的人民幣收入以存款形式持有的比例為5年最高。顯示出人民幣的「價值儲存功能」是在提高的。

(二) 人民幣持有與使用實際情況

接下來將會用幾項來自中國金融機構與國際金融組織的相關數據來對人民幣在國際上持有與使用的實際情況進行檢視與分析。2015年11月IMF宣布將人民幣納入SDR一籃子貨幣。人民幣「入籃」為人民幣國際化的一大轉捩點，故以下數據都會擷取2015年後至今的資料。

1. 中國金融機構數據

(1) 離岸人民幣指數（Off-shore RMB Index, ORI）

ORI是由中國銀行自2014年3月開始發布，對於人民幣在離岸金融市場發展水平的綜合評價。該指數針對國際貨幣的五項主要職能（價值儲藏、融資貨幣、投資、儲備、交易）來設置對應的五項指標（圖5），分別為：「離岸人民幣存款在所有貨幣離岸存款中的比重」、「離岸人民幣存款在所有貨幣離岸貸款中的比重」、「以人民幣計價的國際債券和權益投資餘額在所有幣種中的占比」、「以人民幣計價的國際債券和權益投資餘額在所有幣種中的占比」、「全球外匯儲備中人民幣的占比」、「人民幣外匯交易量在所有幣種外匯交易量中的占比」。ORI指數透過將這五類指標中人民幣在所有貨幣裡所占比重進行綜合加權計算來反映人民幣國際化程度。

圖6為2016至2020每一季的離岸人民幣指數，可以看出2016年至2020年該指數呈現成長趨勢，代表人民幣在離岸金融市場所占份額與影響力越來越大。

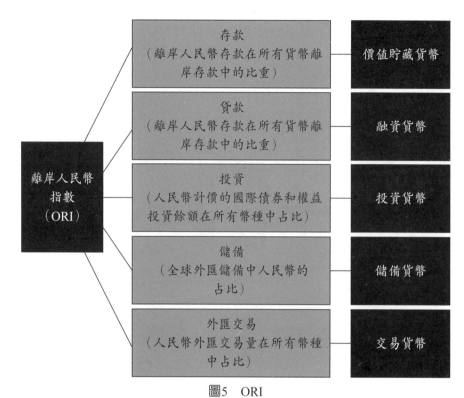

圖5　ORI

資料來源：https://www.boc.cn/big5/fimarkets/cri/201403/t20140311_4673883.html。

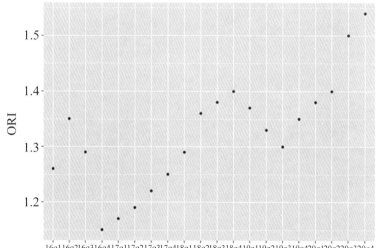

圖6　2016年至2020年離岸人民幣指數

資料來源：作者自行整理。

(2) 跨境人民幣指數（Cross-border RMB Index, CRI）

　　中國銀行自2013年9月開始發布「中國銀行跨境人民幣指數」，該指數主要透過追蹤人民幣在跨境資金迴圈過程（跨境流出、境外流轉和跨境回流）中經常帳戶、資本帳戶和境外流轉使用等資金流動的使用水平，顯示人民幣在跨境及境外交易中使用的活躍程度。

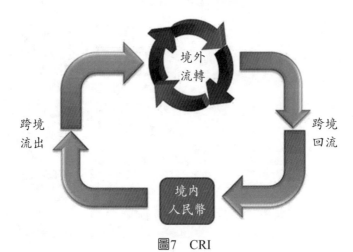

圖7　CRI

資料來源：https://www.boc.cn/big5/fimarkets/cri/201309/t20130917_2481962.html。

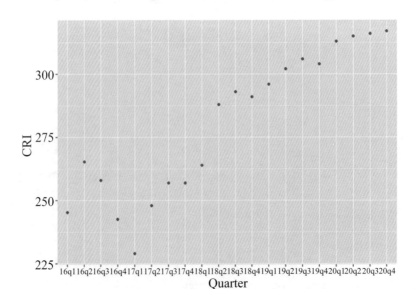

圖8　2016年至2020年跨境人民幣指數

資料來源：作者自行整理。

　　從圖8可以發現跨境人民幣指數雖於2016年終至2017年初短暫下降，但整體而言近幾年還是呈現成長趨勢。代表人民幣跨境使用活躍度逐年提高。

2. 國際金融機構數據

　　(1) 官方外匯儲備貨幣構成（Currency Composition of Official Foreign Exchange Reserves, COFER）

　　官方外匯儲備的貨幣構成數據庫由IMF整理其會員國提供之外匯儲備貨幣構成數據所建立，統計了各年度每一季八種主流儲備貨幣（美元、歐元、人民幣、日元、英鎊、澳元、加元、瑞士法郎）在各國外匯儲備中的份額。人民幣自2016第四季開始納入。

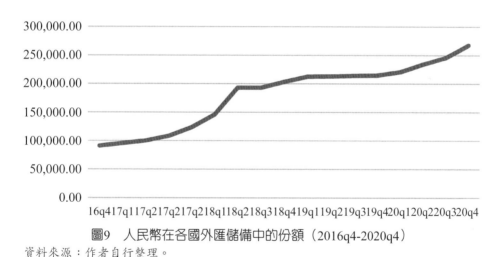

圖9　人民幣在各國外匯儲備中的份額（2016q4-2020q4）

資料來源：作者自行整理。

　　圖9為2016年第四季至2020年第四季人民幣在各國外匯儲備中的份額，由此可看出人民幣在全球央行外匯存底所占比重持續上升。

　　(2) 人民幣國際支付占比（RMB's share as a global payments currency）

　　環球銀行金融電信協會（Society for Worldwide Interbank Financial Telecommunication, SWIFT）是非盈利的國際金融合作組織，全球金融交易幾乎都是在SWIFT運營的金融電文網絡完成。SWIFT將其所記錄的人民

幣交易消息數據整理成若干指標並按月發表於其所發行的RMB Tracker月刊當中。「人民幣國際支付占比」是其中一項主要指標。

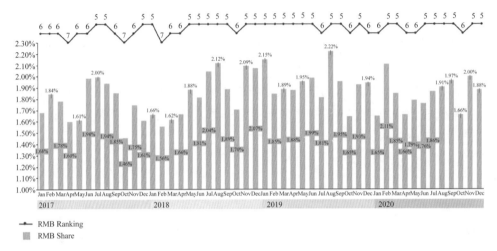

圖10　人民幣國際支付占比（2017-2020）

資料來源：SWIFT, 2021/5/19. RMB Tracker, May 2021。

　　從圖10可以發現，人民幣雖為SDR貨幣籃子中的第三大貨幣，但在國際交易使用貨幣上，人民幣大多僅能維持在第五、第六名之間徘徊，所占比例亦難以突破2%。

（三）結論

　　人民幣成為SDR國際儲備貨幣之後，中國政府也更進一步透過加強建設「一帶一路計畫」、「取消合格境外機構投資者（QFII）和人民幣合格境外機構投資者（RQFII）投資額度限制」等政策來帶動人民幣國際化。外國對於在國際貿易中使用與持有人民幣的意願不斷提高，人民幣在離岸金融市場所占份額與跨境交易活躍程度也是不斷成長。但從實際情況也可看出，目前人民幣國際化的成效大多集中在儲存功能，作為國際交易媒介的功能上較無顯著進展。

二、數位人民幣對於人民幣國際化之潛在成效

數位人民幣的幾項優勢，使數位人民幣對於中國政府來說其實是有極高的潛能來協助提升人民幣國際化程度。

(一) 數位人民幣的優勢

1. 便利性

不同於支付寶、微信支付、apple pay等第三方支付工具，需先綁定銀行帳戶或信用卡才能支付。使用者只要下載DCEP的數位錢包，就可以直接支付，如同使用一般拿現金收款、付款一樣。此外，數位人民幣與一般移動支付方式也不同，DCEP無須網路，其採用的技術為「雙離線支付」是透過兩個行動裝置進行物理接觸，達到數字貨幣轉移，類似近距離無線通訊（Near-field Communication, NFC）。中國現有行動支付系統在國外推行不順的主因，在於開通這些工具需要提交許多個資，使得外國使用者而言，一直存有竊取個資的疑慮與洩露資訊的風險。使用數位人民幣所需提交的個資較少，上述疑慮與風險較低。無須網路即可支付，也讓在一些基礎建設較不足、網路較不穩定的地區的使用者亦可正常使用。

2. 毋須服務費

數位人民幣主要定位屬於M0貨幣（流通中現金）。不得拒收、不計付利息、不收取兌換流通服務費用。

(二) 促使數位人民幣潛能可真正發揮效果的關鍵因素

1. 開通數位人民幣跨境支付功能

雖說目前數位人民幣流通範圍多集中在大陸境內。不過，數位人民幣便利性使其在跨境流通有極大發展潛力。中國政府也有機會藉此建立一套以人民幣為基礎，並由中國主導的國際支付清算服務體系，挑戰美元壟斷的格局。

2. 放寬數位人民幣兌換限制

可否成為各國在挑選外匯儲備貨幣的選擇一直是一國貨幣能否國際

化的關鍵，而要成為儲備貨幣就必須具備良好的可兌換性。自從2016年被IMF納入SDR一籃子貨幣以來，人民幣雖為第三大貨幣，可是在國際交易使用比重一直無法超越2%。原因就在於中國政府對資本的進出仍有嚴格的管控。

　　對於傳統人民幣中國政府要作出種種限制的原因在於傳統貨幣難以追蹤掌控。但數位人民幣不同，大陸央行可明確掌握流向，因為數位人民幣從編碼發行到每一筆交易、兌換、支付大陸央行均可有效掌控其行蹤。就算開放數位人民幣跨境支付功能與放寬兌換限制，也不會影響中國政府對於數位人民幣的監控。藉由對於數位人民幣的放寬限制來提高數位人民幣成為外國交易貨幣與外匯儲備貨幣的選擇，對於人民幣國際化有極大幫助。

3. 追求和其他數位貨幣的相互操作性

　　若中國希望擴大數位人民幣的國際流通，甚至是藉此建構獨立於美元之外，以其為主導的金融秩序，必須與其他數位貨幣的發行與管理機構之間取得協同合作能力（interoperability），達成訊息與金流同步以利有效管理。

伍、數位人民幣對台商之影響

一、金融場景轉換

　　依當前資訊推斷，現階段數位人民幣的應用主要應為小額交易支付，然當數位人民幣正式推出後使用率達到一定水準，屆時我國與中國大陸往來密切業者，如從事零售、電商拍賣等，甚至是在中國大陸設有營業據點的台商，勢必要面對支付服務的改變，配合開設數位人民幣帳戶[23]。

---

[23] 戴劭芩，中國大陸發行數位貨幣及密碼法之研析，經濟研究第21期，第411頁。

二、對於台商造成負面之影響

　　而數位人民幣作為中國大陸政府強化對於貨幣與金融市場控制的有效工具，台商如開設數位人民幣帳戶後，資產與金流狀況勢必將受到更為嚴格的監管。這意味著大多數的金流將被中國大陸政府所掌握，因為政府有辦法透過金流深入得知台商企業在大陸獲取了多少收益以及何時收益不佳可能面臨資金不足的風險，到那時候若台商成為了大陸政府欲打壓的行業時，大陸政府便可能施壓使銀行停止對台商進行融資行為，又或者聯合其他企業對台商進行惡意收購，這些都是有可能面臨到的風險。

　　再者，若是在未來大陸央行有意將大多數現金兌換為數字人民幣，則台商想撤資或離開大陸時，有可能被大陸政府技術性扣留數字人民幣；由於數字人民幣是架構於系統平台上的虛擬貨幣，不像現金至少可以帶在身上，政府想扣留時隨時都能夠高效率的扣留虛擬貨幣，對台商的營運及資金流動恐產生不小的影響及限制。另一方面，中國大陸稅務機關近期積極導入數位查核技術，數位人民幣可使其掌握到更精確、詳細的交易資訊，並據此課徵稅收，部分業者將可能面臨租稅負擔上升情形。

　　尤有進者，中國大陸積極發展DCEP，以監控掌握民間金流，而數位人民幣難以在台灣通行，到時將迫使在陸台商資金分流，而留在大陸的將受到高度監管。且搭配大陸央行於2020年月發布《關於開展大額現金管理試點的通知》，將使大額現金的存取在中國大陸將面臨更嚴格的管制措施。無不迫使部分台商，將數位人民幣折價賣出，以換成現金人民幣，再經由黑市匯兌轉出，讓台商處於更不利之困境。

陸、結論與建議

一、結論

發行DCEP之優勢：

1. 大陸央行可掌握流向，因每一元數位人民幣，皆由大陸央行發行

編碼，視同實體現鈔，任何透過數位貨幣支付的境內外重大工程款項、交易過程、支付的時空地點，大陸央行均可一手掌控。

2. 可有效防阻洗錢、貪污、賄賂：數字人民幣因採取了可控匿名的機制，大陸央行對每一元數位人民幣均可追蹤其紀錄，可以透過大數據、人工智慧做技術分析交易數據與資金流向，做好防制洗錢、打擊資恐、防範逃漏稅等非法行為，以有效維持金融穩定。

大陸央行發行DCEP具有掌握流向及有效防阻洗錢、貪污、賄賂等特色及優點。在美中貿易／金融戰中，或許DECP存有挑戰美元的競爭意涵，但未來能否普及周邊國家，甚至擴大至全球各國，仍是極大的工程。

就回歸至貨幣發行本質，仍應以滿足社會交易需求為主，並有助於實現公共政策目標。COVID-19疫情之衝擊下，各國央行逐漸開始思考透過非現金交易於衛生安全方面之優勢，並確實有效提升各國的電子支付使用率。央行數位貨幣更因其背後具備官方信用支持，且可服務不熟悉數位科技、無銀行帳戶的族群，被視為未來的支付方式[24]。

從央行角度評估發行數位貨幣的好處，包括降低使用現金之社會成本、促進普惠金融之目的；若銀行及電子支付業者壟斷市場或服務品質不佳，由央行發行數位貨幣提供民眾其他支付工具選擇，可提升支付系統安全性並強化消費者保護。惟考量到各國國情不同，許多國家的現金使用率仍在增加、支付清算系統有效率、民間支付業者多元競爭無壟斷問題等，尤其針對我國而言，在信用卡使用發達及普及化之情況下，發行數位貨幣未必是達到前述目標的最佳選擇。

二、建議：對我國發行央行數位貨幣

截至目前為止，國際間公布數位貨幣發行計畫的仍僅有中國大陸及瑞典兩國；其餘主要國家都有投入數位貨幣之研究，甚至因為疫情影響對於數位貨幣發行態度轉趨開放，進而加速研究腳步。究其原因，對於金融

---

[24] Auer, Raphael, G. Cornelli and J. Frost, Covid-19, cash, and the future of payment, BIS Bulletin, No. 3, 2020.

服務健全的國家或地區而言，其政府所關注之面向為提升交易效率與安全性，發行數位貨幣等金融創新並非唯一選項，亦未必優於其他支付工具。再者，考量數位貨幣的發行成本，以及可能對金融體系、電子支付產業的衝擊等因素，對於整體社會與經濟發展之影響皆不容忽視，實需審慎評估。

以我國而言，央行已成立專案研究小組，著手評估發行數位貨幣之可行性與相關技術，並已於2020上半年完成第一階段可行性研究，同年9月28日展開第二階段研究，建立雛型平台[25]。長遠來看，考量風險分散，以及弱勢族群、偏遠地區的使用情況，若央行發行數位貨幣較可能採取雙軌並行，而非徹底取代實體貨幣。然而在技術成熟度、資安疑慮、對經濟金融體系衝擊等問題尚無法有效解決的情況下，現階段鼓勵民間發展創新零售服務並有效監管，應是提升交易效率較佳解決方案，可作為央行發行數位貨幣之替代選項。

目前我國為因應數位浪潮帶來各面向的挑戰，政府數位治理之組織與方式亦需隨之調整。原屬各政府機關不同職掌之資訊、網路及傳播部門，需要有一專責且具專業能量之機關進行突破性整合，才能面對新科技挑戰，協助台灣社會各界落實數位轉型，準此行政院組織法第3條第14款規定行政院設數位發展部。最後，本文建議數位發展部應儘快研究央行數位貨幣、區塊鏈和電子支付系統等新興科技，如再不儘快掌握央行數位貨幣的先機，在國際經濟、金融體下無法與國際接軌。

---

[25] 參見中央銀行，國際間央行數位貨幣最新發展與本行研究規劃進度，2020年12月17日央行理監事會後記者會參考資料，第71-82頁。

證券侵權行為案件法律適用問題

吳盈德[*]

壹、前言

　　按證券詐欺或資訊不實之責任多會牽涉民法侵權行為規定之違反，惟該等請求權基礎之間的關係為何、各請求權基礎中構成要件的舉證責任分配應否統一，即值得探究[1]。近年來，由於台灣的證券交易法與其他特別法制定了諸多有關違背職務行為的特別背信罪[2]，這與刑法體系下處罰違背任務行為的背信罪彼此之間應如何調和，不無疑問。台灣現行證券交易法第171條第1項第3款的特別背信罪，其規定為：「有下列情事之一者，處三年以上十年以下有期徒刑，得併科新臺幣一千萬元以上二億元以下罰金：……三、已依本法發行有價證券公司之董事、監察人或經理人，意圖為自己或第三人之利益，而為違背其職務之行為或侵占公司資產，致公司遭受損害達新臺幣五百萬元。」即使沒有因為犯罪不法所得在新臺幣1億元以上而加重刑罰，3年以上10年以下有期徒刑的法定刑，實不可謂不重，因此構成要件應如何解釋，使受規範者清楚知道法律禁止的行為何在，即值注意。論者已指出，這些重刑化的財經刑法乃源自於普通法體系

[*]　中國文化大學法律學系教授兼系主任、美國聖路易市華盛頓大學法律學博士。後學不揣淺陋，借此機會，以本拙文敬獻李復甸教授七秩華誕祝壽論文集，對李教授無私奉獻法學教育，不吝提拔後學，謹申致最崇高之敬意。

[1]　最高法院108年度台上字第38號民事判決。

[2]　2000年增訂銀行法第125-2條；2001年增訂金融控股公司法第57條、票券金融管理法第58條、保險法第168-2條；2002年增訂金融資產證券化條例第109條第1項第4款；2004年增訂信用合作社法第38-2條、證券交易法第171條第1項第3款、信託業法第48-1條等。

的美國，因此不僅有刑法理論難以融合的謬誤，也造成解釋上的問題[3]；在證券交易法方面，這可能涉及到立法之初就師法美國法制，相關的財經犯罪條文與大陸法的犯罪論體系相左，實務有運作上的困擾，且無外國立法例可參[4]。當然，解釋上的難題，主要可能是因為證券交易法第171條第1項第3款於2004年制定時與2012年修正時，立法理由僅空泛說明此係「照黨團協商條文通過」，欠缺實質的說明以作為解釋的參考依據。此處，最核心的問題在於，台灣刑法第342條的背信罪處罰的是「違背任務行為」，而證券交易法第171條第1項第3款處罰的是「違背職務行為」，此一字之差，究竟對背信行為的解釋與適用構成如何之影響。

　　詳言之，刑法解釋學在探討背信罪時，是基於條文上「違背其任務行為」之文字，探討其處罰的本質究竟在於處理權的濫用或是信賴關係的違背，抑或是二者兼有，而學說上一向見解互殊[5]。在背信罪的部分，學者考據背信罪的歷史，認為應係較著重在信賴關係的違背[6]，實務上亦強調背信罪是屬於破壞信賴關係侵害財產的犯罪類型[7]。至於證券交易法第171條第1項第3款處罰的「違背職務行為」，雖然也是延續著背信罪的學說在探討，但若以最素樸的刑法條文文字為基礎，應以刑法瀆職罪章第121條以下的公務員收受賄賂罪為參考方向，因為只有刑法第121條以下出現「職務行為」的概念。此時，違背職務行為實係偏向權限的濫用問題。就此以觀，學者在處理有關金融機構特別背信罪時，將特別背信罪類比於公

---

[3]　王正嘉，從經濟刑法觀點看特別背信罪，台灣法學雜誌第273期，2015年6月14日，第25頁。曾淑瑜，建構符合我國刑事實體法與程序法之財經犯罪體系，台灣法學雜誌第160期，2010年9月，第59-64頁。

[4]　曾淑瑜，證交法第171條第1項第3款特別背信罪—關於「已依本法發行有價證券公司」是否包括從屬公司之疑義，月旦裁判時報第66期，2017年12月，第101頁。陳子平，刑法各論（上），2015年，增修版，第610-611頁。

[5]　陳子平，同上。

[6]　林志潔，背信罪不法意圖要件之機能及其反證，財經正義的刑法觀點，第412-413頁。

[7]　最高法院87年度台非字第407號刑事判決：「查刑法上之背信罪與侵占罪，同屬破壞信賴關係侵害財產之犯罪類型……。」

務員職務犯罪來思考所謂「違背職務行為」的解釋，雖然看似令人費解，亦即將不同保護法益的財產犯罪與瀆職罪互為類比，仍可說是正確的方向[8]。只是，學說上尚未探討，若證券交易法第171條第1項第3款立法當時是參考美國的財經犯罪體系，則美國法下是如何處理類似於台灣法的背信行為或是特別背信行為，而台灣證券交易法既然是參考美國法制的運作，那美國法制上究竟出現了哪些論述，可作為台灣證券交易法特別背信罪解釋的參考？美國法在台灣司法判決中居於何種地位？又引用美國法可能產生哪些問題？

貳、美國法對背信行爲的處罰基礎

一、郵電詐欺罪與電匯詐欺罪下的誠信服務概念

美國法對背信行為的處罰，條文上的依據是有關郵電詐欺（mail fraud）的第1341條[9]。該條制定於1872年，立法目的是要避免美國郵政被利用來進行詐欺行為。由於早期各巡迴法院對於郵電詐欺的處罰究竟涵蓋哪些犯罪行為有不同的意見，國會在其後20年間數次修法，而逐漸呈現出現在的條文結構，並在1952年制定第1343條的電匯詐欺（wire fraud）[10]，將使用郵電與電匯的詐欺行為都涵蓋在處罰的範圍內。但由於第1341條與第1343條的條文文字與結構非常類似，因此法院在解釋的標準上都是一致的，只是手段上涉及郵電或電匯的使用有所不同罷了。以第1341條為例，現今該條的基本構成要件是這樣的：

8　謝煜偉，論金融機構特別背信罪，台大法學論叢第45卷第4期，2016年12月，第2050-2051頁。應說明者係，謝教授該文處理的金融機構特別背信罪，其定義上並不包括證券交易法第171條第1項第3款的特別背信罪，惟其解釋方式，應仍得適用於證券交易法的特別背信罪。

9　18 U.S.C. §1341.

10　18 U.S.C. §1343.

　　任何人，已經謀劃或意圖謀劃任何詭計或詐術，或為透過虛偽或引人錯誤之佯稱、陳述或承諾以取得金錢或財產，或為不法用途而販售、處分、借貸、交換、變造、贈與、分配、供應、提供或取得任何偽造或虛假之錢幣、契據、證券或其他物品或任何已被明示、默示或堅稱為此類偽造或虛假物品之物品，為實施或意圖實施此類詭計或詐術之目的，而在任何郵局或被授權辦理郵務之機構交寄任何將被郵政系統寄送之物質或物品，或在任何個人或商業的州際運送人存放或使人存放任何將被寄送之物質或物品，或從前揭者領取、收受任何此類物質或物品，或故意使前揭郵政機構或運送人依此類物質或物品上之指示，或在此類物質或物品之受指示者之處所使受指示者寄送任何此類物質或物品者，應依本篇處20年以下有期徒刑或科或併科罰金[11]。

　　就該條文的文字以觀，似無法將所謂的郵電詐欺或電匯詐欺理解為可以處罰行為人的背信行為。但自1960年代中期開始，美國聯邦法院在適用該條文時，是將被害人被詐欺的有形權利或無形權利（intangible right）都包括在內，因此被害人被詐欺的若是受到誠信服務（honest services）的無形權利時，一樣可以適用第1341條或第1343條來處罰。當然，這樣的解釋是從第1341條與第1343條的文字上看不出來的。背信行為依第1341條處罰的典型案例，例如1973年在United States v. George一案，美國第七巡迴法院認為，公司的採購人員自供應商處收取回扣，而使公司因此持續向供應商採購產品時，剝奪了公司作為僱用人受有誠信服務的權利，構成第1341條的郵電詐欺罪[12]。法院指出，並不是每一次受任人義務（fiduciary duty）的違反都構成犯罪[13]。但公司的採購人員的義務是要為公司獲得最佳價格，或至少要跟公司說供應商有意願以更低的價格賣出產品。公司採購人員收取回扣時，使公司無法知道供應商可以接受更低的價格，公司因

---

[11] 本條文翻譯僅處理基本構成要件，不處理其他加重處罰條件。此外，第1343條的基本構成要件與第1341條非常接近，因此不另為翻譯。

[12] United States v. George, 477 F.2d 508, 510 (7th Cir. 1973).

[13] *Id.*, at 512 ("[n]ot every breach of every fiduciary duty works a criminal fraud").

為採購人員不誠信的服務（not giving his honest and faithful services），受有實質的損害（real detriment）[14]，因此構成犯罪。

　　就此以觀，美國法係將背信的概念放置在詐欺的概念底下進行討論。但特別需要注意的是，公務員收取賄賂而瀆職時，除了構成公務員瀆職罪外[15]，由於也是提供不誠信服務給政府，同時會構成第1341條的郵電詐欺罪或第1343條的電匯詐欺罪[16]。換言之，使用這兩個條文處罰有關行為人提供「不誠信服務」的基礎事實，至少會包括公務員收取賄賂或是公司員工收取回扣的這兩種類型。然而，自1970年代開始，刑事司法體系逐漸試圖擴張被害人可以被詐欺的「無形權利」概念，因此可以使用郵電詐欺罪或電匯詐欺罪處罰的態樣相當多，例如被害婦女被詐欺而提供有關性的利益[17]，或是被害人對住家地址的隱私權[18]，都被認為是可以被詐欺的無形權利。在1987年時，美國最高法院在McNally v. United States一案中，終於意識到第1341條在文字解釋上應該採取更嚴謹的態度，為了避免其處罰的範圍過於不明確，因此將該條的適用限定在金錢或財產（money or property）的保護[19]，亦即誠信服務作為一種無形權利時，不在條文規範

---

[14] *Id*., at 513 (stating that "the fraud consisted in [the agent's] holding himself out to be a loyal employee, acting in [employer's] best interests, but actually not giving his honest and faithful services, to [employer's] real detriment").

[15] 18 U.S.C. §666.

[16] Carlos Gomez-Jara Diez, *Honest Services Fraud as a criminal breach of Fiduciary Duties: A Comparative Law Approach for Reform*, 18 New Crim. L. Rev. 100, 106-107 (2015).

[17] United States v. Condolon, 600 F.2d 7 (4th Cir. 1979).

[18] United States v. Lounderman, 576 F.2d 1383, 1387 (9th Cir. 1978).

[19] 483 U.S. 350, 360 (1987) (stated that "we read 1341 as limited in scope to the protection of property rights" other than "construe the statute in a manner that leave its outer boundaries ambiguous") (note that the previous approach was to read the statute to criminalize schemes or artifices "to defraud" or "for obtaining money or property by means of false or fraudulent pretenses, representation, or promises... ." as two different types, identifying the proscribed schemes appear in the disjunctive so that "they are to be construed independently, and that the money-or-property requirement of the latter phrase does not limit schemes to defraud to those aimed at causing deprivation of money or property").

範圍內。最高法院更指出，如果國會希望將處罰的範圍做進一步的擴張，那應該要在條文文字上說得更清楚[20]。

　　不過，這個最高法院的見解並沒有使行為人提供「不誠信服務」的行為就因此完全跳脫出處罰的範圍。因為1988年時國會很快就呼應了最高法院要說清楚講明白的要求，也就是制定了第1346條，明確的將所謂的「詭計或詐術」定義為「包括剝奪他人受有誠信服務的無形權利」的情形[21]。因此，透過第1346條的制定，第1341條的郵電詐欺與第1343條電匯詐欺在處罰行為人提供不誠信服務的行為時，較為明確地出現了條文文字上的依據，而非僅是透過法院造法創造出可罰性的範圍。

　　在這樣的脈絡下，美國上市櫃公司的董事或經理人違反其受任義務時，除了可能另外涉及證券交易法有關詐欺行為的處罰條款外[22]，美國的刑事司法系統是使用第1341條、第1343條、第1346條等進行起訴。也就是說，美國的證券交易法下並無針對董事或經理人背信或不提供誠信服務的處罰，而是基於聯邦犯罪體系下的第1341條、第1343條與第1346條，處罰董事或經理人沒有提供誠信服務的行為。另一方面，值得注意的是，純粹就法定刑來看，構成第1341條與第1343條時，若無其他加重處罰的條件，基本的法定刑是20年以下有期徒刑，不可謂不重。

二、處罰受任人違反受任義務的疑慮

　　美國法基於上述受任人應提供誠信服務的規範，係將受任人違反受任義務的行為犯罪化，其處罰的類型，至少會包括兩種：一是公務員收取賄賂而違反職務的行為；二是私人企業的員工收取回扣而違反任務的行為。

---

[20] *Id.*

[21] 18 U.S.C. §1346 (providing that "[f]or the purposes of this chapter, the term 'scheme or artifice to defraud' includes a scheme or artifice to deprive another of the intangible right of honest services").

[22] See Lisa Casey, *Twenty-Eight Words: Enforcing Corporate Fiduciary Duties Through Criminal Prosecution of Honest Services Fraud*, 35 Del. J. Corp. L. 1, 92 (2010) (citing 15 U.S.C. §78j(b) (2006); 17 C.F.R. §240.10b-5 (2009)).

針對私人企業的員工違反受任義務係構成犯罪的問題，美國證券交易法大師John Coffee教授指出，這使得民事損害賠償責任與刑事懲罰兩者間的界線變得模糊起來，也就是原本應該是由公司或股東對受任人違反受任義務時提出損害賠償責任的情形，很有可能同時也會使受任人因此負擔刑事責任[23]。問題會出現，在於民事上的受任人義務有時是實驗性的，法院經常會創造出新的受任義務，但之後又會退縮，亦即受任義務究竟是什麼，行為人事前無法完全理解，而條文又未能事先完整定義出來，將違反受任義務的情形犯罪化，是有疑慮的[24]。

John Coffee教授的疑慮，多年後得到美國最高法院史卡利亞大法官（Justice Scalia）的認同。2009年Sorich v. United States一案中，有關第1346條的誠信服務應如何解釋的爭議，最高法院程序上是拒絕核發調卷令（certiorari），駁回了該案的上訴，但史卡利亞大法官對此程序上的駁回提出了少見的不同意見書[25]。史卡利亞大法官指出，所謂的誠信服務，如果作出較寬廣的解釋的話，不僅公司高階經理人的所有自我交易行為（self-dealing）都涵蓋在內，甚至似乎會包括一個公司領薪水的員工請了病假卻跑去看球賽的行為[26]，可處罰的範圍非常廣；但是對於誠信服務的概念，各巡迴法院的理解相當不一致而且彼此有所衝突，沒有任何共識[27]。另一方面，當下級法院說明第1346條並不包括每一個違法行為

---

[23] John Coffee, *Does "Unlawful" Mean "Criminal"?: Reflections on the Disappearing Tort/Crime Distinction in American Law*, 71 B.U. L. Rev. 193, 201 (1991).

[24] *Id.*, at 207-208 (expressed his concern that "precisely because such a standard can neither be realized fully nor even be defined with specificity in advance, it should not be criminalized") (also opined that "criminalizing fiduciary duties might halt (or at least retard) this process of lawmaking [with regard to civil standards of fiduciary duties], as courts would predictably become more conservative in their willingness to announce new duties if they believed severe penalties automatically followed from noncompliance").

[25] 129 S.Ct. 1308 (2009).

[26] *Id.*, at 1309 (stating that "[honest services theory] would seemingly cover a salaried employee's phoning in sick to go to a ball game").

[27] *Id.*

（official misconduct）的情形，或是主張不會因為每一個交易過程中的契約違反、義務的違反、利益的衝突或是錯誤陳述而違反第1346條時，史卡利亞大法官質疑其中區別合法與違法的原則究竟何在[28]？如果欠缺前後一致的原則而無法明確定義誠信服務、無法解釋該義務由來為何、無法說明如何的行為會違反第1346條，那麼能上新聞就辦案的檢察官（headline-grabbing prosecutors）難免會濫用其權限，偵辦任何從事於令人不喜歡或道德上可質疑行為的地方政府官員、地方民意代表以及公司的高階經理人等[29]。換言之，如果所謂誠信服務的概念是開放給每一個個案來解釋其細節（the details to be worked out case-by-case），如何期待人民知道法官和檢察官自己都還不知道，甚至是要透過審判才能釐清的條文意義[30]？在法院判決人民應該入獄之際，人民才知道行為構成犯罪的定義，如此的司法起訴，史卡利亞大法官直言，這並不公平[31]。

三、最高法院的限縮解釋與違憲爭議

史卡利亞大法官在Sorich一案所寫的不同意見書，在1年後發揮了影響力。最高法院在眾所矚目的安隆案中，對其CEO傑佛瑞·史基林（Jeffrey Skilling）因共謀（conspiracy）提供不誠信服務而被控違反第1343條與第1346條的爭議，於2010年作出了限縮解釋，將該罪的適用限定在收取賄賂與收取回扣這兩種犯罪類型，以避免文義上的模糊導致違憲[32]，並將利益衝突（conflict of interest）、自我交易（self-dealing）的情形排除在外。

史基林自2001年2月擔任安隆公司（Enron Corporation）的CEO，6個月後辭職離開安隆公司。在史基林離開安隆公司後4個月，安隆公司進入

---

[28] *Id.*, at 1310.

[29] *Id.*

[30] *Id.*

[31] *Id.* (stating that "[i]t is simply not fair to prosecute someone for a crime that has not been defined until the judicial decision that sends him to jail").

[32] Skilling v. United States, 561 U.S. 358, 368 (2010).

破產程序。美國司法部介入調查後發現，安隆公司違法美化公司的財報，使安隆公司的股價在短線上上漲，有眾多的安隆公司員工涉案。史基林除了被指控違反證券交易法的證券詐欺罪與內線交易罪等外，也被指控未向安隆公司與其股東提供誠信服務，剝奪了他們受有誠信服務的權利。起訴書主張，史基林因為這些違法情事，獲得了薪水、紅利、股票、認股權，其他利益與名望等[33]。被判有罪後，史基林一路上訴至最高法院，主張第1346條誠信服務的條文因文義過於模糊而無效[34]。

對於史基林的主張，美國最高法院於Skilling v. United States一案中，由金絲伯格大法官（Justice Ginsburg）主筆，考察第1346條的立法背景與1987年McNally一案前曾出現過的實務見解，以探求郵電詐欺罪與電匯詐欺罪中誠信服務作為無形權利的意義[35]。金絲伯格大法官指出，為了確保國會制定第1346條時明確想要涵蓋的範圍，考量到McNally一案前主要是以誠信服務理論，來處罰透過收取賄賂或收取回扣的方式而未提供誠信服務的行為，將過去的判決梳理至此二核心概念後（pare that body of precedent down to its core），其認為在此範圍內的適用是沒有條文文義模糊的問題[36]。雖然金絲伯格大法官認為第1346條文義上有所模糊的說法有一定的說服力，但為了避免條文違憲，必須考量各種合理的限縮解釋；由於歷史上國會企圖將第1346條至少要涵蓋到收取賄賂與收取回扣這兩種類型，因此在這核心概念中的適用，是合憲的。

另一方面，雖然政府主張第1346條的範圍應該也要涵蓋公務員或公司員工未揭露自我交易（undisclosed self-dealing）的類型，亦即基於受任義務，應以委任人最大利益為考量卻未揭露自己財務上利益而產生利益衝突的類型[37]，但最高法院拒絕了這個主張。最高法院的理由是，這並非McNally一案前實務上的關注重點，法院判決的核心事實不在於有無揭露

---

[33] *Id*., at 368-369.

[34] *Id*., at 399.

[35] *Id*., at 400-404.

[36] *Id*., at 404.

[37] *Id*., at 409.

利益衝突，而在於受任人有無獲得賄賂或回扣的利益[38]。因此，最高法院明確的將受任人未揭露自我交易或是利益衝突的情形，排除在第1346條的文義範圍外[39]。

結論上，雖然安隆案的CEO史基林有將安隆公司財報造假的行為，在Skilling一案發回更審的意旨中，最高法院指出政府從未證明史基林有自第三人處拿到回扣以交換其造假的行為，所以沒有違反第1346條即提供不誠信的服務。

對此，金絲柏格大法官的摯友史卡利亞大法官撰寫了協同意見書，同意上述爭議應發回更審，但史卡利亞大法官的理由是第1346條的文義過於模糊而違反美國憲法第五修正案的正當法律程序條款[40]。史卡利亞大法官指出，既然McNally一案已指出處罰行為人提供不誠信服務一事的相關判決見解應不再採用，而如果這些不被採用的判決代表的正是所謂收取賄賂或收取回扣的類型，那麼McNally一案應該會出現有關這些判決見解的文字描述，但McNally一案從未指出當時這些判決見解是建構在收取賄賂或收取回扣之上的描述[41]。因此，對於國會在McNally一案後所制定的第1346條，史卡利亞大法官認為無法將其適用限縮在收取賄賂或收取回扣這兩種類型上。

更重要的是，史卡利亞大法官質疑，對於私人公司員工未提供誠信服務的處罰，應該要問的是這些員工作為受任人究竟負有哪些義務，受任人的受任義務應該是處罰的核心概念，但其本質與內容卻欠缺明確的定義[42]。在美國法下，作為處罰基礎的受任義務，其法源（source）何在，是州法抑或聯邦法；或僅僅只是一般性的原理原則，像是僱傭關係

---

[38] *Id.*, at 410.

[39] *Id.* (concluding that "a reasonable limiting construction of § 1346 must exclude this amorphous category of cases [like undisclosed self-dealing and conflict-of-interest]).

[40] *Id.*, at 415.

[41] *Id.*, at 416-417.

[42] *Id.*, at 417.

下的忠實義務或忠誠義務[43]；McNally一案前的判決，有些指出受任義務來自信託法制（trust law），有些指出這是來自代理法制（general law of agency），明顯並無一定的共識[44]。聯邦法院也從未建構出聯邦所要求的受任人義務，有的法院說這是大家認同的道德標準（accepted moral standards），譴責社會成員在一般經濟生活下沒有反映出道德正當性（moral uprightness）的行為，有的法院則說與公共政策（public policy）相反的行為都可以被譴責[45]。當然，除了處罰基礎核心的受任義務以外，究竟還需要滿足哪些其他要件，各巡迴法院也無一定的共識[46]。對於史卡利亞大法官來說，McNally一案前的判決見解，並沒有指出何種行為構成未提供誠信服務的明確標準，即使最高法院多數意見將第1346條限縮解釋到收取賄賂與收取回扣的這兩種類型，仍然沒有說明構成犯罪的標準何在[47]。史卡利亞大法官認為，第1346條既然沒有提供任何可供理解的標準（ascertainable standard）以認定犯罪是否成立，因此是過於模糊而無效的，亦即違反正當法律程序；而且，法院不應該給自己增加創造刑事法律的功能[48]。

四、受任人受任義務的法律上依據

在Skilling一案之後，美國各巡迴法院肯定第1346條未提供誠信服務的構成，係以違反受任人的受任義務為必要。然而，若再細膩的分析下去，對於究竟是什麼樣的法律關係才會產生受任義務，究竟受任義務的法源何在，以及受任義務的本質與範圍應如何界定等3個問題，各巡迴法院

---

[43] *Id.*

[44] *Id.*, at 418 (citing United States v. Gray, 790 F.2d 1290, 1294 (C.A.6 1986) and United States v. Ballard, 663 F.2d 534, 543, n. 22 (C.A.5 1981), respectively).

[45] *Id.*, (citing Blachly v. United States, 380 F.2d 665, 671 (C.A.5 1967) and United States v. Bohonus, 628 F.2d 1167, 1171 (C.A.9 1980), respectively).

[46] *Id.*, at 419.

[47] *Id.*, at 421.

[48] *Id.*, at 424.

並未改變Skilling一案之前的見解，仍然沒有任何的共識[49]。換言之，史卡利亞大法官所提出的質疑，至今仍未獲得完整的解答。由於處罰的核心被確立在受任義務之上，下級法院間乃強調受任義務應有一定的法源依據。有的法院認為州法的依據就足夠；有的法院認為應該要有聯邦法的依據；有的法院則認為須有州法、聯邦法與普通法的依據。雖仍有不同見解，但最大公約數在於法院至少會要求應有州法、聯邦法或普通法三者其一，方能作為明確的依據[50]。

　　由於曾涉及到違憲爭議，Skilling一案後法院傾向限縮第1346條的適用範圍。根據該案所建構的限縮解釋，舉例而言，公司員工使其所服務的公司與其擁有股份利益的公司簽訂了一紙肥約，雖然是自我交易且有利益衝突，但只要沒有收取回扣，就不會違反第1346條；公務員使其所服務的國家機關與其擁有股份利益的公司簽訂了一紙肥約，雖然是自我交易且有利益衝突，但只要沒有收取賄賂，就不會違反第1346條。當然，如果這樣的行為構成其他犯罪，一樣可以依法處罰，只是不會是第1346條未提供誠信服務的犯罪。另一方面，如果上述兩例中的公司員工或公務員分別有收取回扣或收取賄賂，以交換與他公司簽訂肥約的利益，則不論是否為自我交易或利益衝突，都會違反第1346條[51]。就此以觀，由於Skilling一案強調應將第1346條未提供誠信服務的犯罪限縮於收取賄賂或收取回扣這兩種類型，解釋上就會認為至少在受任人沒有獲得私人利益（private gain）時，就不會構成犯罪[52]。

---

[49] See Congressional Research Service, Bribery, Kickbacks, and Self-Dealing: An Overview of Honest Services Fraud and Issues for Congress, 17 (2020), https://fas.org/sgp/crs/misc/R45479.pdf (last visited 2021/3/13).

[50] *Id.*, at 18.

[51] United States v. DeMizio, 741 F.3d 373, 381 (2d Cir. 2014) ("A kickback scheme typically involves an employee's steering business of his employer to a third party in exchange for a share of the third party's profits on that business").

[52] See Congressional Research Service, supra n. 48, at 16 (citing United States v. Nayak, 769 F.3d 978, 981 (7th Cir. 2014) for its approach further narrowing down private gain to bribery or kickbacks only but concluding that "actual or contemplated private gain appears to be a necessary but not sufficient condition" for imposing criminal liability).

Skilling一案的背景事實是惡名昭彰的安隆公司財報造假案，但作為CEO的史基林，即使在訴訟中被檢察官多次強調其違反了對安隆公司的員工與投資人的忠誠義務（duty of loyalty），使安隆公司承受長期的風險以交換短時間內股價上漲的利益[53]，但由於最高法院的判決中並未說明作為處罰核心的受任義務應如何解釋，更未說明其本質與範圍應如何界定，見解仍有相當多的歧異之處，導致至今各巡迴法院僅能強調受任義務的存在應有法律上的依據，並盡可能限縮處罰範圍。換言之，不僅史卡利亞大法官所執違憲之理由，甚至是前述John Coffee教授對於將民事上受任人義務犯罪化的疑慮，至今仍然存在，而且處罰的界線恐在各巡迴法院各自解釋受任義務的情況下，更加嚴重。

參、台灣證券交易法特別背信罪「違背職務行為」要件的檢討

一、台灣實務與學說見解分析

台灣現行證券交易法第171條第1項第3款的特別背信罪，其規定為：「有下列情事之一者，處三年以上十年以下有期徒刑，得併科新臺幣一千萬元以上二億元以下罰金：……三、已依本法發行有價證券公司之董事、監察人或經理人，意圖為自己或第三人之利益，而為違背其職務之行為或侵占公司資產，致公司遭受損害達新臺幣五百萬元。」第2項為：「犯前項之罪，其因犯罪獲取之財物或財產上利益金額達新臺幣一億元以上者，處七年以上有期徒刑，得併科新臺幣二千五百萬元以上五億元以下罰金。」第3項為：「有第一項第三款之行為，致公司遭受損害未達新臺幣五百萬元者，依刑法第三百三十六條及第三百四十二條規定處罰。」如本文前言所述，其關鍵的構成要件行為亦即「違背職務行為」，與刑法第

---

[53] Casey, supra n. 21, at 57.

342條背信罪的構成要件行為亦即「違背任務行為」，有一字之差，是否應在解釋上有所不同，以及若是應有所不同，又應如何解釋，不無疑問。

目前實務上與學說上較常見的解釋，是認為證券交易法特別背信罪的「違背職務行為」與刑法背信罪的解釋相同，指的是「違背他人委任其處理事務應盡之義務（民法第535條），內涵誠實信用之原則，積極之作為與消極之不作為，均包括在內，是否違背其任務，應依法律之規定或契約之內容，依客觀事實，本於誠實信用原則，就個案之具體情形認定之」，並說明所謂違背職務行為應包括違背受任人義務與對受託事務處分權濫用之情形[54]。果如此，則完全忽略二條文文字上的差異，而且是將法定刑相當重的證券交易法特別背信罪的構成，委由法院於個案認定是否違背其義務，受規範者恐怕難以在檢察官起訴前或法院判決前知道其行為應然之標準何在。這是史卡利亞大法官所提出的根本質疑。在美國，這樣的解釋可能使刑法的背信罪或證券交易法的特別背信罪均因過於模糊而無效。

當證券交易法的特別背信罪使用違背職務行為的文字時，有學者指出這似乎是在強調行為主體是「已依本法發行有價證券公司之董事、監察人或經理人」的職位，因此不使用刑法背信罪中違背任務的文字[55]，這是符合文義解釋所做的推論。更何況，這些公司並未居於特定職位的受僱人，是沒有被列為行為主體的[56]。果如此，在這些董事、監察人、經理人的特定職位上，所反映出的不法行為內涵，當然不應該僅僅只是以抽象的、個案判斷式的誠實信用原則支撐出重刑的處罰，而應該強調這些證券交易法上擁有特定職位的人究竟因此享有何種特定的職權或負有何種特定的義務，亦即應與刑法背信罪信任關係的破壞就構成犯罪的情形有所不同。然

---

[54] 王志誠，證券交易法上「特別背信罪」之構成要件，台灣本土法學雜誌第208期，2012年9月，第115頁；實務同此見解者，如台灣高等法院107年度金上訴字第59號刑事判決。

[55] 戴銘昇，證券交易法特別背信罪構成要件之建構，月旦法學雜誌第297期，2020年2月，第126頁。應注意者，戴教授仍認為證券交易法的特別背信罪不應使用職務二字，而建議應修法改為任務二字，以與刑法背信罪一致。

[56] 另參立法院第五屆第四會期第16次會議議案決議關係文書，第315-317頁。當時的另外一個考量，是為了避免對受僱人科以重刑會情輕法重。

而，若是在這樣的脈絡下，考量到證券交易法乃提高刑法背信罪的法定刑，主張特別背信罪中違背職務行為的構成應該同時符合權限濫用加上違背信任關係的說法[57]，雖然可以較為正當化法定刑的提高，但是判斷信任關係違背的標準，恐怕又會以所謂誠信原則為基準，流於個案判斷，而無法使董事、監察人、經理人在檢察官起訴前或法官判決前知道究竟甚麼樣的行為才是違法的。

　　與美國法第1346條未提供誠信服務的規範範圍相似，台灣刑法上的背信罪不僅涵蓋到私法關係上受任人違背任務的類型，也可能包括公務員違背職務的類型[58]。換言之，可能構成刑法背信罪的行為類型本有受任人違背任務與公務員違背職務兩種，而後者是在公務員違背職務但又不構成貪污治罪條例或其他瀆職罪時，以刑法背信罪來處理。此時公務員是否違背職務，當以貪污治罪條例或其他瀆職罪的規範作為標準，而非以有無違反誠信原則或信賴關係作為標準。當證券交易法的特別背信罪將「已依本法發行有價證券公司之董事、監察人或經理人」作為規範主體，對其不法構成要件行為確立在「違背職務行為」的情形時，顯係將此與公務員違背職務之行為相比擬，因此在解釋上違背任務行為與違背職務行為應有所不同，以明確化違背職務行為之不法內涵。就此以觀，學者主張金融機構特別背信罪的違背職務行為可參考公務員職務犯罪而作出解釋，認為僅有權限濫用行為才是特別背信罪的實行行為的說法，應可運用以解釋此處證券

---

[57] 曾淑瑜，證交法第171條第1項第3款特別背信罪—關於「已依本法發行有價證券公司」是否包括從屬公司之疑義，月旦裁判時報第66期，2017年12月，第104頁。

[58] 見最高法院91年度台上字第2656號刑事判決：「公務員基於公法上之規定，關於職務上之行為，如有意圖為自己或第三人不法之利益，或損害其服務機關之利益而為違背其職務之行為，致生損害於服務機關之財產或其他利益者，雖因不符合貪污治罪條例或其他瀆職特例規定之構成要件，而不成立瀆職罪名，仍非不可以背信罪相繩（本院28年上字第2464號判例意旨參照）。」台灣高等法院108年度上訴字第900號刑事判決：「公務員對於主管之事務，如有意圖為自己或第三人不法之利益，或損害其服務機關之利益而為違背其職務之行為，致生損害於服務機關之財產或其他利益者，原屬特殊類型之背信行為，縱因刑法修正關於公務員之概念有所限縮，不符合貪污治罪條例或其他瀆職罪特別規定之身分構成要件，而不成立貪污或瀆職罪名，仍非不可以刑法背信罪相繩。」

交易法的特別背信罪[59]。然而，應如何進一步界定何謂證券交易法下公司
董事、監察人或經理人的權限濫用行為，仍非無疑。

二、美國法的借鏡

從美國法一路觀察下來，雖然亦可尋得第1341條、第1343條與第
1346條等規定，類似台灣刑法背信罪與證券交易法特別背信罪，在規範上
處罰受任人未提供誠信服務的行為，但證券交易法特別背信罪的立法似未
援引美國證券交易法，因其證券交易法以詐欺行為為規範主軸，並無處罰
背信行為。證券交易法的特別背信罪2004年立法時，立法理由與行政院提
案理由對於如何參考外國法制的說明付之闕如；相關的背景，僅有在2012
年於第171條第1項第3款增訂「致公司遭受損害達新臺幣五百萬元」之實
害結果要件時，留下行政院提案理由是「參考德國刑法第266條規定及日
商法第484條規定等立法例」的文字，可供推敲。

若2004年立法時確實曾參考過美國法制，當時應該是基於2001年安
隆案的背景，考慮到第1341條、第1343條與第1346條等規定，以重刑嚇
阻財經犯罪的脈絡[60]，而當時史卡利亞大法官於2009年Sorich一案的關鍵
不同意見書，以及2010年Skilling一案為避免違憲而作出的限縮解釋，就
是立法時所無從參考到的。此處，美國法後續在處理背信的議題上，可借
鏡、思考之處在於：如果對於受任人違背任務或違背職務行為的處罰與否
是委由法院個案判斷，而無明確的標準存在，這樣的條文是否應該是無效
的。

在美國法上，刑法條文是否會因過於模糊（vague）而無效，乃考量
人民是否因條文的制定而被適正的警告（fair warning）到其行為是被禁止
的，若人民事前無從知悉，無從探知行為被禁止的標準，則與正當法律程

---

[59] 謝煜偉，論金融機構特別背信罪，台大法學論叢第45卷第4期，2016年12月，第
2050-2052頁。

[60] 使用第1341條、第1343條與第1346條時，美國的法定刑最多可拉高到20年，我國則
是將刑法背信罪的法定刑提高到第171條第1項第3款的3年以上10年以下，以及第2項
的7年以上有期徒刑。

序不符，州法將因違反美國憲法增修條文第14條而違憲，聯邦法將違反美國憲法增修條文第5條而違憲。對於史卡利亞大法官來說，本於第1346條處罰人民未提供誠信服務的行為，各法院是在個案中判斷是否違反道德標準或公共政策，無可供理解的構成犯罪標準，當然構成違憲而無效。Skilling一案的多數意見對第1346條作成限縮解釋，將犯罪的成立限縮在收取賄賂與收取回扣這兩種類型，就是在避免人民事前無標準可循的違憲問題。

　　台灣法類似的概念在於法律明確性原則[61]，對於刑法使用不確定法律概念時，大法官釋字第602號解釋曾指出是否違反法律明確性原則，須符合3個要件：其意義並非難以理解、個案事實屬於法律所欲規範之對象為一般受規範者所得預見、並可經由司法審查加以認定及判斷。有關刑法背信罪違背任務行為的解釋向來有濫用權限與違背信賴關係兩種見解，或是因此衍生的不同學說，考量台灣刑法背信罪的處罰由來已久且運行多年[62]，人民理解其意義當非困難。然而，若是如實務見解所述，背信罪之構成「應依法律之規定或契約之內容，依客觀事實，本於誠實信用原則，就個案之具體情形認定之」[63]，則是否違背任務一事，乃由法院於審判中方得依個案具體情形認定，則人民無從於檢察官起訴前知道其行為是否構成犯罪，亦無從於法官判決前知道其行為是否構成犯罪，只有在判決有罪確定人民被送到監牢後才知道其行為是構成犯罪的。縱使歷年來法院可透過審理的程序加以認定及判斷背信行為是否構成，但如果人民無法於事前知悉被禁止的行為究竟何在，刑罰的施加根本無從發揮嚇阻的功能。因此，刑法背信罪的構成，可以包括濫用權限或信賴關係的違背二者，但若是在論理上強調個案判斷有無違反抽象的誠實信用原則，甚難免於其違反明確性原則並因此無效的質疑。

---

[61] 林志潔，論證券交易法第一七一條第一項第二款非常規交易罪，月旦法學雜誌第195期，2011年8月，第89頁。

[62] 林志潔，背信罪不法意圖要件之機能及其反證，財經正義的刑法觀點，第412-413頁。

[63] 最高法院91年度台上字第2656號刑事判決。

　　至於證券交易法的特別背信罪，是在2004年才制定出來的法律，解釋上學說見解分歧，甚至學者直言此有解釋上困難，如何能期待董事、監察人、經理人理解所謂「違背職務行為」的實質意義與不法內涵？再者，若特別背信罪的解釋一味套用刑法背信罪的解釋，將違背職務行為的意義立基於誠信原則此一不確定法律概念下，在個案中逐一判斷董事、監察人、經理人的行為是否有違反職務行為，則居於商業行為決策者的董事、監察人、經理人，無從於檢察官起訴前知道其行為是否構成犯罪，亦無從於法官判決前知道其行為是否構成犯罪，只有在判決有罪確定被送到監牢後，才得以知悉其在瞬息萬變的商業世界中所作出的行為是構成犯罪的。果如此，由檢察官或法院事後介入董事、監察人、經理人商業上的判斷，單純以信賴關係或誠實信用的違反，逐一在個案中審查是否構成特別背信罪，而且是重刑的處罰，應更難免於其違反明確性原則並因此無效的質疑。換言之，如果有事前的、明確的法律上依據，課予董事、監察人、經理人作為或不作為的受任人義務，在其違反義務即濫用其職務上的權力時，方課予重刑，才能說這是有正當化的基礎。

　　目前實務上已有最高法院判決意識到這個問題，而認為已發行有價證券公司董事、監察人或經理人是否有違背職務行為，應基於相關之法令、章程、內部控制制度、契約等，以認定其職權行使之依據，方足以判定董事、監察人或經理人是否有在其職務範圍內不應為而為，或應為而不為之違背職務行為[64]。該見解質疑下級審判決認定特別背信罪成立卻未敘明違反的法令、章程、內部控制制度或契約究竟何在，以此作為發回理由之一，論理可值贊同。基此，證券交易法特別背信罪的構成，即可尋得明確的標準，而避免個案認定之無從捉摸與違反明確性原則的疑慮。

　　因此衍生的問題會是，如果將證券交易法的特別背信罪界定在應有事前的、明確的法律上依據以作為受任人義務的基礎時，則具有該義務的董事、監察人或經理人，利用其職權衍生之機會或方法的濫權行為，是

---

[64] 見最高法院104年台上字第3331號刑事判決。基於該案的事實，最高法院認為可作為有無行使職權判斷之依據者，有證券商管理規則、證券暨期貨市場各服務事業建立內部控制制度處理準則、公司法第31條、第193條第1項等規定。

否仍構成特別背信罪？例如說，公司的經理人A職司採購業務，B廠商基於A職務的影響力，因此交付回扣給A，希望採購的商品能順利驗收完成以取得貨款。在美國法上此為Skilling一案所稱的收取回扣行為，仍得依第1346條認定為未提供誠信服務而處罰，因為A獲得了不法的私人利益。但在台灣法上，既然證券交易法處罰的是違背職務行為，而沒有如同公務員瀆職罪處罰不違背職務的行為，則如果A仍依照公司內控規範進行驗收，即使在A的協助下有效的加速了請款流程，A收取回扣的行為，就不是違背職務的行為。另一方面，如果A拿到回扣後，違反公司內控規範，對不符驗收標準的貨品完成驗收程序，此當構成特別背信罪的違背職務行為[65]。當然，如果該內控制度明文禁止經理人A收取回扣，則收取回扣的行為本身，就是違背職務行為。簡言之，利用職權衍生的機會或方法收取回扣時，其是否構成犯罪，仍應回歸法條文字上最素樸的文義解釋，以判斷是否有違反相關之法令、章程、內部控制制度、契約的違背職務行為。

　　在台灣實務與學說上有採納美國公司法下的「商業判斷法則」（或稱經營判斷法則，Business Judgment Rule），作為台灣證券交易法特別背信罪是否構成的判斷基準。商業判斷法則，在美國法下係股東請求董事負擔民事損害賠償時的舉證責任問題，並非第1346條未提供誠信服務罪的有無構成的判斷基準。商業判斷法則的基本概念是推定公司的董事或高階經理人作成商業決策時，乃基於所能獲得的資訊，出於善意而為了公司的最

---

[65] 台灣高等法院109年度金上重更一字第1號刑事判決雖係在刑法背信罪下論述，但仍可供參考：「在商（企）業賄賂之案例中，即使行為人在交易決定上受到相對人利益提供之影響，但並非其所作出之決定即會對其所任職之企業造成財產損害，因為就『行賄』之一方而言，其提供利益之目的通常是為了穩固或擴展業務，所提供之商品或服務之價格不見得會高於市場行情，也並非一定會存有品質上之瑕疵，單純『違反忠誠義務』尚不足以該當背信罪之處罰要件【我國目前並未制定商（企）業賄賂專法，企業受僱者利用職務機會或不違背職務而向交易相對人收賄之行為，縱然可能損害企業的形象，但企業藉由契約或工作規則之訂定，對於違反者得予以解僱或請求損害賠償】。從而，受任人收受賄賂，雖有違其忠誠義務，交易相對人甚至業界對該企業產生負面印象，而損害企業之名譽及信用，倘其未為違背任務之行為，仍無背信行為可言。」

佳利益而作成[66]。作為原告的股東，必須舉證推翻該推定，方能獲得民事上的損害賠償。其基本概念，無非是為了避免由法院事後介入審查董事或高階經理人的商業決策所造成的商業困境。在刑事司法體系下，本於無罪推定原則，檢察官本即應證明被告有罪到無庸置疑的程度，較商業判斷法則的訴求，在責任的構成上應該是更為嚴格，而似無需求諸於標準較寬鬆的商業判斷法則。目前，台灣法院有的將商業判斷法則運用在特別背信罪是否構成違背職務行為之處，有的運用在排除主觀故意或意圖之處[67]，就限縮犯罪成立的角度以觀，尚可接受。若確有必要採用，在體系上，美國法上商業判斷法則本即在處理董事或高階經理人的受任人義務有無違反問題，運用在客觀構成要件的違背職務行為上，自然較為妥當。當然，正本清源之道，應該是強調職務行為的構成應有事前的、明確的法律上依據，釐清董事、監察人、經理人作為或不作為的受任人義務，方足以使商業界人士知道合法與違法的界線何在。特別背信罪的構成若欠缺事前的、明確的標準，卻仍科以重刑，難免使刑事司法體系下的法院和檢察官過度地在事後介入商業上的判斷。借用史卡利亞大法官的一個比喻來說，那時會是張牙舞爪的狼，而且沒有披著羊皮[68]。

---

[66] Aronson v. Lewis, 473 A.2d 805, 812 (Del. 1984) ([presuming] that in making a business decision, the directors of a corporation acted on an informed basis in good faith and in the honest belief that the action was taken in the best interests of the company.).

[67] 實務見解的整理，見謝煜偉，論金融機構特別背信罪，台大法學論叢第45卷第4期，2016年12月，第2060頁。

[68] Morrison v. Olson, 487 U.S. 654, 699 (1988) (Justice Scalia, dissenting, "[f]requently an issue of this sort will come before the Court clad, so to speak, in sheep's clothing: the potential of the asserted principle to effect important change in the equilibrium of power is not immediately evident, and must be discerned by a careful and perceptive analysis. But this wolf comes as a wolf.").

肆、結論

　　台灣財經犯罪體系採重刑的政策，在證券交易法與其他財經法中制定了諸多打擊金融舞弊與掏空公司資產的案件，但也同時造成了解釋上的疑義，證券交易法的特別背信罪正是其一。論者指出此乃參考美國法制所造成的現象，本文考察如上，雖然沒有發現在條文文字上明顯參考之處，但是美國法對處罰受任人義務之違反一事，以及作為背信罪處罰基礎的第1346條，多所質疑，史卡利亞大法官更直接認為該條違憲。相關論點，均可供台灣檢視現行刑事司法體系的解釋是否已使受任人、董事、監察人、經理人等無法預見其行為構成違法。本文認為證券交易法特別背信罪「違背職務行為」，應限縮在權力濫用的概念上；刑法背信罪「違背任務行為」，得包括濫用權限的行為或信賴關係的違背，但特別背信罪與背信罪的構成，均應有事前的、明確的法律上基礎，方得以認定處罰核心的受任人義務，避免檢察官和法院事後的介入檢視商業判斷。欠缺這些認定的基礎，則所有的行為都可能構成犯罪，而被告進到監牢後才可能知道具體個案中法官最後的認定結果。

特殊目的收購公司（SPAC）之借殼上市制度研究

陳盈如[*]

壹、前言

美國公司藉由特殊目的收購公司（Special Purpose Acquisition Company, SPAC）上市的歷史由來已久[1]。然而藉由SPAC上市之公司近年在美國呈現爆發趨勢，SPAC在2017年至2019年上市之數量有逐步增加，至2020全球Covid-19疫情爆發後，更是急遽上升。SPAC首次公開發行（Initial Public Offering, IPO）所募得之總金額從2017年的100億美元上升至2019年的136億美元，再升至2020年的834億美元。於2021年上半年，美國上市SPAC新股共358家，IPO所得款項達1,110億美元，超過2020年全年數字[2]。

2005年至2019年間，SPAC每年平均占全部美國新股的14%，2020年升至55%，2021年第一季再升至75%[3]。

---

[*] 中國文化大學法律學系副教授，美國華盛頓大學法律學博士（Washington University in St. Louis, J.D.），sherrychen.ccu@gmail.com。本文為作者研究之初稿，僅供本次研討會交流，請勿引用，不勝感謝。

[1] 有關SPAC上市制度之歷史，詳見黃朝琮，特殊目的併購公司（SPAC）之發展與規範，月旦民商法雜誌第47期，2015年3月，第54-76頁。

[2] 香港交易所，特殊目的收購公司諮詢文件，2021年9月，第9頁，https://www.hkex.com.hk/News/Market-Consultations/2016-to-Present/September-2021-Special-Purpose-Acquisition-Co?sc_lang=zh-HK（最後瀏覽日期：2021/11/30）；SPAC Analytic, SPAC and IPO Activity, https://www.spacanalytics.com/ (last visited 2021/11/30).

[3] 香港交易所，同上，第10頁。

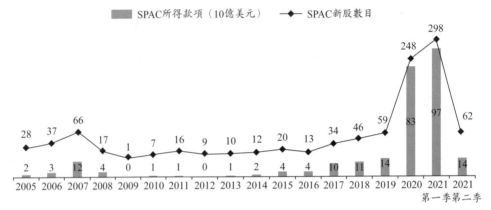

圖1　2005年至2021年上半年期間美國SPAC首次公開發售所得款項及新股數目
資料來源：香港交易所，特殊目的收購公司諮詢文件，2021年9月，第9頁。

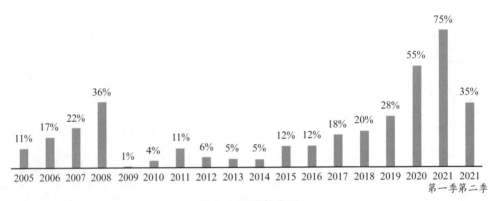

圖2　2005年至2021年上半年SPAC占全部美國新股的百分比（按新股數目計）
資料來源：香港交易所，特殊目的收購公司諮詢文件，2021年9月，第9頁。

　　2020年至2021年是美國IPO大爆發的兩年，超越1999年網路泡沫巔峰時期。在這種IPO熱潮下，除傳統IPO方式外，其中超過半數公司是藉由所謂的SPAC，又稱「空白支票公司」（blank check company）進行借殼上市。投資者在投資之初，對於這家SPAC究竟會收購哪間公司、被收

購公司經營績效等相關資訊皆未確定，就如同簽了一張空白支票一般，而SPAC本質上是在交易所上市的大型現金池，其籌資目的是收購非上市公司，並透過該收購交易讓後者上市，且SPAC通常關注特定行業內的公司。SPAC的優勢在於效率，相較於傳統上市程序，藉由SPAC上市的公司只需要處理兩間公司的交易條件，與傳統上市需要經過承銷以及符合相關監理法規審核而言，透過SPAC借殼上市過程似乎更加有效率。然而，SPAC上市所揭露之資訊相對於一般上市流程，非常之少。因此，在資訊相對缺乏的情況下，投資人的風險可能較遵循一般上市流程之公司為高。

　　亞洲國家除過去已有相關SPAC上市制度的馬來西亞與南韓外，2020年至2021年新加坡與香港兩個主要亞洲金融市場，也相繼推出SPAC上市規則與提案。相對而言，我國金管會於2021年9月明確表示我國目前資本市場並不適合引進SPAC上市制度，主要理由是目前連美國證管會（Securities and Exchange Commission, SEC）對SPAC亦有顧慮，而台灣證券交易市場投資人主要以散戶自然人為主，占比7成，與美國主要是法人機構投資者不同，投資人風險之控管與安全將更形重要，因此金管會暫時不考慮引進SPAC制度。主管機關並另以三大原因解釋為何暫不考慮引進SPAC，一是美國現行的SPAC制度，該公司沒有任何實質營運業務，先掛牌籌資後，2年內完成併購標的，以台灣現行制度，不符合上市櫃審查標準，因為沒有實質營運業務，沒有相關財務報表。二是SPAC是先申請上市掛牌後，才找併購標的，只要2年內完成併購即可，掛牌後實際併購及決策等都是由SPAC公司之管理階層掌握，不像國內有承銷商等把關，但因為美國股市是法人投資機構為主，國內則是散戶比例比較高，在沒有專業機構協助把關下，SPAC並不利保護台灣的投資人。三是今年美國亦發生SPAC併購，有誇大目標公司之業績或預測之情況，SEC已進行調查，將討論如何強化投資人保護，所以金管會現階段沒有要引進SPAC制度，等美國確定後續如何保護SPAC投資人的規範，參考其他亞洲市場的狀況，再作考慮[4]。

---

[4] 黃天牧，SPAC借殼上市在台不合適，工商時報，2021年9月29日，https://ctee.com.tw/news/finance/523715.html（最後瀏覽日期：2021/11/30）。

　　主管機關之考量確有其道理，此外，台灣證交所與櫃買中心在今年下半年也推出創新板與戰略新板，其目的亦在於扶植新創產業快速募集資金。本文將藉由亞洲各國所採行之不同SPAC上市制度之設計，藉以思考我國目前上市制度之相關規範是否仍有改變之空間。

貳、SPAC借殼上市制度介紹

　　特殊目的收購公司（Special Purpose Acquisition Company, SPAC）係指在證券交易所上市之空殼公司，其上市前並沒有經營活動，SPAC成立是為了藉由首次公開發行（Initial Public Offering, IPO）獲得資本，其唯一目的是尋找合併之目標公司以收購其業務或資產。這樣的收購可以是合併、股份交換或其他方法。SPAC通常由經驗豐富的發起人設立並為SPAC之發起人。SPAC在IPO時通常發行股票或units（包含股份與認股權證）。SPAC所籌集的大部分IPO資金通常需要存放在託管帳戶中，募集資金將主要用於完成與目標公司之合併。SPAC上市後，將開始尋找企業合併的目標公司，SPAC必須在特定時間（24個月至36個月）內完成併購。如果SPAC未能在允許的時間範圍內完成併購，SPAC將被清算，賸餘資金（包括託管帳戶中持有的大部分IPO募集資金）將返還給股東。而對於目標公司之併購，股東將藉由股東會決議決定是否同意併購該目標公司。股東有權在併購股東會決議後選擇贖回其股份。在獲得必要的股東同意並完成業務合併後的公司，將繼續在交易所上市，成為典型的上市公司。

　　SPAC公司主要由發起人（sponsors）設立、組織和管理，發起人可能是私募股權基金或對沖基金，也可能只是個人或一群人。近來，發起人許多都是專門致力於組建和管理SPAC的公司[5]。向大眾募集資金上市後，在一定期間內尋得併購標的，由股東會決議是否進行收購，在完成收購後，

---

[5] Michael Klausner, Michael Ohlrogge and Emily Ruan, *A Sober Look at SPACs*, Yale Journal on Regulation 3 (Forthcoming) (2021), file:///C:/Users/potal/Downloads/SSRN-id3720919.pdf (last visited 2021/11/30).

使被收購公司轉變為上市公司。在尋找標的期間，SPAC所募得的資金必須進行託管，而經營團隊在併購完成後始獲有報酬，投資人則可因取得SPAC之股份，在併購有潛力之標的後，獲得經濟利益。而對於被收購公司而言，其可以免去設立年限之等待，儘早上市取得擴張所需資金，擴大市場規模，也可縮短昂貴且費時的上市程序。當SPAC與目標公司達成合併協議時，SPAC股東也可以選擇贖回其股份，而不參與合併。因此，IPO投資者不承擔下行風險（downside risk）[6]。

一、SPAC借殼上市之優勢

（一）縮短上市時間

多數文獻指出，目標公司以SPAC上市的優勢是併購交易所需的時間較IPO時間來的少，將有助目標公司於最佳時機上市，藉以在最佳時間點，募得公司所需之資金。然而，藉由SPAC上市是否可縮短目標公司之上市時間，在美國仍有爭論，有認為SPAC併購交易在3個月至6個月內可完成，相較於一般傳統IPO耗時12個月至18個月，確有時間效率之優勢[7]。惟亦有其他論者認為，兩者間之時間差距不大[8]，甚或沒有明顯差異[9]。然無論如何，對於目標公司而言，其上市只需與SPAC公司就併購交易進行協商，效率上的確大幅提升。

（二）價格和交易的確定性更高

與傳統IPO相比，目標公司僅需與SPAC就併購交易之條款進行協

---

[6] *Id.*

[7] KPMG, *Why So Many Companies Are Choosing SPACs over IPOs*, https://advisory.kpmg.us/articles/2021/why-choosing-spac-over-ipo.html (last visited 2021/11/30).

[8] Bridge Point Capital, *SPAC vs. Traditional IPO & Reverse Takeover*, http://18.218.104.51/spac-vs-ipo/ l (last visited 2021/11/30).

[9] Vinson & Elkins, *Alternative Routes to Going Public: Initial Public Offering, De-SPAC or Direct Listing*, https://www.velaw.com/insights/alternative-routes-to-going-public-initial-public-offering-de-spac-or-direct-listing/ (last visited 2021/11/30).

商,無需處理發行新股與股東相關問題,其交易上較有效率且交易之確定性亦較高。且與傳統IPO相比,IPO價格受到承銷商之掌控與市場需求影響,價格可能低於目標公司預期。然而,在SPAC併購交易中,SPAC併購目標公司親自與SPAC發起人協商價格,對訂價過程有較大的控制權[10]。惟因SPAC股東有贖回股份之權利,亦可能影響交易之確定性。整體而言,目標公司對其公司之價值決定,相較於IPO,似有較高之掌控能力。

(三) 交易架構更靈活

在SPAC併購交易上,其交易架構較一般IPO更為靈活。傳統IPO主要係對股東募資,對於股份之轉售限制、籌資管道多元,以及管理階層獎勵部分,在上市階段一般並未有協商上之彈性。相對而言,目標公司與SPAC在籌集更多資金、管理層獎勵、限制轉讓期或其他方面得進行磋商,將使交易架構之安排更具靈活性[11]。

(四) SPAC發起人的專業知識有助標的選擇與價格決定

傳統IPO對公司股價之決定,主要是承銷商藉由其估算以及投資者市場需求而定。然而,SPAC之目標公司價值則是由目標公司與SPAC發起人雙方協商而決定。SPAC發起人通常都是目標公司所在領域上的專家,相較於IPO訂價由市場決定,SPAC發起人的知識和專業,對於目標公司將為更準確的公平價格決定。當然,若SPAC之股東不認可雙方協商出之目標公司價格,股東可在股東會上不同意雙方之併購交易,或選擇贖回股份。此外,SPAC發起人可能會在併購後繼續在公司擔任管理階層角色,其專業知識將有助於併購完成後公司之長遠效益,此亦為一般傳統IPO上市公

---

[10] Wachtell, Lipton, Rosen & Katz, *The Resurgence of SPACs: Observations and Considerations*, https://www.wlrk.com/webdocs/wlrknew/ClientMemos/WLRK/WLRK.27066.20.pdf (last visited 2021/11/30).

[11] Gerry Spedale and Eric Pacifici, *9 Factors to Evaluate When Considering a SPAC* (March 11, 2019), https://www.gibsondunn.com/wp-content/uploads/2019/03/Spedale-Pacifici-9-Factors-To-Evaluate-When-Considering-A-SPAC-Law360-03-11-2019.pdf (last visited 2021/11/30).

司所沒有之益處[12]。

（五）增加投資人投資機會

對投資者而言，允許其投資SPAC將使其有機會與投資經驗豐富的發起人一起，就創新產業類別公司進行投資，投資人將獲得投資非公開發行股票公司的機會，否則這些公司一般只能藉由私募股權基金獲取資金。而投資人藉由相關保護措施，例如資金託管、贖回權等，亦可降低投資人暴露在投資風險之程度[13]。

（六）增加區域資本市場之活力

SPAC在美國引起浪潮，吸引了各國公司藉由SPAC至美國上市，因此各地證交所研擬如何藉由引進SPAC的制度提供投資產品的多樣性和並增進當地的活力資本市場，以確保各國資本市場在全球市場上保持競爭力[14]。

二、SPAC借殼上市之弊病

（一）資訊揭露不實

資訊揭露不實應為SPAC制度之最大問題所在。首先，SPAC公司本身為一空殼公司，其無任何營業活動，公司股東投資之誘因主要是在SPAC尋得一間未來展望良好公司並與之進行合併，而獲得股份價值上漲之利益。然而，尋找目標公司全倚靠公司發起人與管理階層之努力，對於SPAC應做到哪些盡職調查，目標公司應揭露哪些資訊，以及雙方之高階管理人員之利益衝突與利益迴避之揭露等要求，與藉由傳統IPO上市之相

---

[12] *Id.*

[13] Singapore Exchange, *Responses to Comments on Consultation Paper: Proposed Listing Framework for Special Purpose Acquisition Companies* 2 (Sept. 2, 2021), https://reurl.cc/Gbql1G (last visited 2021/11/30).

[14] *Id.*

關要求不可同日而語。如同下述Stable Road案件，資訊揭露之不實或不完全，或對目標公司之盡職調查不完整，將都可能導致SPAC股東被誤導，而作出錯誤之同意合併之決議。

(二)操縱市場、內線交易與股價波動問題

傳統的借殼上市（反向併購），殼公司大幅減少其業務活動，以吸引投機炒賣，並經常成為操控市場、內線交易及股價異常波動的溫床，並不符合公眾投資者的利益，也降低投資者信心及整體市場素質。SPAC屬於沒有業務活動的現金殼公司，因此同樣可能存在以上問題。SPAC沒有業務活動，因此無法提供如收入、盈虧及現金流等財務業務內容，而投資者一般依靠這些財務業務文件來決定公司股份價值，所以SPAC的股價很容易受到投機炒作以及市場傳言等其他因素影響，尤其當SPAC努力尋找合適的併購目標時，其潛在的結果往往會影響股價[15]。SPAC的股價極易受傳言影響，所以相對而言更容易受操控，例如詐害行為人可能故意散播謠言，稱不久後就會進行SPAC併購交易，意圖推高股價至可讓其拋售獲利的價格[16]。

從實證研究中得知，在進行SPAC併購交易前的所有階段當中，SPAC權證的價格波動一直遠高於SPAC股份。購買可換一股的權證成本通常較股份的目前市價低數倍。這種「槓桿」反映權證可發揮資本槓桿作用。然而，這亦表示任何股價變動都會在權證價格上放大，加劇其波動，為權證投資者帶來額外風險[17]。

對於SPAC而言，內線消息在許多情況下都可能會產生，但最主要的是涉及與潛在SPAC併購目標進行商議的消息。SPAC公布了SPAC併購協議後，其股價的任何變動將完全來自於該公告。SPAC本身沒有任何營

---

[15] 香港交易所，特殊目的收購公司諮詢文件，2021年9月，第25頁，https://www.hkex.com.hk/News/Market-Consultations/2016-to-Present/September-2021-Special-Purpose-Acquisition-Co?sc_lang=zh-HK（最後瀏覽日期：2021/11/30）。

[16] 同上，第25-26頁。

[17] 同上。

業活動，若有人在SPAC公布交易前便掌握了有關內線消息，比起普通上市發行人磋商收購交易的消息之情況，他會更有把握可從內線交易中獲利[18]。

（三）SPAC併購管理問題

論者有謂，SPAC發起人未必具備所需的知識及經驗，以物色可向SPAC投資者提供良好投資回報的收購目標[19]。正當的SPAC發起人通常具備併購目標所在行業的相關知識和經驗，甚至有管理上市公司的經驗。他們一般也會在SPAC進行併購交易後公司，繼續持有股份，也因此可能會在該公司中擔當管理角色。若SPAC併購之目標公司董事會成員在SPAC併購交易後做大幅度更動，合併完成後公司能否重現或進一步提高有關業績紀錄，仍屬未知數[20]。

（四）市場管理問題

1. 規避IPO相關規定的風險

SPAC屬於現金殼公司，因此存在被用來規避IPO的相關上市準則的風險。若對SPAC併購目標設置較傳統IPO寬鬆的準則，可能會導致不符合要求之公司上市，損害市場的整體水準及聲譽[21]。

2. SPAC併購目標的估值

在傳統IPO中，申請人須透過接受認股人按簿記建檔而得的發行價格購買其股份，以證明其符合市值規定[22]。但進行SPAC併購交易並不需要這一簿記建檔過程，而是由SPAC併購目標與發起人協議商定其估值，有關條款一般經過外部第三方的上市後私募股權投資者（PIPE投資者）協商及確認。SPAC併購目標的估值，只由相對小部分人決定，意味著交易

---

[18] 同上，第26頁。

[19] 同上。

[20] 同上，第27頁。

[21] 同上。

[22] 此預期市值將等同IPO發行價格乘以申請人上市時已發行股數。

的價值更容易被蓄意高估，以規避交易所對新股公司施加的最低市值規定[23]。

(五) 發起人與股東間之利益衝突問題

SPAC發起人與投資者之間的利益應盡可能一致，避免SPAC發起人違背投資者的利益行事。然而，SPAC的架構可能會導致這種利益不一致的情況。例如：(1)SPAC發起人可能獲發大量SPAC單位（unit），與其建立及管理SPAC並尋找適合的SPAC併購目標所應得的報酬並不對等；及／或(2)SPAC發起人可能獲得能認購合併後公司股份的權證，但其認購條款比SPAC投資者優惠。

在上述兩種情況，SPAC發起人的利益都可能會驅使其物色、洽商及接受並不符合SPAC投資者最佳利益的併購交易，以利其加速獲得大量回報[24]。如果SPAC沒有成功合併，它必須清算其所有現金並分配給其公眾股東，在這種情況下，發起人將不會有任何獲利，甚至還需支付SPAC的相關費用。因此，當發起人向SPAC股東提議合併時，他們有動機為合併後的公司描繪一幅美好圖畫[25]。

(六) 股份價值稀釋

相較於投資傳統新股，投資者在SPAC的投資可能較易遭受經濟利益稀釋之風險。稀釋風險來源有下：(1)發行給SPAC發起人的發起人股份。發起人股份一般都是以象徵式價格（即遠低於SPAC IPO價格）發行予SPAC發起人。由於這些股份轉換成普通股時，SPAC發起人無須提供任何

---

[23] 香港交易所，特殊目的收購公司諮詢文件，2021年9月，第27-28頁，https://www.hkex.com.hk/News/Market-Consultations/2016-to-Present/September-2021-Special-Purpose-Acquisition-Co?sc_lang=zh-HK（最後瀏覽日期：2021/11/30）。

[24] 同上，第27頁。

[25] Michael Klausner, Michael Ohlrogge and Emily Ruan, *A Sober Look at SPACs*, Yale Journal on Regulation (Forthcoming) (2021), file:///C:/Users/potal/Downloads/SSRN-id3720919.pdf (last visited 2021/11/30).

額外資金，因此換股會導致普通股的價值遭到稀釋。美國的慣例及規定並未就轉換發起人股份以及發起人權證對SPAC投資者所持有之股份價值造成的稀釋效應設置任何上限。發起人股份一般約占SPAC IPO已發行股份的20%；及(2)SPAC認購單位中包括權證。在美國，若SPAC投資者選擇贖回其股份，可以要求SPAC全數以發行價格收回當初購買的股份，並且可以免費保留所持有之SPAC權證。這些保留下來的SPAC權證一旦被行使，SPAC便會發行新股，稀釋已發行之股份價值。隨著贖回的SPAC股份增多，稀釋效應也會越大。而根據美國研究，SPAC股份的贖回率通常很高（根據實證研究，平均數為58%，中位數為73%），合併後公司股東股份價值被稀釋之機率與程度都極高[26]。因此，是否設定稀釋上限，以及稀釋可能程度之揭露，亦為格外重要保護股東權益之方式。

三、SPAC上市制度之投資人保護措施

（一）股份與權證拆分

在美國上市的SPAC一般容許投資者在SPAC首次公開發售後決定將SPAC單位拆分為SPAC股份（share）及SPAC權證（warrant）。除SPAC單位外，SPAC股份及SPAC權證同樣可按其交易自身的代碼分開買賣。SPAC單位拆分與否通常是由單位持有人自行決定，而非自動進行（即投資者要提出分開買賣的要求）[27]。可拆分買賣將可確保投資人即使不同意SPAC之併購提案，而以SPAC發行價格贖回股份時，仍得藉由權證之轉讓而獲利，補償其在SPAC上市到併購完成期間資金鎖定之損失。

---

[26] 香港交易所，特殊目的收購公司諮詢文件，2021年9月，第28頁，https://www.hkex.com.hk/News/Market-Consultations/2016-to-Present/September-2021-Special-Purpose-Acquisition-Co?sc_lang=zh-HK（最後瀏覽日期：2021/11/30）。

[27] 同上，第32頁。

(二) 發起人之義務與限制

在美國，雖無特別之相關規定，但一般發起人股份受契約轉讓限制，屬於「受限制證券」，不得在市場上轉讓持股。此外，SPAC發起人通常同意在SPAC併購交易完成後一定期限內，不轉讓或出售發起人權證[28]。藉由發起人持股之轉讓限制，確保發起人與其他股東之利益一致，激勵發起人尋求更恰當之併購目標，以追求在合併完成後公司有更加優秀之表現。

(三) 股份贖回權

SPAC在尋找到其所欲併購之目標公司時，SPAC的股東即可選擇要繼續成為併購完成後之公司股東，或亦可選擇贖回SPAC股份，而從SPAC IPO所募得款項中，按其持股比例，取回款項。藉由此一贖回權，投資人可確保其投資符合預期，以避免投入資金被迫用於併購投資人所不看好之產業或公司[29]。

(四) 所得款項以信託形式持有

SPAC藉上市所募得之資金，將由第三方信託帳戶所持有，其信託期間將持續至SPAC與目標公司併購交易完成為止。藉由將資金信託之方式，可保障投資人所投入之資金不被濫用或侵吞[30]。

(五) 由股東決定與目標公司之合併

SPAC發起人尋得目標公司，並與目標公司進行併購條件協商後，SPAC發起人將對SPAC股東提出併購交易之提案，SPAC之股東得考量該併購對於其投資是否有利，而以股東會決議決定是否同意該併購交易。此

---

[28] 同上，第48頁。

[29] 同上，第7頁。

[30] 黃朝琮，特殊目的併購公司（SPAC）之發展與規範，公司法論文集：特殊交易型態與資訊揭露，新學林，2019年4月，第180頁。

外，美國實務上，股東即使於股東會上贊成併購決議，其仍得贖回股份，且若其仍持有SPAC之權證，亦得於併購完成後，行使權證。因此，在此制度設計下，股東有極大誘因表決通過該併購交易[31]。

（六）合併完成後公司須符合傳統IPO上市公司之要件

美國的交易所對因SPAC併購交易而產生的合併完成後公司採用較嚴謹的資格規定。此外，美國有關SPAC併購交易的盡職審查及文件規定與IPO方面的規定類似。NASDAQ規定合併完成後公司須完全符合首次上市規定。NYSE的規則訂明合併完成後公司須符合若干最低股價、市值及股權分散規定等。NYSE及Nasdaq均規定將未符合上述規定的合併完成後公司停止買賣或終止上市[32]。

四、美國SPAC借殼上市之改革與監管

（一）Stable Road案件[33]

SEC於2021年7月，對特殊目的收購公司Stable Road Acquisition Company、其發起人SRC-NI、其CEO Brian Kabot、SPAC提議合併之目標公司Momentus Inc.以及Momentus的發起人兼前CEO Mikhail Kokorich提出指控，SEC認為該SPAC之誤導性陳述有關Momentus的技術以及CEO Kokorich本身對於國家安全之風險。SEC已經對目標公司Momentus的CEO Kokorich在美國聯邦地方法院提起證券詐欺訴訟。此外，SEC與其他上述當事人達成和解，和解條件包括總共超過800萬美元的罰鍰、量身訂製的

---

[31] 同上，第186-187頁。

[32] 香港交易所，特殊目的收購公司諮詢文件，2021年9月，第51頁，https://www.hkex.com.hk/News/Market-Consultations/2016-to-Present/September-2021-Special-Purpose-Acquisition-Co?sc_lang=zh-HK（最後瀏覽日期：2021/11/30）。

[33] U.S. Securities Exchange Commission, *SEC Charges SPAC, Sponsor, Merger Target, and CEOs for Misleading Disclosures Ahead of Proposed Business Combination* (July 13, 2021), https://www.sec.gov/news/press-release/2021-124 (last vistied 2021/11/30); the order is https://www.sec.gov/litigation/admin/2021/33-10955.pdf (last vistied 2021/11/30).

投資者保護承諾，以及如果定於2021年8月進行的合併議案獲得股東會同意，SPAC發起人將不得獲得其發起人股份。2021年8月，Stable Road公司與太空物流公司Momentus達成合併協議獲股東同意，Momentus是第一家提供太空運輸和基礎設施服務的公司。2021年8月13日，公司與Momentus Inc.合併後以代碼MNTS在NASDAQ上市。

根據美國證券交易委員會的和解命令，處於早期階段的太空運輸公司Momentus與其CEO Kokorich一再告訴投資者，他們已經「成功測試」了太空推進技術，而事實上則完全相反，該公司的太空測試並未實現其主要任務目標或展示該技術的商業可行性。Kokorich亦未誠實揭露因其自身涉及國家安全問題，將使得Momentus獲得對其運營必不可少的政府許可之可能性大幅降低。Stable Road在與Momentus所擬合併相關的公開文件中，亦重複了上述Momentus的誤導性內容，未能履行對投資者的盡職調查義務。儘管Stable Road宣稱其對Momentus進行了廣泛的盡職調查，但Stable Road從未審查過Momentus的太空測試結果，也從未收到與評估Kokorich構成的國家安全風險之相關文件。

美國SEC主席認為，這個案例說明了SPAC交易之固有風險，因為那些從SPAC合併中獲得可觀利潤的人可能會進行不充分的盡職調查並誤導投資者。Momentus向Stable Road為不實陳述之事實並不能免除Stable Road未盡到充分盡職調查以保護股東的責任。SEC對於上述當事人之處罰以及訴訟，是為了防止不法行為者以犧牲投資者的利益，並使參與SPAC交易之各方動機與依賴真實信息作出投資決策的投資者動機保持一致。

在不承認或否認SEC的調查結果情形下，Momentus、Stable Road、Kabot和SRC-NI同意和解，SEC並要求他們停止未來的違規行為。Momentus、Stable Road和Kabot將分別支付700萬美元、100萬美元和40,000美元的罰款。Momentus和Stable Road還同意向PIPE投資者提供在股東表決同意合併之前終止其認購協議的權利；SRC-NI已同意被沒收本來將在合併完成後取得之25萬股發起人股票；Momentus同意要求加強揭露承諾，包括成立獨立董事委員會和雇用一名內部法遵顧問。

在類似案件出現以及SPAC上市數目急升後，美國SEC有意加強監

管[34]。例如2021年3月10日，美國SEC旗下的「投資者教育與宣傳辦公室」提醒投資者切勿僅因有名人參與便作出有關SPAC的投資決定[35]。又2021年5月25日，投資者教育與宣傳辦公室更新了有關「SPAC須知」（What You Need to Know About SPACs）的投資者公告，以向投資者提供有關投資SPAC的知識，包括SPAC發起人及相關人士的經濟利益及動機[36]。就文件與法案性之規範則有下列兩者，分述之。

（二）SEC關於SPAC IPO與併購相關資訊揭露指南（Special Purpose Acquisition Companies: CF Disclosure Guidance）

　　美國SEC在2020年底發布SPAC在IPO和隨後的業務合併交易中的揭露注意事項指南。為此一指南並無法律拘束效力，僅作參考之用。該指南發布之目的在於，組成SPAC的公司或管理團隊（「發起人」）以及SPAC的董事、高級職員和關係企業的經濟利益通常與公眾股東的經濟利益不同，這可能會在他們評估時導致利益衝突並決定是否向股東推薦企業合併交易。明確揭露這些潛在的利益衝突以及發起人、董事、高級職員和關係企業在SPAC中的經濟利益的性質尤為重要，因為上述人等通常負責協商SPAC的業務合併交易。

　　該指南中，強調了IPO時應揭露相關利益衝突資訊，例如公司發起人、董事與管理階層的潛在利益衝突，以及如何解決任何潛在的衝突？是否清楚地描述了SPAC發起人、董事和管理人員完成業務合併交易的財務激勵措施？是否揭露過這些激勵措施與公眾股東的利益有何不同？如果

---

[34] U.S. Securities Exchange Commission, *SPACs, IPOs and Liability Risk under the Securities Laws* (April 8, 2021), https://www.sec.gov/news/public-statement/spacs-ipos-liability-risk-under-securities-laws (last visited 2021/11/30).

[35] U.S. Securities Exchange Commission, *Celebrity Involvement with SPACs – Investor Alert* (March 10, 2021), https://www.investor.gov/introduction-investing/general-resources/news-alerts/alerts-bulletins/investor-alerts/celebrity (last visited 2021/11/30).

[36] U.S. Securities Exchange Commission, *What You Need to Know About SPACs – Updated Investor Bulletin* (May 25, 2021), https://www.investor.gov/introduction-investing/general-resources/news-alerts/alerts-bulletins/investor-bulletins/what-you (last visited 2021/11/30).

SPAC不完成業務合併交易,是否在可行的範圍內量化了有關發起人、董事和管理階層可能遭受的損失的資訊?

在與目標公司合併前,也應揭露完成企業合併交易所需的任何額外融資,以及此類融資的條款可能如何影響公眾股東?如果額外融資的條款涉及發行證券,是否描述過這些證券的價格和條款與IPO中出售的證券的價格和條款相比有何不同?發起人、董事、管理階層或關係企業是否參與額外融資等?以及在向股東提交企業合併交易之前,SPAC的發起人、董事和管理階層對於其已進行盡職調查之許多潛在的收購候選人,其調查結果以及選擇特定目標公司之原因為何等[37]?

(三)《發起人激勵與報酬法案》(Sponsor Promote and Compensation (SPAC) Act)

2021年4月29日,參議員John Kennedy提出了SPAC法案,該法案將要求美國SEC發布規則,加強對空白支票公司的揭露要求,包含IPO和合併前階段之相關揭露。具體而言,SPAC法案制定規則,要求揭露:(1)合併前空白支票公司在各種贖回情況下預計持有的每股現金金額;(2)是否有向發起人、空白支票公司投資者或PIPE投資者支付參與合併的任何附帶協議,包括合併後將發行的任何認股權證或其他權利,以及這些權利或認股權證對於股東權利稀釋影響;(3)向發起人、承銷商和任何其他方支付的任何費用或其他款項,包括任何在空白支票公司投資者贖回合併前股票後,仍未行使的認股權證對於股東權利稀釋之影響。該法案要求SEC的規則為散戶投資者的利益提供更明確之揭露[38]。

---

[37] U.S. Securities Exchange Commission, *Special Purpose Acquisition Companies: CF Disclosure Guidance: Topic No. 11* (December 22, 2020), https://www.sec.gov/corpfin/disclosure-special-purpose-acquisition-companies (last visited 2021/11/30).

[38] S.1504–117th Congress (2020-2021): Sponsor Promote and Compensation Act, S.1504, 117th Cong. (2021), https://www.congress.gov/117/bills/s1504/BILLS-117s1504is.pdf (last visited 2021/11/30).

參、亞洲各國SPAC借殼上市制度介紹

一、南韓SPAC上市制度[39]

De-SPAC前	
投資者的資格	・並無設限。
交易安排	・僅得發行SPAC股份，不得發行權證。
發起人資格與持股要求	・多數SPAC在韓國是由證券機構所設立，因為法規規定至少要有一名SPAC發起人必須是合法證券經紀商，且必須持股5%。
SPAC發起人報酬	・韓國的SPAC經營團隊，不得領取任何報酬。 ・SPAC在IPO前由發起人藉由認購公司一定比例的股份，或在併購完成後，認購可轉換公司債。使得SPAC發起人有機會藉由低價取得的股權，在公司合併後股價上漲而獲利。其獲益與合併後公司之經營績效緊密相關。
合併容許時間	・IPO後36個月內。
IPO資金託管	・將近100%。
限制交易有無	・上市後，SPAC的股票即可在次級市場中交易。
De-SPAC後	
股東就SPAC併購交易投票表決	・股東多數決。

資料來源：本文自行整理。

　　與美國SPAC投資人多為機構投資人的狀況不同，韓國個人投資人則占有重要部分，因此韓國SPAC合併案在股東會遭受反對的比例也比較低，因為投資者分散且難以協調，對提議合併進行評估的動力較小，因此拒絕合併的可能性也小很多。根據研究內容顯示，南韓從2009年開始就

[39] 以下南韓SPAC上市制度之相關資料整理自2018年南韓政府委託成均館大學之研究案：Kyojik Roy Song et al., *Going Public through Mergers with SPACs* (2018), https://www.researchgate.net/publication/338692046_Going_public_through_mergers_with_special_purpose_acquisition_companies (last visited 2021/11/30).

已經允許SPAC的設立，而第一個成功上市的案例發生在2010年，從2010
年到2017年，共有127間SPAC上市，募集超過1.7兆韓圜（相當於大約15
億美元），這個數字大約占韓國創業板科斯達克（KOSDAQ）四分之一
的比重。這些SPAC被要求必須在3年期間內尋得私有公司將其收購。127
間的SPAC中有57間成功完成併購，20間進行清算，而還有50間在2017年
底前正在尋找合適的標的。研究認為，SPAC上市模式，在韓國實際上進
行的相當順利且成功。和美國不同的地方在於，韓國的SPAC單純發行股
票，而美國公司除了發行股票外，也發行認股憑證，而因為韓國的SPAC
結構較為單純，較容易使一般投資人投資SPAC[40]。此外，比較值得我們
注意的是，由於東亞國家公司，家族控制色彩明顯，控制權所產生的利益
在東亞區域格外重要，家族控制權集中的私人公司，似乎傾向以SPAC模
式上市，而非傳統的IPO程序，其原因在於，SPAC模式將可以更大程度地
保留其對於公司的控制權[41]。而就傳統IPO上市費用，以及使用SPAC模式
的上市費用做比較，SPAC的方式費用明顯較低，而較小型的公司將有比
較大的誘因以SPAC模式上市，以節省各種直接間接的成本[42]。最後，傳
統IPO公司的平均初始報酬（IPO initial return）約為33.1%，而藉SPAC合
併上市之公司平均初始報酬約為4.5%，這表明藉由與SPAC合併上市的被
收購公司在韓國不會遭受嚴重的訂價偏低（underpricing）的情況。且根
據其研究顯示，在韓國以SPAC上市的公司以及以傳統IPO上市的公司，其
股價以及經營績效表現，在上市後1年並無顯著差異[43]。韓國研究認為，
因為韓國有別於美國的特殊情事，雖然規模不大，但在韓國SPAC模式相
當受到歡迎。而我國與韓國產業型態較為類似，SPAC南韓制度之研究，
將可提供我國在制度比較上，極有價值之依據。

---

[40] *Id.*, at 8-9.

[41] *Id.*, at 15

[42] *Id.*, at 17.

[43] *Id.*, at 18-19.

二、新加坡SPAC上市制度[44]

De-SPAC前	
投資者資格與股權分散	·如同美國，並無設限。 ·SPAC上市時要求至少25%的已發行股總數持有在300人公眾股東。現行主板規則要求500人。
交易安排	·SPAC股份及SPAC權證可分開買賣。
發起人持股上限	·限制發起人在IPO時最多可持有已發行股份總數之20%。

SPAC發起人與經營團隊持股要求	SPAC的市值	所需認購比例
	1.5億新元或以上但低於3億新元	至少3.5%
	3億新元或以上但低於5億新元	至少3.0%
	5億新元或以上	至少2.5%

募集資本額與發行價格	·最低資本要求為1.5億新元（約新臺幣30億元）。 ·最低發行價格每股或每單位5新元；與主板現行0.50新元規定不同——仔細考慮投資風險。
完成合併容許時間	·IPO後24個月內，24個月內已有合併協議者，得延長至36個月。
IPO資金託管與運用	·最低90%，允許投資之廣義定義為「現金或現金等價物且評級至少為A-2（或同等級別）之短期有價證券」。 ·託管資金除用於併購外，得用於：(1)股東贖回的股份；(2)SPAC清算分配；(3)就賺取的利息和所得收入，可用作支付SPAC與IPO及併購相關的管理費用。
限制交易	·IPO關鍵人從IPO到合併完成日為止暫停交易。

---

[44] 新加坡交易所（新交所）於2021年3月31日刊發「有關特殊目的收購公司的建議上市框架諮詢文件」（Consultation Paper on Proposed Listing Framework for Special Purpose Acquisition Companies，下稱「新交所諮詢文件」）。「新交所諮詢文件」引入SPAC於新交所主板上市的主要上市框架之建議徵詢公眾意見。2021年9月2日，新交所對就「新交所諮詢文件」所收到的意見刊發回應並於其後發布SPAC上市制度之相關規定修訂。有關其SPAC制度的規則於2021年9月3日生效。表格中新加坡之SPAC上市制度之相關內容，整理自Singapore Exchange, *SGX introduces SPAC listing framework* (September 2, 2021), https://www.sgx.com/media-centre/20210902-sgx-introduces-spac-listing-framework (last visited 2021/11/30).

De-SPAC後	
目標公司規模與適用新上市公司規定	·目標公司公平市場價值必須至少占SPAC 80%之託管資金。 ·合併完成後公司，必須滿足主板首次上市要求。
獨立第三方投資PIPE	·未強制需有PIPE投資，但有PIPE投資時，SPAC不需要委任獨立專家對目標公司進行估價，因爲PIPE投資者已經充當了額外的制衡機制。
稀釋上限	·轉換在SPAC IPO發行的認股權證而對股東造成的最大稀釋百分比上限爲SPAC已發行股本的50%（包含發起人之獎勵）。SPAC還需要在IPO公開說明書以及給股東的合併通函中揭露其決定的最高百分比上限。
限制交易	·IPO關鍵人＋BC關鍵人合併完成後6個月暫停交易。
股東就SPAC併購交易投票表決與贖回權	·(1)獨立董事的簡單多數同意；(2)獲得無利害關係股東的普通決議通過。 ·發起人、管理團隊及其各自關係人係以象徵性或無對價在SPAC IPO之前或之時取得股份者，並非此之無利害關係股東，不得加入表決。 ·贖回權與股東表決決定脫鉤，因此無論其是否贊成合併，股東都可以行使其贖回權

資料來源：本文自行整理。

　　新加坡的SPAC上市規則在徵詢過大眾意見後，採取一個較傾向美國制度的開放態度。新加坡的SPAC投資人並未有資格限制，一般散戶也得以參與SPAC之募資。且SPAC之股份與權證得以分開交易，即使是對合併為反對之股東，在贖回其股份後，亦得在合併後行使其權證。惟新加坡對於投資人保護上，亦有一些重要之規定，例如90% IPO資金託管、贖回權之保障、股份價值稀釋上限，以及發起人獎勵限制等。新加坡相較於美國，目前看來有更嚴謹及全面的SPAC上市規範，其後續吸引SPAC至新加坡上市之情形值得我們嚴密觀察。

三、香港SPAC上市制度[45]

De-SPAC前	
投資者的資格	・SPAC證券將僅限專業投資者認購和買賣，並透過額外核准、監控及執行措施確保市場遵守這項規定。 ・SPAC股份的買賣單位及認購規模至少為100萬港元。 ・SPAC須將SPAC股份及SPAC權證各自分發予至少75名專業投資者，當中須有20名機構專業投資者。
募集資本額與發行價格	・SPAC預期從首次發售集得的資金須至少達10億港元。 ・發行價格每單位10港元以上。
交易安排	・SPAC併購交易完成前得分開買賣SPAC股份及SPAC權證，透過強化有關PIPE投資的建議規定，以強化投資人保護。
IPO資金託管與運用	・100%，得投資最低信用評級為(a)由標普作出的A-1評級獲同等信用評級之證券。 ・SPAC信託帳戶資金僅能用於：(1)將資金退還給選擇贖回SPAC股份的SPAC股東；(2)為了完成SPAC併購交易；(3)在其他發生須將資金退還給SPAC股東之其他情形。 ・首次發售所得款項及來自發行發起人權證的所得款項的累計利息非必須存入封閉式帳戶。這些款項可放出並用於上述用途以外的其他用途，但前提是SPAC上市文件有揭露有關用途。

（接下頁）

---

[45] 香港交易及結算所有限公司（下稱香港交易所）全資附屬公司香港聯合交易所有限公司（下稱聯交所）於2021年9月17日，就建議在香港推行SPAC上市機制徵詢市場意見（下稱諮詢文件）。其目的係認為，香港交易所作為亞洲領先的全球新股市場，一直致力提升上市機制，力求在適當的投資者保障、市場素質與市場吸引力之間取得良好的平衡。若香港引入SPAC上市制度可為市場提供傳統首次公開招股以外的另一渠道，吸引更多來自大中華區、東南亞以至世界各地的公司到香港上市。諮詢期至2021年10月31日為止。針對諮詢文件，香港交易所於2021年12月17日作出回覆並確定修改上市規則的最終版本，香港新版允許SPAC在港交所上市之規則將於2022年1月1日正式生效。香港SPAC上市制度之相關內容，本研究計畫整理自香港交易所，特殊目的收購公司諮詢文件，2021年9月，https://www.hkex.com.hk/News/Market-Consultations/2016-to-Present/September-2021-Special-Purpose-Acquisition-Co?sc_lang=zh-HK（最後瀏覽日期：2021/11/30）；香港交易所，特殊目的收購公司諮詢總結，2021年12月，https://www.hkex.com.hk/-/media/HKEX-Market/News/Market-Consultations/2016-Present/September-2021-Special-Purpose-Acquisition-Co/Conclusions-(Dec-2021)/cp202109cc_c.pdf（最後瀏覽日期：2021/12/27）。

De-SPAC前	
SPAC發起人	· SPAC發起人須符合適合性及資格規定，包括每家SPAC須有至少一名SPAC發起人為持有以下兩項的公司：(1)由證監會發出的第6類（就機構融資提供意見）及／或第9類（提供資產管理）牌照；及(2)至少10%的發起人股份。 · SPAC發起人的任何重大變動均須經股東（不包括SPAC發起人及其緊密聯繫人）通過特別決議案批准。投票反對有關重大變動的股東須有股份贖回權。
限制交易	· SPAC發起人、SPAC董事和SPAC員工以及其各自關係人在SPAC併購交易完成前買賣任何SPAC證券。
合併容許時間	· SPAC應在上市之日起24個月內發布SPAC併購公告，並在上市之日起36個月內完成SPAC併購交易。
De-SPAC後	
目標公司規模與適用新上市公司規定	· 目標公司公平市場價值必須至少占SPAC 80%之託管資金。 · 合併完成後公司將符合所有新上市規定（包括委聘首次公開發售保薦人進行盡職審查、最低市值規定及財務資格測試）。
強制獨立第三方投資	· 強制外來獨立PIPE投資，以避免估值不實問題，PIPE必須都是專業投資機構，有關投資須：

獨立PIPE投資的最低百分比	議定的 SPAC併購價值
25%	20億港元以下
15%	20億港元或以上，但少於50億港元
10%	50億港元或以上，但少於70億港元
7.5%	70億港元或以上

	· 獨立PIPE至少要有50%來自至少三名資深投資者，三者須分別是資產管理總值至少達80億港元的資產管理公司，又或基金規模至少達80億港元的基金。就此目的而言，由基金管理公司管理而資產管理總值達80億港元的基金將符合作為資深投資者的資格。
股東就SPAC併購交易投票表決與贖回權	· SPAC併購交易須於股東會上經SPAC股東同意。於有關交易中擁有重大利益的股東不得加入表決。 · 反對或贊成SPAC併購交易的SPAC股東均得贖回其股份。 · 贖回金額為發行價格之100%，不必加計利息。 · 贖回股份股東仍得行使權證。

（接下頁）

De-SPAC後	
稀釋上限	·禁止所發行的權證合計（即包括SPAC權證及發起人權證）會令行使後所獲得的股份多於該等權證發行時已發行股份數目的50%。 ·合併完成後公司的新投資者須於投資前完全知悉此稀釋情形。 ·權證及發起人權證的最低行使價必須較SPAC股份的發行價高出至少15%。
轉讓限制	·完成SPAC併購交易起12個月內，SPAC發起人不得出售其所持有的有關證券。 ·合併完成後公司上市後6個月內，控制股東不得出售其所持有的股份，以及在該公司上市後的第二個6個月期限內，轉讓股數不得超過會令其失去控制股東資格之數量。
獲得額外發起人股份的權利	·若合併完成後公司達到預定績效目標，SPAC得向SPAC發起人發行earn-out right，其後可轉換為合併完成後公司之普通股。其績效要件為：(1)較SPAC股份於SPAC上市時的發行價高出至少20%；(2)目標條件為超過合併完成後公司公司股份在30個連續交易日期間（該期間須在合併完成後公司上市後至少6個月開始），至少20個交易日的預定成交量加權平均價格。
前瞻性資料	·對SPAC併購交易的上市文件中任何前瞻性陳述採用現行規定，與首次公開發售的要求相同（包括申報會計師及首次公開發售保薦人須對有關陳述發出報告的要求）。
股權分散要求	·合併完成後公司須至少要有100名股東（而非新上市一般規定的300名股東）。

資料來源：本文自行整理。

與美國及新加坡相比，香港採取的是一較緊縮嚴謹的SPAC上市制度，香港聯交所認為，香港之投資人結構以散戶居多，與美國多為機構投資人的情況不同。因此，為保護投資人之權益，避免投資人暴露於過高之風險，香港對於投資人資格設下嚴格之限制，且在合併完成前，不得如同其他上市公司一般交易。此外，香港對於發起人之資格以及目標公司亦作出相當規範，其相信若採取如此做法，將有助確保只讓經驗豐富、聲譽良好、致力物色優質併購目標的SPAC發起人的SPAC上市。香港將於2022年1月開始接受SPAC上市申請，其以嚴格的限制SPAC上市之方式引進SPAC，將值得我們觀察後續之SPAC上市與募資情形，作為我國之重要借鑑。

肆、代結論

一、台灣是否應考慮引進SPAC

相較於傳統IPO的上市程序，SPAC最被詬病的問題即是資訊揭露不足以及投資人風險控管問題。其主因皆來自於SPAC是一家空殼公司，在併購完成前並無任何營業活動，其存在之主要目的即為尋找併購目標將其合併後，搖身一變成為上市公司。其與傳統藉由IPO上市之公司，必須符合對於公司規模、設立年限、股權分散與獲利能力等要求不同，股份發行價格也與傳統上由承銷商藉由路演（roadshow）與市場調查等方式不同，SPAC公司對目標公司之價值認定多由SPAC與目標公司磋商得出。

惟利用SPAC途徑上市是否真為走捷徑，從媒體訪問Gogoro創辦人之紀錄，或可窺探一二。合併Gogoro上市的Poema，其背後的私募基金Princeville Capital，旗下有兩支基金包含「Princeville Climate Technology」投資對氣候變化有影響力的公司，以及「Princeville Global」投資專注在軟體與互聯網的潛力公司。和Gogoro改變生活環境的願景不謀而合。而且Poema團隊成員都大有來頭，Poema執行長Homer Sun曾任職於美國摩根士丹利，擁有超過25年的私募股權投資及併購經驗。共同創辦人Joaquin Rodriguez Torres曾任德意志銀行管理職，包括阿里巴巴、騰訊、小米等公司都曾是他的客戶。在選擇Gogoro前，Poema事前做了很多功課，包含訪問Gogoro的合作夥伴如全球電動二輪車市占第一雅迪科技，甚至親自去看中國市場，並派人到台灣及印度作市場調查，在挑選標的公司上，並不馬虎。Poema足足花6個月時間摸清楚Gogoro的底細，這跟傳統IPO對投資人進行為期2週的路演（roadshow），需在短時間內跟大量投資人說明公司商業模式與未來，對方就決定是否掏錢認股不太一樣[46]。從上述可知，在SPAC上市制度中，如何確保SPAC公司管理階層之

---

[46] 數位時代，Gogoro SPAC幕後故事：陸學森如何與Poema洽談、從48家公司脫穎而出？，2021年10月22日，https://www.bnext.com.tw/article/65713/gogoro-ipo-nasdaq（最後瀏覽日期：2021/11/30）。

專業性與可靠性極為重要。

　　此外，Gogoro創辦人表示，選擇赴美上市有三大原因：「第一、合作車廠中國的雅迪、印度的Hero都是上市公司，他們必須確認合作夥伴的公司治理能力、透明度、財務靈活度，而那斯達克是全球嚴格的金融監管機構，Gogoro掛牌有助於雙方合作資格對等。第二、若要擴大市場就需要資金，像是Gogoro將在印度攜手當地最大機車製造商Hero MotoCorp，成立智慧電池交換網路的合資公司，若未上市籌資速度不如上市募資快速靈活。第三、建立Gogoro與全球資本市場的連結後，可以為夥伴打開大門，我們有太多合作夥伴想要投資（Gogoro），需要有一個平台讓他們投資。」[47]

二、本文就台灣主管機關對SPAC憂慮之回應

　　主管機關暫不考慮引進SPAC的三大原因，介紹完上述各國SPAC上市制度後，再回過頭來檢視我國主管機關之憂慮是否有理由：

(一) 台灣目前上市規則無法令SPAC在我國交易所上市

　　主管機關認為，美國現行的SPAC制度，該公司沒有任何實質營運業務，先掛牌籌資後，2年內完成併購標的，以台灣現行制度，不符合上市櫃審查標準，因為沒有實質營運業務，沒有相關財務報表。香港跟新加坡在修改上市制度以前，亦有同樣的問題。然而，證券交易法中第5條之「發行人」、第7條之「募集」有價證券與第8條之「發行」等，並未設有特定門檻或資格限制。上述各國也是各證券交易所藉由上市規則之修改，而使SPAC得以在各大證券交易所上市，因此SPAC並非完全無可能在我國出現。

(二) SPAC併購活動由管理階層主導之高投資風險

　　主管機關認為，SPAC掛牌上市後實際併購及決策等都是由SPAC公司

---

[47] 同上。

之管理階層掌握，不像傳統國內IPO上是有承銷商等把關，且美國股市是法人投資機構為主，國內則是散戶比例比較高，在沒有專業機構協助把關下，SPAC並不利保護台灣的投資人。

是否有專業機構輔導把關，對散戶投資人之投資風險確有影響，但若有上述憂慮，或可借香港模式中所計畫採行之模式，降低相關風險。例如SPAC投資人資格限制、SPAC發起人經驗與資格要求、SPAC發起人報酬與合併後公司之後須績效表現連結、SPAC發起人、管理階層與合併完成後公司控制股東之持股轉讓限制、SPAC併購目標公司規模要求、目標公司估值由獨立專家提出、PIPE投資之強制規定以及PIPE之規模要求等，將可有效避免主管機關之憂慮。惟香港採行如此高度限制之SPAC上市規則，將能吸引多少資金流入香港市場實有待觀察，且台灣與香港之資本市場規模與產業結構有別，即使香港模式成功，亦不代表我國能夠完全複製。

(三) 目標公司資訊揭露不實問題

除了前述事前的防範以及保護投資人機制外，最後主管機關擔憂，美國近來發生許多SPAC併購時，有誇大目標公司之業績或預測等資訊不實之情況，主管機關認為應待美國確定後續如何保護SPAC投資人的規範，並參考其他亞洲市場的狀況，再考慮是否引進SPAC上市制度。從本文角度看來，此一問題才是我國引進SPAC上市制度時，應該審慎評估之面向。應首先檢視我國法律相關規範是否可以處理SPAC在併購過程中所產生之資訊不實或其他損害投資人行為之情形，以確保發生類似上述Stable Road案件時，我國法律足以在事後提供投資人充足之救濟管道。

1. 證券交易法上資訊不實與證券詐欺責任

如同前述，SPAC在併購過程中，其適用之相關規範是併購法規，而非公開發行或上市之相關規範。因此，目前證交法上關於資訊揭露不實之相關規定，可否適用在目標公司資訊揭露不實上，實有疑義。

(1) 公開說明書主要內容虛偽隱匿（證交法第32條）

證交法第31條、第32條與第174條第1項第3款規定，募集有價證券，

應先向認股人或應募人交付公開說明書。公開說明書，其應記載之主要內容有虛偽或隱匿之情事者，發行人或其負責人、職員有第32條第1項之情事，而無同條第2項免責事由者，處1年以上7年以下有期徒刑。但實務上認為，如非募集、發行有價證券情形，例如補辦公開發行或申請上市櫃買賣（提撥老股承銷等），則非此處之募集，而無上述規定之適用。SPAC在合併階段，若無再對外公開募集之行為，則亦無此處之適用。即使有公開募集行為，但目前公開說明書應行記載事項，相關部分看起來也只有「本次資金運用計畫之用途及預計可能產生效益之概要」，是否符合揭露目標公司之財務業務狀況，亦有所疑義。且對於合併前之股東權益，似無以此條保護之餘地。

(2) 資訊不實（證交法第20條第2項）

證交法第20條第2項：「發行人依本法規定申報或公告之財務報告及財務業務文件，其內容不得有虛偽或隱匿之情事。」原則上是發行人就其自身之財務業務資訊之內容有虛偽不實或隱匿情形之規範，對於合併目標公司之財務業務資訊之揭露不實情形，似無適用餘地。

(3) 證券詐欺（證交法第20條第1項）

證交法第20條第1項：「有價證券之募集、發行、私募或買賣，不得有虛偽、詐欺或其他足致他人誤信之行為。」證券詐欺之適用範圍廣泛，無論該有價證券是否為公開發行的性質均有適用，且不限定交易場所於集中市場或店頭市場。依此非公開發行之有價證券面對面交易亦適用我國證券詐欺之規定。惟SPAC與目標公司之合併是否有有價證券之募集、發行或私募，則應視個案而定，若因SPAC為籌集併購資金有再發行新股者，或可適用本條規定。此外，條文中之「買賣」，證交法上並無特別定義，應依照一般民法之買賣解釋之。SPAC合併中，目標公司若有揭露不實，使SPAC公司誤信其財務業務、研發狀況，或決定是否合併之重要因素等情形，誘使SPAC公司收購目標公司，或亦符合買賣之定義，而有本條之適用。Stable Road中，美國SEC對於目標公司之前CEO Mikhail Kokorich提起證券詐欺訴訟，其後續法院判決情形，值得我們關注。

2. 企業併購法上之董事與特別委員會責任

　　企業併購法第5條規定：「公司進行併購時，董事會應為公司之最大利益行之，並應以善良管理人之注意，處理併購事宜。（第1項）公司董事會違反法令、章程或股東會決議處理併購事宜，致公司受有損害時，參與決議之董事，對公司應負賠償之責。（第2項）」同法第6條第1項規定：「公開發行股票之公司於召開董事會決議併購事項前，應設置特別委員會，就本次併購計畫與交易之公平性、合理性進行審議，並將審議結果提報董事會及股東會」。公司董事或特別委員會在與目標公司談判或對併購價格與條件進行審議時，應依其對於公司的受託義務，與目標公司進行協商或作成審議，確保取得對公司與股東具有公平性的交易條件與價格。因此，若SPAC公司之董事未對目標公司作出充分之盡職調查，並對於交易條件以及價格，作出合理且公平之協商與決定，對於目標公司因資訊不實等因素，導致併購價格對於SPAC不公平或甚至有詐欺情形者，公司董事應對其未盡注意義務而致公司之損害，負損害賠償責任。

　　惟我國目前雖強制要求在併購中設置特別委員，但對於特別委員會之職責，尤其是其對於應揭露之資訊，並無較清晰的規定。本文參考美國相關規範認為，特別委員會之義務並非僅是附和獨立專家之意見，其應該對於合併的目的、原因以及相關替代方案，提出考量之因素，對於交易條件是否公平，其應將各種應考量之因素加以揭露，甚至應說明每個考量因素所占之權重等。藉由資訊揭露之要求，作為股東判斷交易公平性以及事後法院審理特別委員會委員是否盡注意義務之依據，進而達到要求（或迫使）特別委員會在交易條件與價格之磋商與決定上，發揮真正之功能，以作為事前保護股東權益之防線。而對於未履行受託義務之董事或特別委員會委員，則應負擔賠償責任。

　　要特別考慮的是，對於目標公司之預測或展望性聲明，其應如何揭露以及是否可以適用資訊不實之相關規定，以及董事或特別委員會對於預測性之聲明如何作出審議，亦為我國若要引進SPAC上市制度時所要細細思量者。此部分或可再觀察美國或各國之相關訴訟與法制發展。

從美國內線交易法制消息傳遞責任理論涉及財產概念之介紹到對我國監察權之見思

鄭瑞健[*]

壹、前言

因由美國聯邦第二巡迴法院於2019年12月30日所作成之U.S. v. Blaszczak[1]一案將本已相當繁瑣的消息傳遞責任理論變得更為複雜,讓從1983年於Dirks v. SEC[2]案中確立的消息傳遞責任理論的適用範圍產生變化。[3]過往,消息傳遞責任理論中為了讓消息傳遞人的責任(tipper)可以連同該訊息一起傳遞給消息受領人(tippee)的「個人利益法則」(personal benefit theory),不論於違反內線交易的民事案件或刑事案件皆有適用[4];然因Blaszczak案之故,讓涉及內線交易的刑事案件不再適用

---

[*] 東吳大學法律學系專任助理教授、美國印第安那大學布魯明頓校區法學博士。

[1] 947 F.3d 19, 2d Cir. 2019.

[2] 463 U.S. 646, 1983.

[3] 我國有學者認為在美國證券法制關於內線交易的咎責,不論採取信賴理論或私取理論,其目的均在限縮內線交易主體(即不採資訊平等主義),而非討論內線交易之理由。江朝聖,國會議員與內線交易—兼論證券交易法「基於職業關係獲悉消息之人」之範圍,興大法學第19期,2016年,第212頁。我國亦有學者指出資訊平等理論恐因涵蓋範圍不明確與打擊面過廣而被批評,信賴理論則在限縮資訊平等理論可能之弊端。朱德芳,公開收購下之資訊使用與內線交易—以開發金控併金鼎證券為例,政大法學評論第153期,2018年,第23頁。亦有學者認為市場論雖符合國際立法趨勢,但會產生消息傳遞責任理論適用過廣的問題;且認為我國實務上每每需創造出種種牽強理由判決被告不構成內線交易之違反,癥結即在於此。張心悌,消息受領人偶然聽聞之內線交易責任—兼評台灣高等法院104年度金上字第53號刑事判決,月旦裁判時報第49期,2016年,第34頁。

[4] 在美國法上,只要消息傳遞人違反了信賴義務而洩露機密訊息,不論採取傳統理

消息傳遞責任理論，而改為適用於2002年基於沙賓法案（Sarbanes-Oxley Act of 2002）所制定的要件更為寬鬆的18 U.S.C. §§1348[5]，即檢方「不需」證明消息傳遞人與消息接收人間需有個人利益存在，即能於刑事上將被告定罪[6]。如此看似因為繞過個人利益法則而可能可以更有效率地將被告定罪的新方法，在還不確定是不是真的那麼方便好用時，就帶來了政府機關的內部資訊是否屬於「財產」（property）概念的新爭議[7]。

貳、因Blaszczak案所生的新爭議

　　如前述，該案創造了政府機關的機密訊息是否屬於財產的新爭議[8]。

論或私取理論皆能得到違反內線交易的結果，只是傳統理論會採用消息傳遞責任理論，而私取理論會認為是違背對消息來源的信賴義務而有責。Donna M. Nagy, *Beyond Dirks: Gratuitous Tipping and Insider Trading*, J. Corp. L., Vol. 42, No. 1 (2016), pp. 17-23.

[5] Whoever knowingly executes, or attempts to execute, a scheme or artifice—(1) to defraud any person in connection with any commodity for future delivery, or any option on a commodity for future delivery, or any security of an issuer with a class of securities registered under section 12 of the Securities Exchange Act of 1934 (15 U.S.C. 78l) or that is required to file reports under section 15(d) of the Securities Exchange Act of 1934 (15 U.S.C. 78o(d)); or(2) to obtain, by means of false or fraudulent pretenses, representations, or promises, any money or property in connection with the purchase or sale of any commodity for future delivery, or any option on a commodity for future delivery, or any security of an issuer with a class of securities registered under section 12 of the Securities Exchange Act of 1934 (15 U.S.C. 78l) or that is required to file reports under section 15(d) of the Securities Exchange Act of 1934 (15 U.S.C. 78o(d));shall be fined under this title, or imprisoned not more than 25 years, or both.

[6] 關於Blaszczak案的內容與評述，參閱鄭瑞健，美國內線交易法制消息傳遞責任理論之重要判決評析—從Chiarella到Blaszczak，財金法學研究第3卷第1期，2020年，第72-77頁。

[7] 同上，第74頁。

[8] 關於國會議員利用國會見聞進行證券交易之行為是否構成內線交易之問題，於美國法及我國法的理論與適用，參閱江朝聖，國會議員與內線交易—兼論證券交易法「基於職業關係獲悉消息之人」之範圍，興大法學第19期，2016年，第212-229頁。

該爭議源自於其案例事實，被告David Blaszczak為「健保服務中心」
（Centers for Medicare and Medical Services, CMS）（下稱該中心）的前
雇員，其於5年間多次將該中心內部討論至一定程度但尚未公布之法規內
容透露給3位基金合夥人；其因相信Blaszczak先前任職於該中心，應有
取得內部資訊的特殊管道，故利用該資訊操作，共於數年間獲利數百萬
美元[9]。亦如前述，聯邦第二巡迴法院為了「不要」適用個人利益法則，
故捨棄了於內線交易案件常用的Title 15 securities fraud[10]，而改用Title 18
securities fraud[11]；然因該條文之要件有「金錢或財產」一詞，故本案涉
及內線交易的前提即須判斷政府的機密訊息是否為財產？法院認為財產
一詞按照通常意義解釋應指「財產所有人所持有的具有某種價值之物」
（"something of value" in the possession of the property holder）；其多數意
見援引Carpenter v. U.S.[12]案，而少數意見則援引Cleveland v. U.S.[13]案，而
各有正反不同的結論[14]。引用Carpenter案者認為尚未刊登的新聞內容為長
久以來被認為是該媒體的財產，係因該媒體得隱藏該報導，並隨時為獨家
之用；引用Cleveland案者則指出各級政府所頒布的特許營業執照並非政
府的財產，因為該執照在發布前並無財產價值，且政府乃基於主權者的地
位發放牌照，而非財產持有者的角色[15]。

　　詳言之，多數意見認為健保服務中心有將尚未揭露的內部訊息維持在
機密狀態，而於未來的某個時間點發布的專屬權限，並據此認為該中心的

---

[9] 詳細案件事實，請參閱鄭瑞健，美國內線交易法制消息傳遞責任理論之重要判決評
析—從Chiarella到Blaszczak，財金法學研究第3卷第1期，2020年，第73頁。

[10] 此即眾所熟知的Section 10(b) of the Securities and Exchange Act, 15 U.S.C. §§78j(b)
and SEC Rule 10b-5。

[11] 關於Title 18 securities fraud的詳細介紹，參閱Zachary Lustbader, Note, *Title 18 Insider
Trading*, Yale L.J., Vol. 130 (2021), pp. 1838, 1855-1880.

[12] 108 S. Ct. 316, 1987.

[13] 121 S. Ct. 365, 2000.

[14] *Blaszczak*, 947 F.3d at 31-32.

[15] *Id.*

內部訊息與媒體的獨家內容同為該機構之財產[16]。反觀少數意見則認為該中心乃以制定法規為功能的政府機關，不提供商品或服務，自然不是營利事業；法規的公布固然對受管制的企業帶來相當程度的利益或不利益，但很難據此認為尚未公布的法規為有價值之物，且法規在公布之前沒有拘束力，又不見得會因為事前的洩露而改變預定執行的事項，亦無法從洩露事件看見財產上的損失[17]。直言之，本案若用Title 18 securities fraud處理，則少數說援引Cleveland案的見解應較多數說的意見有說服力；且若採用Title 15 securities fraud處置，則依案例事實論，亦能適用個人利益法則將被告定罪，如此漫無目的地繞了一圈，反而扯出麻煩。

或因本案在法律上確有值得商榷之處，故聯邦最高法院受理其審理之請求，將原判決廢棄並發回聯邦第二巡迴法院，且指示於更審時應參照Kelly v. U.S.[18]案之意旨為之[19]。據此，可預見的是聯邦第二巡迴法院論據不甚穩固的多數意見恐將無法維持，但仍難武斷地認為少數說的意見將全盤被採納；其可能的結果若採Title 18 securities fraud，則需援引Cleveland案為無罪判決，若採Title 15 securities fraud，則將回歸個人利益法則作為判斷標準，則按少數說所述，應能成罪。

參、從Kelly案探討「財產」的概念

一、概說

然Kelly案之案例事實卻與內線交易甚或經濟犯罪無關，其為關於濫用行政權力的案例。其事實約略為：紐澤西州與紐約州的主管機關共管共有12個收費閘口，用於連接紐澤西州Fort Lee與紐約州Manhattan的喬治華

---

[16] *Id.*, at 34.

[17] *Id.*, at 47-48.

[18] 140 S. Ct. 1565, 2020.

[19] Blaszczak v. U.S., 141 S. Ct. 1040, 2021.

盛頓大橋（George Washington Bridge），在2013年9月有4天的時間在無預警的情況下被調整使用分配路線；該橋數十年來於早晨的尖峰時段皆保留3個收費閘口給來自Fort Lee（位於紐澤西端）的通勤車輛，於該4日僅開放1個收費閘口，毫無意外地造成了非常嚴重的塞車情況[20]。儘管交通當局所接獲的指令在表面上的原因為交通研究（a traffic study），然真實的原因為Fort Lee的市長因拒絕支持紐澤西州時任州長競選連任而受到的政治上的處罰；也因為這個荒謬的原因，3位被告也遭受數個詐欺（fraud）罪名的指控，並於初審與前審皆成罪[21]。

因此類詐欺的罪名皆需以「獲得金錢或財產」（obtaining money or property）為前提，故本案的爭點應為被告的行為是否構成財產上的詐欺（property fraud）[22]。按照相關證據顯示，陪審團毫無疑問地直指被告們的欺瞞、腐敗，以及濫用權力的行為，然與本案相關的聯邦刑事犯罪並未將此類行為入罪；分析判決先例，官員的不正行為須從主管機關處獲得金錢或財產方能構成此類罪名的犯罪[23]。聯邦最高法院指出收費閘口的分配調整為行使監管權（an exercise of regulatory power），此於判決先例已被認為不符合財產的要件；且檢方所指稱之雇員於調整閘口線道所付出的勞力所占的薪資費用，法院認為僅為該項監管行為的附帶成本（the incidental cost of that regulation），並非被告官員密謀行為的客體，故不成罪[24]。

二、如鬧劇般的案例事實

詳言之，該號稱全世界交通最繁忙的大橋的12個收費閘口與線道，於過往數十年間皆由紐澤西州州長同意，於早晨的通勤時段保留其中3線道供Fort Lee至Manhattan的通勤者專用，而其餘的9線道與閘口供來自其

---

[20] *Kelly*, 140 S. Ct. at 1568.

[21] *Id.*

[22] *Id.*

[23] *Id.*

[24] *Id.*, at 1568-1569.

他方向高速公路的車輛匯流使用；而該維持數十年的分配模式卻被時任紐澤西州長辦公室副秘書長（a Deputy Chief of Staff to Governor Christie）的Anne Kelly、由州長所任命於紐澤西端的橋梁主管機關時任副執行長（Deputy Executive Director）的William Baroni，以及時任副執行長辦公室秘書長（Baroni's chief of staff）的David Wildstein 3人合謀所改變[25]。而改變的原因竟是紐澤西州州長於競選連任時希望以更大的差距完勝對手，塑造聲勢進而挑戰總統大選；為達目的，Kelly代表州長於2013年向不同政黨的Fort Lee市長Mark Sokolich尋求支持並於行政上提供一些有價值的好處（如高級交通車服務），而該市長於同年夏天告知Kelly其無法支持州長的連任[26]。

Kelly失望之餘向Wildstein洽詢該如何應對此情，Wildstein建議可取消給Fort Lee專用的通道將車輛嚴重回堵到當地的街道，造成交通大打結；Kelly同意此建議並於電子郵件寫道：「是時候讓Fort Lee有些交通狀況了」（time for some traffic problems in Fort Lee）；並於後續的電話聯繫中說「製造交通堵塞來處罰市長來讓他搞清楚狀況」（to "create a traffic jam that would punish" Mayor Sokolich and "send him a message"）[27]。為求修飾該陰謀，Wildstein設計一套故事，佯稱線道改變是交通研究的一部分，作為日後改善交通的參考，其3人皆同意以此公共政策（public policy）的正當化說詞來搪塞媒體、相關官員及所屬員工；細節上Wildstein更要求工程師蒐集交通堵塞的相關數據來判斷到底延遲了多長時間[28]。然主管當局從不曾用關閉閘口的方式來研究交通，係因該研究可透過電腦生成的模型自行預測；又透過關閉閘口所觀測到的數據並無實際效用且被丟在一旁，且Wildstein與Baroni皆對該數據興趣缺缺，僅於數週後因記者洽詢相關紀錄才要求看資料，而讓工程師花費相當的時間在沒有任何實益的事務上[29]。

---

[25] *Id.*, at 1569.

[26] *Id.*

[27] *Id.*

[28] *Id.*, at 1569-1570.

[29] *Id.*, at 1570.

其3人的共謀亦增加了額外收費員的費用，係因Wildstein最初的構想是廢除3個專用的收費閘道且不放置任何交通三角錐，但首席工程師告知不放置交通三角錐恐有讓不同方向的車輛於匯流時引發交通事故的實質風險；故3人商討後決定保留1個專用線道給Fort Lee，如此卻引發另一個難題[30]。在一般情況下因有3個專用線道，故當有收費員需要休息時，便關閉該線道而另外2個線道仍繼續使用，但在僅有1線道開放時便無法如此操作，故管理人員建議Wildstein必須額外聘請1人待命，當線上的收費員需要休息時補上；3人商議後覺得有趣可行，且說大概只有貴單位才會花錢請收費員坐著等[31]。

該計畫底定後在沒有事先公告下，遂於新學期開始的第一天（即9月9日）施行，道路立即堵塞並延伸到地方街道；據當地警方指出，當天的交通情況宛如九一一恐攻當日大橋封閉的情景，諸如校車數小時停留在原地，救護車掙扎地想要接運心臟病患等[32]。該市長試圖聯繫Baroni並留言，皆無獲得回應；該情況又持續3日，直到主管機關的執行長搞清楚到底怎麼回事，並認為這是個濫權的決定（abusive decision）後才結束這場災難鬧劇[33]。該3人事後皆遭解僱，Wildstein接受認罪協商，Baroni與Kelly於初審及前審皆成罪；聯邦最高法院接受其上訴請求[34]。

三、聯邦最高法院對財產詐欺的見解

簡言之，欲成立對財產詐欺的罪名（18 U.S.C. §§1343[35]）必須

---

[30] *Id.*

[31] *Id.*

[32] *Id.*

[33] *Id.*

[34] *Id.*, at 1571.

[35] Whoever, having devised or intending to devise any scheme or artifice to defraud, or for obtaining money or property by means of false or fraudulent pretenses, representations, or promises, transmits or causes to be transmitted by means of wire, radio, or television communication in interstate or foreign commerce, any writings, signs, signals, pictures, or sounds for the purpose of executing such scheme or artifice, shall be fined under this title or

有詐取金錢或財產的要件，此為聯邦最高法院於McNally v. U.S.[36]以及Cleveland案[37]所確立的原則，故該行為所詐取的客體須為財產；該要件規範如此明確意在避免將各級官員的不正行為過度地入罪化，而限縮於保護財產權的範疇，並非授權聯邦檢察官自建一套好官員的標準[38]。國會對此限縮解釋亦以增訂18 U.S.C. §§1346[39]來處罰以詐術「剝奪他人享有善良正直的服務的權利」（to deprive another of the intangible right of honest services），而不論是否有損於他人財產；不過聯邦最高法院再次地將此廣義模糊的文字於Skilling v. U.S.[40]限縮於收受賄絡或回扣（bribes or kickbacks）的行為，又本案事實無涉於賄絡與回扣，故仍須回歸是否為財產的討論，即18 U.S.C. §§1343[41]。

因此些法律上的限制，檢方堅持Baroni與Kelly施詐術著眼於某種有價值的權力或利益，而足以構成詐欺罪所指稱之財產要件（a "species of valuable right [or] interest" that constitutes "property" under the fraud statutes）；但聯邦最高法院並不認同此種見解，其認為閘道的設置為典型的行使監管權力的行為（a quintessential exercise of regulatory power）[42]。聯邦最高法院已於前述之Cleveland案闡釋以詐術使監管機關改變行政行

---

imprisoned not more than 20 years, or both. If the violation occurs in relation to, or involving any benefit authorized, transported, transmitted, transferred, disbursed, or paid in connection with, a presidentially declared major disaster or emergency (as those terms are defined in section 102 of the Robert T. Stafford Disaster Relief and Emergency Assistance Act (42 U.S.C. 5122)), or affects a financial institution, such person shall be fined not more than $1,000,000 or imprisoned not more than 30 years, or both.

[36] 483 U.S. 350, 358, 1987.

[37] *Cleveland*, 531 U.S. at 358.

[38] *Kelly*, 140 S. Ct. at 1571.

[39] For the purposes of this chapter, the term "scheme or artifice to defraud" includes a scheme or artifice to deprive another of the intangible right of honest services.

[40] 561 U.S. 358, 405, 410, 2010.

[41] *Kelly*, 140 S. Ct. at 1571-1572.

[42] *Id.*, at 1572.

為一事無法歸類於政府財產的範疇；若行為人之目的在於攫取公務人員所花費的時間，則會被認為是利用政府財產，然此非Baroni與Kelly的行為所欲達成的目標或所欲攫取的客體[43]。

　　著名的Cleveland案為區分財產與監管權力的案例，該案的被告為自己的利益以詐術影響路易斯安那州博弈執照的核發；檢方認為被告實施詐術的目標為藉由改變州政府核發博弈執照的決定而剝奪政府的財產，而聯邦最高法院不認同此種見解[44]。其認為州政府對博弈執照的核發分配或廢止決定的控制，雖成就了誰可以獲得利益而誰不能，但此行為並沒有產生屬於政府的經濟利益；反之，該行為所反映者恰如其分地正是州政府的主權力量所規範者，即州政府以主權基於監管之目的核發執照，為典型的權力握有者，而非財產持有者，故詐騙政府核發博弈執照並不構成對財產的詐欺[45]。

　　回歸本案的閘口通道使用調整也是相同的道理，同樣從政府的觀點出發，Baroni與Kelly的行為改變了道路使用的規範，而這也是相關官員們的日常事務，即時常改變閘口通道的使用方式以供不同來向的車輛使用通行；套用Cleveland案的文字，Baroni與Kelly行使了分配與控制的監管權力，決定了來自Fort Lee方向的車輛減少了兩個閘口，則來自於其他方向的車輛就多了兩個閘口[46]。被告基於不正當的原因，透過謊言的包裝來改變監理機關分配收費閘道的決定；就好比駕駛被分配到使用通行閘口的「執照」一般，透過Cleveland案的視角，即便是為了自己的利益而使用監理權，仍不能被當作是攫取政府財產[47]。

　　然動用政府權力攫取公務人員的勞力與時間為自己或他人所用，仍可能構成財產詐欺的罪名；聯邦最高法院分舉三例說明：在U.S. v. Pabey[48]

---

[43] *Id.*

[44] *Id.*

[45] *Id.*

[46] *Id.*, at 1572-73.

[47] *Id.*, at 1573.

[48] 664 F.3d 1084, 1089, 7th Cir. 2011.

案，一位市長以詐術促使市政府的計時工協助裝修其女兒的新居；在U.S. v. Delano[49]案，市立停車場的主管與員工為其政治捐助者提供園藝服務；在Pasquantino v. U.S.[50]案，政府官員從市府的銀行帳戶中提款。故然在任何利用政府公權力攫取公務人員的勞力與時間以達自身或他人之利益或目的之情形，大多可認為損及了政府的財產；然欲成立財產詐欺，財產不能只是整個詐術陰謀中的一小部分，而必須是其陰謀的客體（an object of the fraud），若所涉財產只是實施整體陰謀所伴隨的副產品則無法成罪[51]。以Pabey案為例，其整個詐欺的計畫旨在獲取政府雇員的服務；反觀Cleveland案之所以難以成罪，在於政府官員雖需花費相當的時間精力來處理該申請案，然整個陰謀的目的在於取得博弈執照，相關勞務費用僅是附隨而生者，故無法僅以此論點構成財產詐欺[52]。

　　而本案的情狀與Cleveland案無異，公務人員的勞費僅是為了實施線路調整所生的費用；換言之，相關勞費只是因Baroni與Kelly為了調動監管客體（路線調整）而生的附帶費用，被告主觀上也沒有要攫取相關勞務的認識或意圖[53]。雖為了實行整個陰謀而多聘僱了一位坐著等的備用收費員，然此目的係因管理階層建議仍設一個專用車道以降低事故風險，且在最初的計畫中亦沒有此多餘的收費員的設置；同樣地，Baroni與Kelly亦沒有打算取得或利用工程師所蒐集到的相關數據[54]。

　　其實任何的監管行為皆會動用到員工的勞務，卻「不代表」所有監管行為的變動或實施，皆將攫取員工的勞務作為主要的客體；於本案，耗費員工工時所生的費用只是為求貫徹整個計畫所附隨而生的副產品[55]。聯邦最高法院明白指出，若聯邦檢察官能對聯邦與州政府大小官員任何性質

---

[49] 55 F.3d 720, 723, 2nd Cir. 1995.

[50] 544 U.S. 349, 357, 2007.

[51] *Kelly*, 140 S. Ct. at 1573.

[52] *Id.*

[53] *Id.*, at 1573-1574.

[54] *Id.*, at 1574.

[55] *Id.*

的謊言以財產詐欺起訴的話，將會造成如Cleveland所描述的結果，即橫掃性地擴張聯邦刑事法的管轄權限；也直言若聯邦檢察官行使職權時若止乎於Cleveland案所繪，則聯邦的權限也不致擴張，且仍有相關連邦刑事法規可促使官員以正直的心思制定政策[56]。直言之，財產詐欺的罪名並無助於達到「讓市民獲得誠實與公正的政府服務的權利」（citizens of their intangible rights to honest and impartial government）之目的，財產詐欺僅可能有助於阻絕攫取財產的詐欺[57]。檢察官執行職務時應發乎「情」，止乎「理」；情為案情，理為法理。若於偵查時在案情上無所突破，亦不該在法理上自創見解盲目起訴；此應為放諸四海皆然的標準，自不待言。

肆、從Kelly案看我國監察權命途之見思

　　綜合前述以Kelly案為主軸的數個美國聯邦最高法院與巡迴法院的判決，深切地告訴我們任何的計畫（或稱陰謀）都有其主軸與目的；法院為判決時自應分辨其目的與客體，才能讓國家刑罰權的發動（甚或滋擾）不致流於浮濫。故筆者在研究Blaszczak案時接觸到Kelly案，並於閱讀老師「監察制度要義」[58]大作時，越發有所感觸，而有下述見思。

　　詳言之，對於美國證券法制內線交易中關於消息傳遞責任理論的探討，Blaszczak案雖尚未定論，現時仍相當重要；固然Blaszczak案遭聯邦最高法院廢棄發回時指名參考Kelly案之意旨，但該案本身對於財經法領域的研究並不會有太重要的地位或過多的篇幅，因為僅需參考Blaszczak案的不同意見書與Cleveland案即可。然本文卻以主要篇幅詳加介紹Kelly案，除相信該案可能遭我國相關文獻所遺漏，亦因Kelly案所涉內容與老師長年關注之如何限制政府權力等相關議題或可有所連結。誠如李念祖教授於為恩師大作所作之序文（李序）所言，華人5,000年歷史中，僅有當

---

[56] *Id.*

[57] *Id.*

[58] 李復甸，監察制度要義，財團法人華岡法學基金會，2020年。

代的我們「生活在一個真正的民主社會之中；因為民主憲法的存在與長期有效運作，人們不必因為批評政府而擔驚受怕，也可以在享受政府的服務之餘，不必以接受政府控制作為交換代價」[59]。李序亦提及「監察院最可致力與需求最明顯的兩項事務，應該是防止貪污與保障人權。保障人權，與防止貪污相較，可能是更為頻繁也更能證成監察權機關正當性的理由。……檢警單位則主要是以刑事訴訟保障人權，主要功能也不在防止政府機關濫權侵犯人權，單看刑法上濫權罪案例稀少的程度，已可想見此中消息」[60]。該語所描繪之圖景雖仍抽象，卻精準地呈現了廣布於市井的日常亂象，細看其貌令人不忍卒睹；不過此情僅為冰山一角，監察院乃至於國家人權委員會所能為人民謀求福祉之處，所在多有。

　　監察院傳統上所掌職權之授權來源分有明定於憲法及法律兩種。憲法所明定者有「彈劾、糾舉、糾正、審計等權外，依憲法為母法授權制定的調查權、巡查權、立法提案權、聲請釋憲權與審計權」[61]。因立法而賦予之監察權有「監試法、公職人員財產申報法、利益衝突迴避法、政治獻金法與遊說法所規定的各項權責」[62]。當筆者讀到Kelly案時，心中的第一個想法便是若類似案情發生於我國，勇於任事的監察委員不知會怎麼做？由該案判決內容可得知3位被告於東窗事發後均離開了職務[63]，其緣由雖未言明，但想必是基於政治責任。相信聯邦檢察官自覺基於職責所在展開偵查進而起訴，然按其所得之案例事實欲套用至所起訴之法條，其法律見解不但薄弱甚至牽強（但前兩個審級仍勝訴）。是故聯邦最高法院於判決中意有所指地重申其於Cleveland案中所言，若按照聯邦檢察官對法律的理解，則「聯邦刑罰權將橫掃式地擴張」[64]；而此顯然是一種相當負面的評價。

---

[59] 同上，第1頁。

[60] 同上，第9頁。

[61] 因另有審計長掌審計部，故非監察委員之職權。同上，第81頁。

[62] 同上。

[63] *Kelly*, 140 S. Ct. at 1571.

[64] *Cleveland*, 531 U.S. at 24; *Id.* at 1574.

或許聯邦檢察官於起訴時需考量到刑事訴訟程序對人民（不論是一般民眾或公務人員）所帶來的長期煎熬與折磨（或許本案被告活該承受），若有「做白工」的思維，便是把自己的成就（感）建立在他人勞苦之上。但平心而論，本案若不是有聯邦檢察官緊握不放，如此荒謬的案例事實恐將無法讓世人所知曉，但其功能不過也僅止於此了。又世界各國憲政體制均有監察權的設計，其雖大部分將該權力歸於國會，但都是置於兩院制的上議院[65]。即便成熟如美國聯邦參議院，相信在決定對高度政治性的事件行使監察權時仍不免有一定程度的政治考量；誠如我國此般將監察權獨立常任的設置，或許更能將如Kelly案此類的政治上的謬事做較為妥適的處置。

伍、國家人權委員會之設置與功能：代結論

傳統監察權的法定職掌未必明文表彰人權保護，然實際運作上已具備該功能，尤其當國際人權公約內國法化後，委員於調查時便可檢視人權落實情形；且第三代集體人權涉及經濟、社會、文化，乃至環境與消費者權利之保護，多與公權力執行有關，自是傳統監察權調查之範疇[66]。我國政府自2000年來歷任3位總統，皆糾纏於如何設立國家人權機關；而最終國家人權委員會的定案亦照老師所言之方式，即提升監察院的人權保護機能，將院內之人權委員會提升為院級獨立機關，以凸顯國家重視人權之保障[67]。

國家人權委員會的職權計有：「依職權或陳情，對涉及酷刑、侵害人權或構成各種形式歧視的事件進行調查，並依法處理及救濟；研究及檢討國家人權政策，並提出建議；監督政府機關推廣人權教育、普及人權理念

---

[65] 李復甸，監察制度要義，財團法人華岡法學基金會，2020年，第310頁。

[66] 同上，第322頁。

[67] 同上，第323頁。

與人權業務各項作為之成效等」[68]。輔以監察院目前收受人民陳述意見的規範與權限執行情況，國家人權委員會應可發揮預想功能，在國際間可能是最有權力的國家人權機關；惟從「關於促進和保護人權的國家機構的地位的原則」（簡稱巴黎原則）角度觀之，仍需注意恩師對「機構有受理和審議有關個別情況之權」、「機構成員多元代表」，以及「機構有獨立之預算」3個部分的提醒[69]。

　　而我國歷經威權統治到落實民主憲政之路，「從消極防弊的廉政觀點，進一步擴增到兼具督促善治的監察功能」[70]，其歷程與作為值得所有華人政體參考與觀摩。而「監察制度要義」一書，亦是記錄與評述此歷程最重要的文獻之一；為有志於提升華人社會人權保障者所共讀，方不致讓相關學術研究與實務操作流於過度直觀的比較法探討與流於表面的法律移植技術。

---

[68] 同上，第326頁。

[69] 同上，第330-331頁。

[70] 同上，第336頁。

PART 3

法治發展與法制建設

我國人臉識別法草案之研議

王國治[*]

壹、前言

　　所謂的人臉辨識，是透過數位圖像來辨識人的應用，尤其當街頭監視攝影機盛行，從監視攝影機的圖像中，自動識別人的身分，並結合到資料庫進行比對的整體硬體而言。計算機應用程式，人臉辨識大致分為兩個過程：「臉部檢測」和「臉部匹配」。在「臉部檢測」處理中，先根據圖像確定臉部區域，然後檢測臉部特徵點以找到臉部的特徵點位置，例如眼睛、鼻子和嘴部邊緣。接著，再使用特徵點位置對臉部區域的位置和大小進行整合後，執行「臉部匹配」處理。但實際上要達到犯罪偵防的境界，人臉辨識還要跟AI技術相配合，因此廣義的人臉辨識，包括構建人臉識別系統的一系列相關技術：人臉圖像採集、人臉定位、人臉識別預處理、身分確認以及身分查找等，透過大數據建構的人臉資料庫，才能透過人臉進行身分確認或者身分查找，成為可能。此時人臉辨識系統之演算法大致可分為兩種類型，即直接將幾何特徵與外觀特徵進行比較的方法，以及統計量化圖像並將其數值與範本進行比較的方法。人臉辨識可以由一個照片組成的數據資料庫，將每個臉部分析並轉化為代表其測量結果的數位，用戶將要搜尋的照片輸入到系統中，生成與其他數百萬人進行比較，產生候選列表，用以比對身分之同一性。由於人臉辨識不須像指紋認證一樣觸摸感應器，或像虹膜認證一樣須直視感應器，被攝像者無任何受侵害的身體感知，沒有任何入侵動作，人臉辨識技術即能以臉部來確認人別，現今早已在各種場景以及智慧手機中使用。例如，許多國家將這種人臉辨識用於

[*] 銘傳大學犯罪防治學系副教授。

入出境管理，自動通關系統方便國民入出境或入境審查蒐集入境外國人的臉部認證資料，辨識危險分子，以維護國家安全；亦有公司舉辦演唱會，以人臉辨識作為入場使用，避免黃牛票的買賣或防止危險人物進入；更有甚者，便利商店播放廣告看板，可就播放廣告板前的人臉，感知年齡及臉部表情，作為顧客是否喜愛廣告商品之販售參考。而在公共領域中，如何提供安全環境與便民服務，並避免犯罪、打擊犯罪，為政府、警務單位與民眾所關切的議題，人臉辨識技術帶來便捷及效率，有助警方治安維護，加速調查及提高公共安全性。因此人臉辨識系統在犯罪偵防上運用，開始廣泛於世界各國，不僅提高員警的行政效能，有效維護社會治安，配合其他資料庫及社群媒體，並能達成有效偵查，乃至於預防犯罪之效果。至於將人臉辨識系統應用到監控人民最受到矚目的，莫過於中國大陸「天網」監控系統，近年來新聞多次顯示，透過人臉辨識，在演唱會或街頭，迅速尋獲在逃通緝犯，但同時也可以在街頭迅速確認每個行人，並連結到社會信用評估以及前科資料，然而同時也引發監控人民的隱憂。當人臉辨識系統逐漸進入到犯罪偵防場域，使用此利器的同時，也產生過度侵犯人民隱私的隱憂，因此若干國家，已經開始注意到這個問題，並透過法規範來加以對應，避免國家過度的侵害，形成監控社會[1]。

貳、人臉識別之潛在風險與預期影響

人臉識別之潛在風險與預期影響如下：[2]

一、數位時代人臉識別的整體性風險

人臉識別技術在疫情防控中起到了一定的作用，但是人臉識別的潛在

---

[1] 王正嘉，AI與人臉辨識技術運用於犯罪偵防之問題分析，刑事政策與犯罪研究論文集第22期，2019年10月，第242-244頁。

[2] 羅攀，人臉識別中個人生物資訊處理的法律規制，上海法學研究集刊第5卷，2021年，第103-107頁。

風險更是不容小覷。

(一) 技術誤差風險

　　人臉識別技術一般由4個步驟構成：一是透過攝像頭對人臉面部資訊進行掃描，二是系統將攝像頭掃描到的人臉資訊編成數位代碼，三是將這些數位代碼儲存在資料庫中，四是當攝像頭再次識別到相同人臉資訊時，系統將該資訊與資料庫已有資訊進行配對[3]。其背後的技術原理是透過演算法匹配已知個體[4]，即將提取到的人臉圖像特徵與現有資訊庫中的人臉資料資訊進行匹配，達到識別個體的目的。但是任何技術多多少少都會存在誤差，人臉識別技術也不例外，目前人臉識別技術門檻低，人臉識別技術的誤差高出其應有的容錯率，美國公民自由協會曾專門做過一個測試，來檢測亞馬遜人臉識別系統的誤差，測試結果是亞馬遜人臉識別系統將20多位國會議員的照片識別為犯罪嫌疑人[5]。

(二) 資訊洩露風險

　　如清華法學院教授勞東燕所說「人臉數據一旦洩露就是終身洩露」，因為人臉資訊具有直接識別性、方便驗證性、易採集性、獨特性、難更改性[6]。沒有什麼比一個人的人臉更容易被識別到，一個人無論走在哪裡都會暴露面部特徵[7]。人臉資訊不同於普通的數位資訊，人臉資訊是一種典型的個人生物資訊，一旦洩露無法更改，而且造成的損失也是不可逆的，幾乎沒有補救措施。2019年，大陸的一家人臉識別公司「深網視

---

[3] Thornburg R. H., Face Recognition Technology: The Potential Orwellian Implications and Constitutionality of Current Uses Under the Fourth Amendment, *J. Marshall J. Computer & Info. L.*, 2002, 20: 321.

[4] Berle I., Face Recognition Technology: Compulsory Visibility and Its Impact on Privacy and the Confidentiality of Personal Identifiable Images, *Springer Nature*, 2020.

[5] 李強，人臉識別在美國，中國青年報，2019年4月27日，第六版。

[6] 邢會強，人臉識別的法律規制，比較法研究第5期，2020年10月。

[7] Welinder Y., A Face Tells More Than A Thousand Posts: Developing Face Recognition Privacy In Social Networks, *Harvard Journal of Law & Technology*, Vol. 26, No. 1 (2012).

界」，它的人臉識別資料庫在網上是開放訪問的，這其中蒐集了200多萬條人臉數據[8]。截至2021年3月25日，在天眼上查發現該企業經營狀態依然是存續，但是企業官方網站已不可訪問，深網視界的控股公司東方網力科技股份有限公司被證監會警示下市風險，除此之外，深網視界和東方網力科技股份有限公司沒有作出更多的回應。這已經被洩露的200多萬條人臉資料已經無法挽救，這些人臉生物資訊的主體應該如何維權，如何尋找救濟，也沒有相關部門作出回應[9]。

(三) 演算法歧視風險

　　人臉識別技術的應用分為3個層面，第一個層面是用於身分認證，即人臉認證；第二個層面是將蒐集到的人臉資訊儲存在資料庫中，用於人臉識別；第三個層面是將蒐集到的人臉資訊進行歸檔、分類和智慧化分析，即人臉聚類。演算法歧視風險一般產生於第三個層面，即使用聚類演算法分類人臉資訊，用於精準行銷。2020年「戴著頭盔看房」的視頻在社會上引起廣泛熱議[10]，究其原因，不少接待中心都安裝了人臉識別系統，用於分類自訪客戶和仲介管道客戶，目的是為了與購房優惠掛鉤。這背後的操作原理就是在客戶看房無意經過接待中心有意安裝的攝像頭時，接待中心的人臉識別系統對來訪客戶的臉部進行抓拍，然後透過聚類演算法進行人臉搜索和匹配，進而分類客戶。接待中心這種將人臉識別用於客戶分類的做法直接侵害了購房者的平等權益，其本質是一種演算法歧視。

二、規範人臉識別的基本原則

(一) 比例原則

　　美國著名學者羅納德在《認真對待權利》一書中寫到：「一個負責任的政府必須準備證明它所做的任何事情的正當性，特別是當它限制公民

8　張凱倫、王倩，刷臉的風險，你知道多少？，檢察日報，2019年4月17日，第五版。

9　林凌、賀小石，人臉識別的法律規制路徑，法學雜誌第7期，2020年7月。

10　余明輝，「戴頭盔看房」是一種無聲舉報，河南日報，2020年11月27日，第一版。

自由的時候[11]。」2020年的疫情中，人臉識別技術被大量地推廣，居民小區和高校將人臉識別門禁應用於疫情防控，小區居民和高校返校學生沒有其他的選擇。人臉資訊被採集者不知道人臉識別門禁系統的技術提供公司，也無法知道自己的人臉資訊被如何儲存、處理。傳統三階比例原則包括適當性原則、必要性原則、狹義比例原則[12]。適當性原則要求手段適合目的之達成，必要性原則要求在多個手段中採取對基本權利干預最輕的手段[13]。狹義比例原則又稱「均衡原則」，該原則要求在人臉資訊的採集者和被採集者間進行衡量，在公共秩序與人臉識別的風險間進行衡量[14]。有學者將人臉識別技術的使用情形歸納為三種：應當使用、可以使用和不需要使用[15]。在可以使用的情形下，就應當運用比例原則充分衡量個人生物資訊採集者與被採集者雙方的利益，力求二者利益的平衡[16]。

(二) 知情同意原則

　　知情同意原則是指公民對人臉等個人生物資訊的採集主體、採集目的以及對個人生物資訊的儲存、處理等過程享有知情權，並且對非必要情況下個人生物資訊的採集享有同意或者拒絕的權利，此處的非必要情況是指不是用於政府管制或者公益目的[17]。早在2008年，美國伊利諾州頒布的《生物資訊隱私法案》（BIPA），就規定了企業初次蒐集個人生物資訊需要得到授權。知情同意原則在大陸《民法典》第1035條第1項第1款中也得到體現，即「處理個人資訊的應當徵得該自然人或者其監護人同意」。

---

[11] 羅納德・德沃金，認真對待權利，信春鷹譯，中國大百科全書出版社，1998年，第252頁。

[12] 劉權，目的正當性與比例原則的重構，中國法學第4期，2014年8月。

[13] 鄭曉劍，比例原則在民法上的適用及展開，中國法學第2期，2016年4月。

[14] 郭春鎮，數位人權時代人臉識別技術應用的治理，現代法學第4期，2020年7月。

[15] 孫道銳，人臉識別技術的社會風險及其法律規制，科學學研究第1期，2021年1月。

[16] Welinder Y., A Face Tells More Than A Thousand Posts: Developing Face Recognition Privacy in Social Networks, *Harvard Journal of Law & Technology*, 2012, 26.

[17] 鄭佳寧，知情同意原則在資訊採集中的適用與規則構建，東方法學第2期，2020年2月。

還有學者在知情同意原則的基礎上進一步提出了「動態同意原則」[18]，即公民有權利在同意被採集人臉資訊後根據採集主體對個人生物資訊的使用情況選擇撤銷之前的同意，如此既強化了對採集主體的公眾監督，又可以更好的保護公民的個人生物資訊。動態同意原則建立在公開透明原則基礎上。2020年10月1日，新版的中國《信息安全技術個人信息安全規範》，明確了個人資訊控制者處理個人資訊應遵循目的明確、公開透明原則。公開透明原則是指人臉資訊的採集主體對人臉資訊的儲存、使用、處理等過程應當公開透明，確保公民可以像查看流水帳單一樣清楚知道自己的人臉資訊等生物資訊在何處何時被使用，並且也可以隨時了解到人臉資訊的採集主體對這些蒐集來的人臉資訊的儲存和保密情況。任何一項新型科技要想長遠地發展下去，甚至實現商業價值，從企業的角度而言，首先應當遵循「公開透明原則」讓公民可以放心接納並使用該項技術。人臉識別技術的提供者只有做到將人臉資訊的採集、儲存、處理等各個過程公開，用戶才有可能支援人臉識別技術的應用和推廣，「動態同意原則」才不致流於形式，在實踐中得到遵循。

(三) 最小權限原則

最小權限原則（principle of least privilege）最早出現在Peter J. Denning的〈容錯操作系統〉（Fault Tolerant Operating Systems）一文中，最小權限原則是指計算環境中的每個模組，例如進程、用戶或者計算機程式，只能訪問必須的資訊或者資源[19]，其目的是避免資料遭受錯誤或者惡意的破壞[20]。人臉生物資訊作為一種特殊的個人資訊，在對人臉資訊進行儲存、處理等各個環節都應當遵循最小權限原則，只賦予人臉資訊的採集

---

[18] 周坤琳、李悅，回應型理論下人臉資料運用法律規制研究，西南金融第12期，2019年12月。

[19] Denning P. J., Fault Tolerant Operation Systems[J]. *ACM Computing Surveys (CSUR)*, Vol. 8, Issue 4 (1976) pp. 359-389.

[20] Moti Ee S., Hawkey K., Beznosov K., Do Windows Users Follow the Principle of Least Privilege?: Investigating User Account Control Practices, *DBLP*, 2010.

者和控制者完成工作所需的最小權限[21]。這是狹義上的最小權限原則，廣義上的最小權限原則還應體現在對個人生物資訊進行採集的環節，亦即非必要不採集原則[22]。提出非必要不採集原則是因為「知情同意原則」在實踐中大多流於形式，在大街小巷分布了各種各樣的攝像頭，而且這些攝像頭的拍攝完全不需要公民的同意[23]，即使人臉資訊的採集主體已經透過隱私政策、個人資訊保護政策等規範履行告知義務[24]，但是很多情況下並沒有賦予資訊主體說「不」的權利，因為資訊主體一旦接受資訊採集主體提供的服務，就必須同意，別無選擇。「知情同意原則」在具體實施中變相成了「知情被同意」。在疫情期間，一些居民小區將門禁統一換成刷臉門禁，小區居民不刷臉就不得出入，居民被迫必須同意刷臉。基於「知情同意原則」的履行困境，對人臉資訊的規制應當遵循「非必要不採集原則」。

(四) 可註銷原則

可註銷原則的理論基礎源自國外的「被遺忘權」，又稱「刪除權」，是指資訊被採集者有權要求資訊採集者永久刪除其被採集的個人資訊[25]。「被遺忘權」在國外司法實踐中得到首次確認在是「岡薩雷斯與谷歌」一案中[26]。可註銷原則，顧名思義就是像我們在一些客戶端上註冊的帳號，一旦不想繼續使用該帳號即可選擇永久註銷帳號。人臉生物資訊不同於帳號密碼，其具有難更改性，正因如此，對於商家、企業蒐集到的人

---

[21] Saltzer J. H., Schroeder MD., The Protection of Information in Computer Systems [J], *Proceedings of the IEEE*, Vol. 63, Issue 9 (1975), pp. 1278-1308.

[22] 王秀哲，我國個人信息立法保護實證研究，東方法學第3期，2016年5月。

[23] 程嘯，為個人生物識別信息打造法律保護盾，人民論壇第24期，2020年8月。

[24] 呂炳斌，個人信息保護的「同意」困境及其出路，法商研究第2期，2021年3月。

[25] 伍豔，論網絡信息時代的「被遺忘權」以歐盟個人數據保護改革為視角，圖書館理論與實踐第11期，2013年11月。

[26] 魏思婧、毛寧，歐美國家用戶個人信息被遺忘權的法理邏輯差異，情報資料工作第41卷第2期，2020年3月。

臉資訊，公民有權利要求其永久登出資訊庫中的個人人臉資訊。如果將人臉識別系統後台蒐集到的大量人臉資訊比作手機相冊，那麼可註銷原則就是賦予公民自由選擇刪除照片的權利，並且有權要求雲端同步刪除，達到類似網絡帳號註銷的效果，即一旦註銷，無法查找，也無法恢復。

三、人臉辨識預期影響

　　根據英國資安科技網站Comparitech的報告，中國大陸城市是全球最被嚴密監控的地方，如果依照預定速度加裝監視鏡頭，到2020年時，每兩個人就有一支監視器。南華早報報導，根據每1,000人安裝的閉路電視（CCTV）攝影機數量多寡，在全球監控最嚴密的前十名城市中，中國大陸就占了八名，以重慶的260萬支鏡頭最多，相當每1,000人有168.03支，緊隨其後的是深圳，以每1,000人有159.09支。澳洲商業內幕新聞網站報導，有趣的是，重慶的犯罪指數相當低，被評為33.18，位居前五名的中國城市犯罪指數也都低於50，意味這些城市都很安全。監視鏡頭和犯罪指數之間是否相關，目前還不明朗。住重慶的王莎若（譯音）說，她對重慶居冠感到五味雜陳，但承認安全監控也有好處。她說：「雖然覺得有些討厭，但我更想知道，是誰在公共場所偷我的手機。」深圳居民郭彥（譯音）表示，CCTV明顯的好處包括汽車駕駛怕被錄影開單，現在變得文明多了，所以只要監視器裝設於公共場所，他覺得還好。住英國、美國、阿拉伯聯合大公國、澳洲和印度的部分居民，可能也有被人監視的詭異感。中國城市除外，排名最高的是位居第六名的倫敦，其次是第十名的亞特蘭大。第十一名至第二十名依次為：新加坡、阿布達比、芝加哥、烏魯木齊、雪梨、巴格達、杜拜、莫斯科、柏林、新德里。中國新疆維吾爾自治區的首府烏魯木齊排第十四名。有報導指出，新疆的穆斯林族群遭中國政府嚴密監控。在那裡，每1,000人有12.4支鏡頭，數量界於新加坡的15.25支和新德里的9.62支之間。外界對中國裝設的鏡頭數量估算不一，2020年前約有2億至6.26億支鏡頭，以現有的14億人口計算，幾乎每兩個人就有一支監視器。監視器的問題在於，除了時時被觀看的詭異感受外，臉部辨視技術日益進步，部分人士擔心政府能追查所有公民的行蹤，不論這人

是否為嫌犯，而且收錄人臉部資料的資料庫，也有被駭客侵入的隱憂。自AI誕生以來，隨其理論和技術日益成熟，應用範圍正不斷擴大，影響層面也遍及社會各領域，AI將成為國際競爭的新焦點、國家建設的新機遇、經濟發展的新引擎。對岸的中共亦掌握此一契機積極發展AI，並已獲得相當成果，名列國際的前段班，更有在此領域稱霸的野心[27]。

「大陸工信部日前發布〈關於進一步做好電話用戶實名登記管理有關工作的通知〉，電信企業自2019年12月1日起在實體管道全面實施人像比對技術措施，人像比對一致後，方可辦理手機入網手續。這是在實名制後，進一步用生物識別、人臉識別技術對手機門號進行管控。據信報財經網，大陸民眾目前簽署手機或流動數據服務新合約時，要展示身分證明文件及拍照，但自今日起，電信企業須同時收集申請人的人臉辨識資料，以核實身分證明文件上的資料。中共工信部在2019年9月底頒布有關措施，表示要運用人工智能等技術，確保電話入網環節『人證一致』；另要積極落實中共『反恐怖主義法』及『網路安全法』等法律規範，在實現全部電話使用者實名登記的基礎上，透過聯網核查，提升登記資料準確度。」[28]
本文針對人臉辨識應用如下：[29]

（一）金融支付

中國阿里巴巴董事長馬雲2015年宣布推出以人臉進行付款的科技，之後支付寶便率先推出人臉辨識登入帳戶的服務。中國肯德基杭州分店讓上門消費的客戶於機器點餐後，掃描臉部就能夠連結帳戶扣款。法國Safran展示利用人臉辨識取代信用卡驗證碼的可能性，使用者不用再攜帶卡片及費神記憶密碼。芬蘭Uniqul計畫在其店舖裝設人臉辨識系統供顧客進行無卡支付。

---

[27] 謝游麟，共軍對於人工智慧（AI）之發展與政策建議，陸軍學術雙月刊第55卷第568期，2019年12月，第78頁。

[28] 賴錦宏，大陸民眾12月1日起辦理手機門號需要人臉辨識，聯合新聞網，https://udn.com/news/story/7332/4198756（最後瀏覽日期：2020/11/29）。

[29] 蘇亞凡、柳恆崧、吳玉善、周逸凡、鄭玉欣、邱彥霖、胡家豪，人臉辨識技術及應用，電工通訊季刊第4季，2018年12月，第5-7頁。

(二) 機場通關及登機

人臉辨識在這一波人工智慧熱潮之前就已被應用於機場通關上，台灣桃園中正國際機場於2012年啟用了人臉辨識技術自動通關系統，在亞洲國家中排名第五。英國航空於2017年在倫敦希斯洛機場引進人臉辨識系統提供旅客登機服務加速通關流程，成為英國首家採用生物辨識登機的航空公司。因應2020年東京奧運大量遊客湧入，日本法務省在羽田機場透過人臉辨識技術簡化日本人出入境機場的手續，後續將擴展至更多機場。在中國，超過60座機場、500座安檢通道完成人臉辨識系統布置，以提高機場安檢驗證的準確率和通行效率，為目前佈建率最高之國家。澳洲雪梨機場及澳洲航空現正展開以臉部辨識取代護照查驗的測試。

(三) 裝置解鎖

Google在Android 4.0加入前置鏡頭進行臉部解鎖之功能，包括三星的Galaxy S8和小米6、小米Note 3、華碩Zenfone Max Plus等機型皆支援。蘋果iPhone X則首度將3D感測運用在行動裝置人臉解鎖上，大幅減低遭冒用之風險。速霸陸（Subaru）計畫於美國上市之休旅車引進三菱電機（Mitsubishi Electric）技術，以人臉取代鑰匙，可減輕攜帶鑰匙的負擔及避免遺失的風險。

(四) 警方執法

2015年1月到2月，加州政府26個執法單位於聖地牙哥（San Diego）使用人臉辨識軟體輔助攔查民眾，在2萬多次中有逾5,000起的成功攔查。2017年8月，中國山東省青島市警方在當地年度啤酒節中，透過人臉辨識系統對200萬名參加者的臉部進行掃描分析找出了19名曾有服用禁藥紀錄者，後來測出禁藥反應予以逮補。2017年台北世大運，警政單位透過加裝在競賽場地、選手村、觀眾席、指揮處等地的人臉辨識系統進行可疑人物篩檢以強化維安。2018年中國春運期間，在河南省省會鄭州車站測試內建人臉辨識技術的太陽眼鏡，協助鄭州警方查獲7名涉嫌人口販賣、交通肇

事逃逸等重要刑事案件逃犯，以及26名冒用他人身分證件的乘客。

（五）違規預防

中國廣東深圳為對付行人違規闖紅燈之亂象，推出「智慧行人闖紅燈取證系統」，監視器會捕捉闖紅燈的行人人臉，影像經由人臉辨識之後，再將照片及對應的名字、身分證字號一同顯示於路旁的螢幕以震懾違規民眾。此外，中國北京天壇公園為解決公用衛生紙被偷竊及浪費的亂象，竟導入刷臉才能抽取60公分衛生紙的規則。

（六）無人商店

2016年底，美國電商亞馬遜（Amazon）發表無人便利商店概念Amazon Go，消費者進入商店後，可自由拿起商品並離開，無需排隊結帳，亞馬遜則藉由機器自動分析，於該消費者之帳號自動扣除該次消費之金額。無人便利商店的概念立即引起廣大迴響，但由於涉及技術複雜，直到2018年1月Amazon Go無人商店才正式在西雅圖亞馬遜總部開幕。日本豪斯登堡（Huistenbosch）集團，2018年5月在該集團的機器人旅館中開設無人智慧便利超商，背後使用的便是NEC的人臉辨識技術。國內統一超商在2018年6月底對外開放X-Store，顧客需經過刷臉的步驟才能進入商店及進行自助結帳。

（七）數位身分證辨識

針對數位身分證政策恐生變，台灣人權促進會秘書長施逸翔批評，喊卡這個動作，政府早該做了，現在製作數位身分證的標案都出去了，然後又推不動，內政部到底有沒有相關行政責任？施逸翔說，內政部沒宣布完全停止數位身分證，未來訴訟及連署持續進行，台權會會不斷開記者會呼籲內政部注重人民權益，網站發起的連署也會持續進行。施逸翔認為，數位身分證換發侵害大法官釋字第603號所保障的資訊自主權，目前提起的訴訟是預防性訴訟，政府要求所有人民全面換發數位身分證，但其實不能宣告舊證失效，因為人民有權拒絕換發，舊的也有效，應該讓人民來選

擇。施逸翔指出，數位身分證從紙本過渡到晶片，晶片裡有相關加密區域，內政部之前要求人民提供高解析度的照片，讓人質疑其目的，因解析度高的照片可能被用來作為人臉辨識，或是跟警察系統結合，這是侵犯人民權利。再者，人民未來用數位身分證插卡，插卡的機器要怎麼蒐集、處理個資，目前都沒有相關法律規範，在這情況下，人民數位足跡將會有很大的個資隱私風險；數位身分證也違反個人資訊自主權，更危險的是製作數位身分證相關的公司，人民個資可能被外洩，有資安疑慮；或是製作的公司跟大陸有關。[30]

(八) 智慧校園系統

　　新冠肺炎疫情讓更多智慧工具進入校園，部分學校建置人臉辨識、足跡追蹤、監視器等設備增加校園安全，卻引發隱私權恐受侵犯的疑慮。台灣師範大學疫情期間研發「one day pass」實名制系統，校內師生和登記入校訪客都是使用者，進出大樓要開啟手機系統並掃描QR Code打卡，後台可一清二楚看到師生行蹤。中小學陸續購買刷臉系統維護校安，新北市青山國中小去年推刷臉入校，學生直呼「上學更新鮮」；台中女中日前在宿舍裝置人臉辨識，引發家長對隱私權的擔憂。台師大一名教師也表示該系統「去哪都被記錄，隱私恐外洩」[31]。

參、世界各國有關人臉識別的法律規範

　　世界各國對於人臉辨識科技運用已經產生相關問題，各國紛紛制定相關法令規範，例如美國在聯邦層面沒有統一的人臉識別法律，而是透過各州的獨立立法進行管理，而美國有參眾兩院提出了多項人臉識別法案，分別是《道德使用人臉識別法案》（2020年）、《國家生物識別隱私法》

---

[30] 蔡翼謙，台權會批評個資蒐集處理 缺法規有風險，聯合報，2020年12月27日，A5版。

[31] 潘乃欣，校園刷臉 引發侵犯隱私疑慮，聯合報，2020年10月29日，A8版。

（2020年）、《商業人臉識別隱私法案》（2019年）、《人臉識別技術授權法案》（2019年）、《安全資料法案》（2019年）等相關後續發展值得持續追蹤。歐盟《通用資料保護條例》、《關於通過視頻設備處理個人資料的3/2019指引》等；中國大陸《資訊安全技術個人資訊安全規範》、《中華人民共和國個人信息保護法》（2021年8月20日第十三屆全國人民代表大會常務委員會第三十次會議通過，2021年11月1日起施行）；印度電子及資訊科技部（Ministry of Electronics and Information Technology, MeitY）2018年7月27日公告《個人資料保護法》草案；巴西《通用數據保護法》（2020年2月15日正式生效）；加拿大在2020年11月17日提出《數位憲章實施法》（Digital Charter Implementation Act）草案。以上國家，均有對於人臉識別的法律規範與實務運用案例。

　　本研究計畫是針對我國目前尚未有相關人臉識別的法令規範，我國未來可以選擇增修《個人資料保護法》或增定《科技偵查法》草案關於人臉辨識的資料蒐集與規範限制，本研究計畫目的是提出《人臉識別法》草案，對於我國未來人臉識別技術管理與規範有重要性影響。

一、歐盟、美國與中國對人臉識別的法律規範

　　以下是歐盟、美國與中國對於人臉識別的法律規範[32]：

（一）歐盟

　　號稱史上最嚴格個資法的歐盟《通用資料保護規定》（General Data Protection Regulation, GDPR），甫於2018年5月25日正式施行。歐盟在2016年即透過GDPR以取代先前的數個指令；並在實施之前給予2年的緩衝期。GDPR規範的重點包括：擴大適用範圍及於歐盟境外、加重企業相關責任、賦予個資當事人更完整權利，以及個資跨境傳輸採「原則禁止、例外允許」模式。例外許可情形包括：企業自主採行符合規範的適當保護措施、取得個資當事人明確同意，或經歐盟認定個資保護水準與其相當的

---

[32] 邢會強，人臉識別的法律規制，比較法研究第5期，2020年10月，第54-56頁。

國家，即可自由與歐盟進行個資跨境傳輸[33]。

　　根據GDPR第4(14)條的定義，生物識別資料明確包括面部圖像，且與BIPA相同，GDPR對面部識別資料和照片進行了區分。GDPR敘文第51條指出：「處理照片並不當然地被認為是處理個人敏感性資料。僅在透過特定技術方法對照片進行處理，使其能夠識別或認證特定自然人時，照片才被認為是生物識別資料。」GDPR並未提及視頻影像，例如被監控攝像頭蒐集的視頻影像，但應當類推適用相同的原則進行處理。即如果使用「特定技術手段」來識別或認證特定自然人，則透過照片或視頻蒐集的任何圖像均構成生物識別資料。GDPR第9條規定，生物特徵資料屬於個人資料的「特殊類別」，除非某些特殊情況外，不得處理該等資料。人臉識別技術的商業應用可適用的唯一例外是「資料主體已明確表示同意」，同意須「自由給予、明確、具體、不含混」，資料主體任何形式的被動同意均不符合GDPR的規定。此外，GDPR第9(4)條允許歐盟各成員國規定在特定情況下不適用GDPR中對處理生物識別的資料的限制。例如，荷蘭規定了為完成認證或安全需要時可以處理生物識別資料。克羅埃西亞的新資料保護法對生物識別資料的限制排除適用監控安全系統[34]。

　　根據GDPR規定，旨在識別特定自然人生物識別資料被認定為特殊類型的個人資料。對於自然人生物識別數據等數據，在數據主體明確同意的情形下，數據控制者可以對特殊類型的個人資料進行相關必要的處理。同時，若基於偵查犯罪的需要，在必須使用的情形下，為了公共利益及國家利益的維護，該特殊類型的個人資料同樣可在未經資料主體同意的情形下被使用，但是必須保證對數據主體最小程度的損害。歐盟GDPR規定，對於基因資料、生物性識別數據以及健康相關數據，各成員國可維持其在歐盟GDPR頒布前所作出的相關規定，或者進行新的與歐盟GDPR規定有所不同的具體規則制定。但是相關規定在實際操作中存在著一定的難度，在

---

[33] 廖緯民，歐盟GDPR與個人資料保護認證，電腦稽核期刊第38期，2018年7月，第91-94頁。

[34] 洪延青，人臉識別技術的法律規制研究初探，中國信息安全第8期，2019年8月，第85-86頁。

公共場所中的人臉識別通常無法普遍徵得公眾的明示同意。因此此前在《人工智慧白皮書》中，歐盟委員會表示正在考慮實施史上最嚴的人工智慧監管措施，其中，公共或私人機構在公共場所使用人臉識別技術將被禁止3年到5年的時間。歐盟委員會最終刪除了上述人臉識別技術禁令，但對使用人臉識別等遠端生物識別系統提出了嚴格限制。最終版本的《人工智慧白皮書》指出歐洲的人工智慧必須以歐洲的價值觀以及人類尊嚴、隱私保護等基本權利為基礎，著重建構可信與安全的人工智慧監管框架。對於人臉識別，《人工智慧白皮書》認為將人工智慧用於遠程生物特徵識別及其他侵入式監視技術始終被認為是高風險的，因此有關人臉識別的處理活動必須出於嚴格的必要，獲得歐盟及成員國法律的許可且配備適當的保障措施。同時，除滿足GDPR的相關規定外，此類處理活動還需受《歐盟基本權利憲章》的約束，既只有在正當、符合比例並受到充分保護的情況下，才可將人工智慧系統用於人臉識別。2021年1月歐盟委員會決定發起一個名為「禁止生物識別大規模監視實踐的公民社會倡議」（ECI）。ECI的組織者希望歐盟委員會可以提出一項法案以永久地終止對生物特徵資料無區別及任意針對性地使用，防止可能出現的大規模監視或對公民基本權利的不當干預。因此，對人臉識別的法律規制，歐盟在GDPR及《基本權利憲章》基礎上，不斷嚴格法律框架限制人臉識別的使用範圍與場景，明確「最小損害」與「嚴格必要」原則，最終實現對歐盟公民個人資訊安全以及個人尊嚴的保護。此外，2021年1月28日，歐盟之外的歐洲委員會（Council of Europe）《第108號公約》諮詢委員會發布了〈人臉識別的指南〉為立法者和決策者，公共和私營實體提供了一套全面人臉識別技術使用的參考措施，對全球人臉識別的法律規制起到了重要的參考作用[35]。

---

[35] 林梓瀚、史淵，歐美基於人臉識別技術的法律規制研究，互聯網天地第4期，2021年4月，第49-50頁。

(二) 美國

美國在隱私保護方面仍落後於歐盟。儘管有一些涵蓋特定行業部門的聯邦隱私法和一些州隱私法，但美國並沒有聯邦隱私法在全國範圍內為消費者提供強而有力的隱私保護。這對世界第一大經濟體美國的經濟發展構成威脅。在本文中，我們研究了一些表明美國可能很快透過聯邦消費者隱私法的最新發展，並提供我們對新法律性質的預測。在文章的最後，得出一個結論[36]。

1. 美國隱私發展概況

(1) 2018年

2018年4月，《衛報》宣布，數據諮詢公司Cambridge Analytica在未經相關用戶同意的情況下蒐集和使用了來自約8,700萬份Facebook個人資料的數據。他們中的大多數（7,000萬）來自美國。為了收集如此大量的數據，Cambridge Analytica使用了一款名為thisisyourdigitallife的應用程式。Cambridge Analytica的一位前代表（Christopher Wylie）就數據洩露事件表示：「我們利用Facebook來蒐集數百萬人的個人資料，建立模型來利用我們對他們的了解，並針對他們內心的惡魔。這是整個公司建立的基礎。」數據洩露導致了對Facebook的嚴重公開批評。大約四分之三的使用互聯網的美國家庭開始擔心隱私和安全風險。漏洞被發現後不久，Facebook首席執行官馬克·祖克柏（Mark Zuckerberg）被要求在美國國會作證。2018年7月，白宮指出，它打算與國會合作制定「消費者隱私保護政策，在隱私與繁榮之間取得適當的平衡」。代表主要科技公司的組織資訊技術產業委員會對白宮的努力表示讚賞，並強調美國有機會為數字經濟創造新的隱私範式，避免目前隱私法的拼湊。2018年，美國參議員提出了至少兩項數據保護法案。首先，2018年9月，國會女議員Suzan DelBene提出了一項名為《資訊透明度和個人數據控制法》的法案。它對公司提出了各種隱私要求，包括但不限於：①要求以「通俗易懂的英語」向消費者提供隱私政

---

[36] Daniel Dimov, US Data Protection and Privacy in 2020, July 10, 2020, https://www.techopedia.com/data-protection-and-privacy-in-2020/2/33888 (last visited 2019/7/30).

策；②要求在處理消費者的個人資訊之前獲得消費者的同意。該法案於2019年重新提出。其次，2018年12月，由15名美國參議員組成的小組提出了《數據保護法案》。如果獲得通過，該法案將要求從用戶那裡蒐集個人數據的公司採取合理的措施來保護它。支持該法律草案的美國參議員布賴恩・沙茨（Brian Schatz）解釋了該法案背後的基本原理如下：「人們有一個基本期望，即他們提供給網站和應用程式的個人資訊受到良好保護，不會被用來對付他們。」

(2) 2019年

2019年，美國參議院引入了新版本的數據保護法案（也稱為2019年《數據保護法案》）。它要求在線服務提供商：①保護個人數據免遭未經授權的訪問；②避免以損害最終用戶的方式使用個人數據；③避免向協力廠商披露個人數據，除非該協力廠商受該法規定的義務的約束。2019年12月3日，參議員Maria Cantwell (D-WA)向美國國會提交了《消費者在線隱私權法案》（COPRA）。其目的是規範可以識別居住在美國的個人或與消費設備合理關連的資訊的處理。它排除了某些小企業遵守該法案的義務。COPRA要求涵蓋的實體：①在處理他們的個人數據之前獲得數據主體的同意；②僅將數據用於特定目的；③採取合理的資訊安全措施保護數據；④向數據主體（根據他們的要求）提供他們自己的個人數據。允許數據主體修改和刪除他們的數據。如果要處理的數據是敏感的個人數據，則同意需要採用明示肯定同意的形式。CORPA實施數據處理透明度原則，這意味著涵蓋的實體必須發布符合某些要求的隱私政策。

(3) 2020年

2020年2月13日，參議員Kirsten Gillibrand (D-NY)推出了2020年《數據保護法》草案。如果通過，該法案將導致成立一個聯邦數據保護機構，負責裁決與消費者隱私相關的投訴。此外，該機構將能夠宣布侵犯隱私的做法具有欺騙性或不公平性。新的隱私監管機構將能夠對違反隱私法的人提起民事訴訟，甚至可以對他們處以每天高達100萬美元的罰款。該法案因給予行政部門過多的自由裁量權而受到批評。民主與技術中心的米歇爾・理查森警告說，在我們了解該法案建立的制度是否會對公司行

為產生任何有意義的影響之前，可能需要數年時間。2020年3月12日，參議員Jerry Moran (R-KS)推出了2020年《消費者數據隱私和安全法案》（CDPSA）。該法案整合了其他擬議立法，旨在創建聯邦隱私框架。CDPSA為個人提供的權利類似於加州《消費者隱私法案》（CCPA）和GDPR所提供的權利。除某些例外情況外，這些權利優先於其他州和聯邦法律。CDPSA不會創建新的聯邦日期保護機構。相反，它指定聯邦貿易委員會（FTC）作為負責管理CDPSA的聯邦機構。CDPSA承認兩種類型的同意，即默示同意和明示肯定同意。第二類同意僅在收集和處理敏感個人數據的情況下以及向協力廠商披露個人數據不屬於CDPSA明確規定的一個或多個允許目的範圍的情況下才需要。CDPSA的一個重要特點是它免除了某些小企業的一些合規義務，從而減輕了這些企業的合規負擔。豁免義務包括，如數據主體訪問其個人數據的權利，以及數據主體更正其個人數據的權利。CDPSA將術語「小型企業」定義為累積滿足兩個條件的任何涵蓋實體或服務提供商。

(4)《COVID-19消費者數據保護法》

《COVID-19消費者數據保護法》於2020年5月7日頒布，這是由於使用移動設備和其他監控服務來跟蹤感染COVID-19的人的各種建議結果。該法案主要適用於地理定位、鄰近度和健康資訊的收集。只有在事先通知數據主體並獲得其明確同意後，才能處理此類數據。該法案旨在填補聯邦立法中有關COVID相關做法的漏洞，例如雇主測量員工體溫或跟蹤他們的疾病的情況。關於新法性質的猜測考慮到GDPR的成功以及美國個別州採用類似GDPR的法律的趨勢，我們可以預期新的聯邦《隱私法》也將遵循GDPR框架。

2. 各州法律規範

美國在聯邦層面沒有統一的法律規制人臉識別數據的蒐集和使用，而是各州針對生物特徵資訊單獨立法，如表1所示：

表1　美國人臉識別應用相關法律規定

地區	法案名稱	生物識別資訊定義	蒐集、使用等規定
伊利諾州	《生物識別資訊隱私法案》	「生物標符」指視網膜或虹膜掃描、指紋、聲紋或者臉部幾何形狀面部特徵的描，不包括書寫樣板、手寫簽名、照片等。	蒐集：應當告知自然人其收集的目的、保存時長、蒐集情況等，在爭取被收集人書面同意後，方可進行。 存儲：未明確排除私人機構對生物識別技術的使用，但是對技術適用後資料保留的時間以及資料保管方面作出了限制規定，如技術使用者在蒐集資料的目的達到後，或與被蒐集者第一次聯繫超過3年的，必須銷毀資料。 轉讓：生物識別資料不得向他人披露或者出售，但徵得被收集者同意或法律另有規定的除外。
德克薩斯州	《商法典》	「生物特徵識別符」指視網膜或虹膜掃描、指紋、聲紋以及臉部和手部特徵記錄。	蒐集：出於經營性或者商業目的需要採集他人生物特徵識別符的，事先要通知被採集人並且徵得其書面同意。 存儲：技術使用者應採取與存儲、傳輸和保護屬於被採集者的其他機密資訊相同或更嚴格的保護手段，並確保存儲、傳輸和防止洩露生物特徵標識。 使用：特殊情況：當被採集人失蹤或者死亡，為了達到被採集人所要求或者授權的金融交易目的，在聯邦法律的範圍內，可將被採集人的生物特徵識別符披露、租賃、出售給他人。 處罰：對於不遵循該法典規定的，擅自獲取他人生物識別資訊的，將會受到最高25,000美元的罰款。
加利福尼亞州	《人臉識別技術法案》		原則：沒有禁止公共機構和私人機構使用人臉識別技術，但希望在使用該技術和保障公民的隱私權之間實現平衡。

（接下頁）

地區	法案名稱	生物識別資訊定義	蒐集、使用等規定
加利福尼亞州：三藩市	《城市監督委員會禁令》		禁止政府部門（如員警、交通部門、市政部門等）使用面部識別技術，期限爲3年。如果政府部門想要使用人臉識別技術，則須向城市監督管理委員會説明使用目的及方法，並舉行聽證會，經監督委員會批准。
麻塞諸塞州：薩默維爾市	《禁令》		禁止當地政府部門（主要包括警察局和市政部門）使用面部識別技術，成爲美國歷史上第二個禁止公權力機構使用面部識別技術的城市。但並未對州或者聯邦執法部門使用人臉識別技術進行限制。
華盛頓州	《人臉識別專門法案》		地方機構開發、使用、獲取人臉識別資訊需要滿足：(1)州級或者地方政府在使用人臉識別技術時應當向立法機構提供責任報告；(2)應在運營狀態下測試人臉識別服務，採用合理措施，確保最高品質效果；(3)培訓從事人臉識別服務的技術人員；(4)應對人臉識別服務進行定期的披露、記錄以及彙報。從該議案可以看出，嚴格限制政府對人臉識別技術的適用，而私人機構則無權使用人臉識別技術。
聯邦	《消費者資料隱私法》（草案）	將生物識別資訊定義爲，個人的生理、生物或者行爲特徵，這些特徵單獨或者與其他識別性資料共同使用可用來識別個人身分，包括虹膜、視網膜、指紋、面部、手、手掌、靜脈圖案和語音紀錄的圖像等。	受管轄的實體不得出於以下目的處理生物識別資訊：安全事件的發生和應對；提供安全環境，或維護產品或服務的安全性；保護免於惡意、欺騙、欺詐或非法的活動，除非：該處理是即時的，或者短期的，或者符合聯邦貿易委員會將來會制定發布的規則；不會將生物識別資訊對外傳輸，除非爲履行法律義務，或建立、行使，或維護法律訴求。

（接下頁）

地區	法案名稱	生物識別資訊定義	蒐集、使用等規定
聯邦	《資料保護法》（草案）	沒有對生物識別資訊進行專門規定，而是將其納入到了敏感個人資訊中，對敏感的個人資訊適用被認爲是「高風險的資料實踐」。	隱私保護機構要求組織就高風險的資料實踐，採取事前的影響評估和事後的結果審計；檢查高風險的資料實踐帶來的社會、倫理、經濟和公民權利方面的影響，並負責提出救濟措施；就高風險的資料實踐開展進一步的規則制定；審查和批准新的高風險技術和應用，其中應對「敏感的個人資訊使用」給予特別的關注和考量。

資料來源：銀丹妮、許定乾，人臉識別技術應用及其法律規制，人工智慧第4期，2020年，第37頁。

　　美國學者Cameron Martin認為：「必須暫停執法部門使用臉部辨識軟體（FRT）。儘管FRT的能力在過去10年中得到了極大的提升，但它所取得的飛躍還不足以在我們的日常生活中實施。偏見仍然存在於軟體本身中。FRT系統無法提供相同級別的匹配，並且當系統需要處理非白人性別男性的任何人的探測照片時，不匹配會增加。在實施FRT以提高公共安全之前，必須糾正這些問題。州立法機關必須頒布執法部門暫停使用FRT的規定。如果某個州確定暫停適用FRT，則必須透過有目的地確定如何在公共安全領域實施該技術來進行評估。這些決定需要成立和使用由多個領域的專家組成的兩黨審查委員會，這些委員會有能力評估技術的能力以及應該如何實施。這些決定必須不斷考慮任何對公民權利和公民自由的濫用或侵犯，以及對已經受到過度監管的社區的不利影響。對FRT的監管是該技術應被允許在執法部門手中的唯一方式。」[37]

　　隨著尖端技術的不斷進步以及時間的推移，政府對面部識別技術不受管制的使用將繼續侵入我們日常生活的秘密，為我們的運動、行為和關係創造一個無所不包的畫面。本說明努力提高認識這些問題，將面部識別目前的執法實踐在國內和國際。至少，這種不受管制的面部識別使用技術是

---

[37] Cameron Martin, Facial Recognition in Law Enforcement, *Seattle Journal for Social Justice*, Vol. 19 (2020), p. 344.

美國《憲法》第四修正案意義上的不合理搜索，美國公民應該得到保護。但是，提出這個問題的適當事實案例充其量是幾年之後的事，並且不知道法院是否準備為受監管的政府使用面部識別技術制定全面的指導方針。本說明試圖解釋一項以《竊聽法》關鍵條款為基礎的綜合性法定法案，如何為法官和執法人員提供明確的指導方針和標準。擬議的法案還將在隱私權和執法需求之間建立急需的平衡[38]。

　　臉部識別等監控技術可以監控活動、交易、家庭，並觀察民眾的宗教和民主習慣，引發嚴重的自由問題。即使不是由員警指揮，無所不在的數字監控也會破壞人類隱私並威脅個人自由。與此類監視相關的危害是政治的、個人的和肉體的。持續的公共監視會抑制結社自由，抑制表達，並破壞抗議或請願的自由。獨立於政府觀察者的私人生活的能力是現代美國生活的基礎。最後，傷害可能是相當身體上的，因為監視可能導致員警接觸和控制。監視的社會控制權並不總是虛擬的，但可以產生現實世界的影響，特別是對那些政治權力較小和已經過度監管的社區的個人。由於這些危險，面部識別必須透過立法行動來規範。正如本文通篇所討論的，美國《憲法》第四修正案在很大程度上未能保護隱私的核心問題，並忽視了錯誤、偏見、不透明和不公平等基本問題。本文中提出的框架提供了一種折衷方案，即承認並非所有面部識別技術都是相同的，但所有此類監視都需要監督和問責。需要採取立法行動以確保受到面部識別威脅的自由利益仍然安全[39]。

(三) 中國

　　2020年10月1日，《信息安全技術個人信息安全規範》正式實施，在收集個人生物識別資訊前，應單獨向個人資訊主體告知收集、使用個人生

---

[38] Tate Ducker, Orwell's 1984 "Big Brother" Concept and the Governmental Use of Facial Recognition Technology: A Call to Action for Regulation to Protect Privacy Rights, *Belmont L. Rev.*, Vol. 8 (2021), p. 650.

[39] Andrew Guthrie Ferguson, Facial Recognition and the Fourth Amendment, *Minn. L. Rev.*, Vol. 105 (2021), pp. 76-77.

物識別資訊的目的、方式和範圍，以及存儲時間等規則，並徵得個人資訊主體的明示同意。此外，10月21日開始向社會徵求意見的《中華人民共和國個人信息保護法草案》第27條規定：在公共場所安裝圖像採集、個人身分識別設備，應當為維護公共安全所必需，遵守國家有關規定，並設置顯著的提示標識。所收集的個人圖像、個人身分特徵資訊只能用於維護公共安全的目的，不得公開或者向他人提供；取得個人單獨同意或者法律、行政法規另有規定的除外[40]。

隨著中國快速步入5G時代，人臉識別技術也面臨新的發展趨勢：一是人臉識別技術會更加成熟，在更遠的距離也能完成掃描；二是實現虹膜、靜脈等多種生物資訊進行輔助完成刷臉，這樣可以進一步保障資訊安全；三是會更加重視保障公民的資料隱私安全。所以，隨著技術的發展，應當加快完善法律法規的建設，提高監管水準，提升公民的資訊隱私保護意識。同時應該擴寬立法思路，在新的法律方案中發揮法律設計上的預測性[41]。科技和人權不應當是對立的關係，科技的發展也不應該建立在犧牲公民的人權和隱私上，相信未來人臉識別技術的發展會與隱私問題得到和諧地解決[42]。

1. 《個人信息保護法》

2021年8月20日大陸第十三屆全國人民代表大會常務委員會第三十次會議正式通過《個人信息保護法》，自2021年11月1日起正式實施。《個人信息保護法》據稱是世界上最嚴格的個資法，事實上，不論究其規範效力或範圍，確實更甚於歐盟GDPR，不僅在於其對於「個人信息」的定義更為寬廣，且基於域外管轄原則，不僅規範在大陸境內收集及使用個人資訊的個人資訊處理者，包括在大陸境外，以向境內自然人提供產品或者服

---

[40] 羅克研，大數據時代人臉識別未知風險增高，中國質量萬里行第12期，2020年12月，第96頁。

[41] 盛雅、尹宣熙，人臉識別遇上隱私問題，何去何從？，中國電信業第9期，2019年9月，第31-33頁。

[42] 文銘、劉博，人臉識別技術應用中的法律規制研究，科技與法律第4期，2020年7月，第84頁。

務為目的，分析、評估境內自然人的行為等處理大陸境內自然人個人信息的活動，也適用本法[43]。針對濫用人臉識別技術問題，該法要求在公共場所安裝圖像採集、個人身分識別設備，應設置顯著的提示標識；所收集的個人圖像、身分識別訊息只能用在維護公共安全的目的[44]。

2. 《深圳經濟特區數據條例》

2021年7月6日，大陸官方正式發布《深圳經濟特區數據條例》，將於2022年1月1日起實施。更明定用戶可以拒絕業者對用戶「人臉辨識、指紋驗證」等生物識別數據的獲取和濫用，「『不同意授權協議就不能使用』的『App霸王條款』將不再適用」[45]、「最高人民法院發布《關於審理使用人臉識別技術處理個人資訊相關民事案件適用法律若干問題的規定》，從2021年8月1日起施行，針對包含物業或其他建築物管理人，如果僅以『刷臉』作為出入的唯一驗證方式，新規支援對此不同意的業主、物業使用人可要求提供其他合理驗證方式」[46]。

3. 大陸最高人民法院發布《關於審理使用人臉識別技術處理個人資訊相關民事案件適用法律若干問題的規定》

從2021年8月1日起施行，這部司法解釋，是人民法院堅持以人民為中心，維護自然人人格權益，保護人民群眾「人臉」安全的重要規範性法案；是人民法院切實實施民法典，服務構建新發展格局，強化個人資訊司法保護，促進數位經濟健康發展的有力司法舉措。這部司法解釋的頒布實施，對最高人民法院指導各級人民法院正確審理相關案件、統一裁判標準、維護法律統一正確實施、實現高品質司法，具有重要而現實的意義[47]。

---

[43] 蔡步青，《專家傳真》陸通過個保法對台商影響，中國時報，2021年9月2日，A6版。

[44] 張國威，規範人臉辨識 禁用大數據宰熟客11月上路大陸個資新法禁過度蒐集訊息，旺報，2021年8月21日，AA2版。

[45] 林至柔，防濫用大陸數據立法進入高峰，旺報，2021年8月30日，AA2版。

[46] 吳泓勳，大陸新規 物業不得強制刷臉，旺報，2021年8月2日，AA2版。

[47] 《最高人民法院關於審理使用人臉識別技術處理個人資訊相關民事案件適用法律若

4. 中國人臉識別第一案

透過科技發展，「人臉識別」技術應用廣泛，帶動無限商機，卻也引發了侵犯隱私和個資保護危機。近期大陸發生的兩起事件都說明，人臉識別應用越來越普遍，卻也激起更多反彈聲浪，包括有學者跳出來抗議北京地鐵的做法，甚至還有因為「刷臉」入園問題，而爆出「中國人臉識別第一案」。首先是北京市軌道交通指揮中心主任戰明輝上月底在一場論壇中表示，北京地鐵要應用人臉識別技術，實現乘客分類安檢，消息一出，北京清華大學法學院教授勞東燕隨後撰文表達反對。勞東燕認為，政府無權以安全為名，收集普通公民的生物識別數據。倘若是企業或其他機構所為，起碼需要獲得被收集人的明示同意，否則就是非法獲取公民個資的行為。另起事件是杭州一家動物園要求年卡用戶，採人臉識別才能入園，被浙江一名大學教師告上法院，陸媒稱之為「中國人臉識別第一案」。涉事的浙江理工大學特聘副教授郭兵指出，原本只要用年卡和指紋驗證就可入園，但杭州野生動物世界2019年10月17日表示，指紋識別取消，要求用戶註冊人臉識別，否則將無法入園。郭兵指控園方「明顯涉嫌違法」，向杭州市富陽區人民法院提起了訴訟。2019年11月1日，法院決定立案受理案件。郭兵表示，人臉資訊採集存在極不確定的風險。公安等政府部門出於一定公共利益考量，還可接受，但娛樂場所也採集人臉資訊，萬一個資洩露誰能負責[48]？

浙江理工大學特聘法學副教授郭兵於2019年4月27日花了人民幣1,360元，購買一張杭州野生動物世界年票，有效期間1年，在效期內持卡並經「指紋驗證後」不限次數入園遊覽。不過，2019年10月17日，郭兵卻收到杭州野生動物世界簡訊通知：「尊敬的年卡用戶，系統升級為人臉識別入園，原指紋識別已取消，即日起，未註冊人臉識別用戶將無法正常入園。」郭兵即向園方表明，不同意進行人臉識別並要求退卡，但雙方協商

干問題的規定》新聞發布會，http://www.court.gov.cn/zixun-xiangqing-315831.html（最後瀏覽日期：2021/12/31）。

[48] 羅印，大陸到處人臉識別 反彈也愈多 刷臉入園 陸教師提告，聯合報，2019年11月6日，A3版。

不成。郭兵認為，杭州野生動物世界行為已經違反大陸《消費者權益保護法》，於是向杭州富陽法院提起侵權之訴。郭兵強調，面部特徵等個人生物識別資料是屬於「個人敏感資訊」，一旦被非法提供或者遭到濫用，非常容易損害消費者權益。全案2020年12月底判郭兵勝訴，認定商家「收集人臉識別資訊，超出了必要原則要求，不具有正當性」，判賠郭兵年卡餘額，並刪除原告臉部特徵等資料。中國的「掃臉」行動支付日益普及，已被廣泛使用。然而關鍵問題在於，人臉識別的公共應用邊界到底在哪裡？依據中國新修訂的《信息安全技術個人信息安全規範》規定，人臉資料屬於個人敏感資料。《消費者權益保護法》第29條規定：經營者收集、使用消費者個人資訊，應當遵循合法、正當、必要的原則，明示收集、使用資訊的目的、方式和範圍，並經消費者同意。雖然法律相關規定，已有合乎法定比例原則的「知情、可選、可追責」雛型，但司法實務對於個人隱私權的保障，依舊偏向保守。從杭州法學教授郭兵的「中國人臉識別第一案」即可見端倪。法院於判決稱，園方在經營活動中使用指紋或人臉等生物識別技術，並無違反法律，但在契約履行期間，把原本的指紋識別入園方式單方面改為人臉識別，則是違約行為，園方必須賠償郭兵損失、刪除照片等個人資料。換言之，司法只回應了郭兵本人刪除刷臉資訊的訴訟請求，但並沒有否定園方使用人臉識別技術本身的正當性，而且消費者別無選擇[49]。

2021年4月，「人臉識別第一案」在杭州市中級人民法院迎來二審判決：杭州野生動物世界賠償郭兵合同利益損失及交通費共計1,038元，刪除郭兵辦理指紋年卡時提交的包括照片在內的面部特徵資訊，以及指紋識別資訊。人臉識別技術，也被認為是「人體密碼」，是我們這個時代最偉大的技術進步之一。跟一般的數位密碼不一樣的是，「人體密碼」是個人最後的一道防線，至關重要。不可否認，「人臉識別技術」的確帶來了很多的便利，但任何的科技都是雙刃劍，人臉識別技術若是被濫用或個人資訊被洩露，對個人的財產、人身，都可能是一種傷害，而這也是郭兵提起

---

[49] 許依晨，大陸人臉識別侵個資司法保障待加強，旺報，2021年2月2日，AA4版。

訴訟的主要原因。中國大陸《民法典》第111條規定：「自然人的個人資訊受法律保護。任何組織或者個人需要獲取他人個人資訊的，應當依法取得並確保資訊安全，不得非法收集、使用、加工、傳輸他人個人資訊，不得非法買賣、提供或者公開他人個人資訊。」第1035條亦規定：「處理個人資訊的，應當遵循合法、正當、必要原則，不得過度處理。」從這些法條來看，郭兵之所以能勝訴，也是因為杭州野生動物園方面的訴求有些「過度」了。「人臉識別第一案」作為個案，是法治生成正義的落腳點，也是法治不斷進步的增長點，更希望其能掀起必要的蝴蝶效應，發揮影響力訴訟的示範效應，讓法律對個人資訊的保護更好地落地生根、開花結果[50]。

肆、結論

本文參考美國《國家生物識別隱私法》（2020年）、歐盟GDPR、中國大陸《關於審理使用人臉識別技術處理個人資訊相關民事案件適用法律若干問題的規定》、《深圳經濟特區數據條例》與我國《個人資料保護法》中有關人臉識別的法律規範，研擬我國《人臉識別法》草案的內容如下，作為未來拋磚引玉的借鏡，懇請各位先進予以斧正。

人臉識別法草案總說明

一、本法立法目的。（草案第1條）
二、人臉辨識的處理與蒐集內容。（草案第2條）
三、本法用詞定義。（草案第4條）
　　數據、個人數據、敏感個人數據、人臉識別數據、生物識別標識、公共數據、數據處理、匿名化、用戶畫像、公共管理和服務機構、蒐

---

[50] 龍敏飛，「人臉識別第一案」是法治進步的增長點，老年人第6期，2021年6月，第19頁。

　　集、處理、利用、公務機關及非公務機關用詞定義。

四、人臉辨識資料之蒐集、處理及利用。（草案第5條至第38條）

五、人臉識別數據應當具有明確、合理的目的，最小必要和合理期限原則。（草案第5條）

六、處理人臉識別數據應告知下列事項。（草案第6條）

七、處理人臉識別數據應得或可不得自然人同意之規定。（草案第7條至第11條）

八、自然人撤回同意與更正權。（草案第12條至第14條）

九、數據處理者之義務。（草案第15條至第25條）

十、生物識別識別碼運用之限制。（草案第26條）

十一、自然人可向國家通訊委員會提出申訴。（草案第27條）

十二、罰則。（草案第28條至第34條）

人臉識別法草案

條文	說明
第一章總則	
第1條 爲規範人臉辨識資料之蒐集、處理及利用，以避免人格權受侵害，並促進個人資料之合理利用，特制定本法。	參考我國《個人資料保護法》第1條及作者增修。
第2條 人臉辨識的處理包括人臉資訊的蒐集、存儲、使用、加工、傳輸、提供、公開等生物識別資訊。	參考大陸最高人民法院《審理使用人臉識別技術處理個人資訊相關民事案件適用法律若干問題》第1條。
第3條 處理公共人臉辨識數據應當遵循依法蒐集、統籌管理、按需共用、有序開放、充分利用的原則，充分發揮公共人臉辨識數據資源對優化公共管理和服務、提升管理現代化與促進經濟社會發展。	參考《深圳經濟特區數據條例》第5條及作者增修。

（接下頁）

條文	說明
第4條 本法用詞定義如下： 一、數據，是指任何以電子或者其他方式對資訊的記錄。 二、個人數據，是指載有可識別特定自然人資訊的數據，不包括匿名化處理後的數據。 三、敏感個人數據，是指一旦洩露、非法提供或者濫用，可能導致自然人受到歧視或者人身、財產安全受到嚴重危害的個人數據，具體範圍依照法律、行政法規的規定確定。 四、人臉識別數據，是指對自然人的身體、生理、行為等生物特徵進行處理而得出的能夠識別自然人獨特標識的個人數據，包括自然人的基因、指紋、聲紋、掌紋、耳廓、虹膜、面部識別特徵等數據。 五、生物識別標識包括： （一）視網膜或虹膜掃描。 （二）聲紋、面印（包括從照片中衍生的任何面印）、指紋或掌紋；和基於個人步態特徵或個人其他不可改變特徵的任何其他唯一識別資訊。 （三）不包括文字樣本、筆簽名、照片、用於有效科學檢測或篩查的人體生物樣本、人口統計數據、紋身描述，或身高、體重、頭髮顏色、眼睛顏色等身體描述、捐獻的器官、組織或代表活體或屍體移植的接受者或潛在接受者儲存並由聯邦指定的器官採購機構獲得或儲存的器官、組織或部分或血液或血清、在醫療保健環境中為醫療目的從患者那裡捕獲的資訊，或醫療保健治療，付款或運營而蒐集，使用或存儲的資訊和X射線，倫琴過程，計算機斷層掃描，乳房X線照相術或其他用於診斷，預後或治療疾病或其他醫療狀況或進一步驗證科學測試或篩查的人體解剖結構的圖像或膠片。 六、公共數據，是指公共管理和服務機構在依法履行公共管理職責或者提供公共服務過程中產生、處理的數據。 七、數據處理，是指數據的蒐集、存儲、使用、加工、傳輸、提供、開放等活動。 八、匿名化，是指個人數據經過處理無法識別特定自然人且不能復原的過程。	參考《深圳經濟特區數據條例》第2條與我國《個人資料保護法》第2條、美國《國家生物識別隱私法》草案（2020年）第二節定義及作者增修。

（接下頁）

條文	說明
九、用戶畫像，是指為了評估自然人的某些條件而對個人數據進行自動化處理的活動，包括為了評估自然人的工作表現、經濟狀況、健康狀況、個人偏好、興趣、可靠性、行為方式、位置、行蹤等進行的自動化處理。 十、公共管理和服務機構，是指本市國家機關、事業單位和其他依法管理公共事務的組織，以及提供教育、衛生健康、社會福利、供水、供電、供氣、環境保護、公共交通和其他公共服務的組織。 十一、蒐集：指以任何方式取得個人資料。 十二、處理：指為建立或利用個人資料檔案所為資料之記錄、輸入、儲存、編輯、更正、複製、檢索、刪除、輸出、連結或內部傳送。 十三、利用：指將蒐集之個人資料為處理以外之使用。 十四、公務機關：指依法行使公權力之中央或地方機關或行政法人。 十五、非公務機關：指前款以外之自然人、法人或其他團體。	
第二章 人臉辨識資料之蒐集、處理及利用	
第5條 自然人對人臉識別享有法律規定的人格權益。 處理個人人臉識別數據應當具有明確、合理的目的，並遵循最小必要和合理期限原則。	參考《深圳經濟特區數據條例》第3條及作者增修。
第6條 處理人臉識別數據應告知下列事項： 一、數據處理者的姓名或者名稱以及聯繫方式。 二、處理個人數據的種類和範圍。 三、處理個人數據的目的和方式。 四、存儲個人數據的期限。 五、處理個人數據可能存在的安全風險以及對其個人數據採取的安全保護措施。 六、自然人依法享有的相關權利以及行使權利的方式。 七、法律、法規規定應當告知的其他事項。 處理人臉識別數據應當依照前項規定告知處理敏感個人數據的必要性以及對自然人可能產生的影響。	參考《深圳經濟特區數據條例》第14條及作者增修。
第7條 公務機關為了保護自然人的生命、身體、財產等重大權益在緊急情況下使用人臉識別數據，應當在緊急情況消除後及時告知，並於適當時間刪除資料。	參考《深圳經濟特區數據條例》第15條及作者增修。

（接下頁）

條文	說明
第8條 處理人臉識別數據者，應當在徵得該自然人明示同意時，提供處理其他非人臉識別的替代方案。但是，處理人臉識別數據爲處理個人數據目的所必需，且不能爲其他個人數據所替代的除外。 基於特定目的處理人臉識別數據，未經自然人明示同意，不得將該人臉識別數據用於其他目的。	參考《深圳經濟特區數據條例》第19條及作者增修。
第9條 處理無行爲能力人或者限制行爲能力人的人臉識別數據，在處理前應徵得其法定代理人或監護人的同意。	參考《深圳經濟特區數據條例》第20條及作者增修。
第10條 處理人臉識別數據有下列情形之一的，可以在處理前不徵得自然人的同意： 一、處理自然人公開或者其他已經合法公開的個人數據，且符合該個人數據公開時的目的。 二、爲了訂立或者履行自然人作爲一方當事人的契約所必需。 三、數據處理者因人力資源管理、商業秘密保護所必需，在合理範圍內處理其員工個人數據。 四、公共管理和服務機構爲了依法履行公共管理職責或者提供公共服務所必需。 五、新聞單位依法進行新聞報導所必需。 六、其他法令規定者。	參考《深圳經濟特區數據條例》第21條及作者增修。
第11條 自然人有權撤回全部或部分數據處理者未徵得自然人同意處理的人臉識別數據。 自然人有權從數據處理者處獲得有關他或她的個人數據的刪除，不得無故拖延，並且控制者有義務在以下理由之一適用的情況下刪除個人數據，不得無故拖延： 一、就蒐集或以其他方式處理個人數據的目的而言，個人數據不再是必需的。 二、個人數據已被非法使用。 三、如果數據處理者已公開個人數據，並且根據第一項有義務刪除個人數據，則數據處理者應考慮到可用技術和實施成本，應採取合理措施要求此類數據處理者刪除任何連結，或複製個人數據。 自然人撤回同意的，數據處理者不得繼續處理該自然人撤回同意範圍內的個人數據。但是，不影響數據處理者在自然人撤回同意前基於同意進行的合法數據處理。法律、法規另有規定的，從其規定。	參考《深圳經濟特區數據條例》第22條、歐盟GDPR第3條及作者增修。

（接下頁）

條文	說明
第12條 處理人臉識別數據應當採用易獲取的方式提供自然人撤回其同意的途徑，不得利用服務協定或者技術等手段對自然人撤回同意進行不合理限制或者附加不合理條件。	參考《深圳經濟特區數據條例》第23條。
第13條 人臉識別數據不準確或者不完整的，數據處理者應當根據自然人的要求及時補充、更正。	參考《深圳經濟特區數據條例》第24條。
第14條 有下列情形之一的，數據處理者應當及時刪除人臉識別數據： 一、法律、法規規定或者約定的存儲期限屆滿。 二、處理人臉識別數據的目的已經實現或者處理人臉識別數據對於處理目的已經不再必要。 三、自然人撤回同意且要求刪除個人數據。 四、數據處理者違反法律、法規規定或者雙方約定處理數據，自然人要求刪除。 五、法律、命令第二款規定情形，但是法律、命令另有規定或者經自然人同意的，數據處理者可以保留相關人臉識別數據。 數據處理者根據本條第一項規定刪除人臉識別數據的，可以留存告知和同意的證據，但是不得超過其履行法定義務或者處理糾紛需要的必要限度。	參考《深圳經濟特區數據條例》第25條。
第15條 數據處理者向他人提供其處理的人臉識別數據，應當對人臉識別數據進行去標識化處理，使得被提供的人臉識別數據在不借助其他數據的情況下無法識別特定自然人。法律、命令規定或者自然人與數據處理者約定應當匿名化的，數據處理者應當依照法律、法規規定或者雙方約定進行匿名化處理。	參考《深圳經濟特區數據條例》第26條。
第16條 數據處理者向他人提供其處理的人臉識別數據有下列情形之一的，可以不進行去標識化處理： 一、應公共管理和服務機構依法履行公共管理職責或者提供公共服務的需要且書面要求提供的。 二、基於自然人的同意向他人提供相關人臉識別數據的。 三、為了訂立或者履行自然人作為一方當事人的契約所必需的。 四、法律、命令規定的其他情形。	參考《深圳經濟特區數據條例》第27條。

（接下頁）

條文	說明
第17條 自然人可以向數據處理者要求查閱、複製其人臉識別數據，數據處理者應當按照有關規定及時提供，並不得收取費用。 任何應個人要求蒐集、使用、共用或出售生物識別標識碼或生物識別信息的企業，應免費披露在過去十二個月內蒐集的與該個人有關的任何此類資訊，包括： 一、個人資訊的類別。 二、個人資訊的具體內容。 三、企業蒐集個人資訊的來源類別。 四、企業使用個人資訊的目的。 五、與企業共享個人資訊的第三方的類別。 六、企業向第三方出售或披露的資訊類別。	參考《深圳經濟特區數據條例》第28條及美國《國家生物識別隱私法》草案（2020年）第三節及作者增修。
第18條 數據處理者基於提升產品或者服務品質的目的，對自然人進行使用者畫像的，應當向其明示用戶畫像的具體用途和主要規則。 自然人可以拒絕數據處理者根據前款規定對其進行用戶畫像或者基於使用者畫像推薦個性化產品或者服務，數據處理者應當以易獲取的方式向其提供拒絕的有效途徑。	參考《深圳經濟特區數據條例》第29條。
第19條 數據處理者不得基於用戶畫像向未滿十四周歲的未成年人推薦個性化產品或者服務。但是，為了維護其合法權益並徵得其法定代理人或監護人明示同意的除外。	參考《深圳經濟特區數據條例》第31條。
第20條 數據處理者應當建立自然人行使相關權利和投訴舉報的處理機制，並以易獲取的方式提供有效途徑。 數據處理者收到行使權利要求或者投訴舉報的，應當及時受理，並依法採取相應處理措施；拒絕要求事項或者投訴的，應當說明理由。	參考《深圳經濟特區數據條例》第31條。
第21條 數據處理者處理人臉識別有下列情形之一的，視為侵害自然人人格權益的行為： 一、在飯店、商場、銀行、車站、機場、體育場館、娛樂場所等經營場所、公共場所違反法律、法規的規定使用人臉識別技術進行人臉驗證、辨識或者分析。	參考大陸最高人民法院《審理使用人臉識別技術處理個人資訊相關民事案件適用法律若干問題》第2條。

（接下頁）

條文	說明
二、未公開處理人臉識別的規則或者未明示處理的目的、方式、範圍。 三、基於個人同意處理人臉識別的，未徵得自然人或者其監護人的單獨同意，或者未按照法律、命令的規定徵得自然人、其法定代理人或監護人的書面同意。 四、違反數據處理者明示或者雙方約定的處理人臉識別的目的、方式、範圍等。 五、未採取應有的技術措施或者其他必要措施確保其蒐集、存儲的人臉資訊安全，致使人臉資訊洩露、篡改、遺失。 六、違反法律、命令的規定或者雙方的約定，向他人提供人臉識別數據。 七、違背公序良俗處理人臉識別數據。 八、違反合法、正當、必要原則處理人臉識別數據的其他情形。	
第22條 數據處理者合法處理數據形成的數據產品和服務，可以依法交易。但有下列情形之一的除外： 一、交易的數據產品和服務包含人臉識別數據未依法獲得授權的。 二、交易的數據產品和服務包含未經依法開放的公共數據的。 三、法律、命令規定禁止交易的其他情形。	參考大陸最高人民法院《審理使用人臉識別技術處理個人資訊相關民事案件適用法律若干問題》第2條。
第23條 數據處理者應當遵守公平競爭原則，不得實施下列侵害其他數據處理者合法權益的行為： 一、使用非法手段獲取其他數據處理者的數據。 二、利用非法蒐集的其他數據處理者數據提供替代性產品或者服務。 三、法律、法規規定禁止的其他行為。	參考《深圳經濟特區數據條例》第68條。
第24條 數據處理者不得利用數據分析，對交易條件相同的交易相對人實施差別待遇，但是有下列情形之一的除外： 一、根據交易相對人的實際需求，且符合正當的交易習慣和行業慣例，實行不同交易條件的。 二、針對新用戶在合理期限內開展優惠活動的。 三、基於公平、合理、非歧視規則實施隨機性交易的。 四、法律、命令規定的其他情形。	參考《深圳經濟特區數據條例》第69條。

（接下頁）

條文	說明
前項所稱交易條件相同，是指交易相對人在交易安全、交易成本、信用狀況、交易環節、交易持續時間等方面不存在實質性差別。	
第25條 數據處理者不得透過達成壟斷協議、濫用在數據要素市場的支配地位、違法實施經營者集中等方式，排除、限制競爭。	參考《深圳經濟特區數據條例》第70條。
第26條 擁有生物識別識別碼或生物特徵資訊的私人實體不得出售、出租、交易、用於廣告目的，或以其他方式從個人或客戶的生物識別標識碼或生物識別資訊中獲利。 擁有生物識別標識符號或個人生物識別資訊的私人實體，包括消費者、求職者、雇員、前雇員或承包商，不得披露、重新披露、出售、租賃、交易、用於廣告目的、以其他方式傳播或從此類生物識別標識符或生物識別資訊中獲利。	美國《國家生物識別隱私法》草案（2020年）第二節及作者增修。
第27條 自然人可向國家通訊委員會提出申訴： 一、在不損害任何其他行政或司法補救措施的情況下，如果自然人認為與其有關的個人數據的處理違反了本法，自然人有權向監管機構提出申訴。 二、國家通訊委員會應向申訴人通知調查結果及補救措施。 自然人對監管機構處理結果不服者或在三個月內未通知調查結果，申訴人可向司法機關提出訴訟。 監管機構認定申訴內容涉及刑事案件者，應移送司法機關調查。	參考歐盟《通用數據保護條例》第3條及作者增修。
第三章罰則	
第28條 違反本條例規定處理個人數據的，依照個人資訊保護有關法律、法規規定處罰。	參考《深圳經濟特區數據條例》第92條。
第29條 公共管理和服務機構違反本條例有關規定的，由上級主管部門或者有關主管部門責令改正；拒不改正或者造成嚴重後果的，依法追究法律責任；因此給自然人、法人、非法人組織造成損失的，應當依法承擔賠償責任。	參考《深圳經濟特區數據條例》第93條。

（接下頁）

條文	說明
第30條 違反本法第二十三條交易數據及第二十四條，由國家通訊傳播委員會或者相關主管機關責令改正，沒收違法所得，交易金額不足五萬元的，處二十五萬元以上一百萬元以下罰款；交易金額五萬元以上的，處一百萬元以上五百萬元以下罰款。	參考《深圳經濟特區數據條例》第94條。
第31條 違反本條例第二十五條及第二十六條規定，侵害其他市場主體、消費者合法權益的，由主管機關按照職責責令改正，沒收違法所得；拒不改正的，處二十五萬元以上二百五十萬元以下罰款；情節嚴重的，處上一年度營業額百分之五以下罰款，最高不超過五千萬元；並可以依法給予法律、行政法規規定的其他行政處罰。法律、命令另有規定的，從其規定。 市場主體違反本條例第二十五條規定，有不正當競爭行為或者壟斷行為的，依照公平交易法規定處罰。	參考《深圳經濟特區數據條例》第95條。
第32條 數據處理者違反本法規定，未履行數據安全保護責任的，依照相關法律、命令規定處罰。	參考《深圳經濟特區數據條例》第96條。
第33條 履行數據監督管理職責的行政機關及公營事業機構不履行或者不正確履行本法規定職責的，對主管機關負責人和相關人員依法給予行政處罰；構成犯罪者，移送司法機關處理。	參考《深圳經濟特區數據條例》第97條。
第34條 違反本法規定處理數據，致使國家利益或者公共利益受到損害的，可依法提起損害賠償或公益訴訟。	參考《深圳經濟特區數據條例》第98條。

虛實競爭：初探網路攻擊於國際法上之零階問題與法律意涵

林昕璇[*]

壹、楔子：網路空間之規範眞空

　　網路作戰成為現代戰爭的一環，首次出現在2008年喬治亞與俄羅斯之間的衝突[1]，邇近以來，阿富汗與伊拉克、利比亞與敘利亞、俄羅斯與烏克蘭的衝突中亦出現以網際網路為攻擊途徑產生物理破壞之情形；復觀2010年伊朗核設施遭震網（Stuxnet）攻擊的事件，疑似係由多位不同國籍的作者設計的電腦蠕蟲（computer worm）干擾電腦的正常運作。[2]2022年2月俄羅斯對烏克蘭的軍事干預，分散式阻斷服務攻擊（Distributed Denial of Service Attacks, DDoS）及惡意軟體亦被用以作為攻擊烏克蘭政府部門癱瘓政府運作之敵意手段。[3]前揭網路空間衝突事例均意謂網路作

[*] 中國文化大學法律系助理教授、美國維吉尼亞大學法學博士（S.J.D.）。作者感謝中國文化大學法律系研究助理鮑安妤、研究生林采蓉兩位同學之研究協助及文獻整理。惟一切文責當由作者自負。

[1] 2008年因喬治亞傳出可能加入北大西洋公約組織，而使其與南奧塞提共和國之關係陷入緊張，8月6日即發生多次衝突，同時喬治亞境內之伺服器與互聯網流量開始遭到外部控制，而武裝衝突亦持續發生，而在8月8日至9日期間喬治亞持續遭受大規模DDoS攻擊，造成喬治亞網路數度癱瘓，使喬治亞政府與其人民與外界聯繫中斷，隨後即遭受俄羅斯坦克、轟炸機與導彈之轟炸。本次事件普遍被視為以武裝攻擊作為傳統軍事武裝行動一部分的第一例。參閱Michael N. Schmitt, *Rewired warfare: rethinking the law of cyber attack*, 96 Int'l Rev. Red Cross, 2014, p. 189, 190.

[2] See generally David Kushner, "The real story of stuxnet." *IEEE Spectrum*, Vol. 50, Issue 3 (2013), pp. 48-53.

[3] Ryan Browne, The world is bracing for a global cyberwar as Russia invades Ukraine, CNBC, https://www.cnbc.com/2022/02/25/will-the-russia-ukraine-crisis-lead-to-a-global-cyber-war. html (last visited 2022/2/25).

戰在國際武裝衝突的場域，已發揮一定的影響作用。

　　究諸實際，網路資源的傳播不僅限於正規武裝部隊和國家其他機關。非國家行為者（non-state actor）在面對一國優勢常規力量時也以網絡作戰作為非對稱戰爭手段之一[4]。網路作戰儼然成為戰場上指揮、控制、通信、計算、情報、監視和偵察活動的攻錯場域[5]。鑑諸全球化之網路互連和不可分的性質、網路活動的移動性和速度、網路空間的匿名性以及較低的技術性障礙和進入成本，亦加深國家與非國家行為者以惡意目的使用網路空間之動機；網際網路技術的日益發達，也觸發攻擊與戰爭之型態逐漸發生轉變，從專注於實體空間目標與真實具備形體、攻擊規模可預期之武器，轉向虛擬網路空間，以及難以預測規模、隱匿性高之網路攻擊[6]。爰此，既有國際規範秩序下如何妥適評價網路行動的辯論，不僅從武裝衝突期間受國際人道法保護的人和物體的角度以觀，抑或是當前駕馭網路能力、開發其使用的戰術、技術和程序的國家的角度來看，建構適用於網路空間的交戰規則，並且據以形塑網路空間的基本行為規範，誠為不可忽視的重要課題。

　　法制上值得思考者為，科技發展快速下，無論內國法、國際法或習慣法，若欲建立新規範均耗時甚鉅，技術創新與國際法發展在時間上大多無法匹配吻合，現有的國際法是否能針對新發明的武器發揮妥適的規範效果即成為首要癥結。再者，鑑於網路攻擊至今仍無特定針對其特性之國際條約，網路攻擊之特殊性與去中心化恐造成聯合國憲章等規範國家行為之條約或現行武裝衝突法原則[7]能否妥適規範一節產生解釋與適用上的困難。

---

[4] 2020年9月德國杜塞道夫大學所屬醫院因遭到勒索軟體攻擊導致IT系統停擺無法取得患者醫療數據，因而延誤救治致死的案例，是全球第一起因勒索軟體造成平民死傷的網路攻擊事件，引起國際輿論重視。參閱Melissa Eddy & Nicole Perlroth, *Cyber Attack Suspected in German Woman's Death*, The New York Times, https://www.nytimes.com/2020/09/18/world/europe/cyber-attack-germany-ransomeware-death.html (last visited 2022/1/16).

[5] Schmitt, *supra* note 1, at 190-191.

[6] Dinniss, Cyber Warfare and the Laws of War, 2012, p. 82.

[7] 二次世界大戰後，目前國際法將戰爭與武力使用所涉及之國際人道法律議題大

各國對計算機系統的高度依賴逐步揭露了法律規範在此一領域的見解分歧。

　　本文首先檢視現行學理針對「國際法是否能妥善規範新型武器」所涉及之爭辯，可以提供那些理論視野和解決方案，續行對何謂「網路攻擊」，及其與「網路行動」與「網路戰」之用語互為指涉疊合等術語爭議，進行定義上的推敲與射程範圍的釐清。本文希冀透過上述討論，論證網路攻擊倘若不達武裝衝突的程度，是否得逕予稱之為網路攻擊從而適用武裝衝突法，尚非無研求之餘地。「網路戰」此一術語應僅適用於構成武裝攻擊或於持續武裝衝突（ongoing armed conflict）時所發生的網路攻擊，此概念定性將導致系爭網路敵意行動必須限縮至該當國際法所謂「武力行使」要件者，方有武裝衝突法之適用。

貳、新興科技軍武於國際法上之適用

一、戰馬法（Law of the (War) Horse）之重蹈覆轍

　　關於戰爭法能否確實規範新技術學理上素有三種見解，一說主張現存之法律無法有效地個案適用於新技術而應以新條約完全禁止新技術；二說主張僅有針對新技術所建立的特定法律能規範該技術；折衷說則反對根本

致劃分成3個層面處理：一為合法訴諸武裝衝突（Jus ad Bellum, the Right to Resort War）；二為戰時法（Jus in Bello, Laws of War or Laws of Armed Conflict）；三為戰後法（Jus Post Bellum）。首先，合法訴諸武裝衝突的容許空間，係指涉國家或國際組織合法訴諸武力行使的國際法律規範與要件，以及在何種情形下禁止、允許及限制使用武力，實體法則以聯合國憲章第2條第4項規定之禁止使用武力原則，與例外合法使用武力之自衛權及聯合國安全理事會授權之武力行使為法源依據。第二面向的戰時法，則以國際人道法規範武裝衝突交戰方整體行為之權利與義務為核心，旨在透過條約和習慣國際法規制武裝衝突狀態下作戰方法、途徑與武器使用。亦即，當戰爭或武裝衝突爆發時，交戰各方不論武裝衝突目的為何，均應遵守之國際規範以減少戰爭衍生的非人道傷害。英文文獻，參閱Arend & Beck, International Law and The Use of Force, 1993, pp. 1-3；中文文獻，參閱林昕璇，AI自主性武器系統在國際法上適用之研析，軍法專刊第67卷第4期，2021年8月，第28-29頁。

性地修改現有法律，而應調整法律之遵循適用以因應新技術的特徵。換言之，聚焦「新興科技於國際條約之適用與限制」此一法律爭議，現今學者們的論點乃至提問的切入點仍高度分歧，可歸納整理成一套光譜。首先，有論者認為新興科技（如網路攻擊、涉外情報數據監控等行為），並非國際法社群於制定條約之際所能預測之武力行使型態，因此在面對新技術、新型武裝衝突之作戰方法和不對稱作戰時，能夠發揮的規範空間有其局限，故各國應加強國際造法活動，包括草擬、議定條約，或以實際行動創設國際習慣等具拘束力之規範[8]。申言之，因應新穎科技所帶來的挑戰，這派學者強調創或締結設新的國際法協議或條約以茲因應。相對地，另一個立論的系譜或可稱為「既存規範適用論」，亦即在面對輔以新科技之軍事武力攻擊所引發的爭議時，該派論者主張僅需要透過行為定義釐清、適用範圍與規範效力的法律解釋與類推適用，即可形構新的國際共識和應然規範，毋庸再另行締結條約或創設規範[9]。此外，不乏論者亦抱持觀望態度提出若干整合衡平模式，探究如何一方面確保新興科技武器之技術發展，同時維繫人道主義之倫理規範價值於不墜，故立法技術上存在觀望模式（the wait-and-see）、預警並禁絕模式（precautionary principle and legal ban）以及預防性管制模式（proactive regulations）三種思考進路[10]。

誠如Frank Easterbrook法官認為，針對特定對象訂立孤立的法律，將重蹈所謂「馬匹法」（Law of the Horse）的覆轍，使既有國際規範秩序碎裂化[11]。蓋如核子武器、無人機等新穎的作戰方法和技術，儘管引起人們

---

[8]　Michael N. Schmitt, *Computer Network Attack and the Use of Force in International Law: Thoughts on a Normative Framework*, 37 Colum. J. Transnat'l L., 1999, p. 885.

[9]　Ashley Deeks, *An International Legal Framework for Surveillance*, 55 Va J. Int'l L., 2015, 291; Marko Milanovic, *Human Rights Treaties and Foreign Surveillance: Privacy in the Digital Age*, 56 Harv. Int'l L. J., 2015, p. 81.

[10]　Rebecca Crootof, *The Killer Robots Are Here: Legal and Policy Implications*, 36 Cardozo L. Rev., 2015, p. 1837.

[11]　馬匹法之說係在網際網路發展初期用於形容網路法發展狀況的一個術語。源自於時任美國聯邦第七巡迴上訴法院法官Frank Easterbrook對90年代法學院的教程設計，往往針對特定規範對象訂立孤立的法律等現象提出的批判與諷諭。彼時Easterbrook法

思考是否應訂立新戰爭法之論辯。惟各家學說對立的辯論結果往往傾向支持應用現有戰爭法，尤其對於比例原則（proportionality）或區別原則（distinction）等綱領性規範框架之維繫，仍呈現高度共識。故僅需於必要時針對新技術的特徵反映於非原則問題的調整，即為已足[12]。學理上，維吉尼亞大學國際法教授Kristen E. Eichensehr於〈Cyberwar & International Kaw Step Zero〉一文中援引涉及國際法零階問題（step zero）[13]等若干適例，從國際組織與規範結構的觀點分析關於核子武器、武裝無人機與致命性自主武器系統，爭執是否須就該等新興軍武訂立新條約之爭議，並指出學理上目前較傾向認為以適用現有法律加以因應的規範性主張，而且毋須透過針對新武器的條約來改變現有的戰爭法或完全禁止該等新興武器[14]。

二、國際法「零階」規範標的舉隅

（一）核子武器（Nuclear Weapon）

　　1994年，聯合國大會就現行國際法是否對核武器的威脅或使用，特別是國際法是否有規範任何可以以核武威脅或使用核武的情況，要求國際

官反對把網路法作為法律課程的一個專門部分。Easterbrook提出觀點如下：「……學習適用於專門領域的法律最好的方法是學習總則部分。有許多的案例關於馬的銷售；其他一些案例關於馬踢人的侵權；還有案例係關於如何取得養馬許可以及賽馬，也有關於給馬配備獸醫，或者是有關於馬術表演的案例。把這些案例集合為一部『馬匹法』的舉措無異於『令本自具備統一性原則建構功能的規範性法學研究淪為淺碟式教學』（doomed to be shallow and to miss unifying principles）。」參閱Frank H. Easterbrook, *Cyberspace and the Law of the Horse*, U. Chi. Legal F., 1996, p. 207。嗣後，此說法於1999年為Lawrence Lessig教授所發表之《*The Law of the Horse: What Cyberlaw Might Teach*》所駁斥，Lessig提出質疑與反對意見道網路法課程仍有開設的必要性及重要性，他主張法律概念與規定有伴隨網際網路環境的高速發展而演變制定之必要性。See generally Lawrence Lessig, *The Law of the Horse: What Cyberlaw Might Teach*, 113 Harv. L. Rev., 1999, p. 501.

[12] Kristen Eichensehr, *Cyber War & International Law Step Zero*, 50 Tx Int'l L. J., 2015, p. 355, 357.

[13] *Id.*

[14] *Id.*

法院（International Court of Justice, ICJ）提出諮詢意見。國際法院雖有將核子武器的威力及輻射問題納入考量[15]，但依據《聯合國憲章》第2條第4項禁止使用武力原則及第51條自衛權的行使等實體法規範，均未見明文以排除任何一種武器，而僅須符合必要性及比例原則的審查[16]。職是之故，在戰時法（Jus in Bello或International Humanitarian Law，下稱戰時法）的規範框架下，系爭武器的使用是否構成非法（illegality of the use of certain weapons）從而均應以明文禁止？遂成問題。申言之，國際法院最終裁示：倘若使用核子武器的行為符合「區別原則」及「必要性」這兩大基本原則，則該行為不違反戰時法。亦即國際法院在此認為於沒有條約明文禁止核武的情況下依然受戰爭法規範，不因其擁有之特殊性而被排除於普遍適用的國際法規則之外[17]。

(二) 武裝無人機（Armed Drones）

以色列及美國分別於2000年初和九一一事件後使用無人機，武裝無人機是否為合法武器的問題遂受到廣泛矚目。實務上，二次世界大戰後美國最早開始大量使用無人飛行載具（Unmanned Combat Aerial Vehicle）[18]作為軍事偵察用途，2001年美國九一一恐怖攻擊進而以無人戰鬥機取代實體戰鬥員，2008年的歐巴馬政權大幅擴增其使用頻率，該年7月底到8月初的16天之內發動15次攻擊，並於8月8日一天內狙殺12名基地組織嫌疑犯。依據聯合國第1368號及第1373號決議，美國所主導的反恐戰爭在阿富汗戰場及巴基斯坦等武裝衝突情境使用遠端遙控之無人武器系統，對戰地執行

---

[15] Legality of the Threat or Use of Nuclear Weapons, Advisory Opinion, 1996 I.C.J. 226, para. 35, https://www.icj-cij.org/public/files/case-related/95/095-19960708-ADV-01-00-EN.pdf (last visited 2022/1/16).

[16] *Id.*, 38-39.

[17] *Id.*, at para. 86 ("None of the statements made before the Court in any way advocated a freedom to use nuclear weapons without regard to humanitarian constraints.").

[18] 無人戰鬥機是眾多空中載具的其中一項，也可稱為無人飛行器（Unmanned Ariel Vehicles, UAVs）、無飛行員飛機（pilotless planes）、無人飛行系統（unmanned aircraft system），或者通稱為遙控機（drone）。

複雜之軍事攻擊任務，並針對恐怖分子及平民直接從事敵對行動實際目標狙殺（targeted killing），此等戰鬥方式，因涉及對生命權的嚴重侵犯，引發國際關係、戰爭學及國際法學研究在內的學者，競相討論其適法性，而其性能隨著可持續性監控（persistent surveillance）擴張至遠端精準制導武器（precision-guided weapon）的複合式使用，觸發學界與政府專家對此種新武器型態是否牴觸國際法對於戰爭行為規範之論辯[19]。美國政府認為，無人機不應受特殊法律制度（special legal regime）約束，強調無人機所應適用的規範框架毋須因應武器系統的類型而有別，主張應依現有法律，包括區分原則及比例原則，規範無人飛行器的使用[20]。就此，聯合國法外處決、就地或恣意處決特別報告員（the U.N. Special Rapporteur on Extrajudicial, Summary or Arbitrary Executions）Philip Alston特別指出承認無人機發射的導彈與其他常用武器之間不存在本質上的區別，關鍵毋寧仍取決於使用該武器的行為是否符合國際人道法及武裝衝突法所揭櫫的基本價值立場[21]。

（三）致命自主性武器系統（Lethal Autonomous Weapons Systems）

　　Eichensehr氏提出的第三個解釋案例係致命自主性武器系統是否適用《聯合國常規武器公約》？機器人專家P. W. Singer將關於機器人在法制規範上的模糊不確定性和用語界定劃分不清的現象稱為「無人駕駛的法律混亂」（unmanned legal confusion）。人權觀察組織（Human Rights

---

[19] 林昕璇，AI自主性武器系統在國際法上適用之研析，軍法專刊第67卷第4期，2021年8月，第28-29頁。

[20] Harold Hongju Koh, Legal Adviser, U.S. Dep't of State, The Obama Administration and International Law, Remarks at the Annual Meeting of the American Society of International Law, http://www.state.gov/s/l/releases/remarks/139119.htm (last visited 2010/3/25).

[21] Report of the Special Rapporteur on extrajudicial, summary or arbitrary executions, Philip Alston, Addendum: Study on targeted killings, paras. 80, 84, Human Rights Council, U.N. Doc. A/HRC/14/24/Add.6, https://reliefweb.int/sites/reliefweb.int/files/resources/A38037358F1EF91B492577370006546B-Full_Report.pdf (last visited 2022/1/16).

Watch）則倡議立法禁止全自動武器。[22]

　　2014年5月，聯合國結合《特定常規武器公約》（the Convention on Certain Conventional Weapons）的相關議程舉行關於致命性自動武器系統的非正式專家會議[23]。在2015年4月的會議中，與會代表進一步表示對於具有「軍用與民用」雙重使用的大規模破壞武器，得參考國際間於1993年通過、1997年生效的《關於禁止發展、生產、儲存和使用化學武器及銷毀此種武器公約》（Convention on the Prohibition of the Development, Production, Stockpiling and Use of Chemical Weapons and their Destruction），以及1972年通過、1975年生效的《生物及有毒武器公約》（Biological and Toxin Weapons Convention），均可望發揮敦促所有國家防止非國家實體和恐怖分子取得大規模破壞性武器的功能[24]。

三、網路攻擊之零階問題

　　邇近網路攻擊適用國際法的管制體制等相關議題頻繁地見諸學界。在討論網路空間的軍事法議題之前，首當清楚認知者乃網路空間及網際網路的發展最初係由政府資助用於學術研究。1990年代後半以降，過去僅限於政府、學術機構使用的網際網路逐漸普及化，成為支撐全球電子商務、通訊與新興媒體的資訊基礎建設，並在千禧年後初步顯現其對日常生活的重要性及普及化。網際網路提倡者倡議所謂應將網路行動予以「零階化」的主張[25]，其問題意識可化約為除國際法以外，是否有任何法律可能或應該（could or should）將網際網路納入規範的射程範疇？

　　電子前沿基金會（the Electronic Frontier Foundation）的John

---

[22] See Killer Robots, HUM. RTS. WATCH, http://www.hrw.org/topic/arms/killer-robots (last visited 2015/4/28).

[23] See Ishaan Tharoor, *Should the World Kill Killer Robots Before It's Too Late?*, WASH. POST, http://www.washingtonpost.com/blogs/worldviews/wp/2014/05/12/should-the-world-kill-killerrobots-before-its-too-late/ (last visited 2022/1/15).

[24] 林韋仲、廖宗聖，致命自主武器發展之國際法管制，台灣國際法學刊第15卷第2期，2019年6月，第24頁。

[25] Eichensehr, *supra* note 10, at 361-362.

Perry Barlow發表於1996年的《網路空間獨立宣言》（*Declaration of Independence of Cyberspace*）擲地有聲地指出：「工業世界的政府在網路空間沒有主權。」[26]David Johnson與David Post也予以附和，網際網路「跨越國界」之特徵，削弱了以地理疆界為基礎創設新法律規範的可行性（feasibility）和合法性（legitimacy）。前揭見解反映出美國雖然一開始曾考慮採取公共基礎建設的作法建置網際網路，但在歷經年餘的內部商討和外部諮詢後，柯林頓政府於1997年針對網際網路的規範架構確立由私部門為主軸，並奉行自由市場競爭為圭臬，而非領土主權模式（the existing territorial sovereignty model）。申言之，只要這些規則不從根本上侵犯從未訪問這個新空間的其他人的重要利益，那麼物質世界的主權國家的規範架構就應該服膺於這種新的自治形式（self-government）[27]。

　　上述網路空間應凌駕於領土主權之外的觀點亦不乏反對聲浪，哈佛大學國際法教授Jack Goldsmith便認為這個論點有誇大其詞之嫌，究諸實際，網際網路的硬體設備建設於國家領土疆域內，國家依法自得管理領域內之設備、人員，乃至發展出「域外行為的在地效力」。[28]Goldsmith氏提出的觀察批判，頗值參酌。他指出，網路空間並未如早期網際網路提倡者所願發展為法外之地（law-free zone），反倒可見各國迅速且果斷地或以既有的、或以新訂、或以具主題針對性的內國法管理框架介入網路空間[29]。學理發展上，隨著內國法的完備，研究對象紛紛轉至國際領域；而

---

[26] John Perry Barlow, *A Declaration of the Independence of Cyberspace*, ELECTRONIC FRONTIER FOUND, http://w2.eff.org/Censorship/Internet_censorship_bills/barlow_0296. declaration (last visited 2022/1/15); see also *id.* ("We must declare our virtual selves immune to your sovereignty, even as we continue to consent to your rule over our bodies.")

[27] David R. Johnson & David Post, *Law and Borders: The Rise of Law in Cyberspace*, 48 Stan. L. Rev., 1996, p. 1367, 1367; see also *id.*, at 1375 ("The rise of an electronic medium that disregards geographical boundaries throws the law into disarray by creating entirely new phenomena that need to become the subject of clear legal rules but that cannot be governed, satisfactorily, by any current territorially based sovereign."); see also *id.*, at 1393.

[28] Jack L. Goldsmith, *The Internet and the Abiding Significance of Territorial Sovereignty*, 5 Global Legal Studies J., 1998, p. 475, 475.

[29] *Id.*

在政府層面，許多國家也逐步認同將網路領域作為軍事行動領域重要環節，但諸如現有的國際法特別是戰爭法，是否得以妥善適用於網路空間，抑或者有制定全新的法規範的必要性，在見解上迭有分歧而有待闡明[30]。

　　從各國軍事武力競逐的觀點而言，迄今仍存在僵持不下的對立論點。一方面美國及其盟友主張有關以使用武力（use of force）和敵對行為（conduct of hostilities）為基礎概念所建構的國際法原則能被適用於網路空間，渠等2011年提出《網路空間國際策略》（the 2011 U.S. International Strategy for Cyberspace）指出既存的國際法規範與習慣國際法於網路空間仍有等同的適用餘地[31]。另一方面，中國、俄羅斯、塔吉克（Tajikistan）和烏茲別克（Uzbekistan）亦不遑多讓地針對美方論點提出反論，渠等所提出《訊息安全國際行為準則》（International Code of Conduct for Information Security）草案作出如下主張：「現有戰時法不應適用於網路空間，各國不應使用訊息和通信技術（information and communications technologies）進行敵對活動或侵略行為、發展訊息武器及其相關技術。」[32]

　　2013年6月，中國、俄羅斯、美國、澳洲、法國、德國和其他9個國家，在聯合國關於國際安全方面資訊和電信政府專家小組（the U.N. Group of Governmental Experts on Developments in the Field of Information and Telecommunications in the Context of International Security, 2013 GGE Report）中，雖已就包含聯合國憲章在內的國際法規範適用於網路空間的原則達成共識，惟是否適用戰時法於網路空間仍未臻明確[33]。然

---

[30] Eichensehr, *supra* note 10, at 362-363.

[31] Exec. Office of the President of the U.S., International Strategy for Cyberspace: Prosperity, Security, and Openness in a Networked World 9 (2011), http://www.whitehouse.gov/sites/default/files/rss_viewer/international_strategy_for_cyberspace.pdf (last visited 2022/2/12).

[32] Permanent Representatives of China, the Russian Federation, Tajikistan, and Uzbekistan to the United Nations, Letter Dated 12 Sept. 2011 to the Secretary General, annex, U.N. Doc. A/66/359, available at http://www.rusemb.org.uk/data/doc/internationalcodeeng.pdf (last visited 2022/2/12).

[33] U.N. Grp. of Governmental Experts on Devs. in the Field of Info. & Telecomms. in the

而，2015年1月，俄羅斯、中國、哈薩克（Kazakhstan）、吉爾吉斯（Kyrgyzstan）、塔吉克和烏茲別克，卻又向聯合國秘書處提交《資訊安全國際行為準則》（International Code of Conduct for Information Security）修訂草案[34]。該草案探討源自現行國際法的準則似有隨時空推移進而制定附加規範的可能性。綜言之，圍繞著「現行國際條約及習慣國際法（customary international law）是否適用於網路空間」、「戰時法是否直接適用並規制利用網路的敵意行為」等法律爭點，各國立場可謂仍處於曖昧不明且界線模糊的事實狀態，學者Eichensehr將此現象的形成背景歸因如下。

（一）國際法的本質特性使然

首先，國際法擁有由主權國家運作的傳統，主權國家的獨立性使其僅受其同意（consent）的國際法約束。國際義務（opinio juris）係基於各主權國家同意而生，此性質在條約上尤其明顯，國家簽署並批准，該條約始對其有拘束力[35]。習慣國際法[36]則不須各主權同意即對其有拘束力，各國可以透過堅持反對某習慣取得豁免。要求國家同意（或至少不反對）的國

Context of Int'l Sec., *Rep., transmitted by Note of the Secretary-General*, 19, U.N. Doc. A/68/98 (June 24, 2013), https://digitallibrary.un.org/record/753055?ln=en (last visited 2022/1/20).

[34] Permanent Representatives of China, Kazakhstan, Kyrgyzstan, the Russian Federation, Tajikistan and Uzbekistan to the United Nations, Letter Dated 9 Jan. 2015 to the Secretary-General, U.N. Doc. A/69/723, https://digitallibrary.un.org/record/786846?ln=en (last visited 2022/1/10).

[35] Eichensehr, *supra* note 10, at 366-373.

[36] 此等習慣法的產生奠基於「各國共同一致的行為」（state practice）與「法律確信」（opinio juris）。其中，各國共同一致的行為強調的是「被國家所接受的一般且持續的實踐」，且不得存在他國反對之情事；而法之信念係指各國於行為時在主觀上有「當然」的認定，即國家確信其一貫的行為是基於國際法義務所要求的。換言之，共同一致的行為係指在法律上被國家所接受之有意義的行為；而基於主觀認定的法之信念，則取決於行為客體本身。參閱Josef L. Kunz, *The Nature of Customary International Law*, 47 Amer. J. Int'l L., 1953, p. 662; Jack L. Goldsmith & Eric A. Posner, *A Theory of Customary International Law*, 66 Uni. Chi. L. Rev., 1999, p. 1113.

際法傳統使學界傾向於從頭開始處理新問題：若沒有證據顯示該問題已獲得解決，則表示既存的國際法無法解決該問題。鑑於國際法通常以主權同意受拘束為基礎，學界對國際法的適用性與射程範圍常年進行審查，這些審查為推動思考不存在任一國際法得以解決特定問題提供了通則性、統一性、客觀性、先驗性的規範框架與遵循準則[37]。

其次，習慣國際法基於實踐的性質可能使其特別容易被再次檢驗。在國際領域，塑造習慣國際法的主權同時也是重複實踐其他主權所塑造的習慣國際法的國家；這些主權國家可以共同決定既存法律不再適用從而制定新法，或者沒有法律應該被適用於特定問題。換句話說，主權國家同時具備「法律制定者」與「法律適用的裁決者」的雙元角色。基於此國際法的特殊性，除了其他主權國家的意見外，沒有其他組織體能對主權作出外部制約（external check），又國內行政部門更常受司法審查，因此在國際間，主權國家可能更有空間提出和回應零階問題[38]。

(二) 新興軍武科技之概念化操作受阻

揆諸實際，零階問題的頻繁出現，與新武器的開發頻率呈正相關，數十年來開發的新武器系統，在運作上與舊武器有本質性的不同。諸如武裝無人機的出現，使戰鬥人員能遠離戰場，在安全的地方參與戰爭。在網路戰爭中，因為網路武器係由計算機代碼組成，評論員對如何定義網路武器也經常存有疑問。新技術的頻繁發展，使其與早期武器有本質上的差別（qualitatively distinguishable），此一所謂新武器性質上的離散性（discrete nature）之現象，不僅引發是否有必要制定破碎化的法律類別這一疑問，亦觸發「既存法律是否能適用於本質各有不同的武器上」等疑問[39]。另一方面，除武器本質的差異性外，新武器能產生的新效果或新效果可能衍生的不可預見性和不確定性，亦是難以輕易訴諸創制新規範的原

---

[37] *Id.*

[38] *Id.*

[39] *Id.*

因之一。新技術的使用方式是否符合戰時法所揭櫫之相稱性和區分原則的要求，將屢屢面對如何概念化操作（conceptualize）新興科技軍武所導致之新效果，甚至如何有效預測該效果的不確定性的解釋適用之挑戰[40]。

　　學者Eichensehr併此指出，軍武科技另一個值得關注的切入點為國際間各個利害關係團體的基本立場。第一類團體是負責評估新武器在既存國際法下合法性的軍事官員。軍隊考量新武器是否符合戰時法限制的武器審查程序必然會提起零階問題。對於各該國家行為體的軍隊成員和軍事力量的部署將會產生諸多不可預見性，對於動輒可能因資訊作戰違反戰爭法導致刑事責任的軍官來說，審慎考慮零階問題的重要性即益發凸顯[41]。

　　相對於從事武器審查的軍官而言，第二類團體是國家，特別是當一國對現行戰爭法的權力分配有所不滿，該國可能會透過新技術的出現，試圖重啟已經解決的議題或試圖改變能獲得適用的既存法律。又或者在各該新技術領域擁有相對優勢的國家，透過提出零階問題以倡導較既存法律為寬鬆的制度，使其在該技術領域的應用上處於主導地位[42]。反之，在各該新技術領域處於相對弱勢的國家，則可以透過提出零階問題倡導較既存法律更嚴格的規則，或徹底禁止該新技術[43]。

　　最後，第三類團體為非政府組織，其中以人權相關團體為主。人權觀察組織即分析指出「殺手機器人」（killer robots）為代表的自主武器（autonomous weapons）「無法遵守戰時法的關鍵原則」為由，支持禁止此類武器的條約。近年來，非政府組織積極且成功地促成禁止其他武器，非政府組織制衡左右軍武科技研發的話語權亦不容小覷[44]。

---

[40] *Id.*

[41] *Id.*, at 369-370.

[42] *Id.*

[43] *Id.*

[44] *Id.*

四、小結

　　總結而論，現有國際法是否適用於新軍事技術這一問題仍不乏對峙角力的論點，但結論有逐漸明朗化之趨勢。誠如上述，美國的官方立場頗為清晰，認為網路行動可以構成武裝攻擊（armed attack）而符合自衛權（right to self-defense）的發動門檻，從而令國際人道法諸多原則，如比例原則和區別原則的通則性、一般性遵循義務率皆適用於網路武器（cyber weapons）[45]。相對地，中、俄等在聯合國專家小組中具影響力的國家，漸向此一論點靠攏，雖然尚未同意戰時法之適用，但已同意《聯合國憲章》第2條第4項和第51條適用於網路行動。

　　另一方面，非政府行為者對戰前法及戰時法適用性的見解也在逐步趨近，北約卓越聯行網路防禦中心（The NATO Cooperative Cyber Defense Center of Excellence, CCDCOE）邀集涵蓋國際法及軍事領域計23名專家學者於2009年、2013年所制定與修正的《塔林網路戰爭國際法適用手冊》（Tallinn Manual on the International Law Applicable to Cyber Warfare），其中包含95條規範廣泛的黑體字法（blackletter rules）[46]，鑑於這些規則係根據法律專家的共識所起草，雖並非官方正式文件，但毋寧可視為習慣國際法的體現。承上所述，現有戰爭法及國際法的一般法律原則均適用於網路空間的立場應已趨於定著，並獲得多數包括政府行為者與非政府行為者的共識承認——網路空間固然為一新穎領域，但不因為目前未存在以系爭行為為規範對象之雙邊或多邊條約而逸脫於規範之外。

---

[45] Harold Hongju Koh, *International Law in Cyberspace: Remarks as Prepared for Delivery by Harold Hongju Koh to the USCYBERCOM Inter-Agency Legal Conference Ft. Meade, MD, Sept. 18, 2012*, 54 Harv. Int'l L.J., 2012, pp. 1, 3-5.

[46] black letter law，翻譯為黑體字法，指涉一種非正式用語，用來表示被法院普遍接受的或體現在某一特定司法管轄區的制定法中的基本的法律原則。

參、網路攻擊之定義、特徵與射程範圍

一、美國官方與國際組織之觀點

　　根據上述討論，圍繞網路攻擊所展開的國際法零階問題的探討，至少可證網路攻擊儼然已經成為傳統軍事武裝行動的一環，然而迄今仍無特定針對其特性之雙邊或多邊的國際組織加以規範。此可歸因於當前國際社群對網路攻擊的定義，尚存在模糊不清之疑義，而有待闡明。茲就各派學者、國際組織與美國官方立場所揭示的定義臚列於下。

　　定義上，最為廣泛流傳的是政府安全專家Richard A. Clarke的論點，他將網路戰定義為「一國為造成損害或崩潰而侵入他國電腦或網路的行為」（actions by a nation-state to penetrate another nation's computers or networks for the purposes of causing damage or disruption.）[47]；相對地，美國前國安局（National Security Agency, NSA）與中情局（Central Intelligence Agency, CIA）局長Michael Hayden形容網路戰為「惡意中斷或摧毀他國電腦網路之企圖」（deliberate attempt to disable or destroy another country's computer networks.）[48]尤有進者，紅十字國際委員會（International Committee of the Red Cross, ICRC）則將所謂「網路武裝衝突」定義為「透過資料串流（data stream）為方法，攻擊或利用電腦、電腦系統或網路或任何連結的設施之任何行動，包括侵入系統、對於數據資料加以蒐集、輸出、破壞、或者啟動、修改或操縱被侵入系統所管制的程序」[49]。觀諸其文義，咸以必須造成物理損害與人員傷亡為前提。

---

[47] Richard A., Clarke & Robert K. Knake, Cyber War 6, 2010.

[48] Tom Gjelten, Extending the Law of War to Cyberspace, Nat'L pub. RADIO (Sep. 22, 2010), available at http://www.npr.org/templates/story/story .php?storyld=130023318 (last visited 2022/1/15).

[49] International Humanitarian Law and Cyber Operations during Armed Conflicts, ICRC Position Paper, available at https://www.icrc.org/en/download/file/108983/icrc_ihl-and-cyber-operations-during-armed-conflicts.pdf (last visited 2021/12/31).

　　值得注意者，上述定義似乎皆未能將網路犯罪、網路攻擊和網路戰截然劃分，亦即Clarke氏將網路戰的主體定義為國家行為體，從而排除非國家行為體，該定義似有過於狹隘之嫌；技術人員提出的定義則更趨於限縮狹窄，美國網路安全學者暨國防分析家Martin Libicki在1995年論著中對網路戰進行如下的定義：「應僅限於語意攻擊（semantic attacks），亦即偽裝成正常系統，實際上產生與真實答案不同的數位攻擊。」[50]該定義排除針對網路基礎設施但非經語意攻擊的安全隱患，然而無論是否透過語意攻擊，其所造成的威脅並無不同，網路攻擊的定義不應排除任何一方[51]。

　　在此概念脈絡下，國家行為體與國際組織也對網路攻擊定義內涵的釐清採取諸多嘗試，美國政府與上海合作組織（Shanghai Cooperation Organization）[52]的見解截然不同。美國網路司令部（the United States Cyber Command）成立後不久，美國參謀長聯席會議（the Joint Chiefs of Staff）於2011年出版的軍事網路行動辭典，提出堪謂美國基於官方立場對網路攻擊之軍事行動的重要定義。其表述如下：

　　利用電腦、網路、或系統進行敵對行為，其旨在破壞或摧毀對手的關鍵網路系統、資產、或功能。企圖達成的效果不限於目標電腦或數據本身，如目標為破壞基礎設施的網路系統攻擊亦屬網路攻擊。另外網路攻擊可能會使用中介傳輸工具（intermediate delivery vehicles），包含外部裝置（peripheral devices）[53]、基地台（electronic transmitters）、嵌入式代碼（embedded code）、或操作者（human operators）。網路攻擊手段被發

---

[50] Martin C. Libicki, *What Is Information Warfare?* 1995, p. 77.

[51] *Id.*

[52] 上海合作組織（Shanghai Cooperation Organization）係由中華人民共和國、俄羅斯、哈薩克、吉爾吉斯、塔吉克、烏茲別克、巴基斯坦、印度、伊朗等九方組成，倡導「維護和保障地區的和平、安全與穩定」。屬於一個區域安全議題為主軸的國際組織。

[53] peripheral devices: equipment, such as a printer, that can be connected to a computer.

送、被啓動、或產生效果可能有極大時間差或不在單一地理位置[54]。

　　若從法規範的角度切入，上開見解的特徵似乎悉將「網路攻擊」限縮於損害關鍵網路系統的敵對行為，而不採用以「攻擊目標」為判斷標準的定義。相形之下，上海合作組織採取以「手段」為標準勾繪較為寬泛的定義，亦即指涉利用新訊息及通訊（new information and communication）手段，威脅國際安全與穩定[55]。並將「資訊戰」（information war）定義為大規模洗腦以破壞社會及國家的穩定，和迫使國家為敵對勢力的利益作出決定[56]。另外，這份文件同時指出對社會、政治、經濟體系、精神上的、道德上的和文化上的威脅是資訊戰的主要目標[57]。

二、各國學者之觀點

　　值得注意者，我國學者有將網路戰分為廣義和狹義之別，我國學者魏靜芬指出，廣義網路戰指全球，乃出自國家或集團圍繞和運用電腦網路進行的政治、經濟、文化、科技和軍事等鬥爭；現行學理在涵義與範疇上

---

[54] 此段之英文原文為"A hostile act using computer or related networks or systems, and intended to disrupt and/or destroy an adversary's critical cyber systems, assets, or functions. The intended effects of cyber-attack are not necessarily limited to the targeted computer systems or data themselves—for instance, attacks on computer systems which are intended to degrade or destroy infrastructure or C2 capability. A cyber-attack may use intermediate delivery vehicles including peripheral devices, electronic transmitters, embedded c, or human operators. The activation or effect of a cyber-attack may be widely separated temporally and geographically from the delivery." See Gen. James E. Cartwright, Memorandum for Chiefs of the Military Servs., Commanders of the Combatant Commands, Dirs. of the Joint Staff Directories on Joint Terminology for Cyberspace Operations 5, available at https://info.publicintelligence.net/DoD-JointCyberTerms.pdf (last visited 2022/1/21).

[55] Agreement on Cooperation in Ensuring International Information Security between the Member States of the Shanghai Cooperation Organization, https://ccdcoe.org/uploads/2018/10/SCO-090616-IISAgreement.pdf (last visited 2022/2/14).

[56] Id., at 209.

[57] Id., at 203.

聚焦的討論客體則多屬所謂狹義的網路戰,亦即交戰雙方圍繞和運用戰場互聯網進行的對抗[58]。魏教授進一步闡述並類型化網路攻擊的模式,主要可區分為:(1)「體系破壞模式」:亦即透過發送電腦病毒、邏輯炸彈等方法手段破壞敵方電腦與電腦網路系統,以造成敵國指揮控制系統癱瘓;(2)「資訊誤導模式」:向敵方電腦與電腦網路系統傳輸假情報,改變敵方電腦網路系統功能,藉以對敵方決策與指揮產生資訊誤導;(3)「綜合模式」:綜合利用體系破壞和資訊誤導,並與其他網路戰模式結合,造成對敵方多重傷殺功效[59]。另有學者將「網路戰」界定為:「係利用網際網絡作為攻擊媒介,是資訊戰概念底下的一種攻防型態、一種特殊發揮的形式,其特色在於網路空間完全不受時間、地理區隔及天候影響。」[60]另有日本學者伊東寬綜合計算機網路之特徵模式加以定性略為:「網路戰是指未經其他國家授權,透過進入他國電腦、網路或其他任何影響他國電腦系統的活動,進而對電腦、網路裝置或電腦系統控制的裝置,達成阻礙或損壞之目的。」[61]

綜上而論,網路戰與網路攻擊應屬一包攝集合關係,亦即「網路戰」必定係肇因於「網路攻擊」和「網路敵意行動」,也必然落入網路攻擊和網路(敵意)行動之射程範疇,但網路攻擊或網路敵意行動則不必然構成網路戰的損害結果。鑑於目前理論與實務各界對於網路戰和網路攻擊的界線劃分仍存在許多歧見,其中尤以各自之概念定義和射程範圍,以及應肇致之損害結果認定等存在諸多疑義,有待後續研究釐清,本文以下僅試就此一疑難,提出管見,用供指正。

二、「軍事必要性」vs.「人道主義關切」間之槓桿博弈

上述各派學說對網路攻擊的見解所呈現的落差,顯示針對網路戰與網

---

[58] 魏靜芬,武裝衝突時害敵手段的限制使用,軍法專刊第59卷第4期,2013年8月,第132-133頁。

[59] Id.

[60] 林穎佑,大陸網軍與APT攻擊,展望與探索第11卷第3期,2013年3月,第97頁。

[61] 伊東寬,「第5の戰場」サイバー戰の脅威,祥伝社,2012年,第83頁。

路攻擊等用語上長期存在的混沌不明，因此衍生加以明確化定義及內涵應屬各界的當務之急。實則，《國際人道法》的解釋適用背後牽動兩種相互競爭的利益——「軍事必要性」vs.「人道主義關切」之間的微妙平衡[62]。前者係反映國家在武裝衝突中能夠有效作戰、不受過度法律限制的利益。後者則訴諸各國有義務保護其公民免受傷害，盡可能地減少對其士兵無意義的犧牲，進而追求有價值的道德目標。

　　當軍事必要性與人道主義考慮的平衡發生變化時，可以預期法規範會隨同發生相應的演變[63]。網路空間活動對於形塑社會穩定及國家安全的影響力遽增。與此同時，現代軍隊和網際網路的掛鉤使得保留進行具有重要軍事意義的網路行動所需，確保系爭網路行為兼具合法性與機動性的彈性裁量空間更顯重要。這些趨勢將影響各國在解釋和應用國際人道法規範與網路行動時如何執行軍事必要性與人道主義關切的平衡行為。

三、本文見解：「損害態樣」之再探與新詮

　　必須先予釐清者，國際人道法固有關於「武力行使」之定義係根據是否構成有形損害來界定，此乃基於傳統戰爭型態及用以實施戰爭之憑藉工具多為動能武器。然而，對於如今高度仰賴網際網路的資訊社會而言，當代戰爭型態中所使用的系統和設備，無論是民用還是軍用，都比動能手段更容易被一網打盡式地加以破壞。這種現象已逐漸與現實脈絡和既有規範間產生不可忽視的扞格。本文以為網路攻擊的概念似不得再僅限於有害或物理破壞性的網路操作。鑑於攻擊是一種導致生命損失、傷害或損害的行動，關鍵係取決於對「損害」構築一符合當代資訊社會脈絡的理解與新詮。

　　因此，在網路環境中，支持傷害或物理損壞要求的邏輯有日漸鬆動之跡象也是勢所必然[64]。為填補網路空間行動與現行國際規範的扞格落

---

[62] Schmitt, *supra* note 1, at 201-202.

[63] *Id.*

[64] *Id.*, at 199-203.

差，軍事法大儒Michael N. Schmitt所提出的「功能性測試」（functionality test）頗值參酌，此觀點將注意力從實現效果的方式（物理傷害／傷害）轉移到效果本身（使目標系統失效）[65]，並以不致對國家加諸過度限制性規範的途徑平衡軍事必要性和人道主義宗旨的巧妙槓桿[66]。換言之，畢竟在網路攻擊的場域中，最為重要恐怕並非物體受到物理損壞的事實，而毋寧係使電腦相關設備喪失其機能或者不再完全符合於其預期用途之損害態樣。更詳細地說，功能性測試所能體現的優勢在於，在不犧牲各國執掌兵符者的軍事優勢和軍事必要性的前提下，將人道主義保護作最大程度的外延擴展，實現蘊含於國際人道法規範秩序中關於軍事優勢與人道主義考慮之間的平衡。

　　適用此基準下，一旦重大（關鍵）設施被破壞，或軟體網路被破壞等，例如攻擊核電戰、金融秩序被破壞，固然並不必然導致人員死傷，甚至從技術上的觀點來看，網路行動所造成的後果與核生化武器所造成的結果也不成比例，但倘若就其規模與影響來看，關鍵在於比例原則，乃至軍事優勢和人道保護的法益相稱性如何適用於實體損害的認定問題，舉例而言，網路攻擊致使國家的電力系統、通訊網路，甚至是國家的防空系統等癱瘓等損害態樣，在評價上構成對關鍵基礎設施的攻擊，儘管絕大多數不太可能造成死亡，但卻可能對被攻擊國國家的主權和國家安全等重大社會法益，造成重大影響，遂有該當功能性測試下「網路戰」的可能性。

肆、實體戰爭法規與網路攻擊之適用擬合

一、《聯合國憲章》授權之合法使用武力

　　隨著軍方對民用系統以及現成硬、軟體之依賴加深，當今關鍵基礎設施幾乎完全仰賴網路空間，使得網路攻擊行為所可能產生結果對國家安全

---

[65] Id.

[66] Id.

之影響，不容小覷。就武力衝突法則脈絡下武力不行使原則，其一方面涉及網路行動是否構成使用武力而構成《聯合國憲章》所禁止的行為？另一方面國家何時可以對網路行動使用武力？亦即造成重大物理損害或傷害的網路行動，抑或對國家正常運作以及經濟造成破壞以及重大損失之結果，是否均會達到武裝攻擊之門檻從而得啟動聯合國憲章所授予之自衛權？仍有待學理釋疑。

　　從現行規範武力行使之國際法規範秩序以觀，相關涉及的聯合國憲章條款可臚列於下：首先，《聯合國憲章》第2條第4項明定：「所有會員國在其國際關係中應避免以武力威脅或使用武力破壞任何國家的領土完整或政治獨立，或以任何其他不符合聯合國宗旨的方式。」[67]《聯合國憲章》第39條如是規定：「安全理事會應確定任何對和平的威脅、破壞和平或侵略行為的存在，並應提出建議，或決定應根據第41條和第42條採取應對措施，以維持或恢復國際和平與安全。」[68]復依據《聯合國憲章》第51條明定：「在聯合國會員國遭受武裝襲擊時，本憲章的任何規定不得損害個人或集體自衛的固有權利，直至安全理事會採取必要措施維護國際和平與安全。會員國為行使這一自衛權所採取的措施應立即報告安全理事會，並且不應以任何方式影響安全理事會根據本憲章在任何時候採取其採取的行動的權力和責任，且應被判定為維護或恢復國際和平與安全所必要者為限。」[69]

---

[67] UN Charter Article 2(4): All Members shall refrain in their international relations from the threat or use of force against the territorial integrity or political independence of any state, or in any other manner inconsistent with the Purposes of the United Nations.

[68] UN Charter Article 39: The Security Council shall determine the existence of any threat to the peace, breach of the peace, or act of aggression and shall make recommendations, or decide what measures shall be taken in accordance with Articles 41 and 42, to maintain or restore international peace and security.

[69] UN Charter Article 51: Nothing in the present Charter shall impair the inherent right of individual or collective self-defence if an armed attack occurs against a Member of the United Nations, until the Security Council has taken measures necessary to maintain international peace and security. Measures taken by Members in the exercise of this right of self-defence shall be immediately reported to the Security Council and shall not in any way affect the

二、《聯合國憲章》第2條第4項所定「武力使用」之解釋適用

首先，《聯合國憲章》的武力不行使原則是否可適用於網路行動？揆諸《聯合國憲章》第2條第4項所定之「威脅或武力行使」（threat or use of force，下稱武力使用）的闡述，目前學界素有「狹義說」、「基於儀器的方法」、「基於效果的方法」以及「嚴格責任模式」等四種具有規範解釋意義的思考進路。

狹義說係從Nicaragua一案中國際法院在闡述武力使用之際，特意區分了武裝干預（armed intervention）與政治、經濟脅迫的基本立場，推衍出國際法院將武力之定義限縮至武裝武力[70]。以廣受尊重的國際紅十字公約評論人Jean Pictet所冠名的皮克泰基準（Pictet's criteria）的應用也在判斷何種態樣的網路行為構成武裝衝突一節上發揮正面的解釋效果，該基準主張判定某項武力行使是否已然構成武裝攻擊為該行為達到「充分的範圍、存續期間及密集強度」（sufficient scope, duration, and intensity）[71]。

不容諱言者，皮克泰基準固然在評估常規武力使用方面頗有建樹，但在確定網路攻擊何時構成武裝攻擊時，其價值似乎微乎其微且有待釐清。為了填補此一空白，學理邇近提出三種不同的分析模型，以促進皮克泰基準的武力使用標準——即武力行使所涵蓋的範圍、存續期間及密集強度，再將該標準套用於包含網路攻擊的非常規武力使用。

第一種分析模型係「基於儀器的方法」（instrument-based approach），使用這個模型有助吾人評估網路攻擊造成的損害是否以前僅能透過動能攻擊來實現。舉例而言，適用此基準下，以關閉電網為目的的網路攻擊將被評價為武裝行動，蓋在網際網路發展完備之前，破壞電網系

---

authority and responsibility of the Security Council under the present Charter to take at any time such action as it deems necessary in order to maintain or restore international peace and security.

[70] Catherine Lotrionte, *Cyber Operations: Conflict Under International Law*, 2012 Geo. J. Int'l Aff., 2012, pp. 15, 19-21.

[71] David E. Graham, *Cyber Threats and the Law of War*, 4 J. Nat'l Sec. L. & Pol'y, 2010, pp. 87, 90-92.

統通常需要透過轟炸發電站或使用同等效果之其他形式的動能武力以實現這樣的結果。[72]。

　　第二種分析模型係「基於效果的方法」（effects-based approach），通常稱為基於結果的模型[73]。使用這種方法，將嘗試評估網路攻擊造成的損害是否以前只能藉由動能性地使用武力來實現，轉向繫諸於考量網路攻擊對受害國的整體影響。例如對一個州的銀行和金融機構訊息進行網路操縱，嚴重擾亂該州內的商業活動將被視為武裝攻擊。換言之，雖這種行動與動能攻擊沒有相似之處，但這種訊息操控對受害國經濟造成的總體損害將使其等同於武裝攻擊。

　　第三種分析模型係採取所謂的「嚴格責任」（strict liability）模式，根據對此類基礎設施系統的任何攻擊可能導致的嚴重後果，自動將針對國家基礎設施的任何網路攻擊視為武裝攻擊[74]。

　　雖說學說透過解釋論將既有的武裝衝突法導入網路攻擊，一個明顯的趨勢是既有的國際法律框架仍無法完全妥適的套用於網路攻擊行為，遂有所謂「效果說」（the effects test）新理論的提出，作為在網路空間的敵意行為是否已經構成武裝攻擊之判準[75]。這項標準旨在賦予網路攻擊更廣義且彈性的認定空間，依據效果說的測試基準，當網路衝突的效果足以視為構成傳統性攻擊（conventional attack）時，即落入武裝衝突或武力行使的範疇。而這又取決於幾項要素：(1)損害的嚴重程度（the severity of the harm caused）；(2)損害的立即性（the immediacy of the effects）；(3)損害的直接性（the directness of the effects）；(4)構成攻擊之行為的侵略性（the invasiveness of the act that caused the attack）；(5)結果可衡量性（the measurability of the consequences of the attack）；(6)攻擊行為的推定正當性（the presumptive legitimacy of the actions taken that caused the harm）[76]。

---

[72] *Id.*

[73] *Id.*

[74] *Id.*

[75] Daniel B. Garrie, Rhea D. Siers & Mitchell D. Silber, Cyberwarfare, 2016, pp. 24-25.

[76] *Id.*

表1　實體戰爭法規與網路攻擊之間的適用擬合歸納表

網路敵意行為類型	敘述性行為態樣	具體案例	是否有合法訴諸武裝衝突規範和戰時法的適用？
攻勢型網路攻擊	合理預期會造成人員傷亡或物品損害或破壞之物理損害之行為。	如DDoS、針對關鍵基礎設施或大型國家機構計算機系統予以破壞之行為、癱瘓電網或電腦控制系統及離心機。	基於已造成人員傷亡和物理損害，無論採取「狹義說」、「基於儀器的方法說」、「基於效果的方法說」乃至「嚴格責任說」均有適用。
守勢型網路攻擊	未達到具體人員傷亡但已達損害機算計系統正常操作之程度的網路敵意行為。	資料監控與數據竊取。	依據「基於儀器的方法說」、「基於效果的方法說」仍有適用餘地，若採取「狹義說」和「嚴格責任說」則無從適用。
支援型網路攻擊	僅構成網路影響或經濟上損失。	暫時無法進入網站、數據損壞、竄改或對網路系統造成功能上影響之數據損失。	根據「狹義說」、「基於儀器的方法說」、抑或「基於效果的方法說」，均無從適用。

資料來源：作者自製。

　　以下茲就網路攻擊的行為類型，就攻擊性與所造成之效應與結果的層次，初步類型化如下，類型化的目的在於，根據攻擊行為衍生的效應與所生結果的破壞性強度，來決定是否構成《聯合國憲章》第2條第4項的「武力行使」，從而判定後續是否有國際人道法下武裝衝突交戰雙方權利義務關係之規範依循必要性。

　　依筆者之粗淺管見，所謂落入守勢型射程範疇的網路攻擊會以保存大量個資以及金融交易紀錄的組織單位為主，如銀行、戶政事務、保險公司或是經由第三方支付的線上交易平台。如美國知名連鎖零售商Target遭到黑帽駭客入侵其POS刷卡終端系統。竊取顧客資料、信用卡簽帳卡號碼。但較具攻擊性與敵意意圖的網際威脅，譬如俄羅斯政府僱用駭客入侵

美國民主黨委員會之電子信箱，竊取與2016年總統選舉相關資訊、美國與伊拉克政府據稱駭入伊朗政府電腦以阻止其進行核分離行為、北韓政府駭入SONY音樂位於美國的總部，報復其嘲弄北韓領導人之行為等。雖表面上皆悉得冠以網路攻擊之名，實則在攻擊導致的效應及結果上存在極大差異，故根據肇生損害的強度將網路攻擊予以類型化，據此進一步判斷現行國際武裝衝突法的依循與適用程度，似其有必要。

伍、結論

　　盱衡全球安全發展現況，網路攻擊於國際法所衍生的一系列爭議，在可見的未來仍屬於持續不斷變遷更迭的法律領域。如何在此一虛擬場域中秉持人道主義的精神宗旨、尚兼顧網路攻擊仍得以遵循既定國際實體法義務，其重要性不言可喻。

　　本文首先從現行學理出發，探討國際法是否能妥善規範新興科技軍武，續行對何謂「網路攻擊」，及其與「網路行動」與「網路戰」之用語的定義上界線等爭議，進行實質意涵的推敲與射程範圍的釐清。本文主張多數網路攻擊因不達武裝衝突的程度，是否得逕稱之為網路攻擊從而適用武裝衝突法，尚非無研求之餘地。爰此，「網路戰」此一術語應僅適用於構成武裝攻擊或於持續武裝衝突時所發生的網路敵意行為態樣，此定義將隨之導致系爭網路敵意行動必須限縮至該當符合國際法所謂「武力使用」要件者，方有武裝衝突法之適用，基此，本文著重探討之「基於儀器的方法說」、「基於效果的方法說」乃至「嚴格責任說」等諸理論的涵攝適用，適足以作為在網路空間的敵意行為是否已然構成武裝攻擊之判準。這些調節基準賦予網路攻擊更廣義且彈性的認定空間，具有相當程度的選擇裁量餘地，並不盡然違反國際人道法的宗旨。

兩岸間個人資料跨境提供：
規則比較及路徑構建

曾麗凌[*]

　　數據的自由流通是數字經濟的重要驅動力。在信息革命不斷深化發展的國際背景下，兩岸間商業層面和公共治理層面個人資料跨境流動的需求也在日益增強。但由於兩岸在數字經濟市場規模上存在顯著的不對稱，台灣政府基於貿易保護主義和對網絡「安全」的顧慮，不斷採取針對大陸的限制性措施，特別是以個人資料保護為由的跨境信息傳輸監管措施的邊際效應已從企業日常經營合規性義務範疇擴展至貿易、投資領域，產生限制市場准入的效果。近年來，諸如淘寶台灣[1]、蝦皮支付、滴滴出行、易遊網、海底撈等多家公司在台灣均遭遇「陸資」與「個人資料安全」質疑，並以「資安風險」為由開罰。事實上，一旦企業踩到「陸資」這條敏感線，就會遭逢比台灣本土企業以及外資企業更嚴格的「資安」審核，給投資者帶來更大的經濟負擔，構成「事實上的歧視待遇」，從而對陸資投資台灣形成客觀的阻卻效應。

　　儘管個人資料保護及跨境傳輸規則的不確定性帶來保護主義的隱憂和障礙，但開展兩岸區域合作並融入全球數字經濟發展浪潮，仍將是未來兩岸創新型經濟增長的關鍵。因此，本文將在個人資料保護與數據驅動經濟融合發展這兩條線上交叉討論兩岸個人資料跨境流通問題，並試圖從多維

---

[*] 福建江夏學院法學院副教授、福建省台灣法律研究院副院長。

[1] 台灣經濟部以「資安風險」對「淘寶台灣」處以罰款並作出限期撤回投資或改正的決定，決定寫到：「會員註冊需同意『淘寶台灣用戶服務協議及隱私政策』，而該『淘寶台灣用戶服務協議及隱私政策』鏈接到了阿里巴巴集團的『淘寶全球平台服務協議及隱私權政策』。台灣會員如同意上述隱私政策，授權阿里巴巴集團使用用戶的個人資料、攝像頭等許可權，且會員交易資料回傳至位於大陸的阿里巴巴集團伺服器中，可能有資安風險。」

命題角度展開探討：首先，兩岸關於個人資料保護的法律的適用效力範圍如何界定？其次，兩岸個人資料保護的法理基礎是什麼，兩岸立法中關於個人資料跨境流動機制的設計存在何種異同？再次，兩岸間多邊及雙邊機制中是否有既存的跨境流動框架？最後，在釐清兩岸間跨境個人資料傳輸的關鍵問題和限制性因素後，針對多層級的個人資料跨境流通路徑的構建提出建議，為型塑「開放和信任共生」的兩岸關係提供更多的要素支撐。

壹、概念的界定

一、個人信息和個人資料

　　大陸立法使用的是「個人信息」概念，《網絡安全法》將其定義為「以電子或者其他方式記錄的能夠單獨或者與其他信息結合識別自然人個人身份的各種信息，包括但不限於自然人的姓名、出生日期、身份證件號碼、個人生物識別信息、住址、電話號碼等。」[2]《個人信息保護法》進一步明確排除匿名化處理後的信息[3]。台灣個人資料保護法所定義之「個人資料」指自然人之姓名、出生年月日、身分證統一編號、護照號碼、特徵、指紋、婚姻、家庭、教育、職業、病歷、醫療、基因、性生活、健康檢查、犯罪前科、聯絡方式、財務情況、社會活動及其他得以直接或間接方式識別該個人之資料[4]。

　　上述定義表明，兩岸都以一種廣泛、靈活且可適應技術環境發展的方式定義保護的客體，在術語上分別採「個人信息」和「個人資料」，只是形式表述差異而已，其實質要素都是「可識別性」。不過，隨著數據處理技術的進步和可用於分析的數據量級的變化，絕對和不可逆轉的個人資料匿名將難以做到，「可識別」和「不可識別」之間的二元區分將變得沒有

2　《網絡安全法》第76條。

3　《個人信息保護法》第4條。

4　台灣個人資料保護法第2條。

意義。因為，從「零識別風險」到「已識別」之間將有一個區間閾值，兩岸完全可能在實踐層面以不同的方式對待具有不同程度「可識別性」的個人資料，從而在法律文本外產生關於「可受到保護的個人資料」的實踐性差異。

二、信息跨境提供和國際傳輸

　　大陸立法使用的是「向境外提供個人信息」[5]、「個人信息出境」[6]、「數據出境」[7]等不同表達方式。「境外」既可作為空間概念，指信息跨越邊境提供；也可作為主體概念，指信息提供給境外主體（無論該主體位於境內還是境外），或者被境外主體訪問查看位於中國境內的信息（公開信息、網頁訪問除外）[8]。台灣使用「國際傳輸」一詞，指將個人資料作跨國（境）之處理或利用[9]。意味著，個人資料的處理或利用跨越邊境時，無論是通過傳輸、提供還是來自境外的讀取、訪問，均屬於「國際傳輸」。就「個人資料保護法」所指「國際傳遞」是否包含傳遞於大陸這一問題，依據法務部相關解釋，認為應參照「國際傳遞」之規定施行[10]。相

5　《網絡安全法》第37條、《個人信息保護法》第38條。

6　《個人信息出境安全評估辦法（徵求意見稿）》第2條。

7　《信息安全技術數據出境安全評估指南（徵求意見稿）》第3.7條。

8　《信息安全技術數據出境安全評估指南（徵求意見稿）》第3.7條就「數據出境」概念中包含的個人信息而言，「是指網絡運營者通過網路等方式，將其在中華人民共和國境內運營中收集和產生的個人信息，通過直接提供或開展業務、提供服務、產品等方式提供給境外的機構、組織或個人的一次性活動或連續性活動」。該指南還進一步對數據出境的具體情形進行了詳細列舉，包括：向本國境內，但不屬於本國司法管轄或未在境內註冊的主體提供個人信息和重要數據；數據未轉移存儲至本國以外的地方，但被境外的機構、組織、個人訪問查看的（公開信息、網頁訪問除外）；網絡運營者集團內部數據由境內轉移至境外，涉及其在境內運營中收集和產生的個人信息和重要數據的。下列情形不屬於數據出境：非在境內運營中收集和產生的個人信息和重要數據經由本國出境，未經任何變動或加工處理的；非在境內運營中收集和產生的個人信息和重要數據在境內存儲、加工處理後出境，不涉及境內運營中收集和產生的個人信息和重要數據的。

9　台灣個人資料保護法第2條。

10　台灣法務部法律字第0940029553號函。

較台灣而言，大陸關於個人資料跨境提供所包含的場景更廣[11]。故本文認為採用大陸立法中的「跨境提供」一詞作為描述兩岸間個人資料跨境的用語更為準確適當。

貳、個人資料保護法域外適用效力比較

　　一般而言，各法域的規則其空間效力範圍限於該法域所轄領域。但由於數據天然具有跨境流動便利的特性，因此晚近以來，以歐盟和美國為代表，個人資料保護立法突破屬地適用的原則，「呈現出域外擴張適用的共同趨勢」[12]。

　　由於網路的無邊界性，個人資料的跨境傳輸使得其權利保護早已突破了法律效力邊界的藩籬，兩岸各自的數據法律規則是否能擴張適用於對岸，形成對人、行為及信息的拘束力？對於兩岸跨境業者而言，釐清這一點尤其重要。因為企業首先得明確在何種情形下，將受到何種法律的拘束。如果因疏忽或故意怠於履行法定義務，則不僅將面臨程度不同的處罰，嚴重者甚至還不得不退出對方市場。

一、立法模式與適用範圍

　　兩岸均採取綜合立法方式對個人資料作出全面的保護。在適用範圍上，屬地原則仍然是兩岸個人資料保護法效力範圍的共同邏輯起點，同時在地域範圍上適當延伸至境外人及行為。適用範圍概覽如下：

---

[11] 兩岸均認為屬於個人信息跨境的情形包括二項：一是網路運營者將其在境內運營中蒐集和產生的個人資料由境內轉移至境外；二是個人資料未轉移存儲至境外，但被境外的主體讀取訪問。至於向位於境內但未在境內註冊的主體提供個人資料，這在大陸的定義中屬於個人資料跨境，但在台灣的法律中，是否包含此種情形，並不明確。

[12] 孔慶江、于華溢，數據立法域外適用現象及中國因應策略，法學雜誌第8期，2000年，第76頁。洪延青，在發展與安全的平衡中構建數據跨境流安動安全評估框架，信息安全與通信保密，2017年2月，第45頁。

		大陸	台灣
立法模式		單邊綜合性立法。	單邊綜合性立法。
適用地域範圍	境內	境內處理自然人個人信息的活動。	台灣境內個人資料之蒐集、處理及利用。
	境外	在境外處理境內自然人個人信息的活動，有下列情形之一的，也適用本法：(1)以向境內自然人提供產品或者服務爲目的；(2)分析、評估境內自然人的行爲；(3)法律、行政法規規定的其他情形。	公務機關及非公務機關[13]，在台灣域外對台灣人民個人資料蒐集、處理或利用。

二、立法管轄權依據

從方法論本質來看，兩岸界定法律域外適用的方法均可歸屬爲單邊主義立法方法。但在管轄權確立的依據上，存在兩種不同的理解。差異關鍵在於台灣地區個資法是否適用於「境外人在境外的行爲」。茲分述如下：

(一)第一種理解：域外管轄依據分別爲目標指向爲主的效果管轄和積極屬人管轄

大陸的《個人信息保護法》在地域範圍上採取了信息處理活動發生地標準和目標指向標準，指的是即使數據控制者或處理者在境外處理個人信息，只要它爲大陸境內自然人提供產品和服務或以境內自然人爲分析評估對象或有法律法規規定的其他情形，即應當適用本法。除此之外，還應結合《數據安全法》第2條規定綜合來看：「在中華人民共和國境外開展數據處理活動，損害中華人民共和國國家安全、公共利益或者公民、組織合法權益的，依法追究法律責任。」因此，境外處理大陸境內自然人個人信息，即便不以境內自然人爲目標，但如果對境內公民組織權益或國家安全、公共利益造成損害，依然可以適用大陸法律。從這個角度來看，大陸

個人信息保護域外適用，實際上是一種以目標指向標準為主的效果管轄原則，即所管制的處理境內自然人個人信息行為發生在境外，行為人身分不限，如果境外行為目標指向境內自然人個人信息，或有不當行為，可能對境內權利或市場產生實質有害的影響，均應適用大陸法律。

　　台灣個資法在地域範圍上同樣採取了資料處理活動發生地標準和目標指向標準，即在台灣域外對台灣人民個人資料蒐集、處理或利用，但「公務機關及非公務機關」應作何解？是僅限於「台灣公務機關及非公務機關」，抑或包含「域外公務機關或非公務機關」？對此，論者有不同看法：有認為上述條文所謂「非公務機關」應以具有台灣戶籍或在台灣註冊登記者為限；然而也有認為，單純境外人士或機關，縱在台灣境外，只要對台灣人民個人資料進行蒐集、處理或利用，即應遵循台灣個資法規定[14]。

　　本文認為就個資法的解釋而言，應理解為是一種對其境外台籍公務機關和非公務機關行為行使的積極屬人管轄權。位於境外的非台籍（法）人在境外的行為，並不受現行個資法的規範，其理由有二：一是立法理由稱所參考的「1995年歐盟資料保護指令（95/46/EC）第3條」，其規範對象原則上也不包括位於境外的外籍（法）人；二是若將該條適用範圍過度擴張至「境外（法）人在境外的行為」而不設定任何條件，則其管轄權的建立缺乏合理的依據，且將面臨實際執行上的困難。因此，如果意圖規範境外法人在境外的行為，應以特別法明確限制性主體後為之，例如：台灣於2019年3月8日修正之海外臺灣學校及大陸地區臺商學校個人資料檔案安全維護計畫實施辦法規定了境外台校對於個人資料蒐集、處理及利用的規範以及保護個人資料安全之義務。因此大陸的台商學校[15]在大陸的個人資料

---

[14] 劉定基，雲端運算與個人資料保護—以台灣個人資料保護法與歐盟個人資料保護指令的比較為中心，東海大學法學研究第43期，2014年8月，第66-67頁。郭戎晉，論歐盟個人資料保護立法域外效力規定暨其適用問題，政大法學評論第161期，2020年6月，第58頁。

[15] 「大陸地區台商學校」指經許可在大陸地區從事投資或技術合作之台灣人民、法人、團體或其他機構，向台灣教育主管部門申請備案後，於大陸設立專以教育台灣人民為對象之高級中等以下學校。見大陸地區臺商學校設立及輔導辦法第2條定義。

處理行為也因該辦法而負有台灣個資法上義務。

(二) 第二種理解：域外管轄依據均為目標指向為主的效果管轄

當然，如果認為台灣個資法適用於所有境外「公務機關和非公務機關」在境外以台灣人民為目標的資訊處理行為，那麼就和大陸《個人信息保護法》採相同的目標指向標準為主的效果管轄，但在目標對象和限制性條件等要素事實上仍有不同的要求，具體表現在3個方面：

專案	大陸	台灣
行為主體	境內外	境內外
行為發生地	境外	境外
行為內容	處理（含分析、評估行為）	蒐集、處理或利用
目標對象	境內自然人個人資料	台灣人民個人資料
限制性條件	限於：(1)以向境內自然人提供產品或者服務為目的；(2)分析、評估境內自然人的行為；(3)法律、行政法規規定的其他情形。	無

首先，在「目標指向標準」上，大陸立法採地域標準，即保護所有空間位置處於「中華人民共和國境內的自然人」，無論其是否為中華人民共和國公民。但台灣立法則採身分標準，僅保護台灣人民。在其規則體系中，台灣人民指的是在台灣設有戶籍之人。顯然，該條將受保護的數據主體進行了限縮，將未設籍於台灣之數據主體排除在保護對象之外。

其次，在限制性條件上，針對發生在境外的針對境內個人的數據處理行為，大陸《個人信息保護法》限定在三種情形，具有一定的謙抑性。相比而言，台灣未設任何限制性條件而失於寬泛，可能產生過度擴張管轄的情況。例如：某大陸企業掌握的台灣人民個人資料，非在台灣境內運營中蒐集和產生，而是自香港蒐集而來，且未對該資料進行過利用。資料處理行為地與台灣無屬地聯繫，資料控制處理人又非台灣戶籍，不滿足積極屬人管轄標準，且蒐集行為本身不產生危害台灣人民法益的效果，那麼在缺

乏合理的基礎管轄權的情況下，台灣個資法欲主張適用，則很難不令人質疑其域外適用的法益目的正當性和合法性。

最後，在處理行為的界定上，兩岸立法均涵蓋了數據全生命週期內的所有行為。大陸《個人信息保護法》對個人信息的處理包括個人信息的收集、存儲、使用、加工、傳輸、提供、公開、刪除等活動[16]。限制項中的「分析、評估」的涵義非常廣泛，在沒有進一步的指南界定下，似可理解為針對中國境內自然人進行的一切觀察、分析、評估和研究活動[17]。台灣個資法第2條對蒐集、處理和利用分別定義為「以任何方式取得個人資料」、「為建立或利用個人資料檔案所為資料之記錄、輸入、儲存、編輯、更正、複製、檢索、刪除、輸出、連結或內部傳送」、「將蒐集之個人資料為處理以外之使用」。所以，儘管兩岸的措辭表達有所不同，但在實質行為內涵上，是基本一致的。

三、小結

從方法論本質來看，兩岸界定法律域外適用的方法均可歸屬為立法單邊主義方法。但在管轄權確立的依據上，存在兩種不同的理解，差異關鍵在於台灣個資法是否適用於「境外法人及自然人在境外的行為」，如果採肯定理解，無疑將極大擴展「個資法」的域外適用範圍。

兩岸立法的積極域外適用，完全有可能產生對同一資訊處理者或行為重疊適用的衝突。並行的法律將加劇跨境業者違反兩岸法律的雙重風險。例如假設台灣司法或執法部門基於屬人連結要求台商披露或提供存儲在大陸的個人資料，大陸又基於屬地連結禁止個人資料未經大陸主管部門批准許可而向台灣跨境提供。如果域外立法管轄權的衝突不可避免，如何緩和，這將成為未來考驗兩岸司法和行政執法部門的一大難題。

---

16 《個人信息保護法》第4條第2款。

17 楊洪泉、車佳倩，個人資料保護法的域外效力，法人雜誌第12期，2020年，第81頁。

參、兩岸個人資料資料跨境提供的制度設計比較

一、立法價值取向比較

（一）大陸

　　大陸傳統的社會群聚和集體道德，使得隱私權在歷史上缺乏生長和勃興的文化土壤，規範個人信息利用的立法首先體現了對系統安全和社會政治穩定的偏好。2017年《網絡安全法》即明確了個人信息本地化存儲及跨境提供的安全評估要求[18]。不過，由於該法的規定較為原則，這也為更好的適應技術發展和探索數據治理方式提供了靈活的空間。又由於中國大陸是經濟全球化和自由貿易的參與者、受益者和宣導者[19]，也是引領全球數字經濟創新的重要策源地[20]。不論是出於構築國家競爭新優勢，還是推進數字中國建設戰略的考慮，促進數據自由流動都應成為中國的基本立場。2021年的《數據安全法》提出國家將「積極開展數據安全治理、數據開發利用等領域的國際交流與合作，參與數據安全相關國際規則和標準的制定，促進數據跨境安全、自由流動」。[21]2021年的《個人信息保護法》以專章方式構建了一套清晰、系統的，包含數據安全和個人權利兩項要素的個人信息跨境流動規則，明確提出數據分層思想，將數據區分為重要數據

---

[18] 《網絡安全法》第38條：「關鍵信息基礎設施的運營者在中華人民共和國境內運營中收集和產生的個人信息和重要數據應當在境內存儲。因業務需要，確需向境外提供的，應當按照國家網信部門會同國務院有關部門制定的辦法進行安全評估；法律、行政法規另有規定的，依照其規定。」

[19] 許可，自由與安全：數據跨境流動的中國方案，環球法律評論第1期，2021年，第30頁。

[20] 國家互聯網信息辦公室，數字中國發展報告（2020年），2021年7月2日。報告指出，2020年中國大陸數字經濟核心產業增加值占GDP比重達到7.8%，數字經濟總量躍居世界第二。

[21] 《數據安全法》第11條。

和其他個人信息數據，體現不同的監管密度[22]，在追求安全原則與數據流動的平衡中體現出審慎務實的立法態度。至此，「確保安全的前提下的個人信息自由流動」的中國監管範式基本成形。在世界範圍內，開闢了有別於美國和歐盟方法的第三條道路[23]。

(二) 台灣

　　台灣憲法中並未規定隱私權，該項權利是由司法院大法官會議經由對基本權利的解釋後作成「釋字第585號」，從而得以確立。2005年，大法官會議作成釋字第603號，進一步闡述了資訊隱私的概念，其實質就是個人自治權和對個人資料的控制權，即保證人們有權決定是否公開自己的個人資料、向誰公開、公開程度如何、以何種方式公開等。大法官會議的解釋基本形成了立法價值觀中將「個人資料」涵攝於「人格尊嚴」的獨特理解。沿著這一思路，台灣2010年頒布的個人資料保護法無可避免的強化了數據主體對數據的控制權。在有關隱私和數據保護的國際法律框架中，出於對數據主體個人資料自主權的尊重，數據主體可自由決定其個人資料的出入境，僅在例外情況下，主管部門方予以干預和限制，即採用「原則允許、例外禁止」之基本原則[24]。不過，由於台灣近年通過修正國安法，將當前「第五領域」的通訊安全威脅顧慮，納入台灣「安全」的維護範

---

22 《數據安全法》第31條規定：「關鍵信息基礎設施的運營者在中華人民共和國境內運營中收集和產生的重要數據的出境安全管理，適用中華人民共和國網絡安全法的規定；其他數據處理者在中華人民共和國境內運營中收集和產生的重要數據的出境安全管理辦法，由國家網信部門會同國務院有關部門制定。」《個人信息保護法》第40條規定：「關鍵信息基礎設施運營者和處理個人信息達到國家網信部門規定數量的個人信息處理者，應當將在中華人民共和國境內收集和產生的個人信息存儲在境內。」但其他個人信息向境外提供，則提供了多種途徑，並對跨境提供個人信息的「告知—同意」作出更嚴格的要求，切實保障個人的知情權、決定權等權利。

23 Emmanuel Pernot-Leplay, "China's Approach on Data Privacy Law: A Third Way Between the U.S. and the E.U.?", *Penn State Journal of Law & International Affairs*, Vol. 8, Issue 1 (2020), pp. 50-117.

24 台灣個人資料保護法第21條。

圍。[25]因此，「安全」考量越發凸顯，而不再僅僅是少數「例外」。在針對大陸的實踐中，這一點尤其明顯。

二、跨境傳輸路徑及條件比較

立法理念的差異，導致兩岸立法結構的不同：大陸基於「監管者視角」，採用正面列舉方式對跨境提供途徑以及限制性條件作出雙重規約，台灣則是基於「權利控制權力」理念，對公權力限制傳輸的依據進行有限列舉，除此之外，法不禁止即自由，故而沒有直接規定個人資料跨境傳輸的路徑。

但結構的張力並不影響要素的耦合。在功能主義視角下，兩岸為實現各自的管控目標，在採用的跨境傳輸方式上仍存在共性。

(一)兩岸均將「告知—同意原則」作為個人資料跨境提供的必要前提條件，但嚴格程度不同

台灣個人資料保護法規定非公務機關對個人資料的蒐集、處理及目的外利用，應「經當事人書面同意」[26]。此原則的構建基礎沒有偏離前述釋憲文的理論，體現了兩重思考：一是基於資訊隱私保護，確保個人資料主體的控制權；另一理論基礎來自於自由市場概念，在自由市場下，個人資料主體和資料控制者、使用者，自然會以約定的方式，就資料使用和隱私保護找到最佳平衡點。

---

[25] 季燁，民進黨當局「國安」修法的回顧及其法理批判，台灣研究第3期，2020年，第23頁。

[26] 台灣個人資料保護法第19條規定：「非公務機關對個人資料之蒐集或處理，除第六條第一項所規定資料外，應有特定目的，並符合下列情形之一者：……五、經當事人同意。……」第20條規定：「非公務機關對個人資料之利用，除第六條第一項所規定資料外，應於蒐集之特定目的必要範圍內為之。但有下列情形之一者，得為特定目的外之利用：……六、經當事人同意。」台灣法務部在個案函詢中，也認為外商委請在台加盟商代為蒐集客戶資料，並將資料傳送至境外公司，涉及非公務機關（加盟商）對個人資料之蒐集與跨境之處理或利用，應符合有關規定，例如加盟商與客戶間有契約或類似契約之關係，或經客戶書面同意。見台灣地區法務部法律字第10703511390號函。

然而，個人資料經跨境傳輸後，「脫離」主體控制之風險大為增加，可能形成新的隱私傷害。所以，在個人資料的蒐集環節當事人的「同意」並不能取得「無限授權效果」，如果存在境內外資訊隱私利益的不同，且可能因為出境帶來無法合理預見的新的隱私傷害，而有必要再次單獨取得當事人同意以滿足控制利益的需求。因此，大陸《個人信息保護法》將「告知—同意」更推進一步，要求就跨境傳輸環節還需獲得當事人的「單獨同意」，而且對諸如「個人向境外接收方行使本法規定權利的方式和程序」等告知的事項作出了更具體和清晰的要求。

(二) 數據出境應通過安全評估，不涉及重大利益風險

數據出境是否涉及重大公共利益及安全，是兩岸共同的關切。台灣是將「涉及國家重大利益」作為數據出境禁止條件。大陸則是將通過安全評估作為向境外提供一般個人信息的可選擇路徑之一[27]，如果涉及「關鍵信息基礎設施運營者和處理個人信息達到國家網信部門規定數量的個人信息處理者」，需向境外提供的，則是將通過安全評估作為唯一必備條件[28]。

台灣並未對重大利益的評估內容和評估流程作出規定，事實上也尚無此類實踐案例可供參考。從規則來看，評估錨定的並不是個人資料本身的技術安全性，而是個人資料所帶來的外部公共安全性。且沒有對不同的安全屬性進行梯度評價，但凡涉及重大利益，就採取限制出境的強監管手段，方式上較為單一。

大陸方面則一直在探索個人資料出境安全評估的規則體系，詳細的行政法規、部門規章和配套的標準、指南的研擬工作正在陸續推出，目前仍多處於徵求意見稿階段，尚未正式生效[29]。從已發布的規範來看，個人信

---

27 《個人信息保護法》第38條第1項。

28 《個人信息保護法》第40條。

29 行政法規層面，包括國家互聯網資訊辦公室於2017年4月發布的《個人信息和重要數據出境安全評估辦法》（徵求意見稿）、2019年5月發布的《數據安全管理辦法》（徵求意見稿）、2019年6月發布的《個人信息出境安全評估辦法》（徵求意見稿）。國家標準層面，包括全國信息安全標準化技術委員會於2017年8月發布《信息

息出境評估內容主要從4個維度評價風險源：政策環境和技術措施、個人信息處理約定及流程、網絡運營者及接收方可信任度、整體安全態勢。通過衡量信息的合法性、保密性、完整性及可用性，歸入不同風險等級，相應採用輕監管和強監管模式[30]。評估流程主要以事前實質性審核為核心，同時對信息出境後安全狀況持續進行動態評價，保留監管機構對數據出境暫停或終止的行政裁量權力。立法的嚴格折射出安全至上的規制邏輯，也對監管部門的行政資源[31]和新興技術能力提出了更高的要求。

(三)根據國際條約或協定，向境外提供個人資料

大陸《個人信息保護法》規定，中國大陸締結或者參加的國際條約、協定對向中國大陸境外提供個人信息的條件等有規定的，可以按照其規定執行。兩岸之間已有的生效協定包括貿易、投資、金融、公共衛生合作、司法互助等，其內容中幾乎都包含有信息交換條款。

台灣將「國際條約或協定有特別規定」作為監管部門限制向境外提供個人資料的情形之一。如果條約中關於個人資料提供有特殊的程序要件，例如兩岸司法互助程序中指定台灣法務部作為指定聯繫機關提供協助，那麼公務機關和非公務機關就不能違反協定的特別程序而直接向境外提供。

兩岸立法雖然表述上有所不同，一個是正向路徑，一個是負面禁止，但本質而言，兩岸均尊重協定的優先適用性，支持以協定約定的方式向境外提供個人資料。

(四)採用標準合同管理方式

逐案評估方式雖可提高個人資料出境安全係數，但卻無法應對大量

安全技術數據出境安全評估指南》（徵求意見稿）以及2020年10月實施的《信息安全技術個人信息安全規範》（GB/T 35273-2020）。

[30] 洪延青，在發展與安全的平衡中構建數據跨境流動安全評估框架，信息安全與通信保密第2期，2017年，第61頁。

[31] 婁鶴、陳國彧，中國企業個人數據跨境傳輸最佳法律實踐探討，信息安全與通信保密第8期，2019年，第55頁。

小規模或偶發性數據出境的交易需求。一概採用嚴格的個案實質性評估方式，將不可避免的降低數據出境效率。為解決這一問題，大陸採用標準合同管理方式，即只要按照「國家網信部門制定的標準合同與境外接收方訂立合同，約定雙方的權利和義務」，數據處理方和接收方在無需實質審批和安全評估程式下，直接傳輸個人信息。在充分補闕數據自由流動價值的同時，個人信息處理者也應承擔起安全保障義務，採取必要措施，保障境外接收方處理個人信息的活動達到中國法定的個人信息保護標準[32]。

台灣雖然沒有明文規定此種方式，但法律並不禁止從行業自律角度，由專業協會或社團推出標準格式合同，企業或個人可自願採納上述示範或指南進行數據合規管理。

(五) 建立數據保護認證機制

多層次數據監管體系必須納入以市場為主導的行業自律機制。大陸立法鼓勵經監管機構委託授權、在數據安全檢測評估方面的專業權威機構依法開展認證服務，證明信息處理者的隱私政策和對所控制的用戶個人資料的實踐做法符合隱私和數據治理實踐標準。在跨境數據流動場景中，認證的權威性取決於標準及規則是否被國際市場廣泛接受和認可。因此，大陸立法明確將「積極參與個人信息保護國際規則的制定，促進個人信息保護方面的國際交流與合作，推動與其他國家、地區、國際組織之間的個人信息保護規則、標準等互認」。[33]

在台灣，雖然認證機制在規則層面缺位，但實踐中卻參與了跨境隱私規則（The APEC Cross-Border Privacy Rules, CBPR）體系，並指令財團法人資訊工業策進會為問責代理機構，對企業制定的自律性隱私政策是否符合CBPR保護標準進行認證。不過，該認證機制在世界範圍內的接納度仍比較局限，在兩岸間也暫不適用。

---

[32] 《個人信息保護法》第38條。

[33] 《個人信息保護法》第12條。

三、限制個人資料資料跨境提供措施比較

(一) 數據本地化存儲

　　大陸目前明確要求部分數據的本地化存儲。《個人信息保護法》對個人信息本地化提出了比《網絡安全法》更寬範圍的要求，即在關鍵信息基礎設施運營者之外，還要求個人信息數量達到網信部門規定數量的個人信息處理者也需要將信息存儲於境內[34]。總體來看，大陸在數據分級分類管理思路下，對重要信息存在程度較高的本地化要求，但對一般個人信息則允許在滿足特定條件後跨境自由流動。

　　台灣對於生物數據之國際傳輸，採取了相當嚴格的管制措施。依人體生物資料庫管理條例規定，原則上禁止生物檢體國際傳輸，僅允許生物檢體中衍生物部分輸出境外，且以報送倫理委員會審查通過後報經主管機關核准為前提。另外，如果對數據本地化採廣泛理解，台灣不允許陸資投資收購掌握較多個人資料的公司，其結果就是強化了對特定數據的控制要求，從而間接的達到數據本地化的效果。

(二) 反制措施

　　台灣個資法中沒有關於反制的規定。大陸方面，針對域外政府在政治驅動下，採取單邊保護主義措施，有損中國公民個人信息利益或國家安全、公共利益的行為，或對任何國家和地區在個人信息保護方面對中國採取歧視性措施的行為，立法規定可以採取限制、禁止及對等措施，進行防範和反制，重建域內外利益平衡[35]。《數據安全法》明確規定：「任何國家或者地區在與數據和數據開發利用技術等有關的投資、貿易等方面對中華人民共和國採取歧視性的禁止、限制或者其他類似措施的，中華人民共

34　《個人信息保護法》第40條：「關鍵信息基礎設施運營者和處理個人信息達到國家網信部門規定數量的個人信息處理者，應當將在中華人民共和國境內收集和產生的個人信息存儲在境內。確需向境外提供的，應當通過國家網信部門組織的安全評估；法律、行政法規和國家網信部門規定可以不進行安全評估的，從其規定。」

35　《個人信息保護法》第42條、第43條。

和國可以根據實際情況對該國家或者地區對等採取措施。」[36]因此，針對台灣以資安為由對大陸投資採取歧視性限制和禁止規定，根據實際情況，大陸不排除可能採取相應的對等措施。

(三)資料接受國對於個人資料的保護未盡完善，致有損當事人權益之虞

關於個人資料出境後受到保護的水準，大陸立法要求的是「達到我國法律規定的個人信息保護標準」，劃定明確客觀的基準線，且無需對境外法律及實踐作評價，因此標準恆定，不因出境目的地變化而變化。而台灣則使用了「接受國保護完善」標準，涵義模糊且主觀，且對境外立法進行主觀評價，易引發不必要的爭議。

實踐中，台灣16個中央目的事業主管機關，目前對於世界各國個資保護的評估，唯有國家通訊傳播委員會（下稱「通傳會」）在2012年公告認定「大陸地區之個人資料保護法令尚未完備，限制通訊傳播事業經營者將所屬用戶之個人資料傳遞至大陸地區」[37]。至於該結論是如何得出的，該公告既未明確其實質標準，也未說明是否有科學的評估程序，缺乏透明度。而且，台灣還將該項認定權力分配給不同領域的「中央目的事業主管機關」，因此關於某一事項究竟應歸屬於何部會主管本身就會產生爭議[38]。台灣地區法務部曾在關於「DiDi滴滴出行」行動應用程式（app）個資法適用案說明中再次提到前述通傳會函文，指出交通部應就資料接受國對於個人資料保護有無完善法規，本於權責審認[39]。但事實上，交通部並未公告其審認結果。可以說，多數部會對於境外個資保護法律情況，完

---

[36] 《數據安全法》第26條。

[37] 台灣通傳會通訊字第10141050780號函，2012年9月25日。

[38] 台灣國家發展委員會，公司因勞雇爭議不當處理利用個資所涉個人資料保護法中央目的事業主管機關認定疑義？，2021年3月4日，https://pipa.ndc.gov.tw/News_Content.aspx?n=D09B8808B663F4AD&s=DD5A0E6CBFBB6533（最後瀏覽日期：2022/1/17）。

[39] 台灣法務部法律字第10703511390號函。

全沒有任何評估，既然沒有評估又如何知道是否有「有損當事人權益之虞」。

（四）採迂迴方法規避「個人資料保護法」

台灣將非公務機關以迂迴方法向第三國（地區）傳輸個人資料規避個資法的行為，作為得限制跨境傳輸的事由之一。依前述通傳會決定，電信業者不可將用戶的個人資料傳輸至大陸，電信企業如果在大陸進行商務營業活動，卻將個人資料傳輸至位於越南的子公司或關連公司，之後再由越南傳輸至大陸境內的子公司或關連公司，則可謂「以迂迴方法向第三國（地區）傳輸個人資料規避個資法」，依本條「通傳會」可予以限制。

四、小結

在數據跨境流動控制實施主體方面，大陸和台灣的公權力機關均直接介入具體情境中的數據跨境流動場景，基於個案進行事前的審批或評估，「與數據主體、數據控制者及其他相關方共同作為具體場景中的數據跨境流動安排的行為主體」。[40]就模式和內容而言，大陸為數據保護創建了一個並行結構：一方面，對個人信息跨境限制較少，以留出技術進步和探索的空間；另一方面，對「重要數據」要求本地化存儲，確保國家安全和公共利益的保障。台灣則是採用「原則允許，例外限制」模式。但台灣當局通傳會單方面以「大陸地區之個人資料保護法令尚未完備」為由，限制向大陸傳輸數據，該做法有失偏頗：一是評價武斷，表現在作出評價主體分散且層級較低、評價程序欠缺透明度、評價要素和標準不明、評價靜態滯後，未明確是否以台灣法律保護水準作為等價性要求等，缺乏科學性；二是基於公權力機制的單一化，將當局作出的「法令保護完備性認定」作為個人資料跨境提供的唯一授權性前提，除此之外，沒有其他的跨境流動機制可供補充。

---

[40] 洪延青，在發展與安全的平衡中構建數據跨境流安動安全評估框架，信息安全與通信保密第2期，2017年，第45頁。

肆、兩岸雙邊及多邊協議項下對信息跨境的規範及影響

　　因中國以主權國家，台灣以地區經濟體身分參與世界貿易組織（WTO）、亞太經濟合作會議（APEC），且兩岸間簽署有《海峽兩岸經濟合作框架協議》、《海峽兩岸投資保護和促進協議》等雙邊經貿及投資協定，故而兩岸間個人資料跨境提供除了要適用大陸和台灣各自規範外，還應將國際組織多邊規範以及兩岸間經貿協定納入考量範疇。

一、WTO

　　WTO《服務貿易總協定》於1995年1月生效之時，尚未出現互聯網的普及和全球數據資訊的爆炸式增長。儘管隨著時代發展，WTO進行了一些調整，例如2015年更新的《信息技術協定》（ITA）和《貿易便利化協定》。但總體而言，WTO仍然處於前互聯網時代的狀態。各國面對迫在眉睫的網路安全問題和威脅所實施的管制性措施，導致貿易規則普遍被稀釋，長遠來看，將侵蝕國際貿易法的根基[41]。為了更好的回應數據驅動型經濟所帶來的問題，2019年1月，包括中國在內的76個世貿組織成員方發布一項啟動WTO電子商務談判的聯合聲明[42]。自2019年3月正式開始談判進程至今，WTO成員方已經提交了多份議案，旨在重建數字貿易規則，其中數據跨境流動和禁止數據本地化就是WTO正在進行的數字貿易談判核心議題之一[43]。雖然上述改革議程似乎雄心勃勃，但因為對數據的監管

---

[41] Gabriele Gagliani, "Cybersecurity, Technological Neutrality, and International Trade Law", *Journal of International Economic Law*, Vol. 23, Issue 3 (2020), pp. 723-745.

[42] *75 countries launch WTO talks on e-commerce*, European Commission (January 25, 2019), https://ec.europa.eu/commission/presscorner/detail/en/IP_19_684 (last visited 2022/1/17).

[43] Richard Samans, Hosuk Lee-Makiyama, *Can governments agree on global data flows? Here are 6 recommendations*, The World Economic Forum (June 10, 2020), https://www.weforum.org/agenda/2020/06/global-data-flows-openness-trust/ (last visited 2022/1/17).

很複雜，不僅須考慮貿易層面，而且必須考慮與國家安全、人權和執法有關的問題。因此，很難僅僅通過貿易角度處理所有的數據發展層面的問題。就兩岸而言，目前仍應繼續履行WTO項下的市場准入和國民待遇承諾，盡可能靈活和創造性地解釋WTO項下協定，支持互聯網開放、減少數據保護主義措施。在例外採取與跨境數據流動有關的貿易限制措施前，應進行必要性考量，並遵循透明度及非歧視的基本監管原則。

二、APEC

2005年，APEC成員經濟體首先批准了APEC《隱私框架》（Privacy Framework），其中特別強調了「避免信息流通障礙以有效保護隱私」的重要性。CBPR就是APEC在《隱私框架》中承諾發展區域性「機制」的努力成果。就性質而言，CBPR不具有強制力，而是提供一套供會員經濟體內的民間企業自願遵循的多邊數據隱私保護計畫，通過認證，企業可以證明其活動符合信息跨境提供安全要求。

迄今為止，已有9個經濟體[44]加入了CBPR系統，其中包括台灣（以Chinese Taipei身分加入）。從CBPR的實際運作來看，無論加入的國家還是認證的企業數量，都不甚理想。目前，通過指定「當責機構」（AA），真正開始運作CBPR的只有美國、日本和新加坡。取得CBPR認證的企業數量，截止2022年1月，只有47家企業[45]，大部分為美國企業。2021年6月15日，台灣財團法人「資訊工業策進會」申請成為APEC第9家CBPR體系當責機構，台灣成為繼美國、日本、新加坡、韓國之後，第5個擁有當責機構的APEC會員經濟體。台灣雖然在爭取歐盟適足性認定方面尚無大的突破，但在指定當責機構之後，就有資格審查與核發CBPR體系標章。企業一旦通過，即意味著已達APEC認證之個人資料保護水準。

中國目前尚未加入CBPR。就兩岸間個人資料跨境而言，CBPR作用有限，究其原因：首先，個人資料從保護標準較高的國家向標準較低的方

---

[44] 這9個經濟體分別為：美國、加拿大、墨西哥、日本、新加坡、中華台北、澳大利亞、韓國和菲律賓。

[45] 參見CBPR系統目錄，http://cbprs.org/compliance-directory/cbpr-system/。

向流動，必然會帶來數據隱私洩露和安全風險。CBPR體系是由美國發起並以美國為主導的數據跨境自由流動圈，其目的在於採用較低水準的個人資料保護要求，降低信息跨境流動門檻，從而發揮市場的作用，促使全球個人資料向具有明顯科技優勢的國家彙聚。而中國的《個人信息保護法》提供的個人資料保護水準已經超越了CBPR提出的保護水準。其次，假設中國加入並接受CBPR體系，意味著尋求獲取數據的台灣地區公司只需要獲得CBPR認證即可，政府在管控個人資料出境時，不能以超過CBPR的保護水準的中國法律為標準對出境資訊提出保護要求。這不僅構成了對個人享有的信息權利的貶損，也意味著對中國數據治理權力的拘束。最後，中國的個人信息數據出境管控應當是基於全球視野，而非限於兩岸視角。如果在兩岸個人資料跨境傳輸中，接納台灣企業CBPR認證作為合規提供機制之一，則無疑將在全國範圍內形成以較低標準向境外提供數據的管控潰口，產生數據彙聚流出的「窪地效應」。所以，無論是單邊立法採納，抑或是雙邊協議方式[46]，CBPR因其基本機制原理的不相容性，而不適合成為兩岸間規範數據跨境傳輸的認證機制。

三、兩岸間協議

(一) 規範兩岸行政性質情資交換中個人資料使用的法律仍然付之闕如

　　兩岸雙邊協議中，就兩岸公務機關之間進行的，涉及金融安全、洗錢犯罪防治、公共衛生安全等特殊事由的行政上信息傳遞問題作出了部分規定。例如，《海峽兩岸金融合作協議》就兩岸交換資訊問題約定：「雙

---

[46] 單邊方式即通過單邊立法方式，將取得CBPR認證作爲跨境數據合規傳輸的充分條件。例如日本和新加坡，通過修改本國的法律，規定經CBPR或隱私認證（The APEC Privacy Recognition for Processors, PRP）的海外收件人被視爲具有數據合規資格，日本和新加坡當事人可以將個人數據傳輸給該海外收件人，而無需滿足其他要求。雙邊或多邊的方式即通過簽訂協議，承認CBPR系統作爲跨境數據傳輸的有效隱私合規機制。以美國、加拿大和墨西哥於2018年完成的《美國—墨西哥—加拿大協定》（The United States-Mexico-Canada Agreement, USMCA）爲例，該協議承認CBPR系統可作爲在美國，加拿大和墨西哥之間進行數據傳輸的有效數據隱私合規機制。

方同意為維護金融穩定，相互提供金融監督管理與貨幣管理資訊。對於可能影響金融機構健全經營或金融市場安定的重大事項，雙方盡速提供。」《海峽兩岸醫藥衛生合作協議》就醫藥衛生業務交流與合作約定方式包括「（二）交換、通報、查詢及公布相關業務資訊、制度規範及實際運作措施」。

　　《海峽兩岸共同打擊犯罪及司法互助協議》第5點協助偵查規定：「雙方同意交換涉及犯罪有關情資，協助緝捕、遣返刑事犯與刑事嫌疑犯，並於必要時合作協查、偵辦。」據此規定，台灣地區就兩岸間犯罪情資交換，制定了海峽兩岸犯罪情資交換作業要點[47]（下文簡稱「要點」），該要點第3點修正說明中，表明修正主要目的之一即在區分「情資交換」與「調查取證」的不同。一般所稱「情資交換」是「調查取證」之外取得特定資訊途徑，通常不經由最高司法行政部門，乃經由雙方之執法機關間（例如雙方員警機關）直接聯繫或通過國際交換情資平台以任意偵查手段取得資訊的方法[48]，很可能是針對尚未發生，或是僅有初始嫌疑的情況就進行，僅作為偵查線索，而其對象也不需要特定具體之案件，也不需要發動另外的強制手段進行調查取證，不產生證據效力，通常是自其資料庫內現有資料，快速提供如姓名、指紋、國籍、銀行帳戶以及犯罪紀錄等，故其性質也較偏向行政[49]。

　　值得注意的是，廣泛、快速的跨境行政情資交換固然有助於提高行政

---

[47] 台灣法務部法外字第10406502090號函，2015年5月29日修正，並自2015年6月1日生效。

[48] 黃謀信，論「犯罪情資」之定性，刑事法雜誌第4期，2011年，第94頁。

[49] 要點修正前第3點規定包括「年籍、指紋、血型、去氧核糖核酸資料、前案紀錄、車籍資料、信用卡申請及交易資料、入出境紀錄、保險契約內容、電話號碼、網路帳號、金融帳戶號碼、通聯紀錄、監察通訊所得資料、金融交易明細、財產總歸戶、納稅紀錄、財務狀況等相關資料」均可提供予大陸地區主管部門，基本涵蓋個人日常生活的信息，也幾乎是台灣地區檢察官所有權限範圍內能調取的資料。該要點在2015年6月1日修正後已經刪除上述第3點，增訂第10點規定：「臺灣地區相關機關提供犯罪情資予大陸地區主管機關，應符合個人資料保護法……及其他相關法令規定。」但台灣個人資料保護法中並沒有具體針對區際或與他國跨境情資交換的具體規範內容。

管理效率以及犯罪的預防與追訴，但同時也造成個人隱私被侵害的危險，因為在資料庫中存放著包含各種個人資料，甚至包括生物辨識資料等敏感個人資料，這些個人資料不再只限於特定犯罪嫌疑人辨識，也可能擴及一般民眾而造成侵害，因而使用這些資料庫是否有觸犯個人隱私權就成為大眾關注的議題。歐盟在建立情資交換系統的同時，就建立了個人資料保護的相關法制[50]。目前，兩岸對公務機關進行行政情資交換過程中的個人資料權利保護義務的規定，仍付之闕如。

（二）有關調查取證的雙邊協定規定較為傳統，無法匹配個人資料保護立法及執法、司法管轄權域外擴張的現實

兩岸司法及執法部門對跨境調查取證早已形成行之有效的雙邊協議及實踐慣例。其實踐場景如下：請求方向受請求方提出協助請求，包括「取得證言及陳述；提供書證、物證及視聽資料；確定關係人所在或確認其身分；勘驗、鑑定、檢查、訪視、調查；搜索及扣押等」，受請求方盡量依請求方要求之形式提供協助，取得相關證據資料後移交給請求方。可以說，傳統互助協議是在實體空間領域中，基於尊重和禮讓，由主管機關相互配合完成域外調查和文書送達。隨著大數據技術的發展，在虛擬空間中，司法協助與合作的價值已經被網路技術所削弱。在雲存儲技術下，個人資料資料基本上同時存儲於兩地，即終端用戶設備及遠程伺服器。調查取證所需的電子證據大多是向雲計算提供商（服務提供商）調取，而不是直接向域外的個人資料主體進行調查取證。司法和執法管轄權行使日益傾向於基於「屬人管轄權」的數據控制者模式，命令該地服務提供商協助提供其掌握的境內外資訊。可以說，司法和執法機構以此方式，無需經由互

---

[50] 2018年歐盟發布指令《警察和刑事司法當局處理個人資料以及資料的自由傳輸中個人權利保護》（Directive (EU) 2016/680 on protecting individuals with regard to the processing of their personal data by police and criminal justice authorities, and on the free movement of such data），自2018年5月6日起生效。該指令取代了《刑事警察與司法合作下個人資料保護框架決定》（Framework Decision 2008/977/JHA on the protection of personal data processed in the framework of police and judicial cooperation in criminal matters）。

助程式而獲取域外電子證據將日益成為常態而不是例外[51]。因此，大陸立法要求「非經主管機關批准，個人信息處理者不得向外國司法或者執法機構提供存儲於我國境內的個人信息」就是依據信息存儲地位於「域內」行使屬地管轄權而建立起的一種防禦性機制，以防範惡意擴張管轄權可能給主權、公共利益和個人權利所帶來的風險隱患。

但是，這一規定可能帶來兩個實施難題：一是如何避免個人資料處理者陷入合規兩難境地？假設台灣執法機關要求調取台灣個人資料處理者提供存儲於大陸境內的個人資料，而大陸主管機關不予批准，此時個人資料處理者即將面臨矛盾的義務要求。二是如何確定個人資料是否存儲於大陸境內？現實中，用戶數據不僅由服務提供商控制和管理，而且還有可能由分布在世界各地的數據中心存儲和處理。甚至一些更複雜的「資料庫分片」（data sharding）[52]和動態數據管理實踐可能導致服務提供商和執法機構都無法確定在特定時刻數據的確切位置的情況。這種資訊全球化分布的趨勢將使得嚴格的屬地管轄原則面臨挑戰。

（三）涉及個人資料保護的安全措施是否構成兩岸貿易、投資等經濟協議項下義務的不一致，仍存在不確定性

第一，投資方面。大陸目前在有關台胞投資的相關制度中並未明確將「個人敏感信息以及信息大規模跨境」列為需要進行安全審查的投資專案。但若參照《外商投資安全審查辦法》第4條規定，投資關係國家安全的「重要信息技術和互聯網產品與服務」，應在實施投資前主動向工作機

---

[51] *Impact Assessment: Proposal for a Regulation of the European Parliament and of the Council on European Production and Preservation Orders for Electronic Evidence in Criminal Matters and Proposal for a Directive of the European Parliament and of the Council laying down harmonised rules on the appointment of legal representatives for the purpose of gathering evidence in criminal proceedings*, Commission Staff Working Document SWD (2018) 118 final, April 17, 2018。

[52] 數據切分的基本思想就是把一個資料庫切分成多個部分放到不同的資料庫（server）上，從而緩解單一資料庫的性能問題。參見耿立超，大數據平台架構與原型實現，電子工業出版社，2020年。

制辦公室申報。雖然該法並未明確規定審查原則和審查內容，但《自由貿易試驗區外商投資國家安全審查試行辦法》已明確「外商投資對國家網絡安全的影響」是進行安全審查的內容之一。總體上，大陸對台資的安全審查，符合兩岸協議中正常的安全例外，台資也參照大陸通行的外資准入和管理制度，並不具體針對台灣地區採取差別或歧視性對待。

台灣地區將「具敏感性或國安（含資安）疑慮之業務範疇」，即能源、水資源、通訊傳播等8個部門的相關系統[53]所涉個人資料保護列為重點審查對象。如果境外實體持有或蒐集台灣居民的個人敏感數據且這些數據可被用於威脅台灣安全的台灣公司投資，同時投資能夠使境外實體參與到台灣地區商業實體重大決策，從而對台灣居民個人敏感信息的使用、開發、獲取、保護或披露產生實際控制權，則需要通過嚴格的安全審查。

受歷史條件的限制，2012年簽署的《海峽兩岸投資保護和促進協議》並沒有專門針對數字經濟時代的條文，所以在數據資產保護和潛在的投資風險索賠的法律適用方面存在若干不確定性。例如當前的「投資」定義是否涵蓋個人資料數據資產？台灣當局要求採取的數據監管措施或合規成本過高給陸資投資者帶來的經濟負擔，已經達到成為投資壁壘的程度，是否可認為有違投資待遇方面「一方應確保給予另一方投資者及其投資公正與公平待遇」[54]以及「不低於待遇」「最惠方待遇」[55]的承諾？若台灣

---

[53] 具體的8個部門包括：能源、水資源、通訊傳播、交通、金融與銀行、緊急救援及醫院、中央與地方政府機構、科技園區與工業區之業務、管理、資訊相關系統。台灣經濟部投審會，「陸資來台投資法規」欄目，https://www.moeaic.gov.tw/businessPub.view?lang=ch&op_id_one=3。

[54] 《海峽兩岸投資保護和促進協議》第3條：「一方應確保給予另一方投資者及其投資公正與公平待遇，並提供充分保護與安全：（一）『公正與公平待遇』指一方的措施應符合正當程式原則，且不得對另一方投資者拒絕公正與公平審理，或實行明顯的歧視性或專斷性措施。……。」

[55] 《海峽兩岸投資保護和促進協議》第3條投資待遇：「三、一方對另一方投資者就其投資的運營、管理、維持、享有、使用、出售或其他處置所給予的待遇，不得低於在相似情形下給予該一方投資者及其投資的待遇。四、一方對另一方投資者就其投資的設立、擴大、運營、管理、維持、享有、使用、出售或其他處置所給予的待遇，不得低於在相似情形下給予任何第三方投資者及其投資的待遇。」

當局採取的個資審查措施在範圍或適用上對陸資投資者及其投資構成嚴重歧視，以致於可能導致資產的重要價值貶損，甚至不得已停止服務、退出市場，是否可主張構成協議第7條項下的「間接徵收」並要求補償？對這些問題的討論，應納入到兩岸法律框架下進行考量，特別應關注個人資料保護規則與雙邊經濟和投資協議的義務一致性。

　　第二，貿易方面。面對大陸數字經濟產業的高速發展，台灣當局高度防範大陸企業或個人可能獲取個人敏感數據和信息的交易，並對與大陸通訊產品業務相關的企業進行重點控制。根據台灣工程會針對採購通訊安全相關貨品之解釋，台灣對大陸通訊安全產品禁令之實施，採購單位可自行判斷決定於招標檔中加入限制規定，禁止大陸製造的貨品或自大陸提供之服務。實務上，限制內容或是禁止大陸通訊安全產品，或是將大陸排除在原產國核准名單，做法不一而足。上述做法，均是在缺乏切實證據的情況下，針對大陸的貿易歧視行為，其調查程式不公開，審查標準不透明，存在明顯的不公平性和非必要性，違背了ECFA中的原則性承諾[56]。事實上，ECFA生效後，因為島內極端勢力的阻撓，後續的貨物貿易和服務貿易協議並未按計畫商簽完畢，台灣當局針對大陸的歧視性、限制性的貿易政策也無法得到有效修正。

四、小結

　　時至今日，WTO及兩岸協議的滯後性意味著貿易和投資承諾的義務有落空的風險。從機制構建角度來看，CBPR也不堪勝任兩岸個人資料數據傳輸認證機制。所以，為了使貿易投資規則涵蓋新技術或解決技術發展問題，兩岸要麼需要在恪守基本承諾義務的原則上，對WTO規則和兩岸協議進行動態和進化的解釋，要麼需要重新談判舊規則或採用新規則，以緩解雙邊貿易投資規則與信息數據安全保護框架的衝突風險，重塑兩岸經濟政策中經濟價值與非經濟價值之間的平衡。

---

[56] ECFA序言：「逐步減少或消除彼此間的貿易和投資障礙，創造公平的貿易與投資環境。」及第2條：「逐步減少或消除雙方之間實質多數貨物貿易的關稅和非關稅壁壘。」

伍、兩岸個人資料跨境流動的法律機制及路徑設計

　　通過分析比較兩岸關於個人資料跨境流動的規則和實踐，我們可以發現，在兩岸多層次的單邊立法、雙邊安排和多邊機制間，仍存在共性、互補性和趨同性要素。但當前兩岸對話協商因政治信任基礎缺失而無法持續，因此短期內也不太可能就兩岸間信息跨境提供規則達成共識。「在兩岸無法合作有效推進的階段，充分利用政策工具激發要素流動的內生動力，能夠為打造兩岸共同市場所面臨的困難提供間接的解決思路」。[57]同時，也需要兩岸民眾經由兩岸社會系統互動累積兩岸社會資本，並以此產生對兩岸公權力建構政治互信的正向壓力[58]。在數字驅動型經濟發展潮流中，除了法律規制，市場力量及技術創新也共同構成了數字經濟發展的內生動力，支撐起兩岸數據跨境治理框架。因此，本文嘗試析出「規則－市場－技術」三大要素，並依照這三大要素構成的譜系，為兩岸個人資料跨境傳輸路徑建構提供參考建議。

一、以規則為基礎的政策體系的構建

(一) 修正歧視性規則，填補法律空白

　　台灣應繼續履行在WTO協議及雙邊經貿協定中承諾的基本義務，取消以「數據安全」為由的針對大陸方的歧視性貿易投資壁壘。儘管兩岸多邊及雙邊規則項下，涉及個人資料保護的安全措施是否構成義務的違反，仍存在解釋判斷的空間，但台灣地區仍應恪守承諾的基本義務原則，即使為了實現公共政策目標，允許有狹義的特定例外的情況下，也應以合乎比例原則的極小化方式進行，不宜以任意或無理歧視手段或變相限制貿易的方式實施。

---

57 彭莉，構建「兩岸特色」共同市場芻議，台灣研究第2期，2020年，第29頁。

58 劉國深、楊冬磊，增進兩岸政治互信的社會資本路徑探析，東南學術第4期，2013年，第19頁。

同時兩岸應各自進一步細化個人資料跨境提供中安全評估實施細則，明確數據本地化的類型及要求，補足兩岸行政資訊交換過程中對個人資料的特別保護義務等，讓政策更加明晰，更具有可操作性。

(二)謙抑適用法律域外效力條款，妥善解決潛在執法衝突

當前互聯網司法已經發展出線上庭審、區塊鏈存證等多樣化的便利訴訟程式，兩岸傳統的司法互助模式已顯式微。從技術中立角度出發，謙抑適用法律域外效力條款，借助互聯網及技術優勢的擴張管轄並不必然對公共利益和個人權利造成侵犯。從兩岸協議及各自立法規則來看，也並不排除基於數據控制者模式對域外信息直接進行調查取證。如前所述，兩岸司法互助協議處理的是傳統的請求機關需要在被請求一方地域範圍內調查取證的情形，並不涉及一方司法機關令境內的該方公司提供其控制且存儲於另一方境內的個人資料的情形。面對他方司法及執法管轄權域外擴張行使的可能，兩岸立法均未作出完全的禁止性規定，而是將信息存儲地公共安全和個人權利保護置於優先順位，保留「經主管機關批准」或「中央目的事業主管機關得限制」以及「對等原則考量」的前置性程式以防控風險。可以說，現有制度框架已經留出合作空間，兩岸只要轉變對抗衝突現狀，就完全可能以互惠方式構建符合現實需求的司法及執法域外行使模式，從而減少數據控制者雙向合規義務衝突，克減地緣政治零和博弈的影響。

(三)客觀、動態評估數據接收地法律保護水準，為兩岸個人資料跨境提供多元化機制

就台灣而言，通傳會禁止通訊傳播領域向大陸傳輸個人資料的做法已向其他領域產生了外部示範影響，其溢出效應將不可避免的削弱數據密集型服務對台灣地區經濟增長率和創新的驅動力。因此，台灣當局應客觀的評價大陸近些年立法所取得的發展成就，動態的評估大陸個人資料保護成效，修正對大陸法律和實踐的認知偏差，同時改變以政治映射經濟的「以鄰為壑」數據政策，為個人資料跨兩岸傳輸提供公私協力的多元傳輸路徑。

　　就大陸方面而言，與台灣地區由權力部門來決定保護的充分性有所不同，大陸立法採用的是「政府預先授權」與「開放的保障措施」的組合式公私協力方法。無論是國家網信部門進行安全評估、制定標準合同，還是個人資料處理者進行保護充分性評估，都涉及到對台灣地區個人資料法律制度進行比較研究，此時，同樣應遵守客觀、動態的科學評價原則。在評估時，有以下兩點值得注意：一是台灣地區對個人資料跨境傳輸採「一般允許、例外禁止」原則，意味著其對數據向第三國的流向管控較為寬鬆。特別是台灣地區加入CBPR後，就可能與美國等其他成員方以較低的隱私保護標準進行數據交換。二是對於台灣地區個人資料處理者配合第三國司法和執法數據調取請求問題，台灣地區立法不禁止，也未提出特別監管要求。再加上台灣地區與包括美國在內的多國簽訂有司法互助協議，在司法互助或情報合作機制的框架內，台灣地區數據接收方存儲的來自大陸地區的個人資料也有被第三國公共當局訪問或蒐集的可能。以上兩點，需要在進行跨境傳輸時，基於個案風險評估，並採取進一步的補充保障措施。

二、以市場為基礎的行業自律機制的創新

　　當前，大陸不少以數字平台運營的大型科技貿易公司在進入台灣地區市場時，憑藉其依託大陸市場形成網路規模效應，與台灣地區同類行業比較而言，具備一定的非均質化發展特徵。在越來越凸顯的跨境數據流動問題上，商業實踐先於制度產生了明顯的矛盾：擁有基礎設施、技術和資源的一方成為存儲和分析數據的數字中心，而大多數發展中國家的小型企業則處於數據分析供應鏈中較低的數據提供角色。這種非對稱角色帶來的行業非包容性增長，有可能加劇兩岸之間社會不穩定，並銷蝕彼此的信任關係。在兩岸短期內無法改善已有規則體系局限性的情況下，市場主體有責任通過支持開展早期研究和最佳實踐方法示範等方式，成為個人資料跨境流動創新機制的前沿探索者。

　　首先，鼓勵企業自主採行符合規範之適當措施，制定企業內部數據合規規則，規範兩岸跨境經營企業內部資料的傳輸，以減少公司內部行政負擔支出，並可以更有效率地在其集團內部跨境傳輸個人資料。

　　其次，兩岸行業協會共同商議制定行業行為守則，為中小企業提供示範性自律工具，通過行業指南為中小企業數據跨境傳輸合規化提供指引，有效降低與其經營規模不相稱的數據合規治理費用。行業自律可以在很大程度上彌補個人資料保護立法的實踐性空白，同時避免限制技術創新。

　　再次，發展兩岸間共同認可的認證機制。支持數據安全檢測評估、認證等專業機構依法開展服務活動，通過第三方認證機構，在兩岸數據法治環境下針對發展受到兩岸行業認可的權威認證服務，提供隱私和數據治理實踐認證。認證組織通過年度再認證及通過隱私回饋機制收到的投訴來監測企業的持續合規情況，以此發展以市場為主導和行業自律為補充的個人資料跨境保護政策。

　　最後，在構建兩岸資訊生態環境的初級階段，由政府、企業、行業協會、學術研究機構等所有利益相關方共同參與開展聯合試點專案，通過監管沙箱方式，探索兩岸複雜議題項下個人資料跨境流動的可能性，對個人資料跨境傳輸監管手段進行風險可控的測試和調適，改善兩岸法律相容性涉及的各種問題，為循證決策提供可靠依據。

三、以技術為基礎的安全性和互操作性的優化

　　除了法律規則和行業規範，各類信息前沿技術也是保障個人資料跨境安全、高質量傳輸的有效工具。技術的創新也可支持政府以前瞻性思維，採用更靈活、更具實驗性的迭代方法進行行業監管。

　　首先，採用先進數據安全技術進行風險防控。數據的安全性並不取決於存儲數據的物理位置，相反地，更多的倚賴規範實施及技術手段。在跨境傳輸過程中，有必要對資訊採取適當的保護、隱匿或安全認證技術，並建立類似與貨物貿易產品規格檢驗標準制度的數據安全標準體系。作為網絡信息安全的核心保障技術和基礎支撐，兩岸均同時加強了密碼技術應用的規制。台灣於2019年頒布了政府機關密碼統合辦法，但對商業密碼使用未做要求。大陸則是於2019年通過《密碼法》，除核心密碼、普通密碼外，大陸還對用於保護網絡與信息安全的商用密碼進行了規範，新增非歧視原則，取消外資企業使用境外密碼產品審批，平等對待外資商用密碼從

業單位，鼓勵開展商用密碼技術合作。此番修法，向密碼從業企業及網路運營者釋放了鼓勵產業發展的紅利，有利於台資企業公平進入市場競爭，與大陸企業積極開展信息跨境傳輸密碼技術合作，推進商用密碼大陸標準與台灣地區標準之間或與國際標準之間的轉化運用，借鑑吸納國際標準化組織（ISO）制定的與隱私和個人數據保護相關的標準，嘗試隱私增強技術、數據沙箱技術、同態加密技術等工具[59]，從不同的角度，實現安全可信數據流動。

其次，發展網路連通基礎，增強互操作性、規範數據來源標識。台灣在《政府資訊公開法》架構下，推動資料規格化，並將資料品質按金質、銀質、銅質作分級管理。其中，機器可讀、結構化、開放格式的金質資料的占比不斷增加。大陸方面，也提出「國家制定政務數據開放目錄，構建統一規範、互聯互通、安全可控的政務數據開放平台，推動政務數據開放利用」。[60]為更好的實現兩岸個人資料跨境流動，未來可在以下3個層面作出共同努力：一是發展連通性。跨境共用數據的能力需要倚賴大規模網路基礎設施的建成。高速連接的網路、5G和高性能計算能力，將為機器學習或人工智慧開發等高級應用進行大規模跨境數據的即時處理鋪平道路。二是增強互操作性（interoperability）。兩岸的各種數據，包括醫療保健、流行病學、農業、供應鏈管理、人工智慧和物聯網信息數據，要麼是非結構化的，要麼是以特殊的方式結構化的，因此很難實現不同資料庫間的互操作性。即使是大陸範圍內，「部門、行業間數據壁壘現象、孤島現象等嚴重制約著數據流通，需要標準化統一數據介面，搭建數據流通軌道」。[61]因此，兩岸可以通過鼓勵將資訊以統一標準化的方式存儲在結構

---

[59] *Mapping Commonalities in Regulatory Approaches to Cross-border Data Transfers*, OECD Trade Policy Paper No. 248, May 18, 2021, available at https://www.oecd.org/publications/mapping-commonalities-in-regulatory-approaches-to-cross-border-data-transfers-ca9f974e-en.htm (last visited 2022/1/17).

[60] 《數據安全法》第42條。

[61] 人民網，大數據交易催生龐大地下產業鏈非法收集販賣猖獗，2016年8月25日，http://finance.people.com.cn/n1/2016/0825/c1004-28663750.html。

化資料庫、開放應用程式編程介面（API）等方式來推動數據在不同系統間高質量的無縫對接，實現數據價值的最大化。三是規範數據來源標識。數據來源標識可用於標記數據處理器和所有者來源，固定數據收集利用記錄，可發展利用區塊鏈技術和數字孿生技術等，使數據能在一個安全的、不可更改的平台上流動，實現可回溯，確保真實性。

陸、結語

　　數據在推動經濟和社會發展方面的關鍵作用彰顯了構建兩岸數據跨境流動治理新模式的重要性和必要性。只要兩岸經貿關係始終保持緊密向上發展趨勢，則必將像其他國家和地區一樣，在數字經濟發展浪潮中共同錨定下一輪經濟增長的機會。而在此融合發展過程中也催生了兩岸業者對資訊跨界流動的迫切需求。

　　客觀而言，「在兩岸共同市場的建構過程中，最直接的干擾來自於政治方面」。[62]兩岸不同的法律價值目標，導致現有的某些監管差異無法消除。破題的關鍵在於，如何在尊重各方安全關切及監管自主權的同時解決監管過載問題，以及如何在排除不合理限制的基礎上構建安全且流暢的信息傳輸機制。本文建議從規則優化、行業自律、技術創新3個方面探索搭建治理框架，簡化跨境程式，減少合規成本，實現數據在兩岸間安全有序的流動，進而推動構建一個兼具安全性、可預期性和透明度的數據生態系統。如果未來兩岸能協同推進從經濟到民生的多維度數字技術應用探索，更好的促進兩岸數據驅動創新經濟的發展，必將形成一個真正的商品、服務及數字共同市場，實現數據要素支撐的兩岸融合發展目標。

---

62 胡雲華、盛九元、盛傑，打造兩岸共同市場存在的障礙與推進策略，台灣研究集刊第4期，2020年，第96頁。

歐盟司法互助域外電子送達之應適用法律：域外送達方式重大變革的過渡時期立法技術研究

蔡佩芬[*]

壹、前言與研究範圍

本文想要研究的是，科技發達致使原本質性化可見的紙本文書從手中悄悄流失，被只有肉眼可見而觸摸不到的文字所取代，這種跨世紀的改變，人民生活在司法運作還沒有電子規範之時，已經悄悄深入人心。司法的規範通常走在人民生活之後，畢竟有少許人未必能適應跨世紀的變革，仍須延用紙本與具體物體的質性與觸摸才能感受到安全與實際。而從紙本送達躍升到電子送達，在這種過渡時期的法規範，需要多方的說服、承認、配合、實施、運作與反覆操作、修正失敗，該要如何去適應與立法。本文選擇了極具利益衝突而高度敏感的國家統一規範作為研究核心，只因為這是所有加入歐洲聯盟國家必須遵守之規範，而各個國家利益衝突想必比單純屬於內國人民間的衝突來得更大，而這聯盟中的多數國家雖然有反對聲音，卻能安然無恙的配合著改革。筆者好奇這種立法技術究竟是何等的需要協調衝突和包容，箇中立法的條文規範和解釋，是本文要研究之對象。

送達對於人民的訴訟權保障有重大意義[1]，藉由合法送達讓人民得以

---

[*] 亞洲大學財經法律系專任副教授。

[1] Service of process is an essential step in commencing a civil lawsuit, Service of Process, https://lawshelf.com/coursewarecontentview/service-of-process (last visited 2021/12/20). 在行政程序中，送達是「公布」行爲的特別方式。張文郁，行政處分之補充送達，月

知悉各項訴訟程序的資訊、流程和進度，屬於正當法律程序下「主觀參與可能保障」的重要先決條件[2]，未在足夠時間內為訴訟通知之送達，致無法在程序中為必要之防禦者，即違反程序正義[3]。歐盟是具有國際法主體性之國際組織，可以制定超國家法之規則、指令與決定，來直接拘束會員國、會員國之官署、法院以及會員國之人民之相關內容[4]，其所制定的法規對歐洲各國與人民影響巨大，在國際私法統一涉外法上占有非常重要地位，故本文選擇歐盟法規為研究對象。

　　歐盟各國間統一跨境送達機制的最高指導原則與準據法是2007年

旦法學教室第26期，2004年12月，第24頁。送達也是行政處分的生效要件，詳吳盈德，評析臺灣地區與大陸地區人民關係條例第93條之1修法與實務之若干議題，交大法學評論第5期，2019年9月，第16頁。

[2] 楊雲驊，補充送達的實務爭議，月旦法學教室第57期，2007年7月，第87頁。我國民事訴訟法第409條外國判決承認與執行之規定中，其中一款是檢驗協助送達規範，為涉外判決承認與執行之要件，此款之目的乃為了保護中華民國之被告，以避免其不知外國法院有此一訴訟而未應訴，致遭敗訴之判決。林益山，外國判決之承認與執行，台灣法學雜誌第226期，2013年6月，第104頁；外國判決之承認與執行，月旦法學教室第17期，2004年3月，第41頁。在海牙判決承認與執行公約中，送達條款是屬於抗辯事項，許耀明，海牙判決承認與執行公約評析，月旦民商法雜誌第71期，第39、42頁。送達等程序瑕疵多半以判決牴觸內國公序為由而拒絕承認，許耀明，外國裁判之承認與執行：以我國近十年部分裁判為例，台灣法學雜誌第343期，2018年5月，第117頁。有認為我國民事訴訟法第402條之送達條款已經對於補充送達、公示送達之外國判決提供承認之可能性，王欽彥、中野俊一郎，外交困境下之我國對外民事司法互助及判決承認之現狀－兼論台日民事司法互助之可能，靜宜法律第1期，2012年5月，第180頁。有學者認為，民事訴訟法第402條第2款之規定專指「經合法送達使敗訴被告得知開始訴訟之狀態」，但對於未經合法送達仍主動應訴，或事實上已知訴訟開始之敗訴被告而言，並無本條第2款「經合法送達」程序保障上疑慮，鄧學仁，跨境擅帶子女問題之研究——評台灣基隆地方法院109年度婚字第50號民事判決，月旦裁判時報第102期，2020年12月，第36頁。另有學者認為，雖然本款未規定須要合法且及時送達，但應作相同解釋，陳啟垂，外國判決的承認與執行，月旦法學雜誌第75期，2001年8月，第154頁。

[3] 張心悌（計畫主持人）、吳崇權（協同主持人），各國關於對外國民事判決承認及強制執行之規範與實踐研究，證券投資人及期貨交易人保護中心委託專案研究，財團法人中華民國證券暨期貨市場發展基金會，2016年3月，第7頁。

[4] 陳怡凱，歐盟是具有國際法主體性之國際組織，成大法學第28期，2014年12月，第162-165頁。

《第1393號規則》（Council Regulation (EC) No. 1393/2007），但實則本
號規則並未直接為電子送達作具體而明文化的規範，故本文著重於論述歐
盟統一國際私法之歐盟《第1393號規則》中涉及到司法互助跨境送達文書
之電子送達規範的立法技術，尤其探討其間接立法之方式所對應與顧及之
層面，以及電子送達可能產生的疑慮與相關規範的見解，亦即探討域外電
子跨境送達如何在歐盟2007年《第1393號規則》中間接承認其合法性，該
法規依據與其他條文的配合和推演、電子跨境送達本身利弊得失[5]，以及
與其他跨境送達方式利弊得失的分析，並研究歐盟2007年《第1393號規
則》之修法報告。

　　為了文體不龐雜的考量，目前我國民刑事裁判書提及「電子送達」字
樣者不多，僅有台灣新北地方法院99年度訴字第1947號民事判決，但人民
之間使用Email往來很頻繁，且此號判決並非跨境電子送達亦非由法院所
為而是當事人利用電子方式送達，縱然我國民事訴訟法第153-1條有規定
到電子送達[6]，但我國有關跨境送達依據民事訴訟法之規定是必須透過囑

---

[5] 有關送達在訴訟權保障的重要性，以及影響涉外判決承認與執行、涉外裁判的有效
性，參考蔡華凱，國際公法與國際私法的交錯——以高等法院92年度上易字第875
號民事判決為例，月旦裁判時報第18期，2012年12月，第48頁；訴之合併的國際裁
判管轄，東海大學法學研究第36期，2012年4月，第287頁。唐敏寶，外國民事裁判
之承認，政大博士論文，指導教授林秀雄，2009年，第140頁。沈冠伶，國際訴訟競
合，月旦法學教室第18期，2004年4月，第12-13頁。此外，送達也是取得管轄權重
要因素，詳「本案訴訟已經於2013年8月19日，在倫敦對其倫敦分行送達，故英國法
院有管轄權」。陳榮傳，離岸信託的準據法——海牙信託公約在英國法院裁判的適
用，月旦民商法雜誌第71期，2021年3月，第16頁。
[6] 民事訴訟法第153-1條又規定：「訴訟文書，得以電信傳真或其他科技設備傳送之；
其有下列情形之一者，傳送與送達有同一之效力：一、應受送達人陳明已收領該文
書者。二、訴訟關係人就特定訴訟文書聲請傳送者。前項傳送辦法，由司法院定
之。」我國立法者認為，為配合現代科技發展，加速訴訟文書之傳送，以促進訴訟
之進行，於本條第1項規定訴訟文書得以電信傳真或其他科技設備為傳送，惟電信傳
真等方式傳送文書，受傳送人可能會因為不知道法院已為電信傳真而疏於受領，或
因設備故障而未收到內容明確之文書，故不宜一概生送達效力。爰規定限於應受送
達人陳明已收領該文書或訴訟關係人就特定文書聲請傳送之情形，其傳送始與送達
有同一之效力。姜世明，民事訴訟法基本制度：第二講—送達論，月旦法學教室第
103期，2011年5月，第75頁。

託送達[7]，而兩岸之間的文書送達[8]也是透過囑託送達方式，但充其量是透過航空掛號郵寄送達的囑託送達方式[9]，並未規範得使用電子送達[10]，故本文研究範圍尚未觸及如何對應於我國如何在涉外跨境電子送達之修法，而是著重在立法精神不躁進卻又能與時俱進的規範技術上，在此層面上提供我國任何需要過渡之立法技術參考。

　　由於本文創作目的是想要凸顯出，當人類行為是超越歷史性的、從無到有的行為者（例如科技行為），法律的因應方式會是循序漸進而不躁進的，以求穩定、衡平的兼顧到各方面，以及兼顧所有族群的共生與需求，這種立法技術的精神值得學習，所以本文嘗試從歐盟《第1393號規則》的各個條文中，透過體系性解釋、目的性解釋等各種法學方法去論述出條文間已經想要傳達而尚未具體明文化在歐盟2007年《第1393號規則》的隱含意義，並據此推導出未來歐盟規則的走向與意圖。

　　因此，為了真確歐盟規則的立法原意，本文的主要研究文獻與研究範圍便設定在歐盟官方公報、歐盟執委會徵求外部專家學者所寫成的研究報告、與官方文獻相牽連的報告，以及相關判決，以從這些官方文件應證本文的推論是正確的。至於如何配合我國立法，不是本文要探究的重點，在此合先敘明研究範圍。

---

[7] 民事訴訟法第145條規定：「於外國為送達者，應囑託該國管轄機關或駐在該國之中華民國使領館或其他機構、團體為之。不能依前項規定為囑託送達者，得將應送達之文書交郵務機構以雙掛號發送，以為送達，並將掛號回執附卷。」

[8] 有關兩岸民事司法文書的送達實務，雖與本文有相關但不是本文重點，故不在此多述，相關內容請詳蔡佩芬，兩岸民事司法互助之司法文書送達實務成效檢視，雲林科技大學科技法學論叢第13期，2018年12月，收錄於陳隆修教授榮退紀念論文集—跨世紀的國際私法巨擘—融合東西方思想的國際私法學，元照出版，2018年3月，第469-492頁。陳榮傳，兩岸民事司法互助實務之研究，法學叢刊第53卷第1期，2008年1月，第3頁。台灣與大陸兩地間之司法協助，似應被歸類為特殊的區際司法協助，從而在相關規範的設計上自需有特殊之考量，王志文，法學家第3期，1997年，第56頁。

[9] 財團法人海峽交流基金會辦理兩岸司法及行政文書送達作業規定第3條第3項。

[10] 財團法人海峽交流基金會辦理兩岸司法及行政文書送達作業規定中並未找到電子送達規範。

　　電子跨境送達是最新型態的跨境送達方式，所謂「電子送達」，指的是透過科技方式，例如電話[11]、傳真、電子郵件、Email、手機簡訊、網路、社交軟體（例如FB、Twitter）[12]、科技平台等方式進行傳遞，傳遞位址也從原本的實體地址（例如住址、居所、慣居地[13]等）到虛擬位址。

　　本文首先介紹有哪些公約是規範司法互助跨境送達內容，然後介紹歐盟規則中司法互助跨境送達的應適用法律[14]。被告住居所或所在地在歐盟

---

[11] 陳銘聰，中國大陸民事訴訟電子化之研究，育達科大學報第38期，2014年8月，第33頁。

[12] Pei-fen, Tsai, The EU Judicial Legal Assistance through Electronic Delivery Document with certain Research of Blockchain, *Journal of Internet Technology*, Vol. 21, No. 6 (November 2020), p. 1829, 1830, ISSN: 1607-9264, DOI: 10.3966/160792642020112106023.

[13] 又稱爲慣常居所地，何佳芳，從日本跨國子女交付請求之最新立法論「慣常居所地」在國際審判管轄規則上之應用，玄奘法律學報第24期，2015年12月，第59頁。

[14] 稱「應適用之法律」而非「準據法」，蓋所謂「準據法」，學者定義係指各別涉外案件所應適用之法律，即適用某特定國家之「實體法」。柯澤東著、吳光平增修，國際私法，元照出版，2016年10月，5版，第37頁。或就特定涉外民事法律關係，依衝突規則所定連結因素之指引，或依國際私法選法規則之指示，而選定應適用之法律，無論其爲內國法或外國法，即爲準據法，陳榮傳、劉鐵錚，國際私法論，三民書局，2018年8月，修訂6版，第232頁。李後政，涉外民事法律適用法，五南圖書，2014年6月，第59頁。

有關準據法的選法原則，是建構涉外案件選法規則的基礎，馬漢寶，國際私法總論各論，翰蘆出版，2014年8月，3版，第285-359頁。劉鐵錚、陳榮傳著，國際私法論，三民書局，2018年8月，修訂6版，第231-700頁。賴來焜，基礎國際私法學，三民書局，2009年，第438-504頁。廖蕙玟，意定債之移轉之準據法，月旦法學教室第49期，2006年11月，第30-31頁。李後正，涉外民事法律適用法，五南圖書，2010年10月，第137-403頁。賴淳良、許耀明、鄭菀瓊合著，國際私法裁判選析，元照出版，2020年，增訂3版，第165-447頁。林恩瑋，國際私法─理論與案例研究，五南圖書，2017年3月，第3-90頁。柯澤東著、吳光平增修，國際私法，元照出版，2016年10月，頁89-273。徐慧怡，論涉外民事法律適用法修正草案中有關身分法之內容與檢討，月旦法學雜誌第160期，2008年9月，第135-137、139、142-145、148-149、154-157頁。謝志鵬，1999年德國國際私法有關物權新法規與我國修正草案相關條文之比較，李欽賢教授六秩華誕祝壽論文集─現代法學之回顧與展望，元照出版，2008年1月，第331-351頁。陳榮傳，國際私法實用─涉外民事案例分析，五南圖書，2015年9月，第157-387頁。曾陳明汝原著、曾宛如續著，國際私法原理（上集），新學林，2008年5月，改訂8版，第309-317頁；國際私法原理（續集），新學林，2012年3月，修訂3版，第31-246頁。蔡華凱，國際私法之原理原則，月旦法學

境內者適用本歐盟規則進行域外送達[15]，但非歐盟國境內之被告則按後述相關送達公約進行送達程序[16]。

在2007年至2020年的發展中，縱有歐盟規則，卻非電子送達之直接明文規範，而須以法學方法解釋方可得出。為佐證這種含蓄規範現象，以及為使閱讀時能跟著本文思緒而明確了解所使用的法學論述方法，本文將最新歐盟規則的各章節條文先做簡略性介紹，然後才分析條文之間的關連性[17]，最後方得出電子跨境送達準據法的結論[18]。

電子跨境送達的歐盟規則是2007年發布，距離今年已經有些時日，在這幾年中的修法建議，本文試舉較為官方而有公信力之「歐洲議會，歐洲聯盟理事會和歐盟執行委員會之修法建議報告」、「專家報告（Study Report）之修法建議」、「法規簡化執行計畫委員會（REFIT）之建議」於說明與探討，也用於佐證本文論述正確。

貳、歐盟有關跨境送達公約概論

歐洲關於跨境送達規範之公約很多，大多數散落於非以跨境送達為主要規範目的之公約中，例如：《1954年民事程序公約》（Convention

---

雜誌第228期，2014年5月，第181-185頁。

[15] "Foreign defendants located in the EU are summoned according to Regulation (EC) No. 1393/2007 of the European Parliament and of the Council of 13 November 2007 on the Service in the Member States of Judicial and Extrajudicial Documents in Civil or Commercial Matters." in re Air Crash At Madrid, Spain, on August 20, 2008, 2010 WL 4624053 (C.D.Cal.).

[16] "Defendants located in non-EU foreign countries that are signatories of the Convention of 15 November 1965 on the Service Abroad of Judicial and Extrajudicial Documents in Civil or Commercial Matters (the "Hague Convention") (Spanish ratification dated April 29, 1987), are summoned under that Convention." in re Air Crash At Madrid, Spain, on August 20, 2008, 2010 WL 4624053 (C.D.Cal.).

[17] 分析條文之間的關連性是本論文的原創價值。

[18] 推演出跨境電子送達之準據法是本文要提供的論述貢獻。

on Civil Procedure, 1954）、《1970年海牙民商事域外取證公約》（Hague Convention on the Taking of Evidence Abroad in Civil or Commercial Matters, 1970）[19]、《1971年海牙承認和執行外國民商事裁判公約》（Convention on the Recognition and Enforcement of Foreign Judgments in Civil and Commercial Matters, 1971）、《1973年海牙撫養義務判決承認和執行公約》（Hague Convention the Recognition and Enforcement of Decisions Relating to Maintenance Obligations）等；而專責跨境送達規範者，係濫觴於《1965年民商事案件域外跨境送達司法與非司法文書公約》（Convention on the Service Abroad of Judicial and Extrajudicial Documents in Civil or Commercial Matters, 1965），又簡稱《海牙民商事域外跨境送達公約》或《海牙跨境送達公約》（Hague Service Convention, 1965），本公約於1969年生效，是歐洲國家之間域外跨境送達規範的專責公約，其後又於1977年海牙國際私法會議[20]召開特別委員會議針對本公約進行修訂，並根據適合自己國家及締約國之司法互助跨境送達方式，簽署新的歐洲會員國間《民商事司法與非司法文書域外跨境送達公約》，以改善本公約之缺點與不足之處，截至2012年6月共有65個國家加入本公約，其中有54個包含在曾經參與《1905年民事程序公約》之75個締約國之中[21]。

---

[19] European Commission, Proposal for a Regulation of the European Parliament and of the Council amending Regulation (EC) No. 1393/2007 of the European Parliament and of the Council on the service in the Member States of judicial and extrajudicial documents in civil or commercial matters (service of documents), COM (2018) 379 final, 2018/0204 (COD), p. 1, Brussels (31.5.2018).

[20] 海牙國際私法會議（HCCH）是國際私法領域的重要政府間國際組織，透過制定有關公約協調會員國在國際私法領域的法律規定與合作，目前該組織已制定41項公約和議定書，涉及國際私法合作、合同和侵權法律衝突、兒童保護、夫妻關係、遺囑、司法文書送達、承認和執行外國判決等，張心悌（計畫主持人）、吳崇權（協同主持人），各國關於對外國民事判決承認及強制執行之規範與實踐研究，證券投資人及期貨交易人保護中心委託專案研究，財團法人中華民國證券暨期貨市場發展基金會，2016年3月，第132頁，https://www.hcch.net/en/instruments/conventions（最後瀏覽日期：2021/12/20）。

[21] Hague Service Convention, http://en.wikipedia.org/wiki/Hague_Service_Convention (last visited 2021/12/20).

2000年歐盟通過《第1348號規則》（Council Regulation (EC) No. 1348/2000）[22]，建立了歐盟統一的域外跨境送達機制[23]。本號規則的功能在於統一了國際私法中有關域外送達機制。但可惜的是，早在2000年是民間電子傳輸開始之初，故未涉及到電子送達相關內容[24]。

相關規定較為接近的是該規則的第4條第2項規定：「The transmission of documents, requests, confirmations, receipts, certificates and any other papers between transmitting agencies and receiving agencies may be carried out by any appropriate means, provided that the content of the document received is true and faithful to that of the document forwarded and that all information in it is easily legible.」本條文之「by any appropriate means」是否可以作為電子化送達之依據呢？本文傾向否定說，蓋從歷史發展與在當時的送達方式觀察，電子送達方式是一個全新而且是創新、有別於過往有體性紙本化之送達方式，電子送達之無紙本送達方式應有具體且明確性立法，故此之「by any appropriate means」應解釋為尚未包含電子送達方式。這種解釋結論也可從2007年《第1393號規則》開宗明義全面廢棄2000年的《第1348號規則》的意旨應證之。

之後因為科技的進步，在域外跨境送達的機制上，歐洲國家跟進科技的發展，運用電子傳輸方式作為跨境送達方法，於2007年歐盟通過《第1393號規則》廢除並取代[25]了2000年歐盟通過的《第1348號規則》，成

---

[22] Council Regulation (EC) No. 1348/2000 of 29 May 2000, on the service in the Member States of judicial and extrajudicial documents in civil or commercial matters, Official Journal of the European Union, L160/37 (2000).

[23] 歐盟對於司法互助還有兩號規則：2001年歐盟《第1206號規則》（Council Regulation (EC) No. 1206/2001）是屬於境外調查取證規則；2001年《第44號規則》（Council Regulation (EC) No. 44/2001）是屬於民商事案件之國際管轄及判決承認與執行規則。

[24] 如同學者所言：「電子送達所面臨的問題，不是涉外規則國內化的問題，而是改革性嘗試合法化的問題。……不少法院嘗試將電子送達普及化，電子送達可否如此推行，可否擴及普通程序，甚至二審、再審程序中，並擴及所有訴訟程序，是當前需要認真思量的現實問題。」宋朝武，民事電子送達問題研究，法學家第111期，2008年12月，第126頁。

[25] 這號規則在其標題中就使用了repealing這個字，Regulation (EC) No. 1393/2007 of the

為嶄新的一頁[26]，但可惜的是，有關電子跨境送達（electronic delivery）方式並未直接明文在《第1393號規則》中，乃是以含蓄的立法技術方式做規範，卻是2020年12月以前歐盟最新的跨境送達規則依據。直到13年後的2020年12月，《第1784號規則》（Council Regulation (EC) No. 1784/2020）[27]才正式將電子送達明文化，正式確定了人類跨世紀的送達變革。

2007到2020年這13年的發展中，歐盟必定有難以明文立法的苦處，但卻也無法俳棄自絕於時代的潮流外，難擋電子傳輸的日新月異風潮。鑑於網路的高整合性、跨國性、去中心化及高犯罪黑數的特性，網路內容的規範管理，不但非單一一個國家之法律所能夠應付，其層次亦顯不足，基於此，歐盟乃介入規範，但又不躁進[28]。本文以下將介紹《第1393號規則》是如何的以含蓄方式規範。

參、2007年歐盟《第1393號規則》

2007年歐盟通過《第1393號規則》不但廢止並取代了2000年《第

European Parliament and of the Council of 13 November 2007, on the service in the Member States of judicial and extrajudicial documents in civil or commercial matters (service of documents), and repealing Council Regulation (EC) No. 1348/2000. See Official Journal of the European Union, Official Journal of the European Union, L324/79 (2007).

[26] 同時這號規則所規範的範圍除了司法文書（judicial document）之跨境送達之外，也涵蓋到非司法文書（extra-judicial document）的跨境送達。

[27] Regulation (Eu) 2020/1784 of the European Parliament and of the Council of 25 November 2020, on the service in the Member States of judicial and extrajudicial documents in civil or commercial matters (service of documents). See Official Journal of the European Union, Official Journal of the European Union, L405/40 (2.12.2020).

[28] 高玉泉，歐盟有關網路內容管制之政策及原則，國立中正大學法學集刊第4期，2001年4月，第143頁。

1348號規則》[29]，在2018年的解釋備忘錄也開宗明義[30]提到，本規則取代了早期國際化但很繁瑣的1965年《民商事案件域外跨境送達司法與非司法文書公約》以及1970年《海牙民商事域外取證公約》，也對於歐盟會員國的國民實際上造成了不小的影響與衝擊，根據2018年的統計數字，歐盟（排除丹麥）[31]有340萬個[32]民商事訴訟案件涉及到跨境衝擊和影響

---

[29] 依據歐盟2007年《第1393號規則》立法介紹第27項有提到（(27) In order to make the provisions more easily accessible and readable, Regulation (EC) No. 1348/2000 should be repealed and replaced by this Regulation.）。Official Journal of the European Union L324/91 (2007).

[30] European Commission, Proposal for a Regulation of the European Parliament and of the Council amending Regulation (EC) No. 1393/2007 of the European Parliament and of the Council on the service in the Member States of judicial and extrajudicial documents in civil or commercial matters (service of documents), COM (2018) 379 final, 2018/0204 (COD), Brussels (31.5.2018), p. 1 and footnote 3.

[31] 2005年丹麥與歐洲共同體（The European Community）結束了另外一個《民商事司法與非司法文書的平行送達協議》（Agreement with the European Community on the Service of Judicial and Extrajudicial Documents in Civil or Commercial Matters），該協議延伸出有關丹麥在送達文書與相關配套措施之規範，這規範在2007年生效。Council Decision of 20 September 2005 on the signing, on behalf of the Community, of the Agreement between the European Community and the Kingdom of Denmark on the service of judicial and extrajudicial documents in civil or commercial matters (2005/794/EC), Official Journal of the European Union, L300/53, volume 48 (2005); Council Decision of 27 April 2006 concerning the conclusion of the Agreement between the European Community and the Kingdom of Denmark on the service of judicial and extrajudicial documents in civil or commercial matters (2006/326/EC), Official Journal of the European Union, L120/23, volume 48 (2006).

[32] 本統計資料來自於德勤的經濟報告（Deloitte's economic study），其基本的資料元素來源是歐盟統計局（Eurostat）、歐盟執行委員會下的歐洲司法效率委員會（the Council of Europe European Commission for the efficiency of justice, CEPEJ）以及歐盟執行委員會（the European Commission）以及相關的訪談報告。本報告是來自於歐盟與德勤的合約，該合約號碼為JUST/2017/JCOO/FW/CIVI/0087 (2017/07)。詳 European Commission, Proposal for a Regulation of the European Parliament and of the Council amending Regulation (EC) No. 1393/2007 of the European Parliament and of the Council on the service in the Member States of judicial and extrajudicial documents in civil or commercial matters (service of documents), COM (2018) 379 final, 2018/0204 (COD), p. 1-2 and note 6, Brussels (31.5.2018).

（cross-border implications）[33]，人民實際上參與了民事爭議事項的跨境司法互助，而意識到本規則的司法功能與跨國司法互助的效率。

　　儘管2007年到2020年之前總計13年間各種送達方式中也包含了跨境電子送達方式[34]，而《第1393號規則》是歐盟會員國[35]進行這些送達方式之司法互助跨境送達依據，惟該規則找不到直接明文的條文，這成為後來許多建議修法報告的主要內容之一。

一、章節與條文介紹

　　首先，為了能明白了解為何跨境電子送達似有若無的規範於本規則中，以下先綜覽所有規範條文的結構之後，再行個別敘述電子跨境送達規範條文。

　　2007年歐盟《第1393號規則》總共分為四章兩大部分、26個條文，這兩大部分分別是下述之第一節和第二節（Section I and Section II）。

　　第一章（Chapter I）是一般規定（general provisions），第1條開始到第3條，規範本規則的適用範圍，例如會員國除丹麥外應等同適用、不適用於收件人地址不明之情形等。

　　第二章（Chapter II）分為兩節。第一節（Section I）規範司法文書的

---

[33] 但不論是2007年通過的《第1393號規則》或是2000年通過的《第1348號規則》，都不適用於收件人地址不明之情形。詳歐盟2007年《第1393號規則》第1條第2項以及歐盟2000年《第1348號規則》第1條第2項。

[34] "Service is usually conducted through e-mail (e.g., in Germany, Denmark, Portugal, Czech Republic, and Estonia), Facebook, Twitter, specified platforms, ICT (Information and Communication Technology) systems, OAM (Officially Appointed Mechanism), facsimile, or similar methods." Pei-fen, Tsai, The EU Judicial Legal Assistance through Electronic Delivery Document with certain Research of Blockchain, *Journal of Internet Technology*, Vol. 21, No. 6 (November 2020), p. 1829,1830, ISSN: 1607-9264, DOI: 10.3966/160792642020112106023.

[35] 若非會員國則不適用歐盟規則。Because the United States is not a member of the European Union, Rule 6.31(e) does not apply to service in England of process issued by American courts. See Miramontes v. Mills, Case No. CV 11–08603 MMM (SSx), 2014 WL 12738922, Footnotes 29 (2014/6/25).

傳遞和跨境送達（transmission and service of judicial documents），是從第4條到第11條。第二節（Section II）規範司法文書之其他跨境送達方式（other means of transmission and service of judicial documents），是從第12條到第15條。

第4條規範有關跨境送達司法文件、確認證明、收執證明、請求書等各式司法文書之相關規定。

第5條規範跨境送達文書應行翻譯。

第6條規範收件機關應盡速製作跨境送達回執或跨境送達證明。

第7條規範跨境送達的方式與進行流程及文件格式。

第8條規範拒絕收受跨境送達。

第9條規範跨境送達日期。

第10條規範副本與證明的跨境送達。

第11條規範跨境送達費用。

第12條規範領事或外交跨境送達。

第13條規範領事外交跨境送達機關。

第14條規範郵務跨境送達（service by postal services）。

第15條規範直接跨境送達（direct service）。

第三章（Chapter III）是規範非司法文書，只有第16條一個條文，規定非司法文書之跨境送達方式。此所謂「非司法文書」之意義，是與司法有關之文書而非完全沒有相關之文書，例如聖誕節祝賀之相關書信就非本處所指之「非司法文書」或「司法以外之文書」[36]。

第四章（Chapter IV）是規範最後條款（final provisions），從第17條開始到最後第26條總共是10個條文。

第17條規範實施方式（implementing rules）。

---

[36] With respect to the definition of 'extrajudicial document', the experts agreed on the requirement of certain legal relevance (sending a postcard for Christmas would not be included within the possible even under a broadest possible interpretation of the concept). European Commission, Register of Commission expert groups and other similar entities, non-public meeting - List of points discussed of Minutes of the Expert group on the modernisation of judicial cooperation in civil and commercial matters, p. 4, Brussels (2018/1/8-9).

第18條規範委員會。

第19條規範被告未出席的相關規定（defendant not entering an appearance）。

第20條規範當事國之間有關協議或協定的相互關係。

第21條規範法律扶助（legal aid）。

第22條規範保護被傳遞的訊息，亦即機密性（confidentiality）的考慮。

第23條規範溝通和出版（communication and publication）。

第24條規範每5年提出本規則的適用報告以及修法建議。

第25條規範本規則廢止2000年歐盟通過《第1348號規則》。

第26條規範本規則的實施日。

本文認為，從上述《第1393號規則》中有關司法文書跨境送達方式的規定條文裡，尤其是第二章和第三章都找不到電子跨境送達的蹤跡，亦即在《第1393號規則》中，所有有關文書跨境送達的第二章第一節司法文件的傳遞和服務以及第二節司法文件的其他傳遞方式和服務中找不到有關電子跨境送達的明文依據，卻意外地在第四章規範最後條款裡的第23條第3項[37]找到電子傳輸的內容。縱使找到了電子傳輸內容，條文的用字，也非明文直接使用跨境電子送達（electronic service as a cross-border proceedings）等類似文字。

二、不拒絕也不明文規定

歐盟2007年《第1393號規則》第23條第3項規定：「委員會應定期起草和更新載有第1項所述資訊的手冊，該手冊應以電子方式提供，特別是通過歐洲民事和商業事務司法網絡提供。」此之資訊手冊是包含了司法、

---

[37] Article 23(3) of Council Regulation (EC) No. 1393/2007: "The Commission shall draw up and update regularly a manual containing the information referred to in paragraph 1, which shall be available electronically, in particular through the European Judicial Network in Civil and Commercial Matters."

非司法文書與其他資料內容[38]。

第23條第3項之「司法網絡」（judicial network）按文字原本的定義，network根據牛津辭典的翻譯[39]，並非網際網路（internet）亦非電子網絡（electronic network or computer network）的意思，而是由各單位組織形成一個互通有無、訊息交換之網域的意思，蓋凡是連結各個節點相通的一個脈絡與組織，均可稱之為網絡。也就是說，該原意並非用於指電子網絡。

然而，司法網路既然並非是網際網路，亦非電子網絡，卻又規定到送達客體以電子手冊方式呈現，這是怎麼回事呢？

電子手冊必是電子化之存在方式，若非透過電子傳遞方式跨境傳輸送達，唯一的方式只能是將文件儲存在隨身碟內，再從隨身碟讀取出來後印成紙本文件，然後以郵寄紙本資料之方式或親自將紙本送達給收件人，才能讓收件人讀取。這種方式不是透過電子傳輸送達。本文試想，若立法原意是欲以紙本方式送達給收件人並由收件人閱讀紙本文件者，則無需特別在本條文中規定「該手冊應以電子方式提供」（第23條第3項）；既然條文有寫到「該手冊應以電子方式提供」表示手冊的存在型態不是紙本型態而是電子型態，所以本文確立一個前提是：該文件無須列印成紙本型態。

再者，隨身碟是儲存文件資料的工具，若是立法原意欲以郵寄或人工親自拿取隨身碟方式送達給收件人，然後由收件人自行列印出紙本閱讀，或以郵寄或人工親自拿取隨身碟方式送達給收件人而讓收件人從隨身碟讀取資料閱讀者，這兩種方式中，後者所閱讀的文件是屬於電子資料型態，符合法規「特別是透過歐洲民事和商業事務司法網絡提供」（第23條第3項）的明文規定。但後者係以郵寄後，收件人方從隨身碟讀取電子資料，

---

[38] 指第23條第1項所指之第2、3、4、10、11、13、15條和第19條之文件。

[39] "a large system consisting of many similar parts that are connected together to allow movement or communication between or along the parts, or between the parts and a control centre", https://dictionary.cambridge.org/zht/%E8%A9%9E%E5%85%B8/%E8%8B%B1%E8%AA%9E-%E6%BC%A2%E8%AA%9E-%E7%B9%81%E9%AB%94/network (last visited 2021/12/20).

而不是未經過郵寄而直接透過電子傳輸，讓收件人直接從電腦讀取電子資料，所以過程有些繁複、不便且耗時。

　　在網路發達的現在社會中，透過電子傳送方式交換訊息或資料，比起郵寄方式來得更省時而方便（例如Email），更能節省郵寄經費和勞力工資。為什麼不直接規定透過電子傳輸網絡進行送達，而須透過人工轉交或郵寄送達隨身碟後再列印出來才能取得所需文件呢？如果真要透過人工或郵寄隨身碟之方式送達文件，為何法規不直接明文、明確規定該電子手冊「應以隨身碟方式」透過司法合作網絡提供給其他會員國，卻規定為以「電子手冊透過司法網絡提供」（第23條第3項）呢？為什麼法規要徒留電子手冊究竟係以何種傳遞方式的解釋空間呢？

　　本文認為：(1)若直接明文規定，電子手冊應以電子方式傳輸，則等於法規明文排除了非電子方式的人工或郵寄送達方式，對於不懂電子傳輸方式的當事人而言，會造成莫大的侵害，也等於造成訴訟權的侵害。如果留有解釋空間，則電子手冊可以利用電子傳輸，也可以利用郵寄或人工送達，有三種選擇方式，對當事人的訴訟權保障較為周延，也不至於造成民怨；(2)此所指之司法網絡若擴張解釋為「電子司法網絡」，則可以達成文件儲存成電子方式的無紙化目的，以及以電子手冊透過電子司法網絡傳輸提供給收件人閱讀，達到方便與迅速的目的和精神。換言之，若將法規中「透過歐洲民事和商業事務司法網絡」運用擴張解釋之方式解釋為「透過歐洲民事和商業事務司法之『電子司法網絡』」，不但可以包含到原來的文義解釋（以人員與郵寄送達隨身碟所儲存之電子手冊給收件人，或以人員或郵寄送達隨身碟所列印出來的電子手冊給收件人），還可以包含透過電子司法網絡送達電子手冊，將法規前段中「該手冊應以電子方式提供」的明文規定和後段「透過歐洲民事和商業事務司法網絡」的明文規定於解釋與適用上密接無縫。

　　如此解釋結果，讓法規原本想要規範快速傳輸送達精神，也顧及到無法進行電子傳輸的當事人可以使用傳統由人員或郵寄送達之方式。據此，巧妙地將電子跨境送達方式合法地帶入條文中，運用法規解釋方式，避開了明文化所帶來的可能性衝擊，也將歐洲民事和商業事務司法網絡推向電

子化時代，這一切符合了科技時代中科技人的需求，也符合科技時代中仍處於傳統習慣的人民需求，不但讓法規執行起來有安定性，也讓法規有未來展望性。

　　讓歐盟走向電子化送達傳輸紀元的，是人民的科技化行為與習慣所致，不是歐盟為背後的黑色推手，也不是歐盟的法規範所致，完全符合科技始終來自於人性的諺語。歐盟成功的讓電子化傳輸有法規依據，也同時為傳統送達方式走向電子方式的過渡有法規依循（隨身碟就是電子產品，而以人員送達隨身碟或郵寄隨身碟就是電子與傳統送達方式的過渡），都在同一個條文（第23條第3項）中彰顯，只需要推演本條文、運用法學方法即可得出。這樣子的立法為歐盟帶來新的科技送達潮流，也為傳統方式保留依據。

　　另外，根據第23條第3項指向須依據本條第1項之規定，該第1項內容是：「會員國應向委員會通報本規則之第2、3、4、10、11、13、15條和第19條所述的資訊。如果會員國依據其內國法，文件必須在第8(3)和9(2)條所述的特定期限內跨境送達者，會員國應向委員會報告。」[40]綜合從第23條第1項與第3項規定可以得出一個結論是，關於傳輸方式在第23條第3項與第1項沒有特別規定，但通報第2、3、4、10、11、13、15條和第19條所述的相關資訊，必須在特定期間內以「電子手冊」方式提供。換言之，會員國間、會員國與委員會間，本歐盟規則有明文規定要用電子手冊送達，但是會員國之國民間、會員國之國民與政府司法單位間，《第1393號規則》未明文須用電子送達，也沒有明文禁止之。

　　再者，本規則第13條第2項規範了第23條第1項的適用限制。該第13條第2項規定：「每個會員國可以宣示，根據第23條第1項規定，反對於其境內進行（電子）跨境送達，除非應送達之跨境送達文書是來源於該國國民。」換句話說，本文認為，如果跨境送達之文書是來源於本國國民者，

---

[40] Article 23(1) of Council Regulation (EC) No. 1393/2007: "Member States shall communicate to the Commission the information referred to in Articles 2, 3, 4, 10, 11, 13, 15 and 19. Member States shall communicate to the Commission if, according to their law, a document has to be served within a particular period as referred to in Articles 8(3) and 9(2)."

則不得拒絕使用電子跨境送達方式傳遞，亦即肯定電子跨境送達方式傳遞之合法性。除此之外，每個會員國可以自行決定是否接受電子跨境送達的傳遞方式，亦即任何會員國均可依據第23條第1項同意或拒絕在其境內的電子跨境送達。例如甲國法院之司法文書以Email方式送達給乙國國民，乙國可以拒絕。

雖然本條文沒有直接正面的明確規定跨境電子送達是合法的，而是從反面規定每個會員國可以反對於其境內的電子送達，亦即若未反對就是默示同意其他會員國於其境內的電子送達，這種反面規定的立法技術，其實是合法化電子送達，成為電子送達之依據。

另外，本條但書規定只要來源國是該國國民便不可以拒卻電子送達，更為反面規定的立法技術加強了跨境電子送達的合法性依據。

第13條第2項配合前述第23條第3項與第23條第1項之規定，應送達文件型態須以電子儲存方式的電子手冊（第23條第3項），令人無法不認為，2007年《第1393號規則》實則是要全面在歐洲國家間合法化跨境電子送達而制定的試金石。

肆、影響評估與改善建議

本文以下將介紹官方性、比較有權威性，及足以影響歐盟規則修法的建議報告。

2007年歐盟《第1393號規則》第24條有規定[41]，每5年提出本規則的適用報告以及修法建議。

一、官方之修法建議報告

在歐盟執行委員會（The European Commission）的報告[42]中，建議將

---

[41] 除了在第24條規定之外，在一開始的立法說明中第（25）也有提到。

[42] 根據2016年4月13日《歐洲議會，歐洲聯盟理事會和歐盟執行委員會之間促進立法協議》（Interinstitutional Agreement between the European Parliament, the Council

原本第15條直接跨境送達修訂增加第15a條（Article 15a）有關「電子」跨境送達的內容。其認為，採行電子跨境送達方式其實是利用「預設電子化」原則（digital by default principle），有望促進司法互助，並有助於加快訴訟程序，以及降低跨境送達成本，並減少因為所採用的跨境送達方式不夠經濟有效率而導致文件無法跨境送達之情形[43]。

委員會建議在第15條增訂第15a條是因為，第15條是規範直接送達，而電子送達以其性質不會屬於間接送達，所以規範在直接送達之下。

其建議修法第15a條之條文內容為[44]：「司法文書得透過電子跨境送

---

of the European Union and the European Commission on Better Law-Making）第20段到第21段提到，歐洲議會（The European Parliament）、歐洲聯盟理事會（The Council of the European Union）和歐盟執行委員會這3個機構應為現有的立法和政策進行評估，並應進一步為未來改善提供方案，詳Interinstitutional Agreement between the European Parliament, The Council of the European Union and the European Commission on Better Law-Making, Official Journal of the European Union L123/5, Vol. 59, (2016). 歐盟執行委員會在適用後5年內向歐洲議會、理事會和歐洲經濟和社會委員會（The European Economic and Social Committee）提交報告，會員國也將所實施之報告或建議提交歐盟執行委員會參考。詳European Commission, Proposal for a Regulation of the European Parliament and of the Council amending Regulation (EC) No. 1393/2007 of the European Parliament and of the Council on the service in the Member States of judicial and extrajudicial documents in civil or commercial matters (service of documents), COM (2018) 379 final, 2018/0204 (COD), p. 10 and note 14, Brussels (2018/5/31).

[43] European Commission, Proposal for a Regulation of the European Parliament and of the Council amending Regulation (EC) No. 1393/2007 of the European Parliament and of the Council on the service in the Member States of judicial and extrajudicial documents in civil or commercial matters (service of documents), COM (2018) 379 final, 2018/0204 (COD), p. 9, Brussels (2018/5/31).

[44] Article 15a: "Service of judicial documents may be effected directly on persons domiciled in another Member State through electronic means to user accounts accessible to the addressee, provided that one of the following conditions is fulfilled: (a) the documents are sent and received using qualified electronic registered delivery services within the meaning of Regulation (EU) No. 910/2014 of the European Parliament and of the Council. (b) after the commencement of legal proceedings, the addressee gave express consent to the court or authority seized with the proceedings to use that particular user account for purposes of serving documents in course of the legal proceedings."

達方式經由收件人的帳號[45]直接跨境送達到其他會員國的個人住所地[46]，但應履行下面條件：

（a）跨境送達文件須符合2014年歐盟規則第910號規定之電子跨境送達註冊方式。

（b）司法程序的開始，應由收件人對法院或向進行程序的機關明示同意使用特定帳號作為司法程序中跨境送達文書之目的。」

為配合第15a條之增訂，歐盟《第1393號規則》第17條與第18條應配合修正[47]，其中第18條便是建立分散式的IT系統（the decentralized IT system）。

接受跨境訴訟中是否願意採行電子跨境送達通訊方式，應著重在當事人意思，透過當事人自由意志的同意方可為之，以使當事人多樣性的需求和跨境送達方式的有效性被確認，也同時彰顯了電子跨境送達在這條例下的有效性與合法性。

歐盟是一直到歐盟執行委員會建議[48]，應直接規範第15a條時，才正

---

[45] The conditions for the use of such type of direct electronic service should indeed ensure that electronic user accounts are used for the purpose of service of documents only if there are appropriate safeguards for the protection of the interests of the parties by way of high technical standards. Amato, Rosanna, Exploring the Legal Requirements for Cross Border Judicial Cooperation: The Case of the Service of Documents, p. 43, https://www.ssoar.info/ssoar/bitstream/handle/document/62481/ssoar-eqpam-2012-2-amato-Exploring_the_Legal_Requirements_for.pdf;jsessionid=326B1DBF562B488471356A63C1A506F7?sequence=1 (last visited 2021/12/20).

[46] 住所是屬人法中的其中一項，對人民有重要意義，是國際法上重要的聯繫因素，表現在訴訟權保障上為送達的處所。國際上以住所為法律上重要因素者，首推英美二國。徐慧怡，美國法律衝突法（Conflict of Laws）中「住所」意義之檢視，中興法學第40期，1996年3月，第247、250頁。

[47] 歐盟執行委員會的報告第11點。European Commission, Proposal for a Regulation of the European Parliament and of the Council amending Regulation (EC) No. 1393/2007 of the European Parliament and of the Council on the service in the Member States of judicial and extrajudicial documents in civil or commercial matters (service of documents), COM (2018) 379 final, 2018/0204 (COD), p. 23, Brussels (2018/5/31).

[48] 歐盟執行委員會於2018年針對2007年歐盟《第1393號規則》提出。

式把歐盟各國之間的司法互助以電子送達應明文化給檔面化。

以上歐盟執行委員會增訂第15a條的建議內容，與本文對於《第1393號規則》的條文推演結果不謀而合。

歐盟執行委員會建議增訂第15a條這想法適巧對應到本文上述提出對於2007年歐盟《第1393號規則》之數則條文的推演結果，以及應證電子送達最初在2007年歐盟《第1393號規則》中並非直接被用於司法互助的送達規範，只是規範於會員國[49]與會員國、會員國與委員會之間的聯繫，至於會員國國民的使用是採取「接納而不拒絕」的態度。

為了全面實施電子化送達，歐盟執行委員會2018年的建議報告是朝著減少支出成本、採行更有效率的司法程序以節省時間、降低行政負擔與勞力成本方式進行，而大部分的費用支出是在強制電子跨境送達的機關，這些經費由司法計畫（Justice Programme）2018年預算中的4,595萬歐元和連結歐洲基金（The Connecting Europe Facility, CEF）於2018年的1億3,330萬歐元經費中資助，其中CEF主要是支應跨境活動中公部門與私人或企業界有關數位IT平台的建置，並且廣泛用於數位化的司法活動和民事領域中，包含將司法數位化的資料與公文件整合到政府數位化系統中，以及支應於商業登記互聯系統中（The Business Registers Interconnection System, BRIS）；多年度財務框架組織（The Multiannual Financial Framework, MFF）於2018年5月2日公布有關優先轉型數位化電腦套裝軟體，包含3億歐元用於資助CEF的數位鏈，作為建置數位化的基礎設施[50]。

從上面這段內容也不難發現，為什麼歐盟《第1393號規則》不能躁進的直接明文化電子送達，但也不反對電子送達。因為相關電子設備尚未完

---

[49] 在傳統觀念裡，一般認為國籍是個人因身分關係與出生地國家之關係不可分離，致有所謂「永結忠誠」之關係。徐慧怡，雙重國籍引發國籍法施行條例第十條有關問題之研究，中興法學第24期，1987年5月，第68頁。

[50] European Commission, Proposal for a Regulation of the European Parliament and of the Council amending Regulation (EC) No. 1393/2007 of the European Parliament and of the Council on the service in the Member States of judicial and extrajudicial documents in civil or commercial matters (service of documents), COM (2018) 379 final, 2018/0204 (COD), p. 10 and note 14, Brussels (2018/5/31).

善，尤其是與人民有關的司法送達。

歐盟執行委員會在當時對於未來2020年的司法議程中，將民事訴訟程序之權利保障[51]列入議程，以加強與增進會員國之間對彼此司法系統的信賴，其做法與步驟有下面幾點[52]：

1. 報告中建議在《第1393號規則》的規範下可以有效進行電子跨境送達文書，在跨境程序中的電子傳輸聯繫方式應該被承認。

2. 降低跨境送達成本，以避免因跨境送達不經濟導致拒絕跨境送達。

3. 這建議報告希望達到內外國人在司法上一律平等，會員國必須為外國人提供有效的機會，使其能夠獲得其領土上可用的工具，以便進行地址調查，以確保收件人實際收到跨境送達文件。當收件人在另外一個會員國註冊時，這國家的政策和標準化程序要能夠適用到其他會員國的國民依據其內國法的做法。

4. 縱使僅有會員國單方面有基礎數位化建設，電子傳輸仍被期待應有有效的個人資料保護機制，且這保護應分屬不同程序有不同標準的國家層級保護。

二、專家報告（Study Report）之修法建議

除上述官方的修法與研修建議之外，2016年的專家報告是針對各種送達方式、送達替代方式、郵務送達，以及電子送達在各國的發展與成效等議題進行法規上的比較。

從2018年1月到5月間，由專家組成的會議總共進行了六次，針對民商

---

[51] 有關我國的民事訴訟起訴審查，邵靖惠，法院的VIP？——顯無理由之訴與起訴審查，月旦法學教室第211期，2020年5月，第15-16頁。

[52] European Commission, Proposal for a Regulation of the European Parliament and of the Council amending Regulation (EC) No. 1393/2007 of the European Parliament and of the Council on the service in the Member States of judicial and extrajudicial documents in civil or commercial matters (service of documents), COM (2018) 379 final, 2018/0204 (COD), p. 9, Brussels (2018/5/31).

事司法互助的現代化進行評估與討論[53]，其中有三次是綜合性的法學比較研究會議，討論會員國之間的文書送達方式的理論和實務以針對本規則進行修法研商。這三次的會議是由佛羅倫薩大學、烏普薩拉大學及宏觀全球解決地區性方案組織（University Firenze, University Uppsala and DMI[54]）[55]組成委員會，研究所得結論內容分別是2018年1月8日到9日、2018年3月6日以及2018年3月27日到28日在布魯塞爾（Brussel）舉辦之民商事現代化合作之專家組之紀實（minutes of the expert group on the modernization of judicial cooperation in civil and commercial matters），其中2018年1月8日到9日以及2018年3月27日到28日有討論到電子送達的相關內容。

（一）2018年1月8日到9日之專家會議

2018年1月8日到9日所關心的議題是著重在收件人住所不明或所在不明之情形。會議中提到[56]：在跨國訴訟中，當事人很難知悉對造的所在位置，所以在這會議討論中專家認為，當窮盡各種方式送達，收件人的地址仍然錯誤而送達不到，且無法透過任何方式確知時，採取追蹤和定位收件人是最好的取代方式。

本文認為若要採取追蹤和定位收件人作為追查收件人所在之處者，應有配套措施並立法保護個人隱私權及不被國家侵害之權利保護措施。

---

[53] What does the General Data Protection Regulation (GDPR) govern?, https://ec.europa.eu/info/law/law-topic/data-protection/reform/what-does-general-data-protection-regulation-gdpr-govern_en (last visited 2021/12/20).

[54] DMI全文是Global Version For Local Solution, https://www.dmiassociates.com/dmi/EN/user (last visited 2021/12/20).

[55] European Commission, Proposal for a Regulation of the European Parliament and of the Council-amending Regulation (EC) No. 1393/2007 of the European Parliament and of the Council on the service in the Member States of judicial and extrajudicial documents in civil or commercial matters (service of documents), COM (2018) 379 final, 2018/0204 (COD), note 14, Brussels (2018/5/31).

[56] European Commission, Register of Commission expert groups and other similar entities, non-public meeting - List of points discussed of Minutes of the Expert group on the modernisation of judicial cooperation in civil and commercial matters, p. 2, Brussels (2018/1/8-9).

　　會議中[57]多數專家不支持將現有各國的國民住所登記簿或包含地址資料的電子資料數據庫相互連結，部分原因是因為會員國的國家所採用的登記方式存在巨大差異，且國內住所登記通常未必是最新資料。連結各國國民住所相關資料的方式會涉及可能連結到個人非公開資訊，而且使用這些數據資料會引起數據資料保護方面的疑慮（僅對某人提起民事訴訟之理由未必有資格成為合理且合法的使用目的）。會議中尚有專家認為，登記簿的互連確實很難，但是每個會員國應在歐洲電子司法帳戶網站上，蒐集並提供如何找到地址的詳細方法。相關數據是否可使用（以及歐盟可能要求以某種方式提供這些數據）、使用這些數據有哪些條件、使用這些數據的程序和時間及成本，都必須含括在內。

　　會議中[58]專家們對於是否承認擬制送達（公示送達[59]）的意見分歧。有些專家建議為擬制送達應建立最低標準，亦有專家指出，就此問題進行全面協調結果可能會降低某些締約國的現有法規保護標準。

　　專家們傾向於在一般的網路平台（例如歐洲電子司法入口網站The European e-Justice Portal）[60]發布擬制送達訊息是屬於可選擇性的權利而不

---

[57] 指2018年1月8日到9日之專家會議。

[58] 同上。

[59] 公示送達未必能讓當事人真正知曉收受送達之文件與內容的存在。有學者認為，公示送達之結果造成他造當事人通常不會出席調解期日，則無行調解之必要，以及或有避免延滯本訴之進行之情形。沈冠伶，商業事件之裁判外紛爭處理——以商業法院之調解及移付仲裁為中心，月旦法學教室第218期，2020年12月，第35頁。

[60] Joana Covelo and Silveria A, de Abreu JC, "Interoperability solutions under Digital Single Market: European e-Justice rethought under e-Government paradigm", *European Journal of Law and Technology*, Vol. 9, Issue 1 (2018); George Pangalos, Zoi Kolitsi,The future of e-enforcement in an e-Codex environment, https://access2just.eu/wp-content/uploads/2017/06/THE-FUTURE-OF-E-CODEX.pdf (last visited 2021/12/20); Team Portugal-Daniel Varão Pinto, José Marques Ribeiro, Nuno Morna Oliveira, technology and new means of communication in european civil procedure – regulations (ec) 1393/2007 and (ec) 1206/2001, http://www.ejtn.eu/PageFiles/17294/WR%20-%20TH-2018-3%20-%20PT.pdf (last visited 2021/12/20); Dr. Iur. Inga Ka evska, Dr. Iur. Baiba Rudevska, Prof. Dr. Iur. (Hp) Vytautas Mizaras, Dr. Iur. Aurimas Brazdeikis, Dr. Iur. cand. Maarja Torga, Practical Application of European Union Regulations Relating to European Union Level Procedure

是義務。會議中並無共識是否額外給予公示送達的紙本通知，以增加收件人確實知悉的可能性。據此也升起建立共同的互聯網平台是否有效的問題。但也有些人認為藉由電子帳號（Email或社交媒體帳號）發送通知（或發送虛擬送達之警告訊息）可以更有效地達到通知下落不明的人。電子送達（透過認證方式、Email或社交網站）具有潛在的巨大影響輻射範圍，應該與虛擬送達之議題分開處理。但有人強調，這些通知可能不會被視為是以電子送達方式對其送達文件，只能被視為是一項提高收件人的注意通知，而在之後的訴訟階段可能被視為因為其行為而未收受送達相關文件[61]。

值得注意的是，會議中認為[62]，透過各種方式（例如透過E-mail或社交媒體帳號發送通知消息）向所在不明之人發出通知被認為是可行的方式。法院這麼做是為了遵守盡自己注意義務（due diligence）。這僅僅意味著向所在不明者提醒法院即將對其進行訴訟程序，而不是實際交付必須送達的文件。有專家擔心類此線上通知是否會被收件人視為是真實，或者被視為垃圾郵件或網路釣魚而刪除。締約國允許在社交網站上通知並且實際作業時若遇到障礙應該通報其他會員國。其中一位專家強調，社交平台因科技本身的特性使得訊息快速發展以及使用者的習慣，在社交媒體上通知應使用中性語詞。有位專家讚許會員國有關缺席判決的規定多樣化，相關問題已被歐盟規則涵蓋並且有事後審查機制[63]。

---

in Civil Cases: the Experience in Baltic States, https://www.just.ee/sites/www.just.ee/files/euroopa_liidu_tasandil_tsiviilkohtumenetlust_reguleerivate_maaruste_rakenduspraktika._balti_riikide_kogemus_kogu_uuring_inglise_keeles.pdf (last visited 2021/12/20); Law society of Scotland, Survey of the powers returning from the eu that intersect with the devolution settlement in Scotland, https://www.lawscot.org.uk/media/359818/ministers-111-paper-final-12-mar.pdf (last visited 2021/12/20).

[61] European Commission, Minutes of the Expert group on the modernisation of judicial cooperation in civil and commercial matters, p. 2, Brussels (2018/1/8-9). 在我國未收受送達會衍生出寄存送達與訴訟權保障相關問題，許政賢，寄存送達與訴訟權保障，月旦法學教室第218期，2020年12月，第20-21頁。

[62] 指2018年1月8日到9日之專家會議。

[63] European Commission, Minutes of the Expert group on the modernisation of judicial

從2010年起，財團開始發展在人民和法院之間、跨境民事訴訟中，以及在會員國政府之間的電子通信平台e-CODEX[64]。

(二) 2018年3月27日到28日之專家會議

2018年3月27日到28日所關心的議題是將重心移轉到2007年歐盟《第1393號規則》第14條與第15條規範的應用與落實。

議程中提到[65]：

1. 將這兩個條文適用於數位化時代中[66]。

2. 根據該規則在指定的機關、當局、法院之間以電子通信和文件交換[67]。

3. 最後一里路是如何根據文件送達規定以電子方式將文件交付給收件人。

---

cooperation in civil and commercial matters, p. 2, Brussels (2018/1/8-9).

[64] Amato, Rosanna, Exploring the Legal Requirements for Cross Border Judicial Cooperation: The Case of the Service of Documents, p. 43, https://www.ssoar.info/ssoar/bitstream/handle/document/62481/ssoar-eqpam-2012-2-amato-Exploring_the_Legal_Requirements_for.pdf;jsessionid=326B1DBF562B488471356A63C1A506F7?sequence=1; Commission staff working document impact assessment-Accompanying the document Proposal for a Regulation of the European Parliament and of the Council amending Regulation (EC) No. 1393/2007 of the European Parliament and of the Council on the service in the Member States of judicial and extrajudicial documents in civil or commercial matters (service of documents) - {COM(2018) 379 final} - {SEC(2018) 272 final} - {SWD(2018) 286 final, p. 29 (2018).

[65] European Commission, Register of Commission expert groups and other similar entities, non-public meeting - List of points discussed of Minutes of the Expert group on the modernisation of judicial cooperation in civil and commercial matters, p. 1, Brussels (2018/1/8-9).

[66] Ivana Kunda, Practical Handbook on European Private Intervational Law, Project Financed by the European Union 122 (Civil Justice Programme, 2010).

[67] 類似內容詳Dea Brix Hvillum, Jean-Marc Pellet, Céline Guerrin, Luc Ferrand (MoJ FR), Francesco Contini, Marco Velicogna, Enrico, Francesconi, Marco Mellone, Giulio Borsari (CNR, Italian Ministry of Justice, IT), Electronic Simple European Networked Services, p. 12, http://www.esens.eu/fileadmin/user_upload/e-SENS_D5.4-3_-_Second-wave_Update_of_Plans_and_Status_v1.pdf (last visited 2021/12/20).

4. 在跨境的取證程序中使用視訊會議。

5. 與數位證據有關的議題。其中提到有關郵務送達收據或回執經常出現幾個問題：收據填寫不當或不完整、表格不充分、無法確認是否親自簽名等；大多數專家贊成改進形式但不過度管制。

可能由於是非公開會議，所以本會議紀錄並未公開電子送達的相關內容，只有提到將這兩個條文適用於數位化時代中。由議程的摘要可以知悉，歐盟為全面電子化送達做足準備。

三、法規簡化執行計畫委員會（Commission's Regulatory Fitness and Performance Programme, REFIT）之建議

REFIT這組織是在不影響政策目標的情況下調整現有的立法，建議歐盟法規簡化以節省履行經費。

該委員會於2017年10月24日提出觀察與建議報告（Regulatory Fitness And Performance Programme Refit Scoreboard Summary）。其中一項的報告內容與本文有一致的態度是：建議新增列有關電子傳輸送達的規範，並建議應盡速立法通過電子通訊傳輸網絡與跨境送達的相關電信法規（regulatory framework for electronic communications networks and services），以及有關電子傳輸中的隱私和個人資料保護問題（directive on privacy and electronic communications free flow of data）。

伍、結論

所有修法建議所指向的一致性內容，都是建議將現有條文直接明文化電子跨境送達。從這些建議應證本文論述歐盟《第1393號規則》正確，條文與條文間其實隱含會員國間民事案件進行跨境電子送達之合法性。

雖然電子跨境送達司法互助有上述許多缺點，惟未來的趨勢將走向無紙化環保考量，電子跨境送達傳輸在歐盟各國間相繼發展日趨重要。2007年歐盟通過《第1393號規則》是歐盟目前最新的司法互助跨境送達依據，

然而司法互助跨境電子送達並非直接明文規定在2007年歐盟《第1393號規則》中，在《第1393號規則》中所有有關文書跨境送達的第二章第一節司法文件的傳遞和服務，以及第二節司法文件的其他傳遞方式和服務中，都找不到有關電子跨境送達的明文依據，唯獨在第四章規範最後條款裡的第23條第3項才能找到電子傳輸的內容。縱使如此，條文的用字，也非明文直接使用跨境電子送達等類似文字，以致於後來出現許多建議修法建議報告。

電子跨境送達司法互助從2007年《第1393號歐盟規則》中隱現，發展到2018年5月歐盟執行委員會對於歐盟規則提交修法建議，認為應在《第1393號規則》第15條直接送達條文中增列第15a條電子跨境送達的細節事項；以及2016年佛羅倫薩大學、烏普薩拉大學及宏觀全球解決地區性方案組織相繼提出電子跨境送達的各國立法比較；REFIT秉持其組織是在不影響政策目標的情況下調整現有的立法，故而在2017年也提出應增列電子通訊傳輸網絡與跨境送達的相關電信法規，以及有關電子傳輸中的隱私和個人資料保護問題。

電子跨境送達免不了需要數位平台的設置，歐盟和CEF於2018年也撥出許多經費支應。

有關個人資料在伺服器留下的資料安全性與隱私性問題，於2018年5月歐盟的一般資料保護規則（GDPR）正式實施後，跨境傳輸必須按照GDPR的規範進行，電子跨境送達司法與非司法文書也將等同對待，對於個人資料的隱私性多了一層保障。未來的AI人工智慧世界裡，GDPR是否可以適切地提供電子跨境送達的所有需求，包含隱私性與安全性等，有待實際案例的累積與研修。筆者拙見，比特幣、以太幣、以太坊、區段鏈、區塊鏈等這一些科技行為所發展的初衷，其一是保障數位化交易安全與隱私性的考量，是否能適切用於電子跨境送達的交易中，有待發展，本文秉持支持態度，甚至認為或可將區塊鏈的原理運用於需要每個節點都留下紀錄而不需額外再耗費人力的司法跨境送達上，確保跨境送達的安全性與隱私性，該相關的法規，有待各國研修增訂，而GDPR也將隨著這些科技型態的發展而有所精進。可確定的是，未來的社會，直接跨境送達以電子傳

輸方式進行，將是無可避免，所耗費的資金也因為數位化的普及而得使費用將更低廉。

國家圖書館出版品預行編目資料

跨國法之啟蒙與薪傳——李復甸教授七秩華誕
祝壽論文集／王士維，王國治，王啟行，伍
偉華，何佳芳，吳光平，吳盈德，宋連斌，
李後政，林昕璇，林恩瑋，孫韓旭，許兆
慶，許志華，許耀明，陳志瑋，陳盈如，曾
麗凌，馮霞，蔡佩芬，蔡惟鈞，鄭瑞健，賴
淳良，藍元駿著．一一初版．一一臺北市：
五南圖書出版股份有限公司，2022.03
面；　公分
ISBN 978-626-317-680-5（平裝）
1.CST：法學　2.CST：文集
580.7　　　　　　　　　　111002635

1RC6

跨國法之啟蒙與薪傳——
李復甸教授七秩華誕祝壽論文集

作　　者 — 王士維、王國治、王啟行、伍偉華、何佳芳

　　　　　　吳光平、吳盈德、宋連斌、李後政、林昕璇

　　　　　　林恩瑋、孫韓旭、許兆慶、許志華、許耀明

　　　　　　陳志瑋、陳盈如、曾麗凌、馮　霞、蔡佩芬

　　　　　　蔡惟鈞、鄭瑞健、賴淳良、藍元駿

主　　編 — 李復甸教授七秩華誕祝壽論文集編輯委員會

發 行 人 — 楊榮川

總 經 理 — 楊士清

總 編 輯 — 楊秀麗

副總編輯 — 劉靜芬

責任編輯 — 林佳瑩、李孝怡

封面設計 — 姚孝慈

出 版 者 — 五南圖書出版股份有限公司

地　　址：106台北市大安區和平東路二段339號4樓

電　　話：(02)2705-5066　　傳　　真：(02)2706-6100

網　　址：https://www.wunan.com.tw

電子郵件：wunan@wunan.com.tw

劃撥帳號：01068953

戶　　名：五南圖書出版股份有限公司

法律顧問　林勝安律師事務所　林勝安律師

出版日期　2022年3月初版一刷

定　　價　新臺幣680元

經典永恆・名著常在

五十週年的獻禮——經典名著文庫

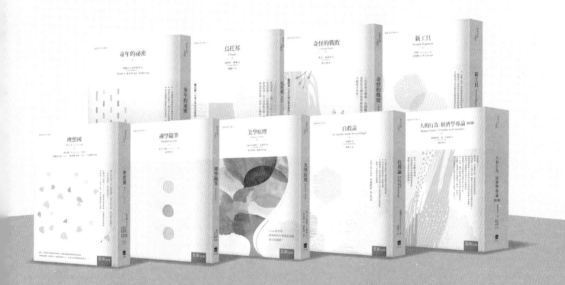

五南，五十年了，半個世紀，人生旅程的一大半，走過來了。

思索著，邁向百年的未來歷程，能為知識界、文化學術界作些什麼？

在速食文化的生態下，有什麼值得讓人雋永品味的？

歷代經典・當今名著，經過時間的洗禮，千錘百鍊，流傳至今，光芒耀人；

不僅使我們能領悟前人的智慧，同時也增深加廣我們思考的深度與視野。

我們決心投入巨資，有計畫的系統梳選，成立「經典名著文庫」，

希望收入古今中外思想性的、充滿睿智與獨見的經典、名著。

這是一項理想性的、永續性的巨大出版工程。

不在意讀者的眾寡，只考慮它的學術價值，力求完整展現先哲思想的軌跡；

為知識界開啟一片智慧之窗，營造一座百花綻放的世界文明公園，

任君遨遊、取菁吸蜜、嘉惠學子！